Geschlechtsspezifische Flucht- und Bleibegründe

Europäische Hochschulschriften

Publications Universitaires Européennes
European University Studies

Reihe II
Rechtswissenschaft

Série II Series II
Droit
Law

Bd./Vol. 3827

PETER LANG
Frankfurt am Main · Berlin · Bern · Bruxelles · New York · Oxford · Wien

Gabriele von Thenen

Geschlechtsspezifische Flucht- und Bleibegründe: Völkerrechtliche Verpflichtungen und innerstaatliche Rechtslage

PETER LANG
Europäischer Verlag der Wissenschaften

Bibliografische Information Der Deutschen Bibliothek
Die Deutsche Bibliothek verzeichnet diese Publikation in der Deutschen Nationalbibliografie; detaillierte bibliografische Daten sind im Internet über <http://dnb.ddb.de> abrufbar.

Zugl.: Münster (Westfalen), Univ., Diss., 2003

D 6
ISSN 0531-7312
ISBN 3-631-51924-9

www.peterlang.de

Vorwort

Die vorliegende Arbeit wurde von der Rechtswissenschaftlichen Fakultät der WWU Münster im Sommersemester 2003 als Dissertation angenommen. Für die Drucklegung wurde sie geringfügig überarbeitet. Sie befindet sich auf dem Stand von Februar 2003.

Bedanken möchte ich mich bei Herrn Prof. Dr. Bodo Pieroth für die engagierte Betreuung der Dissertation. Herrn Prof. Dr. Bernhard Wegener danke ich für die Erstellung des Zweitgutachtens.

Weiterhin gilt mein Dank Ekkehard Hollmann, Dr. Christoph Görisch und Dr. Ben Behmenburg dafür, dass sie immer ein offenes Ohr für mich hatten.

Zudem danke ich allen, die mir bei der Korrektur des Schriftsatzes behilflich waren, insbesondere meinen Eltern und Markus Brückl.

Berlin, im August 2003

Gabriele von Thenen

Inhaltsverzeichnis

Abkürzungsverzeichnis

a. A.	andere Ansicht
a. d. W.	an der Weinstraße
a. i.	amnesty international
a. M.	am Main
A.C.	Law Reports Appeal Cases (Großbritannien), Ad hoc Committee (UNO-Dokument Symbol)
Abl.	Amtsblatt der Europäischen Gemeinschaften
Abs.	Absatz
abwM	abweichende Meinung
ADD.	Addendum (UNO-Dokument Symbol)
AEMR	Allgemeine Erklärung der Menschenrechte vom 10. Dezember 1948, Resolution 217 (III) der Generalversammlung der Vereinten Nationen, GAOR 3rd Session, Resolutions part I, 71
AJIL	American Journal of International Law
AktAR	Aktuelles Ausländerrecht
ALR	Australian Law Reports
AMRK	Amerikanische Menschenrechtskonvention vom 22. November 1969, OAS, Official Records OEA/Ser.K/XVI/I.I, Document 65, Rev.1, Corr.2
Art.	Artikel
AsylVfG	Asylverfahrensgesetz in der Fassung der Bekanntmachung vom 27. Juli 1993, BGBl I, 1361
AufenthG	Gesetz über den Aufenthalt, die Erwerbstätigkeit und die Integration von Ausländern im Bundesgebiet (Aufenthaltsgesetz) vom 20. Juni 2002, BGBl. 2002, 1946
Aufl.	Auflage
AuslG	Gesetz über die Einreise und den Aufenthalt von Ausländern im Bundesgebiet (Ausländergesetz) vom 9. Juli 1990, BGBl. I, 1354
AuslG-VwV	Allgemeine Verwaltungsvorschriften zum Ausländergesetz vom 7. Juni 2000
B. v.	Beschluss vom
BAFl	Bundesamt für die Anerkennung ausländischer Flüchtlinge
BayVbl.	Bayerische Verwaltungsblätter

BayVGH	Bayerischer Verwaltungsgerichtshof
Bd.	Band
BGBl.	Bundesgesetzblatt
BGH	Bundesgerichtshof
BGHZ	Entscheidungen des Bundesgerichtshofs in Zivilsachen
BIA	Board of Immigration Appeals (USA)
BK	Bonner Kommentar
bspw.	beispielsweise
BT-Drs.	Bundestags-Drucksache
BVerfG	Bundesverfassungsgericht
BVerfGE	Entscheidungen des Bundesverfassungsgerichts
BVerwG	Bundesverwaltungsgericht
BVerwGE	Entscheidungen des Bundesverwaltungsgerichts
bzgl.	bezüglich
bzw.	beziehungsweise
C	Committee (UNO-Document Symbol)
C.L.R.	Columbia Law Review
CC	Concluding Comment(s)
CCPR	Covenant on Civil and Political Rights
CEDAW-Committee	Committee on the Elimination of Discrimination Against Women
circ.	circuit
CN	Commission (UNO-Dokument Symbol)
Col.H.R.L.Rev.	Columbia Human Rights Law Review
CONF.	Conference (UNO-Dokument Symbol)
Corn.Int'l.L.J.	Cornell International Law Journal
CRDD	Convention Refugee Determination Division (Kanada)
CRR	Commission des Recours des Réfugiés
CSECR	Committee on Social, Economic and Cultural Rights
d. h.	das heißt
D.L.R.	Dominion Law Reports (Kanada)
ders.	derselbe
dies.	dieselbe
doc.	document

DÖV	Die Öffentliche Verwaltung
dt.	deutsch
DÜ	Übereinkommen über die Bestimmung des zuständigen Staates für die Prüfung eines in einem Mitgliedstaat der Europäischen Gemeinschaften gestellten Asylantrags (Dubliner Übereinkommen) vom 15. Juni 1990, BGBl 1994 II, 791
DuR	Demokratie und Recht
DVBl	Deutsches Verwaltungsblatt
E	Economic and Social Council (UNO-Dokument-Symbol)
E. v.	Entscheidung vom
EG	Europäische Gemeinschaft
EGMR	Europäischer Gerichtshof für Menschenrechte
EGV	Vertrag zur Gründung der Europäischen Gemeinschaften vom 25. März 1957, konsolidierte Fassung mit den Änderungen durch den Vertrag von Amsterdam vom 2. Oktober 1997, BGBl. 1998 II, 387
EKMR	Europäische Kommission für Menschenrechte
EMRK	Konvention zum Schutze der Menschenrechte und Grundfreiheiten vom 4. November 1950, BGBl 1952, 686 (Europäische Menschenrechtskonvention)
etc.	et cetera
EU	Europäische Union
EuGRZ	Europäische Grundrechte-Zeitschrift
f	folgende (Seite etc.)
F.C. (T.D.)	Kanadischer Federal Court (Trial Division)
F.C.A.	Kanadischer Federal Court of Appeals
F.2 (3) d	Federal Reporter, Second (Third) Series.
ff	folgende (Seiten etc.)
FGM	Female Genital Mutilation
Fn.	Fußnote
FraK	Übereinkommen zur Beseitigung jeder Form von Diskriminierung der Frau vom 18. Dezember 1979, BGBl. 1985 II, 648 (Frauenkonvention)
FS	Festschrift
GA	General Assembly (UNO-Dokument Symbol)
GC	General Comment

Gemeinsamer Standpunkt	Gemeinsamer Standpunkt vom 4. März 1996 – vom Rat aufgrund von Artikel K.3 des Vertrags über die Europäische Union festgelegt – betreffend die harmonisierte Anwendung der Definition des Begriffs „Flüchtling" in Artikel 1 des Genfer Abkommens vom 28. Juli 1951 über die Rechtsstellung der Flüchtlinge, Abl. 1996, L 63, 2
GEN	General (UNO-Dokument Symbol)
Geo.Immigr.L.J.	Georgetown Immigration Law Journal
GFK	Abkommen über die Rechtsstellung der Flüchtlinge vom 28. Juli 1951, BGBl. 1953 II, 559 (Genfer Flüchtlingskonvention)
GG	Grundgesetz für die Bundesrepublik Deutschland vom 23. Mai 1949
GK-AsylVfG	Gemeinschaftskommentar zum Asylverfahrensgesetz
GK-AuslR	Gemeinschaftskommentar zum Ausländerrecht
GR	General Recommendation
GZ	Geschäftszeichen
HessVGH	Hessischer Verwaltungsgerichtshof
HRC	Human Rights Committee
HRI	Human Rights Instruments (UNO-Dokument Symbol)
HRLJ	Human Rights Law Journal
HRQ	Human Rights Quarterly
Hrsg.	Herausgeberin/Herausgeber
i. E.	im Ergebnis
i. S. v.	im Sinne von
i. V. m.	in Verbindung mit
i. w. S.	im weiteren Sinne
IAGMR	Inter-Amerikanischer Gerichtshof für Menschenrechte
ICJ Rep.	International Court of Justice, Report
ICTR	International Criminal Tribunal for Rwanda
ICTY	International Criminal Tribunal for the former Yugoslavia
IGH	Internationaler Gerichtshof
IGH-Statut	Statut des Internationalen Gerichtshofs vom 26. Juni 1945, Internationale Quelle, UNCIO Vol. 15, 355, BGBl. 1973 II, 505
IJHR	International Journal of Human Rights
IJRL	International Journal of Refugee Law

ILC	International Law Commission
ILC-Entwurf	Draft articles der International Law Commission on State Responsibility, abgedruckt in Yearbook of the International Law Commission 1980 II/2, 30 ff
Imm.L.R.	Immigration Law Reports (Kanada)
InfAuslR	Informationsbrief Ausländerrecht
INS	Immigration and Naturalization Service (USA)
IPBPR	Internationaler Pakt über bürgerliche und politische Rechte vom 19. Dezember 1966, UNTS 999, 171; BGBl. 1973 II, 1534
IPWSKR	Internationaler Pakt über wirtschaftliche, soziale und kulturelle Rechte vom 19. Dezember 1966, UNTS 993, 3; BGBl. 1973 II, 1570
IStGH-Statut	Römisches Statut des Internationalen Strafgerichtshofs vom 17. Juli 1998, BGBl 2000, 1394
JdI	Journal du Droit International
JR	Juristische Rundschau
JRS	Journal of Refugee Studies
JZ	Juristenzeitung
KK	Übereinkommen über die Rechte des Kindes vom 20. November 1989, BGBl 1992 II, 121 (Kinderkonvention)
KOM	Kommission
Kommissionsvorschlag	Vorschlag der Europäischen Kommission für eine Richtlinie des Rates zur Festlegung von Mindestnormen für die Anerkennung und den Status von Drittstaatsangehörigen und Staatenlosen als Flüchtlinge im Einklang mit dem Abkommen von 1951 über die Rechtsstellung der Flüchtlinge und dem Protokoll von 1967 oder als Personen, die anderweitig internationalen Schutz benötigen, 2001/0207 (CNS)
krit.	kritisch
lit.	litera
lt.	laut
m. w. N.	mit weiteren Nachweisen
M.C.I.	Minister of Citizenship and Immigration (Kanada)
M.E.I.	Minister of Employment and Immigration (Kanada)
Mich.J.Int'l.L.	Michigan Journal of International Law
NJW	Neue Juristische Wochenschrift

No.	Number
Nr.	Nummer
NRW	Nordrhein-Westfalen
NVwZ	Neue Zeitschrift für Verwaltungsrecht
NVwZ-Beilage	Neue Zeitschrift für Verwaltungsrecht – Beilage
NVwZ-RR	Neue Zeitschrift für Verwaltungsrecht – Rechtsprechungsreport
o. g.	oben genannt
OAS	Organization of American States
OVG	Oberverwaltungsgericht
RdC	Recueil des Cours de l'Académie de droit international
RES	Resolution (UNO Dokument Symbol)
Rev.	Revision (UNO-Dokument Symbol)
RL	Richtlinie(n)
Rn.	Randnummer
RUDH	Revue universelle des droits de l'homme
RzW	Rechtsprechung zum Wiedergutmachungsrecht
S.	Satz, Seite
s.	siehe
s. u.	siehe unter
S.C.R.	Canada Law Reports Supreme Court Decisions
S.D.L.Rev.	San Diego Law Review
S.R.	Summary Records of meetings (UNO-Dokument Symbol)
SDÜ	Übereinkommen zur Durchführung des Übereinkommens von Schengen vom 14. Juni 1985 zwischen den Regierungen der Staaten der Benelux-Wirtschaftsunion, der Bundesrepublik Deutschland und der Französischen Republik betreffend den schrittweisen Abbau der Kontrollen an den gemeinsamen Grenzen vom 19. Juni 1993 (Schengener Durchführungsübereinkommen), BGBl. 1993 II, 1013
Ser.	Series
Sess.	Session
sog.	sogenannt
StIGH	Ständiger Internationaler Gerichtshof
Supp.	Supplement
SZ	Süddeutsche Zeitung

u. a.	und andere, unter anderem
U. v.	Urteil vom
U.K.	United Kingdom
Übers.	Übersetzung
UN	United Nations
UN-Charta	Charta der Vereinten Nationen vom 26. Juni 1945, BGBl. 1973 II, 431, 505, 1980 II, 1252
UNFPA	United Nations Fund for Population Activities
UNHCR	United Nation High Commissioner for Refugees
UNICEF	United Nations International Children's Emergency Fund
UNO	United Nations Organization
UNTS	United Nations Treaty Series
US	United States
US C.A.	United States Court of Appeals
v.	versus
v. a.	vor allem
Var.	Variante
VerwArch	Verwaltungsarchiv, Zeitschrift für Verwaltungslehre, Verwaltungsrecht und Verwaltungspolitik
VG	Verwaltungsgericht
VGH	Verwaltungsgerichtshof
vgl.	vergleiche
vol.	volume
Vorb.	Vorbemerkung
W.L.R.	Weekly Law Reports (Großbritannien)
Wash.L.Rev.	Washington Law Review
WHO	World Health Organization
WVK	Wiener Übereinkommen über das Recht der Verträge vom 23. Mai 1969, BGBl. 1985 II, 926 (Wiener Vertragsrechtskonvention)
z. B.	zum Beispiel
ZaöRV	Zeitschrift für ausländisches öffentliches Recht und Völkerrecht
ZAR	Zeitschrift für Ausländerrecht und Asylpolitik
ZDWF	Zentrale Dokumentationsstelle der freien Wohlfahrtsverbände
Ziff.	Ziffer

ZP I	Zusatzprotokoll zu den Genfer Abkommen vom 12. August 1949 über den Schutz der Opfer internationaler bewaffneter Konflikte (Protokoll I), BGBl 1990 II, 1551
ZP II	Zusatzprotokoll zu den Genfer Abkommen vom 12. August 1949 über den Schutz der Opfer nicht internationaler bewaffneter Konflikte (Protokoll II), BGBl 1990 II, 1637
ZRP	Zeitschrift für Rechtspolitik

Häufig verwendete Entscheidungen

Adan	Adan v. Secretary of State for the Home Department, House of Lords, E. v. 2. April 1998, [1999] 1 A.C., 293 ff
Aguirre-Cervantes v. INS	US. C.A. (9th circ.), E. v. 21. März 2001, [2001] 242 F.3d 1169 ff
Applicant A	"Applicant A" and Another v. Minister for Immigration and Ehnic Affairs and Another, High Court of Australia, E. v. 24. Februar 1997, ALR 142 [1997], 331 ff
Campos-Guardado v. INS	US C.A. (5th circ.), E. v. 10. Februar 1987, [1987] 809 F.2d 285 ff
Chan v. Canada	Supreme Court of Canada, E. v. 19. Oktober 1995, [1995] 3 S.C.R. 593 ff
Fatin v. INS	US C.A. (3d circ.), E. v. 20. Dezember 1993, 2F.3d 1233 ff
Fisher v. INS	US C.A. (9th circ.), E. v. 2. April 1996, 79 F.3d 955 ff
Gomez v. INS	US C.A. (2d circuit), E. v. 28. Oktober 1991, [1991] F.2d 660 ff
Horvath	Horvath v. Secretary of State for the Home Department, House of Lords, E. v. 6. Juli 2000, [2001] 1 A.C. 489 ff
In re D-	US Immigration Court, San Francisco, E. v. 3. Juli 1996, A-74-149-716
In re R-A-	BIA, E. v. 11. Juni 1999, Interim decision 3403
Islam and Shah	Islam v. Secretary of State for the Home Department Regina v. Immigration Appeal Tribunal and Another ex parte Shah, britisches House of Lords, E. v. 25. März 1999, IJRL 1999, 496 ff
Khawar	Minister for Immigration and Multicultural Affairs v. Khawar, Australischer Federal Court of Appeals, E. v. 23. August 2000, [2000] FCA 1130
Lazo-Majano v. INS	US C.A. (9th circ.), E. v. 2. April 1987, [1987] 813 F.2d 1432 ff
Matter of Acosta,	BIA, E. v. 1. März 1985, Interim Decision 2986, 19 I.&N., 211 ff
Matter of Anon	US Immigration Court, E. v. 18. Oktober 2000, A-76-512-001
Matter of D-	US Immigration Court, E. v. 21. September 1996, A-74-149-716

Matter of M-K	US Executive Office for Immigration Review, Arlington, E. v. 9. August 1995, A 72-374-558
Mayers v. Canada	F.C.A., E. v. 5. November 1992, [1993] 97 D.L.R. 729 ff
Quintana v. Canada	F.C. (T.D.), E. v. 29. April 1999, IMM-2606-98
Sanchez-Trujillo v. INS	US C.A. (9th circ.), E. v. 15. Oktober 1986, [1986] 801 F.2d 1571 ff
Sharif v. INS	US C.A. (7th circ.), E. v. 3. Juli 1996, [1986] 87 F.3d 932 ff
Ward v. Canada	Supreme Court of Canada, E. v. 30. Juni 1993, 2 S.C.R. 689 ff

Einleitung

Geschlechtsspezifische Flucht- und Bleibegründe sind zunächst Gründe, die spezifisch Frauen zur Flucht aus ihrem Herkunftsstaat oder zum Verbleib im Aufenthaltsstaat veranlassen. Beispiele hierfür sind Genitalverstümmelung, Vergewaltigung, Tötung im Namen der Ehre, Zwangsverheiratung, häusliche Gewalt sowie repressive Sozialnormen und ihre Sanktionierung. Es können jedoch auch Männer geschlechtsspezifische Flucht- und Bleibegründe haben, beispielsweise im Zusammenhang mit Kriegs- und Wehrdienst und der männlichen Beschneidung.

Frauenspezifische Flucht- und Bleibegründe wurden schon vor über 20 Jahren als Problem erkannt. Dennoch werden Frauen mit einem solchen Flucht- oder Bleibegrund häufig weder als Asylberechtigte anerkannt noch wird ihnen Schutz über § 51 Abs. 1 AuslG zuteil. Dies liegt daran, dass die ihnen drohenden Beeinträchtigungen häufig entweder nicht als ausreichend intensiv beurteilt oder dem rein privaten Bereich zugeordnet werden. Dies sollte durch § 60 Abs. 1 AufenthG geändert werden, der als Teil des Zuwanderungsgesetzes[1], das vom Bundesverfassungsgericht für nichtig erklärt wurde[2], am 1. Januar 2003 in Kraft treten sollte. Auch nach dem Scheitern des Aufenthaltsgesetzes gibt es Bemühungen, Personen mit geschlechtsspezifischen Flucht- und Bleibegründen umfassenderen Schutz zuteil werden zu lassen als dies nach der derzeitigen Rechtspraxis der Fall ist. Diese Bemühungen werden auch von der europäischen Asyl- und Flüchtlingspolitik mitbestimmt werden müssen.[3]

Vor diesem Hintergrund ist es umso mehr von Interesse, in Erfahrung zu bringen, in welchem Umfang die Bundesrepublik Deutschland völkerrechtlich aus der Genfer Flüchtlingskonvention und der Europäischen Menschenrechtskonvention zum non-refoulement[4] von Personen verpflichtet ist, die einen solchen Flucht- oder Bleibegrund haben, und inwiefern bereits aus der derzeit geltenden innerstaatlichen Rechtslage, d. h. aus Art. 16a Abs. 1 GG und § 51 ff AuslG die Verpflichtung erwächst, diese Personen zu schützen.

---

1 Gesetz zur Steuerung und Begrenzung der Zuwanderung und zur Regelung des Aufenthalts und der Integration von Unionsbürgern und Ausländern vom 20. Juni 2002, BGBl 2002, 1946.

2 BVerfG, U. v. 18. Dezember 2002, NJW 2003, 339 ff.

3 So wird derzeit eine Richtlinie des Rates zur Festlegung von Mindestnormen für die Anerkennung und den Status von Drittstaatsangehörigen und Staatenlosen als Flüchtlinge erarbeitet, siehe hierzu die Ausführungen unter 4. Kapitel B. III.

4 Refoulement wird vorliegend verwendet als Oberbegriff für alle staatlichen aufenthaltsbeendenden Maßnahmen, die zur zwangsweisen Entfernung vom Staatsgebiet führen und vor denen nach der jeweiligen Vorschrift Schutz gewährt werden soll. Dies sind jedenfalls Abschiebung, Auslieferung und Ausweisung und u. U. auch die Zurückweisung an der Grenze. Die tatbestandlichen Voraussetzungen des Gebots des non-refoulement richten sich nach den jeweiligen Normen, aus denen sich dieses Gebot ergibt. Siehe hierzu auch: *GK-AuslR*, § 52 Rn. 65 sowie *Hartl*, 29 ff.

Anliegen der vorliegenden Bearbeitung ist es, dies aufzuzeigen. Dabei werden jeweils die spezifischen Schwierigkeiten herausgearbeitet, die sich bei der Subsumtion der Fallkonstellationen unter das internationale und nationale Recht ergeben, und Lösungsansätze entwickelt.

Da die Schwierigkeiten vor allem bei der Beurteilung frauenspezifischer Flucht- und Bleibegründe auftreten, sind ihnen die ersten drei Teile gewidmet. Diese Gründe werden im ersten Teil zunächst dargestellt. Im zweiten Teil wird in den Kapiteln vier bis sieben beurteilt, in welchem Umfang die Bundesrepublik Deutschland in diesen Konstellationen aus Art. 33 Abs. 1 GFK i. V. m. Art. 1 A Nr. 2 S. 1 Hs. 1 GFK zum non-refoulement verpflichtet ist. Hier bereitet nicht nur die Beurteilung der jeweiligen Einzelkonstellation Probleme. Vielmehr sind zuvor die einzelnen Voraussetzungen des Flüchtlingsbegriffs des Art. 1 A Nr. 2 S. 1 Hs. 1 GFK zu konkretisieren, da frauenspezifische Flucht- und Bleibegründe nicht in das klassische Muster der Verfolgung wegen der politischen oder religiösen Überzeugung passen. Die auftretenden Schwierigkeiten lassen sich nicht mit den Begriffen geschlechtsspezifische oder frauenspezifische Verfolgung bzw. Fluchtgründe[5] beheben.[6] Auch eine generelle Neudefinition der GFK unter einem frauenfreundlichen Blickwinkel kann kein Ansatz sein.[7] Vielmehr ist die GFK anhand der völkerrechtlichen Regeln auszulegen.

Dabei sind bezüglich des Verfolgungsbegriffs, dem das fünfte Kapitel gewidmet ist, vor der Subsumtion der Fallkonstellationen und der Diskussion der sich hierbei jeweils ergebenden Probleme unter anderem folgende Fragen zu beantworten: Ist das Vorliegen von Verfolgung anhand von Menschenrechten zu bestimmen und wenn ja, anhand welcher Menschenrechte? Ist eine staatliche Schutzpflichtverletzung ein Element von Verfolgung oder gibt es auch eine unmittelbar private Verfolgung? Inwiefern ist zu berücksichtigen, dass die drohende Beeinträchtigung eine kulturelle oder religiöse Praxis ist? Unter welchen Voraussetzungen sind Beeinträchtigungen, die herkömmlich dem privaten Bereich zugeordnet werden, wie häusliche Gewalt oder Tötung im Namen der Ehre, Verfolgung? Diese Fragen wurden und werden derzeit noch in der internationalen Literatur und Rechtsprechung diskutiert und in Australien, Großbritannien, Kanada und den USA werden sie teilweise in Richtlinien, die bezüglich der hier interessierenden Fallkonstellationen entwickelt wurden, angesprochen. Die Diskussion ist durch neuere Vorgaben des UNHCR bereichert worden, wonach auch eine unmittelbar von Privaten aus-

---

5 vgl. hierzu aber die Änderung des schweizerischen Asylgesetzes. Hier wurde am 18. April 1999 in Art. 3 Abs. 2 als S. 2 eingefügt: „Den frauenspezifischen Fluchtgründen ist Rechnung zu tragen", *Kälin*, ZAR 2000, 153 (155).

6 vgl. *UNHCR*, RL Geschlechtsspezifische Verfolgung, § 1.

7 s. hierzu die Diskussion bei *Greatbatch*, IJRL 1989, 518 (520 ff) sowie *Mahmud*, JRS 1996, 367 (370 ff).

gehende Beeinträchtigung für sich genommen Verfolgung i. S. d. Art. 1 A Nr. 2 S. 1 Hs. 1 GFK sein kann.[8]

Im sechsten Kapitel ist vor der Subsumtion der Fallkonstellationen zu erörtern, welchen Anwendungsbereich der Konventionsgrund „Zugehörigkeit zu einer bestimmten sozialen Gruppe“ hat. Diesbezüglich ist auch nach den weiterführenden Konkretisierungen des UNHCR[9] von Interesse, ob alle Frauen einer Gesellschaft eine solche Gruppe bilden bzw. welche Untergruppen von Frauen einer Gesellschaft solche Gruppen darstellen können. Zudem ist zu ermitteln, unter welchen Voraussetzungen die Verfolgung wegen eines Konventionsgrundes, insbesondere wegen der Zugehörigkeit zu einer bestimmten sozialen Gruppe und wegen der politischen Überzeugung erfolgt.

Im achten Kapitel wird beurteilt, in welchem Umfang die Bundesrepublik Deutschland aus der EMRK zum non-refoulement von Frauen, die einen geschlechtsspezifischen Flucht- oder Bleibegrund haben, verpflichtet ist.

Im dritten Teil wird dargelegt, inwiefern diesen Frauen nach innerstaatlichen Vorschriften Schutz zu gewähren ist. Im Hinblick auf § 51 AuslG ergeben sich dabei an sich keine neuen Aspekte, da dieser nach der hier vertretenen Auffassung entsprechend Art. 33 Abs. 1 i. V. m. Art. 1 A Nr. 2 S. 1 Hs. 1 GFK auszulegen ist[10]. Da allerdings die ständige Rechtsprechung § 51 Abs. 1 AuslG in weitgehender Übereinstimmung mit Art. 16a Abs. 1 GG auslegt, werden die Ergebnisse dieser Auslegung mit der vorliegend vertretenen Auslegung entsprechend der GFK verglichen.

Bei der Subsumtion unter das Asylrecht des Art. 16a Abs. 1 GG ist klärungsbedürftig, wie der Begriff Verfolgung im Hinblick auf die hier interessierenden Fallkonstellationen zu konkretisieren ist. Ferner stellt sich die Frage, ob das Geschlecht ein asylerhebliches Merkmal ist und unter welchen Voraussetzungen die Verfolgung wegen des Geschlechts erfolgt. Sind beispielsweise Vergewaltigungen, Zwangsabtreibungen, Zwangssterilisationen immer Verfolgungen wegen des Geschlechts?

Im vierten Teil wird erörtert, inwieweit die gewonnenen Erkenntnisse auch bei der Beurteilung der Konstellationen männerspezifischer Flucht- und Bleibegründe hilfreich sind.

8 *UNHCR*, Auslegung, § 19.
9 *UNHCR*, RL Zugehörigkeit zu einer bestimmten sozialen Gruppe.
10 siehe hierzu die Ausführungen unter 4. Kapitel B. IV. 3.

Teil I

Frauenspezifische Flucht- und Bleibegründe

In diesem ersten Teil werden die Situationen dargestellt, in denen Frauen aus für sie spezifischen Gründen aus ihrem Herkunftsgebiet geflohen sind oder dorthin nicht zurückkehren möchten. Die Mehrzahl aller Flüchtlinge weltweit sind Frauen: Sie fliehen vor allem vor bewaffneten Konflikten oder Naturkatastrophen. Vorliegend interessieren aber ausschließlich die frauenspezifischen Flucht- und Bleibegründe. Seit Ende der 80er Jahre werden die Situationen, aus denen Frauen aus für sie spezifischen Gründen fliehen, unter den Stichworten frauenspezifische Verfolgung[1] oder geschlechtsspezifische Verfolgung von Frauen[2] bzw. frauenspezifische Fluchtgründe diskutiert.[3] Im Rahmen dieser Diskussion werden die Situationen, aus denen Frauen fliehen, jeweils unterschiedlich gruppiert; die Zusammenstellung erfolgt zumeist unter rechtlichen Gesichtspunkten. Diese Gruppierungen sind daher vorliegend zur Ermittlung der Flucht- und Bleibegründe, in denen sich spezifische rechtliche Probleme stellen können, nicht geeignet, da erst im Anschluss an die allgemeine Darstellung die Konstellationen daraufhin beleuchtet werden sollen, ob Verfolgung vorliegt, bzw. an welchen Konventionsgrund die Verfolgung anknüpft. Im englischsprachigen Raum werden die Formulierungen „gender persecution", „gender related persecution" oder „gender specific forms of harm" verwendet[4]. Unter Gender ist dabei das kulturelle oder soziale Geschlecht zu verstehen, d. h. die Beziehungen zwischen Frauen und Männern auf der Grundlage gesellschaftlich oder kulturell üblicher oder definierter Identitäten, Rechtsstellungen, Rollen und Aufgaben, die dem einen oder anderen Geschlecht zugewiesen sind.[5] Es ist überzeugend, die Konstellationen auf spezifische rechtliche Probleme zu untersuchen, die im Zusammenhang mit dem kulturellen oder sozialen Geschlecht der Frauen stehen. Auch insofern kann es aber nicht sinnvoll sein, bereits den Rechtsbegriff Verfolgung in das Auffinden der Konstellationen einzubeziehen. Unter frauenspezifischen Flucht- oder Bleibegründen werden daher vorliegend die Gründe verstanden, aus denen Frauen im Zusammenhang mit ihrem sozialen oder

1 bspw. *Binder*, 269 ff.

2 bspw. *UNHCR*, RL Geschlechtsspezifische Verfolgung, § 1.

3 sozialwissenschaftliche Erörterungen des Themas wurden im deutschsprachigen Raum u. a. von *Gottstein*, *Buhr*, DuR 1988, *Gebauer*, ZAR 1988, 120 ff, *Höfling-Semnar*, *Rosner*, *Dieregsweiler* und *Laubenthal* vorgenommen, aus juristischer Perspektive wurde dies u. a. von *Binder*, *Christ*, InfAuslR 1997, 327 ff, *v. Galen*, Streit 1992, 142 ff, *Hailbronner*, ZAR 1998, 152 ff, *Mees-Asadollah*, Streit 1998, 139 ff betrachtet.

4 bspw. *britische RL*, 1.13, 1.14.

5 UNHCR, RL Geschlechtsspezifische Verfolgung, § 3; *britische RL*, 1.12; ausführlich hierzu *v. Braun* in *v. Braun/Stephan*, 16 ff, *Stephan* in *v. Braun/Stephan*, 58 ff.

kulturellen Geschlecht aus einem Herkunftsstaat fliehen oder dorthin nicht zurückkehren möchten.

Kapitel 1

Beeinträchtigungen durch Sozialnormen

Zu einem frauenspezifischen Flucht- oder Bleibegrund können das Bestehen von Normen, die das soziale und kulturelle Geschlecht der Frauen festlegen, und/oder ihre Sanktionierung führen. Solche Normen bestehen typischerweise in patrilinearen Gesellschaften. Diese Gesellschaften waren und sind darauf angewiesen, das Verhalten von Frauen zu regulieren, um die eindeutige Zuordenbarkeit der Kinder zu gewährleisten. Diese Normen werden jeweils nicht für alle Frauen, die in den Regelungsbereich der Vorschriften fallen, zu einem Flucht- oder Bleibegrund, sondern zumeist nur für einen kleineren Teil der Frauen. Die Normen können staatliches Recht sein oder auch nur in Teilen der Gesellschaft als traditionelles Recht bestehen. Im Folgenden werden die Beeinträchtigungen dargestellt, die sich aus der Scharia ergeben können, sowie am Beispiel Indiens die Beeinträchtigungen, die in einer hinduistischen Gesellschaft bestehen können.

In zahlreichen muslimischen Staaten findet die Scharia vor allem im Ehe-, Familien-, Adoptions- und Erbrecht sowie in Teilen des Strafrechts Anwendung.[1] Die Scharia gilt als das von Gott gesetzte Recht. Hierin sind Regelungen für das Verhalten im täglichen Leben enthalten. Die Scharia ist ursprünglich nicht kodifiziert, sondern wird aus dem Koran und der Sunna nach bestimmten Techniken, wie dem Konsens und dem Analogieschluss ermittelt.[2] Allerdings ist für viele Muslime nur die klassische Scharia verbindlich, d. h. das Verständnis von Koran und Sunna, wie es sich in den ersten drei Jahrhunderten des Islam herausgebildet hat.[3] Dennoch ist die Auslegung nicht in allen islamischen Staaten gleich, da sich das Verständnis der Quellen im Laufe der Jahrhunderte mit traditionellen Praktiken gemischt hat.

Im Folgenden wird vor allem die Situation in Saudi-Arabien, in Afghanistan unter der Herrschaft der Taliban und in Pakistan dargestellt. Es kommt zwar selten vor, dass Frauen aus Saudi-Arabien geflohen sind oder dorthin nicht zurückkehren möchten, Frauen sind dort aber stark in ihrer Freiheit eingeschränkt, und das dort praktizierte Verständnis der Scharia hat eine gewisse Vorbildfunktion für islamische Gruppierungen, die zum „reinen Islam“ zurückkehren wollen und diese

---

1 *Arzt*, HRQ 1990, 202 (204); *Helbling*, 13 f.

2 s. ausführlich zu den einzelnen Rechtsquellen und Auslegungsmethoden der Scharia *An-Na'im*, Islamic Reformation, 19 ff.

3 *An-Na'im*, Islamic Reformation, 14 f, *ders.* in *Cook*, 167 (182 f); zu den neueren Ansätzen, die Scharia zu ermitteln, s. *An-Na'im*, Islamic Reformation sowie *ders.* in *Cook*, 167 (183 f).

Rückkehr hauptsächlich an der Rolle der Frau in der Gesellschaft festmachen.[4] Zur Situation in Afghanistan unter der Herrschaft der Taliban sind international einige Entscheidungen ergangen. Daher erscheint es sinnvoll, diese darzustellen und in die weitere Bearbeitung einzubeziehen, auch wenn sich die Verhältnisse in Afghanistan mittlerweile geändert haben. Die Situation in Pakistan ist deswegen von Interesse, weil hier sowohl staatliche Strafnormen als auch Sozialnormen zu Einschränkungen der Freiheit der Frauen führen.

A. Allgemeine Beeinträchtigungen

I. Situation in Saudi-Arabien

In Saudi-Arabien ist die Scharia Grundlage des Rechtssystems.[5] Auch die Königsfamilie ist hieran gebunden. Über die Einhaltung dieser Regelungen wachen die ulama.[6] Die Königsfamilie ist nach eigenem Verständnis nur in den Bereichen zum Erlass von Regelungen befugt, die nicht von der Scharia geregelt sind.[7] Die Scharia hat daher in ehe- und familienrechtlichen Angelegenheiten uneingeschränkte Gültigkeit. Ausgelegt wird diese nach den traditionellen Normen der patriarchalen Stammesgesellschaft und den Lehren von Muahammed Ibn Abd al-Wahhab, einem religiösen Reformer aus dem 18. Jahrhundert.[8]

1. Geschlechtertrennung und Verschleierung

Es wird als göttliches Gebot angesehen, im öffentlichen wie im privaten Raum jeden Kontakt zwischen Männern und Frauen zu vermeiden, die einander heiraten könnten.[9] Dies wird damit begründet, dass die Ehe nach der Scharia die einzig anerkannte Institution ist, in der sexuelle Bedürfnisse befriedigt werden dürfen.[10] Zugleich besteht die Vorstellung, dass die Gefahr einer außer- oder vorehelichen Beziehung von den Frauen ausgeht, da ihnen ein starkes sexuelles Verlangen und zugleich eine fatale Anziehungskraft auf Männer zugeschrieben wird. Es wird angenommen, dass ein Mann den Reizen einer Frau hilflos ausgeliefert ist, sobald er

---

4 *Ali*, 102 m. w. N.

5 *Vagt*, 20.

6 *Heindel* in *Askin/Koenig*, III, 513 (532 f); *Vagt*, 19; als ulama werden in der islamischen Welt die Personen bezeichnet, die ein Studium der religiösen Wissenschaften abgeschlossen haben und daher über spezielle Kenntnisse verfügen, was Voraussetzung für die Übernahme bestimmter öffentlicher Ämter ist. Bei gläubigen Muslimen verfügen die ulama weiterhin über beträchtliche Autorität, *Khoury/Hagemann/Heine*, Bd. 2, 289 f.

7 *Vagt*, 20.

8 *Vagt*, 16, 23 ff.

9 *Vagt*, 34, 42.

10 *Vagt*, 35 ff.

sie zu Gesicht bekommt, mit der Folge, dass die Gesellschaft im Chaos versinken würde. Daher sei es Aufgabe der Gesellschaft, dieser sexuellen Macht Grenzen zu setzen.[11]

Frauen ist daher grundsätzlich jede Tätigkeit verboten, bei der sie außerhalb der eigenen vier Wände mit Männern zusammentreffen könnten.[12] Als Idealvorstellung haben sie sich ausschließlich im Haus aufzuhalten. Frauen müssen, wenn sie das Haus verlassen und sich damit in die Männern vorbehaltene öffentliche Sphäre begeben, jegliche „Reize" verbergen: Sie haben einen knöchellangen schwarzen Mantel zu tragen und einen langen Schal, der in mehreren Lagen um den Kopf gewickelt wird[13], sowie einen Gesichtsschleier.[14] Frauen sind verpflichtet, durch ihr gesamtes Verhalten sicherstellen, dass sie „ unsichtbar" sind: Sie müssen den Blick niedergeschlagen haben und dürfen nur leise sprechen. Zudem müssen die Bewegungen einer Frau in der Öffentlichkeit von einem du mahram, d. h. einem männlichen Verwandten, den sie nicht heiraten darf, kontrolliert werden.[15] Die praktische Folge ist, dass Frauen außerhalb des öffentlichen Nahverkehrs grundsätzlich nicht ohne du mahram oder ihren Ehemann reisen dürfen.[16] Auch innerhalb des öffentlichen Nahverkehrs müssen sie nach einem fatwa[17] i. d. R. von einem du mahram oder dem Ehepartner begleitet sein.[18] Sie dürfen daher nicht ohne diesen ein Taxi benutzen. Sie dürfen auch selbst kein Fahrzeug führen. Allerdings wird geduldet, dass sie mit einem angestellten Chauffeur fahren.[19] Seit Anfang der 1980er Jahre ist es Frauen auch gestattet, Busse zu benutzen, in denen eigene Abteile für Frauen eingerichtet worden sind.[20] Seit Mitte der 1980er Jahre gibt es in Riad auch für Frauen eigene Banken, Bibliotheken, Einkaufszentren, Fitnessstudios, Krankenhäuser und separate Sprechzeiten beim Gouverneur und bei einigen Behörden.[21]

---

11 *a. i.*, Saudi-Arabien, 1.; *Vagt*, 36.

12 *Vagt*, 42.

13 *Mirza* in *Askin/Koenig*, III, 123 (130); *Vagt*, 44.

14 *Mirza* in *Askin/Koenig*, III, 123 (130).

15 Den Hintergrund für diese Regelung bildet die Vorstellung des Dualismus der Geschlechter; Dem Mann werden Fähigkeiten wie Intelligenz, Rationalität und logisches Denken und Vorsicht zugeordnet, der Frau Gefühl und Leidenschaft. Sie wird daher nicht als fähig angesehen, ihre eigenen Triebe zu kontrollieren, *Vagt*, 38.

16 *Vagt*, 45; ausnahmsweise können sie auch allein reisen, wenn sie eine schriftliche Erlaubnis des für sie „verantwortlichen" Mannes mit sich führen.

17 Ein fatwa ist ein Rechtsgutachten islamischer Gelehrter, *Khoury/Hagemann/Heine*, Bd. 1, 246.

18 *a. i.*, Saudi-Arabien, 1.

19 *a. i.*, Saudi-Arabien, 1.; *Mirza* in *Askin/Koenig*, III, 123 (137); SZ vom 8. April 2002, 3: Saudi-Arabien – Der Kampf der Frauen um mehr Freiheit.

20 *Vagt*, 45.

21 *Vagt*, 43.

Unislamisches Verhalten wird von der Religionspolizei mit Stockschlägen oder Inhaftierungen geahndet.[22] Die Religionspolizei ist nicht formell in den Regierungsapparat eingebunden, sondern wird von den ulama kontrolliert.[23] Welche Verhaltensweisen unislamisch sind und damit bestraft werden, ist teilweise gesetzlich geregelt, teilweise auch nur in ungeschriebenen traditionellen Normen oder fatwas enthalten.[24] Frauen verhalten sich aber typischerweise unislamisch, wenn sie gegen eine der speziell für sie geltenden Verhaltensvorschriften verstoßen. Verstöße von Frauen gegen Bekleidungsvorschriften werden üblicherweise mit Stockschlägen geahndet.[25] Sie haben i. d. R. keine Möglichkeit, einen Rechtsanwalt zu konsultieren oder ein Gericht anzurufen.[26] Die Stockschläge werden zumeist in Anwesenheit der Familie, gelegentlich auch vor einer größeren Öffentlichkeit, erteilt.[27] Insgesamt besteht eine große Furcht innerhalb der konservativen Kräfte, die durch die ulama repräsentiert werden, dass die traditionelle Rolle der Frau durch eine Aufhebung der Geschlechtertrennung und eine Erwerbstätigkeit der Frauen aufgebrochen werden könnte und damit die Gesellschaft insgesamt zerfällt.[28] Die Regierung reagiert daher teilweise scharf, wenn Frauen mehr Rechte einfordern. So wurden Frauen, die gegen das Autofahrverbot für Frauen demonstriert hatten, von ihren Posten als Professorinnen und Lehrerinnen suspendiert. Zudem wurde anschließend das vorher nur gewohnheitsrechtlich bestehende Autofahrverbot für Frauen gesetzlich geregelt.[29]

2. Ausschluss von Studiengängen und Berufen

Seit 1960 haben Frauen in Saudi-Arabien grundsätzlich Zugang zu Schulen und Universitäten, allerdings nur zu separaten Mädchenschulen und Mädchenuniversitäten.

Erziehungsziel ist es, einer Frau „die richtige islamische Erziehung zu geben, die es ihr ermöglicht, im Leben eine erfolgreiche Hausfrau, eine vorbildliche Ehefrau und eine gute Mutter zu werden.“[30] Eine Berufsvorbereitung findet nur auf solche Arbeiten statt, die mit ihrer Bestimmung als Frau vereinbar sind, wie z. B. Unterrichten, Pflegen und der Beruf einer Ärztin.[31] Daher gibt es nur zwei Be-

---

22 *a. i.*, Saudi-Arabien, 1.
23 *Heindel* in *Askin/Koenig*, III, 513 (534 f).
24 *a. i.*, Saudi-Arabien, 1.
25 *Vagt*, 44.
26 *a. i.*, Saudi-Arabien, 1.
27 SZ vom 12. Dezember 2001, 10: Saudi-Arabien – ein Koloss auf tönernen Füßen.
28 *Heindel* in *Askin/Koenig*, III, 513 (534 f); *Mirza* in *Askin/Koenig*, III, 123 (137); *Vagt*, 45 ff.
29 *a. i.*, Saudi-Arabien, 1.
30 *a. i.*, Saudi-Arabien, 1.
31 *a. i.*, Saudi-Arabien, 1.

rufsausbildungen: die zur Krankenschwester und die zur Schneiderin[32], und die Studiengänge, die Frauen besuchen dürfen, sind beschränkt auf Pädagogik, Medizin und Geisteswissenschaften.[33] Außerdem brauchen Frauen die Genehmigung des für sie „verantwortlichen" Mannes, um arbeiten zu dürfen.[34] Diese wird nur erteilt, wenn eine solche Arbeit nach dessen Vorstellung nicht mit ihren Pflichten als Hausfrau und Mutter kollidiert.[35] Insgesamt sind daher zwar 55% der Hochschulangehörigen Frauen, aber nur maximal 5% aller Frauen erwerbstätig.[36] Zudem muss am Arbeitsplatz eine strikte Geschlechtertrennung gewährleistet sein. Für Frauen bleiben somit ausschließlich die Arbeitsplätze, die in dem separaten Sektor für Frauen entstanden sind.[37] Frauen dürfen sich auch selbstständig machen. Da allerdings eine Geschäftsführertätigkeit als mit dem Wesen von Frauen unvereinbar gilt, müssen Frauen einen männlichen Geschäftsführer einstellen, mit dem sie wegen der Geschlechtertrennung lediglich über Videokonferenzen, Telefon oder Internet kommunizieren können.[38]

3. Ehe- und Familienrecht

Das Ehe- und Familienrecht richtet sich vollständig nach der Scharia, die traditionell ausgelegt wird: Der Mann hat das Recht bis zu vier Ehefrauen zu heiraten, allerdings wird hiervon immer weniger Gebrauch gemacht.[39] Die Frau hat Anspruch auf Zahlung des Unterhalts durch den Ehemann, zudem hat sie aus dem Ehevertrag einen Anspruch auf Zahlung des Brautpreises. Im Gegenzug muss sie ihrem Ehemann gehorchen und ihm jederzeit den Geschlechtsverkehr ermöglichen.[40] Ein Zuwiderhandeln rechtfertigt Gewaltanwendungen.[41] Ein Ehemann kann sich von seiner Frau nach Belieben trennen.[42] Allerdings muss die Scheidung ebenso wie die Eheschließung registriert werden.[43] Frauen dürfen sich nur aus bestimmten Gründen von ihrem Mann scheiden lassen: wenn der Ehemann nicht zeugungsfähig ist, wenn er sie „unberechtigt" züchtigt, Unterhaltszahlungen verweigert, einen unlauteren Lebenswandel führt oder die Gesetze Gottes nicht beachtet.[44] Im Ehe-

---

32 *Vagt*, 118.
33 *Heindel* in *Askin/Koenig*, III, 513 (533).
34 *Heindel* in *Askin/Koenig*, III, 513 (533); *Vagt*, 128.
35 *Vagt*, 128.
36 *Heindel* in *Askin/Koenig*, III, 513 (533).
37 *Heindel* in *Askin/Koenig*, III, 513 (533); *Vagt*, 90.
38 *a. i.*, Saudi-Arabien.
39 *a. i.*, Saudi-Arabien, 1.; *Heindel* in *Askin/Koenig*, III, 513 (533).
40 *Heindel* in *Askin/Koenig*, III, 513 (542 f); *Vagt*, 139; sowie *Nasir*, 64 f allgemein bzgl. der Stellung der Frau in Staaten des mittleren Osten.
41 *a. i.*, Saudi-Arabien, 3; *Vagt*, 139.
42 *Heindel* in *Askin/Koenig*, III, 513 (533).
43 *Vagt*, 146.
44 *a. i.*, Saudi-Arabien, 1.; *Vagt* 146.

vertrag können weitere Fälle aufgenommen werden.[45] Die Ehescheidungsgründe müssen aber bewiesen werden, was den Frauen häufig schwer fällt, da Familienmitglieder in der Regel nicht gegeneinander aussagen,[46] zudem die Aussage einer Frau vor Gericht nur halb so viel zählt wie die eines Mannes.[47] Frauen haben außerdem nach der Scheidung nur drei Monate lang Anspruch auf Zahlung von Unterhalt durch den Ehemann.[48] Als geschiedener Frau oder als Witwe steht einer Frau das Sorgerecht für ihre Söhne nur bis zum vollendeten siebten Lebensjahr und für ihre Töchter nur bis zum Erreichen der Pubertät zu.[49] Bis Dezember 2001 hatten Frauen in Saudi-Arabien keinen eigenen Personalausweis, mittlerweile können sie mit Zustimmung des Ehemannes einen solchen erhalten.[50]

4. Exkurs: Ehe- und Familienrecht in anderen islamischen Staaten

Die folgenden Grundsätze gelten gleichermaßen auch in anderen Staaten, die ein islamisches Familienrecht haben:[51] Der Ehepartner hat das Recht, Kontrolle über seine Frau auszuüben. Dies beinhaltet, dass er seine Frau (leicht) schlagen darf, wenn sie ungehorsam ist.[52] Zudem kann er sie nach Auffassung der meisten islamischen Juristen davon abhalten zu arbeiten.[53] Frauen, die gegen die Anordnung verstoßen, haben keinen Anspruch auf Unterhaltszahlungen mehr.[54] Frauen dürfen sich im Gegensatz zu ihrem Ehemann auch hier i. d. R. nur in den o. g. Ausnahmefällen von ihren Ehemann einseitig scheiden lassen.[55] In einigen Rechtsordnungen kann eine Frau, die das Haus des Ehemannes verlässt, rechtmäßig mit Gewalt zurückgebracht werden,[56] und/oder sie verliert in diesem Fall den Anspruch auf Unterhaltszahlungen.[57] Eine Muslima darf zumeist keinen nicht-muslimischen Mann heiraten, während ein muslimischer Mann eine Jüdin oder Christin heiraten darf.[58]

---

45 *a. i.*, Saudi-Arabien, 1.
46 *Vagt*, 146.
47 *Heindel* in *Askin/Koenig*, III, 513 (533).
48 *a. i.*, Saudi-Arabien, 1.
49 *a. i.*, Saudi-Arabien, 1.; *Vagt*, 151.
50 Bericht der taz vom 18. Januar 2002, 2.
51 *An-Na'im* in *Cook*, 167 (181 f).
52 *An-Na'im*, Islamic Reformation, 90 f.
53 *An-Na'im* in *Cook*, 167 (182); *Nasir*, 66 f.
54 *Nasir*, 66 f.
55 *An-Na'im*, Islamic Reformation, 90, 176.
56 *An-Na'im* in *Cook*, 167 (182).
57 *Nasir*, 67 bzgl. des Iran.
58 *An-Na'im*, Islamic Reformation, 91.

II. Situation in Afghanistan unter der Herrschaft der Taliban

Während der Herrschaft der Taliban in Afghanistan von 1996 bis 2001 bestand ein islamischer Gottesstaat.[59] Die Taliban beschränkten ihre Herrschaft darauf, gegen unislamisches Verhalten vorzugehen. Was als unislamisch angesehen wurde, ergab sich aus der Scharia und dem Paschtunwali, dem paschtunischen Ehrenkodex.[60] Verboten waren daher populäre Musik, der Tanz sowie alle Abbildungen von lebenden Personen oder Tieren.[61] Für Frauen galten starke Einschränkungen, die den Regelungen in Saudi-Arabien ähnelten, die Frauen aber noch stärker in ihrer Freiheit beschränkten: Frauen sollten sich möglichst in ihren eigenen vier Wänden aufhalten. Die Fenster der Räume, in denen sich Frauen aufhielten, mussten schwarz gestrichen sein, um sicherzustellen, dass sie ausschließlich von einem du mahram oder ihrem Ehemann gesehen werden konnten.[62] In der Öffentlichkeit mussten sie unsichtbar sein[63]: Sie mussten sich lautlos bewegen und mussten eine Burqa tragen, die vom Kopf bis zu den Knöcheln reichte und nur ein kleines vergittertes Sichtfenster offen ließ.[64] Die Kosten für die Burqa überstiegen den durchschnittlichen Monatslohn, so dass sie für einige Frauen unerschwinglich war.[65] Die Burqa wurde vorher (und teilweise auch zur Zeit der Regelungen) nur in der Stadt und auch hier eher selten getragen, auf dem Land hingegen nicht, da hiermit die Feldarbeit nicht möglich war.[66]

1996 wurde ein Gesetz erlassen, nach dem Frauen und Männer nur getrennte Hospitäler aufsuchen durften. Hiernach sollten Frauen möglichst nur von Ärztin-

---

59 Bericht des *US State Department*, section 1.

60 *UNHCR*, Stellungnahme, 3.2; zum Verhältnis von Scharia und Paschtunwali siehe *Kreile*, Streit 2002, 152 ff; zur historischen Entwicklung der Stellung der Frau in Afghanistan, *Alekozai*, Streit 2002, 147 ff.

61 Bericht des *US State Department*, section 2 a.

62 *a. i.*, Public Statement, Afghanistan; Bericht des *US State Department*, section 4; SZ vom 22. Februar 2000: Afghanistan: Im siechen Land der Taliban.

63 So heißt es in einem Dekret der Taliban vom November 1996, das in englischer Übersetzung westlichen Organisationen übergeben wurde, abgedruckt bei *Rashid*, 217 ff: „Women you should not step outside your residence. If you go outside the house you should not be like women who used to go with fashionable clothes wearing much cosmetics and appearing in front of every men before the coming of Islam. [...] If women are going outside with fashionable, ornamental, tight and charming clothes to show themselves, they will be cursed by the Islamic Sharia and should never expect to go to heaven. All family elders and every Muslim have responsibility in this respect. We request all family elders to keep tight control over their families and avoid these social problems. Otherwise these women will be threatened, investigated and severely punished as well as the family elders by the forces of the Religious Police (Munkrat). The Religious Police have [sic] the responsibility and duty to struggle against these social problems and will continue their effort until evil is finished".

64 *a. i.*, Public Statement, Afghanistan; Bericht des *US State Department*, section 4; SZ vom 22. Februar 2000: Afghanistan: Im siechen Land der Taliban.

65 *a. i.*, Women in Afghanistan: The violations continue, 2; Bericht des *US State Department*, section 4; *Marsden*, 91; SZ vom 18. Oktober 1996, 3: Ein Frauengefängnis namens Kabul.

66 *Marsden*, 91 ff.

nen behandelt werden. Von einem Arzt durften sie nur behandelt werden, wenn die männlichen Verwandten oder der Ehemann es gestatteten und selbst anwesend waren.[67] Praktisch bedeutete dies, dass die meisten Frauen nicht ärztlich behandelt wurden.[68] Während der Behandlung mussten sowohl die Frau als auch der Arzt verschleiert sein, und der Arzt durfte nur die erkrankten Körperstellen sehen und berühren.[69] Zusammenkünfte von Frauen in der Öffentlichkeit, sogar auf Hochzeiten, waren grundsätzlich verboten.[70]

Zunächst war Mädchen und Frauen die Aneignung von Wissen und jeder Schulbesuch verboten.[71] Ab 1999 waren Mädchenschulen zugelassen, an denen Mädchen bis zum 9. Lebensjahr unterrichtet werden durften, sofern diese Schulen unter der Kontrolle der Taliban standen, die den Lehrplan bestimmten, wobei die regionale Praxis unterschiedlich war.[72] Die Inhalte bestanden für beide Geschlechter zu 3/4 im Studium des Koran, da nach der Vorstellung der Taliban Lesen und Schreiben hauptsächlich dazu diente, die religiösen Gebote zu verstehen und diese auch schreiben zu können[73], innerhalb der Taliban gingen die Auffassungen allerdings darüber auseinander, ob Mädchen nur lesen lernen durften oder auch schreiben, denn es bestand die Furcht, dass sie sonst dazu in der Lage wären, einen Liebesbrief zu schreiben.[74] Eine weitere Schulbildung war für Frauen prinzipiell ausgeschlossen, mit der Ausnahme, dass einige wenige Studentinnen an der medizinischen Fakultät eingeschrieben waren.[75] Frauen durften prinzipiell keiner Erwerbstätigkeit nachgehen, wobei zunächst nur für die traditionellen Arbeiten in der Landwirtschaft eine Ausnahme galt.[76] Ab 1999 war es Frauen auch erlaubt, als Ärztinnen und Krankenschwestern zu arbeiten, um Frauen zu behandeln.[77] Sonst durften Frauen selbst einer Heimarbeit nur nachgehen, wenn ihr Ehemann oder

---

67 Ein Frauengefängnis namens Kabul, SZ vom 18. Oktober 1996, 3; Bericht des *US State Department*, section 4. Das Dekret von November 1996 lautet in englischer Übersetzung: „1. Female patients should go to female physicians. In case a male physician is needed, the female patient should be accompanied by her close relative. 2. During examination, the female patients and male physicians should be dressed with Islamic hijab (veil). 3. Male physicians should not touch or see the other parts of female patients except for the affected part. [...] Anybody who violates the order will be punished as per Islamic regulations", abgedruckt bei *Rashid*, 218.

68 Bericht des *US State Department*, section 4.

69 s. die Nachweise in Fn. 67.

70 *UNHCR*, Stellungnahme, 3.2.

71 *a. i.*, Women in Afghanistan: The violations continue, 3; *Alekozai*, Streit 2002, 147 (151).

72 Bericht des *US State Department*, section 4.5; New York Times vom 25. Februar 2000: An Afghan Mosaic of Misery; Bericht der taz vom 4. Dezember 1999, 9; SZ vom 22. Februar 2000: Afghanistan: Im siechen Land der Taliban.

73 Bericht des *US State Department*, section 5.

74 New York Times vom 25. Februar 2000: An Afghan Mosaic of Misery.

75 SZ vom 22. Februar 2000: Afghanistan: Im siechen Land der Taliban.

76 Bericht des *US State Department*, section 4.

77 Bericht des *US State Department*, section 4.

du mahram vom Ministerium eine entsprechende Erlaubnis eingeholt hatte.[78] Bis 1999 war es Frauen auch nicht gestattet, ohne männliche Verwandte um internationale Hilfe nachzusuchen.[79]

Die Einhaltung dieser Vorschriften wurde von der Abteilung für die „Verbreitung der Tugend und der Unterdrückung des Lasters“, der religiösen Polizei der Taliban überwacht. Diese hat Frauen, die gegen die Vorschriften verstoßen hatten, auf öffentlichen Plätzen oder in Gefängnissen geschlagen oder inhaftiert.[80] Dadurch bestand eine Situation der Angst, in der Frauen das Haus nur verlassen haben, wenn sie dies als absolut erforderlich ansahen.[81] Teilweise wurden Frauen auch verstümmelt. So wurde einer Frau der Fingernagel abgehackt, weil sie Fingernagellack getragen hatte.[82] Auch Taxifahrer wurden bestraft, wenn sie unbegleitete Frauen mit dem Taxi beförderten. Ebenso liefen Ehemänner, deren Frauen gegen die Bekleidungs- oder Verhaltensvorschriften verstoßen hatten, Gefahr, bestraft zu werden.[83] Dabei wurde in Kabul mehr auf die Einhaltung dieser Regeln geachtet als auf dem Land.[84]

III. Situation in Pakistan

Pakistan ist ein islamischer Staat, in dem drei verschiedene Rechtssysteme nebeneinander gelten und selbst von den obersten Gerichten parallel angewandt werden: das staatliche Recht, das zumindest teilweise noch unverändert aus Kolonialzeiten besteht, das islamische Recht und die traditionellen Stammesregeln.[85] Nach der Verfassung sind Frauen mit Männern gleichberechtigt. Die Praxis sieht für viele Frauen allerdings anders aus: Vor allem in den ländlichen Gebieten, in denen 75% der Pakistani leben, besteht weiterhin das Ideal des purdah oder chadder (Verschleierung) und chardiwari (Aufenthalt in den eigenen vier Wänden).[86] Wenn eine Frau sich in der Öffentlichkeit bewegt, hat sie sich zu verschleiern und ist

---

78 Bericht des *US State Department*, section 4.

79 Bericht des *US State Department*, section 4.

80 *a. i.*, Public Statement, Afghanistan; Bericht des *US State Department*, Section 1 c; SZ vom 22. Februar 2000: Afghanistan: Im siechen Land der Taliban.

81 *Marsden*, 90 f.

82 *a. i.*, Women in Afghanistan: The violations continue.

83 Dekret der General Presidency of Amr Bil Maruf vom Dezember 1996: „1. To prevent sedition and female uncovers (Be Hejabi). No drivers are allowed to pick up women who are using Iranian burqa. In case of violation the driver will be imprisoned. If such kind of female are observed in the street their house will be found and their husband punished“ abgedruckt bei *Rashid*, 218.

84 s. *a. i.*, Public Statement, Afghanistan; Bericht des *US State Department*, section 4; *Marsden*, 90 f; SZ vom 22. Februar 2000: Afghanistan: Im siechen Land der Taliban; *UNHCR*, Stellungnahme, 3.2.

85 *Ali*, 139 ff, 170 ff.

86 *Ali*, 101; *Hassan* in *Askin/Koenig*, II, 587 (589 f).

von einem Mann zu kontrollieren.[87] Sexuelle Beziehungen sind auf die Ehe beschränkt. Besonders einengend ist die Situation in den Nordgebieten. Hier haben Frauen einen äußerst niedrigen Stellenwert in der Gesellschaft, was u. a. dadurch zum Ausdruck kommt, dass sie bei der Zahl der Nachkommen nicht mitgezählt und die Eltern für die Geburt einer Tochter bemitleidet werden. Eine Frau gehört nach der Hochzeit zur Familie des Mannes. Deswegen werden Mädchen in der Ursprungsfamilie als ökonomische Belastung empfunden mit der Folge, dass sie i. d. R. keine Bildung erhalten.[88] Aus diesem Grund sind 92% der Frauen Analphabeten gegenüber 66% der Männer.[89] Häufig ist es das Ziel der Familie, ihre Töchter möglichst schnell zu einem guten Brautpreis zu verheiraten. Der Brautpreis wird von ihren männlichen Verwandten einbehalten. Nur ein unwesentlicher Teil wird auf die Aussteuer verwandt. Es wird als unbedeutend angesehen, ob die Frau bei der Hochzeit anwesend ist und ob sie ihre Einwilligung gegeben hat.[90] Nach der Hochzeit hat die Familie des Bräutigams die volle Kontrolle über das Leben der Frau: Nur 16% der Ehefrauen ist es gestattet, Verwandte zu sehen, nur 10% Freunde zu sehen und nur 8% das Haus zu verlassen, um sich zu entspannen.[91] Nach dem Tod des Ehemannes wird sie üblicherweise mit einem seiner Brüder verheiratet.[92]

IV. Situation in Indien

In den hinduistisch geprägten Gebieten Indiens finden Frauen ähnliche Rahmenbedingungen vor wie in Pakistan. Nach hinduistischen Vorstellungen hat die Frau eine natürliche sexuelle Potenz, die sie aufgrund ihrer Schwäche selbst nicht kontrollieren kann und die daher, wenn sie nicht durch Männer kontrolliert wird, die Gesellschaft zerstört.[93] Frauen müssen daher immer einem Mann zugeordnet werden: in der Kindheit dem Vater, anschließend dem Ehepartner und, wenn dieser gestorben ist, ihren Söhnen.[94] Daher ist die Ehe das Lebensziel einer indischen Frau.[95] Da unverheiratete Frauen sozial ausgegrenzt werden und die ganze Familie in Verruf bringen, stehen die Eltern unter großem Druck, die Töchter zu verheiraten.[96] Auch für den Mann ist es das Lebensziel zu heiraten, da die Ehe für ihn die einzige legitime Möglichkeit ist, einen Sohn zu zeugen. In ihm wird er nach

87 *Hassan* in *Askin/Koenig*, II, 587 (589 f).

88 *Ali*, 175 ff.

89 *Ali*, 179 m. w. N.

90 *Ali*, 176 ff.

91 so das Ergebnis einer Umfrage der Democratic Commission for Human Development von 1996 siehe hierzu *Ali* 178 f.

92 *Ali*, 179.

93 *Laux*, 19 ff m. w. N.; *Scheu*, 54.

94 *Laux*, 20 ff.

95 *Laux*, 57 f.

96 *Laux*, 61.

hinduistischer Vorstellung wiedergeboren, was die Voraussetzung dafür ist, dass er seine Reise ins Karma antreten kann und nicht zur ewigen Ziellosigkeit verdammt ist.[97] Die Ehefrau wird dabei nur als „Schlauch“ angesehen[98], weswegen der Sohn nicht ihr, sondern ihrem Ehepartner zugeordnet wird. Die Frau gilt daher als wertlos, wenn sie unfruchtbar ist.[99] Wenn sie hingegen einen Sohn geboren hat, genießt sie in Gesellschaft und Familie Verehrung und Vergötterung. Ein Sohn hat seiner Mutter lebenslang Respekt zu zollen und ist für ihren Unterhalt verantwortlich.[100] Mädchen sind hingegen nicht sehr willkommen und werden entsprechend dem indischen Sprichwort „Mädchen groß zu ziehen ist etwa so, als würde man die Pflanze im Garten seines Nachbarn gießen“ in allen Lebensbereichen vernachlässigt.[101]

Die Heirat wird mehr als Verbindung zwischen zwei Familien als zwischen zwei Individuen angesehen. Traditionell haben in Indien beide Ehepartner daher kein Mitspracherecht bei der Auswahl des jeweils anderen Partners. Mittlerweile wird beiden teilweise das Recht zugestanden, einen Ehepartner vorzuschlagen oder einen von den Eltern ausgewählten Partner ein- oder zweimal abzulehnen. Zur Heirat ist i. d. R. eine Mitgift erforderlich, die vollständig der Familie des Ehemannes zugute kommt. Die Frau wechselt mit der Heirat in die Familie des Ehemannes über.[102] Es wird von ihr erwartet, dass sie sich nach der Hochzeit den Wünschen des Ehemannes und dessen Mutter unterordnet, widerspruchslos ihre Aufgaben erfüllt und Kränkungen, Demütigungen und Misshandlungen hinnimmt.[103]

Eine Scheidung ist gestattet und kommt auch nicht selten vor. Scheidungsgründe sind Ehebruch, Impotenz des Mannes und Unfruchtbarkeit der Frau. Frauen dürfen sich zudem scheiden lassen, wenn sie schlecht behandelt werden.[104] Allerdings können Frauen nach Scheidung oder Tod des Ehemannes zwar de iure aber nur selten de facto erneut heiraten.[105]

---

97 *Laux*, 24, 59.
98 *Laux*, 28.
99 *Laux*, 31.
100 *Laux*, 38 ff
101 *Laux*, 41 ff.
102 *Laux*, 63 ff, auch zum Vorhergehenden.
103 *Laux*, 49 ff.
104 *Laux*, 86 ff.
105 *Laux*, 92.

B. Verbot des vor- und außerehelichen Geschlechtsverkehrs (zina)

Zu einem Flucht- und Bleibegrund für Frauen in Zusammenhang mit ihrem kulturellen und sozialen Geschlecht kann auch die Sanktionierung eines Verstoßes gegen Vorschriften, die den vor- und/oder außerehelichen Geschlechtsverkehr (zina) verbieten, werden. Solche Vorschriften gibt es beispielsweise in Saudi-Arabien[106], im Iran[107] und in einigen Gebieten im Norden Nigerias[108], in den Vereinigten Arabischen Emiraten[109] und in Pakistan, worauf sich die nachfolgenden Ausführungen zunächst beziehen. Hier wurden die Regelungen zu zina und quafz, d. h. der falschen Anschuldigung von zina, von General Zia al Huq in den 70er Jahren im Rahmen eines generellen Islamisierungsprozesses erlassen.[110] Zina ist jeder vor- oder außereheliche Geschlechtsverkehr, der entweder mit beiderseitigem Einverständnis erfolgt oder ohne den Willen des Opfers. Diese Regelungen gelten sowohl für Frauen als auch für Männer. Die Strafverfolgung ist auch nicht nur auf Frauen beschränkt. Dennoch werden Frauen deutlich häufiger wegen zina angezeigt, inhaftiert und verurteilt.

I. Häufigere Anzeigen

Männer nutzen die zina-Vorschriften nicht selten, um so die ihnen „unterstehenden“ Frauen für ein vermeintliches Fehlverhalten zu bestrafen.[111] Frauen werden zum Beispiel als Reaktion auf einen Verstoß gegen die männliche Ehre angezeigt, bspw. wenn sie ein uneheliches Kind geboren haben oder ohne bzw. gegen den Willen der männlichen Verwandten heiraten oder die Ehe beenden wollen. Es kann auch vorkommen, dass Frauen, die zum zweiten Mal heiraten, angezeigt werden, weil sie entgegen ihren Vorstellungen nicht rechtskräftig geschieden sind oder dies

---

106 *a. i.*, Saudi-Arabien, 2.

107 *a. i.*, Jahresbericht 2000, 245.

108 *a. i.*, Geschundene Körper, 42.

109 *a. i.*, Jahresbericht 2002, 593.

110 *a. i.*, Frauen in Pakistan, 3.2.

111 Laut dem Bericht einer Untersuchungskommission zitiert nach *Ali*, 108: „The ordinance became a tool in the hands of those who wished to exploit women“. Dies zeigt sich auch daran, dass zu dem Zeitpunkt, als Ehebruch ausschließlich für Männer strafbar war, nur einige wenige Fälle zur Anzeige gebracht wurden, während die Anzeigen nach Erlass dieses Gesetzes in die Tausende gingen.

nicht beweisen können.[112] Frauen hingegen zeigen ihre Ehemänner selbst dann nicht an, wenn sie von einer außerehelichen Beziehung wissen. Mit einer solchen Anzeige riskieren sie nämlich, unabhängig vom Ausgang des Verfahrens, ihre Stellung als Ehefrau zu verlieren und damit die einzige Möglichkeit als Frau in der Gesellschaft eine ehrenwerte Stellung zu haben.

II. Häufigere Inhaftierung

Auf eine Anzeige in einer der genannten Situationen hin werden Frauen i. d. R. zur Untersuchung inhaftiert. In den Fällen, in denen Frauen gegen den Willen des Vaters geheiratet oder in einer bestehenden Ehe zum zweiten Mal geheiratet haben, wird teilweise auch ihr Ehemann mitinhaftiert.[113] Die Frauen sitzen häufig Monate oder Jahre in Untersuchungshaft, obwohl letztlich nur ein Bruchteil von ihnen verurteilt wird. So werden 80% ohne ausreichende Beweise inhaftiert und 95% aller inhaftierten Frauen wieder freigesprochen.[114] Ursache hierfür ist, dass eine Verhaftung wegen zina im Ermessen der Polizei liegt und eine richterliche Untersuchung nicht erforderlich ist.[115] Zudem werden auch die Regelungen, nach denen Inhaftierung von Frauen gemeldet werden müssen, nicht eingehalten.[116]

III. Häufigere Verurteilung

Frauen sind zudem Benachteiligungen im Gerichtsverfahren ausgesetzt.

Die Strafe für zina ist entweder eine in der Höhe vorgeschriebene hadd Strafe oder eine im Ermessen des Gerichts stehende tazir Strafe. Die für zina nach der Scharia vorgesehene hadd Strafe sind 100 Peitschenschläge oder bei Verheirateten die Steinigung zu Tode.[117] Die hadd Strafe ist zu verhängen, wenn die Aussage von vier männlichen muslimischen Zeugen oder ein Geständnis vorliegt.[118] Für eine tazir Strafe reicht die Zeugenaussage von zwei Männern oder einem Mann und zwei Frauen aus. Das Gericht kann auch die Aussage einer Frau oder eines Mannes berücksichtigen, es ist hierzu aber nicht verpflichtet.[119] Sofern es keine

---

[112] Nach dem für Muslime in Pakistan geltenden Familienrecht muss ein Mann, der sich mündlich von seiner Frau getrennt hat, die Scheidung in schriftlicher Form bei den Behörden melden. Drei Monate später ist die Scheidung gesetzlich vollzogen. Die Frauen sind hierüber oftmals nicht richtig informiert und nehmen an, dass sie bereits nach der mündlichen Aussage ihres Mannes rechtsgültig geschieden sind, *a. i.*, Frauen in Pakistan, 2.3; 3.5.

[113] *a. i.*, Frauen in Pakistan, 3.5.

[114] Bericht des *US State Department.*

[115] *Human Rights Watch*, Double Jeopardy, 71.

[116] *Human Rights Watch*, Double Jeopardy, 79 ff.

[117] *An-Na'im*, Islamic Reformation, 109.

[118] *a. i.*, Frauen in Pakistan; *An-Na'im*, Islamic Reformation, 107; *Human Rights Watch*, Double Jeopardy, 50.

[119] *a. i.*, Frauen in Pakistan, 3.2; *Human Rights Watch*, Double Jeopardy, 50.

Zeugen gibt, wird auf sonstige Beweise zurückgegriffen. Eine vor- oder eindeutig außereheliche Schwangerschaft gilt als Beweis dafür, dass zina stattgefunden hat.[120] Um nicht wegen zina verurteilt zu werden, muss die Frau somit beweisen, dass sie vergewaltigt worden ist. Diesen Beweis kann sie aber kaum erbringen: Die Richter gehen ebenso wie die Gesellschaft regelmäßig davon aus, dass es sich um einen einverständlichen Geschlechtsverkehr gehandelt hat und die Frau die Vergewaltigung nur erfindet, um der Bestrafung zu entgehen oder den Verlust der Jungfräulichkeit zu legitimieren.[121] Sofern eine Frau daher nicht deutliche Spuren einer Gewaltanwendung am Körper nachweisen kann, wird ihr nicht geglaubt, dass sie vergewaltigt worden ist.[122] Wegen der gesellschaftlichen Folgen einer Vergewaltigung berichten Frauen und Mädchen aber zumeist nicht von einer Vergewaltigung. Sie bringen sie noch seltener zur Anzeige, da sie in diesem Fall öffentlich entehrt sind und u. U. sogar mit Tötung im Namen der Ehre zu rechnen haben. Wenn sie die Schwangerschaft bemerken, können sie die Vergewaltigung nicht mehr nachweisen.[123] Zudem finden medizinische Untersuchungen erst verspätet und durch schlecht ausgebildetes Personal statt, das der Auffassung ist, eine Vergewaltigung auch noch Wochen später feststellen zu können.[124]

Teilweise wird im Gerichtsverfahren auch bereits die Anzeige einer Vergewaltigung als Beweis dafür gewertet, dass ein vor- oder außerehelicher Geschlechtsverkehr stattgefunden hat, mit der Folge, dass die Beweislast erneut auf Seiten der Frau liegt.[125] Von den Frauen, die eine Vergewaltigung angezeigt hatten, wurden daher vor dem Karachi Central Court 1994 15% selbst wegen vor- oder außerehelichen Geschlechtsverkehrs verurteilt.[126]

Auch in Nigeria ist es in den letzten Jahre zu mehreren Verurteilungen von Frauen wegen ungesetzlichen Geschlechtsverkehrs gekommen, während der möglicherweise beteiligte Mann jeweils aus Mangel an Beweisen freigesprochen wurde. So wurde im Jahr 2000 ein 17-jähriges Mädchen, das ihre Angabe, von drei Männern vergewaltigt und geschwängert worden zu sein, nicht beweisen konnte, wegen vorehelichen Geschlechtsverkehrs zu 100 Stockschlägen und wegen fälschlicher Anschuldigung der drei Männern zu weiteren 80 Stockschlägen verurteilt.[127] Ferner wurde eine schwangere Frau zum Tod durch Steinigung verurteilt, ohne

---

120 *Ali*, 106 f; *a. i.*, Pakistan: Menschenrechte, *a. i.*, Frauen in Pakistan, 3.3, 3.6.
121 *Human Rights Watch*, Crime or Custom?, VI.
122 *Human Rights Watch*, Crime or Custom?, VI. Gender Bias in the Criminal Justice System.
123 *Human Rights Watch*, Crime or Custom?, VI. Gender Bias in the Criminal Justice System.
124 *Human Rights Watch*, Crime or Custom?, VI. Medicolegal Examinations.
125 *Human Rights Watch*, Crime or Custom?, V.
126 *a. i.*, Frauen in Pakistan, 2.3.
127 *a. i.*, Geschundene Körper, 42.

dass ihrem Vorwurf nachgegangen wurde, dass sie von einem verheirateten Mann vergewaltigt worden sei.[128]

C. Nichtstaatlich sanktionierte Verhaltensnormen

Ein weiterer frauenspezifischer Flucht- oder Bleibegrund ist die mit Gewalt erzwungene Einhaltung von Vorschriften, die das kulturelle oder soziale Geschlecht von Frauen festlegen, durch Personen, die keine Staatsgewalt ausüben.

I. Sanktionierung aufgrund von fatwas

In Bangladesch werden Mädchen und Frauen durch fatwas der ulama wegen ihres unislamischen Verhaltens zu Stockschlägen verurteilt.[129] So wurden im März 2001 zwei Mädchen zu je 101 Schlägen mit dem Bambusstock verurteilt, weil sie zu Freunden in einen Nachbarort gefahren waren und dort ein kurzes Gespräch mit zwei Männern hatten. Dabei wurden sie von einem Jungen beobachtet, der daraufhin verbreitete, dass sie mit den Männern „rumgemacht" hätten. Fatwas haben auf dem Dorf so viel Gewicht wie ein richterliches Urteil und werden auch vollstreckt. Personen, die gegen diese Ordnung vorgehen, werden als Störenfriede angesehen. So wurden die Eltern der beiden Mädchen, die gegen das fatwa Klage erhoben hatten, so lange vom Dorfmob mit Stockschlägen traktiert, bis sie die Klage zurückgezogen hatten. Mittlerweile sind sie zusammen mit ihren Töchtern aus der Dorfgemeinschaft ausgeschlossen worden.

Opfer dieser fatwas sind auch vergewaltigte Mädchen, die schwanger geworden sind und damit ihren ungesetzlichen Geschlechtsverkehr „bewiesen" haben. So wurde 1995 ein 10-jähriges Mädchen, das nach einer Vergewaltigung durch einen Jungen aus der Nachbarschaft schwanger geworden war, zu 101 Stockschlägen verurteilt. Der Vollstreckung des Urteils konnte sie nur durch die Flucht nach Dhaka entkommen, wo sie von einer Frauenorganisation aufgenommen wurde.

Fatwas wurden zwar vom Obersten Gerichtshof in Bangladesh am 1. Januar 2001 für illegal erklärt, dieses Urteil wird von den ulama aber als skandalös angesehen und nicht befolgt. Mittlerweile werden sie von der an der Regierung beteiligten islamisch-fundamentalistischen Partei unterstützt, die die Richter des Obersten Gerichtshofs zu Ketzern erklärte.

---

[128] *a. i.*, Jahresbericht 2002, 412 f.

[129] „Im Namen der Willkür", SZ vom 15. Mai 2002, 3, die nachfolgenden Fakten sind ebenfalls diesem Artikel entnommen.

II. Beeinträchtigungen durch islamische Gruppierungen

Islamische Gruppierungen versuchen teilweise ihre Vorstellungen davon, wie sich eine Frau zu verhalten hat, mit Gewalt oder der Androhung von Gewalt durchzusetzen. Dies wirkt sich aufgrund der drohenden Sanktionierungen zumeist ebenso einschränkend aus wie staatliche Verhaltensvorschriften. So wurde bspw. in Algerien einer Frau, die von Beruf Kosmetikerin war, von einer islamischen Gruppierung unter Androhung von Gewalt und Tötung verboten, ihren Beruf auszuüben und das Haus alleine zu verlassen und ihr geboten, sich zu verschleiern.[130]

---

130 so die Feststellungen des VG Freiburg, U. v. 20. Juli 1998, A 7 K 12643/95, NVwZ-Beilage 3/1999, 28.

Kapitel 2

Beeinträchtigungen im sozialen Nahraum

A. Genitalverstümmelung

I. Definition und Arten der Genitalverstümmelung

Unter dem Begriff Genitalverstümmelung von Frauen und Mädchen werden alle Praktiken verstanden, bei denen die äußeren weiblichen Genitalien ganz oder teilweise entfernt oder den weiblichen Geschlechtsorganen sonstige Verletzungen zugefügt werden – aus kulturellen oder anderen nicht therapeutischen Gründen.[1] Es lassen sich hierbei vier Typen unterscheiden.[2] Unter Typ 1 fallen die Formen der Genitalverstümmelung, bei denen eine Exzision der Vorhaut erfolgt und zum Teil die Klitoris vollständig oder teilweise exidiert wird. Diese Formen werden auch als Kliterodektomie bezeichnet.[3] Unter Typ 2 werden die Formen der Genitalverstümmelung gefasst, bei denen eine vollständige Exzision der Klitoris einschließlich der teilweisen oder vollständigen Entfernung der labia minora erfolgt. Diese Formen werden auch als Exzision bezeichnet.[4] Unter Typ 3 fallen die Formen der Genitalverstümmelung, bei denen eine teilweise oder vollständige Exzision der äußeren Genitalien und eine anschließende Verkleinerung der Vaginalöffnung erfolgt. Diese Formen werden auch als Infibulation bezeichnet. Bei der extremsten und häufigsten Form der Infibulation werden die Klitoris, die inneren Schamlippen und die äußeren Schichten der äußeren Schamlippen entfernt.[5] Anschließend werden die rauen Seiten der äußeren Schamlippen zusammengenäht, damit die verbliebene Haut als Narbengewebe zusammenwachsen kann. Durch das Einfügen von Gegenständen, wie einem Strohhalm, einem Holzstück oder einem Streichholz wird sichergestellt, dass eine kleine Öffnung verbleibt, damit Urin und Menstruationsblut abfließen können. Die Öffnung hat gewöhnlich einen Durchmesser von zwei bis drei Zentimeter, sie kann aber auch lediglich die Größe eines Streichholzkopfes haben. Vor dem ersten Geschlechtsverkehr muss die Öffnung entweder in einem schmerzhaften Vorgang über Wochen oder Monate penetriert werden oder die Frau wird defibuliert. Hierzu schneidet der Ehemann oder ein älteres weib-

---

1 FGM: A Joint WHO/UNICEF/UNFPA Statement, Geneva 1997, abgedruckt in *WHO*, FGM, 6.
2 *WHO*, FGM, 6 f.
3 *a. i.*, FGM.
4 *a. i.*, FGM.
5 *WHO*, FGM, 7 f; die nachfolgend dargestellten Fakten sind – soweit nicht anders angegeben – aus diesem Bericht entnommen.

liches Mitglied seiner Familie die Narbe mit einem Messer oder einem scharfen Glasstück einige Zentimeter auf. Die Hilfe eines Arztes oder einer Hebamme wird nur selten in Anspruch genommen, da dies die Ehre des Mannes antasten könnte. Vor der Geburt eines Kindes ist eine weitere Defibulation erforderlich, da auch die für den Geschlechtsverkehr vergrößerte Öffnung für den Fötus zu schmal ist. Nach der Geburt des Kindes lassen sich die Frauen oft wieder auf die winzige, voreheliche Öffnung refibulieren, um die Illusion von Jungfräulichkeit wiederherzustellen. Unter Typ 4 werden alle weiteren Arten der Genitalverstümmelung zusammengefasst. Dies sind beispielsweise das Durchbohren oder Einritzen der Klitoris und/oder der Schamlippen, das Ausdehnen der Klitoris und/oder der Schamlippen sowie das Ausbrennen der Klitoris.[6]

80-85% aller Genitalverstümmelungen sind den ersten beiden Typen zuzuordnen, ca. 15% dem dritten Typ. Die nachfolgenden Ausführungen konzentrieren sich daher auf diese Typen der Genitalverstümmelung.

II. Ablauf der Genitalverstümmelung

Die Genitalverstümmelung ist häufig in ein zeremonielles Fest eingebunden, in dem das Mädchen, das verstümmelt werden soll, im Mittelpunkt steht und Geschenke, wie Schmuck und neue Kleider, erhält.[7] Die Genitalverstümmelung kann auch Teil der in mehreren Ethnien praktizierten umfangreichen Initiationsriten sein, nach deren Abschluss die Kinder zu vollwertigen Mitgliedern der Gesellschaft werden.[8] Die Mädchen werden entweder einzeln oder in einer Gruppe beschnitten. Ausgeführt wird die Genitalverstümmelung überwiegend von älteren Frauen, d. h. von Hebammen, der Großmutter väterlicherseits oder sonstigen älteren Frauen.[9] Bei der Beschneidung sind zumeist nur Frauen zugegen.[10] Die Verstümmelung wird häufig ohne Narkose und mit unsterilem Werkzeug, mit Rasierklingen[11], Scheren, Küchenmessern, Eisenblech und Glasscherben und bei der Kliterodektomie auch mit Fingernägeln durchgeführt.[12] Anschließend wird die Wunde mit Schafdarm, Pferdehaar, Bast, Bindfaden oder frischen Akaziendornen, die betäubend wirken, vernäht. Zur Blutstillung werden Asche, Kräuter, kaltes Wasser, Pflanzensäfte, Blätter und Wundpressen aus Zuckerrohr verwendet.[13] Bei der

---

6 *WHO*, FGM, 6.

7 *Schnüll* in *Schnüll*, 20 (29); *Kisopia* in *Schnüll*, 81 bzgl. Kenia; *Sidibe* in *Schnüll*, 68 (69) bzgl. Gambia.

8 s. hierzu *Schnüll* in *Schnüll*, 20 (38), wonach dies in letzter Zeit seltener der Fall sein soll.

9 *Schnüll* in *Schnüll*, 20 (28).

10 *Hermann* in *Hermann*, 75 (80).

11 *Hermann* in *Hermann*, 75 (79).

12 *Schnüll* in *Schnüll*, 20 (29).

13 *Schnüll* in *Schnüll*, 20 (29).

Infibulation werden die Beine anschließend für zwei bis sechs Wochen in einen Verband eingebunden.[14] Die Mädchen werden vor der Verstümmelung nicht über den Vorgang und seine Folgen aufgeklärt und nachher verpflichtet, mit niemandem darüber zu sprechen.[15]

In den vergangenen zwanzig Jahren sind Genitalverstümmelungen vermehrt durch Personen mit einer medizinischen Ausbildung vorgenommen worden.[16] In diesem Fall werden die Mädchen teilweise örtlich betäubt und es werden sterile Instrumente verwendet. Teilweise erhalten die Mädchen im Anschluss an die Operation auch Antibiotika und Schmerzmittel.

Die meisten Mädchen werden im Alter von vier bis vierzehn Jahren genitalverstümmelt.[17] Die Infibulation erfolgt i. d. R. früher als Kliterodektomie und Exzision.[18] In einigen Ethnien werden die Mädchen bereits im Alter von zwei Monaten beschnitten, in anderen erst kurz vor oder nach der Geburt des ersten Kindes.[19] Es zeichnet sich ab, dass die Mädchen zunehmend früher beschnitten werden, damit sie weniger Widerstand leisten und leichter festzuhalten sind.[20] Wenn eine Genitalverstümmelung zum üblichen Zeitpunkt nicht möglich war, werden Mädchen und Frauen auch später genitalverstümmelt.

III. Verbreitung

Ethnien, in denen Genitalverstümmelungen praktiziert werden, finden sich v. a. in mehr als 28 afrikanischen Staaten in einem Streifen südlich der Sahara.[21] Genitalverstümmelungen werden auch in einzelnen Ethnien in den Vereinigten Arabischen Emiraten, in Oman, im Yemen, in Indonesien, Malaysia und Indien vorgenommen.[22] Zudem werden auch in Europa, Nordamerika oder in Australien Mädchen bzw. Frauen aus den die Genitalverstümmelung praktizierenden Ethnien verstümmelt.[23] In einer Ethnie wird üblicherweise nur eine Art der Genitalverstümmelung praktiziert. So kommt es, dass in Djibouti, Somalia und im Sudan 80-90% aller Genitalverstümmelungen Infibulationen sind. Genitalverstümmelungen werden vor allem von Muslimen, teilweise aber auch von christlichen und jüdischen Ethnien und von Ethnien, die Naturreligionen anhängen, vorgenommen.[24]

---

14 *WHO*, FGM, 7.
15 *Schnüll* in *Schnüll*, 28; *Sidibe* in *Schnüll*, 68 (71) berichtet dies aus Gambia.
16 vgl. *Lightfoot-Klein*, 73 bzgl. des Sudan; *Aida Seif El Dawla* in Friedrich-Ebert-Stiftung, 24 (26).
17 *WHO*, FGM, 2.
18 *Schnüll* in *Schnüll*, 20 (28).
19 *Schnüll* in *Schnüll*, 20 (27 f).
20 *Lightfoot-Klein*, 70.
21 Eine genaue Auflistung der Staaten findet sich in *WHO*, FGM, 18 ff.
22 *WHO*, FGM, 21.
23 *WHO*, FGM, 19 f.
24 *Ettenhuber* in *Hermann*, 16 (25).

Genitalverstümmelungen kamen in der Vergangenheit auch in anderen Regionen vor: Bei den im tropischen Regenwald Ostperus lebenden Shipibo-Conibo-Indianern wurden Mädchen bis in die 1980er Jahre hinein verstümmelt,[25] und in Westfalen und im Gifhorner Moor wurden 4000 bzw. 3500 Jahre alte weibliche Moorleichen gefunden, deren Genitalien in frühester Jugend verstümmelt worden waren.[26]

IV. Folgen der Genitalverstümmelung

1. Gesundheitliche Folgen

Alle drei Typen der Genitalverstümmelung können schwerwiegende unmittelbare und langfristige Auswirkungen auf die Gesundheit haben.[27] Unmittelbare Folge des Eingriffs sind starke Blutungen, die zu einem Schock und auch zum Tod führen können. Dies tritt vor allem dann ein, wenn die Genitalverstümmelung von nicht medizinisch ausgebildeten Personen vorgenommen wird, ist aber auch sonst nicht ausgeschlossen. Die Genitalverstümmelung verursacht extreme Schmerzen, da die Klitoris und die anderen äußeren Genitalien mit taktilen Sinneszellen dicht besetzt sind. Wenn die Genitalverstümmelung, wie in der Mehrzahl der Fälle, ohne örtliche Betäubung vorgenommen wird, treten diese Schmerzen sofort auf. Sie sind so intensiv, dass sie zu einem u. U. tödlichen neurogenen Schock führen können. Häufig infizieren sich die Frauen und Mädchen während der Verstümmelung mit Krankheitserregern, die durch unsterile Werkzeuge oder Fäkalien in die Wunde gelangt sind. Die Infektionen können nur die Wundoberfläche betreffen und daher einen relativ glimpflichen Verlauf haben, es kann aber auch zu schweren Infektionen, bspw. mit dem Tetanus-Erreger kommen. Wenn mehrere Mädchen nacheinander mit dem gleichen Werkzeug beschnitten werden, kann es zudem vorkommen, dass HIV, Polio, Hepatitis B und andere durch Blut übertragbare Krankheiten verbreitet werden. Wenn die Beschneiderinnen sich verschneiden, bspw. weil das Mädchen aufgrund der extremen Schmerzen nicht ruhig bleibt, kann es auch zu einer Beeinträchtigung der Nachbarorgane kommen.

Alle drei Typen der Genitalverstümmelung führen auch zu langfristigen Beeinträchtigungen der Gesundheit. Es kann zu wiederholten Infektionen des gesamten Urintrakts kommen, die zu Blasen- oder Nierensteinen oder zur Sterilität führen können. Folge kann auch eine Fistelbildung sein, die zur Inkontinenz füh-

---

25 *Ettenhuber* in *Hermann*, 16 (17).

26 *Rosenke*, 60 m. w. N.; allerdings wird davon ausgegangen, dass die Genitalverstümmelung in Mitteleuropa nicht allgemein üblich war, da bisher nur zwei Leichen mit verstümmelten Genitalien gefunden wurden.

27 *WHO*, FGM, 25 ff; die nachfolgend dargestellten Fakten sind – soweit keine anderen Angaben gemacht werden – diesem Bericht entnommen.

ren kann.[28] Relativ häufig bilden sich auch Zysten, die die Größe einer Grapefruit oder sogar eines Fußballs erreichen können und u. U. operativ entfernt werden müssen. Das Narbengewebe neigt zur starken Verwulstung, wodurch Harnröhre und Vagina verengt und Schmerzen beim Urinieren, beim Geschlechtsverkehr und Geburtskomplikationen sowie Probleme beim Gehen auftreten können. Die Genitalverstümmelung erschwert zudem den Geburtsvorgang, da dieser durch eine vorhandene Klitoris aktiv unterstützt wird[29]. Die Narbe kann bei der Geburt auch aufreißen und erneut zu schweren Blutungen führen.

Die bei der Infibulation verbleibende sehr kleine Öffnung zieht zahlreiche weitere Gesundheitsbeschwerden nach sich. Diese resultieren einmal daraus, dass der Urin nicht in gewohnter Weise abfließen kann. Dadurch verbleiben vermehrt Urinreste in der Blase, die gehäuft zu chronischen Infektionen des Urintrakts führen. Dies ist auch ein Grund dafür, dass infibulierte Frauen dreimal häufiger als exzidierte Frauen an einer Infektion des Urintrakts leiden. Da auch das Menstruationsblut nicht normal ablaufen kann, kommt es häufig zu starken Menstruationsbeschwerden, und die Menstruation ist oft um mehr als eine Woche verlängert. Wenn die Öffnung sehr klein oder gänzlich zugewachsen ist, staut sich das Blut bis in Scheide, Gebärmutter und Eileiter zurück, was u. U. zur Sterilität führt.

Die Defibulation vor dem ersten Geschlechtsverkehr verursacht ebenfalls starke Schmerzen und kann zu starken Blutungen, u. U. auch zum Verbluten, sowie zu Infektionen und zur Fistelbildung führen.[30] Dies gilt um so mehr für die kurz vor der Geburt eines Kindes erforderliche (erneute) Defibulation wegen der in diesem Moment starken Blutstauungen und der bereits durch die Geburt belasteten Gesundheit der Frau.[31]

Die oftmals direkt nach der Geburt erfolgende Refibulation auf die voreheliche winzige Öffnung bringt erneut die bei der Infibulation auftretenden physischen Beeinträchtigungen mit sich und führt ferner dazu, dass Blut- und Plazentareste nicht mehr ordnungsgemäß abfließen können und sich im Körper stauen.[32]

Wenn bei der Exzision das Gewebe ähnlich einer Infibulation zusammenwächst, kann dies zu ähnlichen gesundheitlichen Beeinträchtigungen führen.

---

28 *Hulverscheidt* in *Schnüll*, 52 (55).

29 *Rosenke*, 54.

30 *Hulverscheidt* in *Schnüll*, 52 (57).

31 *WHO*, FGM, 30. Schätzungen zufolge ist die Müttersterblichkeit doppelt so hoch wie im Normalfall, dies konnte bisher in Studien aber noch nicht bestätigt werden.

32 *Rosenke*, 55.

2. Psychische Konsequenzen

Am Tag ihrer Genitalverstümmelung haben die Mädchen widersprüchliche Gefühle[33]: Zunächst haben sie sich auf diesen Tag gefreut, weil sie nach der Beschneidung wieder auf einer Stufe mit ihren bereits beschnittenen Freundinnen oder Geschwistern stehen und/oder sind glücklich, weil sie im Mittelpunkt von Feierlichkeiten stehen.[34] Während der Genitalverstümmelung empfinden sie dann unvorbereitet nie erlebte, extreme Schmerzen, wodurch sie traumatisiert werden.[35] Da die Mädchen über ihre Schmerzen nicht sprechen dürfen, kann dieses Trauma nicht überwunden werden[36] und hinterlässt daher lebenslang emotionale Wunden. Kurzfristig kommt es zu Verhaltensstörungen[37], langfristig kann es zu Angstreaktionen und Depressionen, zu einem geringen Selbstwertgefühl und einem gestörten Sexualleben kommen.[38] Andererseits ziehen die betroffenen Mädchen und Frauen häufig aus dem beschnittenen Körper ihr Selbstwertgefühl.[39]

3. Einfluss auf das Sexualleben

Die Klitoris und die inneren Schamlippen bilden normalerweise das Zentrum der sexuellen Empfindungsfähigkeit der Frau.[40] Durch ihre Exzision wird in extremer Weise in das sexuelle Empfinden der Frau eingegriffen.[41] Einem positiven sexuellen Empfinden abträglich sind auch die durch chronische Erkrankungen, Menstruationsbeschwerden sowie durch Penetration und Defibulation erzeugten Schmerzen.[42]

4. Soziale und ökonomische Folgen

In den Ethnien, die die Genitalverstümmelung praktizieren, werden nur beschnittene Mädchen/Frauen als ehrenwerte Mitglieder der Gesellschaft angesehen, unbeschnittenen Frauen (und ihren Familien) hingegen kommt eine Außenseiterrolle zu[43]. Sie werden teilweise mit speziellen Schimpfworten belegt[44] und sozial aus-

33 *WHO*, FGM, 31.

34 *Ligthfoot-Klein*, 90; *WHO*, FGM, 31.

35 *Hulverscheidt* in *Schnüll*, 52 (56); *Schnüll* in *Schnüll*, 20 (26 f).

36 *Hulverscheidt* in *Schnüll*, 52 (56); *Schnüll* in *Schnüll*, 20 (26 f).

37 *Lightfoot-Klein*, 22.

38 *Hulverscheidt* in *Schnüll*, 52 (56); *Rosenke* 55.

39 *WHO*, FGM, 33.

40 *WHO*, FGM, 24.

41 *WHO*, FGM, 24.

42 *WHO*, FGM, 28.

43 *Beck-Karrer* in *Schnüll*, 131.

44 Bspw. werden im Sudan unbeschnittene Frauen als „nigsa", Unreine beschimpft, und gibt es ein Schimpfwort für den Sohn einer Unbeschnittenen, s. *Lightfoot-Klein*, 91 und *Schüll* in *Schüll*, 20 (34).

gegrenzt[45]. In der Regel können auch nur beschnittene Frauen heiraten und damit ihre ökonomische Existenz sichern[46], da die Frau vor der Heirat von den weiblichen Familienmitgliedern des Ehemannes, üblicherweise von seiner Mutter, begutachtet wird, ob sie beschnitten ist und bei der Infibulation darauf, ob die Öffnung eng genug ist.[47]

Zu sozialen Außenseiterinnen können Frauen auch durch die physischen Folgen der Genitalverstümmelung werden. Frauen, die als Folge der Fistelbildung inkontinent sind, riechen häufig nach Exkrementen und werden daher von anderen gemieden oder verlassen selbst aus Scham das Haus nicht mehr. Von einigen islamischen Rechtsgelehrten werden die Inkontinenz und andere aus der Genitalverstümmelung folgende Gesundheitsbeschwerden auch als Ehenichtigkeitsgrund angesehen.[48]

Zudem können Frauen und Mädchen, die unter Menstruationsbeschwerden leiden oder eine deutlich verlängerte Menstruation haben und sich in dieser Zeit wegen des Geruchs des lange zurückgehaltenen Blutes nicht aus dem Haus trauen, keiner Ausbildung oder Arbeit nachgehen. Dies gilt auch für infibulierte Mädchen und Frauen, die durchschnittlich eine Viertelstunde, manchmal sogar zwei Stunden zum Urinieren benötigen.[49]

V. Gründe für die Genitalverstümmelung

Genitalverstümmelungen werden schon seit mehreren tausend Jahren im heutigen Hauptverbreitungsgebiet praktiziert. Die genauen Umstände und die Begründungen für diese Verstümmelungen sowie die Zusammenhänge zwischen den einzelnen Verstümmelungen sind bisher noch unerforscht. Die Ethnien, die die Genitalverstümmelung noch praktizieren, geben ebenfalls unterschiedliche Gründe für die Vornahme an. Häufigste ausdrückliche oder zumindest implizite Begründung für die Genitalverstümmelung ist, dass nur durch das Herausschneiden der Klitoris Jungfräulichkeit vor der Ehe und Treue während der Ehe sichergestellt werden können.[50] Die enge Vernähung der Infibulationswunde gilt daher als Beweis

---

45 Bspw. darf ein unverstümmeltes Mädchen bei den Oma-Arabern weder Speisen zubereiten noch Wasser schöpfen, weil es als unrein gilt. Es besteht auch die Vorstellung, dass unbeschnittene Frauen weder in die Moschee gehen noch Koranverse rezitieren dürfen, s. *Rosenke*, 35 m. w. N; lt. *Hermann* in *Hermann*, 75 (79) werden auch Frauen, die ihre Kinder nicht beschneiden lassen, bspw. im Senegal sozial ausgegrenzt.

46 nach einer in Somalia durchgeführten Studie wollen 94% der Männer nur eine beschnittene Frau heiraten, *Rosenke*, 40.

47 *Hermann* in *Hermann*, 48 (49).

48 *Rosenke*, 76 f.

49 *Lightfoot-Klein*, 77.

50 *Schnüll* in *Schnüll*, 20 (34); *Hermann* in *Hermann*, 75 (82 f) bzgl. Senegal.

der Jungfräulichkeit,[51] und bei exzidierten Mädchen besteht eine entsprechende Vermutung.[52] Frauen mit einer intakten Klitoris werden auch als zu fordernd angesehen, was vor allem ein in polygamer Ehe lebender Mann nicht wünscht, der die sexuellen Bedürfnisse aller seiner Frauen zu erfüllen hat.[53] Weitere wichtige Gründe für die Genitalverstümmelung sind die Tradition[54] und die zementierte Sozialordnung.

Muslime, die die Genitalverstümmelung praktizieren, sehen diese oft als religiöse Verpflichtung an.[55] Ihre Auffassung wird von islamischen Gelehrten unterstützt oder zumindest toleriert[56], während andere die Auffassung vertreten, dass die Genitalverstümmelung nicht verpflichtend oder sogar verboten sei.[57] Die Meinungsverschiedenheiten beruhen darauf, dass die weibliche Beschneidung im Koran nicht erwähnt ist und Rechtfertigung bzw. sogar Verpflichtung zur Genitalverstümmelung nur aus Sekundärquellen abgeleitet werden können.[58] Genitalverstümmelungen werden daher auch überwiegend nur in den islamischen Ländern praktiziert, in denen sie eine Tradition haben. Auch in christlichen Ethnien wird die Genitalverstümmelung teilweise als religiöse Pflicht angesehen.[59]

Weitere Begründung für die Genitalverstümmelung ist, dass Frauen nur ohne Klitoris bei bestmöglicher Gesundheit sind und nur dann fruchtbar sein können.[60] Es wird angenommen, dass die Klitoris übelriechende und unsaubere oder sogar giftige Stoffe enthält[61] und Herd für Infektionskrankheiten ist.[62] Eine intakte Klitoris gilt in manchen Ethnien auch als hässlich und schmutzig oder es wird angenommen, dass die Klitoris und/oder die Schamlippen im unbeschnittenen Zustand

---

[51] *Hermann* in *Hermann*, 48 (49) bzgl. Somalia.

[52] *Rosenke*, 37.

[53] *Schnüll* in *Schnüll*, 20 (36 f).

[54] *Schnüll* in *Schnüll*, 20 (34); *a. i.*, FGM.

[55] *Negatu* in *Friedrich-Ebert-Stiftung*, 7 (9); *Rosenke* 34 f; *Schnüll* in *Schnüll*, 20 (37).

[56] *Krawietz*, 232 f.

[57] *Rosenke*, 35, 71 ff; *Schnüll* in *Schnüll*, 20 (37); s. hierzu auch das Urteil des ägyptischen Verwaltungsgerichtshofs vom 28. Dezember 1997, dt. Übers. in EuGRZ 1998, 24 ff, in dem das Verbot der Genitalverstümmelung als mit der Scharia vereinbar angesehen wird.

[58] *Rosenke*, 62 ff.

[59] So besteht die Vorstellung, dass unbeschnittene Mädchen zum ewigen Höllenfeuer verdammt seien und es soll sogar eine Empfehlung von Missionaren aus dem 16. Jahrhundert geben, Mädchen zu exzidieren, die der Papst bisher noch nicht aufgehoben habe, *Lightfoot-Klein*, 60.

[60] *Rosenke*, 31.

[61] *Schnüll* in *Schnüll*, 20 (39).

[62] lt. *Choumanei/Klingels* in *Schnüll*, 168 (171) wird in Tansania angenommen, dass Säuglinge und Kleinkinder, die starken vaginalen Ausfluss haben, mit der „Lawa-Lawa“ Krankheit infiziert sind. Als einzige Heilmethode gilt das Ausschaben der Vagina einschließlich der vollständigen Entfernung aller äußeren Geschlechtsteile.

bis zu den Knien wachsen.[63] Der Klitoris werden teilweise auch magische Kräfte zugeschrieben, die nach Entfernung der Klitoris auf das Dorf übergehen.[64]

In einigen Stämmen im Norden Ghanas wird die Genitalverstümmelung mittlerweile auch als Bestrafung für vorehelichen Geschlechtsverkehr vorgenommen.[65]

VI. Entscheidung für die Genitalverstümmelung

Die Entscheidung, eine Genitalverstümmelung vorzunehmen, wird i. d. R. von Frauen getroffen, zumeist von den Großmüttern, aber auch von den Müttern. Alle Beteiligten einschließlich der Beschneiderinnen wollen das Beste für das Mädchen und die Gemeinschaft.[66] Selbst wenn eine Genitalverstümmelung in der Familie zunächst nicht befürwortet wird, wird sie wegen des sozialen Drucks dennoch spätestens kurz vor der Hochzeit vorgenommen. Häufig hängt auch die Höhe des Brautpreises davon ab, ob eine Genitalverstümmelung erfolgt ist. Es kommt auch vor, dass Dritte die Genitalverstümmelung gegen den Willen der Eltern vornehmen und dafür nötigenfalls die Mädchen auch entführen.[67] Hierzu kommt es häufiger, wenn die Genitalverstümmelung innerhalb der Gemeinschaft weit verbreitet ist[68] und/oder die Entfernung der Klitoris für die Gemeinschaft von Bedeutung ist.

VII. Maßnahmen gegen die Genitalverstümmelung

In zahlreichen Staaten, in denen Genitalverstümmelungen praktiziert werden, sind seit einigen Jahren Gesetze in Kraft, in denen die Verstümmelung der weiblichen Genitalien unter Strafe gestellt ist.[69] In Tansania gibt es seit 1988 ein allgemeines gesetzliches Verbot dieser Praxis, das 1998 verschärft wurde[70], in Ghana existieren seit 1994[71] entsprechende Gesetze, in Burkina-Faso seit 1984[72]. Diese haben kaum zu einer Verringerung von Genitalverstümmelungen geführt. Wegen der traditionellen Verwurzelung der Genitalverstümmelung besteht auch kaum ein Interesse die Gesetze durchzusetzen. Beispielsweise ging die Regierung in Tansania

---

63 *Schnüll* in *Schnüll*, 20 (36).

64 so die Feststellungen des VG Wiesbaden, U. v. 27. Januar 2000, 5 E 31472/98.A (2).

65 so die Feststellungen in *Abankwah v. INS*, US C.A. (2nd circ.), E. v. 9. Juli 1999, [1999] 185 F.3d 18, 27 f.

66 *Hermann* in *Hermann*, 75 (79).

67 *Hermann* in *Hermann*, 75 (87).

68 *Hermann* in *Hermann*, 75 (87).

69 s. *a. i.*, FGM, wo Maßnahmen gegen die Genitalverstümmelung in einer Tabelle zusammengefasst sind.

70 *Choumaini/Klingels* in *Schnüll*, 168 (171).

71 *Toubia* in *Schnüll*, 77 (78).

72 *Bouédibéla-Amangoua/Hütt* in *Schnüll*, 152 (157).

im Dezember 1998 nicht gegen eine Massenbeschneidung von 2500 Mädchen vor, obwohl diese in einer Tageszeitung öffentlich angekündigt war und die Regierung von internationalen Organisationen gezielt hierauf angesprochen wurde.[73]

Wirksamer als gesetzliche Verbote sind daher Aufklärungsmaßnahmen, die von verschiedenen (Nichtregierungs-) Organisationen durchgeführt werden.[74] Besonders wichtig ist das 1984 gegründete Inter-African Committee on Traditional Practices Affecting the Health of Women and Children (IAC), das in verschiedenen Staaten Außenstellen hat und ein Programm gegen Genitalverstümmelungen entwickelt hat. Dies umfasst Trainingsprogramme für im Gesundheitsbereich Tätige, Sozialarbeiter/-innen, Regierungsmitglieder und Jugendgruppen, Informationskampagnen in Dörfern und Städten, die Veröffentlichung von Forschungsergebnissen sowie die Bereitstellung von Lehrmaterialien.[75] Diese Maßnahmen haben zu einer öffentlichen Thematisierung der Genitalverstümmelung und der damit verbundenen gesundheitlichen Beeinträchtigungen geführt und eine erste Grundlage für ein Umdenken geschaffen.[76] Als besonders wirksam hat es sich auch erwiesen, wenn religiöse Führer sich eindeutig gegen die Vornahme der Genitalverstümmelung aussprechen.[77]

B. Tötung/Gewalt im Namen der Ehre

In vielen Gesellschaften wird die Ehre der männlichen Mitglieder einer Familie durch das Verhalten der Frauen bestimmt. Wenn in der Öffentlichkeit die Meinung besteht, dass die Frauen sich ehrenrührig verhalten haben, sehen sich die Männer in mehreren dieser Gesellschaften als berechtigt bzw. verpflichtet an, ihre weiblichen Familienmitglieder zu töten. Solche Tötungen und Gewaltanwendungen im Namen der Ehre sind auch in letzter Zeit bspw. aus dem Irak[78], Jordanien[79], dem Ko-

---

73 *Choumaini/Klingels* in *Schnüll*, 168 (171).

74 *WHO* Technical Working Group in *Schnüll*, 274 ff; *Bouédibéla-Amangoua/Hütt* in *Schnüll*, 152 ff bzgl. Burkina Faso; *Feil/Sidibe/Kilanowski* in *Schnüll*, 160 ff bzgl. Gambia; *Shafik* in *Schnüll*, 142 ff bzgl. Ägypten.

75 *Levin/Brown* in *Schnüll*, 181 (186 f).

76 *WHO* Technical Working Group in *Schnüll*, 274 ff; *Bouédibéla-Amangoua/Hütt* in *Schnüll*, 152 ff; *Feil/Sidibe/Kilanowski* in *Schnüll*, 160 ff; *Shafik* in *Schnüll*, 142 ff.

77 vgl. *Shafik* in *Schnüll*, 142 (149).

78 *a. i.*, Geschundene Körper, 19; *Heindel* in *Askin/Koenig*, III, 513 (548).

79 *a. i.*, Geschundene Körper, 19; nach Angaben der taz vom 16. Februar 2000, 1 „Mord im Namen der Familienehre“ werden in Jordanien jährlich 25 bis 30 schwangere Frauen von ihren Verwandten getötet.

sovo[80], Marokko[81], der Türkei[82], Syrien[83], der kurdischen Volksgruppe im Irak[84] sowie vor allem aus Pakistan[85] bekannt geworden. Zunächst soll der theoretische Hintergrund beleuchtet werden, bevor auf die Praxis in Pakistan eingegangen wird.

I. Hintergrund

Zu einer Verletzung der Ehre führt es zunächst, wenn in der Öffentlichkeit die Vorstellung besteht, dass sich eine Frau willentlich in eine Situation begeben hat, in der es zum Geschlechtsverkehr hätte kommen können oder gekommen ist. Hier liegt folgendes Reaktionsmuster vor: Der handelnde, außerhalb der Familie stehende Mann hat durch seine (tatsächliche oder vermeintliche) Handlung die Ehre des Mannes verletzt, der für den Schutz der Frau verantwortlich ist.[86] Beide Männer sehen einander als ebenbürtig an. Der herausgeforderte, in der Ehre verletzte Mann muss auf die Ehrverletzung reagieren, ansonsten hat er seine Ehre verloren und ist in der Gesellschaft nicht mehr existent.[87] Die Ehre kann er grundsätzlich nur durch die Tötung des Herausforderers wiederherstellen. Ausnahmsweise kann er sie aber auch wiederherstellen, wenn er auf die Tötung nach Zahlung von Schadensersatzleistungen durch den Herausforderer oder dessen Familie verzichtet. Dessen Familie ist i. d. R. zur Zahlung von Schadensersatzleistungen bereit, da ihre Ehre durch dessen (tatsächliche oder vermeintliche) Handlung erhöht ist.[88] Die Frau verliert ihre Ehre und verletzt damit auch die Ehre des sie „beschützenden" Mannes, wenn öffentlich die Vorstellung besteht, dass sie sich freiwillig in die Situation begeben hat.[89] Solche Vorstellungen können bei einer vorehelichen Schwangerschaft[90] aber auch bei der Anzeige einer Vergewaltigung bestehen.[91] Je nach gesellschaftlichem Umfeld kann auch schon ein Gespräch oder Blickkontakt

---

80 so die Feststellungen des VG Oldenburg, U. v. 7. August 2001, 12 A 1019/98, Asylmagazin 11/2001, 25 ff.

81 Bericht der taz vom 29. Mai 2000, 18.

82 *a. i.*, Geschundene Körper, 19.

83 so die Feststellungen des VG Gelsenkirchen, U. v. 15. Januar 1999, 18a K 2523/98.A, InfAuslR 2000, 51 ff.

84 *a. i.*, Geschundene Körper, 8.

85 *a. i.*, Pakistan: Gewalt; *Hassan* in *Askin/Koenig*, II, 587 ff; Le monde diplomatique, 15. Juni 2001, 18.

86 *Petersen*, 30.

87 *Petersen*, 30 ff.

88 *a. i.*, Pakistan: Gewalt, 16.

89 *Petersen*, 57.

90 *a. i.*, Pakistan: Gewalt, 35.

91 *a. i.*, Pakistan: Gewalt, 29 f.

ausreichen.[92] Sobald eine solche Vorstellung in der Öffentlichkeit besteht, muss die Frau von dem Mann, unter dessen „Schutz" sie steht, getötet werden.[93]

Ausnahmsweise kann die Reaktion auf die Verletzung der Ehre auch nicht die Tötung, sondern „nur" eine Gewaltanwendung, wie das Abschneiden der Nase sein, bspw. wenn die Frau schwanger ist.[94]

Zu Tötungen im Namen der Ehre kommt es auch, wenn eine Frau in anderer Weise nicht der gesellschaftlichen Vorstellung entspricht, nach der sie als „Eigentum" der sie „beschützenden" Männer nur mit deren Einverständnis sexuelle Beziehungen eingehen und diese auch beenden kann.[95] So wurde in Pakistan eine Frau im Namen der Ehre getötet, weil sie vor einer Zwangsverheiratung mit einem ungeliebten Mann geflohen ist[96], sowie eine Frau, die sich gegen den Willen ihrer Eltern von ihrem Mann scheiden lassen wollte.[97]

Tötungen im Namen der Ehre dienen somit dazu, die Kontrolle der Männer über den weiblichen Körper und die Macht von Männern über Frauen insgesamt aufrechtzuerhalten oder wiederherzustellen.[98]

II. Situation in Pakistan

1. Verbreitung

Tötungen im Namen der Ehre kamen in Pakistan ursprünglich nur in den Provinzen Sindh und Belutschistan vor, seit einiger Zeit aber auch in der bevölkerungsreichsten Provinz, dem Punjab.[99] 1999 sind in Pakistan insgesamt 1000 Fälle registriert worden, die tatsächliche Zahl liegt wohl weit darüber.[100] Tötungen im Namen der Ehre finden breite Unterstützung in der Bevölkerung, sowohl bei der Landbevölkerung als auch in den Städten. Als Gründe für die Zunahme der Tötungen werden die Renaissance traditioneller Konfliktlösungsmechanismen genannt sowie die Furcht vor einem Auseinanderbrechen der Gesellschaft, wenn Frauen

---

92 *a. i.*, Gewalt, 11, 17 berichtet aus Pakistan von einem Fall, in dem 1992 ein 14-jähriger Junge und ein 10-jähriges Mädchen in folgender Situation getötet wurden: Der Junge war gesehen worden, wie er nach einem Ausflug an einem heißen Tag sein Hemd in der Sonne trocknete; das Mädchen ruhte sich auf einer Hängematte in der Nähe aus. Der ältere Bruder des Mädchens missdeutete die Situation und verbreitete das Gerücht, dass die beiden eine voreheliche Beziehung haben, wodurch die Ehre der Familie des Mädchens verletzt war.

93 *a. i.*, Pakistan: Gewalt, 28, 35.

94 *a. i.*, Geschundene Körper, 8 bzgl. der kurdischen Gebiete im Irak.

95 *a. i.*, Pakistan: Gewalt, 21; Le monde diplomatique, 15. Juni 2001, 18 f.

96 *a. i.*, Pakistan: Gewalt, 22.

97 *a. i.*, Pakistan: Gewalt, 27 ff.

98 *Heindel* in *Askin/Koenig*, III, 513 (547 f).

99 *a. i.*, Pakistan: Gewalt, 9.

100 Le monde diplomatique, 15. Juni 2001, 18 f.

ungestraft ihr Leben nach den eigenen Wünschen verwirklichen.[101] Tötungen im Namen der Ehre werden teilweise auch als islamische Tradition angesehen.[102]

2. Form

In den ländlichen Gebieten Pakistans werden Tötungen im Namen der Ehre überwiegend als Ritual durchgeführt. Hier wird die Frau zur kari (schwarze Frau) und der Mann, zu dem sie diese Beziehungen haben soll, zum karo (schwarzer Mann) erklärt.[103] Die Ehre der Familie der kari ist erst dann vollständig wiederhergestellt, wenn beide getötet worden sind.[104] Traditionell wurden beide, ohne dass ihnen eine Möglichkeit gegeben wurde, sich zu den Vorwürfen zu äußern, in Stücke gehackt. In der derzeitigen Praxis wird hingegen zumeist das weibliche Familienmitglied zur kari erklärt und sofort getötet.[105] Der karo erfährt häufig hiervon und kann fliehen: So wurden 1998 nur 60 karo auf 100 kari getötet.[106] Zurückkehren kann der karo erst, wenn seine Familie sich im Stammesrat (jirga) oder einem Treffen (faislo) mit der Familie der kari geeinigt hat.[107] Die Familie des karo muss sich bereit erklären, eine Entschädigung für den „Verlust" der getöteten Schwester/Tochter/Ehefrau und für etwaige Bestechungsgelder, die für die Verhinderung eines Strafverfahrens erforderlich sind, zu zahlen.[108] Es kommt auch vor, dass in der jirga oder im faislo vereinbart wird, dass ein oder zwei Frauen aus der Familie des karo der Familie der kari „übergeben" werden.[109] Manchmal sind die Tötungen auch Folge eines Beschlusses in der jirga. So wurde im März 1999 die Tötung eines Mädchens beschlossen, das angab, vergewaltigt worden zu sein, und im direkten Anschluss ausgeführt.[110] Karis bleiben selbst nach dem Tod entehrt. Ihre toten Körper werden in Flüsse geworfen oder auf versteckten kari-Friedhöfen begraben. Karos hingegen werden auf dem Friedhof der Gemeinde beerdigt und von ihrer eigenen Familie, die durch ihre Handlung nicht entehrt wurde, betrauert.[111]

In den städtischen Gebieten im Punjab hingegen werden die Tötungen ohne rituelle Form vorgenommen. Aber auch hier sind Tötungen im Namen der Ehre gesellschaftlich akzeptiert, erfordern aber eine größere Rechtfertigung.[112] Deswe-

---

101 vgl. *a. i.*, Pakistan: Gewalt, 25; *Hassan* in *Askin/Koenig*, 587 (599).
102 *a. i.*, Pakistan: Gewalt, 56 f; *Hassan* in *Askin/Koenig*, 587 (598).
103 *a. i.*, Pakistan: Gewalt, 9.
104 *a. i.*, Pakistan: Gewalt, 18.
105 *a. i.*, Pakistan: Gewalt, 18.
106 *a. i.*, Pakistan: Gewalt, 9.
107 *a. i.*, Pakistan: Gewalt, 18 f.
108 *a. i.*, Pakistan: Gewalt, 19.
109 *a. i.*, Pakistan: Gewalt, 19.
110 *a. i.*, Pakistan: Gewalt, 30.
111 *a. i.*, Pakistan: Gewalt, 17.
112 vgl. *Hassan* in *Askin/Koenig*, 587 (598).

gen werden hier die Tötungen teilweise auch als Unfall getarnt.[113] Es wird aber auch von einem Fall berichtet, in dem eine Frau, weil sie gegen den Willen des Vaters geheiratet hatte, im direkten Anschluss an den Freispruch im Verfahren wegen zina öffentlich erschossen wurde.[114] Frauen werden teilweise auch nur vorgeblich im Namen der Ehre getötet. Dies geschieht, um hierdurch von der Familie des vermeintlichen karo Schadensersatzleistungen zu erhalten oder um eine bereits erfolgte Tötung als Tötung im Namen der Ehre deklarieren zu können.[115]

3. Schutzmöglichkeiten für Frauen

Falls einer Frau ausnahmsweise die Flucht gelingt, gibt es nur wenige Orte, an denen sie vor den Familienmitgliedern sicher ist. Da es äußerst ungewöhnlich ist, dass eine Frau alleine reist, muss sie zudem befürchten, zu ihrer Familie zurückgeschickt zu werden.[116] Betroffene Frauen können auf dem Land teilweise im Haus des Stammesführers (Sadar) Schutz finden. Dort sind sie allerdings unbezahlte Haushaltskräfte und können nach dessen Belieben verheiratet, zurückgeschickt oder verkauft werden.[117] Auch in den Städten können sie kaum Hilfe erwarten: Es gibt einige wenige staatliche Frauenhäuser, die in akuten Notsituationen aber kaum Hilfe bieten können, da eine Aufnahme nur nach gerichtlicher Einweisung erfolgen kann.[118] Zudem können sie für die Frauen keine Perspektive bieten: Die Häuser sind für sie wie ein Gefängnis, da sie diese zu ihrem eigenen Schutz nicht verlassen dürfen.[119] Eine Tötung im Namen der Ehre wird nämlich auch Jahrzehnte später noch durchgeführt. Die wenigen privaten Frauenhäuser können die Frauen zumeist nicht längerfristig aufnehmen oder sie verlangen für die Aufnahme die Zustimmung des Ehemannes.[120]

4. Staatliche Reaktion

Im März 2000 hat sich Präsident Musharaf dafür ausgesprochen, Tötungen im Namen der Ehre zu bestrafen.[121] Tatsächliche Veränderungen sind aber bisher nicht erfolgt, vermutlich auch, weil eine Auseinandersetzung mit den mächtigen reli-

---

[113] *a. i.*, Pakistan: Gewalt, 35.
[114] *a. i.*, Pakistan: Gewalt, 21.
[115] *a. i.*, Pakistan: Gewalt, 30 ff mit weiteren Beispielen; *Hassan* in *Askin/Koenig*, II, 587 (602 f).
[116] *a. i.*, Pakistan: Gewalt, 36 f.
[117] *a. i.*, Pakistan: Gewalt, 36 ff.
[118] *a. i.*, Pakistan: Menschenrechte.
[119] *a. i.*, Pakistan: Gewalt, 39.
[120] *a. i.*, Pakistan: Gewalt, 39.
[121] Washington Post Foreign Service, 8. Mai 2001: In Pakistan Women pay the Price of "Honor".

giösen Kreisen gescheut wird, die Tötungen im Namen der Ehre als islamische Tradition ansehen.[122]

Zudem kommt es nur in 10% der Fälle zu Verurteilungen.[123] Es werden nur selten Ermittlungen aufgenommen, weil die Tötungen im Namen der Ehre als Unfälle getarnt werden und dies auch akzeptiert wird[124] und/oder die Polizeibeamten aus Verständnis für die handelnden Männer[125] oder jedenfalls nach Zahlung eines Bestechungsgeldes hiervon absehen. Auch in der Justiz ist ein großes Verständnis für die Männer zu spüren.[126] Die Angeklagten gehen zwar zumeist nicht straffrei aus, werden aber nur zu geringen Haftstrafen verurteilt. Dies begründete der Lahore High Court damit, dass die Tötung durch das Verhalten der Opfer gerechtfertigt sei, das in einem islamischen Staat nicht zu dulden und für einen Familienvater unerträglich sei.[127] In der Justiz besteht zudem die Auffassung, dass jeder Eingriff in die patriarchale soziale Struktur die Gesellschaft zerstört, was auch mit Hilfe der Justiz zu verhindern sei. Frauen, die gegen diese Ordnung verstoßen, werden daher als Personen eingestuft, die die Gesellschaft nicht zu schützen braucht.[128]

C. Tötung/Gewalt im Zusammenhang mit Mitgiftforderungen

Seit 1970 ist es in Indien[129] und Pakistan[130] vermehrt zu Streitigkeiten um die Mitgift gekommen, die für die Ehefrauen nicht selten tödlich endeten. Die folgende Darstellung bezieht sich auf die Situation in Indien. Hier wurden allein für das Jahr 1998 nach offiziellen Angaben 6.926 Mitgiftmorde registriert.[131] Den Streitigkeiten um die Mitgift liegt folgende gesellschaftliche Entwicklung zu Grunde: Ursprünglich war die Mitgift eine freiwillige Gabe der Brauteltern an die Braut, die ihr anstatt des Erbes gegeben wurde und ihr persönliches Vermögen war.[132] Mittlerweile fordern hingegen die Eltern des Bräutigams die Mitgift ein und diese wird Teil deren Vermögens. Hiermit werden zumeist die Ausbildungskosten des

---

122 Le monde diplomatique, 15. Juni 2001, 18 f.
123 Le monde diplomatique, 15. Juni 2001, 18 f.
124 *a. i.*, Pakistan: Gewalt, 63.
125 *a. i.*, Pakistan: Menschenrechte; *a. i.*, Pakistan: Gewalt, 61; Le monde diplomatique, 15. Juni 2001, 18 f.
126 *a. i.*, Pakistan: Gewalt, 63 ff.
127 *a. i.*, Pakistan: Gewalt, 65 f; Le monde diplomatique, 15. Juni 2001, 18 f.
128 *a. i.*, Pakistan: Gewalt, 63 f.
129 *Wezler* in *Lüderssen*, 284 (290 f).
130 *a. i.*, Pakistan: Menschenrechte; *Hassan* in *Askin/Koenig*, II, 587 (592 f).
131 *a. i.*, Geschundene Körper, 14.
132 *Reiter*, 119; *Laux*, 71.

Bräutigams[133] oder die Verheiratung der eigenen Töchter finanziert.[134] Vor allem Familien der unteren Mittelschicht sehen die Mitgiftforderung als Möglichkeit an, den Luxus zu erlangen, den sie sich sonst nicht leisten können[135] und verlangen statt der essentiellen Küchenutensilien Fernseher, Kühlschränke und Waschmaschinen. Wenn der Vater der Ehefrau die Mitgiftforderungen nicht erfüllen kann, wird die Ehefrau von ihrem Ehemann und/oder von dessen Familie mit physischer und/oder psychischer Gewalt unter Druck gesetzt. Die Gewalttätigkeiten eskalieren nicht selten darin, dass die Ehefrau getötet, verstümmelt, durch Säure entstellt oder zur Selbsttötung getrieben wird.[136] Häufigste Form der Tötung ist, dass die Ehefrau mit Kerosin oder einer anderen leicht entflammbaren Flüssigkeit überschüttet und anschließend angezündet wird.[137] Diese Tötungen werden häufig als Küchenunfälle getarnt.

Die Situation, die die Frau zur Selbsttötung veranlasst, entsteht dadurch, dass sie die andauernden Gewaltanwendungen nicht mehr aushalten kann, andererseits aber auch nicht zu ihren Eltern zurückkehren kann, da diese bereits viel Geld für eine standesgemäße Verheiratung ausgegeben haben.[138] Es kommt in allen gesellschaftlichen Schichten zu Gewalt bzw. Tötung im Zusammenhang mit Mitgiftforderungen. Die Gesellschaft macht i. d. R. die betroffenen Frauen hierfür verantwortlich.[139]

Indien hat hiergegen einige Maßnahmen ergriffen. Seit 1961 ist in Indien die Zahlung von Mitgift gesetzlich verboten. Es gibt aber genug Schlupflöcher, und bisher ist es noch nicht zu einer Verurteilung gekommen.[140] Es wurden auch Zentren eingerichtet, an die sich die Opfer von Gewalttätigkeiten im Zusammenhang mit der Mitgift wenden können. Allerdings wird dort Frauen aus Mangel an Alternativen häufig geraten, zu ihrem Ehemann zurückzukehren.[141] Es wurde auch ein Gesetz erlassen, durch das in Gerichtsverfahren, in denen Mitgifttötungen verhandelt werden, die Beweislast umgekehrt ist.[142] Doch bei vielen Tötungen werden erst gar keine Ermittlungen aufgenommen.[143] Hier ist aber möglicherweise eine Änderung eingetreten: So wurden im Jahre 2001 in Gesamtindien 2988 Fälle von

---

133 *Wezler* in *Lüderssen*, 284 (299); *Laux*, 71.
134 *Reiter*, 122.
135 *Sharma*, 117.
136 *Laux*, 72 ff.
137 *Laux*, 72; *Wezler* in *Lüderssen*, 284 (306).
138 *Laux*, 73; *Wezler* in *Lüderssen*, 284 (307).
139 *Laux*, 77.
140 *Wezler* in *Lüderssen*, 284 (297).
141 *Reiter*, 139 ff.
142 *Wezler* in *Lüderssen*, 284 (299) m. w. N.
143 *Wezler* in *Lüderssen*, 284 (293).

Mitgifttötungen vor dem High Court und 13251 Fälle vor sonstigen Gerichten verhandelt.[144]

D. Häusliche Gewalt an Ehefrauen

Am Beispiel der Situation in Indien und Pakistan soll verdeutlicht werden, dass häusliche Gewalt, die überall auf der Welt vorkommt, einen Fluchtgrund für die betroffenen Frauen darstellen kann. In beiden Gesellschaften sind Gewaltanwendungen gegenüber Ehefrauen weit verbreitet.[145] Häusliche Gewalt wird hier für ein legitimes Mittel gehalten, um Ehefrauen zu züchtigen, die dem Willen des Ehemannes nicht entsprochen haben.[146] In Pakistan wird das Recht zu Gewalttätigkeiten gegenüber der „ungehorsamen“ Ehefrau auch mit der Sure 4.34 des Korans begründet.[147] In der Praxis werden Ehefrauen allerdings nicht nur wegen ihres tatsächlichen oder vermeintlichen Ungehorsams geschlagen, sondern auch aus Minderwertigkeitsgefühlen des Ehemannes, bspw. gegenüber seiner erwerbstätigen Ehefrau.[148] Auch spielt das schlechte Verhältnis zwischen Schwiegermutter und Schwiegertochter eine Rolle. So sehen sich Männer nicht selten gezwungen, auf Vorwürfe ihrer Mutter gegenüber der Ehefrau mit Gewalt zu reagieren und sich damit als gehorsamer Sohn zu zeigen.[149] Die Gesellschaft gibt i. d. R. der Frau die Schuld an der Gewalt.

Aufgrund der gesellschaftlichen Rahmenbedingungen für Frauen in Indien und Pakistan erdulden die Ehefrauen die Gewalttätigkeiten so lange wie möglich, um ihren Status als Ehefrau nicht zu verlieren. Zudem schämen sie sich, hiervon zu erzählen.[150] Eine Scheidung ist für eine betroffene Ehefrau teilweise schon de iure nicht möglich oder nur schwer durchzusetzen. Jedenfalls kann sie wegen der ökonomischen Abhängigkeit von ihrem Ehemann und wegen fehlender alternativer

---

[144] Bericht der The Bihar Times, abrufbar unter: http://www.bihartimes.com/dev_alert/ dev_alert_040.html.

[145] *Laux*, 93 f bzgl. der Situation in Indien; *Hassan* in *Askin/Koenig*, II, 578 (591 f.) bzgl. der Situation in Pakistan.

[146] s. *Lai/Ralph*, Harvard Human Rights Journal 1995, 201 (223) m. w. N. generell, *a. i.*, Pakistan: Gewalt, 33; *Hassan* in *Askin/Koenig*, II, 587 (591 f.) bzgl. der Situation in Pakistan; *Scheu*, 55 bzgl. der Situation in Indien; in Indien sehen es sogar 56% der indischen Frauen als legitim an, dass sie für eine Vernachlässigung der Kinder, für ein Verlassen des Hauses ohne die Genehmigung des Ehemanns oder für die Zubereitung eines schlechten Essens von ihrem Ehemann geschlagen werden, Bericht der BBC vom 19. Februar 2001, abrufbar unter: http://news.bbc.co.uk/hi/english/world/south_asia/newsid_1178000/1178714.stm.

[147] *Hassan* in *Askin/Koenig*, II, 587 (591 f); allerdings ist unter Islamwissenschaftlern umstritten, ob hieraus ein solches Recht abgeleitet werden kann s. *Ali*, 65 ff.

[148] *Laux*, 74 m. w. N.

[149] s. *Laux*, 93 f; sowie *a. i.*, Pakistan: Gewalt, 33.

[150] *Sharma*, 110 ff.

Unterkunftsmöglichkeiten de facto nur ein letzter Ausweg sein. Daher schrecken Frauen auch vor einer Anzeige zurück, da diese ihre Situation nicht verbessern kann.[151]

Besonders betroffen von dauerhaften und schweren Gewaltanwendungen sind Frauen, die als Angehörige einer Minderheitenreligion oder einer unteren Kaste in der Gesellschaft einen schlechteren Status als Frauen im Allgemeinen haben. Sie werden eher geschlagen und haben noch weniger Möglichkeiten, Hilfe zu erhalten.[152] In Gesellschaften, in denen arrangierte Ehen üblich sind, wie in Pakistan und Indien, sind zudem diejenigen Ehefrauen in besonderem Maße Gewalttätigkeiten durch den Ehemann ausgesetzt, die eine von den Eltern des Ehemannes nicht gewünschte selbstausgesuchte Partnerin sind. Der Ehemann wird sich wegen des Konflikts mit seinen Eltern nämlich nicht selten auf diese Weise abreagieren.[153]

Die Behörden greifen in Indien und Pakistan i. d. R. nicht ein, wenn sie von diesen Gewalttätigkeiten erfahren, da sie der Auffassung sind, dass es sich um eine Privatangelegenheit handelt[154], oder den Frauen die Schuld daran geben[155].

E. Zwänge bei der Eheschließung

I. Zwangsverheiratung durch Dritte

In zahlreichen Gesellschaften, vor allem in Gesellschaften mit einer strikten Geschlechtertrennung, wird die überwiegende Zahl der Ehen durch die Eltern, vor allem durch die Väter, arrangiert.[156] In diesen Gesellschaften wird es als undenkbar angesehen, dass Frauen und Männer ihre Ehepartner selbst wählen, da dies ohne ein vorheriges gegenseitiges Kennenlernen und damit ein Mischen der Geschlechter nicht möglich ist. Frauen haben i. d. R. noch weniger Möglichkeiten als Männer, auf die Wahl des zukünftigen Ehepartners Einfluss zu nehmen.[157]

Eine Zwangsverheiratung führt aufgrund der oben dargestellten Situation vor allem für Frauen zu einem Flucht- oder Bleibegrund. Frauen können anders als Männer nach der Hochzeit ihre eigenen Vorstellungen nicht mehr verwirklichen.

---

[151] s. *a. i.*, Geschundene Körper, 45 ff.

[152] *a. i.*, Geschundene Körper, 37.

[153] s. *Reiter*, 139 ff; Sachverhalt des Urteils *Khawar v. Minister*, 25 ff.

[154] *a. i.*, Geschundene Körper, 36 f; *Human Rights Watch*, Crime or Custom? VI; auch in Deutschland wurde häusliche Gewalt bis vor 20 Jahren noch als reine Privatangelegenheit angesehen, s. taz Berlin, 27. Februar 2002, 22.

[155] so die Feststellungen des CRDD, E. v. 4. Juni 1993, U92-08714.

[156] *Nasir*, 10 ff bzgl. der Situation im Mittleren Osten, *a. i.*, Pakistan: Gewalt, 14 f speziell bzgl. Pakistan; *Laux*, bzgl. der Situation in Indien.

[157] Es kann daher für beide Geschlechter zu Zwangsverheiratungen kommen. So berichtet die taz vom 22. Februar 1994, 16 über einen 15-jährigen Inder, der durch ein Gerichtsurteil die von den Eltern arrangierte Verheiratung zu verhindern versuchte.

Zudem ist eine Scheidung oft ausgeschlossen. Verschärft ist die Situation nach der Ehe für die Frauen, die als zweite, dritte oder vierte Ehefrau geheiratet werden.[158] In diesem Fall sind sie auch den Anordnungen der anderen Ehefrauen ausgesetzt, denen sie häufig nicht willkommen sind.

Nach muslimischem Familienrecht ist ein Ehevertrag zwischen den Ehepartnern erforderlich. Nach Auffassung der überwiegenden Zahl der islamischen Juristen ist dieser nur gültig, wenn er von einem männlichen „Beschützer“ der Frau geschlossen wurde.[159] Die Frau muss dem Vertragsschluss zustimmen. Dies kann aber bspw. im Sudan auch konkludent erfolgen[160] und bspw. in Marokko ist eine Zustimmung nicht erforderlich, wenn die Frau droht, „in Versuchung zu geraten“.[161]

Nach afrikanischem traditionellem Recht, das bspw. in Kenia neben dem christlichen, dem hinduistischen und dem islamischen Familienrecht besteht, kommen Ehen auch allein durch das Zusammenwohnen zustande.[162]

Mädchen können bspw. im Sudan und in Pakistan auch von ihrem „Beschützer“ vor Erreichen der Pubertät verheiratet werden, ohne dass sie auch nur konkludent zustimmen müssen.[163] In Pakistan kann das Mädchen mit Eintritt in die Pubertät die Auflösung der Ehe verlangen, wenn die Ehe noch nicht „vollzogen“ wurde und die Verheiratung vor dem 15. Lebensjahr erfolgte.[164]

---

[158] Polygynie ist bspw. noch in Syrien, Jordanien dem Irak, Marokko und Kuwait gestattet. Auch in Ägypten ist die Heirat zulässig, die Frau kann sich aber scheiden lassen, wenn sie eine materielle oder moralische Ungerechtigkeit zu erleiden hat, *Nasir*, 27 ff.

[159] *Nasir*, 10 f, es ist dabei keine Gültigkeitsvoraussetzung, dass der Heiratsvertrag in einem formellen oder informellen Dokument niedergeschrieben oder schriftlich abgefasst ist; dies kann aber in einzelnen Staaten so vorgeschrieben sein, *Nasir*, 30 ff.

[160] Section 34 (1) des im Sudan geltenden familiy act lautet: „The marriage of a pubescent woman shall be concluded by her guardian with her permission and consent to the husband and the dowry. Her word regarding her attainment of pubescence shall be conclusive unless it contradicts the obvious. (2) A virgin pubescent woman's express or implied affirmation is necessary if her guardian concluded her marriage contract and informed her later“, abrufbar unter http://equalitynow.org/beijing_plus5_marital_eng.html.

[161] So lautet Art. 12 Abs. 4 des marokkanischen Familienrechts: „The guardian, even if he is the father, shall not compel his daughter who has reached puberty, even if she is a virgin, to marry without her permission and consent unless temptation is feared, in which case the judge shall have the right to compel her to marry in order that she may be under the protection of an equal husband who will take care of her", *Nasir*, 11.

[162] *Muli* in *Peters/Wolper*, 78 f.

[163] In section 40 (3) des im Sudan geltenden family act heißt es: „The guardian of a minor girl can conclude her marriage contract. The guardian has to prove that the marriage will benefit the minor girl, that the husband is suitable and the husband pays the dowry usually paid to women of her status", abrufbar unter http://equalitynow.org/beijing_plus5_marital_eng.html, bzgl. Pakistan siehe *Ali*, 166 ff; *a. i.*, Pakistan: Menschenrechte.

[164] *Ali*, 168 ff; *a. i.*, Pakistan: Menschenrechte.

II. Zwangsheirat durch den Ehemann

Anlass zur Flucht kann auch die Furcht davor sein, gegen den Willen der Eltern zwangsweise vom Ehemann geheiratet zu werden. Beispiel hierfür ist die Zwangsheirat von Jezidinnen durch Muslime in der Türkei. Antrieb für diese Zwangsheirat ist dabei auch die in der Gesellschaft verbreitete Vorstellung, dass eine solche Zwangsheirat legitim ist, um die Gemeinschaft der Jeziden zu schwächen und zugleich die Jezidinnen zum Islam zu „bekehren".[165]

III. Verbotene Heirat

Zu einem frauenspezifischen Flucht- oder Bleibegrund kann es auch werden, wenn eine Frau einen Ehemann geheiratet hat, den sie gesetzlich nicht heiraten durfte. So ist es nach schiitischer und sunnitischer Vorstellung einer Muslima nur gestattet, einen Muslim zu heiraten.[166] Anderenfalls ist die Ehe nichtig und beide laufen Gefahr, wegen zina angezeigt und verurteilt zu werden. Wenn für eine gültige Ehe die Zustimmung des männlichen „Beschützers" erforderlich ist, die Frau aber ohne dessen Willen geheiratet hat, gilt dies gleichermaßen.

F. Beeinträchtigung „ungeschützter" Frauen

Unverheiratete, geschiedene oder verwitwete Frauen können häufig nicht würdevoll leben.[167] In Gesellschaften, in denen Frauen immer einem Mann zugeordnet sein müssen, haben allein lebende Frauen prinzipiell keinen Platz. Sie erhalten häufig keine Wohnungen, da ihnen unterstellt wird, dass sie der Prostitution nachgehen.[168] Frauen ohne „männlichen Schutz" drohen zudem unabhängig vom Alter Gewaltanwendung oder Vergewaltigung, da sie für die handelnden Männer „öffentliches Eigentum" sind, mit dem nach Belieben verfahren werden kann.[169]

Hiervon besonders betroffen sind Witwen, die keinen Sohn geboren haben. Sie können i. d. R. weder von den Familien ihrer Töchter noch von ihrer Ursprungsfamilie aufgenommen werden.[170] In der Familie des verstorbenen Ehemannes werden sie als ökonomische Belastung angesehen. In Indien sind Witwen in der Gesellschaft ausgegrenzt und zu einem asketischen Leben voller Keuschheit und Enthaltsamkeit verpflichtet, da das Witwendasein als Strafe für frühere Sünden ange-

---

165 siehe die Feststellungen in BVerwGE 85, 12 ff.

166 Dies ist beispielweise in Syrien, in Jordanien, in Marokko, in Kuwait explizit festgelegt, wird aber auch in anderen Staaten, in denen dies nicht geschehen ist, so angewandt, *Nasir*, 19, 29 f.

167 s. *Reiter*, 123 ff.

168 *Reiter*, 130.

169 vgl. *Reiter*, 136, 232 f.

170 *Reiter*, 223.

sehen wird.[171] Wenn sie keine eigene ökonomische Absicherung haben und nicht arbeiten können, bleibt nur das Leben als Bettlerin.[172] Von daher zogen es in Indien in früheren Jahrhunderten vor allem jung verwitwete Frauen vor, dem elenden Leben als Witwe durch das Begehen von sati zu entgehen. Sati ist ein Ritual, bei dem sich die Witwe am Grab des Ehemannes verbrennt, um so zu zeigen, dass sie ihm auch über den Tod hinaus treu bleibt.[173] Diese „freiwilligen" Witwenverbrennungen kommen in Indien immer noch vor, wenn auch seltener.[174] Teilweise werden Witwen auch durch permanenten psychischen Druck von der Familie ihres verstorbenen Ehemannes in diese Form der Selbsttötung getrieben.[175] Vereinzelt kommt es auch vor, dass Witwen regelrecht verbrannt werden. Dies war bspw. das Schicksal einer 18-jährigen Witwe im September 1987.[176]

Auch in Afrika südlich der Sahara können Witwen in eine Situation geraten, die für sie zu einem Fluchtgrund werden kann. Hier können Frauen zwar zumeist nach dem staatlichen Recht uneingeschränkt Land als Eigentümerin erwerben oder erben, dies ist aber oft gesellschaftlich nicht anerkannt.[177] Diese Vorstellung führt teilweise sogar dazu, dass Frauen vor Gericht keinen Schutz gegen die Vertreibung von ihrem Grundstück erhalten.[178] Folge kann sein, dass Witwen vom Grundstück vertrieben werden und zur Prostitution oder zum Betteln gezwungen sind, sofern sie von ihren Verwandten nicht aufgenommen werden können.[179]

---

171 *Laux*, 119 f.

172 *Reiter*, 235 f.

173 *Laux*, 112 f.

174 *Reiter*, 221.

175 *Reiter*, 222 f.

176 Dies war nach langer Zeit die erste Witwenverbrennungen, die öffentlich bekannt wurde. Reaktion waren einerseits eine Pilgerschaft zu ihrem Grab, die kommerziell genutzt wurde, andererseits starke Kritik, *Reiter*, 217 ff m. w. N.

177 *Okafor-Obasi*, 219 f; *Wittinger*, 216 f; bzgl. Kenia: *Muli* in *Peters/Wolper*, 78 (79 f); *Raoul Wallenberg Institute*, 8, bzgl. Tansania: *Raoul Wallenberg Institute*, 60.

178 *Okafor-Obasi*, 219 f.

179 tagesschau vom 31. August 2001, Benachteiligung von Frauen in afrikanischen Staaten, abrufbar unter http://www.tageschau.de/archiv/themen 2001/rassismus-konf/texte; s. generell zur sozialen Stellung der Frau in Afrika südlich der Sahara *Okafor-Obasi*, 178 ff.

Kapitel 3

Sexuelle Gewalt

Zu Flucht- oder Bleibegründen im Zusammenhang mit dem kulturellen oder sozialen Geschlecht können auch Vergewaltigung, sexuelle Sklaverei, Zwangsprostitution, erzwungene Sterilisation oder Zwangsabtreibung werden.

A. Definitionen

Unter Vergewaltigung und sexueller Gewalt wird in den verschiedenen Rechtssystemen Unterschiedliches verstanden. Vorliegend werden beide Begriffe so verstanden, wie sie durch die UN-Kriegsverbrechertribunale für Ruanda in Arusha und für Bosnien-Herzegowina in Den Haag definiert worden sind. Vergewaltigung ist hiernach „(i) the sexual penetration, however slight: (a) of the vagina or anus of the victim by the penis of the perpetrator or any other object used by the perpetrator; or (b) of the mouth of the victim by the penis of the perpetrator; (ii) by coercion or force or threat of force against the victim or a third person"[1]. Zwang ist dabei weit zu verstehen und umfasst jeden Fall, in dem das Opfer nicht frei zugestimmt hat oder sonst nicht freiwillig an dem Akt teilnimmt.[2] Sexuelle Gewalt ist jeder in diesem Sinne erzwungene Akt sexueller Natur.[3]

B. Vergewaltigung

I. Folgen

Vergewaltigungen führen zu physischen, psychischen und sozialen Beeinträchtigungen. Hierdurch wird körperlicher Schmerz, der Verlust der Würde und der Verlust der Selbstbestimmung über den eigenen Körper hervorgerufen. Vergewaltigungen können zu Verletzungen im Anal- und Genitalbereich führen, die je nach Brutalität und Dauer unterschiedlich stark ausgeprägt sind und zur Sterilität führen können. Folge einer Vergewaltigung können zudem starke psychische Beeinträchtigungen sein: Während der Vergewaltigung entstehen bei den Frauen Angstge-

1 ICTY, *Prosecutor v. Furundzija*, IT-95-17/1-T, U. v. 10. Dezember 1998, Rn. 185, *Prosecutor v. Kunarac u. a.*, IT-96-23, IT-96-23/1 "Foca", U. v. 22. Februar 2001, Rn. 437.

2 ICTY, *Prosecutor v. Kunarac u. a.*, IT-96-23, IT-96-23/1 "Foca", U. v. 22. Februar 2001, Rn. 457.

3 ICTR, *Prosecutor v. Akayesu*, U. v. 2. September 1998, ICTR-96-4-T, § 598: „Sexual violence which includes rape, is considered to be any act of a sexual nature which is committed on a person under circumstances which are coercive."

fühle, sehr häufig Todesängste. Sie empfinden Ekel, Ohnmacht und Demütigung und werden in ihrem intimsten Bereich getroffen.[4] In der Folge kommt es typischerweise zu einem Trauma.[5] Dies äußert sich in körperlicher Übererregung, rekurrierenden Erinnerungen und Gefühllosigkeit.[6] Wenn das Trauma nicht durch Gespräche verarbeitet werden kann, kann es zu einem „post traumatic stress syndrom“ (PSTD) kommen[7], bei dem die Symptome des Trauma „eingefroren“ werden.[8] Langfristig führen diese Symptome zu Depressionen, Drogen- und Medikamentenkonsum und Suizid(gedanken).[9] Auch noch Monate und Jahre nach der Tat kommt es zudem nicht selten zu Sexualstörungen.[10]

Weitere Folge sind soziale Spannungen.[11] Zu gravierenden sozialen Folgen führt eine Vergewaltigung in den Gesellschaften, in denen Jungfräulichkeit und Keuschheit der Frauen von großer Bedeutung sind: Eine Vergewaltigung ist hier eine große Schande für die Frauen und die sie „beschützenden“ Männer. Vergewaltigte Frauen und Mädchen sowie ihre Familien werden hier häufig sozial ausgegrenzt. Die Mädchen und Frauen versuchen daher, die Vergewaltigung möglichst geheim zu halten. Die Reaktion der Eltern auf die Vergewaltigung eines unverheirateten Mädchens kann darin bestehen, das Mädchen so schnell wie möglich mit dem Vergewaltiger zu verheiraten oder mit einem Mann, „dem es nichts ausmacht, dass sie keine Jungfrau mehr ist“, d. h. einem Mann, der sonst keine Heiratschance hat.[12] Teilweise werden sie auch im Namen der Ehre getötet.[13] In einigen Gesellschaften wird auch erwartet, dass sich die Mädchen und Frauen als Reaktion auf die Vergewaltigung selbst töten.[14]

II. Situationen

Mit einer Vergewaltigung wird i. d. R. nicht die sexuelle Befriedigung erstrebt, sondern es soll hierdurch die Einschüchterung, Demütigung, Erniedrigung, Be-

---

4 *Seifert* in *Stiglmayer*, 85 (87).
5 *Fröhlich-Gildhoff* in *Medica mondiale*, 77.
6 *Perren-Klingler* in *Perren-Klingler*, 7 (16 f).
7 *Perren-Klingler* in *Perren-Klingler*, 7 (20).
8 *Feldmann*, 54 ff; *Perren-Klingler* in *Perren-Klingler*, 7 (20 f).
9 *Perren-Klingler* in *Perren-Klingler*, 7 (21).
10 *Feldmann*, 58.
11 *Feldmann*, 42 ff.
12 *Reiter*, 80.
13 s. u. 2. Kapitel B.
14 *Laubenthal*, 32 m. w. N. bzgl. Tamilinnen.

strafung, Kontrolle oder Zerstörung des Opfers erreicht werden.[15] Opfer von Vergewaltigungen sind ganz überwiegend Frauen.

1. Vergewaltigung durch staatliche Organe

Vergewaltigungen können Teil der Folter sein. Beispiel hierfür ist das Vorgehen der türkischen Polizei gegen Kurdinnen und Kurden, die gefoltert werden, um Geständnisse oder Informationen zu erpressen, um die Betroffenen zu Spitzeldiensten für die Polizei zu bewegen oder um sie zu bestrafen.[16] Kurdinnen sind hierbei vaginalen und analen Vergewaltigungen, gezielten Elektroschocks an den Genitalien und der Drohung mit Vergewaltigung ausgesetzt.[17] Von staatlicher Seite werden diese Vorwürfe bestritten. Es ist für die Betroffenen schwierig, Rechtsschutz zu erlangen, da eine Identifizierung der Handelnden nicht möglich ist und medizinische Untersuchungen gar nicht oder zu spät vorgenommen werden.[18] Wenn dennoch eine Anzeige erfolgen kann, werden die Frauen oder ihre Angehörigen, die den Prozess angestrengt haben, teilweise bedroht oder es wird gegen sie ein Prozess wegen Verleumdung der Polizei angestrengt.[19]

Frauen werden auch vergewaltigt, um so den Aufenthaltsort von Familienmitgliedern zu erpressen.[20]

Vergewaltigungen werden zudem eingesetzt oder geduldet, um eine Region, die als aufrührerisch oder politisch unbequem angesehen wird, zu destabilisieren. Beispiel ist das Vorgehen der indischen Armee in den Staaten Assam und Manipur in Indien, in denen der Armee die Ordnungsgewalt übertragen wurde. Seither ist es gegenüber Bewohnern dieser Region zu Brutalitäten durch die Armee gekommen, u. a. zu zahlreichen Vergewaltigungen von Frauen.[21]

---

15 ICTR, *Prosecutor v. Akayesu*, U. v. 2. September 1998, ICTR-96-4-T, Rn. 597: "The Chamber considers that rape is a form of aggression and that the central elements of the crime of rape cannot be captured in a mechanical description of objects and body parts. The Convention against Torture and Other Cruel, Inhuman and Degrading Treatment or Punishment does not catalogue specific acts in its definition of torture, focusing rather on the conceptual frame work of state sanctioned violence. This approach is more useful in international law. Like torture, rape is used for such purposes as intimidation, degradation, humiliation, discrimination, punishment, control or destruction of a person. Like torture, rape is a violation of personal dignity, and rape in fact constitutes torture when inflicted by or at the instigation of or with the consent or acquiescence of a public official or other person acting in an official capacity."

16 *a. i.*, Turkey, systematic torture.

17 *a. i.*, Turkey, systematic torture.

18 *a. i.*, Turkey, systematic torture; *a. i.*, Geschundene Körper, 53.

19 *a. i.*, urgent action, 25. Januar 2001, EUR 44/013/2001; *a. i.*, Turkey, systematic torture.

20 s. *a. i.*, Geschundende Körper, 51; *a. i.*, Turkey, systematic torture.

21 *a. i.*, India Public statement vom 12. November 1998; *a. i.*, Indien, Folter, 48 f; *a. i.*, Geschundene Körper, 50 ff.

Besonders gefährdet, Opfer von Vergewaltigungen zu werden, sind Frauen in Haft. Von zahlreichen Vergewaltigungen wird aus Pakistan[22] und von den Philippinen[23] berichtet. Die Frauen werden in dieser Situation aus einem der zuvor genannten Gründe vergewaltigt, aber auch weil sie als Frauen politisch tätig geworden sind und damit in einem Bereich aktiv geworden sind, der Männern vorbehalten ist[24], oder einfach deswegen, weil sie in diesem Moment aus der Perspektive der Handelnden „ungeschützt" sind. Besonders betroffen hiervon sind Frauen, die sozialen Randgruppen angehören.[25] Sie werden teilweise auch gezielt festgenommen, um sie in der Haft zu vergewaltigen und zu erniedrigen. Hiervon sind in Indien die Unberührbaren, die im hinduistischen Kastensystem der untersten Kaste angehören, und traditionelle Stammesfrauen betroffen.[26] Auf den Philippinen werden Prostituierte, Straßenmädchen sowie mittellose und drogenabhängige Frauen von Polizeibeamten vergewaltigt.[27] In Pakistan kommt es häufig in der Untersuchungshaft zu Vergewaltigungen.[28] Hiervon sind vor allem Frauen betroffen, denen zina vorgeworfen wird.[29] Besonders häufig und brutal werden Frauen vergewaltigt, von denen angenommen wird, dass sie ein Bordell betreiben oder der Prostitution nachgehen.[30] Die pakistanische Regierung hat mit dem Erlass von Vorschriften reagiert, wonach alle Inhaftierungen von Frauen zu melden sind, verdächtige Frauen nur von weiblichem Personal zu befragen sind und i. d. R. nicht über Nacht festgehalten werden dürfen; diese werden in der Praxis aber nicht eingehalten.[31]

2. Vergewaltigung in (innerstaatlichen) bewaffneten Konflikten

Vergewaltigungen und sexuelle Sklaverei kommen wahrscheinlich in jedem Konflikt vor. Sie dienen der Demütigung des männlichen Gegners, der so deutlich vor Augen geführt bekommt, dass er seine Beschützerrolle nicht erfüllt hat[32], und/oder als Beweis der Männlichkeit der kämpfenden Soldaten.[33] Vergewaltigungen dienen auch dazu, Ängste und die eigene Erniedrigung abzureagieren.[34] Weiteres Ziel

22 *Human Rights Watch*, Double Jeopardy.
23 *a. i.*, Geschundene Körper, 50 ff.
24 vgl. *Crawley*, 81, 90 f.
25 *a. i.*, Geschundene Körper, 50 ff.
26 *a. i.*, India: Violence against women.
27 *a. i.*, Geschundene Körper, 51 f.
28 in den Gefängnissen selbst kommt es hingegen kaum zu Vergewaltigungen: *Human Rights Watch*, Double Jeopardy, 89.
29 *Human Rights Watch*, Double Jeopardy, 80 ff.
30 *Human Rights Watch*, Double Jeopardy, 83 f.
31 *Human Rights Watch*, Double Jeopardy, 71 ff.
32 *Seifert* in *Stiglmayer*, 85 (91).
33 *Seifert* in *Stiglmayer*, 85 (92 ff); *Stiglmayer* in *Stiglmayer*, 109 (206 f).
34 *Stiglmayer* in *Stiglmayer*, 109.

ist die Destabilisierung einer Region, die Zerstörung einer Kultur[35] oder das Erpressen von Informationen. Beispiel ist der innerstaatliche bewaffnete Konflikt in Sierra Leone: Hier vergewaltigten Rebelleneinheiten systematisch Frauen und Mädchen[36] und verschleppten diese, um sie zu ihren Sklavinnen zu machen.[37]

Daneben werden Vergewaltigungen auch bewusst als Mittel zur „ethnischen Säuberung“ eingesetzt.[38] So dienten im bosnischen Bürgerkrieg Vergewaltigungen an muslimischen Frauen auch diesem Ziel.[39]. Dort fanden oftmals Vergewaltigungen von mehreren Frauen und von mehreren Tätern in Lagern, Hotels oder privaten Bordellen statt.[40] Die Vergewaltigungen hatten ebenso wie die Grausamkeiten gegenüber den muslimischen Männern das Ziel, die muslimische Bevölkerung so zu erniedrigen und zu terrorisieren, dass sie sich zur Flucht gezwungen sahen.[41] In Ruanda waren die Vergewaltigungen Teil des Genozids gegen die Tutsi.[42] 1994 wurden hier 250.000 bis 500.000 Tutsi Frauen systematisch vergewaltigt.[43] Ziel war es, die Tutsi-Frauen zu erniedrigen[44] und sie mit Aids zu infizieren.[45]

3. Vergewaltigung durch Private

Vergewaltigungen durch Private sind häufiger in den Gesellschaften, in denen es als legitim angesehen wird, bestimmte Frauen zu vergewaltigen, bspw. allein lebende Frauen, Frauen einer anderen Ethnie oder einer anderen Religionszugehörigkeit. Vergewaltigungen können zudem ein Mittel sein, um den Mann, dem die Frau zugeordnet ist, zu entehren.[46] Es kommt auch vermehrt zu Vergewaltigungen, wenn die Handelnden nicht mit einer Anzeige rechnen müssen wegen der sozialen Folgen einer Vergewaltigung oder deswegen, weil den Frauen dann selbst ein Verfahren wegen zina droht.

---

35 *Seifert* in *Stiglmayer*, 85 (97 ff).

36 Bericht des *US State Department* zu Sierra Leone.

37 *a. i.*, Geschundene Körper, 56 ff; *a. i.*, Sierra Leone: Rape.

38 *a. i.*, Geschundene Körper, 59.

39 Die Vergewaltigung von muslimischen Frauen wurde nach der Aussage eines serbischen Offiziers vor dem UN-Kriegsverbrechertribunal als „einer der Wege gesehen, um die Vorherrschaft der Serben und ihren Sieg über die muslimische Bevölkerung zu zeigen“, Aussage von Kunarac in ICTY, *Prosecutor v. Kunarac*, U. v. 22. Februar 2001, IT-96-23 u. a., "Foca"- Urteil, Rn. 583.

40 *Stiglmayer* in *Stiglmayer*, 109 (169 ff).

41 *Stiglmayer* in *Stiglmayer*, 109 (110, 113, 170).

42 *a. i.*, Geschundene Körper, 63.

43 *Laubenthal*, 50 m. w. N.

44 vgl. ICTR, *Prosecutor v. Akayesu*, ICTR-96-4-T, U. v. 2. September 1998, Rn. 416 ff, 430: „The principle was to make them suffer“.

45 Bericht der Frankfurter Rundschau vom 27. April 1995, 7.

46 *a. i.*, Geschundene Körper, 23.

C. Zwangsprostitution

Zwangsprostitutionen sind oft Teil bewaffneter Konflikte. Zudem ist die Prostitution drittgrößte Einnahmequelle der internationalen organisierten Kriminalität. Es wird davon ausgegangen, dass jährlich vier Millionen Menschen als Ware gehandelt werden: als Hausangestellte, als Ehefrauen oder als Prostituierte.[47] Viele Frauen sind vorher über die Art ihrer Arbeit nicht informiert oder jedenfalls über die Bedingungen, in denen sie arbeiten sollen, nicht aufgeklärt worden. Die Frauen werden häufig in andere Staaten verbracht, wo ihnen die Ausweispapiere abgenommen werden und sie das Haus nicht verlassen dürfen.[48] Es ist für sie schwierig, in diesen Staaten Hilfe zu erlangen, da sie zumeist wegen ihrer illegalen Einreise Ausweisung und sofortige Abschiebung bzw. Inhaftierung zu befürchten haben.[49]

D. Zwangssterilisation und Zwangsabtreibung

Zwangssterilisationen und Zwangsabtreibungen können Teil der Folter sein. In China werden Zwangssterilisationen auch als Sanktion gegen Eltern eingesetzt, die gegen die Ein-Kind-Politik verstoßen haben. In einigen Regionen Chinas wird so lange staatlicher Druck, vor allem durch das Fordern horrender Abgaben oder durch den Verlust des Arbeitsplatzes, ausgeübt, bis sich einer der beiden Ehepartner zu einer Sterilisation bereit erklärt.[50] Es ist unklar, ob Frauen hiervon häufiger betroffen sind als Männer. Zu einem Flucht- oder Bleibegrund ist sie für beide Geschlechter geworden.[51]

---

[47] *a. i.*, Geschundene Körper, 19 ff.

[48] *a. i.*, Geschundene Körper, 19 ff.

[49] *a. i.*, Geschundene Körper, 32 f.

[50] so die Feststellungen in *Chan v. Canada*, [1995] 3 S.C.R. 593, § 3 ff.

[51] so suchte in *Chan v. Canada*, [1995] 3 S.C.R. 593 ein Mann, in *Applicant A*, 142 ALR 1997, 331 ff ein Paar, in OVG NRW, U. v. 24. April 1998, 1 A 1399/97.A eine Frau Schutz vor drohender Zwangssterilisation.

Teil II

Völkerrechtliche Verpflichtungen

Im Folgenden wird untersucht, inwiefern die Bundesrepublik Deutschland völkerrechtlich verpflichtet ist, Frauen, die einen frauenspezifischen Flucht- oder Bleibegrund haben, Schutz zu gewähren. Eine völkerrechtliche Verpflichtung zum non-refoulement ergibt sich aus Art. 33 GFK in der Fassung des Protokolls von 1967[1]. Gebote des non-refoulement folgen auch aus der EMRK, vor allem aus Art. 3 EMRK, sowie aus Art. 7 IPBPR[2] und Art. 3 Nr. 1 der UN-Folterkonvention[3]. In Art. 14 AEMR und Art. 1 der Erklärung über das Territoriale Asyl[4] ist hingegen nur das Recht der Staaten normiert, Asyl zu gewähren. Die nachfolgenden Ausführungen konzentrieren sich wegen der größeren Relevanz für die Fallkonstellationen frauenspezifischer Flucht- und Bleibegründe auf die Gebote des non-refoulement aus der GFK und aus der EMRK.

---

1 Protokoll über die Rechtsstellung der Flüchtlinge vom 31. Januar 1967, BGBl. 1969 II, 1294; im Folgenden beziehen sich die Ausführungen auf diese Version der GFK.

2 *HRC*, GC 20, § 9: „In the view of the Committee States parties must not expose individuals to the danger of torture or cruel, inhuman or degrading treatment or punishment upon return to another country or by way of their extradition, expulsion or refoulement", abgedruckt bei *Joseph/Schultz/Castan*, [9.51]; s. generell *Joseph/Schultz/Castan*, [9.51 ff] sowie *Hartl*, 137 ff.

3 s. hierzu *Hartl*, 169 ff.

4 Declaration on Territorial Asylum, Resolution 2312 (XXII) der Generalversammlung vom 14. Dezember 1967.

Kapitel 4

Allgemeine Ausführungen zum Gebot des non-refoulement aus Art. 33 Abs. 1 GFK

A. Auslegungsregeln

Aus der Völkerrechtsfreundlichkeit des Grundgesetzes, nach der völkerrechtliche Verpflichtungen weitestgehend erfüllt werden sollen[1], folgt, dass völkerrechtliche Verträge wie die GFK grundsätzlich auch nach der Inkorporierung ins deutsche Recht anhand der völkerrechtlichen Regeln auszulegen sind.[2]

I. Völkerrechtliche Auslegungsregeln

Regeln zur Auslegung völkerrechtlicher Verträge sind in Art. 31 ff WVK enthalten. Allerdings ist die GFK für die Bundesrepublik Deutschland zu einem früheren Zeitpunkt verbindlich geworden als die WVK, so dass diese Regelungen nach Art. 4 Abs. 1 WVK auf die GFK nicht direkt anwendbar sind.[3] Die in Art. 31 ff WVK kodifizierten Auslegungsregeln normieren aber im Wesentlichen die vorher schon geltende Praxis[4] bzw. sind jedenfalls mittlerweile zu Völkergewohnheitsrecht geworden[5] und damit nach Art. 38 Abs. 1 lit. b IGH-Statut Rechtsquelle des Völkerrechts. Auch der UNHCR[6] sowie die internationale Literatur[7] und Rechtsprechung[8] ziehen daher übereinstimmend die in Art. 31 ff WVK enthaltenen Regeln zur Auslegung der GFK heran. Die Auslegung dieser Konvention und damit auch die Entscheidung, ob es sich um einen Flüchtling i. S. d. Art. 1 GFK handelt, liegt grundsätzlich in der Hand des jeweiligen Konventions-

---

1 vgl. BVerfGE 58, 1 (34); BVerfGE 59, 63 (89).

2 BVerfGE 4, 157 (168); BGHZ 52, 216 (220); *Deiseroth*, ZAR 2000, 7 (11); *Jarass* in *Jarass/Pieroth*, Art. 59 Rn. 19; *Geiger*, 180; *Hailbronner*, JZ 1995, 250; *Hilf*, 144; *Kempen* in *v. Mangoldt/Klein/Starck*, Art. 59 Abs. 2 Rn. 94; *Tomuschat* in *Isensee/Kirchhof*, VII, § 172 Rn. 23.

3 *Masing* in FS Böckenförde, 51 (61).

4 *Verdross/Simma*, § 775; s. generell zu den Auslegungsgrundsätzen vor In-Kraft-Treten der WVK: *Bernhardt*, Auslegung.

5 *Masing* in FS Böckenförde, 51 (61).

6 *UNHCR*, Auslegung, § 2 ff.

7 bspw.: *Binder*, 22 ff; *Davy*, Bd. 1, 106 f; *Marx*, Handbuch, § 33 Rn. 11 ff; *Goodwin-Gill*, 366 f; *Sitaropoulos*, 110 ff; *Steinbock* in *Nicholson/Twomey*, 13 (15 ff).

8 bspw. *Applicant A* 142 ALR 1997, 331 (339 ff, 349 ff, 383 ff); *Islam and Shah*, IJRL 1999, 496 (502); VG München, U. v. 6. März 2001, M 21 K 98.51167, 35.

staats.[9] Bei der Auslegung haben die Vertragsstaaten aber nach Art. 35 GFK und Art. II des Protokolls von 1967 die Auffassung des UNHCR als bedeutende Auslegungshilfe heranzuziehen, von der sie nicht ohne besonderen Grund abweichen können.[10]

1. Allgemeine Systematik der Auslegungsregeln

In Art. 31 WVK ist die allgemeine Regel für die Auslegung völkerrechtlicher Verträge enthalten. Hiernach ist ein Vertrag „nach Treu und Glauben in Übereinstimmung mit der gewöhnlichen, seinen Bestimmungen in ihrem Zusammenhang zukommenden Bedeutung und im Lichte seines Zieles und Zweckes auszulegen". Damit werden die Auslegung nach dem Wortsinn, die systematische und die teleologische Auslegung als primäre Auslegungsmittel genannt.[11] Sie sind in einem einheitlichen Vorgang zur Auslegung heranzuziehen, bei dem keinem Auslegungsmittel Vorrang vor den anderen zukommt.[12] Der Grundsatz von „Treu und Glauben" ist bei dem gesamten Auslegungsvorgang zu beachten und verpflichtet die Parteien auf die kombinierte Anwendung der Auslegungsmittel.[13] Ergänzend können die in Art. 32 WVK normierten Auslegungsmittel, d. h. vor allem die vorbereitenden Arbeiten (travaux préparatoires) und die Umstände des Vertragsschlusses, herangezogen werden. Dies ist nur zulässig, „um die sich unter Anwendung des Art. 31 Abs. 1 WVK ergebende Bedeutung zu bestätigen, oder um die Bedeutung zu bestimmen, wenn die Auslegung nach Art. 31 Abs. 1 WVK a) die Bedeutung mehrdeutig oder dunkel läßt oder b) zu einem offensichtlich sinnwidrigen oder unvernünftigen Ergebnis führt". Dem historischen Parteiwillen, der regelmäßig nur in den travaux préparatoires enthalten ist[14], kommt somit gegenüber der am Vertragstext orientierten Auslegung nur eine nachrangige Bedeutung bei der Auslegung zu.[15] Art. 33 WVK enthält Regeln für den Fall, dass, wie in der GFK, in einem völkerrechtlichen Abkommen mehr als eine Sprache als verbindlich festgelegt ist, die ergänzend zu den in Art. 31 und 32 WVK enthaltenen Regeln heranzuziehen sind.[16]

---

9 *UNHCR*, Handbook, § 1.

10 vgl. BVerwG, NVwZ 1994, 500 (503); *Ward v. Canada*, 2 S.C.R. 689 (713 f); *Masing* in FS Böckenförde, 51 (79).

11 *Bleckmann*, Rn. 343; *Ipsen*, § 11 Rn. 12.

12 *Ipsen*, § 11 Rn. 12.

13 *Ipsen*, § 11 Rn. 17, 20; *Köck*, 85 f; *Yasseen*, Rdc 1976, 1 (22 f).

14 *Bleckmann*, Rn. 343, 368; *Ipsen*, § 11 Rn. 4; *Seidl-Hohenfeldern*, Rn. 357.

15 *Bernhardt*, ZaÖRV 1967, 491 (497); *Bleckmann*, Rn. 368; *Ipsen* § 11 Rn. 5; *Rest*, 143; *Sinclair*, 69 ff; *Verdross/Simma*, § 776.

16 *Mössner*, VerwArch 1971/72, 273 (301).

2. Einzelne Regeln

a. Vertragstext

Aus Art. 33 Abs. 1 WVK folgt, dass erst die Texte in allen gleichermaßen verbindlichen Sprachen zusammengenommen den Vertragstext bilden[17] und bei der Auslegung gleichermaßen zu berücksichtigen sind (Prinzip der harmonischen Auslegung)[18]. Das bedeutet praktisch, dass die gewöhnlichen Wortbedeutungen in allen gleichermaßen verbindlichen Sprachen zu ermitteln sind.[19] Dies sind bei der GFK Englisch und Französisch. Dabei wird nach Art. 33 Abs. 3 WVK vermutet, dass die Ausdrücke des Vertrages in beiden Sprachen die gleiche Bedeutung haben.[20]

b. Auslegung nach dem Wortsinn

Nach Art. 31 Abs. 1 WVK ist grundsätzlich von der gewöhnlichen Wortbedeutung auszugehen. Nach Art. 31 Abs. 4 WVK hat das Wort ausnahmsweise eine besondere (bspw. fachspezifische) Bedeutung, wenn feststeht, dass die Parteien dies beabsichtigt haben. Diese Absicht ist vorrangig anhand der in Art. 31 Abs. 1 WVK enthaltenen Auslegungsmethoden zu ermitteln[21]; auf die travaux préparatoires kann allenfalls nachrangig zurückgegriffen werden.[22] Grundsätzlich ist von der Bedeutung des Wortes auszugehen, die ihm bei Vertragsschluss zukam.[23]

c. Systematische Auslegung

Zum Zusammenhang gehört nach Art. 31 Abs. 2 WVK der Gesamttext, einschließlich der Präambel und etwaigen Anlagen des Vertrags.[24] Gemäß Art. 31 Abs. 3 WVK ist in gleicher Weise wie der Zusammenhang jede spätere Übereinkunft zwischen den Vertragsparteien über die Auslegung des Vertrags oder die Anwendung seiner Bestimmungen sowie jede spätere Übung bei der Anwendung des Vertrags, aus der die Übereinstimmung der Vertragsparteien über seine Auslegung hervorgeht, zu berücksichtigen. Eine solche Übung kann aber nur dann

17 *Hilf*, 83 ff; *Mössner*, VerwArch 1971/72, 273 (300).

18 *Geiger*, 111; *Hilf*, 83 ff; *Ipsen*, § 11 Rn. 22.

19 *Bleckmann*, Rn. 351; *Hilf*, 85 ff.

20 *Mössner*, VerwArch 1971/72, 273 (300).

21 Die Sonderbedeutung kann sich bspw. aus einem ausdrücklichen Hinweis im Text ergeben oder daraus, dass allein diese Bedeutung zu einem sinnvollen Ergebnis führt, *Köck*, 87.

22 *Bernhardt*, ZaÖRV 1967, 491 (501) stellt dar, dass die Erschaffer der Konvention wohl davon ausgingen, dass zur Bestimmung dieser Sonderbedeutung auch die in Art. 32 WVK enthaltenen Auslegungsmethoden herangezogen werden können, lehnt dies aber zu Recht ab, da sonst die Systematik der Art. 31 und 32 WRV untergraben würde; *Sinclair*, 71 ff.

23 *Ipsen*, § 11 Rn. 21.

24 *Ipsen*, § 11 Rn. 9.

berücksichtigt werden, wenn sie einen Bezug zum Wortsinn der Vertragsbestimmungen hat. Nach Art. 31 Abs. 3 lit. c WVK ist zudem jeder in den Beziehungen zwischen den Vertragsparteien anwendbare einschlägige Völkerrechtssatz in den Auslegungsvorgang einzubeziehen.

d. Teleologische Auslegung

Die Begriffe eines Vertrages sind zudem nach dessen Ziel und Zweck auszulegen. Diese ergeben sich in der Regel aus dem Vertragstext, vor allem aus der Präambel.[25] Die vorbereitenden Arbeiten können allenfalls nachrangig herangezogen werden.[26] Zudem ist der Vertrag so auszulegen, dass er möglichst effektiv durchgesetzt wird.[27] Daher könnte die GFK so auszulegen sein, dass sie in möglichst großem Umfang zu einem Schutz für Flüchtlinge führt.[28] So werden menschenrechtliche Abkommen, beispielsweise die EMRK, so ausgelegt, dass im Zweifel die Interpretation zu wählen ist, mit der das Individuum am besten geschützt wird, da es das gemeinsame Ziel der Vertragsparteien ist, Individuen vor Beeinträchtigungen der in dem jeweiligen Abkommen normierten Menschenrechte zu schützen.[29] Daher sind die Menschenrechtsabkommen auch nicht statisch, sondern im Licht der jeweiligen gesellschaftlichen und sozialen Umstände zu interpretieren.[30] Der EGMR bezeichnet die EMRK in diesem Sinne als „living instrument".[31] Die Vertragsstaaten der GFK verfolgen das gemeinsame, in Absatz 5 der Präambel zur GFK niedergelegte Ziel, Flüchtlinge zu schützen. Allerdings sind in Absatz 4 der Präambel auch die finanziellen Belastungen erwähnt, die durch die Flüchtlingsanerkennung entstehen können. Beide Aspekte sind bei der Auslegung zu berücksichtigen, so dass die Voraussetzungen des Flüchtlingsbegriffs bzw. des Gebots des non-refoulement weder besonders extensiv noch besonders restriktiv auszulegen sind. Aus der Aufhebung der zeitlichen Limitierung auf Ereignisse vor dem 1. Januar 1951 durch das Protokoll von 1967 ergibt sich dabei, dass die in der GFK enthaltenen Begriffe nicht statisch, sondern an neue gesellschaftliche und soziale

---

25 *Geiger*, 110; *Ipsen*, § 11 Rn. 10, 15; sowie *Bernhardt*, Auslegung, 88 ff.

26 *Ipsen*, § 11 Rn. 15; *Sinclair*, 71 ff; *Bernhardt*, Auslegung, 89.

27 *Ipsen*, § 11 Rn. 16.

28 so VG München, U. v. 6. März 2001, M 21 K 98.51167, 35 ff; *Binder*, 25 f; *Sitaropoulos*, 115 f.

29 *Bleckmann*, Rn. 381 f; *Joseph/Schultz/Castan*, [1.43]; *Nowak*, Einleitung, Rn. 20; *Verdross/Simma*, § 782, 498 f; *Wiesbrock*, 10 f; st. Rspr. des EGMR bspw. in *Soering v. U.K.*, U. v. 7. Juli 1989, Ser. A, 161, § 89, dt. Übers. in NJW 1990, 2183 (2184); *Cruz Varas v. Schweden*, U. v. 20. März 1991, Ser. A, 201, dt. Übers. in NJW 1991, 3079 (3081).

30 EGMR, *Soering v. U.K.*, U. v. 7. Juli 1989, Ser. A, 161, dt. Übers. in NJW 1990, 2183 ff; *Verdross/Simma*, § 782; *Wiesbrock*, 11.

31 EGMR, *Marckx v. Belgium*, U. v. 13. Juni 1979, Ser. A, 31, 15 § 31.

Bedingungen angepasst auszulegen sind, um eine effektive Umsetzung zu gewährleisten.[32]

e. Auslegungsregeln des Art. 32 WVK

Im Rahmen des Art. 32 WVK können neben den travaux préparatoires und den Umständen des Vertragsabschlusses die Auslegungsregeln herangezogen werden, die vor In-Kraft-Treten der WVK üblicherweise zur Auflösung von Bedeutungsunterschieden verwendet wurden[33], bspw. die „Gemeinsame-Nenner-Regel"[34], die „Klarheitsregel"[35] und die „Arbeitssprachenregel"[36].

II. Modifikation der Auslegungsregeln nach der Inkorporation

Eine Modifikation dieser Auslegungsregeln nach der Inkorporation ins deutsche Recht könnte sich dadurch ergeben, dass der Gesetzgeber die GFK durch Zustimmungsgesetz gemäß Art. 59 Abs. 2 GG und damit durch eine zusätzliche Willenserklärung ins innerstaatliche Recht inkorporiert hat. In dem Zustimmungsgesetz ist die GFK nämlich nicht nur in den gleichermaßen verbindlichen Sprachen Englisch und Französisch, sondern auch in deutscher Übersetzung enthalten. Dabei hat der Gesetzgeber durch seine Wortwahl ein bestimmtes Verständnis der GFK zum Ausdruck gebracht. Es ist daher überzeugender, die deutsche Übersetzung nicht nur als reines Hilfsmittel zu verwenden[37], sondern sie bei der Auslegung zu berücksichtigen.[38] Mit dem gleichzeitigen Abdruck des Vertragstextes in den gleichermaßen verbindlichen Sprachen hat der Gesetzgeber aber zugleich ausgedrückt, dass die Übersetzung möglichst mit dem Vertragstext in Übereinstimmung zu bringen ist. Soweit die Übersetzung hiermit nicht vereinbar ist, hat sie daher unberücksichtigt zu bleiben, zumal sie selbst kein Vertragsinhalt ist.[39]

Das Bundesverwaltungsgericht geht teilweise davon aus, dass die GFK mit dem Inhalt Teil der deutschen Rechtsordnung ist, den sie zu dem Zeitpunkt hatte, als sie ins innerstaatliche Recht inkorporiert wurde. Es schließt hieraus, dass auf

---

32 *Binder*, 26 f; *Goodwin-Gill*, 79; *Hathaway*, 104; *Sitaropoulos*, 115 f; *Applicant A*, 142 ALR 1997, 331 (382); *Islam and Shah*, IJRL 1999, 496 ff (518); in der praktischen Anwendung auch *UNHCR*, Auslegung, § 28 ff.

33 *Hilf*, 87, *Rest*, 94.

34 Nach dieser Regel verdient die Interpretation den Vorzug, die sich auf gleiche Bedeutungsteile verschiedener Worte stützen lässt, *Mössner*, VerwArch 1971/72, 273 (284).

35 Diese Regel besagt, dass einem unklaren oder ungenauen Ausdruck der klarere, zutreffendere oder speziellere Ausdruck vorzuziehen ist, *Mössner*, VerwArch 1971/72, 273 (283).

36 Diese Regel besagt, dass im Zweifel die Sprache Vorrang genießen soll, in der der Vertrag als erstes erstellt worden ist, *Mössner*, VerwArch 1971/72, 273 (289).

37 so aber bspw. *Mössner*, VerwArch 1971/72, 273 (281); zum Ganzen ausführlich *Hilf*, 209 ff.

38 so *Hilf*, 211.

39 *Hilf*, 213 ff.

die Vorstellungen abzustellen ist, die damals von dem Vertragsinhalt bestanden.[40] Die völkerrechtlichen Verpflichtungen der Bundesrepublik Deutschland bestimmen sich aber im Jetzt-Zeitpunkt nach den Auslegungsregeln der WVK. Nach diesen Regeln kommt dem historischen Parteiwillen nur eine nachrangige Bedeutung bei der Auslegung zu. Sofern der Gesetzgeber nicht ausdrücklich zu erkennen gegeben hat, dass er seine völkerrechtlichen Pflichten nicht erfüllen möchte, ist daher nicht davon auszugehen, dass die GFK hiervon abweichend auszulegen ist.[41] Dies gilt unabhängig davon, ob das Zustimmungsgesetz als Anwendungsbefehl oder als Transformation gesehen wird.[42]

Aus Art. 59 Abs. 2 GG folgt insofern aber, dass eine Vertragsänderung nicht ohne eine erneute Transformation oder einen erneuten Anwendungsbefehl völkerrechtlich verbindlich ist.[43] Nach Auffassung des Bundesverfassungsgerichts kann eine Vertragsauslegung allerdings schon nicht zu einer Vertragsänderung in diesem Sinne führen.[44] Jedenfalls kann eine solche nur durch eine verbindliche Auslegung herbeigeführt werden[45], die es im Rahmen der GFK aber nicht gibt, da eine solche weder durch eine Instanz vorgeben werden kann noch die Staatenpraxis i. S. d. Art. 31 Abs. 3 WVK hierzu führen kann.

Es sind somit auch nach der Inkorporierung der GFK ins deutsche Recht die völkerrechtlichen Regeln zur Auslegung heranzuziehen. Die deutsche Übersetzung ist aber als Anhaltspunkt für das Verständnis des deutschen Gesetzgebers vom Vertragstext bei der Auslegung zu berücksichtigen.

B. Voraussetzungen, Umfang und Bedeutung

I. Voraussetzungen

Aus Art. 33 Abs. 1 GFK ergibt sich für die Bundesrepublik Deutschland die Verpflichtung, einen Flüchtling i. S. d. Art. 1 GFK nicht über die Grenzen von Gebieten auszuweisen oder zurückweisen, in denen sein Leben oder seine Freiheit wegen der Rasse, Religion, Staatsangehörigkeit, seiner Zugehörigkeit zu einer bestimmten sozialen Gruppe oder wegen seiner politischen Überzeugung bedroht sein würde.

Erste Voraussetzung des Gebots des non-refoulement ist somit, dass die betroffene Person Flüchtling i. S. d. Art. 1 GFK ist. Im Zusammenhang mit den Fall-

---

40 BVerwGE 95, 42 (47).
41 vgl. *Hilf*, 145.
42 *Hilf*, 143 ff m. w. N.
43 BVerfGE 90, 286 (361 f); *Jarass* in *Jarass/Pieroth*, Art. 59 Rn. 13.
44 BVerfGE 90, 286 (361 f).
45 *Hilf*, 144.

konstellationen frauenspezifischer Flucht- und Bleibegründe ist dabei nur die Definition des Flüchtlings in Art. 1 A Nr. 2 S. 1 Hs. 1 GFK von Interesse. Die weiteren Voraussetzungen sind nicht vollständig identisch mit den in Art. 1 A Nr. 2 S. 1 Hs. 1 GFK genannten. Dennoch wird allen Flüchtlingen i. S. d. Art. 1 A Nr. 2 S. 1 Hs. 1 GFK über Art. 33 Abs. 1 GFK Schutz vor refoulement zuteil. Dies ergibt sich aus dem Ziel der GFK sowie bestätigend aus den vorbereitenden Arbeiten.[46] „Leben oder [...] Freiheit" ist daher als „Verfolgung" i. S. d. Art. 1 A Nr. 2 S. 1 Hs. 1 GFK auszulegen.[47] Die Verwendung unterschiedlicher Begriffe ist darin begründet, dass die Formulierung „Leben oder [...] Freiheit" aus einem Entwurf der GFK übernommen wurde, der zu einem Zeitpunkt verfasst wurde, zu dem noch keine Einigung über den Flüchtlingsbegriff erzielt worden war.[48] „Leben oder [...] Freiheit" wurde daher – wohl in Anlehnung an die Formulierung in der Kompetenzumschreibung des Inter-Governmental Committee on Refugees in der Bermuda-Erklärung von 1943[49] – bewusst als neutraler Begriff verwendet.[50] Teilweise wird die Formulierung „bedroht sein würde" in Art. 33 Abs. 1 GFK im Gegensatz zu der Formulierung „aus der begründeten Furcht vor Verfolgung" in Art. 1 A Nr. 2 S. 1 Hs. 1 GFK rein objektiv ausgelegt in dem Sinne, dass Verfolgung mit einer mehr als 50%igen Wahrscheinlichkeit drohen müsse.[51] Auch eine solche Auslegung kann angesichts des Ziels der Konvention und den vorbereitenden Arbeiten nicht überzeugen. So ist nur in dem Fall, in dem der Maßstab zur Bestimmung der Gefahrenprognose übereinstimmt, sichergestellt, dass der Flüchtling i. S. d. Art. 1 A Nr. 2 S. 1 Hs. 1 GFK nicht in den Herkunftsstaat verbracht wird.[52] Sofern das refoulement in den Herkunftsstaat droht, ist daher einzige Voraussetzung des Art. 33 Abs. 1 GFK, dass die Flüchtlingseigenschaft i. S. d. Art. 1 A

---

46 *Goodwin-Gill*, 139; *Grahl-Madsen*, Bd. 1, 196; *Koisser/Nicolaus*, ZAR 1991, 9 (14 f); so lautete die Antwort des französischen Vertreters M. Rochefort auf die Besorgnis des schwedischen Vertreters Petren, ob von Art. 28 der draft convention (Art. 33 GFK) auch der Fall erfasst sei, dass der Flüchtling in einen Staat verbracht wird, der ihn dann zwangsweise in seinen Heimatstaat verbringt, folgendermaßen: „If the States in question are signatories to the Convention, the question would not arise, because refugees would not be returned to countries where they risked being persecuted", A/Conf.2/SR.16, 9 f, abgedruckt bei *Takkenberg*, III, 347.

47 *Goodwin-Gill*, 139; *Grahl-Madsen*, Bd. 1, 196; *Koisser/Nicolaus*, ZAR 1991, 9 (14 f).

48 *Davy*, Bd. 1, 126 ff m. w. N.; *Grahl-Madsen*, Bd. 1, 196.

49 Ergebnis der Konferenz war folgende Resolution: „The intergovernmental Committee shall extend its mandate so as to include [...] those persons, wherever they may be, who, as a result of events in Europe, have had to leave, or may have to leave, their countries of residence because of the danger to their lives or liberties on account of their race, religion or political beliefs", abgedruckt in *Davy*, Bd. 1, 129; *Goodwin-Gill*, 5.

50 *Davy*, Bd. 1, 126 ff m. w. N.

51 vgl. *Cardoza-Fonseca v. INS*, US Supreme Court, E. v. 9. März 1987, 107 S.Ct. 1207 (1207 f), allerdings bzgl. der gleichlautenden Vorschrift im US-amerikanischen Recht.

52 *Davy*, Bd. 1, 135.

Nr. 2 S. 1 Hs. 1 GFK erfüllt ist.[53] Die nachfolgenden Ausführungen beziehen sich ausschließlich auf diese Situation.

Flüchtling i. S. d. Art. 1 A Nr. 2 S. 1 Hs. 1 GFK ist „jede Person [...] die aus der begründeten Furcht vor Verfolgung wegen ihrer Rasse, Religion, Nationalität, Zugehörigkeit zu einer bestimmten sozialen Gruppe oder wegen ihrer politischen Überzeugung sich außerhalb des Landes befindet, dessen Staatsangehörigkeit sie besitzt, und den Schutz dieses Landes nicht in Anspruch nehmen kann oder wegen dieser Befürchtungen nicht in Anspruch nehmen will“[54].

Im Folgenden werden die Fallkonstellationen frauenspezifischer Flucht- und Bleibegründe unter die einzelnen Elemente dieses Begriffs subsumiert. Dabei wird nicht außer Acht gelassen, dass die Anerkennung der Flüchtlingseigenschaft nur eine einheitliche Prüfung sein kann.[55] Zur besseren Einordnung des Gebots des non-refoulement aus Art. 33 GFK wird zuvor auf Umfang und Bedeutung dieses Gebots eingegangen.

II. Umfang

Aus Art. 33 Abs. 1 GFK ergibt sich das Verbot, einen Flüchtling i .S. d. Art. 1 A Nr. 2 S. 1 Hs. 1 GFK, der sich bereits auf dem Gebiet eines Konventionsstaates aufhält, auszuweisen, auszuliefern oder abzuschieben. Ein allgemeines Recht auf Einreise und Aufnahme folgt hieraus hingegen nicht. Dies wird zumeist so zusammengefasst, dass hieraus nur Rechte im Asyl, nicht aber das Recht auf Asyl folgen.[56] Dennoch ergeben sich aus der GFK auch gewisse Verpflichtungen zur Aufnahme.[57] So ist die Zurückweisung an der Grenze untersagt, wenn die betreffende Person direkt aus dem Herkunftsstaat einreist, in dem ihr (tatsächlich oder möglicherweise) Verfolgung droht.[58] Aus Art. 33 GFK folgt auch eine Pflicht zur

---

[53] *Goodwin-Gill*, 138 ff; auch *Hailbronner*, AuslR, A1, § 51 Rn. 11 unter Verweis auf die Staatenpraxis; *GK-AuslR*, § 51 Rn. 17.

[54] In der verbindlichen englischen Version ist dies „any person [...] owing to well founded fear of being persecuted for reason of race, religion, nationality, membership of a particular social group or political opinion, is outside the country of his nationality and is unable or, owing to such fear, is unwilling to avail himself of the protection of that country", in der gleichermaßen verbindlichen französischen Version ist dies „toute personne qui [...] craignant avec raison d' être persécutée du fait de sa race, de sa religion, de sa nationalité, de son appartenance à un certain groupe social ou de ses opinions politiques, se trouve hors du pays dont elle a la nationalité et qui ne peut ou, du fait des cette crainte, ne veut se réclamer de la protection de ce pays“.

[55] *UNHCR*, Auslegung, § 7.

[56] bspw. *Reichel*, 38.

[57] *Amann*, 153 ff; *Davy*, Bd. 1, 93 ff m. w. N.; *Bierwirth/Göbel-Zimmermann*, ZRP 1992, 470 (472 f); *Göbel-Zimmermann*, Rn. 14; *Goodwin-Gill*, 105; VG Frankfurt a. M., U. v. 29. März 1999, 9 E 30919/97.A (2), InfAuslR 1999, 300 (302); a. A. bspw. *Reichel*, 38.

[58] *Davy*, Bd. 1, 96 ff m. w. N.; weitergehend hingegen *Bierwirth/Göbel-Zimmermann*, ZRP 1992, 470 (472 f), die auch die Einreise aus einem Drittstaat ausreichen lassen.

Duldung des Aufenthalts, um die Voraussetzungen des hier normierten Gebots zu prüfen.[59] Auch aus Art. 31 GFK ergibt sich die Verpflichtung einem Flüchtling den Aufenthalt zu gestatten, damit er sich um Aufnahme in einen anderen Staat bemühen kann.[60] Außerdem ist Personen, die unter das Gebot des non-refoulement aus Art. 33 Abs. 1 GFK fallen, der Aufenthalt mit allen den in Art. 3 ff GFK enthaltenen Rechten zu gewähren.[61]

III. Bedeutung für das europäische Asyl- und Flüchtlingsrecht

Die GFK ist von großer Bedeutung für das europäische Asyl- und Flüchtlingsrecht. In Art. 18 der Charta der Grundrechte der Europäischen Union[62] ist das Recht auf Asyl nach Maßgabe der GFK und des Protokolls von 1967 sowie des EGV gewährleistet. In Art. 63 Nr. 1 EGV wird dem Rat[63] aufgegeben, in Übereinstimmung mit der GFK Regelungen auf dem Gebiet des Asylrechts zu erlassen und in Tampere hat der Europäische Rat[64] beschlossen, dass auf ein gemeinsames europäisches Asylsystem hingewirkt werden soll, das die GFK und das Protokoll von 1967 uneingeschränkt und allumfassend zur Anwendung bringt. Derzeit wird basierend auf Art. 63 Nr. 1 lit. c EGV eine Richtlinie des Rates erarbeitet „zur Festlegung von Mindestnormen für die Anerkennung und den Status von Drittstaatsangehörigen und Staatenlosen als Flüchtlinge im Einklang mit dem Abkommen von 1951 über die Rechtsstellung der Flüchtlinge und dem Protokoll von 1967 oder als Personen, die anderweitig internationalen Schutz benötigen". Die Kommission hat einen Vorschlag (im Folgenden: Kommissionsvorschlag)[65] erstellt; hierzu hat das Europäische Parlament Änderungen vorgeschlagen[66]. Vor Einfügung des Titels IV in den EGV durch den Amsterdamer Vertrag[67] wurde gem. Art. K.3 Abs. 2 lit. a i. V. m. Art. K.1 Nr. 1 EUV in der Fassung des Vertrages von Maastricht ein gemeinsa-

---

59 VG Frankfurt a. M., U. v. 29. März 1999, 9 E 30919/97.A (2), InfAuslR 1999, 300 (302); *Davy*, Bd. 1, 176 ff m. w. N.; *Bierwirth/Göbel-Zimmermann*, ZRP 1992, 470 (472).

60 *Davy*, Bd. 1, 176 ff m. w. N.

61 *Davy*, Bd. 1, 243 ff.

62 Charta der Grundrechte der Europäischen Union vom 18. Dezember 2000, Abl. 2000, C 364, 1.

63 Der Rat ist gem. Art. 7 Abs. 1 EGV Organ der Europäischen Gemeinschaft.

64 Der Europäische Rat ist gem. Art. 4 EUV Organ der Europäischen Union.

65 Kommissionsvorschlag, 2001/0207 (CNS); generell hierzu: *Marx*, ZAR 2002, 43 ff.

66 Bericht über den Vorschlag für eine Richtlinie des Rates über Mindestnormen für die Anerkennung und den Status von Drittstaatsangehörigen und Staatenlosen als Flüchtlinge oder als Personen, die anderweitig internationalen Schutz benötigen des Ausschusses für die Freiheiten und Rechte der Bürger, Justiz und Innere Angelegenheiten vom 8. Oktober 2002, A 5-03333/2002.

67 Vertrag von Amsterdam zur Änderung des Vertrags über die Europäische Union, der Verträge zur Gründung der Europäischen Gemeinschaften sowie einiger damit zusammenhängender Bestimmungen vom 2. Oktober 1997, BGBl. 1998 II, 386, berichtigt: BGBl 1999 II, 416.

mer Standpunkt zur Auslegung des Flüchtlingsbegriffs gefunden[68], der allerdings rechtlich nicht bindend ist.

Der Rat hat sich kürzlich auf eine Verordnung geeinigt, die am 11. März 2003 in Kraft getreten ist und das Dubliner Übereinkommen[69] ersetzt.[70] Sie legt Kriterien und Verfahren zur Bestimmung des Mitgliedstaats fest, der für die Prüfung eines Asylantrags zuständig ist. Damit ist dieser Bereich nun durch supranationales Gemeinschaftsrecht geregelt. Zuvor waren diese Kriterien und Verfahren auf rein völkerrechtlicher Ebene in den Art. 2 ff DÜ und den Art. 28 bis 38 SDÜ festgelegt. Nach In-Kraft-Treten des Bonner Protokolls[71] fand in der Praxis nur noch das Dubliner Übereinkommen Anwendung[72], das aber ebensowenig wie die Art. 28 bis 38 SDÜ vergemeinschaftet wurde[73]: Zwar gehört das SDÜ nach Nr. 1 des Anhangs zum Protokoll zur Einbeziehung des Schengen-Besitzstands in den Rahmen der Europäischen Union[74] zum Schengen-Besitzstand. Dieser ist aber nur vergemeinschaftet, wenn der jeweiligen Norm gemäß Art. 2 Abs. 1 Unterabsatz 2 dieses Protokolls durch den Rat eine Rechtsgrundlage zugeordnet worden ist[75], was im Hinblick auf Art. 28 bis Art. 38 SDÜ nicht erfolgt ist[76].

IV. Bedeutung für das deutsche Asyl-, Flüchtlings- und Ausländerrecht

Die Bundesrepublik Deutschland ist zunächst völkerrechtlich verpflichtet, das Gebot des non-refoulement des Art. 33 Abs. 1 GFK einzuhalten. Zudem hat die GFK nach Inkorporierung ins deutsche Recht den Rang eines Bundesgesetzes.[77]

---

68 Gemeinsamer Standpunkt vom 4. März 1996, Abl. 1996, L 63, 2.

69 Übereinkommen über die Bestimmung des zuständigen Staates für die Prüfung eines in einem Mitgliedstaat der Europäischen Gemeinschaften gestellten Asylantrags (Dubliner Übereinkommen) vom 15. Juni 1990, BGBl 1994 II, 791

70 Verordnung Nr. 343/2003 des Rates vom 18. Februar 2003 zur Festlegung der Kriterien und Verfahren zur Bestimmung des Mitgliedstaats, der für die Prüfung eines von einem Drittstaatsangehörigen in einem Mitgliedstaat gestellten Asylantrags zuständig ist, Abl. 2003, L 50, 1 ff; siehe zu weiteren Richtlinien und Verordnungen, die derzeit in Arbeit sind: *Hailbronner*, ZAR 2002, 259 ff.

71 Protokoll zu den Konsequenzen des Inkrafttretens des Dubliner Übereinkommens für einige Bestimmungen des Durchführungsübereinkommens zum Schengener Übereinkommen, BGBl 1995 II, 739; dieses trat am 1. August 1997 in Kraft, BGBl 1997 II, 1468.

72 *Brechmann* in *Calliess/Ruffert*, Art. 63 Rn. 8; *Hailbronner/Thiery*, Europarecht 1998, 583 (609); *Huber*, NVwZ 1998, 150.

73 vgl. *Schmahl*, ZAR 2001, 3 ff.

74 Protokoll zur Einbeziehung des Schengen-Besitzstands in den Rahmen der Europäischen Union; Abl. 1997, C 340, 93.

75 s. *Schauer*, 206 f.

76 vgl. die Beschlüsse des Rates vom 20. Mai 1999, 1999/345/EG, Abl. 1999, L 176, 3 und 1999/346/EG, Abl. 1999, L 176, 17.

77 vgl. BVerfGE 74, 358 (370).

1. Bedeutung über die bisherige europäische Kodifikation

Weitergehende Bedeutung könnte dem Gebot des non-refoulement des Art. 33 Abs. 1 GFK über die bisherige europäische Kodifikation zukommen.

Wie gesehen, wurden noch keine verbindlichen Kriterien zur Auslegung des Flüchtlingsbegriffs entwickelt und im hier interessierenden Zusammenhang ist bisher nur die o. g. Verordnung zu supranationalem Gemeinschaftsrecht geworden. In Art. 3 Abs. 3 dieser Verordnung wird die Aus- oder Zurückweisung in einen Drittstaat aber ausdrücklich dem innerstaatlichen Recht der Mitgliedstaaten vorbehalten. Diese haben hierbei zwar die Bestimmungen der GFK zu wahren. Die Verordung regelt aber nicht, unter welchen Voraussetzungen dies gegeben ist.

Allerdings ist eine effektive Umsetzung dieser Verordnung ebenso wie des Dubliner Übereinkommens nur möglich, wenn alle Mitgliedstaaten das Gebot des non-refoulement aus Art. 33 Abs. 1 GFK umfassend beachten.[78] Anderenfalls laufen die Mitgliedstaaten Gefahr, ihre Verpflichtungen aus Art. 33 Abs. 1 GFK zu verletzen, wonach auch eine Abschiebung oder Zurückweisung in einen Staat untersagt ist, der seinerseits den Betroffenen entgegen Art. 33 Abs. 1 GFK in den Herkunftsstaat abschiebt oder zurückweist.[79] Dementsprechend hat das britische House of Lords eine nach dem Dubliner Übereinkommen mögliche Abschiebung in die Bundesrepublik Deutschland untersagt, da diese aus der Sicht Großbritanniens Art. 33 Abs. 1 GFK vertragswidrig auslegt.[80]

Bedeutung für das nationale Recht könnte dem Gebot des non-refoulement aus Art. 33 Abs. 1 GFK auch über Art. 18 der Charta der Grundrechte der Europäischen Union zukommen. Allerdings sollte die Charta nicht rechtsverbindlich sein[81] und sie ist auch nicht in Art. 6 Abs. 2 EUV als eine der dort abschließend aufgeführten Rechtserkenntnisquellen zur Ermittlung der Grundrechte der Europäischen Union genannt. Beides spricht dagegen, sie über Art. 220 EGV als verbindliches Gemeinschaftsrecht anzusehen.[82] Die in der Charta der Grundrechte der Europäischen Union enthaltenen Rechte können aber grundsätzlich als Konzentrat der Verfassungsüberlieferungen der Mitgliedstaaten begriffen und damit über Art. 6 Abs. 2 EUV ergänzend zur EMRK herangezogen werden.[83] Dies kann allerdings für Art. 18 der Charta nicht gelten. So lässt sich nicht sagen, dass das

---

78 *Bartels/Schmid*, 28.

79 vgl. *Bartels/Schmid*, 28 f.

80 R v. Secretary of State for the Home Department, ex parte Adan, R v. Secretary of State for the Home Department, ex parte Aitseguer, House of Lords, E. v. 19. Dezember 2000, IJRL 2001, 202 ff; vgl. hierzu auch: EGMR, *T.I. v. U.K.*, U. v. 7. März 2000, 43844/98, dt. Übers. in InfAuslR 2000, 321 ff bzgl. Art. 3 EMRK.

81 s. *Kingreen* in *Calliess/Ruffert*, Art. 6 EUV Rn. 40 ff m. w. N.

82 *Kingreen* in *Calliess/Ruffert*, Art. 6 EUV Rn. 40 ff; so aber Europäische Kommission, Mitteilung vom 11. Oktober 2000, KOM (2000), 6.

83 *Kingreen* in *Calliess/Ruffert*, Art. 6 EUV Rn. 40b, 42; *Hummer*, 60 f.

Gebot des non-refoulement aus Art. 33 Abs. 1 GFK, auf das Art. 18 der Charta verweist, in den Verfassungen der Mitgliedstaaten als Asylrecht gewährleistet ist, zumal sich aus diesem Gebot keine Verpflichtung zur Asylgewährung ergibt.[84] Im Übrigen besteht innerhalb der Mitgliedstaaten keine Einigkeit über die Voraussetzungen dieses Gebots.[85]

Selbst wenn angenommen wird, dass Art. 18 der Charta Rechtsverbindlichkeit entfaltet, ist er aufgrund des in Art. 2 EUV und Art. 5 EGV verankerten Subsidiaritätsprinzips, wonach mitgliedstaatliche Maßnahmen grundsätzlich nicht an den Gemeinschaftsgrundrechten, sondern an den nationalen Grundrechten zu messen sind, nur bei Anwendung der o. g. Verordnung zu beachten.[86] Da das Gebot des non-refoulement aus Art. 33 Abs. 1 GFK hierbei bereits nach dem gerade Ausgeführten zu beachten ist, ergibt sich hierüber keine weitergehende Bedeutung dieses Gebots für das deutsche Asyl-, Flüchtlings- und Ausländerrecht.

2. Art. 33 Abs. 1 GFK als subjektiver Anspruch des Einzelnen

Aus der ins deutsche Recht inkorporierten Vorschrift des Art. 33 Abs. 1 GFK könnte ein Anspruch des Einzelnen auf non-refoulement folgen. Voraussetzung ist, dass die Vorschrift erstens unmittelbar anwendbar ist und zweitens ein subjektives Recht vermitteln möchte.[87] Art. 33 Abs. 1 GFK ist nach Wortlaut, Zweck und Inhalt geeignet und hinreichend bestimmt, wie eine innerstaatliche Vorschrift rechtliche Wirkung zu entfalten[88] und damit unmittelbar anwendbar. Allerdings wird daraus, dass sich die Vorschrift nur an die Staaten richtet und aus ihrer „unzentralen“ Stellung geschlossen, dass sie kein subjektives Recht vermitteln will.[89] Insofern ist zutreffend, dass es – anders als bei verschiedenen menschenrechtlichen Abkommen – auf völkerrechtlicher Ebene für einen Flüchtling keine Möglichkeit gibt, gegen eine Verletzung von Art. 33 Abs. 1 GFK vorzugehen. Aus Art. 33 Abs. 2 S. 1 GFK lässt sich aber entnehmen, dass der Flüchtling im innerstaatlichen Recht die Möglichkeit haben soll, sich auf das in Art. 33 Abs. 1 GFK enthaltene Recht zu berufen. Nach der Inkorporierung ins deutsche Recht folgt aus Art. 33 Abs. 1 GFK somit unmittelbar ein Anspruch des Einzelnen auf non-refoulement.[90]

---

84 s. infra unter B. IV. 4.

85 siehe hierzu die folgenden Ausführungen, vor allem unter 5. Kapitel A. III. 2.

86 vgl. *Kingreen* in *Calliess/Ruffert*, Art. 6 EUV Rn. 56.

87 *Jarass* in *Jarass/Pieroth*, Art. 59 Rn. 18.

88 BVerwGE 89, 296 (298); BVerwGE 88, 254 (257); *Schoch*, DVBl 1993, 1161 (1169).

89 *Klos*, ZAR 2000, 202 (203 f).

90 BVerwGE 88, 254 (257), BVerwGE 89, 296 (298) jeweils bzgl. aller Vorschriften der GFK; *Bierwirth/Göbel-Zimmermann*, ZRP 1992, 470 (473); *Göbel-Zimmermann*, Rn. 10; *Koisser/Nicolaus*, ZAR 1991, 11 (14); *Lübbe-Wolff* in *Dreier*, Art. 16a Rn. 9; *Schoch*, DVBl 1993, 1161 (1169); a. A. *Gornig*, EuGRZ 1986, 521 (527); *Klos*, ZAR 2000, 202 (203 f); *Schnapp* in *v. Münch/Kunig*, Art. 16a Rn. 6; *Rothkegel*, ZAR 1988, 99 (103).

3. Bedeutung für § 51 Abs. 1 AuslG

In § 51 Abs. 1 AuslG ist ein Abschiebungshindernis enthalten, das nach dem Wortlaut dem Gebot des non-refoulement aus Art. 33 Abs. 1 GFK weitgehend entspricht. Unterschiede in der Formulierung bestehen insofern, als Art. 33 Abs. 1 GFK ein Gebot des non-refoulement für Flüchtlinge i. S. d. Art. 1 GFK aufstellt, während § 51 Abs. 1 AuslG sich auf alle Ausländer bezieht, was sich aber durch den Wegfall der Beschränkung des Anwendungsbereichs der GFK auf Ereignisse vor dem 1. Januar 1951 durch das Protokoll von 1967 praktisch nicht auswirkt.[91] Abweichend ist auch die Formulierung „bedroht sein würde" in Art. 33 GFK und „bedroht ist" in § 51 Abs. 1 AuslG. Dennoch wird § 51 Abs. 1 AuslG ganz überwiegend in Übereinstimmung mit Art. 33 Abs. 1 GFK ausgelegt.[92] Daraus folgt nach dem gerade Ausgeführten auch, dass die Vorschrift zugleich in Übereinstimmung mit dem Flüchtlingsbegriff des Art. 1 A Nr. 2 S. 1 Hs. 1 GFK auszulegen ist.[93] Dies ergibt sich auch aus der systematischen Zusammenschau mit § 3 AsylVfG, wonach mit der Feststellung der Voraussetzungen des § 51 Abs. 1 AuslG zugleich die Flüchtlingseigenschaft i. S. d. Art. 1 GFK festgestellt wird.[94] Zudem verfolgte der Gesetzgeber mit dem Gesetz zur Neuregelung des Ausländerrechts vom 9. Juli 1990 die Absicht, das Flüchtlingsschutzverfahren bei dem BAFl zu konzentrieren.[95] Dieses Ziel kann nur erreicht werden, wenn § 51 Abs. 1 AuslG in Übereinstimmung mit Art. 33 Abs. 1 GFK ausgelegt wird, da sich auf dem Hoheitsgebiet der Bundesrepublik Deutschland befindliche Personen sonst außerhalb dieses Verfahrens zusätzlich auf Art. 33 Abs. 1 GFK berufen können.[96]

Trotz der relativ großen Übereinstimmung in Rechtsprechung und Literatur, dass § 51 Abs. 1 AuslG in Übereinstimmung mit Art. 33 Abs. 1 GFK auszulegen ist, wird er in Rechtsprechung und Literatur ganz überwiegend[97] hinsichtlich Verfolgungshandlung, geschützten Rechtsgütern und politischem Charakter der Verfolgung entsprechend Art. 16a Abs. 1 GG ausgelegt, da insofern eine Übereinstim-

---

91 VG Frankfurt a. M., U. v. 29. März 1999, 9 E 30919/97.A (2), InfAuslR 1999, 300 (306).

92 BVerfGE 94, 49 (97); BVerwGE 89, 296 (301); BVerwGE 95, 42 (45); BVerwGE 104, 25 (255); VG Frankfurt a. M., U. v. 29. März 1999, 9 E 30919/97.A (2), InfAuslR 1999, 300 (301); *GK-AuslR*, § 51 Rn. 16 ff; *Hailbronner*, AuslR, A1, § 51 Rn. 10 ff; *Kloesel/Christ/Häußer*, § 51 Rn. 2, 5a; *Renner*, § 51 Rn. 4.

93 krit. *Hailbronner*, AuslR, A1, § 51 Rn. 10 ff.

94 BVerwGE 89, 296 (301).

95 s. BVerwGE 89, 296 (300); *Hailbronner*, AuslR, A1, § 51 Rn. 2, *Renner*, § 51 Rn. 4 jeweils m. w. N.

96 BVerwGE 89, 297 (300 f); VG Frankfurt a. M., U. v. 29. März 1999, 9 E 30919/97.A (2), InfAuslR 1999, 300 (302); *GK-AuslR*, § 51 Rn. 13.

97 Ausnahmen sind bspw. die Urteile des VG Frankfurt a. M., U. v. 29. März 1999, 9 E 30919/97.A (2), InfAuslR 1999, 300 (301 ff) sowie des VG München, U. v. 6. März 2001, M 21 K 98.51167, 26 ff.

mung zwischen Art. 16a Abs. 1 GG und Art. 33 Abs. 1 GFK bestehen soll.[98] Da aber weder die Voraussetzungen von Art. 16a Abs. 1 GG und Art. 33 Abs. 1 GFK identisch sind noch die gleichen Regeln zur Auslegung heranzuziehen sind, kann dies nicht überzeugen.[99] Es kann nur im Einzelfall festgestellt werden, ob eine Anwendung beider Vorschriften zu übereinstimmenden Ergebnissen führt. Das Bundesverwaltungsgericht begründet diese Auslegung auch damit, dass der Gesetzgeber durch die Überschrift „politische Verfolgung" und durch die erneute Verwendung dieses Begriffs in § 51 Abs. 2 S. 2 AuslG ein bestimmtes Verständnis des Art. 33 Abs. 1 GFK zum Ausdruck gebracht habe.[100] Dies komme einer „authentischen Interpretation des Art. 33 GFK in seiner Eigenschaft als innerstaatliches Recht durch den deutschen Gesetzgeber nahe"[101]. Der deutsche Gesetzgeber kann seine Verpflichtungen aber nicht authentisch interpretieren, sondern sie ergeben sich aus einer Auslegung der GFK anhand der völkerrechtlichen Regeln. Wenn er von diesen Verpflichtungen abweichen will, bleibt ihm nur der in den Art. 44 und Art. 45 GFK vorgesehene Weg der Kündigung oder Revision.[102] Die Formulierung des Bundesverwaltungsgerichts kann somit nur dahingehend verstanden werden, dass der deutsche Gesetzgeber den Verpflichtungen aus der GFK nicht nachkommen möchte. Wegen der Völkerrechtsfreundlichkeit des Grundgesetzes muss ein entsprechender gesetzgeberischer Wille aber deutlich zum Ausdruck kommen.[103] Hierfür reicht die zweimalige Verwendung des Begriffs „politisch Verfolgter"[104] ebenso wenig aus wie die unzutreffende Vorstellung des Gesetzgebers, dass die für Art. 16a Abs. 1 GG entwickelten Kriterien im Wesentlichen mit denen der GFK übereinstimmen.[105] Mit einem bewussten Abweichen vom Regelungsgehalt der GFK ist zudem die reibungslose Umsetzung der o. g. Verordnung gefährdet, was aber nicht im Interesse des deutschen Gesetzgebers liegen kann. § 51 Abs. 1 AuslG

---

98 BVerwGE 95, 142 ff; BVerwG, NVwZ 1994, 500, *GK-AuslR*, § 51 Rn. 19 ff; *Hailbronner*, AuslR, A1, § 51 Rn. 12; *Renner*, § 51 Rn. 13.

99 so auch: VG Frankfurt a. M., U. v. 29. März 1999, 9 E 30919/97.A (2), InfAuslR 1999, 300 (301 ff); VG München, U. v. 6. März 2001, M 21 K 98.51167, 26 ff; *Deiseroth*, ZAR 2000, 7 ff; *Göbel-Zimmermann*, Rn. 513.

100 BVerwGE 95, 42 (45, 49 f).

101 BVerwGE 95, 42 (50).

102 so auch: VG Frankfurt a. M., U. v. 29. März 1999, 9 E 30919/97.A (2), InfAuslR 1999, 300 (302).

103 BVerfGE 74, 358 (370); *Deiseroth*, ZAR 2000, 7 (11).

104 VG München, U. v. 6. März 2001, M21K98.51167, 31 f; VG Frankfurt a. M., U. v. 29. März 1999, 9 E 30919/97 A (2), InfAuslR 1999, 300 (301 f).

105 s. *Hailbronner*, AuslR, A1, § 51 Rn. 12; eine ähnliche Kritik übt VG Frankfurt a. M., U. v. 29. März 1999, 9 E 30919/97 A (2), InfAuslR 1999, 300 (302).

ist somit in tatsächlicher Übereinstimmung mit Art. 33 Abs. 1 GFK i. V. m. Art. 1 A Nr. 2 S. 1 Hs. 1 GFK auszulegen.[106]

4. Bedeutung für Art. 16a Abs. 1 GG

Das Gebot des non-refoulement aus Art. 33 Abs. 1 GFK hat nach der Inkorporierung ins deutsche Recht nur einen unterverfassungsrechtlichen Rang und kann daher grundsätzlich nicht zur Auslegung von Art. 16a Abs. 1 GG herangezogen werden. Art. 33 Abs. 1 GFK ist auch nicht nach dem Grundsatz der Völkerrechtsfreundlichkeit des Grundgesetzes zur Auslegung heranzuziehen, da hier keine völkerrechtliche Verpflichtung zur Asylgewährung normiert ist. Aus Art. 33 Abs. 1 GFK folgen zwar, wie gesehen, bestimmte Verpflichtungen zur Gewährung von Einreise und Aufenthalt. Dem Asylrecht des Art. 16a Abs. 1 GG ist aber das Recht immanent, Aufnahme zu finden[107], während nach Art. 31 GFK auch eine Weiterschiebung in einen aufnahmebereiten Staat möglich ist. Zudem hat auch der verfassungsändernde Gesetzgeber zu verstehen gegeben, dass er Art. 16a Abs. 1 GG nicht umfassend i. S. d. Art. 33 Abs. 1 GFK ausgelegt wissen will[108], so dass beide Vorschriften nicht deckungsgleich sind.[109] Eine Auslegung kann sich aber an der GFK orientieren, wie sich auch aus der durch Art. 16a Abs. 2 S. 1 GG hergestellten engen Verbindung zwischen dem Asylrecht und der GFK ergibt.[110]

---

106 so ausdrücklich auch: VG München, U. v. 6. März 2001, M21K98.51167, 33; VG Frankfurt a. M., U. v. 29. März 1999, 9 E 30919/97 A (2), InfAuslR 1999, 300 (302); *Göbel-Zimmermann*, Rn. 513; *Marx*, Handbuch, § 31 Rn. 3 ff; *Weberndörfer*, 33 hingegen möchte sowohl Art. 33 Abs. 1 GFK als auch Art. 16a Abs. 1 GG bei der Auslegung von § 51 Abs. 1 AuslG berücksichtigen.

107 *Davy*, AK-GG, Art. 16a Rn. 36; *Lübbe-Wolff* in *Dreier*, Art. 16a Rn. 55, *Pieroth/Schlink*, Rn. 986.

108 BT-Drucks 12/2718, 55; *Hailbronner*, AuslR, B1, Art. 16a Rn. 62.

109 s. BVerfGE 80, 315 (346); BVerfGE 74, 51 (66 f); BVerfG (Kammer), NVwZ 1993, 465 (466); *Becker* in *v. Mangoldt/Klein/Starck*, Art. 16a Rn. 108; *Göbel-Zimmermann*, Rn. 10; *Lübbe-Wolff* in *Dreier*, Art. 16a Rn. 55; *Randelzhofer* in *Maunz/Dürig*, Art. 16 Abs. 2 S. 2 Rn. 14; *Schnapp* in *v. Münch/Kunig*, Art. 16a Rn. 8; *Reichel*, 41.

110 *Lübbe-Wolff* in *Dreier*, Art. 16a Rn. 35; *Schnapp* in *v. Münch/Kunig*, Art. 16a Rn. 8.

Kapitel 5

Verfolgung i. S. d. Art. 1 A Nr. 2 S. 1 Hs. 1 GFK

In den über 50 Jahren seit Verabschiedung der GFK hat sich in den Konventionsstaaten noch kein einheitliches Verständnis des Begriffs „Verfolgung" herausgebildet. Es wird zwar übereinstimmend davon ausgegangen, dass Verfolgung die zielgerichtete, ernsthafte Beeinträchtigung einer Person voraussetzt. Bereits über die Konkretisierung dieser Elemente gehen die Auffassungen aber auseinander. Zudem wird unterschiedlich beurteilt, ob Verfolgung in diesem Sinne nur vorliegen kann, wenn sie von einem Staat ausgeht oder jedenfalls dieser gegen die von Privaten ausgehenden Beeinträchtigungen keinen Schutz gewähren kann, oder ob auch eine von Privaten ausgehende Beeinträchtigung für sich genommen Verfolgung sein kann.

A. Konkretisierung

I. Überblick

Verfolgung/being persecuted/être persecutée hat in den beiden gleichermaßen verbindlichen Sprachen Englisch und Französisch folgende Bedeutung: „To persecute" bedeutet „to pursue with malignancy or enmity and injurious actions, esp. to oppress with pains and penalties for the holding of a belief or opinion held to be injurious or heretical".[1] „Persécuter" hat die Bedeutung „tourmenter sans relâche par des traitements injustes et cruels".[2] „Persécution" wird definiert als „traitement injuste et cruel infligé avec acharnement"[3] bzw. als „l'ensemble des mesures injustes et tyranniques prises systématiquement contre une personne ou un group des personnes, spécialement: mesures violantes et injustes, parfois cruelles, de charactère discriminatoire, prises à l'égard d'une collectivité ethnique, politique ou réligieuse"[4]. Die Bedeutung des deutschen Wortes Verfolgung entspricht diesen Bedeutungen: „(aus politischen, rassischen, religiösen Gründen) jmds. Frei-

[1] *The Oxford English Dictionary*, XI, 591.
[2] *Le Petit Robert*, 1408.
[3] *Le Petit Robert*, 1408.
[4] *Le Grand Larousse*, V, 4170.

heit einengen, ihn zu vertreiben, gefangen zu setzen suchen, ihm nach dem Leben trachten"[5].

1. Unrechtmäßigkeit und Intensität als Elemente von Verfolgung

Wie sich aus den Bedeutungen in den beiden verbindlichen Sprachen ergibt, ist Verfolgung eine unrechtmäßige Behandlung (injurious actions, traitement injuste, mesures injustes).[6] Dabei können das Leben und die körperliche Unversehrtheit Rechtsgüter sein, deren Beeinträchtigung Verfolgung ist, ohne dass diese Rechtsgüter aber als abschließend anzusehen sind, wie sich auch aus der insofern offenen deutschen Bedeutung („Freiheit einengen") ergibt. Aus den verwendeten Worten torture, tourmenter, cruel geht hervor, dass die unrechtmäßige Behandlung zudem intensiv sein muss. Die französische Bedeutung deutet dabei darauf hin, dass nur eine systematische oder wiederholte Beeinträchtigung Verfolgung sein kann.

Ob die Behandlung unrechtmäßig und intensiv ist, kann häufig erst anhand der Folgen bestimmt werden, die die Behandlung im Einzelfall auslöst, so dass diese in die Betrachtung einzubeziehen sind. Dies kann nach dem Wortsinn aber nur für die objektiv vorhersehbaren Folgen der Handlung gelten. Zudem können nur die Folgen einbezogen werden, die unmittelbar, d. h. nicht erst durch die Handlung eines Dritten herbeigeführt werden.

2. Zielgerichtete Andersbehandlung

Aus den Wortbedeutungen in beiden verbindlichen Sprachen und in der deutschen Übersetzung ergibt sich zudem, dass Verfolgung eine Andersbehandlung ist. Diese Andersbehandlung muss in Abgrenzung zu allgemeinen Unglücksfolgen zielgerichtet sein.[7] Dies wird auch durch die travaux préparatoires bestätigt.[8] Eine konkret-individuelle Handlung ist i. d. R. eine Andersbehandlung, eine abstrakt-generelle Handlung ist eine Andersbehandlung, wenn sie nicht für alle Personen die gleiche Regelung trifft.

---

[5] *Duden*, Wörterbuch, Bd. 9, 4208; ähnlich *Brockhaus Wahrig*, Bd. 6, 491: „jmdn. bedrängen, quälen, bedrohen, seiner Freiheit, Lebensgrundlage zu berauben suchen".

[6] so auch: *Carlier* in *Nicholson/Twomey*, 37 (44 f).

[7] *UNHCR*, Auslegung, §§ 20, 22; *Marx*, InfAuslR 1997, 372 (374).

[8] Statement des israelischen Delegierten Robinson, UN doc. A/Conf.2/SR.22, 6, abgedruckt in *Takkenberg*, III, 406: „The text obviously did not refer to refugees from natural disasters, for it was difficult to imagine that fires, flood, earthquakes or volcanic eruptions, for instance differentiate between their victims on the grounds of race, religion, or political opinion. Nor did the text cover al man-made events. There was no provision, for example for refugees fleeing from hostilities unless they were otherwise covered by Article 1 of the convention."; *Marx*, InfAuslR 1997, 372 (374).

3. Subjektive Elemente von Verfolgung

Die englische Wortbedeutung von Verfolgung deutet darauf hin, dass Verfolgung nur eine Handlung ist, die mit „enmity and malignancy" begangen wird, während die französische Wortbedeutung keine solche Motivation verlangt. Aus der systematischen Zusammenschau mit „aus begründeter Furcht vor" folgt, dass es nicht auf die tatsächlichen Motive des Handelnden ankommen kann, sondern dass allein auf die Perspektive des Flüchtlings abzustellen ist. Eine Furcht ist nämlich begründet, wenn der Flüchtling subjektiv befürchtet, dass Verfolgung droht, und dies objektiv nachvollziehbar ist.[9] Zudem hängt die Schutzbedürftigkeit einer Person von den drohenden Beeinträchtigungen ab, nicht von den damit verfolgten Zwecken.[10] Beispielsweise ist die Zwangssterilisation und Einweisung in eine Psychiatrie für eine Person, deren sexuelle Identität so „kuriert" werden soll, nicht deshalb weniger beeinträchtigend, weil die staatlichen Organe für sie das vermeintlich Beste wollen.[11] Eine feindliche oder böswillige Absicht ist daher nicht erforderlich.[12]

Teilweise wird es aber für erforderlich gehalten, dass die Handelnden die intensive Beeinträchtigung vorsätzlich herbeiführen.[13] Auch insofern kann es aber nur darauf ankommen, wie sich die Situation für den Flüchtling darstellt. Dieser kann aber bereits begründet befürchten, dass ihm Verfolgung droht, wenn er von einer gegen ihn gerichteten unrechtmäßigen Maßnahme betroffen ist, die objektiv vorhersehbar zu Beeinträchtigungen mit Verfolgungsintensität führt. Ob der Handelnde dies auch so sieht, ist dabei unerheblich und kann zudem nur spekulativ bleiben. Der Handelnde muss damit weder Vorsatz hinsichtlich der Unrechtmäßigkeit seines Handelns noch hinsichtlich der Folgen haben.[14]

4. Urheber von Verfolgung

Nach dem Wortsinn kann Verfolgung sowohl von Privaten als auch von staatlichen Organen ausgehen. Es ist daher unter III. anhand der weiteren Auslegungsmittel zu bestimmen, ob Verfolgung Staatlichkeit voraussetzt.

---

9 s. ausführlich unter 7. Kapitel.

10 *Musalo*, Mich.J.Int'l.L 1994, 1179 (1181).

11 *Pitcherskaja v. INS*, US C.A. (9th circ.), E. v. 24. Juni 1997, [1997] 118 F.3d 641 (648).

12 *Michigan Guidelines*, § 7 f; US-amerikanische Rechtsprechung seit *Pitcherskaja v. INS*, US C.A. (9th circ.), E. v. 24. Juni 1997, [1997] 118 F.3d 641 (646 f); *Goodwin-Gill*, 50 f.

13 *Gummow J.* in *Applicant A*, 142 ALR 1997, 331 (375): „Persecution involves the infliction of harm, but it implies something more: an element of an attitude on the part of those who persecute which leads to the infliction of harm, or an element of motivation (however twisted) for the infliction of harm. People are persecuted for something perceived about them or attributed to them by their persecutors. Not every isolated act of harm to a person is an act of persecution."

14 *Goodwin-Gill*, 50 ff.

II. Insbesondere: Unrechtmäßigkeit und Intensität als Elemente von Verfolgung

Bei der weiteren Konkretisierung der Unrechtmäßigkeit und Intensität ist es sinnvoll, zwischen diesen beiden Elementen des Verfolgungsbegriffs zu trennen. Da diese Trennung in Rechtsprechung und Literatur nur teilweise vorgenommen wird[15], werden zunächst alle Auffassungen dargestellt, die sich nicht nur zur Intensität der Beeinträchtigung äußern.

1. Bestandsaufnahme

a. Überblick

In der internationalen Literatur[16], in der australischen[17], britischen[18] und kanadischen[19] Rechtsprechung sowie in den Richtlinien dieser Staaten zur geschlechtsspezifischen Verfolgung[20] wird Verfolgung anhand von internationalen Menschenrechten konkretisiert. Auch der UNHCR misst den internationalen Menschenrechten bei der Auslegung des Flüchtlingsbegriffs große Bedeutung zu.[21] Nach seiner Auffassung schließt Verfolgung „Menschenrechtsverletzungen oder andere schwere Nachteile ein“.[22] In der US-amerikanischen Rechtsprechung wird Verfolgung zwar in der Theorie mit einem Rückgriff auf international anerkannte Menschenrechte definiert, in der Praxis wird aber i. d. R. allenfalls implizit auf internationale Menschenrechte Bezug genommen.[23] Auch nach dem gemeinsamen Standpunkt der EU ist Verfolgung anhand von Menschenrechten zu konkretisieren.[24] Mit Aus-

---

15 diese Trennung nehmen *Binder*, 78 ff und *Carlier*, 701 ff vor.

16 generell: *Aleinikoff*, IJRL 1991, 5 (12); *Carlier*, 701 ff; *ders.* in *Nicholson/Twomey*, 37 (44 ff); *Goodwin-Gill*, 68 ff, 77 ff; *Hathaway*, 104 ff; *Vevstad*, 67 ff; speziell im Zusammenhang mit frauenspezifischen Flucht- oder Bleibegründen: *Binder*, 79 ff; *Bower*, Geo.Immigr.L.J. 1993, 173 (179 ff); *Crawley*, 39 ff; *Spijkerboer*, 20 f.

17 *Applicant A*, 142 ALR 1997, 331 (333 ff, 343).

18 *Horvath*, [2001] 1 A.C. 489 (495).

19 *Ward v. Canada*, 2 S.C.R. 689 (734 ff).

20 *australische RL*, 4.3; *britische RL*, 2 A. 1 f; *kanadische RL*, B.

21 *UNHCR*, Auslegung, § 2 ff.

22 *UNHCR*, Auslegung § 17, *UNHCR*, RL Geschlechtsspezifische Verfolgung, § 9; vorher schon: *UNHCR*, Handbuch, § 51.

23 in der Praxis wird Verfolgung überwiegend definiert anhand der in *Kovac v. INS*, 407 F.2d 102 (107), US C.A. (9th circ.) aufgestellten Formel. Hiernach ist Verfolgung „the infliction of suffering or harm upon those who differ in a way regarded as offensive“; Beispiel für die Auslegung anhand von Menschenrechten ist die Entscheidung *Matter of M-K;* siehe zum Ganzen *Anker*, 179 ff; *Binder*, 92 ff jeweils m. w. N.

24 Gemeinsamer Standpunkt 4; in Art. 11 Nr. 1 lit. a des Kommissionsvorschlags wird hierauf kein Bezug genommen, in Art. 11 Nr. 1 lit. c. ii) dieses Vorschlags wird allerdings angenommen, dass eine Bestrafung Verfolgung ist, wenn hiermit die Ausübung eines Grundrechts kriminalisiert werden soll.

nahme der britischen folgt die Rechtspraxis der EU-Staaten diesem Ansatz aber zumeist nicht.[25]

b. Fundamentale Menschenrechte

In den britischen und kanadischen Richtlinien und der Rechtsprechung in diesen Staaten sowie in der internationalen Literatur wird Verfolgung als Verletzung fundamentaler Menschenrechte definiert.[26] Zumeist wird es von dieser Richtung als Voraussetzung von Verfolgung angesehen, dass der Staat seine Verpflichtung verletzt hat, die fundamentalen Rechte seiner Bürger zu schützen.[27] Fundamentale Rechte können daher nur solche sein, zu deren Einhaltung alle Staaten als verpflichtet angesehen werden. Teilweise werden die Rechte, die als fundamental angesehen werden, weiter eingeschränkt. Dabei bleibt größtenteils unklar, nach welchen Kriterien diese Rechte ausgewählt werden. Es wird auch unterschiedlich beurteilt, ob bereits jede Beeinträchtigung eines fundamentalen Menschenrechts Verfolgung ist oder ob zusätzlich noch ausreichende Beeinträchtigungsintensität vorliegen muss.[28] Im Folgenden werden zwei Ansätze dargestellt, in denen die Beurteilungskriterien erkennbar sind.

---

25 laut *Vanheule* in *Carlier*, The Netherlands § 26, konkretisieren einige niederländische Entscheidungen Verfolgung anhand von Menschenrechten. In Spanien wird laut *Peña Galiano* in *Carlier*, Spain, § 40 f, 354 ff, Verfolgung tw. anhand von Menschenrechten definiert, ohne dass aber im Einzelfall eine Prüfung anhand von einzelnen Menschenrechten erfolgt. In Dänemark wird Verfolgung allenfalls implizit mit einem internationalen Menschenrechtsmaßstab definiert, s. *Lynggaard/Justesen* in *Carlier*, § 45 f, 316 f; die deutsche Rechtspraxis äußert sich nur selten zur Auslegung des Verfolgungsbegriffs der GFK. Aus BVerwG, NVwZ 1994, 500 (503), geht implizit hervor, dass das BVerwG diesen Begriff anhand von europäischen und internationalen Menschenrechten auslegt. In dieser Entscheidung führt es aus, dass die zu Art. 16a Abs. 1 GG entwickelten Kriterien zum Verfolgungscharakter von Einschränkungen der Religionsausübungsfreiheit auch für Art. 1 A Nr. 2 S. 1 Hs. 1 GFK gelten. Auch hier sei nur das forum internum der Religionsausübungsfreiheit geschützt, da auch nach Art. 9 EMRK und Art. 18 IPBPR die öffentliche Sphäre der Religionsausübungsfreiheit nicht uneingeschränkt geschützt sei.

26 bspw.: tragende Auffassung in *Horvath*, [2001] 1 A.C. 489 (495, 509 f); *Lord Hoffmann*, *Islam and Shah*, IJRL 1999, 496 (511 ff); so auch: *La Forest J*. (abwM aus anderen Gründen) in *Chan v. Canada*, [1995] 3 S.C.R. 593, § 69 ff; *britische RL*, 2 A. 1; *kanadische RL*, B; *Cipriani*, Geo.Immigr.L.J. 1993, 511 (543); *Carlier* in *Nicholson/Twomey*, 37 (44 ff); *Goodwin-Gill*, 68 f; *Hathaway*, 104 ff; *Sitaropoulos*, 149; ähnlich auch *Binder*, 52 ff, die allerdings nicht von fundamentalen, sondern von quasi-universellen Menschenrechten spricht, die sie aber gleichwohl als für alle Staaten verpflichtend ansieht; vgl. auch: australische RL, 4.5, wonach jeder Verstoß gegen ein international anerkanntes Menschenrecht Verfolgung sei, dies aber um so eher anzunehmen ist, je fundamentaler das jeweilige Menschenrecht sei.

27 *Hathaway*, 104 ff: tragende Auffassung in *Horvath*, [2001] 1 A.C. 489 (495, 509 f); *Lord Hoffmann*, *Islam and Shah*, IJRL 1999, 496 (511 ff); *Binder*, 21 ff, 113; *Goodwin-Gill*, 77 ff; *Sitaropoulos*, 149.

28 s. auch unter A. II. 3.

aa. Vier-Stufen-Modell

Nach einem in der kanadischen Literatur entwickelten Vier-Stufen-Modell ist Verfolgung zu definieren als „sustained or systemic violation of fundamental human rights resulting from a failure of state protection“[29]. Die Menschenrechte werden hiernach in vier Kategorien eingeteilt.[30] Die erste Kategorie bilden die Rechte, die in der AEMR und zugleich im IPBPR enthalten sind und die der Staat nach Art. 4 Abs. 2 IPBPR auch im Fall eines Notstandes i. S. d. Art. 4 Abs. 1 IPBPR nicht außer Kraft setzen darf. Die Verletzung eines dieser Rechte wird immer als Verfolgung angesehen.[31] In die zweite Kategorie fallen nach diesem Ansatz alle übrigen in der AEMR und zugleich im IPBPR enthaltenen Rechte. Die Verletzung eines dieser Rechte wird für Verfolgung gehalten, es sei denn es handele sich um eine „short term emergency derogation of a non-discriminatory nature [...], which under international law is insuffiscient to establish the absence of state protection“[32]. Zur dritten Kategorie gehören hiernach alle Rechte, die in der AEMR und zugleich im IPWSKR enthalten sind. Hier liege ein „failure of state protection“ vor, wenn der Staat das Recht trotz vorhandener Ressourcen nicht oder nicht diskriminierungsfrei verwirklicht. Um Verfolgung handele es sich aber nur, wenn die Beeinträchtigung so intensiv sei, dass sie der Beeinträchtigung eines Rechts der ersten oder zweiten Kategorie entspreche.[33] Die Rechte, die zwar in der AEMR, aber in keiner bindenden Kodifikationen enthalten sind, bilden die vierte Kategorie. Die Beeinträchtigung eines dieser Rechte sei i. d. R. keine Verfolgung.[34]

An diesem Modell orientieren sich auch die britischen Richtlinien[35] und Teile der internationalen Literatur[36]. Dabei wird aber teilweise angenommen, dass auch die intensive Beeinträchtigung von anderen Abkommen, bspw. der UN-Kinderrechtskonvention, Verfolgung sein kann.[37]

bb. Einschränkenderes Verständnis

Nach einem anderen Ansatz ist nur ein Teil der Rechte, die in der AEMR und den beiden Internationalen Pakten enthalten sind, als fundamental anzusehen[38]. Hierzu gehören zunächst die Rechte, die in Art. 4 Abs. 2 IPBPR enthalten sind und damit

---

29 *Hathaway*, 104 ff.
30 *Hathaway*, 109 ff.
31 *Hathaway*, 112.
32 *Hathaway*, 113.
33 *Hathaway*, 111, 116 ff.
34 *Hathaway*, 111.
35 *britische RL*, 2.A.
36 *Crawley*, 39 ff; *Macklin*, HRQ 1995, 213 (224 ff); vgl. auch *Vevstad*, 69 ff.
37 *britische RL*, 2 A.1 f.
38 *Goodwin-Gill*, 68 f.

auch im Fall eines Notstands i. S. d. Art. 4 Abs. 1 IPBPR nicht abbedungen werden können, d. h. das Recht auf Leben, das Recht, vor Folter oder grausamer oder unmenschlicher Behandlung geschützt zu werden, das Recht, keiner Sklaverei unterworfen zu werden, das Recht, keiner rückwirkenden Kriminalstrafe ausgesetzt zu werden, das Recht, als Rechtspersönlichkeit anerkannt zu werden, das Recht auf Gedanken, Gewissens- und Religionsfreiheit. Wegen des engen Bezugs zwischen Verfolgung und der persönlichen Freiheit zählten hierzu zudem das in Art. 9 Abs. 1 S. 1 Var. 1 IPBPR geschützte Recht auf Freiheit der Person und das Recht aus Art. 17 Abs. 1 Var. 1 IPBPR auf Freiheit vor willkürlichen und rechtswidrigen Eingriffen in das Privatleben. Verfolgung liegt nach diesem Ansatz vor, wenn mindestens eines dieser Rechte mit ausreichender Intensität beeinträchtigt wird.

cc. Exkurs: Bindung an Menschenrechte

Da die zuvor dargestellte Richtung darauf basiert, dass nur die Menschenrechte zur Auslegung des Verfolgungsbegriffs herangezogen werden können, zu deren Einhaltung ein Staat verpflichtet ist, wird vorweg erörtert, um welche Menschenrechte es sich dabei handelt.

Ein Staat ist völkerrechtlich zur Einhaltung von Menschenrechten verpflichtet, wenn er sich vertraglich hierzu verpflichtet hat oder völkergewohnheitsrechtlich hieran gebunden ist.[39] Aus Art. 55 lit. c UN-Charta folgt keine Verpflichtung zur Gewährung von Menschenrechten, so dass eine vertragliche Verpflichtung nur besteht, wenn eines der Menschenrechtsabkommen ratifiziert wurde. Welche Menschenrechte völkergewohnheitsrechtlich anerkannt sind, wird unterschiedlich beurteilt. Von den weitestgehenden Auffassungen werden alle in der AEMR enthaltenen Rechte[40] bzw. alle hier enthaltenen Rechte, die in der Folgezeit in weiteren Abkommen für die jeweiligen Vertragsstaaten völkerrechtlich bindend normiert worden sind[41], als Völkergewohnheitsrecht angesehen. Überwiegend wird hingegen nur einigen der dort normierten Rechte der Status des Völkergewohnheitsrechts zugesprochen. Hierzu werden neben den in der Barcelona-Traction-Entscheidung des IGH ausdrücklich genannten Rechten auf Freiheit vor Sklaverei, Genozid und Rassendiskriminierung[42] oftmals folgende gezählt: das Recht auf Rechtsfähigkeit,

39 *Ermacora*, Ius Humanitatis, 357 (365 f); *Henkin* in *Henkin*, 7 f.

40 *Saario/Higgins-Cass*, California Western International Law Journal 1977, 591 (607 f); *Verdross/Simma*, § 1234.

41 *Binder*, 57.

42 Barcelona-Traction-Entscheidung des IGH, ICJ Rep.1970, 34: „Such obligations derive for example in contemporary international law, form the outlaying of acts of aggression, and of genocide, as also from the principles and rules concerning the basic rights of the human person, including protection from slavery and racial discrimination. Some of the corresponding rights of protection have entered into the body of general international law [...]; others are conferred by international instruments of a universal or quasi-universal character."

auf Freiheit vor einem willkürlichen Entzug des Lebens, auf Freiheit vor Folter, grausamer, unmenschlicher oder erniedrigender Behandlung, auf Gleichheit vor Gesetz und Gericht, einschließlich der Rechte auf ein geordnetes Verfahren und rechtliches Gehör.[43] Zudem wird es als völkergewohnheitsrechtlich anerkannte Verpflichtung eines jeden Staates angesehen, systematische und massive Verletzungen der in der International Bill of Rights, bestehend aus der AEMR, dem IPBPR und dem IPWSKR, enthaltenen Rechte zu unterlassen.[44]

Die Entstehung von Völkergewohnheitsrecht setzt nach Art. 38 Abs. 1 lit. b IGH-Statut eine einheitliche und konstante staatliche Übung im Bewusstsein der rechtlichen Verpflichtetheit voraus. Hiernach ist es erforderlich, dass sich eine repräsentative Zahl von Völkerrechtssubjekten aus den verschiedenen sozio-politischen Systemen konsistent verhält.[45] Eine solche Übung lässt sich nicht bezüglich aller der in der AEMR enthaltenen Rechte, die in weiteren Abkommen normiert sind, feststellen. So ist die islamische Vorstellung von der Rolle der Frau in der Gesellschaft mit den dort verankerten Diskriminierungsverboten nicht vereinbar. Hiernach haben Frauen und Männer zwar gleichwertige Rechte und Pflichten, sie haben aber von Natur aus verschiedene Rollen in der Gesellschaft zu erfüllen. Frauen können daher in diskriminierender Weise vom Genuss von Freiheitsrechten ausgeschlossen werden.[46] Diese Auffassung äußert sich konkret darin, dass Gleichbehandlungsgebote von islamischen Staaten nur mit Vorbehalten[47] oder Interpretationserklärungen[48] oder gar nicht ratifiziert wurden.

---

[43] *Ipsen*, § 50 Rn. 11 mit § 50 Rn. 6; *Goodwin-Gill*, movement, 71 f; *Klein*, EuGRZ 1999, 109 (110) nennt neben dem Genozid- und Rassendiskriminierungsverbot nur das Recht auf Rechtsfähigkeit und das Recht vor willkürlicher Verhaftung als jedenfalls völkergewohnheitsrechtlich anerkannte Rechte; *Ermacora*, Ius Humanitatis, 357 (368) sieht in Anlehnung an die Formel der Barcelona-Traction-Entscheidung des IGH alle Rechte als Völkergewohnheitsrecht an, ohne deren Anerkennung der Mensch nicht existieren kann ohne sein Menschsein zu verlieren.

[44] *Ermacora*, Ius Humanitatis, 357 (366); *Ritterband*, 163; *Partsch* in *Wolfrum*, 73 Rn. 26 ff, 547 f bzgl. der AEMR.

[45] *Ipsen*, § 16 Rn. 10 f.

[46] s. Art. 6 lit. a der Kairoer Erklärung über Menschenrechte im Islam vom 5. August 1990 sowie Art. 19 f der Allgemeinen Erklärung der Menschenrechte im Islam vom 19. September 1981; vgl. allerdings auch Art. 2, 9 der Arabischen Charta der Menschenrechte vom 15. September 1994, der ein Diskriminierungsverbot enthält, das dem der beiden Internationalen Pakte bis auf die positiven Maßnahmen zur Diskriminierung dem Wortlaut nach weitgehend entspricht; dieses Recht kann aber nach Art. 4 Abs. 1 dieser Charta auch zum Schutz der Moral eingeschränkt werden, s. zum Ganzen ausführlich: *Helbling*, 15 ff; 106 ff sowie *An-Na'im*, Islamic Reformation, 86 ff und *Arzt*, HRQ 1990, 202 (218 f).

[47] Gemäß Art. 2 Abs. 1 WVK ist ein Vorbehalt eine einseitig verbindliche Erklärung, durch die der ratifizierende Staat bezweckt, die Rechtswirkung einzelner Vertragsbestimmungen in der Anwendung auf sich auszuschließen oder zu ändern.

[48] Eine Interpretationserklärung bezweckt im Gegensatz zu einem Vorbehalt nicht Ausschluss oder Änderung der Vertragsbestimmung, sondern eine Klarstellung. Allerdings werden teilweise Vorbehalte absichtlich als interpretative Erklärung bezeichnet, *Ipsen*, § 14 Rn. 4.

Es kann auch nicht überzeugen, die erforderliche gemeinsame staatliche Übung dadurch ersetzt zu sehen, dass die AEMR in der Generalversammlung ohne Gegenstimme angenommen wurde. Die AEMR sollte von vornherein für die Staaten kein bindendes Recht sein[49] und versteht sich in der Präambel selbst nur als „common standard of achievement“[50]. Es besteht somit nur eine völkergewohnheitsrechtliche Verpflichtung, einzelne der in der AEMR und den sie konkretisierenden Pakten enthaltenen Rechte einzuhalten.

Die in der AEMR enthaltenen Menschenrechte könnten aber dadurch für jeden Staat verbindlich sein, dass sie die einem jeden Menschen von Natur aus zustehenden, vorstaatlichen Rechte erklärt.[51] Ohne sich dem Vorwurf des Kulturimperialismus auszusetzen, können potentiell global geltende Menschenrechte, wie sie in der AEMR enthalten sind, aber nur dann als angeborene Rechte eines jeden Menschen angesehen werden, wenn sie global, d. h. jedenfalls von den großen Weltreligionen und philosophischen Richtungen übereinstimmend als solche Rechte angesehen werden.[52] Das der AEMR zu Grunde liegende Menschenbild wird aber nicht in diesem Sinne universell geteilt. In dieser Erklärung werden die Menschen als gleichberechtigte Individuen gesehen, denen in größtmöglichem Umfang Autonomie bei der Lebensgestaltung zukommen soll. Demgegenüber betonen afrikanische, asiatische und islamische Konzepte die Verpflichtung des Individuums gegenüber der Gemeinschaft.[53] So besteht die größte Freiheit eines Muslim darin, die von Gott ihm auferlegten Verpflichtungen möglichst gut zu erfüllen.[54] Zudem werden Frauen von der ganz überwiegenden Zahl der islamischen Rechtsgelehrten nicht als gleichberechtigt, sondern nur als dem Mann gegenüber mit gleichwertigen Rechten und Pflichten ausgestattet angesehen.[55] Eine Konkretisierung ist daher entweder gänzlich unmöglich[56] oder es können allenfalls einzelne der in der AEMR enthaltenen Rechte als angeborene Rechte eines jeden Menschen angesehen werden.

---

49 *Ermacora*, Rn. 267, 541; *Tomuschat* in *Wolfrum*, 30 Rn. 17, 230; *Partsch* in *Wolfrum*, 73 Rn. 23, 548; *Verdross/Simma*, § 1234.

50 *Ipsen*, § 16 Rn. 23.

51 vgl. Art. 1 Abs. 2 GG sowie BVerfGE 80, 315 (333); BVerwGE 67, 184 (187); BVerwGE 79, 143 (147), wo dieser Gedanke zum Ausdruck kommt.

52 vgl. *McFeely* in *Wagner/Carbone*, 117 (117 f); *O'Sullivan*, IJHR 2000, 25 (33) sowie generell zum „cultural relativism“: *An-Na'im*, Human Rights; *Brems*; *Klein*, EuGRZ 1999, 109 ff; *O'Sullivan*, IJHR 2000, 25 ff.

53 *Brems*, 86, 179, 251 m. w. N.

54 *Arzt*, HRQ 1990, 202 (205 ff); *Helbling*, 15 ff m. w. N.; zu weiteren Differenzen, *An-Na'im*, 161 ff.

55 s. *An-Na'im*, Islamic Reformation, 86 ff.

56 vgl. *Dreier* in *Dreier*, Art. 1 Abs. 2 GG Rn. 14.

2. Unrechtmäßigkeit

a. Maßstab

Im Folgenden ist ein Maßstab zu ermitteln, mit dem unrechtmäßige von rechtmäßigen Andersbehandlungen unterschieden werden können. Dieser könnte in internationalen Menschenrechten zu finden sein.

aa. Systematische Zusammenschau mit den ersten beiden Absätzen der Präambel?

Das Heranziehen von Menschenrechten zur Konkretisierung des Verfolgungsbegriffs wird häufig aus der systematischen Zusammenschau dieses Begriffs mit den ersten beiden Absätzen der Präambel der GFK hergeleitet, in denen auf die AEMR sowie auf Menschenrechte und Grundfreiheiten Bezug genommen wird.[57] In der systematischen Zusammenschau mit Art. 3 ff GFK beziehen sich die beiden Absätze der Präambel aber nicht auf den Flüchtlingsbegriff des Art. 1 GFK, sondern auf die Verpflichtung der Aufnahmestaaten, Flüchtlingen i. S. d. Art. 1 GFK den in den Art. 3 ff GFK enthaltenen Menschenrechtsschutz zu gewähren. Dies ergibt sich deutlich aus dem im zweiten Absatz der Präambel normierten Konventionsziel, Flüchtlingen in möglichst großen Umfang die Ausübung der Grundfreiheiten und Menschenrechte zu sichern. In diesem Kontext ist daher auch die im ersten Absatz der Präambel enthaltene Formulierung, dass „die Menschen ohne Unterschied die Menschenrechte und Grundfreiheiten genießen sollen“, so zu verstehen, dass sie sich nicht auf die Ungleichbehandlung im Herkunftsstaat, sondern auf die Ungleichbehandlung zwischen Staatsangehörigen und Flüchtlingen im Aufnahmestaat bezieht.[58] Dies wird auch durch die vorbereitenden Arbeiten bestätigt.[59] Hieraus lässt sich somit das Heranziehen von Menschenrechten zur Bestimmung der Unrechtmäßigkeit nicht begründen.

bb. Zusammenschau mit Art. 31 Abs. 1 und Art. 33 Abs. 1 GFK?

Das Abstellen auf einen menschenrechtlichen Maßstab zur Konkretisierung von Verfolgung wird ferner aus einer systematischen Zusammenschau mit der in

---

[57] *UNHCR*, Auslegung, § 4; *Ward v. Canada*, 2 S.C.R. 689 (734 ff); *Brennan CJ.*, *Applicant A*, 142 ALR 1997, 331 (333); *Binder*, 23 f; *Cipriani*, Geo.Immigr.L.J. 1993, 511 (543); *Hathaway*, 102 ff; vgl. auch *britische RL*, 3.2, die hiermit eine menschenrechtliche Auslegung des Konventionsgrundes begründen.

[58] *Fortin*, IJRL 2001, 548 (569); *Goodwin-Gill*, IJRL 1999, 537 (539); *Weis*, AJIL 1954, 193 (218 f).

[59] bspw. Mr. Shaw, A/Conf.2/S.R.2, 20 f: „For example, to facilitate the protection of such immigrants from exploitation, their absorption into the economic life of the country, and the securing for them of treatment and conditions equal to those enjoyed by the ordinary Australian worker, it had been found advisable to require them to take up directed employment for a period of two years [...]“, abgedruckt bei *Takkenberg*, III, 209.

Art. 31 Abs. 1 und Art. 33 Abs. 1 GFK enthaltenen Formulierung „Leben oder [...] Freiheit" begründet.[60] Hieraus ergebe sich, dass eine Querverbindung zwischen Verfolgung und der Versagung menschenrechtlichen Schutzes bestehe. Unter Freiheit werden nämlich – anders als in der älteren Literatur, in der sich der gleiche Ansatz findet[61] – nicht nur die persönliche Freiheit, sondern umfassend die in der AEMR verbürgten Freiheitsrechte verstanden. Dies wird mit dem Wortsinn und der Entstehungsgeschichte begründet. So lehne sich diese Formulierung an die Erklärung der Bermuda-Konferenz von 1943 an.[62] In dieser Erklärung seien unter Beeinträchtigung der Freiheit auch die Beeinträchtigungen verstanden worden, denen Juden in Deutschland u. a. auch vor 1940 ausgesetzt waren und die ihrer physischen Vernichtung vorausgingen. Dieser enge Zusammenhang zwischen physischer Vernichtung und der Missachtung von Menschenrechten habe auch den Anstoß zur AEMR gegeben.[63]

Die Formulierung „Leben oder [...] Freiheit" in Art. 31 und Art. 33 GFK spricht in der Tat dafür, dass bei der Entstehung der Konvention unter Verfolgung in erster Linie eine Beeinträchtigung von Leben oder Freiheit verstanden wurde. Es muss aber spekulativ bleiben, ob „Freiheit" als Beeinträchtigung von Menschenrechten verstanden wurde bzw. die Beeinträchtigung welcher Menschenrechte hiervon erfasst werden sollte. Auch mit der Gemeinsamkeit von GFK und AEMR als Reaktion auf die nationalsozialistische Herrschaft lässt sich dieser Ansatz nicht begründen.

cc. Erfordernis einer Schutzpflichtverletzung des Staates?

Die Unrechtmäßigkeit ist aber anhand von (fundamentalen) Menschenrechten zu bestimmen, wenn Verfolgung voraussetzt, dass der Staat seine Pflicht, die (fundamentalen) Menschenrechte seiner Staatsangehörigen zu schützen, verletzt hat.

Das Erfordernis einer solchen Schutzpflichtverletzung wird daraus hergeleitet, dass der Flüchtlingsbegriff den Bruch der Beziehungen zwischen dem Flüchtling und seinem Herkunftsstaat voraussetze.[64] Dies ergebe sich aus der systematischen Zusammenschau mit „und den Schutz dieses Landes nicht in Anspruch nehmen kann oder wegen dieser Befürchtungen nicht in Anspruch nehmen will".[65] Aus diesem Halbsatz folgt zwar, dass nur die Person Flüchtling ist, deren Beziehungen zum Herkunftsstaat gestört sind. Aus der Stellung dieses Halbsatzes hinter „sich

60 *Davy*, Bd. 1, 130 f.

61 *Zink*, 74 ff.

62 *Davy*, Bd. 1, 124 ff, siehe auch die Nachweise in 4. Kapitel Fn. 49.

63 *Davy*, Bd. 1, 130 f.

64 *Hathaway*, 105 ff; *Horvath*, [2001] 1 A.C. 489 (495 f); *Marx*, InfAuslR 1993, 372 f; so auch BVerwGE 95, 42 (46); wohl auch *Goodwin-Gill*, 77 ff.

65 *Horvath*, [2001] 1 A.C. 489 (498); in diese Richtung auch: BGH, U. v. 28. Oktober 1964, RzW 1965, 238 (239); *GK-AuslR*, § 51 Rn. 26; *Hailbronner*, AuslR, A1, § 51 Rn. 16b.

außerhalb des Landes befindet, dessen Staatsangehörigkeit sie besitzt" ergibt sich aber, dass hiermit der diplomatische Schutz durch den Herkunftsstaat gemeint ist, nicht der innerstaatliche Schutz der Menschenrechte durch den Herkunftsstaat.[66] Dies wird durch die vorbereitenden Arbeiten bestätigt. Zudem stellten auch die in Art. 1 A Nr. 1 GFK genannten Abkommen auf das Fehlen diplomatischen Schutzes ab.[67] Da ein Bruch der diplomatischen Beziehungen bereits vorliegt, wenn der Staat keine Pässe zur Verfügung stellt[68], geht er auch nicht zwangsläufig mit einer Menschenrechtsverletzung durch den Staat einher.

Das Erfordernis einer Schutzpflichtverletzung wird zudem mit dem Verständnis der Konvention als subsidiärem Instrument des Menschenrechtsschutzes begründet:[69] Ein Flüchtling bedürfe der in Art. 3 ff GFK enthaltenen Menschenrechte nur, wenn diese nicht auch im Herkunftsstaat gewährleistet sind. Diese Subsidiarität des Schutzes könne nur dadurch sichergestellt werden, dass Verfolgung als Verstoß des Staates gegen seine Verpflichtung, die fundamentalen Menschenrechte zu gewährleisten, definiert wird.[70] Nach der Gesamtsystematik der GFK kann der Schutz im Aufnahmestaat zwar unzweifelhaft nur ein subsidiärer Schutz sein. Die GFK sieht einen Flüchtling aber nicht nur deswegen als schutzbedürftig an, weil ihm dort Verfolgung in Form einer Menschenrechtsverletzung droht. Vielmehr ist ein Flüchtling bereits deswegen schutzbedürftig, weil er sich erstens außerhalb seines Herkunftsstaats befindet – und er damit derzeit vom menschenrechtlichen Schutz seines Herkunftsstaats ausgeschlossen ist – und er zweitens in dieser Situation diesen Schutz auch nicht mehr erlangen kann. Letzteres ist gegeben, wenn der Flüchtling faktisch keinen diplomatischen Schutz in Anspruch nehmen kann oder es ihm wegen der begründeten Furcht vor Verfolgung nicht zuzumuten ist,

---

66 *UNHCR*, Auslegung, § 35; *UNHCR*, Handbook, §§ 98 ff; *Fortin*, IJRL 2001, 558 (564 f); *Franz*, DVBl 1966, 624 ff; *Grahl-Madsen*, Protection, 236 ff; *Grahl-Madsen*, Bd. 1, 254 ff; *Kälin*, Grundriss, 36; *Weis*, AJIL 1954, 193 (199, 218 f.).

67 Sowohl die Abkommen vom 12. Mai 1926 als auch vom 30. Juni 1928 stellten darauf ab, dass die jeweils betroffenen Personen den Schutz der Regierung ihres Herkunftsgebietes nicht mehr genießen und auch sonst keinen diplomatischen Schutz haben. So schützte bspw. das Abkommen vom 12. Mai 1926 „any person of Armenian origin, formerly a subject of the Ottoman Empire, who does not enjoy or no longer enjoys the protection of the Government of the Turkish Republic and who has not acquired any other nationality", abgedruckt bei *Grahl-Madsen*, Bd. 1, 125; s. hierzu *Grahl-Madsen*, Bd. 1, 122 ff. Das Abkommen vom 10. Februar 1938 bezieht sich auf Flüchtlinge aus dem nationalsozialistischen Deutschland: „For the purpose of the present convention the term 'refugees coming from Germany' shall be deemed apply to: (1) Persons possessing or having possessed German nationality and not possessing any other nationality who are proved not to enjoy, in law or in fact, the protection of the German Government [...] (2) Persons who leave Germany for reasons of purely personal convenience are not included in this definition", abgedruckt bei *Grahl-Madsen*, Bd. 1, 131 f; s. zum Ganzen *Fortin*, IJRL 2001, 548 (556 ff) m. w. N.

68 *UNHCR*, Handbook, § 99.

69 *Horvath*, [2001] 1 A.C. 489 (495 f, 498); *britische RL*, 2B.2.

70 *Horvath*, [2001] 1 A.C. 489 (495, 509 ff, 514).

einen solchen Schutz in Anspruch zu nehmen. Insofern ergibt sich aus der Gesamtsystematik, dass es einem Flüchtling dann zumutbar ist, staatlichen Schutz in Anspruch zu nehmen, wenn er im Herkunftsstaat trotz der begründeten Furcht vor Verfolgung noch die in Art. 3 ff GFK gewährleisteten Menschenrechte wahrnehmen kann. Dies ist danach zu beurteilen, wie intensiv der Flüchtling im Herkunftsstaat durch die Verfolgung beeinträchtigt ist, ob es Möglichkeiten gibt, die Beeinträchtigung zu beenden oder ihr auszuweichen. Bei der Beurteilung spielt es hingegen keine Rolle, ob der Herkunftsstaat hierbei ein Menschenrecht, zu dessen Einhaltung er völkerrechtlich verpflichtet war, verletzt hat.

Ferner wird das Erfordernis einer Schutzpflichtverletzung aus der Entstehungsgeschichte hergeleitet.[71] In den vorbereitenden Arbeiten wurde der Verfolgungsbegriff aber nicht näher konkretisiert. Dies wird zum einen damit erklärt, dass uneingeschränkt alle zukünftigen Formen von Verfolgung erfasst werden sollten,[72] zum anderen damit, dass eine Definition nicht für erforderlich gehalten wurde, da die Bedeutung dieses Begriffs aus früheren Vertragswerken und den bisherigen Erfahrungen hervorging.[73] Dieser Begriff wurde aber in keinem der in Art. 1 A Nr. 1 GFK genannten Abkommen verwendet.[74] Aus dem entstehungsgeschichtlichen Zusammenhang kann lediglich geschlossen werden, dass typische Formen der nationalsozialistischen Verfolgung[75] sowie von den sozialistischen Staaten in Europa ausgehende Beeinträchtigungen erfasst werden sollten.[76] Von einem positivistischen Ansatz ausgehend, lässt sich hieraus die Verletzung einer völkerrechtlichen Verpflichtung, Menschenrechte zu gewährleisten, gerade nicht ableiten, da die internationalen Menschenrechtsabkommen zu dieser Zeit größten Teils noch nicht verabschiedet waren. Die Staaten waren somit allenfalls völkergewohnheitsrechtlich zur Einhaltung einiger weniger Menschenrechte, wie dem Sklavereiverbot, verpflichtet. Von einem naturrechtlichen Ansatz ausgehend, spricht die Entstehungsgeschichte zwar nicht unbedingt gegen eine solche Annahme, es lassen sich hieraus aber auch keine Anhaltspunkte für das Erfordernis einer Schutzpflichtverletzung entnehmen. Vor allem sprechen teleologische Argumente deutlich gegen das Erfordernis einer Schutzpflichtverletzung, so dass auf die vorbereitenden

---

71 *Hathaway*, 103 ff.

72 *Grahl-Madsen*, Bd. 1, 193; *Weberndörfer*, 40.

73 *Hathaway*, 7.

74 s. hierzu die Nachweise in Fn. 67.

75 vgl. *Aleinikoff*, IJRL 1991, 5 (11).

76 so wurde während der vorbereitenden Arbeiten darüber diskutiert, ob die Konvention auf Flüchtlinge, die vor dem 1. Januar 1951 aus Europa geflohen sind, beschränkt werden sollte, oder darüber hinaus auf alle Flüchtlinge, die vor solchen Ereignissen geflohen sind, Anwendung finden sollte. Ergebnis war der in Art. 1 B Nr. 1 GFK festgeschriebene Kompromiss, nachdem die Staaten optional den Anwendungsbereich der Konvention auf Ereignisse, die vor dem 1. Januar 1951 in Europa eingetreten sind, beschränken konnten; *Compton*, Wash.L.Rev. 1987, 913 (925); *Goodwin-Gill*, 46 f.

Arbeiten nicht mehr zurückgegriffen werden kann: Die GFK ist ein Instrument, um den Flüchtlingen Schutz zu gewähren. Sie verpflichtet somit die Aufnahmestaaten und nicht die Herkunftsstaaten zur Gewährung von Menschenrechten.[77] Ein Flüchtling bedarf dieses Schutzes, wenn seine Menschenrechte im Herkunftsstaat de facto nicht gewährleistet sind. Ob diese Schutzbedürftigkeit darauf beruht, dass ein Staat seinen Verpflichtungen zur Gewährleistung von Menschenrechten nicht nachgekommen ist, ist hingegen unerheblich. Eine Schutzpflichtverletzung im Sinne einer Menschenrechtsverletzung durch einen völkerrechtlich verpflichteten Staat ist somit keine Voraussetzung von Verfolgung.

dd. GFK als multilaterales Abkommen

Es ergibt sich aber aus dem Charakter der GFK als mulilateralem Abkommen, dass Menschenrechte als Maßstab zur Bestimmung der Unrechtmäßigkeit heranzuziehen sind: Ein solches Abkommen kann nur effektiv umgesetzt werden, wenn die in diesem Abkommen enthaltenen Begriffe möglichst einheitlich ausgelegt werden. Bezogen auf den Verfolgungsbegriff bedeutet dies, dass ein Maßstab gefunden werden muss, der von allen Vertragsstaaten der GFK gleichermaßen angewandt werden kann, so dass dieser nicht in der innerstaatlichen Rechtsordnung der Aufnahmestaaten gefunden werden kann. Auch auf die in den Herkunftsstaaten geltende Rechtsordnung kann nicht abgestellt werden, da dies mit den Zielen der GFK nicht vereinbar wäre. In diesem Fall wäre nämlich nicht sichergestellt, dass Personen, die aus einer vergleichbaren Situation aus unterschiedlichen Herkunftsstaaten fliehen, der gleiche Schutz zuteil wird. Zudem hätten es die Herkunftsstaaten in der Hand, die Schutzgewährung zu verhindern. Maßstab kann daher nur das Völkerrecht sein. Da es darauf ankommt, die Unrechtmäßigkeit einer Beeinträchtigung von individuellen Rechtsgütern zu bestimmen, ist es naheliegend, internationale Menschenrechte zur Auslegung heranzuziehen. Da diese Menschenrechte nur ein Hilfsmittel bilden, um den Begriff der Unrechtmäßigkeit als Element der Verfolgung zu konkretisieren, ist es nicht erforderlich, dass die Herkunftsstaaten zur Einhaltung dieser Menschenrechte verpflichtet sind.

Dieses Erfordernis könnte sich aber daraus ergeben, dass die Flüchtlingsanerkennung nicht ohne völkerrechtliche Wirkungen bleibt, da hierdurch dem Herkunftsstaat die Personalhoheit über den Flüchtling entzogen wird.[78] Zudem wird das Handeln oder Unterlassen des Herkunftsstaats als unrechtmäßig beurteilt, was jedenfalls in Einzelfällen als Kritik oder Unwerturteil[79] gemeint sein kann oder verstanden wird. Dies ist nicht ohne politische Brisanz und kann zu zwischen-

---

[77] vgl. *Vermeulen*, 16.

[78] *Grahl-Madsen* in *Macalister-Smith/Alfreddson*, 320 (335 ff); *Reichel*, 46.

[79] s. *Davy*, ZAR 1996, 151 ff; *Reichel*, 47 f.

staatlichen Spannungen führen.[80] Falls dies als ein Eingriff in die domaine réservé[81] der Staaten zu beurteilen ist, kann Verfolgung daher nur als Beeinträchtigung von Menschenrechten durch einen völkerrechtlich verpflichteten Staat verstanden werden. Dies ist aber nicht der Fall: Die Flüchtlingsanerkennung ist ein völkerrechtlich anerkanntes Recht der Staaten, das aus ihrer Souveränität folgt.[82] Sie darf daher weder als Intervention noch als unfreundlicher Akt aufgefasst werden.[83] Allerdings ist es, um mögliche zwischenstaatliche Spannungen zu vermeiden, angebracht, nur solche Menschenrechte zur Konkretisierung des Verfolgungsbegriffs heranzuziehen, die durch die große Staatenmehrheit als verbindlich akzeptiert worden sind.[84] Ein solcher Maßstab verhindert zudem, dass die Konvention als politisches Instrument eingesetzt werden kann, und ermöglicht es andererseits, auch Flüchtlinge aus verbündeten Herkunftsstaaten anzuerkennen.

Als internationaler Maßstab, der als Hilfsmittel zur Bestimmung der Unrechtmäßigkeit herangezogen wird, kommen somit nur solche Menschenrechtsabkommen in Betracht, die für die große Staatenmehrheit rechtsverbindlich sind. Dies sind im vorliegenden Zusammenhang die AEMR, die von der Generalversammlung ohne Gegenstimme angenommen wurde[85], der IPBPR, der für 149 der derzeit 189 UN-Mitglieder und 193 Staaten bindendes Recht ist, der IPWSKR, der für 146 Staaten bindend ist, sowie die von 191 Staaten ratifizierte UN-Kinderrechtskonvention und das von 170 Staaten ratifizierte Übereinkommen zur Beseitigung jeder Form von Diskriminierung der Frau (im Folgenden: Frauenkonvention)[86]. In der Literatur werden auch regionale Abkommen zur Auslegung des Verfolgungsbegriffs herangezogen, sofern sie wie die AMRK und die EMRK „auf regionaler Ebene universelle Prinzipien des Menschenrechtsschutzes verkörpern"[87]. Dies kann aber nicht überzeugen, da regionale Abkommen von vornher-

---

[80] So wurde die Flüchtlingsanerkennung als ein Kampfmittel im kalten Krieg angesehen und auch heute noch ist Zurückhaltung gegenüber der Anerkennung von Staatsangehörigen eines befreundeten Staates und/oder eines Staates mit ähnlichem kulturellen Hintergrund spürbar, *Hathaway*, 101, siehe hierzu auch: *Davy*, ZAR 1996, 151 ff.

[81] Die domaine réservé ist der Bereich, in dem der Staat nicht durch internationales Recht gebunden ist, *Ritterband*, 278.

[82] *Grahl-Madsen*, Territorial Asylum, 12; *Davy*, Bd. 1, 17; *Goodwin-Gill*, 121; *Hailbronner* in *Beitz/Wollenschläger*, 120; *Kimminich*, 67 ff; *Lübbe-Wolff* in *Dreier*, Art. 16a GG Rn. 6; *Randelzhofer* in *Maunz/Dürig*, Art. 16 GG Rn. 12 f.

[83] *Grahl-Madsen*, Territorial Asylum, 45; *Kimminich*, 68; im Ergebnis auch *Reichel*, 44 ff.

[84] vgl. *UNHCR*, Handbook, § 60.

[85] so auch: *Ermacora*, Rn. 267, 541 f; allerdings stimmten nur 48 Delegationen zu, während sich 6 Delegationen der Stimme enthielten: *Partsch* in *Wolfrum*, 73 Rn. 23, 548.

[86] Die Zahlen sind entnommen: United Nations, High Commissioner for Human Rights, Status of Ratification of the Principal International Human Rights Treaties, Stand: 9. Dezember 2002.

[87] *Binder*, 79.

ein nur für einen bestimmten Bereich gelten und vor dem gemeinsamen regionalen Hintergrund ausgelegt werden.[88]

Auch den zuvor genannten globalen Abkommen wird teilweise wegen ihrer Verwurzelung im westlich-liberalen Menschenbild die Stellung eines internationalen Standards abgesprochen.[89] Während diese philosophische Fundierung dagegen spricht, alle in der AEMR enthaltenen Rechte als vorstaatlich zu begreifen, bereitet dies im vorliegenden Zusammenhang keine Schwierigkeiten: Hier kommt es nur darauf an, ob die Tatbestandsvoraussetzungen der Menschenrechtsabkommen von der großen Staatenmehrheit rechtlich akzeptiert worden sind. Auch Staaten mit abweichenden religiösen oder philosophischen Vorstellungen haben aber die Abkommen in ihrer großen Mehrheit ratifiziert, und es hat auch keine Staatengruppe den IPBPR, den IPWSKR oder die Frauenkonvention geschlossen nicht ratifiziert. In der Afrikanischen Charta der Menschenrechte sind IPBPR und IPWSKR sogar als direkt geltendes Recht übernommen worden.[90] Allerdings haben einige Staaten die Abkommen jeweils nur mit zum Teil weitreichenden Vorbehalten oder Interpretationserklärungen unterzeichnet. So haben einige Staaten die beiden Internationalen Pakte und die Frauenkonvention unter den Vorbehalt der Scharia gestellt oder entsprechende Auslegungsregeln vereinbart.[91] Andere Staaten haben zu einzelnen Vorschriften in allen drei Abkommen Vorbehalte erklärt. Allerdings haben nicht alle Staaten mit einer überwiegend muslimischen Bevölkerung und nicht alle Staaten, die sich selbst als islamisch bezeichnen, Vorbehalte erklärt, und selbst die erklärten Vorbehalte sind nicht übereinstimmend.[92] Auch hieraus lässt sich somit keine einheitliche Nicht-Akzeptanz von Staaten aus einem Kulturkreis ableiten. Zudem ist die Zulässigkeit dieser Vorbehalte starken Bedenken ausgesetzt, weil sie mit Ziel und Zweck des jeweiligen Abkommens nicht vereinbar sind.[93]

Die in diesen Abkommen enthaltenen Menschenrechte können aber nur einen Maßstab bilden, wenn sich ein übereinstimmender Inhalt der Tatbestandsvoraussetzungen erkennen lässt. Nur in diesem Fall ist nämlich die Auslegung der Menschenrechtsabkommen aus einer objektiven Perspektive möglich. Eine solche Perspektive ist von den Entscheiderinnen und Entscheidern in den jeweiligen Aufnahmestaaten, hier in der Bundesrepublik Deutschland, einzunehmen, wenn sie die Menschenrechtsabkommen als Hilfsmittel zur Konkretisierung des Verfolgungs-

---

88 eine Auslegung vor diesem gemeinsamen Hintergrund wendet der EGMR bspw. in *Tyrer v. U.K.*, U. v. 25. April 1978, Ser. A, 26, § 31, EuGRZ 1979, 162 ff an.

89 s. die Darstellung bei *Helbling*, 320 ff.

90 s. Art. 18 Abs. 3 der Banjul Charta der Menschenrechte und Rechte der Völker vom 26. Juni 1981, HRLJ 1986, 403.

91 s. hierzu generell *Brems*, 271 ff m. w. N. sowie http://www.un.org./Depts/Treaty; speziell zur Frauenkonvention *Helbling*, 159 ff m. w. N.

92 *Brems*, 270 f m. w. N.; *Helbling*, 159 f.

93 *Brems*, 273 ff m. w. N.; *Helbling*, 162 ff.

begriffs heranziehen, da nur so sichergestellt werden kann, dass die Beurteilung der Unrechtmäßigkeit in den verschiedenen Staaten möglichst einheitlich erfolgt.

Ein übereinstimmender Inhalt der Tatbestandsvoraussetzungen lässt sich nur feststellen, wenn die einzelnen Begriffe nicht generell kulturell relativiert[94] sind. Gegen eine generelle kulturelle Relativierung spricht zunächst, dass sich die in der AEMR und den verbindlichen Abkommen genannten Rechte in den jeweiligen Präambeln[95] als unveräußerlich und universell ansehen. Die Präambel ist Teil des jeweiligen Abkommens und wurde daher ebenfalls von den Staaten mit der Ratifikation akzeptiert. Dieses Verständnis der Menschenrechte als Rechte von universellem Charakter wurde auf der Weltmenschenrechtskonferenz in Wien noch einmal bekräftigt.[96] In Art. 3 und Art. 5 FraK ist zudem ausdrücklich die Verpflichtung enthalten, die Diskriminierung auch auf kulturellem Gebiet zu beseitigen, so dass im Rahmen dieses Abkommens Kultur oder Tradition nicht als Rechtfertigungsgrund für die Diskriminierung von Frauen herangezogen werden können. Gegen eine generelle kulturelle Relativierung der Menschenrechte spricht zudem, dass keine Instanz vorgesehen ist, die bestimmen könnte, welches die Kultur des jeweiligen Staates ist.[97] So gibt es bspw. nicht nur ein Verständnis des Islam[98] und auch nicht eine afrikanische oder asiatische Kultur[99], und selbst in den einzelnen Staaten weichen Kultur und Tradition zwischen den verschiedenen Ethnien teilweise deutlich voneinander ab. Die Menschenrechte könnten daher von den politischen Machthabern beliebig beschränkt werden.[100] Die tatbestandlichen Voraussetzungen der jeweiligen Menschenrechtsabkommen sind daher nicht generell kulturell relativiert.[101]

Dies bedeutet allerdings nicht, dass kulturelle Differenzen bei der Auslegung von vornherein unberücksichtigt bleiben müssen. So sind zahlreiche Rechte nur mit einem Gesetzesvorbehalt gewährleistet. Beispielsweise kann die in Art. 18 Abs. 1 S. 2 IPBPR gewährleistete Religionsausübungsfreiheit nach Art. 18

---

94 s. zu den Auffassungen, die von einer generellen kulturellen Relativierung ausgehen *Helbling*, 320.

95 Abs. 1 der Präambel der AEMR, Abs. 1 der Präambel des IPBPR; Abs. 1 der Präambel des IPWSKR; Abs. 1 und 2 der Präambel der Frauenkonvention.

96 Vienna Declaration and Programme of Action, part I § 5: „All Human rights are universal, indivisible, interdependent and interrelated.[...]".

97 *Afshari*, HRQ 1994, 234 (266 f); *Klein*, EuGRZ 1999, 109 (114 f).

98 *Afshari*, HRQ 1994, 234 (271 f); *An-Na'im*, Islamic Reformation.

99 *Klein*, EuGRZ 1999, 109 (114 f).

100 *Helbling*, 321 f; *Pollis*, HRQ 1996, 316 (320); so berufen politische Machthaber sich nicht selten auf Kultur und Tradition, wenn ihre innerstaatliche Machtposition in Gefahr ist, s. hierzu *Binder*, 37 ff m. w. N.; dort ist der UN-Generalsekretärs Kofi Annan vom 12. Dezember 1998 mit folgenden Worten zitiert: „It was never the people who complained the universality of human rights, nor did the people consider human rights as a Western or Northern imposition. It was often their leaders who did so."

101 i. E. ganz überwiegende Auffassung s. bspw. *Joseph/Schultz/Castan*, [1.65]; *Nowak*, Einleitung Rn. 20; *Wiesbrock*, 15.

Abs. 3 IPBPR eingeschränkt werden, sofern dies zum Schutz der öffentlichen Sicherheit, Ordnung, Gesundheit, Sittlichkeit oder der Grundrechte und -freiheiten anderer erforderlich ist. Den Staaten könnte bei der Beurteilung, welche Einschränkungen zum Schutz eines dieser Ziele erforderlich sind, eine Einschätzungsprärogative zukommen. So lässt auch der EGMR den Vertragsstaaten der EMRK diesbezüglich eine „margin of interpretation" und überwacht nur deren äußere Grenzen.[102] Allerdings hat sich der Menschenrechtsausschuss, der nach Art. 28 Abs. 1 ff IPBPR für die Überwachung des IPBPR zuständig ist, dieser Auffassung bisher noch nicht angeschlossen.[103] Dennoch gesteht er den Staaten bezüglich der Auslegung einzelner Begriffe, wie dem der Familie in Art. 17 Abs. 1 IPBPR, einen Beurteilungsspielraum zu.[104] Da es zudem utopisch erscheint, einen einheitlichen Standard der „Sittlichkeit" für alle Staaten zu finden, ist es angebracht, den Staaten diesbezüglich ebenfalls einen Beurteilungsspielraum einzuräumen.[105] Außerdem wird auch im Aktionsprogramm der Weltmenschenrechtskonferenz in Wien neben der Universalität der Menschenrechte auf die Bedeutung nationaler und regionaler Verschiedenheiten sowie verschiedener historischer, kultureller und religiöser Hintergründe hingewiesen.[106] Das mit der Regelung verfolgte Ziel muss aber mit den Zielen des Paktes in Einklang stehen, und die Beurteilung der Verhältnismäßigkeit darf nicht allein der Einschätzung des Staates überlassen werden.[107]

b. Weitere Konkretisierung

Bei der weiteren Konkretisierung der Unrechtmäßigkeit als Element von Verfolgung ist zunächst festzustellen, dass das Verhalten und nicht die durch das Verhalten herbeigeführte Beeinträchtigung unrechtmäßig sein muss. Dies ergibt sich aus der Bedeutung von Verfolgung in den authentischen Sprachen, in denen sich „injurious" auf „action" und „injuste" auf „traitement" bezieht. Dies folgt auch daraus, dass sich nicht unabhängig von einem Verhalten beurteilt lässt, ob dessen Folgen im Widerspruch zu dem Menschenrechtsmaßstab stehen: So ist eine von

---

102 *Frowein/Peukert*, Vorb. 8–11 Rn. 14; *Klein*, EuGRZ 1999, 109 (115).

103 *Brems*, 349 f m. w. N.; *Klein*, EuGRZ 1999, 109 (115) m. w. N.; vgl. *Joseph/Schultz/Castan*, [1.70 ff].

104 *HRC*, GC 19, § 2, HRI/Gen.1/Rev.5, 137.

105 vgl. *Brems*, 495 ff; *Joseph/Schultz/Castan*, [1.68]; sowie *Klein*, EuGRZ 1999, 109 (115), der sich gegen die „vorschnelle Universalisierung bestehender Moralvorstellungen" wendet; a. A. *Tibi*, HRQ 1994, 277 (277 ff, 285 ff), der meint, dass die Internationale Gemeinschaft eine „international morality" braucht, die nur in den Menschenrechten gefunden werden kann.

106 Vienna Declaration and Programme of Action, part I, § 5: „While the significance of national and regional particularities and various historical, cultural and religious backgrounds must be borne in mind, it is the duty of States, regardless of their political, economic and cultural systems, to promote and protect all human rights and fundamental freedoms."

107 *Nowak*, Art. 18 Rn. 33.

einem Staat durchgeführte Tötung nicht per se unrechtmäßig, sondern nur, wenn diesen eine Unterlassungspflicht trifft.

aa. Unbedingte und hinreichend konkrete (fiktive) Verhaltenspflichten

Ein Verhalten kann gemessen am menschenrechtlichen Maßstab nur als unrechtmäßig beurteilt werden, wenn sich aus der einzelnen menschenrechtlichen Gewährleistung unbedingte und hinreichend konkrete Handlungs- oder Unterlassungspflichten ergeben, mit denen das jeweils zu beurteilende Verhalten nicht in Einklang steht. Tatsächliche Pflichten können sich nur für die Vertragsstaaten ergeben. Vorliegend reicht es aber aus, wenn sich aus den menschenrechtlichen Gewährleistungen fiktive Handlungs- oder Unterlassungspflichten für den Herkunftsstaat ergeben. Dies ist danach zu ermitteln, ob den Herkunftsstaat, unterstellt er ist ein Vertragsstaat des jeweiligen Menschenrechtsabkommens, eine solche Verpflichtung trifft. Als Maßstab zur Bestimmung der Unrechtmäßigkeit kommen somit nur in den Abkommen gewährleistete Rechte in Betracht, aus denen sich unbedingte und hinreichend konkrete (fiktive) Pflichten erkennen lassen. Dabei wird zunächst nur auf die (fiktiven) Handlungs- und Unterlassungspflichten der Herkunftsstaaten eingegangen und erst später darauf, wie die Unrechtmäßigkeit des Verhaltens Privater und stabilisierter de facto Regime zu beurteilen ist.[108]

Bezüglich der AEMR ist ein solcher Konkretisierungsgrad nicht erreicht, da von vornherein feststand, dass diese keine Staatenverpflichtungen enthält. Sie ist erst durch nachfolgende verbindliche Abkommen konkretisiert worden. Die im IPBPR, dem IPWSKR, der Frauenkonvention und der Kinderkonvention enthaltenen Rechte sind für die Vertragsstaaten bindend und durch die Äußerungen der jeweiligen Organe, die die Anwendung überwachen, konkretisiert worden. Der für die Überwachung des IPBPR zuständige Menschenrechtsausschuss äußert sich durch General Comments[109] und Concluding Comments[110]. Die Anwendung des IPWSKR wird gemäß Art. 16 ff IPWSKR vom Wirtschafts- und Sozialrat überwacht, der hierzu einen Unterausschuss, den Ausschuss für wirtschaftliche, soziale

---

108 s. u. III. 1.

109 zu Beginn der Arbeit des Menschenrechtsausschusses sahen es einige Staaten als Einmischung in innere Angelegenheiten an, wenn vom Menschenrechtsausschuss Bemerkungen zu den einzelnen Staaten erlassen wurden. Daher wurden zu Beginn nur General Comments (GC) erlassen, in denen ohne Bezug auf einen konkreten Staat der Gewährleistungsinhalt der Menschenrechte konkretisiert ist. Diese Form ist beibehalten worden, auch wenn mittlerweile Concluding Comments erlassen werden, s. *Joseph/Schultz/Castan*, [1.27].

110 Die Concluding Comments (CC) ergehen auf einen Staatenbericht und listen negative und positive Aspekte der Verwirklichung der im IPBPR gewährleisteten Rechte auf. Sie werden immer im Konsens angenommen, s. *Joseph/Schultz/Castan*, [1.27].

und kulturelle Rechte, eingerichtet hat[111], der sich durch General Comments äußert. Zuständig für die Überwachung der Frauenkonvention ist der Ausschuss für die Beseitigung der Diskriminierung der Frau (CEDAW-Committee), der General Recommendations herausgibt. Die Kinderkonvention wird durch den Ausschuss für die Rechte des Kindes überwacht, der sich bisher in einem General Comment geäußert hat. Diese Äußerungen sind zwar nicht bindend, aber dennoch bei der Auslegung durch die einzelnen Vertragsstaaten bona fide zu berücksichtigen.[112]

Die im IPBPR enthaltenen Rechte gelten unbedingt und haben jedenfalls eine Abwehrfunktion. Die hier enthaltenen Rechte sind auch hinsichtlich Gewährleistungsbereich und Einschränkungsmöglichkeiten so konkret gefasst und durch den Menschenrechtsausschuss weiter konkretisiert worden, dass sich ihnen hinreichend konkrete (fiktive) Unterlassungspflichten entnehmen lassen.[113] Dieser Pakt kann somit als Maßstab zur Beurteilung der Unrechtmäßigkeit des Verhaltens des Herkunftsstaats herangezogen werden.

Nach Art. 2 Abs. 1 IPWSKR sind die im IPWSKR enthaltenen Menschenrechte nur schrittweise zu verwirklichen. Dies spricht dagegen, dass ihnen unbedingte und hinreichend konkrete (fiktive) Verhaltenspflichten der Herkunftsstaaten entnommen werden können. Allerdings sind bezüglich der in diesem Pakt enthaltenen Rechte drei Gewährleistungsebenen zu unterscheiden:[114] Auf der ersten Ebene hat ein Vertragsstaat Achtungspflichten, d. h. er hat eine Beeinträchtigung dieser Rechte zu unterlassen.[115] Auf der zweiten Ebene hat er Schutzpflichten, d. h. er hat sicherzustellen, dass die Rechte nicht von Dritten beeinträchtigt werden.[116] Erst auf der dritten Ebene hat er die volle Verwirklichung dieser Rechte zu gewährleisten.[117] Der Inhalt der ersten Gewährleistungsebene ist klar bestimmt, er ist auch nicht ressourcenabhängig, so dass sich hieraus unbedingte und hinreichend kon-

---

111 Der Ausschuss für wirtschaftliche, soziale und kulturelle Rechte hat 1987 seine Arbeit aufgenommen und wurde durch die Resolution 17/1985 des Wirtschafts- und Sozialrats eingerichtet. Der Ausschuss bereitet Entscheidungen des Wirtschafts- und Sozialrats vor, *Partsch* in *Wolfrum*, 78, Rn. 36, 590.

112 *Joseph/Schultz/Castan*, [1.33]; *Tomuschat* in *Isensee/Kirchhof*, Bd. VII, 25; *Wiesbrock*, 63.

113 *Künzli*, 213 ff; vgl. *Joseph/Schultz/Castan*, [1.76].

114 *CSECR*, GC 13, § 46: „The right to education, like all human rights, imposes three types or levels of obligations on States parties: the obligations to respect, protect and fulfil"; *Clapham*, 110 ff; *Craven*, 110 ff; *Eide* in *Eide/Krause/Rosas*, 21 (36 f); *Klee*, 172 ff; *Künzli*, 210 ff; vgl. hierzu aber auch *Simma/Benningsen* in FS Steindorff, 1477 (1489), die (noch) davon ausgehen, dass sich aus dem IPWSKR keine Verhaltenspflichten entnehmen lassen.

115 *CSECR*, GC 13, § 47, HRI/GEN/1/Rev.5, 84; GC 9, § 7, HRI/GEN/1/Rev.5, 50; *Craven*, 110 f; *Klee*, 101 ff; *Künzli*, 213 ff.

116 *CSECR*, GC 13, § 47, HRI/GEN/1/Rev.5, 84; GC 7, § 9, HRI/GEN/1/Rev.5, 50; *Craven*, 111 ff; *Klee*, 101 ff; *Künzli*, 215 ff.

117 *CSECR*, GC 13, § 47, HRI/GEN/1/Rev.5, 84; *Craven*, 110 f; *Eide* in *Eide/Krause/Rosas*, 21 (36 f); *Klee*, 172 ff; *Künzli*, 274 ff.

krete (fiktive) Unterlassungspflichten entnehmen lassen.[118] Hinsichtlich der dritten Gewährleistungsebene ist als unbedingte und hinreichend konkrete Verpflichtung der Vertragsstaaten aus Art. 2 Abs. 1 i. V. m. Art. 2 Abs. 2 und Art. 3 IPWSKR zu erkennen, dass diese Rechte diskriminierungsfrei zu gewährleisten sind. Darüber hinaus lässt sich auf der dritten Ebene ein konkreter Gewährleistungsbereich nur ausnahmsweise erkennen, da die Rechte ressourcenabhängig zu verwirklichen sind.[119]

Aus Art. 2 lit. d FraK folgt die unbedingte und hinreichend konkrete Verpflichtung der Vertragsstaaten, alle Diskriminierungen zu unterlassen, so dass auch die Frauenkonvention zur Beurteilung der Unrechtmäßigkeit des Verhaltens der Herkunftsstaaten herangezogen werden kann.[120] Dies gilt gleichermaßen für die Kinderkonvention, da sich aus Art. 2 Abs. 2 KK die hinreichend konkrete Staatenverpflichtung ergibt, eine Beeinträchtigung der dort normierten Rechte zu unterlassen[121].

bb. Auslegungsregeln

Die Abkommen sind nach den in Art. 31 ff WVK enthaltenen und auch völkergewohnheitsrechtlich anerkannten Regeln auszulegen. Da das gemeinsame Ziel der Vertragsparteien des jeweiligen Abkommens die Verwirklichung der Menschenrechte ist, sind die menschenrechtlichen Gewährleistungen dabei so auszulegen, dass sie möglichst umfassende Gültigkeit erlangen.[122] Die Äußerungen der für die Überwachung zuständigen Organe sind dabei als Auslegungsrichtlinien heranzuziehen. Zur Auslegung der einzelnen in den Pakten gewährleisteten Rechte können dabei nach Art. 31 Abs. 3 WVK auch sonstige UN-Menschenrechtsabkommen herangezogen werden.[123] Die deutsche Fassung der Abkommen kann bei der Auslegung aus objektiver Perspektive als reines Hilfsmittel herangezogen werden.

---

118 *Craven*, 111; *Eide* in *Eide/Krause/Rosas*, 31 (36 f); *Klee*, 172 ff.

119 *Simma/Benningsen* in FS Steindorff, 1477 (1491); eine Ausnahme ist nach umstrittener Auffassung die Gewährleistung eines Mindestgehalts, siehe hierzu *Künzli*, 283 ff, zu den Verpflichtungen auf der zweiten Gewährleistungsebene siehe die Ausführungen unter A. III. 1. a. cc.

120 i. E. ziehen auch *Binder*, 79, *Cipriani*, Geo.Immigr.L.J. 1993, 511 (543 f); *Goldberg*, Corn.Int'l.L.J. 1993, 565 (585) die beiden Internationalen Pakte sowie die Frauenkonvention zur Auslegung des Flüchtlingsbegriffs heran.

121 *Detrick*, 68 ff.

122 s. u. 4. Kapitel A. I. 2. c.

123 *Wiesbrock*, 16; *Villiger*, 98 f; vgl. *HRC*, GC 12, § 7, GC 18, §§ 6 f, das sich ebenfalls auf andere UN-Menschenrechtsabkommen bei der Auslegung bezieht; ebenso der IAGMR *Velásquez Rodríguez*, U. v. 28. Juli 1988, § 151 ff, dt. Übers. in EuGRZ 1989, 157 (169 f).

3. Intensität

Verfolgung kann nur eine Beeinträchtigung sein, die so intensiv ist, dass sie der betroffenen Person nicht zugemutet werden kann. Dies ist dahingehend zu konkretisieren, dass die Person ihre Situation selbst als unzumutbar empfinden muss und dies anhand objektiver Kriterien nachvollziehbar ist.[124] Diese Kriterien sind im Folgenden zu ermitteln.

In Literatur und Rechtsprechung zeichnen sich zwei Ansätze zur Bestimmung der Intensität ab, die teilweise auch kombiniert angewandt werden. Nach dem ersten Ansatz wird die Intensität der Beeinträchtigung abstrakt an dem Charakter des beeinträchtigten Menschenrechts festgemacht. So werden Menschenrechte herausgebildet, deren Beeinträchtigung immer als Beeinträchtigung von ausreichender Intensität angesehen wird. Nach dem zweiten Ansatz hingegen ist im Einzelfall anhand der Art und Weise der Beeinträchtigung sowie ihren Folgen zu ermitteln, ob ausreichende Beeinträchtigungsintensität erreicht ist.

a. Klassifizierung von Menschenrechten

aa. Bedeutung von Menschenrechten mit erhöhter Geltungskraft

Nach einer Auffassung erreicht jede Beeinträchtigung eines Menschenrechts mit erhöhter Geltungskraft die erforderliche Intensität.[125] Hierunter werden Rechte mit dem Charakter des ius cogens[126] sowie die Rechte verstanden, die übereinstimmend in den Notstandsklauseln des Art. 4 Abs. 2 IPBPR, des Art. 27 Abs. 2 AMRK und des Art. 15 Abs. 2 EMRK als nicht derogierbar gewährleistet sind.[127] Eine solche Geltungskraft komme „mit einiger Bestimmtheit" dem Genozidverbot, dem Verbot der Verbrechen gegen die Menschlichkeit, dem Verbot schwerer Verstöße gegen das humanitäre Völkerrecht, dem Sklavereiverbot, dem Verbot schwerwiegender Diskriminierungen unter anderem wegen des Geschlechts, dem Schutz vor willkürlicher Tötung und „Verschwindenlassen" sowie dem Verbot von Folter, grausamer, unmenschlicher oder erniedrigender Behandlung oder Bestrafung zu.[128]

Allerdings lassen sich aus dem Charakter eines Rechts als ius cogens nicht ohne weiteres Rückschlüsse auf die Intensität ziehen: So ist eine dem Flüchtling im

---

[124] vgl. *UNHCR*, Handbook, § 52; *Grahl-Madsen*, Bd. 1, 212 ff.

[125] *Binder*, 70 ff, 81.

[126] s. generell dazu, unter welchen Voraussetzungen menschenrechtliche Gewährleistungen ius cogens sind, *Kadelbach*, 167 ff, 274 ff.

[127] *Binder*, 61 ff; vgl. auch das von *Hathaway*, 104 ff entwickelte, oben angesprochene, Vier-Stufen-Modell, nach dem ebenfalls jede Beeinträchtigung eines „first order right", mithin eines uneinschränkbaren und nicht derogierbaren Rechts, Verfolgung ist.

[128] *Binder*, 70 f.

Rahmen eines Genozids drohende Tötung nicht intensiver als eine sonstige Tötung. Auch die Intensität einer Vergewaltigung hängt nicht davon ab, ob sie im Rahmen eines Verbrechens gegen die Menschlichkeit begangen wird. Aus der Anerkennung schwerwiegender Diskriminierungen als ius cogens lassen sich ebenfalls keine Rückschlüsse auf die Intensität der einzelnen Diskriminierung ziehen. Lediglich bei den übrigen aufgeführten Rechten kann angenommen werden, dass hier jede Beeinträchtigung die erforderliche Intensität erreicht. Dies kann allerdings nicht ohne weiteres aus der Nennung dieser Rechte in allen drei Notstandsklauseln geschlossen werden. Das wird deutlich, wenn die Aufzählung um das ebenfalls in allen drei Notstandsklauseln enthaltene Gebot des nulla poena sine lege ergänzt wird.[129] So erreicht bspw. eine unter Verstoß gegen dieses Gebot verhängte Geldstrafe nicht automatisch eine unzumutbare Beeinträchtigungsintensität. Zudem ist die Normierung als nicht derogierbares Recht zwar ein Indiz dafür, dass jede Beeinträchtigung dieses Rechts so intensiv ist, dass sie niemandem zugemutet werden kann, in Art. 4 Abs. 2 IPBPR sind aber auch solche Rechte genannt, deren Beeinträchtigung von vornherein als ungeeignet angesehen wurde, im Falle eines öffentlichen Notstandes das Leben der Nation zu retten.[130] Aus der Klassifizierung eines Rechts als Recht mit erhöhter Wertigkeit lassen sich somit keine schematischen Vorgaben für die Ermittlung der Intensität entnehmen.

bb. Vorrang der im IPBPR normierten Rechte?

Den im IPBPR enthaltenen Rechten wird häufig eine Vorrangstellung eingeräumt. Entweder wird angenommen, dass ausschließlich eine Beeinträchtigung dieser Rechte ausreichende Beeinträchtigungsintensität erreichen kann[131] oder dass eine Beeinträchtigung dieser Rechte eher diese Intensität erreicht[132]. Diese Hierarchie liegt auch dem oben dargestellten Vier-Stufen-Modell zu Grunde. Begründet wird diese Klassifizierung damit, dass die im IPBPR enthaltenen Menschenrechte unmittelbar anwendbar sind, während die im IPWSKR enthaltenen Rechte nur

---

[129] Art. 15 Abs. 2 EMRK i. V. m. Art. 7 EMRK; Art. 4 Abs. 2 IPBPR i. V. m. Art. 15 IPBPR; Art. 27 Abs. 2 AMRK i. V. m. Art. 9 AMRK.

[130] *HRC*, GC 29, CCPR/C/21/Rev.1/Add.11, § 11. „The proclamation of certain provisions of the Covenant as being of a non-derogable nature, in article 4 paragraph 2, is to be seen partly as recognition of the peremptory nature of some fundamental rights ensured in treaty form in the Covenant (e.g. articles 6 and 7). However, it is apparent that some other provisions of the Covenant were included in the list of non-derogable provisions because it can never become necessary to derogate from these rights during a state of emergency (e. g. articles 11 and 18)"; *Oraá*, 94 ff, s. hierzu auch: *Weissbrodt*, 102 m. w. N.

[131] vgl. *Goodwin-Gill*, 68 f, 77 ff.

[132] *Carlier*, 702 f; *ders.* in *Nicholson/Twormey*, 37 (45): „The more fundamental the right in question is (the right to life, physical integrity, freedom), the less quantitatively and qualitatively severe the treatment need be. The lower the priority attributed to the violated freedom (economic social or cultural rights) the more quantitatively and qualitatively severe the treatment must be."

schrittweise zu verwirklichen sind und daher eine schwächere Bindungskraft haben.[133]

Diese Auffassung ist aber so nicht zutreffend, da auch der IPWSKR, wie gesehen, unbedingte und hinreichend konkrete (fiktive) Verpflichtungen enthält. Zudem sind, wie sich schon aus der AEMR ergibt, alle Menschenrechte voneinander abhängig und miteinander verwoben.[134]

Eine solche Rangfolge kann auch nicht damit begründet werden, dass nach überwiegender Auffassung eine Beeinträchtigung sonstiger Rechte nur dann Verfolgung ist, wenn sie einer Beeinträchtigung des Lebens oder der persönlichen Freiheit vergleichbar ist.[135] Hiernach ist Verfolgung zwar zumindest vorrangig als Beeinträchtigung von Freiheitsrechten zu konkretisieren; auch die im IPWSKR enthaltenen Rechte sind aber in den Fällen, in denen sie zur Auslegung von Verfolgung herangezogen werden können, Freiheitsrechte. So beinhaltet bspw. das in Art. 6 IPWSKR enthaltene Recht auf Arbeit die Freiheit vor staatlichen Beeinträchtigungen dieses Rechts.[136] Zudem können Personen auch durch die Nichtgewährung von Leistungen, beispielweise des Existenzminimums, daran gehindert sein, Freiheitsrechte wahrzunehmen. Eine Vorrangstellung des IPBPR lässt sich somit nicht begründen.

b. Beurteilung im Einzelfall

Es sind daher Vorgaben zu entwickeln, mit denen im Einzelfall bestimmt werden kann, ob die Beeinträchtigung der menschenrechtlichen Gewährleistung ausreichend intensiv ist.

aa. Art und Weise der Beeinträchtigung

Ein Kriterium ist hierbei die Art und Weise der Beeinträchtigung.[137] Von Bedeutung sind dabei Wiederholung, Wiederholbarkeit und Dauer der Beeinträchtigung.[138] Der UNHCR ist der Auffassung, dass „Verfolgung [...] Menschenrechtsverletzungen oder andere schwere Nachteile ein[schließt], die oft, aber nicht in jedem Fall durch Methode oder Wiederholung gekennzeichnet sind".[139] Hierin klingt an, dass Systematik und Methode der Beeinträchtigung weder ausreichend

---

133 *Hathaway*, 116.

134 *Steiner/Alston*, 129; *Verdross/Simma*, § 1250.

135 In der US-amerikanischen Praxis wird überwiegend auf Vergleiche abgestellt, s. hierzu *Binder*, 92 ff; ebenso *Grahl-Madsen*, Bd. 1, 214 ff.

136 s. u. B. I. 1. b. bb.

137 *UNHCR*, Auslegung, § 17; *Binder*, 60; *Goodwin-Gill*, 69 f.

138 einhellige Auffassung: s. *Horvath*, [2001] 1 A.C. 489 (512); *Ward v. Canada*, 2 S.C.R. 689 (713 f); *Binder*, 60, *Goodwin-Gill*, 69 f.

139 *UNHCR*, Auslegung, § 17.

noch erforderlich zur Bestimmung der Intensität sind.[140] So ist nicht jede systematische oder fortwährende Beeinträchtigung, bspw. das dauerhafte Verbot, eine religiöse Zeitung zu vertreiben, ausreichend intensiv, dafür aber jede Tötung oder Folter.

bb. Betrachtung der Folgen der Andersbehandlung

Ob eine Andersbehandlung zu ausreichend intensiven Beeinträchtigungen führt, ist daher in erster Linie anhand der Folgen zu ermitteln, die diese für die betroffene Person im jeweiligen gesellschaftlichen Kontext hat.[141] Dies ist danach zu bestimmen, inwiefern durch die Beeinträchtigung des jeweiligen Freiheitsrechts auch der Genuss anderer Menschenrechte verhindert oder stark erschwert wird. Der Entzug des Lebens ist daher immer als intensive Beeinträchtigung anzusehen. Auch ein mehrmonatiger Entzug der physischen Freiheit erreicht ausreichende Intensität.[142] Auch wenn keine ausreichende Ernährung, Bekleidung und Unterbringung i. S. d. Art. 11 IPWSKR vorhanden ist, wird oft der Genuss von Freiheitsrechten unmöglich oder wesentlich erschwert und ausreichende Beeinträchtigungsintensität erreicht sein.

Teilweise wird nur ein einziges Menschenrecht durch die Maßnahme beeinträchtigt. Hier könnte die Intensität danach ermittelt werden, ob die Beeinträchtigung dieses Rechts so intensiv ist, dass sie die Menschenwürde verletzt.[143] So liegt den in der internationalen Literatur und Rechtsprechung zur Konkretisierung von Verfolgung verwendeten Formeln häufig die Überlegung zu Grunde, dass eine Verfolgung die Menschenwürde verletzt.[144] Der Heranziehung des Begriffs der Menschenwürde als Kriterium zur Bestimmung der Intensität wird entgegengehalten, dass dieser wegen seiner Unschärfe und seiner unterschiedlichen Stellung in den verschiedenen Rechtsordnungen als Beurteilungsmaßstab nicht geeignet sei.[145] Diese Kritik spricht zwar dagegen, bei der Ermittlung der Intensität allein auf eine Verletzung der Menschenwürde abzustellen, sie schließt aber nicht aus, dass diese eines unter mehreren Kriterien ist.[146]

Ob eine Beeinträchtigung von menschenwürdeverletzender Intensität ist, lässt sich dabei nur anhand aller Umstände im Einzelfall bestimmen. Es kann daher

140 so aber *Hathaway*, 104 ff, s. unter A. II. 1. b. aa.
141 vgl. *Binder*, 60; *Grahl-Madsen*, Bd. 1, 212 ff.
142 vgl. *Grahl-Madsen*, 212 ff.
143 So wird in der dt. Rechtsprechung die Beeinträchtigungsintensität bzgl. Art. 16a Abs. 1 GG und damit auch bzgl. § 51 Abs. 1 AuslG, der in weitgehender Übereinstimmung mit Art. 16a Abs. 1 GG ausgelegt wird, bei einer nicht unerheblichen Verletzung von Leib oder Leben immer bejaht, sonst wird auf die Verletzung der Menschenwürde abgestellt, s. u. 9. Kapitel A. I.
144 *Carlier*, 702 f; *Goodwin-Gill*, 68 f; *Hathaway*, 103; *Weis*, JdI 1960, 928 (970).
145 *Binder*, 83.
146 *Carlier*, 702 f; trotz ihrer Kritik i. E. auch: *Binder*, 84; vgl. *Goodwin-Gill*, 68 f.

nicht überzeugen, wenn diese bereits bejaht wird, wenn die Beeinträchtigung unverhältnismäßig ist.[147] Die Würde eines Menschen wird durch seine Subjektqualität, seine Anerkennung als selbstverantwortliche Persönlichkeit bestimmt.[148] Es ist insofern weiterführend, in Anlehnung an die in der deutschen Rechtsprechung bezüglich Art. 16a Abs. 1 GG verwandten Kriterien[149] darauf abzustellen, ob durch die Maßnahme eine menschenrechtliche Gewährleistung beeinträchtigt wird, deren Wahrnehmung zu den Grundlagen der Existenz der Person gehört, und daher ein Bereich beeinträchtigt wird, in dem der Person die Selbstbestimmung möglich bleiben muss. Dies kann nicht abstrakt, sondern nur anhand der Einschätzungen der konkreten Person beurteilt werden, da die Wahrnehmung eines Rechts für verschiedene Personen von unterschiedlicher Bedeutung sein kann.[150] Allerdings muss diese Einschätzung objektiv nachvollziehbar sein. Hierbei ist u. a. auf Dauer und Wiederholbarkeit der Beeinträchtigung, die Ausweichmöglichkeiten sowie die (psychischen) Folgen, die das Verbot oder Gebot für die hiervon konkret betroffene Person hat, abzustellen.

c. Speziell: Diskriminierungen

In Literatur und Rechtsprechung wird die Intensität von reinen Diskriminierungen häufig nach gesonderten Grundsätzen beurteilt. Da die Fallkonstellationen frauenspezifischer Flucht- und Bleibegründe i. d. R. mit einer Diskriminierung von Frauen zumindest verbunden sind, ist hierauf gesondert einzugehen. Zumeist besteht die Auffassung, dass bloße Diskriminierungen i. d. R. keine Verfolgung sind.[151] Nach Auffassung des UNHCR sind „stetige und anhaltende Diskriminierungen durch ihre Kumulierung in der Regel aber als Verfolgung zu werten“. Zudem seien „besonders krasse Formen“ „zweifellos“ als Verfolgung anzusehen.[152]

In den beiden Internationalen Pakten sind Gleichheitsrechte in zweifacher Hinsicht gewährleistet: Nach Art. 2 Abs. 1 und Art. 3 IPBPR sowie nach Art. 2 Abs. 2 und Art. 3 IPWSKR müssen die in den jeweiligen Pakten anerkannten Rechte ohne Unterschied insbesondere des Geschlechts gewährleistet werden. Ob ausrei-

---

147 *Carlier*, 702 f sowie *Binder*, 84.

148 vgl. *Volio* in *Henkin*, 185 (186 ff): „The right to legal personality is indispensable to man's essential dignity in daily life[. . .].“

149 s. auch unter 9. Kapitel A. I.

150 s. auch unter 9. Kapitel A. I. 2.

151 *UNHCR*, Handbook, § 54, *UNHCR*, Auslegung, § 17; *Islam and Shah*, IJRL 1999, 496 (517); nach Art. 11 lit. a des Kommissionsvorschlags ist Verfolgung so auszulegen, dass hiervon „die Zufügung eines ernsthaften nicht gerechtfertigten Schadens oder die Diskriminierung aus Gründen der Rasse, Religion, Nationalität, politischen Überzeugung oder Zugehörigkeit zu einer bestimmten sozialen Gruppe [erfasst ist], sofern diese aufgrund ihrer Art oder der Tatsache, dass es wiederholt zu solchen Handlungen kam, so gravierend sind, dass sie Leben, Freiheit oder Sicherheit des Antragstellers stark gefährden oder dieser nicht im Herkunftsland leben kann“.

152 *UNHCR*, Auslegung, § 17.

chende Intensität erreicht ist, bestimmt sich somit nach dem jeweils beeinträchtigten Freiheitsrecht.[153] Insofern ist die Differenzierung zwischen Diskriminierungen und sonstigen Beeinträchtigungen nicht sinnvoll.

Darüber hinaus besteht nach Art. 26 IPBPR die (fiktive) Verpflichtung des Herkunftsstaats, sämtliche Ungleichbehandlungen wegen des Geschlechts zu unterlassen. Hiernach haben auch Diskriminierungen zu unterbleiben, die nicht zugleich ein anderes Freiheitsrecht des IPBPR beeinträchtigen, sondern den Gewährleistungsbereich eines der im IPWSKR normierten Rechte berühren oder einen sonstigen Sachverhalt betreffen.[154] Ähnlich sind auch in der Frauenkonvention Verpflichtungen der Vertragsstaaten enthalten, die Diskriminierung der Frau bezüglich der Wahrnehmung von Freiheitsrechten zu unterlassen, die wie das Recht auf Geschäftsfähigkeit[155] oder auf Eigentum[156] in keinem der beiden Pakte – wohl aber in der AEMR[157] – gewährleistet sind. Auch in diesem Fall ist es nicht sinnvoll, besondere Kriterien zur Beurteilung heranzuziehen.

III. Staatlichkeit i. w. S. als Element von Verfolgung?

1. Potentielle Urheber von Verfolgung

Bevor darauf eingegangen wird, ob die Staatlichkeit i. w. S. ein zusätzliches Element von Verfolgung ist, ist zunächst zu klären, von wem nach dem bisher Festgestellten prinzipiell Verfolgung im Sinne einer zielgerichteten, unrechtmäßigen und intensiven Andersbehandlung ausgehen kann.

a. Staat

Als Urheber von Verfolgung kommt zunächst ein Staat in Betracht. Ein Staat im völkerrechtlichen Sinne ist ein politisch und rechtlich organisierter Gebiets- und Personenverband, in dem eine – nach außen nur an das Völkerrecht gebundene, nach innen autonome – Gewalt besteht.[158] Dieser Verband kann nur durch seine Organe handeln. Es muss daher ein Maßstab gefunden werden, mit dem das Handeln der Organe dem Staat zugerechnet werden kann. Dies kann nur ein internationaler Maßstab sein. Insofern kommt der Entwurf der International Law Commissi-

153 so auch: *Binder*, 59.
154 *Nowak*, Art. 26 Rn. 12 f, 21 ff.
155 Art. 15 Abs. 2 FraK.
156 Art. 16 Abs. 1 lit. h FraK: Gleiche Rechte der Ehepartner hinsichtlich der Bewirtschaftung des Eigentums.
157 Art. 17 Abs. 2 AEMR enthält das Recht auf Schutz vor willkürlichen Beeinträchtigungen des Eigentums, Art. 6 AEMR wird anders als Art. 16 IPBPR so verstanden, dass dieser auch die Geschäftsfähigkeit umfasst, s. u. B. I. 1. b. ff.
158 *Ipsen*, § 5 Rn. 2 m. w. N.

on zur Staatenverantwortlichkeit von 1980 (ILCEntwurf)[159] in Betracht. Hier sind Regeln enthalten, mit denen bestimmt werden kann, unter welchen Voraussetzungen ein Staat völkerrechtlich für ein pflichtwidriges Verhalten zur Verantwortung gezogen werden kann. Teil des Entwurfs sind Zurechnungsvorschriften, die mittlerweile zu Völkergewohnheitsrecht geworden sind.[160]

Auf diese Normen Bezug zu nehmen, erscheint auf den ersten Blick widersprüchlich, da die GFK die Herkunftsstaaten gerade nicht für eine Schutzpflichtverletzung völkerrechtlich zur Verantwortung zieht und Verfolgung gerade nicht anhand einer solchen Verletzung zu definieren ist. Die Regeln über die Staatenverantwortlichkeit sind aber nur sekundäre Normen, die ihre Wirkung erst entfalten, wenn aufgrund von Primärnormen die völkerrechtliche Verpflichtung bereits festgestellt worden ist.[161] Es spricht daher nichts dagegen, sie zur Auslegung heranzuziehen.

Im Juli 2001 ist von der International Law Commission ein neuer Entwurf zur Staatenverantwortlichkeit angenommen worden.[162] Da die hier enthaltenen Regeln aber nur insofern Rechtsquelle des Völkerrechts i. S. d. Art. 38 IGH Statut sind, als sie schon vorher geltendes Völkerrecht kodifizieren, wird im Folgenden weiter auf den älteren Entwurf Bezug genommen.

aa. Staatliches Handeln

Aktives Handeln eines staatlichen Organs ist dem Staat nach Art. 5 ILC-Entwurf zuzurechnen, wenn es in Erfüllung der Organverpflichtung erfolgt.[163] Dieses Handeln ist unrechtmäßig, sofern sich aus den Menschenrechtsabkommen hinreichend konkrete (fiktive) Unterlassungspflichten ergeben.

bb. Staatliches Unterlassen

Ferner kann auch ein staatliches Unterlassen Verfolgung sein. So kann es bspw. eine zielgerichtete, unrechtmäßige und intensive Andersbehandlung sein, wenn Gefangenen über einen mehr als unerheblichen Zeitraum bewusst Nahrung vorenthalten wird, da sich diesbezüglich aus Art. 6 IPBPR und Art. 7 S. 1 IPBPR hinreichend konkrete (fiktive) Handlungspflichten ergeben können.[164]

---

[159] Draft articles der International Law Commission on State Responsibility, abgedruckt in Yearbook of the International Law Commission 1980 II/2, 30 ff.

[160] *Doehring*, § 17 Rn. 830; *Ipsen*, § 39 Rn. 2.

[161] *Ipsen*, § 39 Rn. 6; *Epiney*, 25.

[162] State Responsibility - Titles and Texts of the Draft Articles on Responsibility of States for Internationally Wrongful Acts Adopted by the Drafting Committee on Second Reading (im Folgenden: ILC-Entwurf von 2001), UN Doc. A/CN.4/L.602/Rev.1. Diese Artikel wurden in der 53. Sitzung am 26. Juli 2001 angenommen und sind abrufbar unter: http://www.un.org/law/ilc/convents.htm.

[163] Dies ergibt sich auch aus Art. 4 des ILC-Entwurfs von 2001.

[164] siehe hierzu die Ausführungen infra unter B. I. 1. b. bb. (1) (b) und B. I. 1. b. cc.

cc. Staat als Verfolger bei unmittelbar privaten Beeinträchtigungen

Klärungsbedürftig ist, unter welchen Voraussetzungen der Staat Verfolger ist, wenn die Beeinträchtigung unmittelbar von Privaten ausgeht. Als Private werden vorliegend alle Personen bezeichnet, die nicht wie ein Organwalter in den Staatsapparat eingebunden sind.

(1) Zurechnung des Verhaltens Privater?

Dem Staat ist das Verhalten der Privaten nach Art. 7 Nr. 2 ILC-Entwurf zuzurechnen, wenn die Privaten nach dem internen Recht dazu ermächtigt sind, Staatsgewalt auszuüben[165] und nach Art. 8 lit. a ILC-Entwurf, wenn die Privaten de facto so handeln wie ein Staatsorgan.[166]

Aus Art. 11 ILC-Entwurf ergibt sich, dass dem Staat das Handeln Privater darüber hinaus grundsätzlich nicht zuzurechnen ist.[167] Eine Zurechnung erfolgt daher nicht allein aufgrund der staatlichen Pflichtverletzung, dieses Verhalten zu verhindern, es sei denn dies ist in einem Vertrag ausdrücklich so festgelegt.[168] Auch eine staatliche Duldung des Verhaltens der Privaten führt hiernach noch nicht zu einer Zurechnung des Verhaltens.[169] Ausnahmsweise erfolgt aber eine Zurechnung, wenn der Staat das ursprünglich private Verhalten mit der Zeit als eigenes übernimmt. So ist nach Art. 15 Nr. 1 ILC-Entwurf das Verhalten einer revolutionären Gruppe, die sich letztlich durchsetzt, von Beginn ihrer Tätigkeit an dem Staat zu-

---

165 Art. 7 Nr. 2 ILC-Entwurf: The conduct of an organ of an entity which is not part of the formal structure of the State or of a territorial government entity, but which is empowered by the internal law of the State to exercise elements of the governmental authority, shall also be considered as an act of the State under international law, provided that the organ was acting in that capacity in the case in question. Eine ähnliche Regelung trifft Art. 7 des ILC-Entwurfs von 2001.

166 Art. 8 ILC-Entwurf: The conduct of a person or group of persons shall also be considered as an act of the State under international law if: (a) it is established that such person or group of persons was in fact acting on behalf of that State; or (b) such person or group of persons was in fact exercising elements of the governmental authority in the absence of the official authorities and in circumstances which justified the exercise of those elements of authorities. Eine Art. 8 lit. a entsprechende Regelung trifft Art. 8 des ILC-Entwurfs von 2001; eine Art. 8 lit. b entsprechende Regelung trifft Art. 9 des ILC-Entwurfs von 2001.

167 Art. 11 ILC-Entwurf: 1. The conduct of an organ of a person or a group of persons not acting on behalf of the State shall not be considered as an act of the State under international law. 2. Paragraph 1 is without prejudice to the attribution to the State of any other conduct which is related to that referred to in that paragraph and which is to be considered as an act of that State by virtue of articles 5 to 10. Eine ähnliche Regelung enthält auch Art. 11 des ILC-Entwurfs von 2001.

168 *Epiney*, 106 ff m. w. N.; *Ipsen*, § 40 Rn. 33 ff; *Ziegler*, 116.

169 *Epiney*, 202 f; *Ipsen*, § 40 Rn. 29 ff; *Künzli*, 227; *Seidl-Hohenfeldern*, Rn. 1671.

zurechnen.[170] Zudem erfolgt eine Zurechnung, wenn der Staat das Verhalten Privater übernimmt, in dem Sinne, dass aus dem Verhalten der staatlichen Organe die Absicht hervorgeht, die Steuerung zu übernehmen.[171]

(2) Verfolgung durch staatliches Unterlassen?

Auch für sonstiges von Privaten ausgehendes Verhalten wird der Staat nach dem Recht der Staatenverantwortlichkeit zur Verantwortung gezogen. So ist er für das pflichtwidrige Unterlassen seiner Organe verantwortlich, sofern dieses kausal zu der Beeinträchtigung von Seiten Privater geführt hat.[172] Die Handlung des Privaten bildet in diesem Fall die objektive Bedingung für die staatliche Verpflichtung, einzugreifen.[173] Entsprechend könnte daher auch das unrechtmäßige Unterlassen des Herkunftsstaats, gegen Beeinträchtigungen von Privaten vorzugehen, staatliche Verfolgung durch Unterlassen sein.[174] Eine solche Annahme widerspricht aber dem Wortsinn von Verfolgung. In diesem Fall wird die konkrete Beeinträchtigung nämlich nicht unmittelbar durch das zielgerichtete staatliche Unterlassen, sondern erst durch die zielgerichtete Handlung einer anderen Person herbeigeführt, so dass diese Konstellation keine Verfolgung durch staatliches Unterlassen ist.

(3) Mittelbar staatliche Verfolgung

Diese Konstellation kann aber abweichend vom Recht der Staatenverantwortlichkeit als mittelbar staatliche Verfolgung angesehen werden.[175] In diesem Fall ist die Kombination aus dem staatlichen Unterlassen und der Handlung der Privaten Verfolgung, sofern die Handlung der Privaten zielgerichtet zu einer intensiven Be-

---

170 Art. 15 ILC-Entwurf: 1. The act of an insurrectional movement which becomes the new government of a State shall be considered as an act of that State. However such attribution shall be without prejudice to the attribution to that State of conduct which would have been previously considered as an act of the State by virtue of articles 5 to10. 2. The act of an insurrectional movement whose actions result in the formation of a new State in part of the territory of a pre-existing State or in a territory under its administration shall be considered as an act of the new State; *Epiney*, 152; *Verdross/Simma*, § 1279. Eine dem entsprechende Regelung trifft Art. 10 des ILC-Entwurfs von 2001.

171 *Epiney*, 192; i.E. auch *Ziegler*, 131 ff, die allerdings bereits eine Zurechnung nach Art. 8 ILC-Entwurf bejaht; dies ist in Art. 11 des ILC Entwurfs von 2001 ebenfalls ausdrücklich als Zurechnungstatbestand genannt. Möglicherweise geht die Zurechnung hier noch darüber hinaus. Hiernach erfolgt nämlich eine Zurechnung, wenn „the State acknowledges and adopts the conduct in question as its own".

172 *Epiney*, 109; *Ipsen*, § 40 Rn. 30 ff; *Daillier/Pellet*, § 487; *Verdross/Simma*, § 1281.

173 *Epiney*, 109.

174 so *Goldberg*, Corn.Int'l.L.J. 1993, 565 (583 f), *Khawar*, 34 ff, 38 ff.

175 nahezu einhellige Auffassung: s. *UNHCR*, Handbook, § 65; *UNHCR*, RL Geschlechtsspezifische Verfolgung, § 19; *australische RL*, 4.11; *britische RL*, 2B; *Islam and Shah*, IJRL 1999, 496 ff; *Hathaway*, 125 ff.

einträchtigung einer menschenrechtlichen Gewährleistung führt und das staatliche Unterlassen unrechtmäßig ist.

Es ist daher zu klären, unter welchen Voraussetzungen das staatliche Unterlassen, von Privaten ausgehende Beeinträchtigungen zu verhindern, unrechtmäßig ist. Im asyl- und flüchtlingsrechtlichen Schrifttum und in der Rechtsprechung wird die Verpflichtung, die eigenen Staatsangehörigen vor Beeinträchtigungen durch Private zu schützen, aus der Gebietshoheit des Staates[176] bzw. aus deren prinzipieller Verwirklichung[177] hergeleitet. Dies ergebe sich aus der Überlegung, dass mit der Etablierung des Staates als Friedensordnung, die dem Staat das Gewaltmonopol zuweist und den einzelnen Bürgern eine Friedens- bzw. Gehorsamspflicht auferlegt, zugleich das grundsätzliche Verbot der gewaltsamen Selbsthilfe einhergeht. Dies sei nur gerechtfertigt, wenn der Staat zugleich die Sicherheit der eigenen Staatsbürger gewährleiste.[178] Hieraus lässt sich allerdings nicht ableiten, in welchem Umfang der Staat zur Verhinderung privater Beeinträchtigungen verpflichtet ist.

Der Umfang ist erneut dem von der großen Staatenmehrheit akzeptierten internationalen Menschenrechtsmaßstab zu entnehmen. Das staatliche Unterlassen ist nämlich nur unrechtmäßig, wenn sich hieraus (fiktive) Verpflichtungen der Herkunftsstaaten ergeben, Beeinträchtigungen von Seiten Privater zu verhindern.

Eine solche Verpflichtung lässt sich teilweise direkt aus den einzelnen Menschenrechten entnehmen. Das in Art. 8 Abs. 1, 2 IPBPR normierte Recht auf Freiheit vor Sklaverei oder Leibeigenschaft wird typischerweise von Privaten beeinträchtigt und auch die in Art. 6 Abs. 1 S. 2 IPBPR enthaltene Verpflichtung, das Recht auf Leben gesetzlich zu schützen, ist so zu verstehen, dass der Staat auch vor Beeinträchtigungen durch Private zu schützen hat.[179] Mittlerweile wird zudem überwiegend angenommen, dass ein Vertragsstaat auch darüber hinaus von Privaten ausgehende Beeinträchtigungen zu unterbinden hat.[180] So lässt sich aus der jeweiligen Gewährleistungsvorschrift, bspw. aus Art. 2 Abs. 2 IPBPR und Art. 2 Abs. 1 IPWSKR, nach der die Vertragsstaaten nicht nur verpflichtet sind, die Menschenrechte zu achten, sondern auch sie zu gewährleisten, ableiten, dass die Staaten die Verpflichtung haben, Beeinträchtigungen eines Menschenrechts von Seiten

---

176 *Horvath*, [2001] 1 A.C. 489 ff; *Hathaway*, 104 ff; 127 ff; s. auch unter A. III. 2. a. bb.

177 vgl. BVerfGE 80, 315 (336).

178 *Hathaway*, 128; Conseil d'Etat, „Dhanka", E. v. 27. Mai 1983, 42.047, JdI 1984, 119 (122).

179 *Nowak*, Art. 6 Rn. 4; *Dinstein* in *Henkin*, 114 (119 f).

180 s. bspw. *HRC*, GC 28, wo die Staaten aufgefordert werden, Beeinträchtigungen von Frauen auch durch Private zu verhindern, s. auch *CEDAW-Committee*, GR 19; § 9, HRI/Gen/1/Rev. 5, 217: „Under general international law and specific human rights covenants, States may also be responsible for private acts if they fail to act with due diligence to prevent violations of rights or to investigate and punish acts of violence, and for providing compensation"; *Joseph/Schultz/Castan*, [1.59 ff]; *Nowak*, Art. 2 Rn. 20; ausführlich hierzu *Wiesbrock*.

Privater zu unterbinden, sofern das jeweilige Menschenrecht seiner Art nach auch von Privaten beeinträchtigt werden kann.[181] Der Maßstab zur Bestimmung der Unrechtmäßigkeit ist der Norm zu entnehmen, aus der sich die Verpflichtung ergibt, mithin aus dem jeweils durch das Verhalten der Privaten beeinträchtigten Menschenrecht. Bezüglich der Frauenkonvention ergibt sich diese Verpflichtung aus Art. 2 lit. a, b, c, Art. 3 Frak.[182]

Da die Staaten hieraus aber nur eine Erfolgsabwendungspflicht trifft[183], steht die Wahl der Mittel im Ermessen der Staaten.[184] Der Staat hat hierbei aber den Anforderungen der jeweils beeinträchtigten Menschenrechtsnorm zu entsprechen und die gebührende Sorgfalt (due diligence) anzuwenden.[185] Dieser im Recht der Staatenverantwortlichkeit entwickelte Maßstab wird seit dem Urteil *Velasquez-Rodriguez*[186] des IAGMR auch im Hinblick auf die Sorgfalt, die ein Staat zur Verhinderung von Menschenrechtsbeeinträchtigungen durch Private aufzuwenden hat, angewandt.[187] Die dort entwickelten Vorgaben können allerdings nur zur Beurteilung herangezogen werden, wenn dies mit der jeweils beeinträchtigten Menschenrechtsnorm vereinbar ist.

---

[181] *Künzli*, 227 ff; *Wiesbrock*, 157; *Klein* in *Klein* (Hrsg.) 295 (301 ff); Joseph/Schultz/Castan, [1.62]; *Nowak*, Art. 2 Rn. 20; *HRC*, GC 3, § 1 jeweils bezüglich des IPBPR; IAGMR, *Velásquez-Rodriguez v. Honduras*, U. v. 29. Juli 1988, Ser. C, 4 (1988), dt. Übers. in EuGRZ 1989, 157 ff, § 166 bzgl. Art. 1 Abs. 1 AMRK; teilweise wird eine Schutzpflicht hingegen im Recht auf Sicherheit, wie es bspw. in Art. 9 Abs. 1 S. 1 Var. 2 IPBPR normiert ist, normativ verortet, vgl. *Künzli*, 270 f; *Wiesbrock*, 89 ff m. w. N. Problematisch ist aber, dass das Recht auf Sicherheit in globalen Abkommen nur im IPBPR normiert ist, auch aus anderen Abkommen aber Schutzpflichten abgeleitet werden.

[182] vgl. *Helbling*, 127 f, *Cook* in *Cook*, 228 (230 f, 236 f).

[183] *Wiesbrock*, 167 f.

[184] s. IAGMR, *Velásquez Rodriguez v. Honduras*, U. v. 29. Juli 1988, Ser. C, 4 (1988), dt. Übers. in EuGRZ 1989, 17 ff, § 175 bzgl. der Verpflichtungen aus der AMRK, dies wurde entsprechend auch von den anderen Menschenrechtsorganen übernommen, s. *CEDAW-Committee*, GR 19, § 9, HRI/GEN/1/Rev.5, 217.

[185] *Epiney*, 209 f; *Verdross/Simma*, § 1281, bezüglich der GFK wenden diesen Maßstab auch an: *Anker*, 193 ff; *Binder*, 337 ff; *Goldberg*, Corn.Int'l.L.J. 1993, 565 (588); *Goodwin-Gill*, 73; vgl. auch *Bower*, Geo.Immigr.L.J. 1993, 173 (183), die zwar auf diesen Maßstab abstellt, aber davon ausgeht, dass die Handlung der Privaten damit dem Staat zugerechnet wird.

[186] IAGMR, *Velásquez Rodriguez v. Honduras*, U. v. 29. Juli 1988, Ser. C, 4 (1988), dt. Übers. in EuGRZ 1989, 157 ff, § 172: „[...] Ein illegaler Akt, der ursprünglich einem Staat nicht direkt zurechenbar ist (z. B. weil es ein Akt einer Privatperson ist oder weil die verantwortliche Person nicht identifiziert worden ist), kann zur internationalen Verantwortlichkeit des Staates führen, nicht aufgrund der Handlung selbst, sondern aufgrund des Mangels an gebührender Sorgfalt, um die Verletzung zu verhindern oder auf sie, wie durch die Konvention gefordert, zu reagieren."

[187] vgl. Art. 4 lit. c der Erklärung zur Beseitigung jeder Gewalt an Frauen; *CEDAW-Committee*, GR 19; § 9, HRI/GEN/1/Rev. 5, 217; *Cook* in *Cook*, 228 (229 ff); *Thomas/Levi* in *Askin/Koenig*, I, 139 (141 f.); *Künzli*, 233 ff; *Wiesbrock*, 157 ff m. w. N.; vgl. aber auch *Roth* in *Cook*, 327 (331) sowie *Thomas/Beasley*, HRQ 1993, 41 ff, die weitergehend ein diskriminierendes, systematisches Unterlassen des Staates verlangen.

Nach den Vorgaben von due diligence haben die Staaten generelle und spezielle Präventivmaßnahmen zu ergreifen sowie nach einer erfolgten Rechtsverletzung die Täter zu bestrafen.[188] Dabei ist der Schutz unabhängig von einem Schutzersuchen im Einzelfall zu gewährleisten.[189] Zudem hat ein Staat seine Rechtsordnung so auszugestalten, dass sie der Erfüllung seiner Pflichten nicht entgegensteht.[190] Außerdem hat er eine interne administrative und judikative Ordnung aufrechtzuerhalten, die es ihm ermöglicht, gegen drohende Menschenrechtsbeeinträchtigungen vorzugehen, wobei ein Verstoß hiergegen nur anzunehmen ist, wenn der Staat zur Erfolgsabwendung eindeutig und offensichtlich nicht in der Lage ist.[191] Die sonst anzuwendende Sorgfalt variiert in Abhängigkeit von verschiedenen Faktoren u. a. dem Ort, dem Zeitpunkt und dem objektiv zu erwartenden Schaden.[192] Ein Staat hat ein erhöhtes Maß an Sorgfalt aufzuwenden, wenn ihm die drohenden Beeinträchtigungen bekannt sind oder diese für ihn objektiv vorhersehbar sind.[193] Die Verantwortlichkeit des Staates endet, wenn er alle Maßnahmen ergriffen hat, die ihm mit den zur Verfügung stehenden Mitteln möglich waren.[194] Seine Verantwortlichkeit ist dabei grundsätzlich auch durch seine wirtschaftlichen Handlungsmöglichkeiten begrenzt.[195] Ob dies auch für die in den Pakten enthaltenen Rechte gilt, ist anhand der konkreten Gewährleistung zu ermitteln.[196]

b. Private

Daneben könnte auch das von Privaten ausgehende Verhalten für sich genommen Verfolgung sein. Voraussetzung ist, dass dieses unabhängig von einem staatlichen Unterlassen als unrechtmäßig beurteilt werden kann. Dies ist nur der Fall, wenn sich aus dem von der großen Staatenmehrheit akzeptierten internationalen Menschenrechtsmaßstab unbedingte und hinreichend konkrete fiktive Verhaltenspflichten für Private entnehmen lassen. Die im IPBPR, dem IPWSKR und der Frauenkonvention enthaltenen Menschenrechte haben nach überwiegender Auffassung keine unmittelbare Drittwirkung, so dass Private völkerrechtlich nicht verpflichtet sind, die in diesen Abkommen enthaltenen Rechte einzuhalten.[197] Unmittelbare

---

188 *Künzli*, 233f; *Verdross/Simma*, § 1281.

189 *Verdross/Simma*, § 1281.

190 *Epiney*, 219 ff, 222 ff.

191 *Epiney*, 224 ff m. w. N.

192 *Epiney*, 246 ff m. w. N.

193 *Epiney*, 251; *Verdross/Simma*, § 1281; siehe zu den Grenzen der staatlichen Verpflichtung, wenn dieser keine Kenntnis hat oder die Beeinträchtigungen für ihn nicht objektiv vorhersehbar waren, *Künzli*, 242 ff.

194 *Epiney*, 232 ff m. w. N.

195 *Epiney*, 253 ff.

196 vgl. *Nowak*, Art. 2 Rn. 20.

197 nahezu einhellige Auffassung, s. nur *Ipsen*, § 8 Rn. 12; ausführlich auch zu den vereinzelten abweichenden Auffassungen *Wiesbrock*, 38 ff.

Drittwirkung haben nur völkerstrafrechtliche Regelungen, z. B. Art. 7 ff IStGH-Statut.[198] Die generell ablehnende Haltung gegenüber einer unmittelbaren Drittwirkung resultiert daraus, dass sich die Abkommen nur an die Staaten richten, Private keine Völkerrechtssubjekte sind und es für den Einzelnen schwierig sein könnte, den Umfang seiner Verpflichtungen zu erkennen.[199] Vorliegend werden die Menschenrechte aber nur als Hilfsmittel zur Auslegung herangezogen, so dass die Anerkennung einer unmittelbaren Drittwirkung keine rechtlichen Konsequenzen für die Privaten hat. Die mangelnde Völkerrechtssubjektivität von Privaten ist in diesem Zusammenhang auch nur insofern von Interesse, als Private nicht die gleichen fiktiven Pflichten wie Staaten treffen können. Sie spricht aber nicht prinzipiell dagegen, von einer fiktiven Verpflichtung Privater auszugehen. Das Verhalten eines Privaten ist demnach unrechtmäßig, wenn das Menschenrecht seiner Art nach auch von Privaten beeinträchtigt werden kann und sich hieraus, unterstellt es ist im Verhältnis zwischen Privaten unmittelbar anwendbar, hinreichend konkrete Handlungs- oder Unterlassungspflichten entnehmen lassen. Beispielsweise ergibt sich aus Art. 7 S. 1 Var. 2 ff IPBPR die konkrete fiktive Verpflichtung eines Privaten, eine Handlung zu unterlassen, die die Voraussetzungen einer grausamen, unmenschlichen oder erniedrigenden Behandlung erfüllt. Auch Private sind somit potentielle Urheber von Verfolgung. Allerdings ergibt sich aus dem gerade Ausgeführten, dass nicht in allen Fällen, in denen das Verhalten eines Privaten (fiktive) Schutzpflichten des Herkunftsstaats auslöst, auch das private Verhalten selbst unrechtmäßig ist. Für das Auslösen einer (fiktiven) Schutzpflicht des Staates reicht es nämlich aus, dass das private Verhalten den Gewährleistungsbereich eines Menschenrechts berührt, das auch von Privaten beeinträchtigt werden kann; nicht erforderlich ist, dass sich hieraus auch konkrete fiktive Verhaltensvorschriften für Private ergeben.

c. Beurteilung im (innerstaatlichen) bewaffneten Konflikt

Staatliches Verhalten kann grundsätzlich auch in einem (innerstaatlichen) bewaffneten Konflikt unrechtmäßig und damit Verfolgung sein. In dieser Situation können sich für den Herkunftsstaat (fiktive) Verhaltenspflichten aus dem humanitären Völkerrecht ergeben. Unmittelbare und hinreichend konkrete (fiktive) Verhaltenspflichten lassen sich auch weiterhin den von der großen Staatenmehrheit akzeptierten internationalen Menschenrechten entnehmen.[200] Allerdings können

---

198 *Ipsen*, § 8 Rn. 12; *Seidl-Hohenfeldern*, Rn. 927 ff.

199 *Künzli*, 222f; *Wiesbrock*, 198.

200 *HRC*, GC 29, CCPR/C/21/Rev.1/Add.11, § 3: „During armed conflicts whether international or non-international, rules of international humanitarian law become applicable and help, in addition to the provisions in article 4 and 5, paragraph 1, of the Covenant, to prevent the abuse of a State's emergency powers"; *Ipsen*, § 48 Rn. 55.

Vertragsstaaten in dieser Situation alle bis auf die in Art. 4 Abs. 1 IPBPR enthaltenen Rechte abbedingen. Dies ist allerdings nur möglich, wenn das Leben der Nation bedroht ist[201] und die von der Verpflichtung abweichende Maßnahme verhältnismäßig[202] und nicht diskriminierend[203] ist. Auch im Fall eines (innerstaatlichen) bewaffneten Konflikts bestehen somit mit dieser zusätzlichen Einschränkungsmöglichkeit jedenfalls (fiktive) Unterlassungspflichten. Zudem besteht weiterhin die (fiktive) Verpflichtung, Menschenrechtsbeeinträchtigungen von Seiten Privater zu verhindern, die aber auf die in dieser Situation vorhandenen Handlungsmöglichkeiten beschränkt ist.[204] Diese (fiktiven) Verpflichtungen sind dabei in Zusammenschau mit den Vorschriften des humanitären Völkerrechts zu sehen. So ist eine Tötung nicht willkürlich i. S. d. Art. 6 Abs. 1 S. 3 IPBPR, wenn sie diesen Regeln entspricht.[205]

Mit einem Staat vergleichbar sind „stabilisierte de facto Regime". Ein stabilisiertes de facto Regime ist entweder ein nicht anerkanntes Gebilde, das sich vom Ursprungsstaat verselbstständigt hat und selbst als Staat anzusehen ist oder ein Gebilde, das nicht den Anspruch erhebt, ein Staat zu sein, dessen Regime aber effektiv die Herrschaft über ein Teilgebiet des Staatsterritoriums ausübt und die Übernahme der Gewalt im Gesamtstaat anstrebt.[206] „Stabilisierte de facto Regime" haben partielle Völkerrechtssubjektivität.[207] Sie können allerdings nur an völkergewohnheitsrechtlich geltende Menschenrechte gebunden sein.[208] Da es aber im Rahmen der GFK nur auf fiktive Verpflichtungen ankommt, kann die Unrechtmäßigkeit ihres Verhaltens nach dem gleichen Maßstab wie das Verhalten von Staaten beurteilt werden.

Private sind im Rahmen des IStGH-Statuts dazu verpflichtet, im (innerstaatlichen) bewaffneten Konflikt bestimmte Verhaltensweisen zu unterlassen. Zudem kann ihr Verhalten im Rahmen der GFK auch in der Situation eines (innerstaatlichen) bewaffneten Konflikts weiterhin anhand des internationalen Menschenrechtsmaßstabs als unrechtmäßig beurteilt werden.

---

201 *HRC*, GC 29, CCPR/C/21/Rev.1/Add.11, § 3: „The Covenant requires that even during an armed conflict measures derogating from the Covenant are allowed only if and to the extent that the situation constitutes a threat to the nation"; *Oraá*, 168.

202 *HRC*, GC 29, CCPR/C/21/Rev.1/Add.11, § 4 bezgl. des IPBPR; ausführlich *Oraá*.

203 *Oraá*, 188f.

204 *Epiney*, 233 ff, insbesondere 237 m. w. N.

205 *Bruscoli*, IJHR 2002, 45 (48); allgemein: *HRC*, GC 29, CCPR/C/21/REv.1/Add.11, § 3.

206 *Ipsen*, § 8 Rn. 14; *Verdross/Simma*, 239 ff.

207 *Ipsen*, § 8 Rn. 13.

208 vgl. *Künzli*, 169 ff.

d. Mehrere Urheber von Verfolgung

Nach allgemeiner Auffassung kann es auch Verfolgung sein, wenn erst mehrere Verfolgungshandlungen zusammengenommen zu einer Beeinträchtigung von ausreichender Intensität führen.[209]

Verschiedene Handlungen können zu einer Verfolgungshandlung zusammengezogen werden, wenn sie jeweils gegen eine Person gerichtet sind und sich eine Verbindung zwischen den einzelnen Handlungen feststellen lässt. Eine solche Verbindung besteht im Hinblick auf Handlungen staatlicher Organe, die einem Staat jeweils als eigenes Verhalten zugerechnet werden. Dies gilt gleichermaßen für Handlungen von Organen eines stabilisierten de facto Regimes. Die Handlungen von Einzelpersonen können hingegen nur zu einer Verfolgungshandlung zusammengezogen werden, wenn diese erkenntlich zusammenwirken, indem sie bspw. ein gemeinsames Ziel verfolgen.

2. Staatlichkeit i. w. S. als zwingendes zusätzliches Element?

Da nach dem bisher Ausgeführten auch unmittelbar private Verfolgung „Verfolgung" i. S. d. GFK sein kann, ist im Folgenden zu klären, ob sich aus der weiteren Auslegung ergibt, dass dem Verfolgungsbegriff der GFK ein Element der Staatlichkeit i. w. S. immanent ist.

a. Bestandsaufnahme

aa. Staatliche „Zurechenbarkeit" als Element von Verfolgung

Nach der sog. „Zurechnungstheorie" ist Verfolgung i. S. d. Art. 1 A Nr. 2 S. 1 Hs. 1 GFK nur staatliche oder mittelbar staatliche Verfolgung. Dieser Ansatz wird innerhalb der EU-Staaten hauptsächlich[210] noch von der französischen[211] und der deutschen[212] Rechtspraxis vertreten. Auch im gemeinsamen Standpunkt der EU ist diese Auffassung als Mindestkriterium festgelegt[213], im Kommissionsvorschlag ist dies aber nicht mehr der Fall[214].

---

[209] s. bspw. *UNHCR*, Auslegung § 17; *Binder*, 60; Gemeinsamer Standpunkt 4.

[210] Es ist unklar, inwiefern Portugal und Norwegen ebenfalls von der „Zurechnungstheorie" ausgehen, s. *Marx*, Handbuch § 33 Rn. 22 ff (Rn. 69, 88).

[211] die Rechtsprechung in Frankreich basiert auf Conseil d'Etat, „Dhanka", E. v. 27. Mai 1983, 42.047, JdI 1984, 119 ff; s. hierzu generell: *Wolter*, 252 ff; *Vermeulen*, 19 m. w. N.; *Marx*, Handbuch, § 33 Rn. 32 f; *Marx*, ZAR 2001, 12 (14).

[212] BVerwGE 104, 254 (256 ff); BVerwGE 95, 42 (44 f).

[213] Gemeinsamer Standpunkt 6.2, 6.3.

[214] Art. 11 Nr. 2 lit. a des Kommissionsvorschlags: „Es ist unerheblich ob die Verfolgung vom Staat ausgeht, von den Staat beherrschenden Parteien oder Organisationen oder von nichtstaatlichen Akteuren, wenn der Staat nicht in der Lage oder nicht willens ist, wirksamen Schutz zu bieten."

Eine unmittelbar von Privaten ausgehende Beeinträchtigung ist nach diesem Ansatz nur Verfolgung, wenn sie mittelbar staatliche Verfolgung ist. Nach der deutschen Rechtsprechung ist dies gegeben, wenn der Staat nicht willens oder nicht in der Lage ist, gegen die Übergriffe solcher Stellen zu schützen.[215] Dies wird allerdings dahin eingeschränkt, dass die Zurechnung endet, wenn der Staat alle verfügbaren Mittel ausgeschöpft hat.[216] In Frankreich wird nach dem theoretischen Ansatz verlangt, dass die Verfolgungsmaßnahmen „sont en fait encouragées ou tolérées par l'autorité publique".[217] Diese Formel wird in der Praxis allerdings wohl im Sinne einer passiven Toleranz abgeschwächt.[218] Teilweise wurde sogar eine Zurechnung mit der Schutzunfähigkeit des Staates auch jenseits der verfügbaren Mittel begründet[219]; eine einheitliche Linie lässt sich diesbezüglich aber nicht feststellen.[220]

Nach der „Zurechnungstheorie" kann zudem von einem Staat, in dem die ursprüngliche Staatsgewalt nicht mehr besteht[221], grundsätzlich[222] weder Verfolgung ausgehen, noch diesem als mittelbar staatliche Verfolgung zugerechnet werden.[223] Auch in dieser Situation kann aber ausnahmsweise Verfolgung vorliegen, wenn die Handlungen von einer de facto Autorität oder einem Quasi-Staat ausgehen oder diesen „zugerechnet" werden können.[224]

bb. Staatliche Schutzunfähigkeit als Element von Verfolgung

Nach der sog. „Schutztheorie" kommt es nicht darauf an, ob die Rechtsverletzungen dem Staat zuzurechnen sind, sondern ob der Staat effektiv dazu in der Lage

---

215 vgl. BVerfGE 80, 315 (336); BVerfGE 54, 341 (358); BVerwGE 72, 317 (318); 67, 317 (318); BVerwGE 62, 123 jeweils bzgl. Art. 16a Abs. 1 GG.

216 BVerfGE 80, 315 (336) bzgl. Art. 16a Abs. 1 GG.

217 Conseil d'Etat, „Dhanka", E. v. 27. Mai 1983, 42.047, JdI 1984, 119 (122).

218 s. *Marx*, ZAR 2001, 12 (14); *Vermeulen*, 19 m. w. N.; *Wolter*, 258 ff.

219 *Schank/Peña Galiano* in *Carlier*, France, 403 m. w. N.; *Marx*, Handbuch, § 33 Rn. 38 ff.

220 *Marx*, Handbuch, § 33 Rn. 38 ff.

221 Ein solcher, sog. failed state besteht, wenn es infolge einer Handlungsunfähigkeit der jeweiligen Regierung – vor allem aufgrund bürgerkriegsähnlicher Zustände – zum Wegfall effektiver Gebietsgewalt kommt, *Ipsen*, § 5 Rn. 9.

222 in BVerfGE 80, 315 (340 f) wurden unter gewissen Voraussetzungen für Art. 16a Abs. 1 GG Ausnahmen anerkannt.

223 bzgl. der deutschen Rechtslage: BVerwGE 95, 42 (44 ff); BVerwGE 104, 254 (256 ff) sowie die Ausführungen im 9. Kapitel A. II., bzgl. der Rechtslage in Frankreich: *Wolter*, 259 f m. w. N.; *Vermeulen*, 25.

224 s. *Vermeulen*, 26 f m. w. N. sowie unter 9. Kapitel A. II.

ist, Schutz zu gewähren. Dieser Ansatz wird von der überwiegenden Zahl der EU-Staaten[225] und von großen Teilen der Literatur[226] vertreten.

Nach diesem Ansatz sind unmittelbar private Handlungen Verfolgung, wenn der Staat hiergegen keinen Schutz gewähren will oder kann.[227] Zumeist wird angenommen, dass ein Staat grundsätzlich schutzunfähig ist, wenn keine effektive Gebietsgewalt mehr besteht, wie dies vor allem im Fall eines (innerstaatlichen) bewaffneten Konflikts gegeben sein kann.[228] Eine Ausnahme gilt nur für den Fall, in dem eine der am Konflikt beteiligten Parteien zur Schutzgewährung in der Lage ist.[229] In der niederländischen und österreichischen Rechtsprechung wird hingegen bei dem Verlust der effektiven Gebietsgewalt teilweise das Vorliegen von Verfolgung verneint.[230]

Zudem wird auch in den Fällen, in denen der Staat alle Handlungsmöglichkeiten ausgeschöpft hat, aber dennoch keinen Schutz gegen eine unkontrollierbare Gruppe gewähren kann, das Vorliegen von Verfolgung bejaht.[231] Der theoretische Ausgangspunkt zur Bestimmung der Schutzunfähigkeit ist unklar: Teilweise wird nur darauf abgestellt, dass tatsächlich kein Schutz erlangt werden kann[232], teilweise darauf, ob der Staat eine Schutzpflicht verletzt hat[233]. Die Pflicht, vor der Beeinträchtigung von Seiten Privater zu schützen, wird aus der Existenz des Staates hergeleitet: Die staatliche Legitimität basiere darauf, dass der Staat fähig ist,

---

225 Von den EU-Staaten vertreten diese Auffassung explizit: Großbritannien: *Adan*, [1999] 1 A.C. 293 (304 ff); *Horvath*, [2001] 1 A.C. 489 ff; Belgien laut *Marx*, Handbuch § 33 Rn. 25 ff; Dänemark laut *Lynggaard/Justesen* in *Carlier*, 326; Schweden laut *Marx*, Handbuch, § 33 Rn. 81 ff; Österreich, s. hierzu *Marx*, Handbuch § 33 Rn. 71 ff m. w. N.; *Klug*, NVwZ-Beilage 7/2001, 65 (68 f); mittlerweile auch wieder die Niederlande, s. hierzu *Vermeulen*, 19 ff, 25 ff; sowie *Klug*, NVwZ-Beilage 7/2001, 65 (69 ff), diese Auffassung wird auch in den USA vertreten, s. hierzu Anker, 190 ff.

226 *Hathaway*, 124 ff; *Goodwin-Gill*, 73 ff, 76; *Grahl-Madsen* Bd. 1, 189 ff; *Kälin*, Geo.Immigr.L.J. 2001, 415 (427 ff); *ders.*, IJRL 1991, 435 (444 ff).

227 allgemeine Auffassung, s. *Ward v. Canada*, 2 S.C.R. 689, *Adan*, [1999] 1 A.C. 293 (304 ff).

228 *Adan*, [1999] 1 A.C. 293, 304 ff; *In Re H-*, BIA, Interim Decision 3276 (1996); *Hathaway*, 124 ff; *Goodwin-Gill*, 75 f; *Kälin*, Geo.Immigr.L.J. 2001, 415 (427 ff).

229 s. *Hathaway*, 125.

230 s. *Klug*, NVwZ-Beilage 7/2001, 65 (69) und *Vermeulen*, 25 f, die jeweils die Auffassung des Raad von State, der das Bestehen einer de facto Autorität verlangt und der Rechtseenheidskamer darstellen, die weiterhin in der Situation eines innerstaatlichen Konflikts von einer staatlichen Schutzunfähigkeit ausgeht.

231 *Vermeulen*, 19 ff bzgl. der Situation in den Niederlanden und Schweden, bzgl. Österreich, *Klug*, NVwZ-Beilage I 7/2001; 65 (68) m. w. N.; *Marx*, Handbuch, § 33 Rn. 71 ff m. w. N.; *Grahl-Madsen* Bd. 1, 189; *Hathaway*, 124 ff; *Goodwin-Gill*, 71.

232 bspw. *Vermeulen*, 13 ff; VG Frankfurt a. M., U. v. 29. März 1999, 9 E 30919/97.A (2), InfAuslR 1999, 300 (304 f); VG München, U. v. 6. März 2001, M 21 K 98.51167.

233 Die britische Rechtsprechung stellt seit *Horvath*, [2001] 1 A.C. 489 ff hierauf ab; *Anker*, 177; *Hathaway*, 104 f; *Goodwin-Gill*, 71.

die grundlegenden Bedürfnisse und Rechte seiner Bürger zu schützen.[234] Soweit der Staat verpflichtet sei, die fundamentalen Menschenrechte zu beachten, sei er daher auch verpflichtet, diese gegen Beeinträchtigungen von Privaten zu schützen, und zwar auch, wenn keine effektive Gebietsgewalt mehr besteht.[235]

cc. Staatlichkeit kein Element von Verfolgung

Nach anderer Auffassung, die auch vom UNHCR favorisiert wird, bildet die staatliche Schutzunfähigkeit oder Schutzunwilligkeit kein Element des Verfolgungsbegriffs.[236] Von welcher Seite die ernsthafte Beeinträchtigung ausgeht, sei „allenfalls von minimaler Bedeutung".[237] Die staatliche Unfähig- oder Unwilligkeit, Schutz zu gewähren, ist hiernach entweder bei der Frage zu prüfen, ob die Furcht vor der Verfolgung begründet ist[238] oder ob die Person, die begründetet Furcht vor Verfolgung hat, den Schutz des Landes, dessen Staatsangehörigkeit sie hat, nicht in Anspruch nehmen kann oder wegen dieser Befürchtungen nicht in Anspruch nehmen will[239].

b. Diskussion

Bei der Diskussion der Auffassungen ist es sinnvoll, zwischen den Situationen zu trennen, in denen eine Staatsgewalt besteht und den Situationen, in denen eine solche Staatsgewalt nicht mehr besteht.

aa. Staatsgewalt besteht

(1) Vergleich der Auffassungen

Wenn eine Staatsgewalt besteht, unterscheiden sich die drei Auffassungen im Ergebnis nicht, wenn die Beeinträchtigung unmittelbar vom Staat ausgeht. Unterschiede bestehen aber, wenn die Verfolgungshandlung unmittelbar von Privaten

---

234 *Horvath*, [2001] 1 A.C. 489 ff; *Anker*, 193; *Hathaway*, 104 ff, 127 ff; *Kälin*, Geo.Immigr.L.J. 2001, 415 (428).

235 *Hathaway*, 127 f sieht es als Basisverpflichtung des Staates an, seine Bürger vor Aggressionen zu schützen, dem komme der Staat in der Bürgerkriegssituation nicht nach; vgl. hierzu Conseil d'Etat „Dhanka", E. v. 27. Mai 1983, 42.047, JdI 1994, 119.

236 *UNHCR*, Auslegung, § 19; *Ward v. Canada*, [1993] 2 S.C.R. 689 (Rn. 49, 59); *Lord Lloyd of Berwick*, abwM, *Horvath*, [2001] 1 A.C. 489 (504 ff); *Fortin*, IJRL 2001, 548 (574); *Weberndörfer*, 78; in diese Richtung auch *Lambert*, IJRL 2001, 16 (30).

237 *UNHCR*, Auslegung § 19.

238 *UNHCR*, Auslegung, § 19; *Ward v. Canada*, [1993] 2 S.C.R. 689 (Rn. 49, 59); *Fortin*, IJRL 2001, 548 (574); auch der Kommissionsvorschlag kann im Sinne dieser Auffassung verstanden werden, da nach Art. 11 Nr. 2 lit. a dieses Entwurfs die Staatlichkeit im Rahmen der „begründeten Furcht vor Verfolgung" zu prüfen ist, ohne dass dies aber genauer konkretisiert wird.

239 *Lord Lloyd of Berwick*, abwM, *Horvath*, [2001] 1 A.C. 489 (507).

ausgeht: Nach der „Zurechnungstheorie“ ist die Verfolgungshandlung von Privaten nur Verfolgung i. S. d. Art. 1 A Nr. 2 S. 1 Hs. 1 GFK, wenn sie dem Staat als mittelbar staatliche Verfolgung zuzurechnen ist. Die Konstruktion der mittelbar staatlichen Verfolgung ist nach dem oben Ausgeführten aber nicht so zu verstehen, dass hier das private Verhalten dem Staat tatsächlich zugerechnet wird, sondern als Kombination aus der privaten Handlung und dem unrechtmäßigen staatlichen Unterlassen. Die Vertreter der „Schutztheorie“, die auf eine staatliche Schutzpflichtverletzung abstellen, sehen ebenfalls ein unrechtmäßiges staatliches Unterlassen als Voraussetzung des Verfolgungsbegriffs an. Während aber nach der „Zurechnungstheorie“ die Verantwortlichkeit des Staates an der Grenze seiner Handlungsfähigkeit endet, ziehen die Vertreter der „Schutztheorie“ eine solche Grenze nicht. Nach dieser Auffassung liegt eine staatliche Schutzpflichtverletzung daher auch vor, wenn der Staat zur Schutzgewährung nicht in der Lage ist. Dieser Unterschied ist darin begründet, dass die Vertreter der „Schutztheorie“ die staatliche Pflicht, Schutz zu gewähren, allein aus dem Bestehen des Staates ableiten. Dies kann allerdings nach dem oben Ausgeführten nicht überzeugen. Hiernach ergibt sich die staatliche Verpflichtung, Schutz zu gewähren, aus der konkret verletzten Menschenrechtsnorm und ist auf die Beachtung von due diligence beschränkt. Der Staat hat keine Garantenstellung, sondern seine Schutzpflicht endet, wenn er keine Handlungsmöglichkeiten mehr hat. Es kann auch nicht überzeugen, diese Auffassung als flüchtlingsspezifische Modifizierung des due diligence Maßstabs anzusehen[240]. Wenn ein Staat gegen die Beeinträchtigungen von Seiten Privater nicht mit due diligence vorgeht, ist sein Verhalten nämlich schon nicht unrechtmäßig, und damit nach dem hier vertretenen Ansatz keine Verfolgung.

Die übrigen Vertreter der „Schutztheorie“ verlangen in dem Fall, in dem ein Staat besteht, dass dieser faktisch nicht dazu in der Lage ist, Schutz zu gewähren.

(2) Beurteilung

Eine staatliche Schutzpflichtverletzung im Sinne einer Menschenrechtsverletzung lässt sich, wie bereits ausgeführt wurde, weder aus der systematischen Zusammenschau mit „und den Schutz dieses Staates nicht in Anspruch nehmen kann oder wegen dieser Befürchtungen nicht in Anspruch nehmen will“ noch aus dem Subsidiaritätsprinzip begründen.[241] Speziell im hier interessierenden Zusammenhang wird das Erfordernis einer Schutzpflichtverletzung zudem damit begründet, dass nur so ein Gleichgewicht zwischen staatlicher und privater Verfolgung hergestellt werden könne.[242] Auch dieser Ansatz kann nicht überzeugen. Das Gemeinsame kann nur

---

240 so aber *Marx*, Handbuch, § 33 Rn. 152.

241 s. u. A. II. 2. a. cc.

242 *Horvath*, [2001] 1 A.C. 495 (497).

darin gesehen werden, dass der Staat jeweils für die Beeinträchtigung verantwortlich ist, einmal durch das eigene aktive Handeln, einmal durch das pflichtwidrige Unterlassen. Es ist aber gerade nicht das Ziel der GFK, den Staat zur Verantwortung zu ziehen.

Ferner wird diese Auffassung damit begründet, dass eine unmittelbar private Handlung nur dann den Bereich des Öffentlichen erreiche, der für die Schutzgewährung nach der GFK typisch sei, wenn ein unrechtmäßiges staatliches Unterlassen vorliege.[243] Es ist zwar zutreffend, dass eine Flucht vor rein persönlichen Beeinträchtigungen nicht zur Flüchtlingsanerkennung führen kann. Die Abgrenzung hat aber danach zu erfolgen, ob die Handlung an einen Konventionsgrund anknüpft; auf eine staatliche Reaktion kommt es hingegen nicht an.[244] So ist es eben keine rein private Beeinträchtigung sondern Verfolgung wegen der Rasse/Nationalität, wenn Skinheads Roma unrechtmäßig und intensiv beeinträchtigen. Gleichermaßen hat auch die Abgrenzung von „allgemeiner Kriminalität" zu Verfolgung anhand des Verfolgungsrisikos und des Anknüpfens an einen Konventionsgrund[245] zu erfolgen.

Speziell die „Zurechnungstheorie" wird außerdem mit dem allgemeinen Rechtsverständnis zur Zeit des Erlasses der Konvention begründet.[246] Aus der Entstehungsgeschichte lässt sich diesbezüglich aber nichts entnehmen und auch in der frühen Literatur[247] und Rechtsprechung[248] wurde eine „Zurechnung" nicht verlangt, da hier das Vorliegen von Verfolgung auch bejaht wurde, wenn der Staat schutzunfähig war und keine Handlungsmöglichkeiten mehr hatte.

Zu klären bleibt, ob die faktische Schutzunfähigkeit des Staates ein Element von Verfolgung ist. Insofern ergibt sich aus der Systematik des Art. 1 A Nr. 2 GFK, dass Flüchtlinge auf die Inanspruchnahme diplomatischen Schutzes nur verzichten dürfen, wenn eine begründete Furcht vor Verfolgung besteht. Eine solche Furcht kann nur bestehen, wenn der Herkunftsstaat nicht gleichermaßen schutzfähig ist

---

243 vgl. *Goodwin-Gill*, 362 f; *Hailbronner*, ZAR 1998, 152 (153).

244 vgl. *Weberndörfer*, 52.

245 so auch: *Marx*, Handbuch, § 33 Rn. 154.

246 vgl. BVerwGE 95, 42 (47 f); *Hailbronner*, JZ 1995, 250 (251 f).

247 so sieht *Grahl-Madsen*, Bd. 1, 189 auch als Verfolgung an: „Behaviour tolerated by the government in such a way as to leave the victims virtually unprotected". Dies ist nach seiner Auffassung (S. 192) auch gegeben, wenn die Regierung über einen längeren Zeitraum unfähig ist, hiergegen etwas zu unternehmen.

248 s. BVerwGE 67, 317 (320), hiernach kann eine „Zurechnung" gerade nur erfolgen, wenn der Staat „zur Verhinderung solcher Übergriffe prinzipiell und auf gewisse Dauer außerstande ist, weil er – sei es für das ganze Staatsgebiet, sei es für einzelne Regionen – das Gesetz des Handelns an andere Kräfte verloren hat und seine staatlichen Sicherheits- und Ordnungsvorstellungen insoweit nicht mehr durchzusetzen vermag"; in diese Richtung auch BGH, U. v. 28. Oktober 1964, RzW 1965, 238 (239), wonach es erforderlich ist, dass „die Verfolgung durch die Regierung veranlaßt oder ermutigt worden ist, oder [...] die Regierung dem Flüchtling diesen Schutz aus irgendeinem Grunde versagt."

wie der Aufnahmestaat. Die Schutzfähigkeit des Staates ist somit entweder im Rahmen der „begründeten Furcht vor“ oder im Rahmen von „Verfolgung“ zu berücksichtigen. Ob der staatliche Schutz ausreichend ist, lässt sich nur nach dem Risiko bemessen, Opfer der Beeinträchtigung zu werden. Da die Ermittlung dieses Risikos Teil der Prüfung der „begründeten Furcht“ ist, ist es sinnvoll, die faktische Schutzfähigkeit des Staates ebenfalls in diesem Rahmen zu prüfen.

bb. Staatsgewalt besteht nicht

Wenn staatliche Strukturen nicht mehr bestehen, verneint die „Zurechnungstheorie“ grundsätzlich das Vorliegen von Verfolgung, während nach den übrigen Auffassungen umgekehrt grundsätzlich Verfolgung vorliegt. Neben den gerade angeführten Argumenten, spricht in dieser Situation zusätzlich die systematische Zusammenschau von „Verfolgung“ mit „den Schutz dieses Staates nicht in Anspruch nehmen kann oder wegen dieser Befürchtungen nicht in Anspruch nehmen will“ gegen die „Zurechnungstheorie“. Diplomatischer Schutz kann nämlich auch nicht in Anspruch genommen werden, wenn der Herkunftsstaat aufgrund eines (innerstaatlichen) bewaffneten Konflikts nicht dazu in der Lage ist, Schutz zu gewähren.[249]

Die gegenteilige Auffassung leitet aus der Form der GFK als Vertrag zwischen Staaten ab, dass die vertragsschließenden Staaten von der Existenz staatlicher Herrschaftsgewalt ausgegangen seien.[250] Allerdings ist die GFK kein Vertrag zwischen Aufnahme- und Herkunftsstaaten bzw. -gebieten, sondern nur zwischen Aufnahmestaaten, so dass sich hieraus keine Rückschlüsse auf die Staatenqualität der Herkunftsstaaten ziehen lassen.[251] Die „Zurechnungstheorie“ wird zudem damit begründet, dass von den Vorläuferabkommen der GFK nur Personen geschützt worden seien, die aus einem bestehenden Staat geflohen seien.[252] Allerdings waren von dem in Art. 1 A Nr. 1 GFK genannten Abkommen vom 12. Mai 1926 auch Flüchtlinge erfasst, die im Zuge des Zerfalls des osmanischen Reiches nicht die türkische Staatsangehörigkeit erhielten.[253] Auch sonst kann den vorbereitenden Arbeiten nicht entnommen werden, dass Flüchtlinge aus Staaten, die sich in einem (innerstaatlichen) bewaffneten Konflikt befinden, nicht erfasst werden sollten.[254] Das Bestehen staatlicher oder staatsähnlicher Strukturen ist somit ebenfalls keine Voraussetzung von Verfolgung.

---

[249] *UNHCR*, Handbook, § 98.

[250] *Hailbronner*, AuslR, A1, § 51 Rn. 16c.

[251] so auch: *Davy*, AK-GG, Art. 16a Rn. 24.

[252] BVerwGE 95, 42 (45).

[253] s. hierzu *Grahl-Madsen*, Bd. 1, 125 f; sowie *Marx*, InfAuslR 1997, 372 (374), *Vevstad*, 65.

[254] so auch: BVerwGE 104, 254 (255 f); *Goodwin-Gill*, IJRL 1999, 730 (732) stellt zutreffend darauf ab, dass die vertragsschließenden Parteien leicht eine ausdrückliche Beschränkung auf staatliche Verfolgung hätten vornehmen können.

IV. Ergebnis

Verfolgung ist eine zielgerichtete, unrechtmäßige und intensive Andersbehandlung. Die Unrechtmäßigkeit ist mit Hilfe von Menschenrechtsabkommen zu bestimmen, deren tatbestandliche Voraussetzungen von der großen Staatenmehrheit als verbindlich akzeptiert worden sind. Da die Menschenrechte nur als Hilfsmittel zur Auslegung herangezogen werden, ist es nicht erforderlich, den Maßstab auf die Menschenrechte zu beschränken, an die alle Staaten gebunden sind. Die Intensität ist im Einzelfall anhand der Folgen zu bestimmen, die durch die Behandlung objektiv vorhersehbar und unmittelbar bei der hiervon konkret betroffenen Person herbeigeführt werden.

Staatlichkeit im Sinne von staatlicher Schutzunfähigkeit oder Schutzunwilligkeit ist kein notwendiges Element von Verfolgung. Dennoch ist es sinnvoll, zwischen den verschiedenen Verfolgungsurhebern zu unterscheiden, da sich dies an unterschiedlichen Stellen auswirkt. So kann die Unrechtmäßigkeit der Beeinträchtigung nicht unabhängig vom Urheber ermittelt werden. Außerdem ist der Urheber bei der Beurteilung, ob die Furcht vor Verfolgung begründet ist und ob die Verfolgung wegen eines Konventionsgrundes erfolgt, von Bedeutung. Es sind daher die unmittelbar staatliche, die unmittelbare Verfolgung durch ein stabilisiertes de facto Regime, die unmittelbar private Verfolgung, die mittelbar staatliche Verfolgung und die mittelbare Verfolgung durch ein stabilisiertes de facto Regime zu unterscheiden.

B. Subsumtion

I. Verhaltensvorschriften

1. Bestehen von Verhaltensvorschriften

Zunächst wird betrachtet, inwiefern das Bestehen einer Verhaltensvorschrift Verfolgung ist. Erste Voraussetzung hierfür ist, dass die Vorschrift eine Behandlung ist. Dies ist gegeben, wenn sie selbst unmittelbar zu Beeinträchtigungen führt und von dem Organ eines Staates oder eines stabilisierten de facto Regimes erlassen wurde oder von Dritten, deren Handeln dem Staat als eigenes zugerechnet werden kann. Demnach können die von den Taliban in Afghanistan erlassenen Verhaltensvorschriften als Behandlung beurteilt werden, aber auch die Vorschriften in Saudi-Arabien. Hier wurde nämlich die Scharia von staatlicher Seite als Grundlage der eigenen Herrschaft übernommen. Die Konkretisierungen der Scharia durch die ulama sind ebenfalls als staatliches Recht anzusehen, da Saudi-Arabien das Handeln der ulama entweder über Art. 7 Nr. 2 ILC-Entwurf zuzurechnen ist, wenn diese mit Ermächtigung der Regierung handeln, oder über Art. 8 lit. a ILC-Entwurf, da diese jedenfalls de facto als Staatsorgan handeln.

Demgegenüber kann das Bestehen einer rein gesellschaftlichen Norm somit keine Verfolgung sein. In diesem Fall kann auch nicht das staatliche Unterlassen, gegen die Vorstellungen vorzugehen, als unmittelbar staatliche Verfolgung beurteilt werden, da die Beeinträchtigung nicht unmittelbar durch diese Norm, sondern erst im Einzelfall durch den von privater Seite ausgeübten Druck herbeigeführt wird. Hier kann daher nur im Einzelfall unmittelbar private und mittelbar staatliche Verfolgung vorliegen.[255]

a. Diskriminierender Charakter der Vorschriften

Weitere Voraussetzung dafür, dass das Bestehen einer Vorschrift als Verfolgung beurteilt werden kann, ist der diskriminierende Charakter der Vorschrift. In Anlehnung an Art. 1 FraK und Art. 1 Abs. 1 des Internationalen Übereinkommens zur Beseitigung jeder Form der Rassendiskriminierung definiert der Menschenrechtsausschuss Diskriminierung i. S. d. Art. 2 Abs. 1, Art. 3 IPBPR als „any distinction, exclusion, restriction or preference which is based on any ground such as [...] sex [...] and which has the purpose or effect of nullifying or impairing the recognition, enjoyment or exercise by all persons, on an equal footing, of all rights and freedoms."[256] Diskriminierung wegen des Geschlechts wird im Völkerrecht sonst definiert als Unterscheidung wegen des Geschlechts, die nicht mit vernünftigen und objektiven Kriterien gerechtfertigt werden kann.[257] Hinsichtlich des Merkmals Geschlecht kann sich eine solche Rechtfertigung ausschließlich aus den objektiv vorhandenen biologischen Unterschieden zwischen Mann und Frau ergeben.[258]

aa. Ungleichbehandlung

Frauen werden schon auf den ersten Blick durch viele der in Afghanistan unter der Herrschaft der Taliban und in Saudi-Arabien geltenden Vorschriften gegenüber Männern ungleich behandelt, beispielsweise durch die Bildungsverbote und -beschränkungen, die Arbeitsverbote und -beschränkungen, durch die Einschränkung der Geschäftsfähigkeit, durch familienrechtliche Vorschriften, nach denen

---

[255] siehe hierzu die Ausführungen unter B. V.

[256] *HRC*, GC 18, §§ 6, 7.

[257] *Delbrück* in *Wolfrum*, § 12 Rn. 1 f, 85 f; bzgl. Art. 2 IPBPR: *HRC*, GC 18, § 12: „Finally, the Committee observes that not every differentiation of treatment will constitute discrimination, if the criteria for such differentiation are reasonable and objective and if the aim is to achieve a purpose which is legitimate under the Covenant", *Nowak*, Art. 2 Rn. 31 f.

[258] *Nowak*, Art. 26 Rn. 25.

Frauen ab einem bestimmten Alter der Kinder automatisch das Sorgerecht verlieren, sowie durch das für Frauen eingeschränkte Scheidungsrecht. Die Vorschriften über die Geschlechtertrennung in der Öffentlichkeit hingegen verbieten nicht nur Frauen, sich in ausschließlich für Männer vorgesehen Räumen aufzuhalten, sondern auch Männern, in ausschließlich für Frauen vorgesehenen Räumen zu verkehren. Dennoch werden Frauen auch durch diese Vorschriften ungleich behandelt, da sie nur ausnahmsweise und nachrangig die den Männern vorbehaltene öffentliche Sphäre betreten dürfen.

Hinsichtlich der für Frauen geltenden Bekleidungsvorschriften ist zu berücksichtigen, dass bspw. in Afghanistan unter der Herrschaft der Taliban[259] auch für Männer Bekleidungsvorschriften galten. Diese dienten neben der Abgrenzung zu westlichen Einflüssen der Bedeckung der männlichen Scham und verfolgten insofern den gleichen Zweck wie die für Frauen geltenden Bekleidungsvorschriften. Dennoch wurden Frauen durch die konkrete Ausgestaltung der vorgeschriebenen Bekleidung ungleich behandelt; dies gilt insbesondere für die Verschleierungsgebote. Daran ändert es auch nichts, dass auch Männer bspw. in Afghanistan unter der Herrschaft der Taliban einen Bart tragen und den Kopf bedecken mussten[260]. Diese Vorschriften dienten nämlich nicht der Bedeckung der Scham, sondern der äußerlichen Annäherung an das Erscheinungsbild Mohammeds[261], so dass sie mit den Verschleierungsgeboten nicht vergleichbar waren. Frauen werden auch durch Vorschriften ungleich behandelt, die sie zu lautlosem und „schamhaftem" Verhalten in der Öffentlichkeit verpflichten.

Das Verbot, sich mit potentiellen Ehepartnern zu treffen, betrifft hingegen Männer und Frauen gleichermaßen, so dass Frauen diesbezüglich nicht ungleich behandelt werden.

Die Vorschriften, nach denen der vor- oder außereheliche Geschlechtsverkehr unter Strafe gestellt ist, behandeln Frauen nicht ungleich, wenn diese wie in Pakistan und Saudi-Arabien auch für Männer gelten. Damit kann das Bestehen dieser Vorschriften keine Verfolgung sein, u. U. aber die Bestrafung eines Verstoßes gegen diese Vorschriften. Der diskriminierende Charakter kann auch nicht damit begründet werden, dass Frauen durch diese Vorschrift in ihrem Recht, über ihren Körper zu verfügen, und in ihrer Gebärfähigkeit beeinträchtigt werden[262], da auch Männer hierdurch in ihrer Zeugungsfähigkeit und ihrem sexuellen Selbstbestimmungsrecht eingeschränkt sind.

---

[259] s. u. 11. Kapitel A.

[260] s. u. 11. Kapitel A.

[261] s. u. 11. Kapitel A.

[262] *Mees-Asadollah*, Streit 1998, 139 (151) bzgl. Art. 16a Abs. 1 GG.

bb. Legitimer Grund?

Die Ungleichbehandlung kann nur mit der objektiv nachprüfbaren biologischen Verschiedenheit der Frau begründet werden. Die den Vorschriften zu Grunde liegende Vorstellung, dass die Sexualität der Frauen von Natur aus zerstörerisch ist und Frauen diese aufgrund ihrer Schwäche und Irrationalität nicht kontrollieren können, erfüllt diese Voraussetzungen nicht.[263] Die Ungleichbehandlungen können auch nicht mit der Scharia gerechtfertigt werden[264]: Es gibt weder einen generellen religiösen oder kulturellen Vorbehalt, noch kann die in Art. 18 Abs. 1 IPBPR geschützte Religionsfreiheit Frauendiskriminierungen legitimieren.[265]

b. Unrechtmäßigkeit und Intensität

Das Bestehen einer Vorschrift kann des Weiteren nur Verfolgung sein, wenn die Vorschrift unrechtmäßig ist und objektiv vorhersehbar und unmittelbar zu einer intensiven Beeinträchtigung menschenrechtlicher Gewährleistungen führt.

Bisher wurde nur ansatzweise konkretisiert, unter welchen Voraussetzungen das Bestehen diskriminierender Verhaltensvorschriften Verfolgung sein kann. Der UNHCR bejaht das Vorliegen von Verfolgung, „wenn die Diskriminierungsmaßnahmen Konsequenzen mit sich bringen, welche die betroffene Person in hohem Maße benachteiligen würden, z. B. eine ernsthafte Einschränkung des Rechts, ihren Lebensunterhalt zu verdienen oder des Zugangs zu normalerweise verfügbaren Bildungseinrichtungen“[266]. In den britischen Richtlinien wird von dem gleichen Ansatz ausgehend angenommen, dass „serious restrictions on rights to earn a livelihood, to practise or not practise the religion of their choice, restrictions on freedom of movement such as forced seclusion or lack of access to normally available education, legal, welfare and health provision“ Verfolgung sind.[267] Den australischen, kanadischen und US-amerikanischen Richtlinien lassen sich hinge-

---

[263] i. E. auch: *Howland*, Columbia Journal of Transnational Law 1997, 271 (352, 358 ff).

[264] Dies wird aber von islamischen Staaten vorgetragen, s. *Howland*, Columbia Journal of Transnational Law 1997, 271 (371) m. w. N.

[265] *HRC*, GC 28, § 21: „Article 18 may not be relied upon to justify discrimination against women by reference to freedom of thought, conscience and religion“, abgedruckt bei: *Joseph/Schultz/Castan*, 639.

[266] *UNHCR*, Handbuch § 54.

[267] *britische RL*, 2A.10.

gen keine konkreten Vorgaben entnehmen.[268] In einer kanadischen Entscheidung wurde im Hinblick auf Saudi-Arabien angenommen, dass die Diskriminierungen, denen eine Frau durch die frauendiskriminierenden Gesetze, durch ihre malaysische Herkunft sowie dadurch, dass sie allein stehend ist, ausgesetzt ist, zusammengenommen Verfolgung sind. Zugleich wurde ausdrücklich entschieden, dass jede dieser Diskriminierungen für sich genommen keine ausreichende Beeinträchtigungsintensität erreicht.[269] In der US-amerikanischen Rechtsprechung wird das Bestehen diskriminierender Vorschriften i. d. R. nicht als Verfolgung angesehen.[270] In einer Entscheidung wurde dies allerdings im Hinblick auf Afghanistan unter der Herrschaft der Taliban bejaht.[271]

aa. Verschleierungsgebote

(1) Maßstab: Art. 17 Abs. 1 Var. 1 IPBPR

Das Bestehen eines Verschleierungsgebots ist gemessen an Art. 17 Abs. 1 Var. 1 IPBPR Verfolgung, wenn es willkürlich und mit hinreichender Intensität in das Recht auf Privatleben eingreift.

Ein Verschleierungsgebot muss somit zunächst ein Verhalten gebieten, das in den Gewährleistungsbereich des Art. 17 Abs. 1 Var. 1 IPBPR fällt. Das Recht auf Privatleben schützt das individuelle Sein eines Menschen und das Ausleben des individuellen Seins in Handlungen, sofern hierdurch die Freiheits- und Privatsphäre anderer nicht beeinträchtigt wird.[272] Teil dieser individuellen Existenz können Bekleidung und Auftreten sein.[273] Allerdings gebieten die Verschleierungsgebote

---

268 *australische RL*, 4.9: „The restrictions will vary from mere inconvenience to oppression", 4.10: „Gender based persecution is sometimes more subtle than other forms. It can take the form of restrictions on the way a woman behaves or it can involve forcing her to act in a certain way. It may affect a woman's ability to participate in the public life of a society. Some examples of gender based treatment against women which may constitute persecution in particular circumstances are: social oppression of women, in some communities the status and behaviour of women has been dictated by a State sanctioned religions hierarchy denial of participation by women in the political, civil or economic life [. . .]".

269 CRDD, E. v. 5. Februar 1999, T98-01731; vgl. auch *Macklin*, HRQ 1995, 213 (231 f), die im Hinblick auf Saudi-Arabien nur die Gesamtsituation und nicht die einzelnen Vorschriften als Verfolgung ansieht.

270 so ausdrücklich *Fisher v. INS*, [1996] 79 F.3d 955 (962): „The mere existence of a law permitting the detention, arrest, or even imprisonment of a woman who does not wear the chador in Iran does not constitute persecution any more than it would if the same law existed in the United States"; *Fatin v. INS*, [1993] 12 F.3d 1233 (1242 f); *Sharif v. INS*, [1996] 87 F.3d 932 (935 f); *Matter of N-Q-*, US Immigration Court, E. v. 17. Oktober 1997, bzgl. Afghanistan unter der Herrschaft der Taliban.

271 *In re D-*, 7.

272 *Nowak*, Art. 17 Rn. 2; der Menschenrechtsausschuss hat den Gewährleistungsgehalt des Rechts auf Privatleben allerdings bisher noch nicht konkretisiert; s. hierzu *Joseph/Schultz/Castan*, [16.02].

273 *Nowak*, Art. 17 Rn. 17.

i. d. R. ein Verhalten in der Öffentlichkeit; mit dem Recht auf Privatleben wird aber vorrangig das Recht assoziiert, die Persönlichkeit in den eigenen vier Wänden auszuleben und vor der Öffentlichkeit geheim zu halten.[274] Privatleben i. S. d. Art. 17 Abs. 1 Var. 1 IPBPR ist aber nicht als räumlicher Gegensatz zur Öffentlichkeit, sondern als eine Sphäre zu verstehen, die die Person umgibt.[275] So sprechen die weitreichenden Einschränkungsmöglichkeiten des Art. 17 Abs. 1 Var. 1 IPBPR, der nur vor gesetzeswidrigen und willkürlichen Eingriffen schützt, dafür, auch den Gewährleistungsbereich weit zu verstehen. Zudem führen auch Handlungen in der Öffentlichkeit nicht zwangsläufig dazu, dass die Freiheits- und Privatsphäre anderer beeinträchtigt wird.[276] Dies gilt auch für das Tragen einer Verschleierung in der Öffentlichkeit, so dass ein solches Verhalten als Teil des Privatlebens geschützt ist.[277] In dieses Recht greifen frauendiskriminierende Verschleierungsgebote ein.

Dieser Eingriff ist wegen des frauendiskriminierenden Charakters der Gebote immer willkürlich, da dieser den in Art. 2 Abs. 1, Art. 3 und Art. 26 IPBPR enthaltenen Diskriminierungsverboten zuwiderläuft. Darauf, ob das Gebot anderweitig gerechtfertigt werden könnte, kommt es daher nicht an.[278]

Das Bestehen eines Verschleierungsgebots kann nur zu hinreichend intensiven Beeinträchtigungen im Einzelfall führen, wenn die Beachtung des Gebots unvermeidbar ist. Dies ist der Fall, wenn das Gebot, wie in Saudi-Arabien oder in Afghanistan unter der Herrschaft der Taliban, fortwährend einzuhalten ist und bei Zuwiderhandlung mit Inhaftierung oder Körperstrafen zu rechnen ist.

Die hinreichende Intensität der Beeinträchtigung ist des Weiteren anhand der Folgen zu ermitteln, die eine Beachtung des Gebots für die konkret hiervon betroffene Frau hat. Da dieses Gebot nur einen Teilaspekt des Lebens regelt, führt es nicht zu einer grundlegenden Einschränkung des Selbstbestimmungsrechts, so

---

274 *Nowak*, Art. 17 Rn. 5; *Volio* in *Henkin*, 185 (193).

275 *Nowak*, Art. 17 Rn. 5.

276 *Nowak*, Art. 17 Rn. 5.

277 so auch *HRC*, GC 28, § 13: „specific regulations of clothing to be worn by women in public [...] involve a violation of a number of rights: [...] article 17", abgedruckt bei *Joseph/Schultz/Castan*, 637.

278 *Nowak*, Art. 17 Rn. 13; *HRC*, *Ameeruddy-Cziffra et al. v. Mauritius*, B 35/1978, § 9.2: „Whenever restrictions are placed on a right guaranteed by the Covenant, this has to be done without discrimination on the ground of sex. Whether the restriction in itself would be in breach of that right regarded in isolation, is not decisive in this respect. It is the enjoyment of the rights which must be secured without discrimination. Here it is sufficient, therefore, to note that in the present position an adverse distinction based on sex is made, affecting the alleged victims in their enjoyment of one of their rights", auszugsweise abgedruckt bei *Joseph/Schultz/Castan*, [16.22]; speziell bzgl. Bekleidungsvorschriften: *HRC*, GC 28, § 13, abgedruckt bei *Joseph/Schultz/Castan*, 637.

dass unter diesem Aspekt keine ausreichende Beeinträchtigungsintensität erreicht ist.[279]

Zu ausreichend intensiven Beeinträchtigungen kann aber die konkret vorgeschriebene Form der Verschleierung führen. Wenn die vorgeschriebene Verschleierung die Burqa ist, wie dies in Afghanistan unter der Herrschaft der Taliban der Fall war, ergibt sich Folgendes: Mit einer Burqa kann die Außenwelt nur noch durch das vergitterte Sichtfeld wahrgenommen werden. Zugleich ist die Frau in der Öffentlichkeit nur noch als Tuch und damit nicht mehr als Person wahrnehmbar. Zudem kann sie nur unter erschwerten Bedingungen zu anderen Personen Kontakt aufnehmen. Damit kann es objektiv nachvollziehbar zu den Grundlagen der Existenz einer Frau gehören, nicht ein Leben lang diesen Beeinträchtigungen ausgesetzt zu sein und täglich die eigene Minderwertigkeit vor Augen geführt zu bekommen. Das Bestehen des Gebots, die Burqa zu tragen, ist unter diesen Voraussetzungen daher Verfolgung.

Die in Saudi-Arabien vorgeschriebene Verschleierung unterscheidet sich von der Burqa dadurch, dass die Augen nicht verdeckt sind. Die Wahrnehmung der Welt außerhalb der eigenen vier Wände ist somit nicht gleichermaßen eingeschränkt. Dennoch bewirkt der Gesichtsschleier, dass die Frauen in der Öffentlichkeit zwar noch als Personen wahrgenommen werden können, aber nicht mehr individualisierbar sind. Auch diesbezüglich ist es daher vorstellbar, dass es eine Frau als Grundlage ihrer Existenz ansieht, nicht lebenslang dieser Beeinträchtigung ausgesetzt zu sein. Allerdings kann dies nur in Einzelfällen angenommen werden. Diese werden sich zumeist mit den Fällen decken, in denen zugleich die Gewissensfreiheit des Art. 18 Abs. 1 IPBPR beeinträchtigt ist.

Daraus folgt weiter, dass Vorschriften, nach denen Verschleierungen zu tragen sind, die das Gesicht nicht bedecken und Frauen noch als Individuen erkennen lassen, Art. 17 IPBPR nicht ausreichend intensiv beeinträchtigen, so dass das Bestehen eines solchen Gebots gemessen an diesem Maßstab keine Verfolgung ist.

(2) Maßstab: Art. 18 IPBPR

In Literatur und Rechtsprechung wird das Bestehen von Verschleierungsgeboten unter dem Aspekt als Verfolgung angesehen, dass hierdurch die Gewissensfreiheit beeinträchtigt wird.[280] An das Vorliegen einer solchen Beeinträchtigung werden unterschiedliche Anforderungen gestellt. Teilweise wird es für ausreichend ge-

279 vgl. BVerfGE 76, 147 (158) zu Art. 16a Abs. 1 GG. Hiernach erreichen Vorschriften ausreichende Intensität, wenn nicht einmal mehr ein elementarer Bereich verbleibt, in dem die Selbstbestimmung noch möglich ist.

280 vgl. auch *Spijkerboer*, 45 der das Bestehen von Verschleierungsgeboten nicht als Verfolgung ansieht.

halten, wenn die Frau die Bekleidung nicht tragen möchte[281], in den britischen Richtlinien hingegen wird verlangt, dass die Frau „deep beliefs" hat[282]. Die US-amerikanischen Richtlinien und die überwiegende US-amerikanische Rechtsprechung bejahen das Vorliegen von Verfolgung sogar erst, wenn die Befolgung dieser Vorschriften objektiv nachvollziehbar „fundamentally abhorrent to that person's deeply held religious convictions" ist.[283] Diese Rechtsprechung wurde hinsichtlich der Situation im Iran entwickelt, aber auch auf die Situation in Afghanistan unter der Herrschaft der Taliban angewandt.[284]

(a) Gewissensfreiheit

Ein Verschleierungsgebot kann die in Art. 18 Abs. 1 IPBPR geschützte Gewissensfreiheit unter dem Aspekt beeinträchtigen, dass eine hiervon betroffene Frau zu einem Verhalten in der Öffentlichkeit gezwungen wird, das sie mit ihrem Gewissen nicht vereinbaren kann. In Betracht kommt somit die Beeinträchtigung der äußeren Gewissensfreiheit. Diese ist nach einem Ansatz nicht von Art. 18 Abs. 1 S. 1 Var. 2 IPBPR, sondern von Art. 18 Abs. 1 S. 2 IPBPR geschützt, mithin nur unter der Voraussetzung, dass das geforderte Verhalten die Bekundung einer Religion oder Weltanschauung ist.[285] Nach einem anderen Ansatz ist Gewissensfreiheit i. S. d. Art. 18 Abs. 1 S. 1 Var. 2 IPBPR hingegen umfassend als „Garantie des äußeren Verhaltens" zu verstehen. Von der Gewissensfreiheit ist hiernach die ernste, sittliche, an den Kategorien von Gut und Böse orientierte innere Grundentscheidung geschützt, die der Einzelne in einer bestimmten Situation als unbedingt verpflichtend erachtet, so dass ein Zuwiderhandeln das Zerbrechen seiner Persön-

---

281 *Crawley*, 114; *Macklin*, HRQ 1995, 213 (230); *dies.* in *Indra*, 271 (287).

282 *britische RL*, 2A.11 „Discriminatory measures may in themselves constitute serious harm if they have consequences of a substantially prejudicial nature for the women concerned: for example, compelling a woman to wear the veil will violate her right to freedom of conscience and religion if she has deep beliefs regarding this."

283 *US-amerikanische RL*, III. B; *Sharif v. INS*, [1986] 87 F.3d 932 (936); *Fatin v. INS*, [1993] 12 F.3d 1233 (1242 f) schließt sich der Auffassung der Vorinstanz an, die ausführte: „[...] we will assume [...] that the concept of persecution is broad enough to include governmental measures that compel an individual to engage in conduct that is not physically painful or harmful but is abhorrent to that individual's deepest beliefs. Here, while we assume for the sake of argument that requiring some women to wear chadors may be so abhorrent to them that it would be tantamount to persecution, this requirement clearly does not constitute persecution for all women. Presumably, there are devout Shiite women in Iran who find this requirement entirely appropriate. Presumably, there are other women in Iran who find it either inconvenient, irritating, mildly objectionable, or highly offensive, but for whom it falls short of constituting persecution. As we have previously noted, the petitioner's testimony in this case simply does not show that for her the requirement of wearing the chador or complying with Iran's other gender-specific laws would be so profoundly abhorrent that it could aptly be called persecution."

284 *Matter of N-Q-*, US Immigration Court, 17. Oktober 1997, 6 f.

285 *Nowak*, Art. 18 Rn. 11, 29.

lichkeit zur Folge hätte.[286] Da der zuerst genannte Ansatz stärkere Anforderungen an das Vorliegen einer Gewissensfreiheit stellt als der zweite, ist zunächst zu untersuchen, unter welchen Voraussetzungen nach dem zweiten Ansatz eine Beeinträchtigung der Gewissensfreiheit zu bejahen ist.

Inwiefern das Befolgen des Verschleierungsgebots für eine Frau eine solch wesentliche Grundentscheidung ist, lässt sich nur anhand des individuellen Empfindens der konkreten Frau beurteilen, das aber objektiv nachvollziehbar sein muss.[287] Ein Verschleierungsgebot kann einen solchen Gewissenskonflikt nur verursachen, wenn eine Frau nicht nur die Form der Verschleierung, sondern auch den damit verfolgten Zweck ablehnt. Sie muss daher entweder die religiöse Begründung der Verschleierung oder das durch die Verschleierung verkörperte Frauenbild ablehnen. Zudem muss das Nichttragen der vorgeschriebenen Verschleierung objektiv nachvollziehbar von großer Bedeutung für ihre Existenz sein. Dies kann angenommen werden, wenn es einer Frau von ihrer Religion verboten ist, die Bekleidung zu tragen und diesem Verbot in der jeweiligen Religion große Bedeutung beigemessen wird. Dies ist auch der Fall, wenn eine Frau der festen Überzeugung ist, dass Frauen und Männer gleichberechtigt sind und sie den permanenten Zwang, sich mit ihrem Verhalten in Widerspruch zu ihrer Grundüberzeugung setzen zu müssen, objektiv nachvollziehbar als unerträglich empfindet. Dies ist eher nachvollziehbar, wenn die Verschleierung in der Öffentlichkeit permanent zu tragen ist und wenn sie durch ihre konkrete Ausgestaltung der Frau täglich ihre untergeordnete Rolle in der Gesellschaft vor Augen führt.[288] Von daher ist eine Beeinträchtigung der Gewissensfreiheit bei der Verpflichtung eine Burqua zu tragen häufiger zu bejahen als bei der Verpflichtung ein einfaches Kopftuch zu tragen. Insgesamt kann angenommen werden, dass nur ein kleiner Teil der Frauen, die ohne ein solches Gebot eine solche Verschleierung nicht tragen würden, durch das Bestehen eines solchen Gebotes in der Gewissensfreiheit beeinträchtigt sind.[289] Es ist aber zu weitgehend, einen Gewissenskonflikt erst als erwiesen anzusehen, wenn die Frau darlegen kann, dass sie lieber die Sanktionen auf sich nehmen würde, als

---

286 *Kaufmann*, 14 ff, 26 ff.

287 vgl. *Fatin v. INS*, [1993] 12 F.3d 1233 (1242 f); hier wird die vorhergehende Entscheidung bestätigt, in der angenommen wurde: „An example of such conduct might be requiring a person to renounce his or her religious beliefs or to desecrate an object of religious importance. [...] Such a requirement could constitute 'torture' or persecution, however, only if directed against a person who actually possessed the religious beliefs or attached religious importance to the object in question. Requiring an adherent of an entirely different religion or a non-believer to engage in the same conduct would not constitute persecution."

288 vgl. *Macklin* in *Indra*, 272 (287).

289 vgl. *Fatin v. INS*, [1993] 12 F.3d 1233 (1242 f), Fn. 287.

dem Gebot zu entsprechen.[290] Es kann nämlich von keiner Frau erwartet werden, dass sie sich Beeinträchtigungen unterzieht, die ihrerseits Verfolgungsstärke erreichen können.

Nach dem ersten Ansatz ist zusätzlich erforderlich, dass durch die Vorschriften ein Verhalten vorgeschrieben wird, das zugleich als Bekundung einer Religion oder Weltanschauung i. S. d. Art. 18 Abs. 1 S. 2 IPBPR angesehen werden kann. Als Ausübung bzw. „practice/les pratiques" ist nicht jedes religiös oder weltanschaulich motivierte Verhalten anzusehen, sondern nur ein Verhalten, das einen offensichtlichen Bezug zu einer Religion oder Weltanschauung hat.[291] Ein solcher Bezug ist bspw. gegeben, wenn es Jezidinnen durch ihre Religion verboten ist, islamische Bekleidung zu tragen.[292] Zudem ist vorstellbar, dass für eine Muslima, die den Koran anders auslegt, das Nichttragen der Verschleierung eine solche Bedeutung hat. Ein Bezug besteht auch zu Anschauungen, deren Kernüberzeugung ist, dass Frauen und Männer von Natur aus gleiche Rechte haben. Solche Anschauungen können zumeist unter den Begriff der Weltanschauung im Sinne des Art. 18 Abs. 1 S. 2 IPBPR gefasst werden, da dieser weit zu verstehen ist und auch agnostische und atheistische Anschauungen und den Rationalismus einschließt[293]. Die Einschränkung der (öffentlichen) Bekundung einer Weltanschauung kann zwar nach Art. 18 Abs. 3 IPBPR prinzipiell gerechtfertigt werden, allerdings nicht mit einer frauendiskriminierenden Vorschrift.[294] Auch nach dieser Auffassung kann ein Verschleierungsgebot somit zu einer Beeinträchtigung der Gewissensfreiheit führen. Beide Auffassungen führen damit bezüglich der Verschleierungsgebote zumeist zu übereinstimmenden Ergebnissen, da auch nach der zuerst genannten Auffassung eine Beeinträchtigung der Gewissensfreiheit nur vorliegen kann, wenn das Verschleierungsgebot aus religiöser Überzeugung oder wegen des damit zum Ausdruck gebrachten Frauenbildes abgelehnt wird.

---

290 so *Yadegar-Sargis v. INS*, US. C .A. (7th circ.), E. v. 22. Juni 2002, [2002] 297 F.3d 596; *Fatin v. INS*, [1993] 12 F.3d 1233 (1242 f); vgl. auch VG Frankfurt a. M., U. v. 29. August 1996, 5 E 33628/94.A (V), ZDWF-RÜ 1998, 41, das das Asylrecht nach Art. 16a Abs. 1 GG mit dem Argument ablehnt, dass die Klägerin nicht dargetan hat, dass sie sich unter allen Umständen der Verpflichtung, die Burqa zu tragen, entziehen würde und dafür auch die Bestrafung in Kauf nehmen würde.

291 *Nowak*, Art. 18 Rn. 25.

292 vgl. *v. Galen*, Streit 1992, 148 (156).

293 *Nowak*, Art. 18 Rn. 14; dies ergibt sich auch aus den vorbereitenden Arbeiten, siehe *Bossuyt*, 362 m. w. N.

294 *HRC*, GC 22, § 8: „Restrictions may not be imposed for discriminatory purposes or applied in a discriminatory manner", abgedruckt bei *Joseph/Schultz/Castan*, [17.10]; *Nowak*, Art. 18 Rn. 31; speziell für Bekleidungsvorschriften: *HRC*, GC 28, § 13: „Specific regulation of clothing to be worn by women in public [...] involve a violation of a number of rights guaranteed by the Covenant, such as [...] articles 18 and 19, when women are subjected to clothing requirements that are not in keeping with their religion or their right to self-expression", abgedruckt bei *Joseph/Schultz/Castan*, 637.

(b) Negative Religionsfreiheit

Da das Tragen der Verschleierung für eine gläubige Muslima Teil ihrer Religionsausübung sein kann, könnte durch ein Verschleierungsgebot auch die negative Religionsfreiheit beeinträchtigt sein. So ist in Art. 18 Abs. 1 S. 2 IPBPR auch das Recht geschützt, „seine Religion" nicht auszuüben. Eine Muslima ist daher in ihrer Freiheit geschützt, die Verschleierung zu tragen oder dies zu unterlassen. Für Nicht-Muslime ist eine solche Freiheit hingegen in Art. 18 IPBPR nicht ausdrücklich geschützt. Es ist allerdings anzunehmen, dass auch für sie jedenfalls die Freiheit geschützt ist, nicht an einer kultischen Handlung teilnehmen zu müssen[295], wie dies auch hinsichtlich der ähnlich lautenden Vorschrift des Art. 9 Abs. 1 EMRK angenommen wird[296]. Ein solcher Zwang wird durch das Verschleierungsgebot aber nicht hervorgerufen. Aus dem gleichen Grund ist die Beeinträchtigung der negativen Religionsfreiheit daher auch für eine Muslima nicht ausreichend intensiv. Insgesamt ist das Bestehen von Verschleierungsgeboten somit gemessen an Art. 18 Abs. 1 S. 2 IPBPR keine Verfolgung.

(3) Maßstab: Art. 7 S. 1 Var. 4 IPBPR

Das Verschleierungsgebot könnte zudem eine erniedrigende Behandlung i. S. d. Art. 7 S. 1 Var. 4 IPBPR sein. Prinzipiell kann nämlich auch ein Gesetz eine Behandlung in diesem Sinne sein.[297] Aus dem Zweck der Vorschrift, die Menschenwürde und die körperliche Unversehrtheit zu schützen[298], ergibt sich, dass eine Behandlung nur erniedrigend ist, wenn sie Leiden physischer oder psychischer Art von einer gewissen Schwere zufügt.[299] Vorliegend kommt nur die Zufügung psychischer Leiden in Betracht. Diesbezüglich hat der Menschenrechtsausschuss angenommen, dass eine Mutter, die von den Behörden darüber im Unklaren gelassen wird, ob ihre Tochter noch lebt, erniedrigend behandelt wird.[300] Andererseits hat er die psychischen Belastungen, die das Warten auf die Vollstreckung der Todesstrafe mit sich bringen kann, nicht per se als erniedrigende Behandlung beurteilt, sondern nur unter bestimmten Voraussetzungen.[301] Da nach dem gerade Ausgeführten nicht vorstellbar ist, dass es bei einer Frau infolge eines Verschleierungsgebots zu

---

295 *Richter* in *Grote/Marauhn*, 89 (204).

296 *Frowein/Peukert*, Art. 9 EMRK Rn. 6.

297 *Nowak*, Art. 7 Rn. 12.

298 vgl. *HRC*, GC 20, § 2, abgedruckt bei *Joseph/Schultz/Castan*, [9.17].

299 *Nowak*, Art. 7 Rn. 12 f.

300 *HRC*, *Quinteros v. Uruguay* (107/1981), § 14, Stelle abgedruckt bei *Joseph/Schultz/Castan*, [9.37], 155.

301 s. *HRC*, *Johnson v. Jamaica* (588/1994), *Francis v. Jamaica* (606/1994), *Coive Johnson v. Jamaica* (592/94), *Lavende v. Trinidad and Tobago* (554/1993), jeweils auszugsweise abgedruckt bei *Joseph/Schultz/Castan*, [9.41 ff]; *Joseph/Schultz/Castan*, [9.39 ff].

psychischen Beeinträchtigungen kommt, die mit den gerade genannten Beispielen vergleichbar sind, ist das Bestehen dieses Gebots keine erniedrigende Behandlung. Es wird daher auch vom Menschenrechtsausschuss nicht als eine solche angesehen.[302] Dies ergibt sich bestätigend auch aus der systematischen Zusammenschau mit Art. 10 Abs. 1 IPBPR, woraus hervorgeht, dass nicht jede menschenunwürdige Behandlung eine erniedrigende Behandlung i. S. d. Art. 7 S. 1 Var. 4 IPBPR ist.[303]

bb. Arbeitsverbote/-beschränkungen

Nach allgemeiner Auffassung ist eine Beschränkung des Rechts auf Arbeit Verfolgung, wenn hierdurch nicht mehr gewährleistet ist, dass der Lebensunterhalt durch Arbeit verdient werden kann.[304] In der Literatur wird angenommen, dass eine solche Beschränkung auch Verfolgung ist, wenn nur eine Arbeit gestattet ist, die äußerst gefährlich ist oder die mit den eigenen Qualifikationen nichts mehr zu tun hat.[305] Weitergehend werden auch sonstige Einschränkungen der Berufsfreiheit als Verfolgung angesehen, wenn hierdurch die individuelle Person so stark beeinträchtigt wird, dass dies mit einer Entziehung der persönlichen Freiheit vergleichbar ist.[306]

(1) Arbeitsverbote

(a) Maßstab: Art. 6 Abs. 1 IPWSKR

Arbeitsverbote, wie sie für Frauen unter der Herrschaft der Taliban bestanden, sind gemessen an dem in Art. 6 Abs. 1 IPWSKR geschützten Recht auf Arbeit unrechtmäßig, da sich hieraus die hinreichend konkrete (fiktive) Verpflichtung des Herkunftsstaats bzw. des stabilisierten de facto Regimes ergibt, niemanden in diskriminierender Weise von der Arbeit auszuschließen.[307] Arbeit ist dabei im umfassenden Sinne als abhängige Beschäftigung zu verstehen.[308]

Ausreichende Beeinträchtigungsintensität ist für eine Frau erreicht, wenn sie infolge des Verbots am Rande oder unterhalb des Existenzminimums leben muss.

---

302 *HRC*, GC 28, § 13, abgedruckt bei *Joseph/Schultz/Castan*, 637.

303 vgl. *Nowak*, Art. 7 Rn. 12 f.

304 *britische RL*, 2A.10; *Grahl-Madsen*, Bd. 1, 208; *Hathaway*, 120 ff mit Verweis auf kanadische Entscheidungen, *Spijkerboer*, 42 f mit Verweis auf niederländische Entscheidungen; *UNHCR*, Handbook, § 54; *UNHCR*, Auslegung, § 17.

305 *Hathaway*, 122 f; so auch die ältere deutsche Rechtsprechung zu Art. 1 A Nr. 2 GFK, abgedruckt bei *Grahl-Madsen*, Bd. 1, 201 ff.

306 *Grahl-Madsen*, Bd. 1, 214.

307 vgl. *Committee on social, economic and cultural rights*, E/C.12/1988/SR.17, 2 § 3, E/C.12/1993/7, 3 § 6; *Craven*, 197 m. w. N.; *Clapham*, 210 ff.

308 *Craven*, 195 f.

In diesem Fall können Menschenrechte nicht mehr oder nur noch sehr eingeschränkt wahrgenommen werden und ein Leben in Würde ist nicht mehr möglich. So mussten in Afghanistan unter der Herrschaft der Taliban Frauen, die auf die Arbeit zur Sicherung des eigenen Überlebens oder des Überlebens der Familie angewiesen waren, im Anschluss an das Verbot teilweise betteln oder sich prostituieren. Da Betteln und Prostitution verboten waren, liefen sie hierdurch zugleich Gefahr, bestraft zu werden. Diese menschenunwürdige Situation wurde durch die UN-Hilfslieferungen nur geringfügig abgefedert, da diese nicht berechenbar waren und nicht in ausreichendem Maße eintrafen.

Zur Würde des Menschen gehört zudem der Aspekt, die Persönlichkeit den eigenen Fähigkeiten und Vorstellungen entsprechend entfalten zu können, unter anderem in der Arbeit.[309] Von Art. 6 Abs. 1 IPWSKR ist das Recht auf Arbeit daher auch unter dem Aspekt geschützt, eine selbst ausgesuchte Arbeit auszuüben, die für das Leben von Bedeutung ist.[310] Den von dem Verbot betroffenen Frauen war es potentiell ihr Leben lang unmöglich, diesen Aspekt ihrer Persönlichkeit auszuleben. Frauen, für die die Arbeit einen wesentlichen Teil ihrer Persönlichkeit bildet und damit objektiv nachvollziehbar zu den Grundlagen ihrer Existenz gehört, sind daher durch dieses Verbot hinreichend intensiv beeinträchtigt.[311]

(b) Maßstab: Art. 6 Abs. 1 IPBPR

Arbeitsverbote können für Frauen, die auf die Arbeit zum Überleben angewiesen sind, auch zu einer physischen Existenzgefährdung führen. Das Bestehen der Verbote könnte daher auch gemessen an dem in Art. 6 Abs. 1 IPBPR geschützten Recht auf Leben Verfolgung sein. Dieses Recht kann auch durch Unterlassen beeinträchtigt werden. So ist dies gegeben, wenn der Staat einer Person, die sich in einer Situation befindet, in der sie nicht aus eigener Initiative an Nahrung gelangen kann, – bspw. in staatlichem Gewahrsam – Nahrung vorenthält.[312] Unter diesen Voraussetzungen kann somit auch ein Arbeitsverbot gemessen an diesem Maßstab Verfolgung sein. Für das Arbeitsverbot in Afghanistan unter der Herrschaft der Taliban galt dies allerdings nicht: Es hatte zwar für Frauen ohne andere Versorgungsquelle zur Folge, dass sie sich selbst nicht durch Arbeit ernähren konnten.

---

[309] vgl. *Craven*, 194.

[310] *Craven*, 196 f m. w. N.

[311] vgl. *Grahl-Madsen*, Bd. 1, 214, der es wohl für möglich hält, dass ausreichende Beeinträchtigungsintensität erreicht sein kann, wenn die Ausübung des gewählten Berufs in keiner Weise mehr möglich ist.

[312] *Nowak*, Art. 6 Rn. 6; vgl. *Joseph/Schultz/Castan*, [8.35]; *Dinstein* in *Henkin*, 114 (116) verlangt weitergehend ein bewusstes Vorenthalten von Nahrung; der Menschenrechtsausschuss sieht es darüber hinaus als „wünschenswert" (mithin mehr als moralische Verpflichtung, s. hierzu *Joseph/Schultz/Castan*, [[8.39]) an, dass positive Maßnahmen zur Verhinderung der Unterernährung ergriffen werden, GC 6, § 5.

Frauen hatten aber ab 1999 die Möglichkeit auch ohne Ehepartner oder sonstigen männlichen Verwandten UN-Hilfslieferungen zu erhalten. Diese trafen zwar nicht berechenbar ein, sie führten aber dazu, dass diese Frauen nicht wie Gefangene vollständig von Hilfslieferungen abgeschnitten waren.

(c) Maßstab: Art. 26 IPBPR, Art. 11 Abs. 1 lit. a, b, c FraK

Art. 26 IPBPR schützt vor sämtlichen Diskriminierungen im öffentlichen oder halb-öffentlichen Bereich, selbst wenn hierdurch keines der im IPBPR speziell geschützten Freiheitsrechte beeinträchtigt wird.[313] Aus Art. 26 IPBPR ergibt sich daher die (fiktive) Verpflichtung eines Herkunftsstaats, Frauen nicht in diskriminierender Weise von abhängiger Beschäftigung oder selbstständiger Tätigkeit auszuschließen. Dies ergibt sich auch aus Art. 11 Abs. 1 lit. a, b, c FraK. Gemessen an diesem Maßstab sind die Beeinträchtigungen unter den gleichen Voraussetzungen Verfolgung wie gemessen an Art. 6 Abs. 1 IPWSKR.

(2) Arbeitsbeschränkungen

Frauen in Saudi-Arabien dürfen nur mit Genehmigung des für sie „verantwortlichen" Mannes arbeiten und ihnen steht von vornherein nur eine geringe Zahl der Arbeitsplätze zur Verfügung, weil es Frauen nur gestattet ist, einen Arbeitsplatz anzunehmen, bei dem sie ausschließlich mit Frauen Publikumskontakt haben. Hierdurch sind Art. 6 Abs. 1 IPWSKR und Art. 11 Abs. 1 lit. a, b, c FraK beeinträchtigt, da Frauen nicht mehr autonom darüber entscheiden können, ob sie arbeiten wollen.[314] Ausreichende Beeinträchtigungsintensität ist erreicht, wenn infolge der Beschränkung das wirtschaftliche Existenzminimum nicht mehr gesichert ist oder die Wahrnehmung der gewünschten Arbeit objektiv nachvollziehbar zu den Grundlagen der Existenz der hiervon betroffenen Frau gehört.

Anders als bei den Arbeitsverboten wird die Beeinträchtigung allerdings nicht unmittelbar durch die Vorschriften, sondern erst durch die Genehmigungsverweigerung oder durch die Erklärung, dass bestimmte Arbeitsplätze für Frauen nicht geeignet sind, herbeigeführt. Die zuletzt genannte Erklärung geht unmittelbar von staatlichen Organen aus, so dass die Verfolgung in diesem Fall unmittelbar staatlich ist. Im zuerst genannten Fall geht die Beeinträchtigung hingegen unmittelbar von den für die Frauen „verantwortlichen" Männern und damit von Privaten aus. Diese Handlung ist keine unmittelbar private Verfolgung, da sich aus Art. 6 Abs. 1 IPWSKR und aus Art. 11 lit. a, b, c FraK nicht die hinreichend konkrete fiktive Verpflichtung der Privaten entnehmen lässt, eine Genehmigung zu erteilen.

---

[313] *Nowak*, Art. 26 Rn. 12 ff, 21 f.

[314] Stellungnahme des *CESCR* E/C.12/1988/SR.17, 2 § 3 und zum Iran E/C.12/1993/S.R.7, 3 § 6.

In diesem Fall ist die Genehmigungsverweigerung aber mittelbar staatliche Verfolgung, da diese den Männern von staatlicher Seite gestattet ist. Sie kann hingegen nicht als unmittelbar staatliche Verfolgung beurteilt werden, da die Entscheidung darüber, ob die Frau einer Arbeit nachgehen kann, in der Hand der für sie „verantwortlichen“ Männer verbleibt.[315]

cc. Verweigerung der (ausreichenden) medizinischen Versorgung

Im Zusammenhang mit einer Vorschrift, nach der eine Frau sich von einem männlichen Arzt nur mit Genehmigung des sie „beschützenden“ Mannes und/oder nur eingeschränkt behandeln lassen kann, könnte es zu grausamen, unmenschlichen oder erniedrigenden Behandlungen i. S. d. Art. 7 S. 1 IPBPR kommen.[316] Grausam oder unmenschlich ist eine Behandlung, die schwere psychische oder physische Schmerzen zufügt.[317] Dies kommt in Betracht, wenn es – wie in Afghanistan unter der Herrschaft der Taliban – kaum Ärztinnen gibt, so dass bei einer Genehmigungsverweigerung eine medizinische Versorgung nicht gewährleistet ist. Das Unterlassen der medizinischen Versorgung kann je nach konkretem Krankheitsbild so starke Schmerzen verursachen, dass dies eine grausame oder unmenschliche Behandlung ist. Zudem ist es häufig jedenfalls eine erniedrigende Behandlung, wenn Frauen, die der medizinischen Hilfe bedürfen, allein wegen ihres Geschlechts die erforderliche medizinische Versorgung nicht zuteil wird und dies zu nicht unerheblichen physischen und/oder psychischen Beeinträchtigungen führt.[318]

Auch nach Genehmigungserteilung können Frauen noch dadurch grausam, unmenschlich oder erniedrigend behandelt werden, dass sie verpflichtet sind, bei einer Behandlung durch den Arzt den Körper bedeckt zu halten. Eine Behandlung kann hierdurch unmöglich sein oder jedenfalls erschwert werden, zudem ist das Infektionsrisiko erhöht.

In beiden Konstellationen werden die Schmerzen nicht durch das Bestehen der Vorschrift, sondern erst durch das Unterlassen der Behandlung zugefügt, so dass dieses Unterlassen die grausame, erniedrigende oder unmenschliche Behandlung ist. Dieses ist dem Staat ausnahmsweise als eigene unmittelbare Verfolgung zuzurechnen, wenn es – wie in Afghanistan unter der Herrschaft der Taliban – die

---

[315] s. u. A. III. 1. a. dd (1).

[316] Eine Unterscheidung zwischen der unmenschlichen und der grausamen Behandlung ist nicht sinnvoll, siehe *HRC*, GC 20, § 4 und *Nowak*, Art. 7 Rn. 10; a. A. *Dinstein* in *Henkin*, 114 (123 f), der die grausame Behandlung als schwerwiegendere Beeinträchtigung ansieht, ohne dies aber näher zu konkretisieren.

[317] *Nowak*, Art. 7 Rn. 10.

[318] zu der geforderten Erheblichkeit siehe auch die Ausführungen supra unter 1. aa. (3) und infra unter 2. bb.

allein gestattete Verhaltensweise ist, da in diesem Fall die Entscheidung für das Unterlassen von staatlicher Seite getroffen wurde.[319]

Zugleich ist das Unterlassen der ausreichenden medizinischen Versorgung gemessen an dem in Art. 12 Abs. 1 IPWSKR enthaltenen Recht auf Gesundheitsfürsorge unmittelbar staatliche Verfolgung. Hieraus folgt die hinreichend konkrete (fiktive) Verpflichtung des Herkunftsstaats, Beeinträchtigungen dieses Rechts zu unterlassen.[320] Ausreichende Beeinträchtigungsintensität ist jedenfalls erreicht, wenn die Handlung zugleich eine grausame, unmenschliche oder erniedrigende Behandlung ist. Je nach den Folgen im konkreten Einzelfall kann aber auch eine weniger intensive Beeinträchtigung ausreichend intensiv sein.

dd. Bildungsverbote/-beschränkungen

(1) Gesetzlicher Ausschluss von bestehenden Bildungseinrichtungen

UNHCR und Teile der Literatur sehen es als Verfolgung an, wenn Personen durch die Verweigerung des Zugangs zu bestehenden Bildungseinrichtungen in hohem Maße benachteiligt werden.[321]

In Art. 13 IPWSKR sowie in Art. 28 Abs. 1 KK ist das Recht auf Bildung geschützt. Hieraus ergibt sich die (fiktive) Verpflichtung eines Herkunftsstaats, Personen nicht in diskriminierender Weise von bestehenden Bildungseinrichtungen auszuschließen.[322] Eine solche Verpflichtung ergibt sich auch aus Art. 10 FraK. Mit dieser (fiktiven) Verpflichtung sind Vorschriften unvereinbar, die Mädchen und Frauen jeglichen Schulbesuch verweigern, wie dies zunächst in Afghanistan unter der Herrschaft der Taliban der Fall war. Von Art. 13 Abs. 2 lit. b IPWSKR ist zudem das Recht geschützt, nicht in diskriminierender Weise vom höheren Schulwesen ausgeschlossen zu werden, und von Art. 13 Abs. 2 lit. c IPWSKR das Recht, bei entsprechender Begabung nicht in diskriminierender Weise von bestehenden Hochschuleinrichtungen ausgeschlossen zu werden. Die Bildung als Voraussetzung und Teil einer ungestörten Fortentwicklung der Persönlichkeit ist auch als Teil des Privatlebens im Sinne des Art. 17 Abs. 1 Var. 1 IPBPR geschützt.[323] Frauendiskriminierende Bildungsverbote und -beschränkungen greifen hierin willkürlich ein.

---

[319] siehe generell zu den Voraussetzungen einer unmittelbaren Zurechnung zum Staat die Ausführungen unter 5. Kapitel A. III. 1. a. cc. (1).

[320] *CESCR*, GC 14, § 34; HRI/Gen/1/Rev.5/98.

[321] *UNHCR*, Handbook, § 54; *Grahl-Madsen*, Bd. 1, 215; vgl. *Hathaway*, 117, 124, der nicht klar konkretisiert, ob jede Verweigerung dieses Zugangs oder nur eine Verweigerung unter besonderen Voraussetzungen Verfolgung ist.

[322] *CESCR*, GC 13, § 6, § 59; HRI/Gen/1/Rev.5/S.86 hinsichtlich § 13 IPWSKR; *Detrick*, 68 ff, 475 ff.

[323] zum Umfang des Rechts auf Privatleben i. S. d. Art. 17 Abs. 1 Var.1 IPBPR siehe die Ausführungen unter aa. (1).

Ausreichende Beeinträchtigungsintensität ist erreicht, wenn infolge der Bildungsbeschränkung in der Zukunft nur noch ein Leben am Rande oder unterhalb des Existenzminimums möglich ist. Dies ist der Fall, wenn Bildung in der jeweiligen Gesellschaft Voraussetzung für eine Beschäftigung ist. Dies trifft auf Entwicklungsländer allerdings zumeist nicht zu.

Solche Vorschriften erreichen zudem unter folgendem Aspekt ausreichende Beeinträchtigungsintensität: Bildung ist auch für die Entwicklung der Persönlichkeit von großer Bedeutung. Aus Art. 13 Abs. 1 S. 2 IPWSKR und Art. 29 Abs. 1 lit. a KK ergibt sich, dass alle Personen die Möglichkeit haben sollen, ihre Persönlichkeit, ihre Begabung und ihre geistigen und körperlichen Fähigkeiten voll zur Entfaltung zu bringen. Hierfür ist es eine Grundvoraussetzung, dass eine Basisbildung vorhanden ist, die jedenfalls den Anforderungen entspricht, die in der World Declaration on Education for All festgelegt sind.[324] In Afghanistan unter der Herrschaft der Taliban wurde den Mädchen in der vierjährigen Grundschulzeit eine solche Basisbildung nicht zuteil. Dies galt zwar auch für Jungen; anders als Jungen hatten Mädchen aber anschließend keine Möglichkeit mehr, dieses Wissen zu erlangen. Für Mädchen, die infolge eines Bildungsverbotes eine solche Basisbildung nicht erhalten, ist daher ausreichende Beeinträchtigungsintensität erreicht.[325] Dies gilt gleichermaßen für Frauen, die eine solche Bildung nicht erhalten haben und sie infolge der Vorschriften auch nicht mehr erlangen können.[326] Auch für Frauen und Mädchen, die eine solche Basisbildung bereits erhalten haben, kann ausreichende Beeinträchtigungsintensität unter dem Aspekt erreicht sein, dass ihnen hierdurch in objektiv nachvollziehbarer Weise ihre Existenzgrundlage entzogen wird. Dies ist der Fall, wenn Frauen und Mädchen, wie in Afghanistan unter der Herrschaft der Taliban, potentiell lebenslang nicht die Möglichkeit hatten, sich ihrer Begabung entsprechend zu bilden und damit auch ihre Persönlichkeit zur Entfaltung zu bringen. Unter diesen Voraussetzungen sind solche Vorschriften somit Verfolgung.[327]

---

[324] Nach der World Declaration on Education for All, Final Report of the World Conference on Education for All: Meeting Basic Learning Needs, Joumtien, Thailand vom 5.-9. März 1990, angenommen von 155 Regierungsvertretern, besteht eine Basisbildung aus: „essential learning tools (such as literacy, oral expression, numeracy and problem solving) and the basic learning content (such as knowledge skills values, and attitudes) required by human beings to be able to survive, to develop their full capacities, to live and work in dignity, to participate fully in development, to improve the quality of their lives, to make informed decisions and to continue learning"; vgl. *CESCR*, GC 13, § 9.

[325] *Hathaway*, 114; *Spijkerboer*, 44.

[326] vgl. *CESCR*, GC 13, § 22.

[327] i. E. auch: *Spijkerboer*, 44; *Grahl-Madsen*, Bd. 1, 215, der den Ausschluss von bestehenden Bildungseinrichtungen i. d. R. als Verfolgung beurteilt, da er das spätere Leben in größerem Maße beeinflusst als eine relativ kurze Inhaftierung.

(2) Genehmigungsvorbehalt

Vorschriften, die Frauen und Mädchen zwar nicht vollständig von vorhandenen Bildungseinrichtungen ausschließen, aber als Voraussetzung für den Schulbesuch eine Genehmigung des männlichen „Beschützers" verlangen, sind gemessen an Art. 13 IPWSKR, Art. 28 Abs. 1 KK, Art. 17 Abs. 1 Var. 1 IPBPR und Art. 10 lit. a FraK unrechtmäßig.

Wenn den Frauen der Zugang zu den Bildungseinrichtungen verweigert wird, ist dies unter den gerade dargelegten Voraussetzungen eine ausreichend intensive Beeinträchtigung.

Allerdings ist entsprechend dem zu Arbeitbeschränkungen Ausgeführten noch nicht das Bestehen der staatlichen Vorschrift Verfolgung, sondern erst die Genehmigungsverweigerung. Dies ist keine unmittelbar private Verfolgung, da sich aus den hierdurch beeinträchtigten Menschenrechten keine konkrete fiktive Verpflichtung der Privaten ableiten lässt, die Genehmigung zu erteilen. Da die Entscheidung, ob die Genehmigung erteilt wird, nicht beim Staat, sondern bei den Privaten liegt, ist es auch keine unmittelbar staatliche Verfolgung. Die Genehmigungsverweigerung ist aber mittelbar staatliche Verfolgung, da diese durch die staatliche Vorschrift gestattet ist.

(3) Ausschluss von Studiengängen

Vorschriften, die Frauen und Mädchen den Zugang zu bestimmten Studiengängen verweigern, wie sie bspw. in Saudi-Arabien bestehen, sind gemessen an Art. 13 Abs. 2 lit. c i. V. m. Art. 2 Abs. 2, Art. 3 IPWSKR und an Art. 10 lit. a, b FraK unrechtmäßig.

Ausreichende Beeinträchtigungsintensität ist erreicht, wenn die Wahl dieses Studiengangs für eine Frau in dem Sinne persönlichkeitsprägend ist, dass sie das Studium in objektiv nachvollziehbarer Weise als Grundlage ihrer Existenz ansieht, und sie nicht auch in zumutbarer Weise einen anderen Studiengang wählen oder ihre Begabungen auf andere Weise fortentwickeln kann. In diesem Fall ist die Regelung unmittelbar staatliche Verfolgung.

(4) Vermittlung des Lebensbildes der Hausfrau und Mutter

Die Schule in Saudi-Arabien ist darauf ausgerichtet, den Frauen das Lebensbild einer Hausfrau und Mutter zu vermitteln. Dies ist gemessen an Art. 10 lit. c FraK unrechtmäßig. Hieraus lässt sich die hineichend konkrete (fiktive) Verpflichtung eines Herkunftsstaats entnehmen, Frauen nicht in dieser Weise nach einer stereotypen Auffassung über die Rolle von Mann und Frau in der Gesellschaft auszubilden. Das Bestehen dieser Vorschrift führt allerdings i. d. R. nicht zu ausreichend intensiven Beeinträchtigungen. Ausnahmsweise kann das Bestehen einer solchen

Vorschrift aber unmittelbar staatliche Verfolgung sein, wenn bestimmte Fächer gar nicht unterrichtet werden, hier aber ein besonderer Interessensschwerpunkt des Mädchens bzw. der Frau besteht und das Mädchen bzw. die Frau sich dieses Wissen auch nicht auf andere Weise aneignen kann.

ee. Bewegungsbeschränkungen

Eine Vorschrift, nach der Frauen das Haus nur mit einem männlichen „Beschützer" verlassen dürfen, könnte zunächst gemessen an dem in Art. 9 Abs. 1 S. 1 Var. 1 IPBPR normierten Recht auf Freiheit der Person Verfolgung sein.[328] Art. 9 Abs. 1 S. 1 Var. 1 IPBPR ist beeinträchtigt, wenn eine Person an einem eng begrenzten Ort festgehalten wird. Dies kann auch bei einem Hausarrest gegeben sein.[329] Zu einem Freiheitsentzug kann eine solche Vorschrift nur für Frauen werden, die keinen Ehepartner oder du mahram haben und auch nicht mit einem Chauffeur das Haus verlassen können, wie dies in Saudi-Arabien gestattet ist. Auch für diese Frauen wirkt sich eine solche Vorschrift allerdings nur als Hausarrest aus, wenn die Sanktionsdichte so hoch ist, dass es nahezu unmöglich ist, das Haus zu verlassen, ohne bestraft zu werden. Dies ist i. d. R. nicht der Fall. Auch die in Afghanistan unter der Herrschaft der Taliban geltende Vorschrift hatte eine solche Wirkung nicht, da Frauen teilweise keine Sanktionen zu befürchten hatten, wenn sie mit einer Gruppe von mehren Frauen das Haus verlassen haben.

Eine solche Vorschrift beeinträchtigt aber die in Art. 12 Abs. 1 Var. 1 IPBPR geschützte Bewegungsfreiheit.[330] Diese Beeinträchtigung kann aufgrund des frauendiskriminierenden Charakters nicht nach Art. 12 Abs. 3 IPBPR gerechtfertigt werden.[331]

Ausreichende Beeinträchtigungsintensität kann unter dem Aspekt erreicht sein, dass eine Frau durch diese Vorschrift keine Autonomie mehr über ihre Bewegungen außerhalb der eigenen vier Wände hat. In der Folge ist es ihr ein Leben lang unmöglich, selbstbestimmt Menschenrechte wahrzunehmen und mit anderen Menschen zu kommunizieren. Es ist objektiv nachvollziehbar, wenn eine Frau es als Grundlage ihrer Existenz ansieht, nicht in dieser Weise zu leben. Für eine solche Frau ist das Bestehen einer solchen Vorschrift daher unmittelbar staatliche Verfolgung.

---

[328] vgl. *britische RL*, 2A.10.

[329] *Nowak*, Art. 9 Rn. 3.

[330] *HRC*, GC 27, § 6: „The State party must ensure that the rights guaranteed in article 12 are protected not only from public but also from private interference. In the case of women, this obligation to protect is particularly pertinent. For example it is incompatible with article 12, paragraph 1, that the right of a woman to move freely and to choose her residence be made subject, by law or by practice, to the decision of an other person, including a relative."

[331] aus den vorbereitenden Arbeiten geht hervor, dass dies nicht zulässig sein sollte, *Bossuyt*, 254.

Auch für Frauen, die keinen männlichen Verwandten haben, kann unter diesem Aspekt ausreichende Beeinträchtigungsintensität erreicht sein. Sie sind zwar nicht von der Genehmigung des Ehemannes oder des du mahram abhängig, können sich aber ebenfalls nicht selbstbestimmt außerhalb des Hauses aufhalten, da sie in diesem Fall mit Sanktionen zu rechnen haben und/oder sich immer in einer Gruppe mit mehreren Frauen fortbewegen müssen.

In beiden Fällen führt das Bestehen einer solchen Vorschrift hingegen nicht zu ausreichend intensiven Beeinträchtigungen, wenn Frauen, wie dies teilweise in Saudi-Arabien gegeben ist, sich ohne männliche Begleitung mit dem Chauffeur fortbewegen und sich in den für Frauen vorgesehen Bereichen ohne Kontrolle bewegen, mit der Außenwelt kommunizieren und Kulturveranstaltungen besuchen können.[332]

ff. Beschränkung der Geschäftsfähigkeit

Eine Vorschrift, nach der Frauen, wie dies in Saudi-Arabien der Fall war, keinen eigenen Personalausweis haben oder unter männlicher Vormundschaft stehen, könnte gemessen an Art. 16 IPBPR unrechtmäßig sein. Von Art. 16 IPBPR ist jedenfalls die Fähigkeit geschützt, Trägerin von Rechten und Pflichten zu sein. Diese Fähigkeit wird durch die Verweigerung eines eigenen Personalausweises nicht eingeschränkt, da die Frauen in den Pässen ihrer Väter und Ehepartner mitaufgeführt und somit rechtlich existent sind. Auch die Vormundschaftsvorschriften beschränken nicht die Rechtsfähigkeit, sondern nur die Handlungsfähigkeit der Frau. Teilweise wird auch die Handlungsfähigkeit als von Art. 16 IPBPR geschützt angesehen.[333] Dies wird damit begründet, dass diese auch von Art. 6 AEMR geschützt ist und dieser dem Wortlaut nach im Wesentlichen mit Art. 16 IPBPR übereinstimmt.[334] Hiergegen spricht aber, dass Art. 16 IPBPR nicht einschränkbar ist, insbesondere keine Ausnahmen für Minderjährige oder für Personen, die betreuungsbedürftig sind, vorsieht.[335] Bestätigend geht aus den travaux préparatoires hervor, dass über die Einschränkungsmöglichkeiten eines Rechts auf Handlungsfähigkeit keine Einigkeit erzielt werden konnte und man sich daher darauf einigte, dass von Art. 16 IPBPR nur die Rechtsfähigkeit erfasst sein sollte.[336]

---

332 s. u. 1. Kapitel A. I.

333 *HRC*, GC 28, § 19: „The right of everyone under article 16 to be recognised everywhere as a person before the law is particularly pertinent for women, who often see it curtailed by reason of sex or marital status. This right implies that the capacity of women to own property, to enter into a contract or to exercise civil rights may not be restricted on the basis of marital status or other discriminatory grounds"; *Volio* in *Henkin*, 185 (187 f).

334 *Volio* in *Henkin*, 185 (187 f) m. w. N.

335 *Joseph/Schultz/Castan*, [10.09].

336 *Nowak*, Art. 16 Rn. 3 f.

Vorschriften, die die Handlungsfähigkeit beschränken, könnten aber gemessen an dem in Art. 8 Abs. 2 IPBPR geschützten Recht auf Freiheit vor Leibeigenschaft Verfolgung sein. So sind unter Leibeigenschaft bzw. „servitude“ i. S. d. Art. 8 Abs. 2 IPBPR auch sonstige Verhältnisse zu verstehen, die durch eine dauerhafte persönliche Abhängigkeit und eine ökonomische Ausbeutung gekennzeichnet sind.[337] Zwar wird durch die Vormundschaft eine persönliche Abhängigkeit hergestellt; grundsätzlich ist in den Staaten, in denen dies der Fall ist, aber der Ehemann verpflichtet, für den Unterhalt der Familie zu sorgen.[338] Es kann daher nicht durch das Bestehen der Vorschriften, sondern nur in Einzelfällen zu einer ökonomischen Ausbeutung kommen.[339]

Solche Vorschriften sind auch nicht gemessen an Art. 15 Abs. 2 FraK unrechtmäßig. Hier ist die Verpflichtung normiert, der Frau in zivilrechtlichen Fragen dieselbe Rechtsfähigkeit einzuräumen wie dem Mann, insbesondere in Bezug auf den Abschluss von Verträgen. In Zusammenschau mit Art. 2 lit. c, e FraK ergibt sich aber, dass nicht schon das Bestehen eines Vormundschaftsverhältnisses für sich unrechtmäßig ist. Vielmehr folgt hieraus für den Herkunftsstaat nur die hinreichend konkrete (fiktive) Verpflichtung, keine weiteren Vormundschaftsverhältnisse zu etablieren. Bestehende Verhältnisse hat er dagegen nur nach und nach abzubauen.

Vorschriften, nach denen Frauen bestimmte Tätigkeiten, bspw. eine Arbeit, nur mit männlicher Genehmigung ausüben können, sind aber gemessen am Maßstab der hierdurch jeweils beeinträchtigten Menschenrechte unrechtmäßig. So sind unter den o. g. Voraussetzungen die Verweigerung der Genehmigung, zu arbeiten, sich zu bilden oder sich zu bewegen, mittelbar staatliche Verfolgung.

gg. Entzug des Sorge- und Umgangsrechts

Teilweise wird es als Verfolgung beurteilt, wenn einer Frau im Scheidungsfall wegen ihres Geschlechts das Sorge- und Umgangsrecht für ihr Kind entzogen wird.[340]

---

[337] s. u. B. IV. 1. b. sowie B. IV. 5. b.

[338] s. u. 1. Kapitel A. I. 3.

[339] s. u. B. IV. 5. b.

[340] CRDD, E. v. 9. August 1999, V97-01419: „Depriving a woman of custody on the sole basis of her gender is a fundamental violation of her basic human rights. The principal claimant had a well-founded fear of persecution on the ground of membership in a particular social group: widowed mothers in Iran. Referring to the United Nations Convention on the Rights of the Child, the Refugee Division found that the minor claimants had also established their claims as members of a particular social group: children of widowed mothers in Iran. In the particular circumstances of this case, it would violate their fundamental human rights to place them in the custody of their paternal grandfather and to deprive them of the right to be with their mother.“

Im Scheidungsfall ist eine solche Entziehung gemessen an Art. 23 Abs. 4 IPBPR[341], Art. 17 Abs. 1 Var. 2 IPBPR[342] und Art. 16 Abs. 1 lit. d, f FraK unrechtmäßig, wenn sie auf einer Frauendiskriminierung beruht. Die Entziehung führt zu ausreichend intensiven Beeinträchtigungen, wenn es eine Mutter objektiv nachvollziehbar als Grundlage ihrer Existenz ansieht, mit ihren Kindern Umgang zu haben und für diese zu sorgen. Dies setzt voraus, dass einer Frau nicht nur das Sorgerecht, sondern auch das Umgangsrecht entzogen wird. Zudem ist zu bedenken, dass als Konsequenz aus der Annerkennung der Flüchtlingseigenschaft der Mutter und einem daraus folgenden Gebot des non-refoulement dem Vater das Umgangsrecht sehr erschwert oder unmöglich wird. Es erscheint daher nicht überzeugend, in diesem Fall einen Anspruch auf non-refoulement zu bejahen, so dass weitere Erörterungen zum Flüchtlingsbegriff in dieser Konstellation nicht erforderlich sind.

Dies stellt sich anders dar, wenn ein Herkunftsstaat unverheirateten Müttern das Sorge- und Umgangsrecht an ihren Kindern entzieht. Aus der Perspektive der Mutter ist die Entziehung des Kindes gemessen an Art. 16 Abs. 1 lit. d, f FraK und Art. 17 Abs. 1 Var. 2 IPBPR unrechtmäßig. Diese Entziehung erreicht unter den gerade dargelegten Voraussetzungen ausreichende Beeinträchtigungsintensität und ist dann unmittelbar staatliche Verfolgung. Aus der Perspektive des Kindes ist die Entziehung der Mutter nach Art. 9 Abs. 1 KK unrechtmäßig, wenn der einzige Grund für die Entziehung darin besteht, dass die Mutter des Kindes unverheiratet ist.[343] In Anbetracht der Folgen für das Kind, das dauerhaft von seiner leiblichen Mutter getrennt ist, und in das Schicksal der staatlichen Willkür gestellt ist, wird i. d. R. ausreichende Beeinträchtigungsintensität erreicht sein. Die Entziehung der Mutter kann daher ebenfalls unmittelbar staatliche Verfolgung sein.

hh. Zusammenschau der Vorschriften

Die frauendiskriminierenden Vorschriften in Saudi-Arabien und in Afghanistan unter der Herrschaft der Taliban gehen bzw. gingen von dem gleichen (partiellen) Völkerrechtssubjekt aus. Da diese Vorschriften jeweils einen Teilaspekt des Lebens betreffen, sich aber auch in ihrer Wirkung gegenseitig verstärken, ist es sinnvoll, diese Vorschriften auch in ihrer Zusammenschau daraufhin zu untersu-

---

341 vgl. *HRC, Hendriks v. Netherlands* (201/85), § 10.4, 11; *Fei v. Columbia* (524/92), § 8.9; *Balaguer v. Spain* (471/90) § 10.1: "[...] Another issue is whether decisions on custody and excess rights in the case have been based on distinctions made between fathers and mothers and, if so, whether these distinctions are based on objective and reasonable criteria, as follows from the application of the covenant", jeweils auszugsweise abgedruckt bei *Joseph/Schultz/Castan*, [20.35], [20.40], [20.41].

342 vgl. *HRC, Fei v. Columbia* (514/92), § 8.10: „[...] Furthermore, the failure of the prosecutor's office to ensure the right of permanent contact between the author and her daughters also has entailed a violation of article 17, paragraph 1", auszugsweise abgedruckt bei *Joseph/Schultz/Castan*, [20.40].

343 vgl. *Detrick*, 75 ff, 171 f.

chen, ob sie Verfolgung sind. Eine solche Betrachung erfolgt daher auch in der oben dargestellten Literatur und Rechtsprechung üblicherweise.

Wenn die frauendiskriminierenden Vorschriften, die in Afghanistan unter der Herrschaft der Taliban galten, zusammengenommen betrachtet werden, ergibt sich folgendes Bild: Frauen dürfen sich nach Ende der Grundschulzeit nicht mehr bilden, sie dürfen grundsätzlich nicht arbeiten, selbst Heimarbeit muss genehmigt werden. Frauen ist es grundsäztlich nicht gestattet, das Haus ohne Ehemann oder du mahram zu verlassen. Die Welt außerhalb der eigenen vier Wände ist ihnen nur zugänglich, wenn sie die Verschleierungsgebote einhalten. Insgesamt ist eine individuelle Existenz mit Handlungsautonomie somit nicht mehr möglich. Des Weiteren sind sie in ihrer Wahrnehmung aufgrund der schwarz gestrichenen Fenster und der vorgeschriebenen Verschleierung stark eingeschränkt. Für Frauen, deren Vorstellungen das vorgegebene Leben nicht entspricht, sind daher die Beeinträchtigungen, die durch das Zusammenwirken der Vorschriften herbeigeführt werden, ausreichend intensiv.

In Saudi-Arabien wird durch die bestehenden Vorschriften sichergestellt, dass Frauen ihre vorgegebene soziale Rolle als Hausfrau und Mutter erfüllen. Frauen dürfen nur ausnahmsweise und nur mit Genehmigung der für sie „verantwortlichen" Männer arbeiten. Ihnen sind die meisten Berufe, Ausbildungen und Studiengänge unzugänglich. Sie müssen immer einem Mann zuordenbar sein, der über sie bestimmt und sie kontrolliert. Frauen dürfen nur nachrangig und nahezu vollständig verschleiert die öffentliche Sphäre betreten. Menschenrechte können sie außerhalb der eigenen vier Wände i. d. R. nicht aus eigener Autonomie wahrnehmen bzw. - falls die Familie einen Chauffeur hat - nur eingeschränkt. Frauen in Saudi-Arabien sind somit ihr Leben lang und in allen oder nahezu allen Lebensbereichen fremdbestimmt. In Anbetracht dieser Folgen ist es daher objektiv nachvollziehbar, wenn eine Frau diese Situation als unzumutbar empfindet.[344]

2. Bestrafung eines Verstoßes gegen frauendiskriminierende Vorschriften

Eine Sanktionierung wird unter anderem vom UNHCR nicht als Strafverfolgung, sondern als Verfolgung i. S. d. GFK angesehen, wenn die Strafnorm nicht den anerkannten Grundsätzen der Menschenrechte entspricht, ein ordentliches Gerichtsverfahren aus einem der in der Konvention genannten Gründen verweigert wird, die Strafverfolgung diskriminierend ist, die Strafe diskriminierend verhängt wird

[344] vgl. hierzu: *Macklin*, HRQ 1995, 213 (230 f), die alle in Saudi-Arabien bestehenden Vorschriften zusammengenommen als Verfolgung ansieht: „The various restrictions lead to 'consequences of a substantial prejudicial nature for the claimant' in terms of her ability to excess to educational facilities, to earn a livelihood, and to function as an autonomous and independent individual."

oder die Bestrafung exzessiv, insbesondere unmenschlich, grausam oder erniedrigend ist.[345]

In Saudi-Arabien wird und in Afghanistan unter der Herrschaft der Taliban wurde ein Verstoß gegen frauendiskriminierende Vorschriften zur Geschlechtertrennung, wie gegen die Verschleierungsgebote und Bewegungsbeschränkungen, mit Prügelstrafe oder Freiheitsentzug geahndet.[346] In Saudi-Arabien wird die Sanktionierung allerdings durch die Religionspolizei vorgenommen, die nicht direkt in den Staatsapparat eingebunden ist. Deren Handlungen sind Saudi-Arabien aber entweder nach Art. 7 Nr. 2 ILC-Entwurf, wenn sie intern dazu ermächtigt ist Staatsgewalt auszuüben, oder zumindest nach Art. 8 lit. a ILC-Entwurf zuzurechnen, da die Religionspolizei jedenfalls als de facto Organ handelt.

a. Freiheitsentzug

Ein Entzug der in Art. 9 Abs. 1 S. 1 Var. 1 IPBPR geschützten persönlichen Freiheit ist nach Art. 9 Abs. 1 S. 2 IPBPR unrechtmäßig, wenn er nicht aus gesetzlich vorgesehenen Gründen und unter Beachtung des im Gesetz vorgesehenen Verfahrens erfolgt oder wenn er willkürlich ist. Willkür in diesem Sinne liegt vor, wenn die Strafnorm willkürlich ist und/oder die Vollziehung im konkreten Fall willkürlich erfolgt.[347] Der Inhalt des Willkürverbots wird so bestimmt wie bezüglich der gleichlautenden Begriffe in Art. 6 Abs. 1 S. 2 IPBPR und Art. 17 Abs. 1 IPBPR.[348] Entsprechend dem zu Art. 17 IPBPR Ausgeführten ist ein Freiheitsentzug als Sanktion eines Verstoßes gegen frauendiskriminierende Vorschriften somit willkürlich.[349] Ausreichende Beeinträchtigungsintensität ist bei einem einmaligen mehrmonatigen Freiheitsentzug oder bei einem kürzeren Freiheitsentzug, bei dem mit einer Wiederholung zu rechnen ist oder in dem weitere Beeinträchtigungen wie Vergewaltigung und/oder Folter drohen, erreicht.[350] Unter diesen Voraussetzungen ist ein Freiheitsentzug somit Verfolgung.

345 *UNHCR*, Auslegung, § 18; *UNHCR*, Handbook, § 57 ff; *Crawley*, 97; *Macklin*, HRQ 1995, 213 (229 f); ähnlich auch: Gemeinsamer Standpunkt 5.1.1, 5.1.2, wonach Verfolgung vorliegt, wenn die Strafnorm selbst, die Strafverfolgung oder die Bestrafung im Einzelfall diskriminierend ist, sowie Art. 11 Nr. 1 lit. c des Kommissionsvorschlags; Körperstrafen werden i. d. R. als Verfolgung angesehen: bspw. *Fatin v. INS*, [1993] 12 F.3d 1233 (1242 f); *Binder*, 380 f; *Crawley*, 111 f; *Spijkerboer*, 38 f.

346 s. u. 1. Kapitel A. I., II.

347 *Nowak*, Art. 9 Rn. 28.

348 *HRC, van Alphen v. The Netherlands* (305/88), § 5.8: „The drafting history of article 9 paragraph 1, confirms that 'arbitrariness' is not to be equated with 'against the law' but must be interpreted more broadly to include elements of inappropriateness, injustice and lack of predicapility [...]", abgedruckt bei *Joseph/Schultz/Castan*, [11.12]; *Nowak*, Art. 9 Rn. 29.

349 bzgl. eines Verstoßes gegen Bekleidungsvorschriften auch *HRC* GC 28, § 13, abgedruckt bei *Joseph/Schultz/Castan*, 637.

350 vgl. Grahl-Madsen, Bd. 1, 214.

b. Körperstrafen

Körperstrafen sind gemessen an Art. 7 S. 1 IPBPR unrechtmäßig, wenn sie eine grausame, unmenschliche oder erniedrigende Bestrafung sind. Hierfür spricht, dass sie bei einer Frau nicht unerhebliche physische und psychische Beeinträchtigungen hervorrufen und die Frau bei einer öffentlichen Vollstreckung oder einer Vollstreckung in Anwesenheit von Familienmitgliedern zudem vor den anderen erniedrigt wird. Nach Auffassung des Menschenrechtsausschusses ist aber nicht jede, sondern nur eine exzessive Körperstrafe eine erniedrigende Behandlung.[351] Aus weiteren Stellungnahmen geht hervor, dass dies bei einer Körperstrafe von über 20 Rutenschlägen bzw. bei einer Bestrafung mit 74 Peitschenhieben der Fall sein soll; teilweise werden auch schon 20 Peitschenhiebe für ausreichend intensiv gehalten.[352] In Afghanistan unter der Herrschaft der Taliban war und in Saudi-Arabien ist die Höhe der Bestrafung in das Belieben der ausführenden Organe gestellt[353], so dass auch exzessive Körperstrafen verhängt werden können bzw. konnten.

Zu klären bleibt, ob es auch eine erniedrigende Behandlung ist, wenn die Vollstreckung weder in der Öffentlichkeit noch in Anwesenheit von Familienmitgliedern erfolgt. Der EGMR hat bezüglich der ähnlich lautenden Vorschrift des Art. 3 EMRK ausgeführt, dass eine Bestrafung auch erniedrigend sein kann, wenn das Opfer in seinen eigenen Augen erniedrigt wird.[354] Die Ausführungen des EGMR können aber allenfalls dann zur Konkretisierung des Art. 7 IPBPR herangezogen werden, wenn sie nicht das Ergebnis einer Auslegung vor dem europäischen Hintergrund sind[355], wie dies aber bei dieser Entscheidung gerade der Fall ist[356].

Auch der Menschenrechtsausschuss macht den erniedrigenden Charakter aber nicht vom Vollstreckungsort abhängig. Zudem wird jede Person, an der eine Körperstrafe vollstreckt wird, bereits durch diese Form der Bestrafung besonders herabgewürdigt, so dass diese bei entsprechender Intensität immer eine erniedrigende Behandlung ist. Die Bestrafung lässt sich auch nicht damit rechtfertigen, dass sie im Koran vorgeschrieben ist, da ein Eingriff in Art. 7 IPBPR nicht gerechtfertigt

---

351 *HRC*, GC 20, § 5: „[...] In the Committee's view [...] the [article 7] prohibition must extend to corporal punishment, including excessive chastisement ordered as punishment for a crime or as an educative or disciplinary measure. It is appropriate to emphasise that article 7 protects in particular children pupils and patients in teaching and medical institutions", abgedruckt bei *Joseph/Schultz/Castan*, [9.65].

352 *Joseph/Schultz/Castan*, [9.65] m. w. N.

353 s. u. 1. Kapitel A. I., II.

354 EGMR, *Tyrer v. U.K.*, U. v. 25. April 1978, Ser. A, 26, § 32, EuGRZ 1979, 162 ff.

355 vgl. *Nowak*, Art 7 Rn. 15.

356 EGMR, *Tyrer v. U.K.*, U. v. 25. April 1978, Ser. A, 26 § 31, EuGRZ 1979, 162 ff.

werden kann[357] und auch eine tatbestandliche Ausnahme nur in eng umgrenzten Ausnahmefällen zum Wohle des Opfers in Betracht kommt[358].

Sofern die Sanktion eine Verätzung mit Säure ist, ist dies eine grausame oder unmenschliche Behandlung, da hierdurch starke Schmerzen verursacht werden, die häufig erst durch aufwendige Operationen gelindert werden können, und die Entstellung dauerhaft und irreparabel ist. Dies gilt gleichermaßen für Amputationen und Brandmarkungen.[359] Solche Körperstrafen sind damit Verfolgung.

3. Verfolgung im Zusammenhang mit nichtdiskriminierenden zina-Vorschriften

Im Folgenden wird untersucht, inwiefern es im Zusammenhang mit nichtdiskriminierenden Vorschriften über den vor- und außerehelichen Geschlechtsverkehr (zina) zu Verfolgung kommen kann. In Pakistan, worauf sich die Ausführungen im Folgenden beziehen, führt eine Anzeige wegen zina für Frauen (und teilweise auch für Männer) zumeist zu einer mehrmonatigen Untersuchungshaft, in der die Frauen Gefahr laufen, vergewaltigt zu werden. Im Anschluss hieran droht die Verurteilung zu Freiheitsentzug, Körperstrafe oder Steinigung.

a. Untersuchungshaft

Die Untersuchungshaft erreicht aufgrund ihrer Dauer und der hier drohenden weiteren Beeinträchtigungen regelmäßig die für Verfolgung erforderliche Intensität. Sie ist aber nur Verfolgung, wenn sie den Anforderungen des Art. 9 Abs. 1 S. 2 IPBPR nicht entspricht, insbesondere willkürlich ist. Diesbezüglich sind folgende Situationen zu unterscheiden:

Sofern Frauen, die ohne Zustimmung des Vaters geheiratet haben, auf eine Anzeige ihrer Familienmitglieder hin – teilweise zusammen mit ihrem Ehemann – in Untersuchungshaft verbracht werden, obwohl sie eine gültige Heiratsurkunde vorlegen können, beruht die Inhaftierung auf der unzutreffenden Vorstellung, dass eine Frau ohne die Zustimmung ihres Vaters nicht rechtmäßig heiraten kann. Die Inhaftierung ist in diesem Fall nach Art. 9 Abs. 1 S. 2 IPBPR willkürlich, da die Frau und ihr Ehemann gegenüber anderen rechtsgültig verheirateten Paaren diskriminiert werden. Damit ist sie unmittelbar staatliche Verfolgung.

---

[357] *Joseph/Schultz/Castan*, [9.66] mit Verweis auf verschiedene Äußerungen des Menschenrechtsausschusses, in denen er Körperstrafen auch in islamischen Staaten angegriffen hat und damit eine religiöse und kulturelle Rechtfertigung von Körperstrafen nicht zulässt.

[358] s. u. B. II. 1. a.

[359] *HRC*, CC on Irak, (1997) UN doc. CCPR/C/79/Add.84, § 12, in denen der Menschenrechtsausschuss sich tief besorgt darüber zeigt, dass im Irak Handamputationen und Brandmarkungen durchgeführt werden; sowie *HRC*, CC on Yemen, (1995) UN doc. CCPR/C/79/Add.51 § 14; *Joseph/Schultz/Castan*, [9.66].

Frauen werden auch nicht selten inhaftiert, wenn sie von ihren Ehemännern oder Familienangehörigen aus Rache oder zur Bestrafung für ein „Fehlverhalten" angezeigt werden.[360] Wenn die Inhaftierung erfolgt, ohne dass ein Tatverdacht besteht, wird dies zumeist schon von der innerstaatlichen Rechtsgrundlage nicht gedeckt und daher bereits aus diesem Aspekt willkürlich und damit Verfolgung sein.[361] Die Inhaftierung ist zudem willkürlich, wenn sie frauendiskriminierend ist. Dafür, dass in diskriminierender Weise Frauen ohne Tatverdacht inhaftiert werden, sprechen in Pakistan folgende Indizien: In der Gesellschaft ist die Vorstellung weit verbreitet, dass Frauen fortwährend Geschlechtsverkehr begehren. Zudem werden 95% aller inhaftierten Frauen in der ersten oder zweiten Instanz freigesprochen und es werden ganz überwiegend Frauen inhaftiert. Letzteres ist allerdings auch darauf zurückzuführen, dass Frauen ihre Ehemänner i. d. R. nicht wegen zina anzeigen.

Wenn eine Frau hingegen auch bei objektiver Betrachtung tatverdächtig ist, ist die Inhaftierung grundsätzlich nicht willkürlich. Anders zu beurteilen ist dies, wenn ausschließlich Frauen inhaftiert werden oder die Inhaftierung sonst erkenntlich eine Diskriminierung wegen des Geschlechts ist.[362]

b. Verurteilung

Die Verurteilung zu einer Freiheitsstrafe ist willkürlich und damit gemessen an Art. 9 Abs. 1 S. 1 Var. 1 IPBPR unrechtmäßig, wenn die in Art. 14 IPBPR enthaltenen Verfahrensregeln des due process of law, wozu das Gleichheitsgebot und die Unschuldsvermutung gehören, nicht eingehalten werden.[363] In Art. 14 Abs. 1 IPBPR ist garantiert, dass alle Menschen vor Gericht gleich sind. Dieses Recht wird beeinträchtigt, wenn die Aussage von Frauen nur halb so viel zählt wie die von Männern. In der Folge kann eine Frau nämlich allein aufgrund der Aussage ihres Ehemannes zu einer Haftstrafe verurteilt werden, ohne sich in ausreichendem Maße verteidigen zu können. In Pakistan zählt die Aussage einer Frau allerdings formal ebenso viel wie die eines Mannes: Beide Aussagen können nach richterlichem Ermessen bei der Urteilsfindung berücksichtigt werden. Allerdings ist das oben geschilderte, gesellschaftliche Bild von Frauen ein starkes Indiz dafür, dass die Aussage einer wegen zina angeklagten Frau weniger stark berücksichtigt

---

[360] s. u. 1. Kapitel B.; s. hierzu auch den Sachverhalt des Urteils *Islam and Shah*, IJRL 1999, 496 ff.

[361] i. E. auch: *Macklin*, HRQ 1995, 213 (231).

[362] Dies kann der Fall sein, wenn Frauen, die irrtümlich annahmen geschieden zu sein, bei erneuter Heirat wegen zina angezeigt werden. Anders ist dies, wenn der Ehemann mitinhaftiert wird.

[363] *Nowak*, Art. 14 Rn. 29.

wird. Die Verurteilung ist auch willkürlich, wenn Frauen grundsätzlich zu einer längeren Freiheitsstrafe verurteilt werden als Männer.[364]

Die Verurteilung zu einer Freiheitsstrafe ist zudem willkürlich, wenn sie unter Verstoß gegen die in Art. 14 Abs. 2 IPBPR garantierte Unschuldsvermutung zustande gekommen ist. Nach Art. 14 Abs. 2 IPBPR ist jeder wegen einer strafbaren Handlung Angeklagte bis zum gesetzlichen Nachweis der Schuld als unschuldig anzusehen.[365] Der Nachweis obliegt den innerstaatlichen Gerichten. Hiernach muss ein Verfahren ohne vorgefasste Meinung über die Schuld geführt werden.[366] Eine Verurteilung darf nur erfolgen, wenn keine vernünftigen Zweifel mehr an der Schuld bestehen. Dem wird die Situation in Pakistan nicht gerecht. Hier wird die Schwangerschaft einer unverheirateten Frau regelmäßig als Beweis für einen willentlichen außerehelichen Geschlechtsverkehr angesehen, mit der Folge, dass die betroffene Frau beweisen muss, dass sie vergewaltigt wurde. Dies wird ihr aus den o. g. Gründen i. d. R. nicht gelingen.[367] Die Verurteilung einer unverheirateten schwangeren Frau verstößt daher regelmäßig gegen die Unschuldsvermutung. Dies ist auch der Fall, wenn aus einer Vergewaltigungsanzeige geschlossen wird, dass ein vor- oder außerehelicher Geschlechtsverkehr stattgefunden hat. Ein Freiheitsentzug ist zudem willkürlich, wenn bestimmte Frauen härter bestraft werden als andere Frauen. Sofern der Freiheitsentzug zu ausreichend intensiven Beeinträchtigungen führt, was regelmäßig der Fall sein wird, ist die Verurteilung somit in diesen Fällen unmittelbar staatliche Verfolgung.

Gemessen an dem in Art. 6 Abs. 1, 2 IPBPR geschützten Recht auf Leben ist es unrechtmäßig, eine Person als Strafe für einen außerehelichen Geschlechtsverkehr zu steinigen. Hiernach darf die Todesstrafe nur für „schwerste Verbrechen" verhängt werden. Dieser Begriff ist restriktiv zu interpretieren[368] und schließt Ehebruch nicht mit ein.[369] Zudem ist die Steinigung eine grausame oder unmenschliche Behandlung i. S. d. Art. 7 S. 1 IPBPR[370] und damit Verfolgung.

Sonstige Körperstrafen sind nach den oben dargestellten Grundsätzen bei entsprechender Intensität gemessen an Art. 7 S. 1 IPBPR Verfolgung.

4. Verfolgung im Zusammenhang mit Eheverboten

Einer Muslima ist es häufig nicht gestattet, einen nicht-muslimischen oder ausländischen Mann zu heiraten. Hierdurch werden sie und der Mann, den sie heira-

364 vgl. auch VG München, U. v. 17. Januar 1997, M 9 K 96.53080, ZDWF-RÜ 1998, 248 f zu § 51 Abs. 1 AuslG.

365 *HRC*, GC 13, § 7; *Nowak*, Art. 14 Rn. 34.

366 *HRC*, GC 28, § 18; *Nowak*, Art. 14 Rn. 35.

367 s. u. 1. Kapitel B.

368 *HRC*, GC 6, § 7.

369 *HRC*, CC on Iran, (1995) UN doc. CCPR/C/79 Add.25, § 8.

370 *HRC*, *NG v. Canada* (496/91), §§ 16.1 ff, abgedruckt bei *Joseph/Schultz/Castan*, [9.47 f].

ten möchte, in dem in Art. 23 Abs. 3 IPBPR, Art. 17 Abs. 1 Var. 2 geschützten Recht, eine Ehe einzugehen und eine Familie zu gründen, beeinträchtigt.[371] Diese Beeinträchtigungen sind auch willkürlich, da die Frau hierdurch wegen ihres Geschlechts und der Mann wegen seiner Religion oder Nationalität diskriminiert wird. In den Herkunftsstaaten, in denen diese Verbote bestehen, sind damit regelmäßig intime Kontakte ein Leben lang ausgeschlossen, da diese häufig nur in der Ehe gestattet sind und sonst als Verstoß gegen die zina-Vorschriften bestraft werden. Dadurch werden ausreichend intensive Beeinträchtigungen herbeigeführt, so dass das Bestehen des Gebots in diesem Fall Verfolgung ist.

Dies ist auch gegeben, wenn eine Frau den ausgewählten Ehepartner de iure nicht ohne Zustimmung des für sie „verantwortlichen" Mannes heiraten kann.

Wenn beide trotz des Eheverbots Geschlechtsverkehr haben oder ein solcher Verdacht besteht und sie daraufhin wegen Verstoßes gegen die zina-Vorschriften inhaftiert oder verurteilt werden, ist dies hingegen i. d. R. keine Verfolgung, da sie hierdurch gegenüber anderen unverheirateten Paaren nicht ungleich behandelt werden. Dies ist anders zu beurteilen, wenn die Frau oder beide härter bestraft werden. Zudem ist es Verfolgung, wenn die Frau oder beide zu einer Körperstrafe verurteilt werden, die gemessen an Art. 7 S. 1 IPBPR unrechtmäßig ist.

II. Genitalverstümmelung

Im Zusammenhang mit der Genitalverstümmelung als Flucht- oder Bleibegrund können vier Situationen unterschieden werden. In Situation 1 droht die Verstümmelung gegen den ausdrücklich geäußerten Willen des Mädchens bzw. der Frau. In Situation 2 ist das Mädchen noch nicht alt genug, um selbst zu entscheiden, ob es sich an den Genitalien verstümmeln lassen möchte. In Situation 3 ist die Verstümmelung bereits erfolgt. In Situation 4 droht einer unverstümmelten Frau die soziale Ausgrenzung.

1. Verstümmelungsvorgang

In den Situationen 1 und 2 kommt als Verfolgungshandlung der Verstümmelungsvorgang in Betracht. In der internationalen Rechtsprechung[372] und Literatur[373] sowie in den Richtlinien[374] wird die Genitalverstümmelung überwiegend als schwer-

[371] *HRC*, GC 19, § 4; GC 28, § 24; *Joseph/Schultz/Castan*, [20.19 ff].

[372] US-amerikanische Entscheidungen: *In re Kasinga* des BIA, E. v. 13. Juni 1996, Interim Decision 3278 und *Abankwah v. INS*, US C.A. (2nd circ.), [1999] 185 F.3d 18 (23); kanadische Entscheidungen: CRDD, E. v. 3. Juli 1994, T93-12198; T93-12197 und T93-12199, Entscheidung der französischen CRR vom 18. September 1991, 164087, auszugsweise abgedruckt bei *Wolter*, 423 f.

[373] bspw. *Bower*, Geo.Imm.L.J. 1993, 173 (187 f); *Crawley*, 155 ff, *Cipriani*, Geo.Imm.L.J. 1993, 511 (533); *Spijkerboer*, 43; *Wolter*, 438 f.

[374] *australische RL*, 4.6; *britische RL*, 2A.22; *kanadische RL*, B.

wiegende Menschenrechtsverletzung beurteilt, die von der Intensität her Verfolgung ist. Teilweise wird dies allerdings auf den Fall beschränkt, dass sie gegen den Willen der Mädchen bzw. Frauen erfolgt.[375] Die Genitalverstümmelung wird teilweise explizit als Folter oder als grausame, unmenschliche oder erniedrigende Behandlung angesehen.[376] Auch internationale Organe halten sie für eine schwerwiegende Menschenrechtsverletzung.[377]

a. Maßstab: Art. 7 S. 1 IPBPR

aa. Folter

Zunächst ist zu prüfen, ob die Genitalverstümmelung Folter im Sinne des Art. 7 S. 1 Var. 1 IPBPR ist. In Art. 1 Abs. 1 S. 1 der UN-Folterkonvention[378] ist der Begriff Folter definiert. Diese Definition ist allerdings für die Auslegung von Art. 7 S. 1 IPBPR nicht bindend. Daher legt auch der Menschenrechtsausschuss den Begriff Folter in Art. 7 S. 1 IPBPR nicht explizit nach diesen Vorgaben aus.[379] Da der Menschenrechtsausschuss aber seinerseits den Folterbegriff nicht klar umrissen hat und die UN-Folterkonvention als Teil des internationalen Menschenrechtsinstrumentariums nach Art. 31 Abs. 3 lit. c WVK zur Auslegung herangezogen werden kann, ist es sinnvoll, den Folterbegriff des Art. 7 S. 1 IPBPR in Übereinstimmung mit Art. 1 Abs. 1 S. 1 der UN-Folterkonvention auszulegen.[380] Hiernach ist Folter „jede Handlung, durch die einer Person vorsätzlich große körperliche oder seelische Schmerzen oder Leiden zugefügt werden, zum Beispiel, um von ihr oder einem Dritten eine Aussage oder ein Geständnis zu erlangen, um sie für eine tatsächlich oder mutmaßlich von ihr oder einem Dritten begangene Tat zu bestrafen oder um sie oder einen Dritten einzuschüchtern oder zu nötigen oder aus einem anderen, auf irgendeiner Art von Diskriminierung beruhenden Grund, wenn diese Schmerzen oder Leiden von einem Angehörigen des öffentlichen Dienstes oder einer anderen in amtlicher Eigenschaft handelnden Person, auf deren Veranlassung

[375] vgl. *In re Kasinga* des BIA, E. v. 13. Juni 1996, Interim Decision 3278.

[376] *HRC*, GC 28, § 11, abgedruckt bei *Joseph/Schultz/Castan*, 636; *australische RL*, 4.6; *britische RL*, 2A.22; CRDD, E. v. 3. Juli 1994, T93-12198 u. a.; *Cipriani*, Geo.Imm.L.J. 1993, 511 (533).

[377] *CEDAW-Committee*, GR 14, HRI/Gen/1/Rev.5, 211; The Beijing Declaration and Platform for Action, Forth World Conference on Women, 4.-15. September 1995, UN doc. DPI/1776/Wom (1996) §§ 112 f.

[378] Übereinkommen gegen Folter und andere grausame, unmenschliche oder erniedrigende Behandlung oder Strafe, BGBl. 1990, II, 246.

[379] *HRC*, GC 20, § 4: „The Covenant does not contain any definition of the concepts covered by article 7, nor does the Committee consider it necessary to draw up a list of prohibited acts or to establish a sharp distinction between the different kind of punishment or treatment; the distinction depends on the nature, purpose and severity of the treatment applied".

[380] vgl. *Nowak*, Art. 7 Rn. 6.

oder mit deren ausdrücklichem oder stillschweigendem Einverständnis verursacht werden".

Aus dieser Definition geht hervor, dass sich hieraus nicht für Private, sondern ausschließlich für staatliche Organe konkrete (fiktive) Unterlassungspflichten ergeben können.[381] Gemessen an diesem Maßstab kann die Genitalverstümmelung somit keine unmittelbar private Verfolgung sein. Es kommt aber in Betracht, dass die Genitalverstümmelung hiernach mittelbar staatliche Verfolgung ist. Erste Voraussetzung ist, dass die staatlichen Organe mit einer bevorstehenden Genitalverstümmelung ausdrücklich oder konkludent einverstanden sind. Dies setzt voraus, dass sie von einer konkret drohenden Genitalverstümmelung Kenntnis haben, da nur in diesem Fall von einem Einverständnis der handelnden Organe gesprochen werden kann.[382] Dies war bspw. in dem oben angesprochenen Fall in Kenia gegeben.[383] Zweite Voraussetzung ist, dass besonders intensive Schmerzen verursacht werden, was bei einer traditionell, d. h. ohne Narkose, vorgenommenen Genitalverstümmelung der Fall sein kann. Drittens müssen die Schmerzen und Leiden vorsätzlich bzw. „intentionally" zugefügt werden. Dies ist vorliegend zweifelhaft, da die unmittelbar zugefügten Schmerzen und die langfristigen Gesundheitsbeeinträchtigungen nur ein unerwünschter Nebeneffekt, nicht aber Ziel der Verstümmelung sind. Dies gilt auch für den Fall, dass die Genitalverstümmelung gegen den Willen des Mädchens durchgeführt wird, da hier ebenfalls keine zusätzlichen Schmerzen verursacht werden, um den Willen des Mädchens zu brechen. „Vorsätzlich" bzw. „intentionally" bedeutet zwar nicht nur absichtlich, sondern auch mit sicherem Wissen.[384] Im Rahmen des Folterbegriffs wird „vorsätzlich" aber größtenteils so verstanden, dass Schmerzen, die beispielsweise bei einer Operation als unbeabsichtigte Nebeneffekte zugefügt werden und die die Handelnden sogar möglichst zu reduzieren versuchen, keine Folter sind.[385] Nach diesem Ansatz ist die Genitalverstümmelung somit bereits aus diesem Grund keine Folter.

Auch sonst kann die Genitalverstümmelung nur unter der weiteren Voraussetzung Folter sein, dass mit ihr eines der in Art. 1 Abs. 1 S. 1 der UN-Folterkonvention genannten Ziele verfolgt wird. Vorliegend kommt nur ein anderer, auf irgendeiner Art von Diskriminierung beruhender Grund in Betracht. Teilweise wird angenommen, dass nur öffentliche Interessen einen solchen Grund bilden können.[386] Jedenfalls verfolgt der Handelnde nach allgemeiner Auffassung

---

[381] vgl. allerdings die Auffassung des *HRC*, GC 7, § 2, abgedruckt bei *Joseph/Schultz/Castan*, [9.17], wonach auch sonstige von Privaten ausgehende Beeinträchtigungen Folter sein können.

[382] vgl. hierzu *Joseph/Schultz/Castan*, [9.10].

[383] s. u. 2. Kapitel A. VII.

[384] *Collin*, Dictionary of Law, 190.

[385] *Burgers/Danelius*, 119; weitergehend wird sogar verlangt, dass die Zufügung der Schmerzen „specifically intended" sein muss, *Boulesbaa*, 21 m. w. N.

[386] *Burgers/Danelius*, 118 f.

ein solches Ziel nicht, wenn er keine böswillige Absicht hat.[387] Mit der Genitalverstümmelung soll aber regelmäßig nur das vermeintlich Beste für das Mädchen oder die Frau erreicht werden. Dies gilt auch in dem Fall, in dem die Genitalverstümmelung gegen den Willen durchgeführt wird. Selbst wenn die Genitalverstümmelung zur Strafe für ein außereheliches Verhalten vorgenommen wird, soll damit dem Mädchen bzw. der Frau geholfen werden, seine bzw. ihre Triebe unter Kontrolle zu halten. Mit der Genitalverstümmelung wird somit keines der in Art. 1 Abs. 1 S. 1 der UN-Folterkonvention genannten Ziele verfolgt[388], so dass sie keine Folter ist.

bb. Grausame, unmenschliche oder erniedrigende Behandlung

Die Genitalverstümmelung könnte aber eine grausame, unmenschliche oder erniedrigende Behandlung i. S. d. Art. 7 S. 1 IPBPR sein.

(1) Unmittelbar private Verfolgung

Insofern kann die Genitalverstümmelung auch unmittelbar private Verfolgung sein, da eine grausame, unmenschliche oder erniedrigende Behandlung auch von Privaten ausgehen kann.[389] Aus der Formulierung des Art. 7 S. 1 IPBPR, dass niemand einer solchen Behandlung unterzogen werden darf, sowie aus der Tatsache, dass Art. 7 IPBPR nicht einschränkbar ist, geht auch deutlich hervor, dass jede Handlung, die diese Tatbestandsvoraussetzungen erfüllt, zu unterlassen ist. Die Genitalverstümmelung ist daher unmittelbar private Verfolgung, wenn sie eine grausame, unmenschliche oder erniedrigende Behandlung i. S. d. Art. 7 S. 1 IPBPR ist.

Eine Behandlung kann nach Wortsinn und systematischer Zusammenschau mit dem Begriff Folter nur grausam oder unmenschlich sein, wenn sie intensive körperliche und/oder psychische Leiden zufügt, die aber nicht die für Folter erforderliche Schwere erreichen müssen.[390] Wenn die Beschneidung traditionell, d. h. ohne Narkose und mit unsterilen Mitteln vorgenommen wird, entstehen bei jeder Form der Verstümmelung sofort starke körperliche Schmerzen und starke Blutungen. Diese können – mitbedingt durch die Verwendung unsteriler Werkzeuge – zum Ausbruch von Wundkrankheiten und zum Tod führen. Alle Formen der Verstümmelung führen zudem zu einem irreparablen Verlust der Klitoris, Infibulation und Exzision darüber hinaus zum Verlust der Schamlippen. Bei allen drei Formen kann es zudem während des gesamten Lebens zu teilweise schwerwiegenden Be-

---

[387] *Nowak*, Art. 7 Rn. 6; *Joseph/Schultz/Castan*, [9.09].
[388] so auch *Richter* in *Grote/Marauhn*, 89 (129).
[389] *HRC*, GC 20, § 2; *Joseph/Schultz/Castan*, [9.19]; *Nowak*, Art. 7 Rn. 20.
[390] *Nowak*, Art. 7 Rn. 12; siehe auch supra unter B. I. 1. b. cc.

einträchtigungen der Gesundheit kommen.[391] Nach einer Infibulation ist vor dem ersten Geschlechtsverkehr sowie vor der ersten Geburt eine Defibulation erforderlich, die mit den gleichen Schmerzen wie die erstmalige Beschneidung verbunden ist und ein erneutes Infektionsrisiko darstellt.[392]

Wenn die Verstümmelung unter Narkose und mit sterilen Mitteln ausgeführt wird, sind die Schmerzen während des Verstümmelungsvorganges abgemildert und durch das Verwenden steriler Geräte ist auch die akute Infektionsgefahr gemindert. Allerdings treten nach der Narkose ebenfalls starke Schmerzen auf. Zudem besteht nach der Behandlung ein hohes Infektionsrisiko, da die Mädchen bzw. Frauen i. d. R. im direkten Anschluss an die Verstümmelung aus dem Krankenhaus entlassen werden oder die Behandlung gar nicht im Krankenhaus erfolgt. Zudem sind die sonstigen Beeinträchtigungen identisch, so dass auch in diesem Fall Beeinträchtigungen mit Verfolgungsintensität herbeigeführt werden. Alle Formen der Genitalverstümmelung sind somit von ihrer Intensität her eine grausame oder unmenschliche Behandlung.

Allerdings könnte der Genitalverstümmelung der grausame oder unmenschliche Charakter dadurch genommen werden, dass die Handelnden regelmäßig nur das Beste für die Frau bzw. das Mädchen wollen. Das mit der Handlung verfolgte Ziel ist nämlich auch bei der Beurteilung, ob es sich um eine grausame oder unmenschliche Behandlung handelt, nicht ohne Bedeutung: So ist es als eine solche Behandlung zu beurteilen, wenn ein Fuß als Strafe amputiert wird, nicht aber wenn die Amputation zur Lebensrettung erforderlich ist.[393] Anders als für eine „Folter" ist es aber keine Voraussetzung für eine grausame oder unmenschliche Behandlung, dass hiermit eine diskriminierende oder erniedrigende Intention verfolgt wird.[394] Zudem kann eine Beeinträchtigung von Art. 7 S. 1 IPBPR mit keinem Interesse gerechtfertigt werden, nicht einmal mit einem Notstand i. S. d. Art. 4 Abs. 1 IPBPR.[395] Diese Wertung darf nicht durch eine einschränkende Auslegung des Tatbestands umgangen werden. Eine von ihrer Art her grausame oder unmenschliche Behandlung kann ihren Charakter daher nur in eng begrenzten Ausnahmefällen verlieren.

Aus der systematischen Zusammenschau mit Art. 7 S. 2 IPBPR ergibt sich, dass ein solcher Ausnahmefall vorliegt, wenn eine von Natur aus grausame oder unmenschliche Behandlung mit der freiwilligen Zustimmung der Betroffenen erfolgt.[396] In diesem Fall ist eine Genitalverstümmelung daher ebenfalls keine solche

---

391 s. u. 2. Kapitel A. IV. 1.

392 s. u. 2. Kapitel A. I.

393 *Joseph/Schultz/Castan*, Art. 7 [9.25 f].

394 *Nowak*, Art. 7 Rn. 10.

395 *HRC*, GC 20, § 3, abgedruckt bei *Joseph/Schultz/Castan*, [9.24]; vgl. *Joseph/Schultz/Castan*, [9.24 ff].

396 *Nowak*, Rn. 30 f.

Behandlung.[397] Eine solche Zustimmung liegt hier aber weder in Situation 1 vor, in der das Mädchen/die Frau sogar den gegenteiligen Willen geäußert hat, noch in Situation 2, in der das Mädchen nicht dazu in der Lage ist, freiwillig zuzustimmen. In Situation 2 könnte aber auf die Zustimmung der Erziehungsberechtigten abgestellt werden. Wegen der extremen physischen und psychischen Leiden und der irreparablen Folgen kann die Entscheidung für die Vornahme der Genitalverstümmelung aber nur höchstpersönlich von den Mädchen getroffen werden.[398] Etwas anderes kann sich auch nicht aus der systematischen Zusammenschau mit dem in Art. 18 Abs. 4 IPBPR normierten religiösen Erziehungsrecht der Eltern ergeben. Dieses gewährt den Eltern zwar das Recht, ihr Kind religiös zu prägen, berechtigt sie aber nicht dazu, unumkehrbare Entscheidungen zu treffen.[399] Dies wird auch durch Art. 19 Abs. 1 KK bestätigt, wonach das Kind vor schädlichen Handlungen der Eltern zu schützen ist.

Eine vom Charakter grausame oder unmenschliche Handlung kann zudem, wie aus dem zuvor genannten Beispiel deutlich wird, ausnahmsweise rechtmäßig sein, wenn die Vornahme der Handlung zur Rettung übergeordneter Interessen der Betroffenen erforderlich ist. Die Genitalverstümmelung soll die Mädchen und Frauen davor bewahren, unkeusch zu sein, sie sollen in die Gemeinschaft aufgenommen werden, einen Ehemann finden, gute Muslime bzw. Christen werden sowie vor Krankheit und Unfruchtbarkeit bewahrt werden. Diese Interessen sind bei objektiver Betrachtung allerdings schon nicht als übergeordnet anzusehen. Jedenfalls ist es nicht erforderlich, die Genitalverstümmelung ohne freiwillige Zustimmung der Mädchen und Frauen auszuführen. Dies ergibt sich auch aus Art. 4 S. 1 der Erklärung zur Beseitigung jeder Gewalt gegen Frauen. Hiernach kann keinerlei Brauch, Tradition oder religiöse Erwägung Gewalt gegen Frauen rechtfertigen, worunter nach Art. 2 lit. a dieser Erklärung auch die weibliche Beschneidung fällt. Die Genitalverstümmelung ist somit eine grausame oder unmenschliche Handlung, wenn sie ohne die freiwillige Zustimmung des Mädchens oder der Frau ausgeführt wird.

---

397 a. A. *Mlinar*, 93 und *Richter* in *Grote/Marauhn*, 89 (193 ff). Letztere hält eine solche Einwilligung generell für unbeachtlich, da diese für das Individuum zu unabsehbaren Auswirkungen führt, zudem die Geltung der Menschenrechte in Frage stellt, da Frauen in einem Staat, in dem sie beschnitten werden nicht mit Gleichberechtigung und Chancengleichheit rechnen können. Diese Argumentation wird bspw. von *Shell-Duncan* in *Shell-Duncan*, 1 (32) mit dem Verweis auf Schönheitsoperation von Frauen in westlichen Staaten abgelehnt.

398 vgl. bzgl. der in Art. 7 S. 2 IPBPR geregelten Fälle *HRC*, CC on USA, (1995) UN doc. CCPR/C/79/Add.50: „The committee is concerned that, in some states, non-therapeutic research may be conducted on minors or mentally-ill patients on the basis of surrogate consent, in violation of the provisions in article 7 of the Covenant", abgedruckt bei *Joseph/Schultz/Castan*, [9.73]; auch in der Entscheidung Mademoiselle X, CRR, E. v. 18. September 1991, Public Law 1993, 195 (198) wird angenommen, dass eine Genitalverstümmelung mit Einwilligung der Eltern Verfolgung ist, auszugsweise abgedruckt bei *Wolter*, 425.

399 *Richter* in *Grote/Marauhn*, 89 (196 ff).

Wenn sie gegen den ausdrücklich erklärten Willen durchgeführt wird, ist sie noch zusätzlich erniedrigend. Eine Genitalverstümmelung ist somit unmittelbar private Verfolgung, sofern sie nicht mit der freiwilligen Zustimmung der Mädchen erfolgt.

(2) Mittelbar staatliche Verfolgung

Die Genitalverstümmelung ist mittelbar staatliche Verfolgung, wenn der Herkunftsstaat es unterlässt, mit due diligence hiergegen vorzugehen. Der Menschenrechtsausschuss hat konkretisiert, welche Maßnahmen ein Vertragsstaat zu ergreifen hat, um einer Beeinträchtigung von Art. 7 S. 1 IPBPR entgegenzuwirken. Dieser hat präventiv ein Strafgesetz zu erlassen; repressiv hat er, wie sich schon aus Art. 2 Abs. 3 IPBPR ergibt, sicherzustellen, dass effektiver Rechtsschutz gegen die Maßnahmen erlangt werden kann.[400] Es muss daher möglich sein, die Beeinträchtigung anzuzeigen und diese Anzeige muss unverzüglich, vorurteilsfrei und qualifiziert bearbeitet und die Täter müssen bestraft werden.[401] Ähnlich fordert Art. 4 lit. c der Erklärung zur Beseitigung jeder Gewalt gegen Frauen, dass die Staaten „mit der gebührenden Sorgfalt vorgehen [müssen], um Gewalthandlungen gegen Frauen zu verhüten, zu untersuchen und im Einklang mit ihren innerstaatlichen Rechtsvorschriften zu bestrafen".

Die Genitalverstümmelung weist gegenüber einer sonstigen grausamen, unmenschlichen oder erniedrigenden Behandlung die Besonderheit auf, dass sie im sozialen Nahraum vorgenommen und üblicherweise als überlebensnotwendig für die Gemeinschaft angesehen wird. Die effektivste Möglichkeit, gegen die Genitalverstümmelung vorzugehen, ist daher nicht der Erlass eines Strafgesetzes, sondern sind Aufklärungsmaßnahmen über Hintergründe und Folgen der Praxis sowie das Anbieten von Ersatzritualen.[402] Ein spezielles Verbot der Genitalverstümmelung kann hierzu je nach der Situation im Herkunftsstaat eine sinnvolle begleitende Maßnahme sein. Eine Strafbewehrtheit dieses Verbots ist dagegen nicht sinnvoll, da Anzeigen nicht zu erwarten sind und es die Gefahr in sich birgt, dass Mädchen und Frauen, deren Wunden sich entzündet haben, aus Furcht vor einer Bestrafung nicht ärztlich behandelt werden.[403] Die erforderlichen staatlichen Aufklärungsmaßnahmen sind vom CEDAW-Committee dahingehend konkretisiert worden, dass ein Staat Frauenorganisationen, die gegen Genitalverstümmelung vorge-

[400] *HRC*, GC 20, § 14, abgedruckt bei *Joseph/Schultz/Castan*, [9.83].

[401] *HRC*, GC 20, § 14, abgedruckt bei *Joseph/Schultz/Castan*, [9.83].

[402] vgl. *CEDAW-Committee*, GR 14; *An-Na'im* in *Cook*, 167 (176 ff); sowie die Ausführungen unter 2. Kapitel A. VII.

[403] vgl. aber *HRC*, CC on United Republic of Tanzania (1998) UN doc. CCPR/C/79/Add.97, § 11, wo es begrüßt wird, dass Tansania die Genitalverstümmelung unter Strafe gestellt hat.

hen, zu unterstützen hat.[404] Zudem hat er Erziehungs- und Trainingsprogramme zu entwickeln und durchzuführen und staatliches Gesundheitspersonal, beispielsweise Hebammen, mit der Aufklärung vor Ort zu betrauen. Außerdem sollte er sich bemühen, einflussreiche religiöse oder regionale Führungspersönlichkeiten dafür zu gewinnen, dass sie sich gegen die Genitalverstümmelung aussprechen.[405] Der Herkunftsstaat hat die Aufklärungsmaßnahmen dabei jedenfalls in dem Umfang zu finanzieren, den er auch für eine effektive Umsetzung einer Strafnorm hätte aufwenden müssen. Der Menschenrechtsausschuss hält zudem generell die staatlichen Verpflichtungen aus Art. 7 IPBPR für nicht nach der Finanzkraft modifiziert.[406]

Die staatlichen Behörden haben Genitalverstümmelungen außerdem zu verhindern, wenn sie ihnen im Einzelfall bekannt werden. Es ist daher eine entsprechende (behördliche) Struktur zu schaffen, die ein Eingreifen im Einzelfall ermöglicht. Hierzu gehört – allerdings im Rahmen der finanziellen Möglichkeiten – auch das Bereitstellen von Einrichtungen, die den Frauen oder Mädchen vor einer akut drohenden Verstümmelung Schutz gewähren.[407]

b. Maßstab: Art. 17 IPBPR

Die Genitalverstümmelung könnte auch gemessen an Art. 17 Abs. 1 Var. 1 IPBPR Verfolgung sein. So ist in Art. 17 Abs. 1 Var. 1 IPBPR die körperliche Integrität und die sexuelle Selbstbestimmung als Teil des Privatlebens auch vor Beeinträchtigungen durch Private geschützt.[408] Durch alle Formen der Genitalverstümmelung werden beide Aspekte vorsätzlich und irreparabel beeinträchtigt.

Aus Art. 17 Abs. 1 Var. 1 IPBPR folgt die hinreichend konkrete fiktive Verpflichtung der Privaten, die Genitalverstümmelung zu unterlassen. Zwar ist nicht jede Beeinträchtigung des Privatlebens verboten, sondern nur willkürliche Beeinträchtigungen, so dass dem Staat bei der Entscheidung, ob er eine private Verhaltensweise untersagt, wohl eine gewisse Einschätzungsprärogative einzuräumen ist. Dies kann allerdings für die Genitalverstümmelung nicht gelten, da hierdurch die sexuelle Autonomie, die zum Kernbereich der menschlichen Persönlichkeit gehört, irreparabel beeinträchtigt wird. Die Genitalverstümmelung ist daher nur ausnahmsweise kein willkürlicher Eingriff in das Privatleben, wenn sie mit der

---

404 *CEDAW-Committee*, GR 14, HRI/GEN/1/Rev.5, 211 f. Hierauf kann Bezug genommen werden, da das *CEDAW-Committee* diese Äußerungen zwar im Rahmen der Frauenkonvention abgegeben hat, aber keine Anforderungen stellt, die sich speziell aus der Frauenkonvention ergeben.

405 *CEDAW-Committee*, GR 14, HRI/GEN/1/Rev.5, 211 f; die gleichen Maßnahmen hält auch *An-Na'im* in *Cook*, 167 (178 f) für sinnvoll.

406 s. *HRC*, GC 20, § 10, abgedruckt bei *Joseph/Schultz/ Castan*, [9.75]; sowie generell *Joseph/Schultz/ Castan*, [1.73] m. w. N.

407 vgl. hierzu die Ausführungen zur häuslichen Gewalt unter B. II. 1. a. bb.

408 *HRC*, GC 16, § 1 abgedruckt bei *Joseph/Schultz/Castan*, [16.18]; *Joseph/Schultz/Castan*, [16.07, 16.18 f]; *Nowak*, Art. 17 Rn. 6, 18, 25.

freien Zustimmung der Betroffenen erfolgt.[409] In allen anderen Fällen folgt daher aus Art. 17 Abs. 1 Var. 1 IPBPR die fiktive Verpflichtung Privater alle Arten der Genitalverstümmelung zu unterlassen. Die Genitalverstümmelung ist daher auch gemessen an Art. 17 Abs. 1 Var. 1 IPBPR unmittelbar private Verfolgung.

Zudem ist sie mittelbar staatliche Verfolgung, wenn der Herkunftsstaat es unrechtmäßig unterlassen hat, hiergegen vorzugehen. Diesbezüglich kann auf die Ausführungen zu Art. 7 S. 1 IPBPR verwiesen werden.[410]

c. Maßstab: Art. 6 Abs. 1 IPBPR

Die Genitalverstümmelung könnte auch gemessen an dem in Art. 6 Abs. 1 IPBPR geschützten Recht auf Leben Verfolgung sein.[411] Sofern die Genitalverstümmelung zum Tod führt, wird dieser aber nicht vorsätzlich, sondern fahrlässig verursacht. Die Verwendung des Wortes „deprived" in Art. 6 Abs. 1 S. 3 IPBPR in der verbindlichen Sprache Englisch spricht dafür, dass das Recht auf Leben nur durch vorsätzliche Tötungen beeinträchtigt werden kann. Aus den vorbereitenden Arbeiten geht aber hervor, dass das Wort „arbitrarily" dem Wort „intentionally" vorgezogen wurde, um auch Fälle unabsichtlicher Tötung, d. h. Tötungen mit dolus eventualis oder fahrlässige Tötungen, zu erfassen.[412] Daher wird angenommen, dass Art. 6 Abs. 1 S. 3 IPBPR auch vor dem Todeseintritt schützt, der durch „negligence or recklessness" herbeigeführt wird.[413] Dies gelte auch für solche Tötungen, die von Privaten im privaten Bereich ausgeführt werden.[414] Selbst wenn Art. 6 Abs. 1 S. 3 IPBPR auch vor solchen Beeinträchtigungen schützt, lässt sich hieraus nicht die konkrete fiktive Verpflichtung der Privaten entnehmen, die Genitalverstümmelung zu unterlassen, da diese keine solche Tötung ist. Die eine Genitalverstümmelung vornehmenden Personen handeln nämlich i. d. R. nicht mit „negligence or recklessness"[415]. Vielmehr halten sie den Tod für einen unvermeidbaren Schicksalsschlag, da sie die todbringenden Zusammenhänge nicht kennen. Gemessen an diesem Maßstab ist die Genitalverstümmelung daher weder unmittelbar private noch mittelbar staatliche Verfolgung.

---

409 *Nowak*, Art. 17 Rn. 25.

410 Zwar können prinzipiell aus Art. 17 Abs. 1 IPBPR andere Handlungspflichten des Staates folgen als aus Art. 7 IPBPR. Hier sind die Handlungspflichten aber übereinstimmend, da gegen die gleiche Handlung vorgegangen werden soll.

411 s. u. 2. Kapitel A. IV. 1.

412 *Bossuyt*, 123; *Nowak*, Art. 6 Rn. 12.

413 *Joseph/Schultz/Castan*, [8.38].

414 s. *HRC*, GC 28, § 10 abgedruckt bei *Joseph/Schultz/Castan*, 636; *Joseph/Schultz/Castan*, [8.37 f] m. w. N.

415 „Recklessness" bedeutet: „taking risks, without caring if other people may be harmed", *Collin*, 307; „negligence" hat im Sinne von „criminal negligence" die Bedeutung: „acting recklessly with the result that harm ist done to other people", *Collin*, 241.

d. Maßstab: Art. 18 Abs. 1 IPBPR

Auch gemessen an Art. 18 Abs. 1 IPBPR ist die Genitalverstümmelung keine Verfolgung: Die Genitalverstümmelung beeinträchtigt die negative Religionsfreiheit nicht, da sie selbst in den Regionen, in denen sie für religiös gefordert gehalten wird, anders als die männliche Beschneidung weder symbolisch die Zugehörigkeit zu einer Religion besiegelt noch kultische Handlung einer Religion ist.

2. Defibulation

Auch in Situation 3, in der die Frau bereits beschnitten ist, wird es für möglich gehalten, dass sie verfolgt wird.[416] Dem kann nicht gefolgt werden. Als Verfolgungshandlung kommt in dieser Situation nur die Defibulation in Betracht, die nach einer Infibulation vor dem ersten Geschlechtsverkehr und vor der Geburt eines Kindes erforderlich ist. Die Defibulation führt zwar zu Beeinträchtigungen, die mit einer Genitalverstümmelung vergleichbar sind und ist daher von der Art her eine grausame oder unmenschliche Behandlung i. S. d. Art. 7 S. 1 IPBPR. Sie entspricht aber regelmäßig dem geäußerten oder mutmaßlichen Willen der Frau und ist daher keine Verfolgung.

3. Soziale Ausgrenzung unbeschnittener Frauen

In Situation 4 kommt als Verfolgung die soziale Ausgrenzung unbeschnittener Frauen in Betracht.[417] Diese könnte eine erniedrigende Behandlung i. S. d. Art. 7 S. 1 Var. 4 IPBPR sein. Bisher hat sich der Menschenrechtsausschuss noch nicht dazu geäußert, unter welchen Voraussetzungen soziale Ausgrenzung bzw. allgemein von Privaten ausgehende Diskriminierungen eine erniedrigende Behandlung sind. Da aber neben der Herabwürdigung auch physische und psychische Auswirkungen von einiger Erheblichkeit erforderlich sind, kann dies allenfalls bei einer jahrelangen sozialen Isolation angenommen werden.[418] Allerdings wird eine solche Beeinträchtigung erst durch die Summe verschiedener Einzelhandlungen herbeigeführt. Diese Einzelhandlungen können aber zu einer Verfolgungshandlung zusammengezogen werden, wenn die Personen, wie zumeist, aufgrund einer gemeinsamen Überzeugung und in Kenntnis des Verhaltens der anderen handeln. In diesem Fall ist die soziale Ausgrenzung somit gemessen an Art. 7 S. 1 IPBPR unmittelbar private Verfolgung. Sie ist zugleich mittelbar staatliche Verfolgung, wenn

---

[416] *Crawley*, 186 f; *Spijkerboer*, 43.

[417] so *Crawley*, 188 f.

[418] vgl. hierzu auch VG Karlsruhe, U. v. 18. März 1998, A 10 K 11655/96, Streit 1998, 178 (180), wo bzgl. der Situation in Afghanistan unter der Herrschaft der Taliban angenommen wurde, dass soziale Ausgrenzung und Stigmatisierung auch unterhalb der Schwelle von Körperverletzungen eine erniedrigende Behandlung i. S. d. Art. 3 EMRK sein können.

der Herkunftsstaat hiergegen nicht mit due diligence vorgeht. Am effektivsten sind auch hier Aufklärungsmaßnahmen.

Auch nach Art. 26 IPBPR sind von Privaten ausgehende beständige Diskriminierungen, sofern sie wie hier im halb-öffentlichen Bereich stattfinden, von staatlichen Organen zu verhindern.[419] Hieraus lässt sich aber nicht die fiktive Verpflichtung des einzelnen Privaten entnehmen, eine diskriminierende Behandlung im halb-öffentlichen Bereich zu unterlassen. Allerdings sind Private hiernach fiktiv verpflichtet, keine gemeinschaftliche Diskriminierung von unbeschnittenen Frauen vorzunehmen. Ausreichende Intensität ist erreicht, wenn entweder eine jahrelange soziale Isolation mit entsprechenden intensiven psychischen Folgen droht und/oder wenn zahlreiche Menschenrechte in der Gemeinschaft nicht mehr wahrgenommen werden können. In diesem Fall sind die Handlungen der Privaten zusammengenommen unmittelbar private Verfolgung. Unter den gerade dargelegten Voraussetzungen ist die soziale Ausgrenzung zudem mittelbar staatliche Verfolgung.

Auch aus Art. 2 lit. b, c FraK folgt die (fiktive) Verpflichtung eines Herkunftsstaats, jede diskriminierende Handlung, auch wenn sie von Privaten ausgeht, zu verbieten und Frauen wirksam hiervor zu schützen. Dennoch lässt sich hieraus nicht die konkrete fiktive Verpflicitung eines Privaten entnehmen, jede Diskriminierung von Frauen wegen ihres Geschlechts zu unterlassen. Art. 2 lit. b, c ist nämlich im Zusammenhang mit den nachfolgenden Vorschriften zu lesen, aus denen sich hinreichend konkrete fiktive Verpflichtungen der Privaten jeweils nicht entnehmen lassen. Hieraus ergibt sich somit nichts anderes als aus Art. 26 IPBPR.

III. Gewalt in der Familie

1. Häusliche Gewalt an Ehefrauen

In der internationalen Rechtsprechung und Literatur wird thematisiert, ob bzw. unter welchen Voraussetzungen häusliche Gewalt an Ehefrauen Verfolgung ist. Diese wurde in mehreren kanadischen Entscheidungen[420] sowie in der Entschei-

---

[419] *Nowak*, Art. 26 Rn. 31.

[420] *Lim v. Canada (M.C.I)*, F.C., E. v. 19. Juli 2000, IMM-4333-99 (Südkorea); *Tobar v. Canada (M.C.I.)* F.C. (T.D.), E. v. 26. Mai 1999, IMM-1139-98 (Chile); *D'Mello v. Canada (M.C.I.)* F.C. (T.D.), E. v. 22. Januar 1998, IMM-1236-97 (Indien); *Narvaez v. Canada (M.C.I)*, F.C. (T.D.), E. v. 9. Februar 1995, IMM-3660-94 (Ecuador); *Mayers v. Canada*, [1993] 97 D.L.R. 729 (Trinidad); Entscheidungen des CRDD vom 7. März 2001, A99-00782 bzgl. Polen, vom 14. September 1999, A98.05-403 bzgl. der Ukraine; verneint wurde der Flüchtlingsstatus mangels begründeter Furcht vor Verfolgung wegen des ausreichenden innerstaatlichen Schutzes hingegen bspw. in *Cho v. Canada* (M.C.I.), F.C. (T.D.), E. v. 9. August 2000, IMM-4029-99 (Südkorea); *Quintana v. Canada* (Chile); häusliche Gewalt wird zudem in den kanadischen RL, B. als Form von Verfolgung angesehen.

dung *Islam and Shah* des House of Lords[421] und der australischen Entscheidung *Khawar*[422] als Verfolgung angesehen. Auch in der US-amerikanischen Rechtsprechung wird zwar das Vorliegen eines Verfolgungsgrundes, nicht aber das Vorliegen von Verfolgung problematisiert.[423] In der Literatur werden die Gewaltanwendungen und Vergewaltigungen teilweise explizit als Folter, unmenschliche oder erniedrigende Behandlung bezeichnet[424], des Weiteren als Verstoß gegen das Sklavereiverbot, das Recht auf Freiheit und Sicherheit und das Recht auf Leben[425].

a. Körperliche Gewaltanwendungen

aa. Maßstab: Art. 7 S. 1 IPBPR

Körperliche Gewaltanwendungen sind gemessen an Art. 7 S. 1 IPBPR unmittelbar private Verfolgung, wenn sie eine grausame, unmenschliche oder erniedrigende Behandlung sind. Dies ist bei einmaligen Gewaltanwendungen, die zu intensiven körperlichen Beeinträchtigungen mit dauerhaften Schäden führen, gegeben, bspw. beim Abschneiden der Nase oder Säureverätzungen. Zudem sind wiederholte, sich über Jahre hinziehende Gewaltanwendungen, denen die Frau faktisch nicht entkommen kann, als eine solche Behandlung anzusehen.[426] Eine Frau kann diesen Gewaltanwendungen nicht entkommen, wenn sie ökonomisch von ihrem Mann abhängig ist und/oder eine Scheidung de iure oder de facto ausgeschlossen ist. Vergewaltigungen sind nach den unten ausführlich dargestellten Voraussetzungen regelmäßig unmenschliche oder erniedrigende Behandlungen.[427] Dies gilt auch für eine Vergewaltigung in der Ehe, wie sich bestätigend auch aus Art. 2 lit. a der Erklärung über die Beseitigung jeder Gewalt gegen Frauen ergibt.[428]

Die Gewaltanwendungen sind mittelbar staatliche Verfolgung, wenn sie als Folter i. S. d. Art. 7 S. 1 Var. 1 IPBPR anzusehen sind. Dies kommt bei besonders grausamen Gewaltanwendungen mit irreparablen Folgen[429] oder bei dauerhaftem psychischem Stress in Betracht. Weitere Voraussetzung ist aber, dass staatliche

---

421 *Islam and Shah*, IJRL 1999, 496 ff (Pakistan).

422 *Khawar*, 3, 24 ff bzgl. Pakistan.

423 bspw. *Lazo-Majano*, [1987] 813 F.3d 1432 bzgl. Vergewaltigung und Gewaltanwendungen; *Aguirre-Cervantez v. INS*, [2001] 242 F.3d 1169; *In re R-A-* (aus anderen Gründen aufgehoben).

424 bspw. CRDD, E. v. 1. November 1997, T91-01497; *Anker*, 258 ff.

425 *Binder*, 297.

426 vgl. *HRC*, GC 28, § 11: „To asses compliance with article 7 of the Covenant [...] the Committee needs to be provided information on national laws and practices with regard to domestic and other forms of violence against women including rape", abgedruckt bei *Joseph/Schultz/Castan*, 636; *Anker*, 210, *Binder*, 297; *Bower*, Geo.Imm.L.J. 1993, 173 (186 f); *Crawley*, 131 f; *Goldberg*, Corn.ILJ 1993, 565 (583); *Kelly*, Corn.ILJ 1993, 625 (645).

427 s. infra unter B. VI. 1. a.

428 s. infra unter B. VI. 1. b.

429 s. zu den Formen der häuslichen Gewalt unter 2. Kapitel D.

Organe von der konkreten Gewaltanwendung oder den dauerhaften Gewaltanwendungen Kenntnis haben und hiergegen bewusst nichts unternehmen.[430] Dies kann nur in (seltenen) Einzelfällen angenommen werden, da die handelnden Organe zumeist keine solch konkrete Kenntnis haben werden. Wenn eine solche Kenntnis ausnahmsweise besteht, sind die Gewaltanwendungen zugleich Folter, da sie auf der Erniedrigung von Ehefrauen bzw. Frauen insgesamt und damit auf irgendeiner Art von Diskriminierung i. S. d. Art. 1 Abs. 1 S. 1 der UN-Folterkonvention beruhen.

Die Gewaltanwendungen sind zudem mittelbar staatliche Verfolgung, wenn der Herkunftsstaat es unterlässt, mit due diligence gegen Gewaltanwendungen des Ehemannes, die den Gewährleistungsbereich des Art. 7 S. 1 IPBPR berühren, vorzugehen. Aus Art. 4 lit. c der Erklärung über die Beseitigung der Gewalt gegen Frauen und aus einer Empfehlung des CEDAW-Committee[431] lässt sich entnehmen, dass der Staat hiergegen präventiv und repressiv vorzugehen hat.[432] Aufgrund der Schwere der drohenden Beeinträchtigung wird präventiv i. d. R. der Erlass eines speziellen Strafgesetzes erforderlich sein.[433] Insofern ist aber auch die Zwangssituation der Frauen zu berücksichtigen, für die die Ehe häufig die einzige Möglichkeit eines menschenwürdigen Daseins in der Gesellschaft ist. Hieraus folgt, dass in dieser Situation regelmäßig nicht mit Anzeigen zu rechnen ist, so dass auch sonstige Maßnahmen, wie das Anbieten von Betreuungs- und Beratungsstellen dazu geeignet scheinen, häusliche Gewalt effektiv zu bekämpfen. Zu beachten ist auch, dass der Staat das in Art. 17 Abs. 1 Var. 1, 2 IPBPR geschützte Recht auf Freiheit vor willkürlichen Eingriffen in das Privatleben und die Familie zu respektieren hat.[434] Ein Herkunftsstaat hat daher nicht von sich aus zu erforschen, ob es in Familien zu Gewalttätigkeiten kommt.[435] Er hat aber gegen gesellschaftliche Vorstellungen vorzugehen, nach denen Ehemänner berechtigt sind, ihre Ehefrau-

---

430 s. auch die Ausführungen zur Genitalverstümmelung unter B. II. 1. a. aa.

431 *CEDAW-Committee*, GR 19, § 24, HRI/Gen.1/Rev.5, 219 ff.

432 generell zu den internationalen Bemühungen, Frauen vor häuslicher Gewalt zu schützen, s. *Thomas* in *Askin/Koenig*, I, 219 ff.

433 so *HRC*, CC on Gutatemala (1996) UN doc. CCPR/C/79/Add.63 § 33, *CEDAW-Committee*, GR 19, § 24 lit. a, r, HRI/Gen.1/Rev.5, 219 ff; *Hassan* in *Askin/Koenig*, II, 587 (609); *Thomas/Levi* in *Askin/Koenig*, I, 139 (143); vgl. auch die folgenden kanadischen Entscheidungen, in denen dies ebenfalls minimal für erforderlich gehalten wird, die aber im vorliegenden Zusammenhang insofern nur bedingt herangezogen werden können, als dort abweichend im Rahmen der begründeten Furcht vor Verfolgung geprüft wird, ob ausreichender staatlicher Schutz vorhanden ist, und dabei nicht direkt auf den due diligence Standard abgestellt wird: *Cho v. Canada (M.C.I.)*, F.C. (T.D.) 9. August 2000, IMM-4029-99 (Südkorea); *Lim v. Canada (M.C.I)*, F.C. 19. Juli 2000, IMM-4333-99 (Südkorea); *Tobar v. Canada (M.C.I.)* F.C. (T.D.) 26. Mai 1999, IMM-1139-98 (Chile); *Quintana v. Canada*.

434 s. auch: *Clapham*, 134 ff, 212 ff; *Wittinger*, 152; vgl. EGMR, *Airey v. Ireland*, Ser. A, 32, § 31.

435 vgl. *Künzli*, 242 ff.

en zu schlagen.[436] Dieser Verpflichtung kommt er nicht nach, wenn er auch nur „leichte“ Gewaltanwendungen gegenüber Ehefrauen als zulässig ansieht.[437] Weitere Ursache für häusliche Gewalt ist die untergeordnete Stellung von Frauen in der Gesellschaft. Sofern ein Herkunftsstaat die übrigen (fiktiven) Verpflichtungen einhält, ist ein Vorgehen hiergegen zwar wünschenswert aber nicht (fiktiv) verpflichtend.[438]

Ein Herkunftsstaat hat außerdem den Frauen, die von ihren Ehepartnern geschlagen werden, Schutz zu bieten. Dazu muss entsprechend dem zur Genitalverstümmelung Ausgeführten sichergestellt sein, dass es Stellen gibt, an die betroffene Frauen sich wenden können und die im Einzelfall effektive Maßnahmen ergreifen, um die Gewaltanwendung zu beenden.[439] Hierzu wird es häufig erforderlich sein, Schulungen durchzuführen, in denen die zuständigen Stellen aufgeklärt werden, dass sie zum Eingreifen verpflichtet sind.[440] Diesen Vorgaben ist nicht genügt, wenn die Stellen, bei denen die Frauen um Hilfe nachsuchen, sich für unzuständig halten, weil es sich um eine rein private Angelegenheit handele.[441] Ein effektiver Schutz ist nur gegeben, wenn es der Frau möglich ist, sich räumlich von ihrem Ehemann zu trennen.[442] In Staaten, in denen eine Ehefrau verpflichtet ist, sich an dem Ort aufzuhalten, an dem der Ehemann es bestimmt, muss es somit für diesen Fall eine effektive Ausnahmeregelung geben. Daher darf die Beweislast, dass eine solche Situation vorliegt, nicht auf Seiten der Frau liegen. Zudem erscheint es

---

436 *CEDAW-Committee*, GR 19, § 24 lit. f, HRI/Gen.1/Rev.5, 219; *Aguirre-Cervantes v. INS*, [2001] 242 F.3d 1169, in der bemängelt wird, dass es in nahezu allen mexikanischen Staaten legal war „for husbands to use 'correction' discipline to handle with wives and children“, *Matter of D-*; *Matter of M-K*; *Goldberg*, Corn.ILJ 1993, 565 (585).

437 so auch *Aguirre-Cervantes v. INS*, [2001] 242 F.3d 1169.

438 vgl. *CEDAW-Committee*, GR 19, § 24 lit. t, HRI/Gen.1/Rev.5, 221; in *Quintana v. Canada* wird dies ebenfalls nicht für erforderlich gehalten.

439 vgl. *CEDAW-Committee*, GR 19, § 24 lit. r (iii), HRI/Gen.1/Rev.5, 221; US-amerikanische Rechtsprechung *Aguirre-Cervantes v. INS*, [2001] 242 F.3d 1169; *Matter of D-*; *Goldberg*, Corn.ILJ 1993, 565 (585); *Macklin* in *Indra* 272 (290); *Thomas/Levi* in *Askin/Koenig*, I, 139 (143); vgl. auch die kanadische Rechtsprechung: *Cho v. Canada (M.C.I.)*, F.C. (T.D.) 9. August 2000, IMM-4029-99 (Südkorea); *Lim v. Canada (M.C.I)*, F.C. 19. Juli 2000, IMM-4333-99 (Südkorea); *Tobar v. Canada (M.C.I.)*, F.C. (T.D.), E. v. 26. Mai 1999, IMM-1139-98 (Chile), § 29; *Quintana v. Canada*; sowie Entscheidungen des CRDD, bspw. vom 7. März 2001, A 99-00782, bzgl. Polen; vom 14. September 1999, A 98-01035 bzgl. der Ukraine, beachte hierzu aber die Ausführungen in Fn. 433.

440 vgl. *Hassan* in *Askin/Koenig*, II, 587 (607 f).

441 *Thomas/Levi* in *Askin/Koenig*, I, 139 (143).

442 vgl. *Mees-Asadollah*, Streit 1998, 139 (149) hinsichtlich Art. 16a Abs. 1 GG.

sinnvoll, dass Telefon-Hotlines oder Schutzhäuser zur Verfügung stehen.[443] Eine (fiktive) Verpflichtung zu diesen Maßnahmen kann allerdings nur im Rahmen der finanziellen Möglichkeiten bestehen. Unabhängig hiervon haben die staatlichen Organe aber auf bestehende private Schutzmöglichkeiten hinzuweisen.

bb. Maßstab: Art. 9 Abs. 1 S. 1 Var. 2 IPBPR

Zugleich könnten die Gewaltanwendungen das in Art. 9 Abs. 1 S. 1 Var. 2 IPBPR geschützte Recht auf Sicherheit der Person beeinträchtigen. Dies beinhaltet nach überwiegender Auffassung den Schutz vor Beeinträchtigungen der körperlichen Integrität von Seiten Privater.[444] Andere lehnen dies hingegen mit dem Verweis darauf ab, dass der Begriff in Anlehnung an Art. 5 EMRK eingefügt wurde[445], wo der Begriff Sicherheit keine eigenständige Bedeutung hat.[446] Die Verwendung eines eigenen Begriffs spricht aber dafür, dass dieser auch einen eigenen Anwendungsbereich hat, zumal er erst durch einen Änderungsantrag[447] ausdrücklich aufgenommen wurde und zu diesem Zeitpunkt die Rechtsprechung des EGMR noch nicht bestand.[448]

Aus Art. 9 Abs. 1 S. 1 Var. 2 IPBPR ergibt sich aber nicht die konkrete fiktive Verpflichtung Privater, von jeder Gewaltanwendung Abstand zu nehmen. Dies gilt erst recht für Beeinträchtigungen im sozialen Nahraum, wo es eher zu verbalen und körperlichen Auseinandersetzungen kommt. Allerdings sind Private hiernach jedenfalls fiktiv verpflichtet, von solch schwerwiegenden Gewaltanwendungen Abstand zu nehmen, die typischerweise zu einem Flucht- oder Bleibegrund für Ehefrauen führen.[449] In diesem Fall sind die Gewaltanwendungen somit unmittelbar private Verfolgung. Sie sind unter den zu Art. 7 IPBPR dargelegten Voraussetzungen zudem mittelbar staatliche Verfolgung.

---

[443] vgl. *CEDAW-Committee*, GR 19, § 24 lit. r (iii), lit. t, HRI/Gen.1/Rev.5, 221; vgl. *HRC*, CC on Poland (1999), UN doc. CCPR/C/79/Add.110 § 14, wo das HRC sich darüber besorgt zeigt, dass Schutzeinrichtungen für Frauen nur eine kurze Zeit zur Verfügung stehen; *Aguirre-Cervantes v. INS*, [2001] 242 F.3d 1169; *Hassan* in *Askin/Koenig*, II, 587 (608); sowie die folgenden kanadischen Entscheidungen: *Tobar v. Canada (M.C.I.)* F.C. (T.D.), E. v. 26. Mai 1999, IMM 1139 98 (Chile), § 29; CRDD, E. v. 7. März 2001, A 99-00782, bzgl. Polen; CRDD, E. v. 14. September 1999, A 98-01035 bzgl. der Ukraine; beachte die Anmerkung in Fn. 433.

[444] *HRC*, Communication 195/1985 *Delgado v. Columbia* vom 12. Juli 1990, § 5.5, HRLJ 1990, 313 (317); *Joseph/Schultz/Castan*, [11.04]; *Nowak*, Art. 9 Rn. 7 ff; *Wiesbrock*, 21, vgl. aber auch *Dinstein* in *Henkin*, 114 (128 ff), der dem Recht auf Sicherheit neben dem Recht auf persönliche Freiheit wohl keinen eigenen Anwendungsbereich gibt.

[445] *Nowak*, Art. 9 Rn. 8 m. w. N.

[446] *Frowein/Peukert*, Art. 5 Rn. 53 ff m. w. N.

[447] *Bossuyt*, 196 m. w. N.

[448] vgl. *Nowak*, Art. 9 Rn. 8; *Wiesbrock*, 21.

[449] vgl. *Joseph/Schultz/Castan*, [11.04], [23.82].

cc. Maßstab: Art. 17 Abs. 1 Var. 1 IPBPR

Die Gewaltanwendungen des Ehemanns beeinträchtigen zudem das in Art. 17 Abs. 1 Var. 1 IPBPR geschützte Recht auf körperliche Integrität[450]. Hieraus ergibt sich ebenfalls die fiktive Verpflichtung der Privaten jedenfalls von solchen Beeinträchtigungen Abstand zu nehmen, die Verfolgungsintensität erreichen. In diesem Fall sind die Gewaltanwendungen des Ehemannes daher unmittelbar private Verfolgung. Diese sind unter den zu Art. 7 IPBPR dargelegten Voraussetzungen auch mittelbar staatliche Verfolgung.

b. Freiheitsentzug

Der Freiheitsentzug durch den Ehemann ist gemessen an Art. 9 Abs. 1 S. 1 Var. 1 IPBPR unrechtmäßig, sofern angenommen wird, dass hierdurch auch Schutz vor Beeinträchtigungen der persönlichen Freiheit durch Private gewährt werden soll.[451] Zumindest ist durch dieses Verhalten der Gewährleistungsbereich des Art. 12 Abs. 1 Var. 1 IPBPR beeinträchtigt.[452] Aus Art. 12 Abs. 1 Var. 1 IPBPR lässt sich auch die hinreichend konkrete fiktive Verpflichtung Privater erkennen, selbst Personen im sozialen Nahbereich nicht über einen unerheblichen Zeitraum hinaus einzusperren, so dass ein solcher Freiheitsentzug unrechtmäßig ist.

Zu ausreichend intensiven Beeinträchtigungen führen ein einmaliger mehrmonatiger Freiheitsentzug oder wiederholte kürzere Freiheitsentziehungen.[453] Unter diesen Voraussetzungen ist der Freiheitsentzug somit unmittelbar private Verfolgung. Er ist unter den zu Art. 7 IPBPR dargelegten Voraussetzungen mittelbar staatliche Verfolgung.

2. Tötung/Gewalt im Namen der Ehre

a. Unmittelbar private Verfolgung

Eine Tötung im Namen der Ehre ist gemessen an Art. 6 Abs. 1 IPBPR unmittelbar private Verfolgung. Aus Art. 6 Abs. 1 S. 3 IPBPR lässt sich die fiktive Verpflichtung Privater entnehmen, nicht vorsätzlich zu töten, es sei denn die Tötung ist ausnahmsweise gerechtfertigt. Kein zulässiger Rechtfertigungsgrund ist es, dass die

---

450 *Nowak*, Art. 17 Rn. 18.

451 so *Wiesbrock*, 20 f.

452 *HRC*, GC 27, § 6; *Joseph/Schultz/Castan*, [12.05].

453 siehe die Ausführungen unter B. I. 2. a. sowie *Crawley*, 131.

Tötung – aus der Perspektive der Handelnden – zur Wiederherstellung der Ehre durchgeführt werden muss.[454]

Gewaltanwendungen im Namen der Ehre sind bspw. das Verätzen mit Säure, das Abschneiden der Nase, das Zufügen von Verbrennungen. Diese Misshandlungen sind aus den bzgl. des Verfolgungscharakters von Gewalt an Ehefrauen dargelegten Gründen jeweils gemessen an Art. 7 S. 1, Art. 9 Abs. 1 S. 1 Var. 2, Art. 17 Abs. 1 Var. 1 IPBPR unmittelbar private Verfolgung.

b. Mittelbar staatliche Verfolgung

Tötung bzw. Gewaltanwendung im Namen der Ehre sind mittelbar staatliche Verfolgung, wenn der Herkunftsstaat die (fiktive) Verpflichtung verletzt hat, hiergegen vorzugehen. Ein Vertragsstaat des IPBPR hat nach Art. 6 Abs. 1 S. 2 IPBPR alle Tötungen unter Strafe zu stellen[455] und dieses Strafgesetz effektiv umzusetzen. Tötungen im Namen der Ehre sind dabei nicht anders zu bestrafen als sonstige vorsätzliche und rechtswidrige Tötungen. Dieser (fiktiven) Verpflichtung kommt ein Herkunftsstaat nicht nach, wenn für Tötungen im Namen der Ehre gesetzlich oder in der praktischen Anwendung Entschuldigungs- oder Strafmilderungsgründe bestehen.[456] Wegen der schweren Folgen und der häufig fehlenden Fluchtmöglichkeiten ist es zudem erforderlich, dass die staatlichen Stellen durch Aufklärungsmaßnahmen gegen die Vorstellung vorgehen, dass solche Tötungen rechtmäßig sind.[457] Zudem haben sie im Einzelfall Schutz zu bieten. Hierzu müssen die gleichen Vorkehrungen wie gegen die Genitalverstümmelung getroffen werden. Wichtig ist, dass den Mädchen und Frauen schnell Schutzmöglichkeiten zur Verfügung stehen, die hinreichend sicher sind.[458] Das ist nicht gegeben, wenn diese wie in Jordanien zwar zunächst in Schutzhaft genommen werden, auf eine schriftliche Erklärung der Familienmitglieder hin, dass ihnen nichts geschehen wird, aber wieder entlassen werden.[459] Die gleichen Maßnahmen hat ein Herkunftsstaat zur Verhütung der Gewaltanwendungen im Namen der Ehre zu treffen.

---

[454] *HRC*, GC 28, § 31: „The commission of so called honour crimes which remain unpunished, constitutes a serious violation of the Covenant and in particular of articles 6, 14 and 26", abgedruckt bei *Joseph/Schultz/Castan*, 642; interessant ist allerdings, dass in einer Fassung, in der zunächst jede Tötung verboten war, Honour Killings als Ausnahmegrund vorgeschlagen wurden (Drafting Committee, 2nd session, 1948, *Bossuyt*, 114), allerdings wurde dies nachfolgend nicht mehr als Ausnahme erwähnt (*Bossuyt*, 115 ff).

[455] vgl. *Nowak*, Art. 6 Rn. 4 allgemein; speziell *Hassan* in *Askin/Koenig*, II, 687 (609) bzgl. Tötung/Gewalt im Namen der Ehre.

[456] vgl. *CEDAW-Committee*, GR 19, § 24 lit. r (ii), HRI/Gen.1/Rev.5, 221.

[457] vgl. *CEDAW-Committee*, GR 19, § 24 lit. t HRI/Gen.1/Rev.5, 221.

[458] vgl. *CEDAW-Committee*, GR 19, § 24 lit. r HRI/Gen.1/Rev.5, 221; *Hassan* in *Askin/Koenig*, II, 587 (608).

[459] vgl. VG Berlin, U. v. 23. April 2001, VG 23X 6601, InfAuslR 2002, 160 (162).

Falls die Tötungen bzw. Gewaltanwendungen im Namen der Ehre in einer selbstverwalteten Zone vorkommen, wie sie beispielsweise in den Nordgebieten Pakistans besteht, ist dem Herkunftsstaat das Unterlassen der Stellen, die dort für die Schutzgewährung zuständig sind, über Art. 7 Nr. 2 bzw. Art. 8 lit. b ILC-Entwurf als eigenes Verhalten zuzurechnen, sofern diesen Stellen innerstaatlich die Befugnis zur Ausübung hoheitlicher Funktionen verliehen worden ist oder diese de facto Staatsorgane sind.

c. Unmittelbar staatliche Verfolgung

Auch wenn die Tötungen von einem Stammesgericht angeordnet werden, dessen Verhalten dem Herkunftsstaat nach dem gerade Ausgeführten unmittelbar zuzurechnen ist, sind diese ebenfalls nicht als Todesstrafe rechtmäßig, da die Handlungen, denen die Frauen bezichtigt werden, weder schwerste Verbrechen i. S. d. Art. 6 Abs. 2 S. 1 IPBPR sind, noch die Mindestanforderungen an ein Gerichtsverfahren eingehalten sind. In diesem Ausnahmefall ist die Tötung bzw. Gewaltanwendung im Namen der Ehre unmittelbar staatliche Verfolgung.

3. Tötung/Gewalt im Zusammenhang mit Mitgiftforderungen

Wenn Frauen als Reaktion auf eine nicht erfüllte Mitgiftforderung Gewaltanwendungen von Seiten des Ehemannes und/oder dessen Mutter zu erwarten haben, erreichen diese regelmäßig eine solche Schwere, dass sie entsprechend dem zur Gewalt an Ehefrauen Ausgeführten gemessen an Art. 7 S. 1, Art. 9 Abs. 1 S. 1 Var. 2, Art. 17 Abs. 1 Var. 1 IPBPR unmittelbar private Verfolgung sind. Eine Tötung ist gemessen an Art. 6 Abs. 1 IPBPR unmittelbar private Verfolgung.

Die Gewaltanwendungen bzw. Tötungen sind zudem mittelbar staatliche Verfolgung, wenn der Herkunftsstaat hiergegen nicht mit due diligence vorgeht. Er hat die Gewaltanwendungen und Tötungen unter Strafe zu stellen und dieses Verbot effektiv durchzusetzen. Dabei sind besonders intensive Ermittlungen in den Fällen vorzunehmen, in denen der Tod angeblich in einer für eine Mitgifttötung typischen Weise eingetreten ist, beispielsweise durch eine Ofenexplosion. Zudem hat er gegen die Praxis der Mitgiftzuwendungen vorzugehen. Dem wird die derzeitige Praxis in Indien nicht gerecht, wo es zwar ein Verbot dieser Zuwendungen gibt, dieses aber praktisch keine Wirkung hat.[460] Ein Herkunftsstaat muss auch gegen die diese Tötungen und Gewaltanwendungen begünstigende gesellschaftliche Vorstellung vorgehen, dass eine Frau, jedenfalls solange sie dem Mann noch keinen Sohn geboren hat, in der Gesellschaft keinen Wert hat. Hierzu hat er jedenfalls in staatlichen Schulen und in der Öffentlichkeit dieses Frauenbild nicht noch zu verstärken. Einer betroffenen Frau müssen zudem effektive Schutzmöglichkeiten

---

[460] s. u. 2. Kapitel C.

zur Verfügung stehen, insbesondere muss ihr eine räumliche Trennung von ihrem Ehemann ermöglicht werden.

4. Witwenverbrennung

In den Fällen, die unter dem Stichwort „Witwenverbrennung“ diskutiert werden, wird die Beeinträchtigung des Lebens häufig durch eine Selbsttötung herbeigeführt. In diesem Fall kann nur die soziale Ausgrenzung von Witwen, die Anlass für diese Handlung ist, Verfolgung sein.[461] Wenn die Witwenverbrennung eine Fremdtötung ist, weil die Witwe durch physische oder psychische Gewalt hierzu getrieben wird, ist sie gemessen an Art. 6 Abs. 1 IPBPR und Art. 7 S. 1 Var. 2 ff IPBPR unmittelbar private Verfolgung. Wenn mehrere Personen gemeinsam dieses Ziel verfolgen, ist deren Verhalten dabei als eine Verfolgungshandlung anzusehen.[462]

In diesem Fall ist die Witwenverbrennung entsprechend dem zu Tötungen im Namen der Ehre Ausgeführten auch mittelbar staatliche Verfolgung, wenn der Herkunftsstaat es unterlässt, diese Handlungen unter Strafe zu stellen und dieses Gesetz effektiv umzusetzen. Zudem müssen im Einzelfall effektive Schutzmaßnahmen für die betroffene Witwe ergriffen werden. Dies ist nicht der Fall, wenn die Behörden sich aus der „privaten Angelegenheit“ heraushalten.

IV. Sonstige Beeinträchtigungen im Zusammenhang mit Heirat und Ehe

1. Zwangsverheiratung

In mehreren kanadischen Entscheidungen[463], einer US-amerikanischen Entscheidung[464] sowie in den britischen[465] und kanadischen Richtlinien[466] wird die drohende Zwangsverheiratung durch die Eltern jedenfalls zusammen mit weiteren drohenden Beeinträchtigungen als Verfolgung beurteilt. In Teilen der Literatur wird die Zwangsverheiratung ebenfalls als Verstoß gegen das Recht auf konsensuales Eingehen der Ehe, wie es in Art. 16 AEMR, Art. 23 Abs. 3, 4 IPBPR

---

461 hierauf wurde auch in CRDD, E. v. 2. Dezember 1998, U97-03981, abgestellt, s. u. B. V. 4.

462 s. schon unter B. II. 3.

463 *Vidhani v. Canada*, F.C. (T.D.), E. v. 8. Juni 1995, 3 F.C. 60; CRDD T97-06758, E. v. 23. Februar 1999, bzgl. Albanien; CRDD V95-00374, E. v. 21. November 1996; CRDD, E. v. 26. Januar 1994, T93-09636 u. a. bzgl. der Vereinigten Arabischen Emirate; CRDD, E. v. 19. März 1993, U92-06668 bzgl. Zimbabwe.

464 *Matter of Anon*, 6 f bzgl. China.

465 *britische RL*, 2A.24. Hier wird angedeutet, dass eine Verheiratung gegen den Willen eine Beeinträchtigung von Art. 23 Abs. 3 IPBPR und damit Verfolgung sein kann.

466 *kanadische RL*, B.

geschützt ist,[467] als Verstoß gegen das Recht auf Freiheit der Person[468] und das Recht, nicht in Sklaverei gehalten zu werden,[469] und damit als Verfolgung beurteilt. In der US-amerikanischen Entscheidung *Cheaib* hingegen bleibt unklar, ob neben den Folgen, die das Widersetzen gegen eine Zwangsverheiratung auslösen kann, auch die Zwangsverheiratung selbst Verfolgung sein kann.[470] In den US-amerikanischen Richtlinien wird die Zwangsverheiratung zwar als Situation genannt, aus der spezifisch Frauen fliehen, die Beurteilung aber ohne weitere Vorgaben dem Einzelfall überlassen.[471] In den australischen Richtlinien wird die Zwangsverheiratung nicht als Verfolgung angesehen.[472]

Die Fortführung einer zwangsweise geschlossenen Ehe wurde in mehreren kanadischen Entscheidungen jedenfalls zusammen mit Gewaltanwendungen als Verfolgung beurteilt.[473]

a. Maßstab: Art. 23 Abs. 3 IPBPR

Die Zwangsverheiratung durch die Eltern könnte zunächst gemessen an Art. 23 Abs. 3 IPBPR unmittelbar private oder mittelbar staatliche Verfolgung sein. Hier ist das Recht eines jeden Ehegatten geschützt, die Ehe nur in freiem und vollständigem Einvernehmen einzugehen. Dieses Recht wird beeinträchtigt, wenn von staatlicher oder privater Seite ein Zwang zur Heirat ausgeübt wird.[474] Insbesondere ist hierdurch die Freiheit der Mädchen geschützt, nicht durch ihre Eltern zwangsverheiratet zu werden.[475]

aa. Unmittelbar private Verfolgung

Aus der Formulierung des Art. 23 Abs. 3 IPBPR geht deutlich hervor, dass jede Verheiratung ohne den Willen der Mädchen untersagt ist. Hieraus ergibt sich da-

---

467 *Daley/Kelley*, IJRL 2000, 149 (168).

468 *Daley/Kelley*, IJRL 2000, 149 (168); *Spijkerboer*, Gender and Refugee Status, 111.

469 *Daley/Kelley*, IJRL 2000, 149 (168); *Cipriani*, Geo.Imm.L.J. 1993, 511 (532) bzgl. Kinderheirat und „Vererbung".

470 *Cheaib v. INS*, US C.A. (9th circ.), E. v. 17. Dezember 1999.

471 *US-amerikanische RL*, III.

472 *australische RL*, 4.10: „[...] forced marriage – many societies practice arranged marriage and this in itself may not be a persecutory practice. However, the consequences of defying the wishes of one's family when viewed against the background of the State's failure to protect a person should be carefully considered [...]".

473 CRDD, E. v. 14. Juli 1998, M97-06821 und CRDD, E. v. 10. Juli 1997, U97-01917 (jeweils Fortführung der Zwangsehe und häusliche Gewalt als Verfolgung); CRDD, E. v. 11. April 1995, T94-04946 (Fortführung der Ehe und Gewaltanwendung wegen der Flucht als Verfolgung).

474 *HRC*, GC 28, § 23, abgedruckt bei *Joseph/Schultz/Castan*, 639; *Nowak*, Art. 23 Rn. 31; *Volio* in *Henkin*, 185 (202); *Wiesbrock*, 24.

475 *Nowak*, Art. 23 Rn. 31; *Volio* in *Henkin*, 185 (202).

her grundsätzlich die fiktive Verpflichtung, Handlungen zu unterlassen, die dieses Recht beeinträchtigen.

Eine Beeinträchtigung von Art. 23 Abs. 3 IPBPR liegt vor, wenn die Mädchen von ihren Eltern oder sonstigen Dritten rechtsgültig verheiratet werden, ohne dass sie rechtlich oder faktisch ein Weigerungsrecht haben.[476] Das ist gegeben, wenn ein männlicher Verwandter eine rechtsgültige Willenserklärung für das Mädchen abgeben kann[477], wie dies bspw. in Pakistan möglich ist, wenn das Mädchen noch nicht die Pubertät erreicht hat. In diesem Fall kann das Mädchen zwar beim Eintritt in die Pubertät der Ehe widersprechen[478], dadurch wird aber nicht verhindert, dass das Mädchen bereits davor zwangsverheiratet ist. Zudem hängt die Wahrnehmung des Rechts von der unbeeinflussbaren Bedingung ab, dass die Ehe zu diesem Zeitpunkt noch nicht „vollzogen" ist.

Art. 23 Abs. 3 IPBPR ist zudem beeinträchtigt, wenn Frauen oder Mädchen, die Opfer einer Vergewaltigung geworden sind, von ihren Eltern und/oder dem Vergewaltiger gezwungen werden, den Vergewaltiger zu heiraten.[479]

Art. 23 Abs. 3 IPBPR wird auch beeinträchtigt, wenn die Eltern eine Ehe mit ihrer Tochter arrangieren, obwohl diese aufgrund ihres Alters zu einer Entscheidung nicht fähig ist.[480] Nach Art. 23 Abs. 2 IPBPR ebenso wie nach den Spezialabkommen[481] liegt die Bestimmung der Heiratsfähigkeit zwar grundsätzlich im Ermessen der Staaten.[482] Die UN-Generalversammlung hat aber empfohlen, dass diese nicht unter 15 Jahren liegen soll.[483] Hierauf kann als Orientierungsleitlinie abgestellt werden.[484] Es ist daher unrechtmäßig, wenn ein Mädchen verheiratet wird, obwohl es zu einer selbstbestimmten Entscheidung offensichtlich nicht fähig ist.

Darüber hinaus wird der Gewährleistungsbereich des Art. 23 Abs. 3 IPBPR durch jede Handlung, die sich als Zwang zur Eheschließung auswirkt, beeinträch-

---

476 *Nowak*, Art. 23 Rn. 32.

477 *HRC*, GC 28, § 23, abgedruckt bei *Joseph/Schultz/Castan*, 639.

478 s. u. 1. Kapitel A. III.

479 *HRC*, GC 28, § 24, abgedruckt bei *Joseph/Schultz/Castan*, 639, *britische RL*, 2A.21; *Crawley*, 43.

480 *HRC*, GC 28, § 23, abgedruckt bei *Joseph/Schultz/Castan*, 639; *Nowak*, Art. 23 Rn. 32; *Volio* in *Henkin*, 184 (202).

481 So verpflichten sich die Vertragsparteien auch nach Art. 2 des Übereinkommens über die Erklärung des Ehewillens, das Heiratsmindestalter und die Registrierung von Eheschließungen vom 10. Dezember 1962 (BGBl. 1969 II, 162) und nach Art. 2 des Zusatzübereinkommens über die Abschaffung der Sklaverei und sklavereiähnlicher Einrichtungen und Praktiken vom 7. September 1956 (BGBl. 1958 II, 205) nur dazu, ein Mindestalter festzulegen.

482 *Nowak*, Art. 23 Rn. 16; dies geht auch aus den vorbereitenden Arbeiten hervor: *Bossuyt*, 443 m. w. N.

483 Empfehlung über die Erklärung des Ehewillens, Heiratsmindestalters und die Registrierung von Eheschließungen, Resolution der UN-Generalversammlung 2018 (XX) vom 1. November 1965, GAOR 20th Session, Resolutions, 36.

484 *Nowak*, Art. 23 Rn. 17.

tigt. Allerdings sind hier die Übergänge zur elterlichen Beratung fließend, so dass nicht jede dieser Handlungen unrechtmäßig ist. Dies ist aber gegeben, wenn eine Handlung klar einen physischen oder psychischen Zwang auf das Mädchen ausübt, den ausgesuchten Ehepartner zu heiraten.

Eine Verheiratung erreicht für die betroffenen Frauen und Mädchen i. d. R. die für Verfolgung erforderliche Beeinträchtigungsintensität. So „erwirbt" der Ehemann mit der Verheiratung und der Zahlung des Brautpreises das Recht, nach seinem Belieben mit seiner Ehefrau sexuellen Kontakt zu haben. Zudem geht die Ehe in zahlreichen Gesellschaften mit einer Veränderung des Privatlebens der Frauen einher, die sich nach der Heirat vollständig den Wünschen und Vorstellungen ihres Ehemannes und dessen Familie anzupassen haben. Eine Lösung aus dieser Verbindung ist für sie häufig de iure oder de facto unmöglich. Unter den gerade dargelegten Voraussetzungen sind die Handlungen der jeweils agierenden Privaten daher unmittelbar private Verfolgung.

bb. Mittelbar staatliche Verfolgung

Eine Zwangsverheiratung ist zugleich mittelbar staatliche Verfolgung, wenn der Herkunftsstaat seinen (fiktiven) Verpflichtungen, Zwangsverheiratungen zu verhindern, nicht nachkommt.

Nach den Vorgaben von due diligence hat dieser zum einen Zwangsverheiratungen zu verhindern. Er muss daher alle Gesetze abschaffen, nach denen Frauen rechtsgültig verheiratet werden können, ohne dass sie rechtlich die Möglichkeit haben, zu widersprechen.[485] Er hat auch sicherzustellen, dass Kinder nicht in einem Alter verheiratet werden können, in dem sie noch nicht einwilligungsfähig sind. Der Herkunftsstaat muss zudem gegen eine bestehende Rechtslage und/oder -praxis vorgehen, nach der ein Vergewaltiger straffrei bleibt, wenn er die Frau nach der Vergewaltigung heiratet.[486] Er hat auch mit geeigneten Mitteln gegen die Vorstellung vorzugehen, dass Frauen „Eigentum" der Männer sind und nach deren Belieben verheiratet werden können.[487] Außerdem ist den Frauen, die vor einer Zwangsverheiratung fliehen, im Einzelfall Schutz zu gewähren.[488]

Zum anderen hat der Herkunftsstaat sicherzustellen, dass Frauen sich aus einer Ehe, die durch Zwangsverheiratung zustande gekommen ist, wieder lösen können. Den Frauen ist daher schnell und unbürokratisch die Möglichkeit zu eröffnen, die Ehe annullieren oder sich scheiden zu lassen.

---

485 vgl. *Matter of Anon*, 7.

486 vgl. *HRC*, GC 28, § 24, abgedruckt bei *Joseph/Schultz/Castan*, 640.

487 vgl. *Matter of Anon*, 7, wo bzgl. China ebenfalls darauf abgestellt wird, dass der Staat nicht in ausreichendem Maße gegen die Praxis der Zwangsverheiratung vorgeht.

488 *Matter of Anon*, 7.

b. Maßstab: Art. 8 Abs. 1, 2 IPBPR

Die Zwangsverheiratung durch die Eltern oder sonstige Dritte könnte auch gemessen an dem in Art. 8 Abs. 1, 2 IPBPR geschützten Recht auf Freiheit vor Sklaverei oder Leibeigenschaft Verfolgung sein. Art. 8 Abs. 1, 2 IPBPR kann von Privaten beeinträchtigt werden und aus der Formulierung, dass niemand in Sklaverei oder Leibeigenschaft gehalten werden darf, ergibt sich auch deutlich die fiktive Verpflichtung Privater, eine Person nicht in Sklaverei oder Leibeigenschaft zu halten.

aa. Sklaverei

Sklaverei ist, wie sich auch aus den travaux préparatoires ergibt[489], im systematischen Zusammenhang mit dem Sklavereiübereinkommen von 1926[490] auszulegen.[491] Nach Art. 1 Nr. 1 dieses Abkommens ist Sklaverei der Zustand oder die Stellung einer Person, an der die mit dem Eigentumsrecht verbundenen Befugnisse oder einzelne davon ausgeübt werden. Eine Zwangsverheiratung ist demnach keine Sklaverei, da einer Frau hierbei nicht die Rechtspersönlichkeit aberkannt wird.

bb. Leibeigenschaft

Eine Zwangsverheiratung könnte aber als Leibeigenschaft bzw. „servitude" i. S. d. Art. 8 Abs. 2 IPBPR anzusehen sein. Das Wort „servitude" bezeichnet nämlich nicht nur die Fälle von „serfdom" und „debt bondage", deren Übersetzung „Leibeigenschaft" wäre[492], sondern ist zu verstehen als Status einer Person, die freiwillig oder unfreiwillig einer anderen Person als Diener unterworfen ist.[493] Da diese Konstellationen auch im Zusatzübereinkommen über die Abschaffung der Sklaverei, des Sklavenhandels und sklavereiähnlicher Einrichtungen und Praktiken (im Folgenden: Zusatzübereinkommen über die Abschaffung der Sklaverei)[494] kodifiziert sind, kann der Begriff Leibeigenschaft daher im systematischen Zusammen-

---

489 s. *Bossuyt*, 167 m. w. N.

490 Übereinkommen betreffend die Sklaverei, vom 25. September 1926 in der Fassung des Änderungsprotokolls vom 7. Dezember 1953, BGBl. 1972 II, 1473.

491 *Nowak*, Art. 8 Rn. 10.

492 so wurde es in den vorbereitenden Arbeiten gerade abgelehnt, den Begriff „servitude" als „peonage" and „serfdom" zu konkretisieren; *Bossuyt*, 167 m. w. N.

493 Aus den vorbereitenden Arbeiten geht hervor, dass „servitude" verstanden wurde als: „a more general idea covering all possible forms of man's domination of man" (E/CN.4/SR.93, 9 (USA), E/CN.4/SR.94, 4 (RL)), s. *Bossuyt*, 167.

494 Zusatzübereinkommen über die Abschaffung der Sklaverei, des Sklavenhandels und sklavereiähnlicher Einrichtungen und Praktiken vom 7. September 1956, UNTS Bd. 266, 40; BGBl. 1958 II, 205.

hang mit diesem Übereinkommen ausgelegt werden.[495] In Art. 1 lit. c des Zusatzübereinkommens über die Abschaffung der Sklaverei sind ausdrücklich die familiären Verfügungsrechte über Frauen als sklavereiähnliche Praktiken aufgeführt. Hierunter werden alle Einrichtungen oder Praktiken verstanden, durch die

(i) eine Frau, ohne ein Weigerungsrecht zu besitzen, gegen eine an ihre Eltern, ihren Vormund, ihre Familie oder eine andere Person oder Gruppe gegebene Geld- oder Naturalleistung zur Ehe versprochen oder verheiratet wird.

(ii) der Ehemann einer Frau, seine Familie oder seine Sippe berechtigt ist, sie gegen Entgelt oder in anderer Weise an eine andere Person abzutreten.

(iii) eine Frau beim Tode ihres Ehemannes zwangsläufig an eine andere Person vererbt wird.

(1) Verheiratung gegen Brautpreiszahlung oder Mitgift

Als Geld- oder Naturalleistungen i. S. d. Art. 1 lit. c. (i) des Zusatzübereinkommens über die Abschaffung der Sklaverei kommt sowohl die Zahlung eines Brautpreises als auch einer Mitgift in Betracht. Der Brautpreis wird regelmäßig an die Eltern der Braut gezahlt. Sinn der Vorschrift ist es allerdings, die einseitige ökonomische Ausbeutung in einem Abhängigkeitsverhältnis zu verhindern.[496] Daher kann der Brautpreis nur eine Geld- oder Naturalleistung in diesem Sinne sein, wenn er den Eltern zur eigenen Verfügung übergeben wird und nicht, dem ursprünglichen Zweck entsprechend, zur treuhänderischen Aufbewahrung als Vorsorge für die Zeit nach der Ehe[497]. Die Mitgift wird regelmäßig von den Eltern der Braut an die Familie des zukünftigen Ehepartners gezahlt. Mitgiftzahlungen sind daher nur als Geld- oder Naturalleistung anzusehen, wenn die Familie des Ehemannes eine „andere Gruppe" im Sinne dieser Vorschrift ist. Hiergegen spricht, dass die in Art. 1 lit. c. (i) des Zusatzübereinkommens über die Abschaffung der Sklaverei ausdrücklich genannten Personen auf der Seite der Ehefrau stehen und das Bestimmungsrecht über ihre Verheiratung haben. Zudem stand die Ehefrau vor der Verheiratung allein zu ihren Eltern, nicht aber zu den Eltern des Ehepartners in

[495] *Nowak*, Art. 8 Rn. 13; so auch: *Frowein/Peukert*, Art. 4 Rn. 2 bzgl. Art. Art. 4 Abs. 1 EMRK; ähnlich *Joseph/Schultz/Castan*, [10.02], die „other forms of egregious economic exploitation or dominance exercised by one person over another or 'slavery-like' practices" hierunter fassen; sowie *Tretter* in FS Ermacora, 528 (563 ff), der annimmt, dass sich aus dem Abkommen über die Sklaverei und aus den Zusatzübereinkommen und den jeweiligen Weiterentwicklungen dieser Abkommen durch die UN-Organe ein „Standard-Setting" der Sklavereiverbote ergebe, in dessen Licht auch Art. 8 IPBPR auszulegen sei.

[496] *Tretter* in FS Ermacora, 528 (547); ähnlich *Nowak*, Art. 8 Rn. 13, der eine starke persönliche Abhängigkeit und eine einseitige ökonomische Ausbeutung verlangt.

[497] s. hierzu *Okafor-Obasi*, 206 ff; *Nasir*, 46 ff.

einem Abhängigkeitsverhältnis, so dass die Eltern des Ehemannes keine „andere Gruppe“ in diesem Sinne sein können. Die Mitgiftzahlung ist daher keine Geld- oder Naturalleistung.[498]

Ein Weigerungsrecht i. S. d. Art. 1 lit. c (i) des Zusatzübereinkommens über die Abschaffung der Sklaverei steht den Frauen bzw. Mädchen jedenfalls nicht zu, wenn sie einer rechtsgültigen Verheiratung rechtlich nicht widersprechen können oder ihnen das Weigerungsrecht nur in einem Alter zugestanden wird, in dem sie noch nicht einwilligungsfähig sind.[499]

Häufig besteht zwar rechtlich eine Weigerungsmöglichkeit, diese kann aber faktisch nicht durchgesetzt werden, weil die Vorstellung, dass Frauen sich dem Willen der über sie verfügenden Männer zu beugen haben, stark verwurzelt ist. Es ist daher zu erwägen, ob nicht auch in diesem Fall ein Weigerungsrecht i. S. d. Art. 1 lit c (i) des Zusatzübereinkommens über die Abschaffung der Sklaverei besteht. Hiergegen spricht die Verwendung des Begriffs „-recht“. Zudem ist allen sklavereiähnlichen Praktiken gemeinsam, dass ein Angriff auf die Rechtspersönlichkeit der Betroffenen vorliegt[500], in dem Sinne, dass grundlegende zivile Rechte, wie die Rechts- oder Geschäftsfähigkeit, eingeschränkt sein müssen.[501] Allerdings ist es den in Art. 1 lit. c des Übereinkommens genannten Konstellationen geradezu immanent, dass ein bestehendes Recht wegen der tief verwurzelten traditionellen Vorstellungen faktisch nicht durchgesetzt werden kann. Das Übereinkommen kann daher nur effektiv sein, wenn auch die Konstellationen erfasst sind, in denen zwar rechtlich ein Weigerungsrecht besteht, dieses aber tatsächlich nicht durchgesetzt werden kann.[502] Allerdings kann nicht jeder Fall einer arrangierten Ehe hierunter gefasst werden, sondern dies ist im Einzelfall danach zu entscheiden, wie groß die Abhängigkeit von den Eltern ist und ob es den Frauen zugemutet werden kann, sich aus diesem Verhältnis zu lösen.[503] Die Frauen haben somit faktisch kein Widerspruchsrecht, wenn sie physisch daran gehindert werden, von einem solchen Recht Gebrauch zu machen.[504] Ein solches Recht besteht auch nicht, wenn ein extremer psychischer Druck ausgeübt wird, die Ehe einzugehen.

---

[498] vgl. hierzu aber *Lassen*, Nordic Journal of International Law 1988, 197 (208), die ohne nähere Begründung Mitgiftzahlungen in Indien hierunter fasst.

[499] Dass die Verheiratung in einem nicht-einwilligungsfähigen Alter von dieser Konstellation erfasst ist, ergibt sich auch im Gegenschluss aus Art. 2 des Zusatzübereinkommens über die Abschaffung der Sklaverei, da sich hier die Vertragsstaaten verpflichten, ein angemessenes Mindestalter für die Verheiratung festzulegen.

[500] *Tretter* in FS Ermacora, 528 (547); ähnlich *Nowak*, Art. 8 Rn. 13, der eine starke persönliche Abhängigkeit und eine einseitige ökonomische Ausbeutung verlangt.

[501] *Tretter* in FS Ermacora, 528 (547).

[502] *Tretter* in FS Ermacora, 528 (547).

[503] *Tretter* in FS Ermacora, 528 (547).

[504] vgl. *Whitaker-Report* on Slavery, 23 wo Djibouti von einem Fall berichtet, in dem eine Frau physisch daran gehindert wurde, von ihrem Weigerungsrecht Gebrauch zu machen.

Dies ist gegeben, wenn die Wahrnehmung des Widerspruchsrechts als Verletzung der Ehre angesehen wird und damit Tötungen oder Gewaltanwendungen im Namen der Ehre auslöst.

Nach Art. 8 Abs. 2 IPBPR ist das „Halten in Leibeigenschaft“ zu unterlassen. Daher ist die rechtsgültige Verheiratung durch die Eltern oder sonstige private Dritte bzw. die Zwangseinwirkung unrechtmäßig. Diese Handlungen führen entsprechend dem zu Art. 23 Abs. 3 IPBPR Ausgeführten regelmäßig zu ausreichend intensiven Beeinträchtigungen. Unter diesen Voraussetzungen sind die Handlungen somit unmittelbar private Verfolgung.

Die Zwangsverheiratung ist zugleich mittelbar staatliche Verfolgung, wenn der Herkunftsstaat nicht mit due diligence gegen die Praxis der Brautpreiszahlung und/oder der Zwangsverheiratung vorgeht. Aus Art. 2 des Zusatzübereinkommens über die Abschaffung der Sklaverei ergibt sich diesbezüglich, dass der Herkunftsstaat ein angemessenes Mindestalter für die Verheiratung festzusetzen hat. Zudem hat er Vorkehrungen zu treffen, damit die Zustimmung beider Ehepartner vor einer zuständigen zivilen oder religiösen Behörde frei zum Ausdruck gebracht werden kann und er hat die Eintragung der Eheschließung zu fördern.[505] Staatliche Stellen haben sich auch entsprechend dem zu Art. 23 Abs. 3 IPBPR Ausgeführten, deutlich gegen Zwangsverheiratungen auszusprechen und den betroffenen Frauen im Einzelfall Hilfe zukommen zu lassen. Diese wird den Frauen nur zuteil, wenn die Möglichkeit besteht, die Ehe aufzulösen.

(2) „Abtretung“

Um eine „‘Abtretung’ gegen Entgelt“ i. S. d. Art. 1 lit. c (ii) des Zusatzübereinkommens über die Abschaffung der Sklaverei handelt es sich in den Fällen, in denen Frauen im Rahmen einer Schadensersatzleistung an eine andere Familie übergeben werden, wie dies in Pakistan noch vorkommt[506]. Hier ist entsprechend dem zu Zwangsverheiratungen Ausgeführten regelmäßig ausreichende Beeinträchtigungsintensität erreicht. „Halten in Leibeigenschaft“ und damit Verfolgungshandlung ist die Entscheidung, dass die Frau oder das Mädchen die Ehefrau eines anderen wird. Diese Entscheidung ist unmittelbar staatliche Verfolgung, wenn sie von staatlichen Gerichten angeordnet wird. Praktisch relevanter ist, dass sie von Stammesgerichten ausgesprochen wird. Sofern diesen Gerichten im Einzelfall staatliche Macht übertragen ist oder es den Anschein hat, kann dem Herkunftsstaat ihr Verhalten nach Art. 7 Nr. 2 bzw. Art. 8 lit. b ILC-Entwurf unmittelbar zuzurechnen sein. Sonst ist die „Abtretung“ unmittelbar private Verfolgung.

---

[505] Diese Verpflichtungen ergeben sich auch aus Artikel 1 bis 3 des Übereinkommens über die Erklärung des Ehewillens, des Heiratsmindestalters und der Registrierung von Eheschließungen vom 10. Dezember 1962, BGBl. 1969 II.

[506] s. u. 2. Kapitel B.

Die „Abtretung“ ist dann mittelbar staatliche Verfolgung, wenn der Herkunftsstaat hiergegen nicht mit due diligence vorgeht, insbesondere die Praxis unter Strafe stellt, Aufklärungsmaßnahmen durchführt und den betroffenen Frauen im Einzelfall Schutz gewährt, vor allem ihnen eine Lösung aus der Ehe ermöglicht.

(3) „Vererbung“

Eine „zwangsläufige ‘Vererbung’“ i. S. d. Art. 1 lit. c (iii) des Zusatzübereinkommens über die Abschaffung der Sklaverei kann in der Praktik des Levirat gesehen werden.[507] Hiernach ist die Witwe nach dem Tod des Ehemannes ohne eine weitere Willenserklärung abzugeben, mit dessen Bruder verheiratet.[508] Das Abhängigkeitsverhältnis besteht darin, dass die Familie des verstorbenen Mannes die Frau für verpflichtet hält, als Gegenleistung für den gezahlten Brautpreis der Familie Kinder zu gebären.[509] Das „Halten in Leibeigenschaft“ ist daher darin zu sehen, dass die Familie des verstorbenen Ehemannes von der Frau verlangt, ihr weiterhin „zur Verfügung zu stehen“. Hierdurch werden regelmäßig ausreichend intensive Beeinträchtigungen herbeigeführt.

Unter diesen Voraussetzungen ist das Verhalten der Privaten unmittelbar private Verfolgung. Dieses ist unter den zu (2) dargelegten Voraussetzungen zudem mittelbar staatliche Verfolgung.

2. Folgen des Widerstands

Frauen bzw. Mädchen, die sich weigern, den vorgeschlagenen Ehemann zu heiraten, können auch physische oder psychische Gewaltanwendungen oder Tötungen im Namen der Ehre drohen. Letzere sind unter den oben dargelegten Voraussetzungen, erstere unter den gleichen Voraussetzungen wie Gewalt an Ehefrauen unmittelbar private und mittelbar staatliche Verfolgung[510]. Folge kann auch eine Verbannung durch die Eltern sein. Diese ist gemessen an Art. 27 Abs. 2 KK unrechtmäßig, sofern das Mädchen noch nicht das 18. Lebensjahr vollendet hat. Die Verbannung erreicht regelmäßig ausreichende Beeinträchtigungsintensität, da verbannte und damit „ungeschützte“ Mädchen häufig keine Möglichkeiten haben, ihre Existenzgrundlage zu sichern, und zudem Gefahr laufen, vergewaltigt zu werden. In diesem Fall ist sie daher unmittelbar private und, sofern der Herkunftsstaat hiergegen nicht mit due diligence vorgeht, mittelbar staatliche Verfolgung.

---

[507] *Okafor-Okabasi*, 208 f.

[508] *Okafor-Okabasi*, 208 f.

[509] s. hierzu *Okafor-Okabasi*, 208 f.

[510] vgl. CRDD, E. v. 14. Juli 1998, T97-06758 – hier wurden die Gewaltanwendungen, die ein Mann in Albanien androhte, um ein ihm versprochenes Mädchen zu heiraten, als Verfolgung angesehen – sowie CRDD, E. v. 11. April 1995, T94-04946 sowie *Cheaib v. INS*, US C.A. (9th circ.), E. v. 17. Dezember 1999.

Das Unterlassen des Herkunftsstaats, der betroffenen Frau das Existenzminimum zur Verfügung zu stellen, kann außerdem unter den unten näher dargestellten Voraussetzungen unmittelbar staatliche Verfolgung sein.[511]

3. Zwangsheirat

Die Zwangsheirat von (alleinstehenden) Frauen, beispielsweise von Jezidinnen in der Türkei, ist gemessen an Art. 23 Abs. 3 IPBPR sowie bezüglich der hiermit einhergehenden Vergewaltigungen gemessen an Art. 7 S. 1 IPBPR unmittelbar private Verfolgung.[512] Die Zwangsheirat von Jezidinnen ist zugleich gemessen an Art. 18 Abs. 1 S. 2, Abs. 2 IPBPR unmittelbar private Verfolgung, wenn die Jezidinnen hierdurch ihre Religionszugehörigkeit verlieren.

Eine Zwangsheirat ist mittelbar staatliche Verfolgung, wenn der Herkunftsstaat es unterlässt, mit der erforderlichen Sorgfalt hiergegen vorzugehen. Diesbezüglich hat er ein Strafgesetz zu erlassen und dieses effektiv umzusetzen. Zudem hat er gegen in der Gesellschaft bestehende Vorstellungen vorzugehen, dass bestimmte Frauen, beispielsweise allein lebende Frauen und/oder Jezidinnen gegen ihren Willen geheiratet werden dürfen. Der Herkunftsstaat hat zudem den betroffenen Frauen im Einzelfall Schutz zu gewähren, insbesondere ihnen zu ermöglichen die Ehe aufzulösen.[513]

4. Eheverbote

Wenn eine Frau einen Mann geheiratet hat, den sie rechtlich oder nach dem Willen der Eltern nicht heiraten durfte, kann dies zu Gewaltanwendungen und/oder zur Inhaftierung und/oder Bestrafung wegen zina führen. Diese sind jeweils unter den bereits dargestellten Voraussetzungen Verfolgung.[514]

5. Weitere Beeinträchtigungen

Bestimmte Formen der Ehe könnten als sklavereiähnliche Praxis und damit als „servitude" i. S. d. Art. 8 Abs. 2 IPBPR angesehen werden.[515] Allerdings ist die ökonomische Ausbeutung in der Ehe im Zusatzübereinkommen zur Abschaffung der Sklaverei nicht ausdrücklich als sklavereiähnliches Verhältnis aufgeführt. Die dortige Aufzählung ist aber nicht abschließend, so dass auch sonstige Verhältnisse, die den dort genannten entsprechen, sklavereiähnlich sein können. Gemeinsam ist den genannten Verhältnissen die einseitige ökonomische Ausbeutung in einem

---

511 s. u. B. V. 3. c.

512 so auch: VG Leipzig, U. v. 7. November 1995, 4 K 2588/93 bzgl. § 53 Abs. 4 i. V. m. Art. 3 EMRK.

513 s. auch unter 9. Kapitel C. II. 3. a. aa.

514 s. u. B. III. 2. und B. I. 3.

515 Dies erwägt auch *Tretter* in FS Ermacora, 528 (547 ff), lässt dies aber letztlich offen.

Abhängigkeitsverhältnis bei gleichzeitigem Angriff auf die Rechtspersönlichkeit der Betroffenen.[516]

In zahlreichen islamischen Staaten stehen Ehefrauen unter der Vormundschaft des Ehemannes und sind daher von ihm abhängig. Hier kann es aber nur in Einzelfällen zu einer ökonomischen Ausbeutung kommen, da der Ehemann nach islamischem Familienrecht verpflichtet ist, für den Unterhalt der Frau zu sorgen.[517] Eine solche Ausbeutung liegt vor, wenn eine Frau eine volle Arbeitskraft in der Landwirtschaft ist und zudem den gesamten Haushalt zu erledigen hat, ohne hierfür während oder nach der Ehe finanziell entschädigt zu werden oder Unterhaltsleistungen zu erhalten. Weitere Voraussetzung ist, dass die Frau sich nicht zumutbar aus diesem Abhängigkeitsverhältnis lösen kann.[518] Dies wird wegen der fehlenden Möglichkeiten, sich scheiden zu lassen, häufig gegeben sein. Im Einzelfall kann eine bestehende Ehe daher als sklavereiähnliches Verhältnis i. S. d. Art. 8 Abs. 2 IPBPR angesehen werden. Es führt dabei nicht zu einer anderen Bewertung, wenn die Ehefrau der Hochzeit zugestimmt hat.[519]

In diesem Fall ist die ökonomische Ausbeutung durch den Ehemann unmittelbar private Verfolgung. Sie ist zudem mittelbar staatliche Verfolgung, wenn der Herkunftsstaat nicht entweder die Vormundschaft des Ehemannes über die Ehefrau abschafft oder ihrer ökonomischen Ausbeutung durch effektive Maßnahmen entgegenwirkt bspw. durch eine Lockerung des Scheidungsrechts.

In den britischen Richtlinien wird angenommen, dass die Folgen einer Kinderheirat oder einer arrangierten Heirat Verfolgung sein können.[520] Als Beispiel werden die Folgen einer zu frühen Schwangerschaft genannt, die zum Tod der Mutter sowie zu ihrer Inkontinenz und damit zur sozialen Ausgrenzung führen können. Diese Beeinträchtigungen werden aber nicht durch eine weitere Handlung herbeigeführt, sondern sind unmittelbare und objektiv vorhersehbare Folge der Zwangsverheiratung, so dass als Verfolgungshandlung auch in diesem Fall nur die Zwangsverheiratung in Betracht kommt.

---

[516] s. die Nachweise in Fn. 496.

[517] s. u. 1. Kapitel A. I. 3.

[518] *Tretter* in FS Ermacora, 528 (547).

[519] vgl. *Nowak*, Art. 8 Rn. 12; *Lassen*, Nordic Journal of International Law 1988, 197 (210).

[520] *britische RL*, 2A.13: „Restrictions on women may have social, medical or other consequences for women which constitute serious harm. For example, consequences for women in mixed marriages or child or arranged marriages, and on separation, divorce or widowhood"; Beispiele werden in Fn. 2 genannt.

V. Weitere unmittelbar von Privaten ausgehende Beeinträchtigungen

1. Beeinträchtigungen durch islamische Gruppierungen

Sofern islamische Gruppierungen frauendiskriminierende Normen aufstellen und einen Verstoß hiergegen mit Tötungen und/oder Gewaltanwendungen bestrafen, ist das Bestehen einer solchen Vorschrift keine Verfolgung, da es an einer Behandlung fehlt.[521]

Die Tötungen oder Gewaltanwendungen sind aber unter den zu Tötung/Gewaltanwendung im Namen der Ehre dargelegten Voraussetzungen unmittelbar private Verfolgung.

Zudem könnte auch bereits die Drohung mit diesen Sanktionen Verfolgung sein. So kann es einer Frau infolge einer ernsthaft drohenden Sanktion mit Verfolgungsstärke unmöglich sein, zu arbeiten, ohne männlichen „Beschützer" das Haus zu verlassen oder Schule oder Universität zu besuchen. Zudem können sie gezwungen sein, sich zu verschleiern. Hierdurch werden die gleichen Rechte beeinträchtigt wie durch entsprechende staatliche Vorschriften, mithin Art. 6 Abs. 1 IPWSKR hinsichtlich des Arbeitsverbots, Art. 13 Abs. 1 IPWSKR, Art. 10 FraK, Art. 28 Abs. 1 KK hinsichtlich des Bildungsverbots, Art. 17 Abs. 1 Var. 1 IPBPR bzw. Art. 18 Abs. 1 IPBPR hinsichtlich des Gebots sich zu verschleiern, Art. 9 Abs. 1 S. 1 Var. 1 IPBPR bzw. Art. 12 Abs. 1 Var. 1 IPBPR hinsichtlich der Einschränkung der Bewegungsfreiheit. Ausreichende Beeinträchtigungsintensität ist ebenfalls unter den oben dargelegten Voraussetzungen erreicht.

Diese Drohungen sind unmittelbar private Verfolgung, wenn sich aus den jeweils beeinträchtigten menschenrechtlichen Gewährleistungen die fiktive Verpflichtung für die Privaten ergibt, diese Beeinträchtigung zu unterlassen. Erörterungsbedürftig ist dies im Hinblick auf das Recht auf Arbeit i. S. d. Art. 6 Abs. 1 IPWSKR. Die Vorschrift normiert dem Wortlaut nach nur ein Gebot an die Vertragsstaaten und verpflichtet auch sie nur zu einer progressiven Verwirklichung dieses Rechts. Allerdings ergibt sich hieraus die deutliche Verpflichtung der Vertragsstaaten, alle Verhaltensweisen zu untersagen, durch die Frauen in diskriminierender Weise mit Gewalt daran gehindert werden, ihr Recht auf Arbeit wahrzunehmen. Wegen der Deutlichkeit dieser Verpflichtung ist es auch für Private hinreichend erkennbar, dass sie solche Beeinträchtigungen zu unterlassen haben, so dass sie ebenfalls eine entsprechende fiktive Verpflichtung trifft.

Diese unmittelbar privaten Handlungen sind zugleich mittelbar staatliche Verfolgung, wenn der Herkunftsstaat es unterlässt, die Gewaltanwendungen und Drohungen unter Strafe zu stellen und diese Strafnorm effektiv umzusetzen und den

[521] s. u. B. I. 1.

Frauen im Einzelfall Schutz zu bieten. Dem kommen die staatlichen Stellen nicht nach, wenn sie nicht eingreifen, weil sie der Auffassung sind, dass eine betroffene Frau sich den frauendiskriminierenden Verhaltensvorschriften anzupassen hat, um den Gewaltanwendungen zu entgehen.

2. Beeinträchtigung von allein lebenden Frauen

Allein lebende Frauen erhalten häufig keine Wohnung, keine Arbeitsstelle und sind daher, wenn sie keine Unterstützung durch die Familie erhalten, zu einem Leben am Rande oder unterhalb des Existenzminimums, zum Betteln oder zur Prostitution gezwungen. Häufig ist es eine aus mehreren Einzelhandlungen bestehende Gesamtsituation, die Frauen so stark trifft, dass eine intensive Beeinträchtigung vorliegt. Da die beeinträchtigende Situation keine Verfolgung sein kann, ist zu ermitteln, welche derjenigen Verhaltensweisen, die zu dieser Situation führen, jeweils Verfolgungshandlungen sind.[522]

a. Diskriminierende Nichtvermietung

Wenn alleinstehenden Frauen in diskriminierender Weise keine Wohnung vermietet wird, ist Art. 2 Abs. 2 lit. e FraK und das in Art. 11 Abs. 1 IPWSKR geschützte Recht auf angemessene Unterbringung beeinträchtigt. Sofern die Nichtvermietung systematisch erfolgt, ist auch Art. 26 IPBPR beeinträchtigt. Aus keiner dieser Vorschriften lässt sich aber eine konkrete fiktive Verpflichtung der einzelnen Privaten entnehmen, den betroffenen Frauen eine Wohnung zu vermieten.

Aus Art. 26 IPBPR[523] und Art. 11 Abs. 1 i. V. m. Art. 2 Abs. 2 IPWSKR[524] ergibt sich, dass das Verhalten des Herkunftsstaats unrechtmäßig ist, wenn es Vorschriften gibt, nach denen es verboten ist, Wohnungen an allein lebende und damit „ungeschützte" Frauen zu vermieten, oder sonst die Vorstellung unterstützt wird, nach der „ungeschützte" Frauen Prostituierte sind. Ferner ist es unrechtmäßig, wenn der Herkunftsstaat es unterlässt, gegen in der Gesellschaft verbreitete Vorstellungen vorzugehen, nach denen „ungeschützte" Frauen gefährlich sind.[525] Das Fehlen einer adäquaten Wohnung hat häufig zur Folge, dass auch sonstige Menschenrechte nicht mehr wahrgenommen werden können und ein Leben in Würde nicht mehr möglich ist. Daher werden i. d. R. auch ausreichend intensive Beeinträchtigungen herbeigeführt. Unter diesen Voraussetzungen ist die Nichtvermietung mittelbar staatliche Verfolgung.

---

522 vgl. hierzu aber *britische RL*, 2A.13 mit Fn. 2; siehe hierzu auch Fn. 520.
523 vgl. *Nowak*, Art. 26 Rn. 31.
524 *Craven*, 182 ff.
525 vgl. *Craven*, 182 f.

b. Diskriminierende Nichtanstellung

Wenn allein lebende Frauen wegen ihres Geschlechts keine Anstellung erhalten, werden hierdurch das in Art. 6 Abs. 1 IPWSKR geschützte Recht auf Arbeit sowie die Diskriminierungsverbote der Art. 2 Abs. 2 FraK und Art. 26 Abs. 1 IPBPR beeinträchtigt.

Hieraus folgt wiederum jeweils keine konkrete fiktive Verpflichtung des einzelnen Privaten, allein lebende Frauen anzustellen. Das Verhalten des Herkunftsstaats ist aber unrechtmäßig, wenn es Vorschriften gibt, nach denen allein lebende Frauen nicht angestellt werden dürfen, bspw. weil sie keine Genehmigung eines sie „beschützenden" Mannes vorweisen können, wie dies in Saudi-Arabien der Fall ist. Es ist auch unrechtmäßig, wenn der Herkunftsstaat die Diskriminierungen unterstützt oder hiergegen nicht vorgeht.[526] Wenn allein lebende Frauen aus diesem Grund keine Arbeit erhalten, ist dies daher, wenn ausreichende Beeinträchtigungsintensität erreicht ist, mittelbar staatliche Verfolgung. Ausreichende Beeinträchtigungsintensität ist entsprechend dem oben Ausgeführten erreicht, wenn in der Folge das wirtschaftliche Existenzminimum nicht mehr gesichert oder wenn die Arbeit in objektiv nachvollziehbarer Weise für die jeweilige Frau Grundlage ihrer Existenz ist.

c. Leben unterhalb des Existenzminimums

Das Unterlassen eines Herkunftsstaats, allein lebenden Frauen minimale Lebensbedingungen zur Verfügung zu stellen, könnte unmittelbar staatliche Verfolgung sein. Dies setzt voraus, dass den Herkunftsstaat eine entsprechende (fiktive) Verpflichtung trifft. Diese könnte sich aus dem in Art. 6 Abs. 1 IPBPR geschützten Recht auf Leben ergeben. Hiernach ist ein Vertragsstaat verpflichtet, den Personen minimale Lebensbedingungen zur Verfügung zu stellen, die sich in seiner Gewalt befinden.[527] Weitergehend wird ein Vertragsstaat aus Art. 6 Abs. 1 IPBPR verpflichtet gesehen, auch sonstige für ein menschenwürdiges Leben erforderlichen Mittel zur Verfügung zu stellen.[528] Eine solche Interpretation ist allerdings mit dem Sinn der Worte „arbitrarily deprived of his life" in Art. 6 Abs. 1 S. 3 IPBPR nur schwer in Einklang zu bringen. Auch der Menschenrechtsausschuss geht da-

---

[526] vgl. *Clapham*, 215; *Craven*, 182 f.

[527] *Nowak*, Art. 6 Rn. 6.

[528] vgl. Resolution der Menschenrechtskommission von 1999: „the right to life includes [...] existence in human dignity with the minimum necessities of life", Human Rights and Extreme Poverty, Commission on Human Rights Resolution, UN. doc. E/Cn.4/RES/1999/§ 26, § 1 lit. b

her insofern nur von einer moralischen Verpflichtung aus.[529] Die Vertragsstaaten des IPWSKR trifft aber aus Art. 11 Abs. 1 IPWSKR die Verpflichtung, einen angemessenen Lebensstandard, wozu ausreichende Ernährung, Bekleidung und Unterbringung gehören, zu gewährleisten. Hieraus lässt sich die konkrete (fiktive) Verpflichtung des Herkunftsstaats entnehmen, dieses Recht diskriminierungsfrei zu verwirklichen. Wenn somit allein lebenden Frauen in diskriminierender Weise das zum Leben Erforderliche vorenthalten wird, kann dies unmittelbar staatliche Verfolgung sein. Eine Verpflichtung, allein lebenden Frauen vorrangig das Existenzminimum zur Verfügung zu stellen, lässt sich hieraus hingegen nicht entnehmen. Zwar ist benachteiligten Gruppen eine gewisse Priorität einzuräumen[530], eine konkrete (fiktive) Verpflichtung hierzu besteht aber nicht.[531]

3. Beeinträchtigung von Witwen

Wenn eine Witwe nach dem Tod ihres Mannes vom Grundstück vertrieben wird, obwohl sie Eigentümerin ist, werden hierdurch das in Art. 17 Abs. 1 Var. 3 IPBPR geschützte Recht auf Freiheit vor willkürlichen oder gesetzeswidrigen Eingriffen in die Wohnung[532], das in Art. 11 Abs. 1 IPWSKR geschützte Recht auf einen angemessenen Lebensstandard[533] sowie die Diskriminierungsverbote des Art. 26 IPBPR und des Art. 2 Abs. 2 lit. e FraK beeinträchtigt. Aus den zuerst genannten Normen ergibt sich die hinreichend konkrete fiktive Verpflichtung der Privaten, eine solche Handlung zu unterlassen, so dass das Verhalten der Vertreibenden unrechtmäßig ist. Wenn eine Witwe hierdurch, wie häufig, zur Bettelei oder Prostitution gezwungen wird oder nicht mehr über das wirtschaftliche Existenzminimum verfügt, ist die Handlung der Vertreibenden daher unmittelbar private Verfolgung.

Diese Handlung ist zudem mittelbar staatliche Verfolgung, wenn der Herkunftsstaat nicht mit due diligence hiergegen vorgeht. Aus Art. 2 Abs. 1, 3 IPBPR i. V. m. Art. 17 IPBPR ergibt sich die (fiktive) Verpflichtung, der Frau zu ermöglichen, ihr Eigentumsrecht gerichtlich und faktisch durchzusetzen. Zudem ist der Herkunftsstaat nach Art. 11, 12 IPWSKR (fiktiv) verpflichtet, Grundstückseigentum gesetzlich zu schützen.[534]

---

529 *HRC*, GC 6, § 5: „[...] the Committee considers that it would be desirable for States parties to take all possible measures to reduce infant mortality and to increase life expectance, especially in adopting measures to eliminate malnutrition and epidemics"; krit. zu dieser Auslegung *Dinstein* in *Henkin* 114 (115 f).

530 vgl. *CESCR*, GC 4, § 8e, § 11, HRI/GEN/1/Rev.5, 24 f.

531 vgl. *Craven*, 184 ff m. w. N.

532 vgl. *Nowak*, Art. 17 Rn. 34; vgl. auch *CESCR*, GC 7, § 8, HRI/GEN/1/Rev.5, 50; hier werden Zwangsumsiedlungen von Art. 11 IPWSKR und Art. 17 Abs. 1 IPBPR geschützt gesehen.

533 *CESCR*, GC 7, HRI/GEN/1/Rev.5, 49 ff.

534 *Klee*, 180.

Wenn die Witwe nicht Eigentümerin des Hauses ist, beeinträchtigt die Vertreibung Art. 11 IPWSKR[535] und Art. 2 Abs. 2 lit. e FraK. Hieraus lässt sich allerdings jeweils keine fiktive Verpflichtung der handelnden Privaten entnehmen, die Witwe nicht vom Grundstück zu vertreiben. Auch den Herkunftsstaat trifft hiernach zwar die (fiktive) Verpflichtung, gegen diskriminierende Zwangsräumungen vorzugehen, hieraus lässt sich aber keine hinreichend konkrete (fiktive) Verpflichtung entnehmen, das Wohnrecht von Witwen nach dem Tod des Ehemannes auf dessen Grundstück zu sichern.[536]

Es könnte aber die soziale Ausgrenzung, der Witwen bspw. in Indien nach dem Tod des Ehepartners ausgesetzt sind, Verfolgung sein. In einer kanadischen Entscheidung wurde das Vorliegen von Verfolgung bejaht, wenn eine Witwe kein Essen mehr erhält, keine Wohnung hat und ein permanenter psychischer Druck auf sie ausgeübt wird, sich selbst zu töten.[537] Weder aus Art. 6 Abs. 1 IPBPR noch aus Art. 11 Abs. 1 IPWSKR ergibt sich aber eine fiktive Verpflichtung der Privaten, Witwen ausreichend mit Essen zu versorgen und/oder ihnen minimale Lebensbedingungen zur Verfügung zu stellen. Unter den oben dargelegten Voraussetzungen kann das Unterlassen, minimale Lebensbedingungen zur Verfügung zu stellen, aber unmittelbar staatliche Verfolgung sein. Zudem sind die Diskriminierungen unter den oben zur sozialen Ausgrenzung von unverstümmelten Frauen Ausgeführten unmittelbar private und mittelbar staatliche Verfolgung.

VI. Sexuelle Gewalt

1. Vergewaltigung

Eine Vergewaltigung führt zu starken physischen und psychischen Beeinträchtigungen. Daher wird sie regelmäßig die für Folter i. S. d. Art. 7 S. 1 Var. 1 IPBPR erforderliche Schwere erreichen. Vergewaltigungen von Gefangenen durch staatliche Organe, wie Vergewaltigung von Kurdinnen in der Türkei, dienen zudem der Erpressung eines Geständnisses oder einer Aussage, der Einschüchterung oder prinzipiell der Erniedrigung und damit einem der in Art. 1 UN-Folterkonvention genannten Ziele. Sie sind daher Folter.[538] Wenn politisch aktive Frauen in Haft vergewaltigt werden, „um ihnen zu zeigen, dass ihr Platz in der Gesellschaft nicht in der Politik liegt“, erfolgen diese Vergewaltigungen aus einem sonstigen auf Diskriminierung beruhenden Grund und sind daher ebenfalls Folter. Da Vergewaltigungen prinzipiell das Opfer erniedrigen oder demütigen sollen, können darüber hinaus prinzipiell alle Vergewaltigungen, die durch eine in amtlicher Eigenschaft

---

535 vgl. *CESCR*, GC 7, § 9 ff.

536 vgl. *CESCR*, GC 7, § 9 ff.

537 CRDD, E. v. 2. Dezember 1998, U97-03981.

538 vgl. EGMR, *Aydin v. Turkey*, U. v. 26. August 1997, 23/78/94 bzgl. Art. 3 EMRK.

handelnde Person bzw. auf deren Veranlassung oder mit deren Einverständnis erfolgen, Folter sein.[539] Dies wird auch von den Internationalen Kriegsverbrechertribunalen für Ruanda[540] und für Jugoslawien[541] sowie vom Spezialberichterstatter des Wirtschafts- und Sozialrats ausdrücklich so gesehen.[542] Ein ausdrückliches oder stillschweigendes Einverständnis einer in amtlicher Eigenschaft handelnden Person liegt allerdings erst vor, wenn sie von der konkreten Vergewaltigung Kenntnis hat.

Vergewaltigungen, die keine Folter sind, sind eine grausame, unmenschliche oder erniedrigende Behandlung.[543] Sonstige Formen sexueller Gewalt, die zu nicht unerheblichen Beeinträchtigungen führen, sind eine erniedrigende Behandlung. Sofern sie von der Schwere her das Ausmaß von Vergewaltigungen erreichen, sind sie eine grausame oder unmenschliche Behandlung.[544] Zudem beeinträchtigen sie in ungerechtfertigter Weise die in Art. 17 Abs. 1 Var. 1 IPBPR geschützte sexuelle Autonomie. Dementsprechend wird in den Richtlinien[545], in der Literatur[546] und der Rechtsprechung[547] auch nahezu einhellig angenommen, dass Vergewaltigungen und schwere Formen sexueller Gewalt zu Beeinträchtigungen mit Verfolgungsintensität führen.

Verfolger sind die staatlichen Organe oder die Privatpersonen, die die Vergewaltigung ausführen. Vergewaltigungen durch staatliche Organe wurden und werden teilweise immer noch dem Staat nicht zugerechnet, weil sie entweder als Pri-

---

539 so auch: *Binder*, 297 ff; *Castel*, IJRL 1992, 39 (44 f).

540 ICTR, *Prosecutor v. Akayesu, ICTR-96-4-T*, U. v. 4. September 1998, § 597, s. 3. Kapitel, Fn. 15.

541 ICTY, *Prosecutor v. Zejnil Delalic et al.*, IT-96-21-T, U. v. 16. November 1998, § 495: „It is difficult to envisage circumstances in which rape by, or at the instigation of a public official, or with the consent or acquiescence of an official, could be considered as occurring for a purpose that does not, in some way, involve punishment, coercion, discrimination or intimidation."

542 Final Report of Special Rapporteur on Contemporary Forms of Slavery Systematic Rape, Sexual Slavery and Slavery-like Practices During Armed Conflict vom 22. Juni 1998, UN doc. E/CN.4/Sub.2/1998/13, §§ 37, 53.

543 *HRC*, GC 28, § 11: „To asses compliance with article 7 of the Covenant [...] the Committee needs to be provided information on national laws and practices with regard to domestic and other forms of violence against women including rape", abgedruckt bei *Joseph/Schultz/Castan*, 636, *australische RL*, 4.6, *Crawley*, 44; bzgl. Art. 3 EMRK : *Allewedt*, 24; VG Leipzig, U. v. 7. November 1995, A 4 K 2588/93.

544 *australische RL*, 4.6, *Crawley*, 44; so auch *Allewedt*, 24 bzgl. Art. 3 EMRK.

545 *australische RL*, 4.6; *britische RL*, 2A.19; *US-amerikanische RL*, III. A.

546 *Binder*, 296 ff; *Castel*, IJRL 1992, 39 (44 f); *Crawley*, 42 ff; *Kelley*, IJRL 2001, 558 (562); *Kelly*, Corn.ILJ 1993, 625 (644 f); *Macklin*, HRQ 1995, 213 (225 f); *Spijkerboer*, 21.

547 bspw. kanadische Entscheidungen: *Lara v. Canada* (M.C.I.), F.C., E. v. 17. Dezember 2001, [2001] FCT 1391; *Nallanathan v. Canada*, F.C., E. v. 17. April 2001, [2001] FCT 326; *Ahamadon v. Canada* (M.C.I.), F.C., E. v. 17. Mai 2000, IMM-4029-99, wo allerdings jeweils die begründete Furcht vor Verfolgung verneint wurde; US-amerikanische Entscheidungen: *Campos-Guardado v. INS*, [1987] 809 F.2d 585; *Lazo-Majano v. INS*, [1987] 813 F.2d 1432 (1434); *Gomez v. INS*, [1991] F.2d 660.

vatangelegenheit des handelnden Organwalters oder als Exzesshandlung angesehen werden.[548] Nach Art. 5, Art. 10 ILC-Entwurf ist das Verhalten von Organwaltern zugleich auch staatliches Verhalten, sofern der Organwalter in amtlicher Eigenschaft handelt.[549] Ein Verhalten des Organwalters als Privatperson ist dem Staat somit nicht zurechenbar. Dies ist allerdings dahin eingeschränkt, dass eine Zurechnung nur entfällt, wenn der Organwalter evident als Privatperson handelt.[550] Dabei sind im Hinblick auf Vergewaltigungen die gleichen Maßstäbe anzulegen wie bei sonstigen Handlungen. Es kann daher nicht überzeugen, Vergewaltigungen regelmäßig als Handeln des Organwalters als Privatperson anzusehen.[551]

Eine Vergewaltigung kann auch nicht als Exzess beurteilt werden. Sie wird zwar i. d. R. von den staatlichen Vorschriften nicht gedeckt sein. Dies führt aber nach Art. 10 ILC-Entwurf ebenfalls nicht dazu, dass sie dem Staat nicht zuzurechnen ist. Hiernach ist das Verhalten eines Organwalters, sofern dieser in Organeigenschaft handelt, auch dann als Handeln des Herkunftsstaats zu betrachten, wenn dieser im Einzelfall seine dem innerstaatlichen Recht entsprechenden Kompetenzen überschritten oder Weisungen hinsichtlich seiner Tätigkeit zuwidergehandelt hat.[552] Selbst ein evident kompetenzüberschreitendes Verhalten ist dem Staat hiernach grundsätzlich zurechenbar.[553] Es kann daher nicht überzeugen, wenn in der Literatur angenommen wird, dass eine Vergewaltigung durch staatliche Organe nur zu einer Beweislastumkehr führt, in dem Sinne, dass die betroffene Frau nicht beweisen muss, dass der Herkunftsstaat keinen Schutz bieten kann.[554]

Eine von Privaten ausgehende Vergewaltigung ist unmittelbar private Verfolgung. Sie ist zugleich mittelbar staatliche Verfolgung, wenn der Herkunftsstaat es unterlässt, seinen (fiktiven) Verpflichtungen nachzukommen. Wegen der schwerwiegenden Folgen einer Vergewaltigung sind nach den Vorgaben von due diligence neben dem Schutz im Einzelfall, der im konkreten Fall häufig nicht mehr

---

548 als Privatangelegenheit wurde dies bspw. in *Campos-Guardado v. INS*, [1987] 809 F.2d 285 (288 f) sowie in *Klawitter v. INS*, US C.A. (6th circ.), [1992] 970 F.2d 149 angesehen; auch die *US-amerikanischen RL*, V. verpflichten in Fällen von Vergewaltigungen und sexueller Gewalt dazu, genau abzugrenzen, ob die Amtsperson in privater oder öffentlicher Eigenschaft gehandelt hat; vgl. aber auch *Kelley*, IJRL 2001, 559 (562), die bzgl. Kanada einen Wandel dahin feststellt, dass Vergewaltigungen von Organwaltern nach den gleichen Maßstäben wie deren sonstige Handlungen als Verfolgung angesehen werden.

549 *Ipsen*, § 40 Rn. 3 ff; *Marx*, Handbuch § 6 Rn. 7; eine entsprechende Regelung enthält auch Art. 7 des ILC-Entwurfs von 2001.

550 *Marx*, Handbuch § 6 Rn. 8.

551 ganz überwiegende Auffassung in der Literatur: *Binder*, 394 ff; *Castel*, IJRL 1992, 39 (41 ff); *Kelley*, IJRL 2001, 559 (562); *Kelly*, Corn.ILJ 1993, 625 (646 f); *Spijkerboer*, 29 ff.

552 *Ipsen*, § 40 Rn. 24 ff; *Marx*, Handbuch § 6 Rn. 7.

553 *Ipsen*, § 40 Rn. 28 m. w. N.; vgl. IAGMR, *Velasquez-Rodriguez*, U. v. 29. Juli 1988, Rn. 172, dt. Übers. in EuGRZ 1989, 157 (171); *Anker*, 187 f sieht dies im flüchtlingsrechtlichen Zusammenhang ebenfalls so.

554 *Spijkerboer*, 30; *Binder*, 418 ff.

zu erlangen sein wird, generelle Präventivmaßnahmen erforderlich. Hierzu gehört der Erlass eines Strafgesetzes, das zudem effektiv umzusetzen ist. Dies ist nicht gegeben, wenn wie in Pakistan aufgrund der Strafvorschriften über den außerehelichen Sexualverkehr und deren praktischer Anwendung eine Frau, die eine Anzeige wegen Vergewaltigung aufgibt, damit rechnen muss, sich staatlichen Verfolgungsmaßnahmen auszusetzen. Der Herkunftsstaat hat auch gegen in der Gesellschaft bestehende Vorstellung vorzugehen, dass bestimmte Frauen, bspw. Frauen einer bestimmten Ethnie oder Religionszugehörigkeit oder allein lebende Frauen, vergewaltigt werden dürfen. Zudem ist mit geeigneten Maßnahmen, d. h. vor allem durch Aufklärung, gegen die Vorstellung vorzugehen, dass Frauen permanent an sexuellen Kontakten interessiert sind.

2. Vergewaltigung in der Ehe

Zu erörtern bleibt, inwiefern auch Vergewaltigungen in der Ehe unmittelbar private Verfolgung sein können. Von ihrer Schwere her sind sie ebenso wie sonstige Vergewaltigungen eine grausame, unmenschliche oder erniedrigende Behandlung i. S. d. Art. 7 S. 1 IPBPR. In vielen Kulturen wird es allerdings als Verpflichtung der Ehefrau angesehen, Geschlechtsverkehr zu haben, wenn es der Ehemann wünscht und es wird angenommen, dass die Ehefrau dem mit der Heirat zugestimmt hat. Dies ist aber keine Zustimmung, die die tatbestandlichen Voraussetzungen des Art. 7 S. 1 IPBPR ausschließt, da eine solche Zustimmung nicht generell, sondern nur im konkreten Einzelfall erklärt werden kann. Wenn eine Ehefrau von ihrem Ehemann zum Geschlechtsverkehr gegen ihren Willen gezwungen wird, ist dies somit unmittelbar private Verfolgung. Dies ist zugleich mittelbar staatliche Verfolgung, wenn der Herkunftsstaat nicht mit due diligence gegen eine in der Gesellschaft verbreitete Vorstellung vorgeht, dass es eine Vergewaltigung in der Ehe nicht gibt.

3. Folgen einer Vergewaltigung

Folgen einer Vergewaltigung können Gewaltanwendungen im Namen der Ehre oder die Verheiratung mit dem Vergewaltiger sein. Diese sind jeweils unter den oben dargestellten Voraussetzungen unmittelbar private und mittelbar staatliche Verfolgungen. Weitere Folge kann die soziale Ausgrenzung sein. Diese ist unter den gleichen Voraussetzungen wie die soziale Ausgrenzung unbeschnittener Frauen unmittelbar private und mittelbar staatliche Verfolgung. Sofern Frauen oder Mädchen nach einer Vergewaltigung verbannt werden, kann dies gemessen an Art. 27 Abs. 2 KK Verfolgung sein.[555]

[555] s. u. B. IV. 2.

4. Zwangsprostitution

Eine Zwangsprostitution ist aufgrund der physischen und psychischen Auswirkungen ebenso wie eine Vergewaltigung eine grausame, unmenschliche oder erniedrigende Behandlung i. S. d. Art. 7 S. 1 IPBPR[556] und damit zugleich Verfolgung. Sie ist zudem als Halten in Leibeigenschaft i. S. d. Art. 8 Abs. 2 IPBPR anzusehen.[557] Verfolger sind der oder die Personen, die die Frau bzw. das Mädchen zur Prostitution nötigen. Die Zwangsprostitution ist zugleich in den eher seltenen Fällen mittelbar staatliche Verfolgung, in denen ein Herkunftsstaat sie nicht unter Strafe gestellt hat oder ein Strafgesetz nicht effektiv umsetzt.

5. Zwangssterilisation/Zwangsabtreibung

Eine Sterilisation gegen den ausdrücklich erklärten Willen ist i. d. R. eine grausame, unmenschliche oder erniedrigende Behandlung.[558] Mit der Durchsetzung der Ein-Kind-Politik können Zwangssterilisationen ebenfalls nicht gerechtfertigt werden.[559] Es ist zwar ein legitimes Ziel, eine nichtdiskriminierende Bevölkerungspolitik durchzuführen, so dass eine solche Ein-Kind-Politik für sich genommen kein willkürlicher Eingriff in das in Art. 17 Abs. 1 Var. 2 IPBPR geschützte Recht, eine Familie zu gründen, ist.[560] Die Zwangssterilisation ist aber kein adäquates Mittel, dieses Ziel zu erreichen. Eine Zwangssterilisation beeinträchtigt auch das in Art. 17 Abs. 1 Var. 1 IPBPR geschützte Recht auf körperliche Integrität willkürlich.[561] Wenn die Zwangssterilisation von staatlichen Organen durchgeführt wird, ist sie daher unmittelbar staatliche Verfolgung.[562]

Eine Zwangsabtreibung ist unter den gleichen Voraussetzungen gemessen an Art. 7 S. 1, Art. 17 Abs. 1 Var. 1, 2 IPBPR unmittelbar staatliche Verfolgung.[563]

---

556 *HRC*, GC 28, § 11, abgedruckt bei *Joseph/Schultz/Castan*, 636.

557 *HRC*, GC 28, § 12, abgedruckt bei *Joseph/Schultz/Castan*, 636; *Nowak*, Art. 8 Rn. 13.

558 *HRC*, GC 28, § 11; abgedruckt bei *Joseph/Schultz/Castan*, 636; *Joseph/Schultz/Castan*, [9.74]; *Chan v. Canada*, [1995] 3 S.C.R. 593, *Cheung v. Canada*, [1993] 2 F.C. 314 (322); australische Entscheidung *Applicant A*, 142 ALR 1997, 330 (343).

559 *Chan v. Canada*, [1995] 3 S.C.R. 593, § 73; *Applicant A*, 142 ALR 1997, 331 (343); *Aleinikoff*, IJRL 1991, 5 (22 f); *Binder*, 377; *Crawley*, 153 f; vgl. hierzu auch die Rechtslage in den USA: Hier wurde § 207(a)(5) des Immigration and Nationality Act so ergänzt, dass Zwangssterilisationen im Zuge der Ein-Kind Politik Verfolgung sind, dabei wurde aber die Höchstgrenze auf 1000 Personen pro Jahr festgelegt, s. hierzu *Binder*, 378 ff.

560 *HRC*, GC 19, § 5: „[...] When States parties adopt family planning policies, they should be compatible with the provisions of the Covenant and should in particular, not be discriminatory or compulsory", abgedruckt bei *Joseph/Schultz/Castan*, [20.23].

561 *Chan v. Canada*, [1995] 3 S.C.R. 593, § 73.

562 i. E. auch *Chan v. Canada*, [1995] 3 S.C.R. 593, § 73; *Applicant A*, 142 ALR 1997, 331 (334, 343, 354); *Aleinikoff*, IJRL 1991, 5 (22 f); *Binder*, 377; *Crawley*, 154; *kanadische RL*, B.

563 i. E. auch *HRC*, GC 28, § 11, abgedruckt bei *Joseph/Schultz/Castan*, 636; *Lai v. Canada*, F.C. (T.D.) 20. Mai 1994, IMM-0307-93; *australische RL*, 4.6; *kanadische RL*, B.

VII. Beeinträchtigungen im (innerstaatlichen) bewaffneten Konflikt

Beeinträchtigungen in den Fallkonstellationen frauenspezifischer Flucht- und Bleibegründe sind grundsätzlich auch im innerstaatlichen oder internationalen bewaffneten Konflikt unter den gerade dargelegten Voraussetzungen unmittelbar private und unmittelbar staatliche Verfolgung. In der Situation eines Notstands i. S. d. Art. 4 Abs. 1 IPBPR sind nämlich die in Art. 4 Abs. 2 IPBPR genannten Menschenrechte gleichermaßen einzuhalten. Auch die nicht notstandsfesten Rechte können in dieser Situation nicht beliebig eingeschränkt werden, sondern nur, wenn dies für die Bekämpfung des Notstandes zwingend erforderlich ist. Dies ist in den Fallkonstellationen frauenspezifischer Flucht- und Bleibegründe aber niemals der Fall.

Bei der mittelbaren Verfolgung ergeben sich aber Unterschiede. Diese kann nur vorliegen, wenn es entweder einen Staat oder ein stabilisiertes de facto Regime gibt. Zudem ist hier eher die Grenze der Handlungsfähigkeit erreicht, mit der Folge, dass ein Staat bzw. ein stabilisiertes de facto Regime eher den Vorgaben von due diligence entspricht.

Speziell Vergewaltigungen sind daneben auch explizit in Normen des humanitären Völkerrechts geschützt, die in der Situation eines innerstaatlichen oder internationalen bewaffneten Konflikts Anwendung finden. An einem Konflikt beteiligte Parteien i. S. d. Art. 3 ZP I haben nach Art. 3 lit. c des IV. Genfer Abkommens und nach Art. 76 Abs. 1 ZP I Frauen in internationalen bewaffneten Konflikten vor Vergewaltigungen sowie der Nötigung zur Zwangsprostitution und jeder anderen unzüchtigen Handlung zu schützen. Nach Art. 4 lit. a ZP II sind auch im innerstaatlichen bewaffneten Konflikt Vergewaltigungen generell verboten, so dass diese, wenn sie von Mitgliedern von Streitkräften oder organisierten bewaffneten Gruppen i. S. d. Art. 1 Abs. 1 ZP II vorgenommen werden, gemessen hieran unrechtmäßig sind. Nach Art. 7 lit. g IStGH-Statut sind Vergewaltigungen ein Verbrechen gegen die Menschlichkeit und damit zu unterlassen, wenn sie als Teil eines großangelegten oder systematischen Angriffs gegen die Zivilbevölkerung begangen werden. Dies wurde vom Internationalen Kriegsverbrechertribunal für Jugoslawien in der Entscheidung *Foca* auch schon bezüglich der Rechtslage vor dem Inkrafttreten dieses Statuts so gesehen.[564] Nach Art. 8 Abs. 2 lit. b xxii IStGH-Statut ist darüber hinaus jede im (innerstaatlichen) bewaffneten Konflikt begangene Vergewaltigung, sexuelle Sklaverei, Zwangsprostitution oder erzwungene Schwangerschaft ein Kriegsverbrechen und damit ebenfalls zu unterlassen. Diese Normen sind unabhängig von ihrem rechtlichen Status von jeder Person einzuhalten, so dass ein Verhalten, das hiermit nicht in Einklang steht, i. d. R. unmittelbar private Verfol-

[564] *Prosecutor v. Kunarac, Kovac and Vukovic* IT-96-23 and IT-96-23/1 „Foca", U. v. 22. Februar 2001.

gung ist. Vergewaltigungen im Zuge eines innerstaatlichen oder internationalen bewaffneten Konflikts werden nach geltendem Völkerrecht somit nicht als unvermeidbare Kriegsbegleiterscheinung, sondern als Kriegsverbrechen beurteilt.[565]

565 s. zum Ganzen auch *UNHCR*, Sexual Violence against Refugees, Guidelines on Prevention and Response 4.2, abgedruckt in IJRL 1997 (special issue), 720 ff; sowie *Kelly*, Corn.ILJ 1993, 625 (646 f).

Kapitel 6

Wegen eines Konventionsgrundes i. S. d. Art. 1 A Nr. 2 S. 1 Hs. 1 GFK

A. Konkretisierung

I. Bestimmung des Anknüpfungspunktes

Zunächst ist der Anknüpfungspunkt für den Konventionsgrund zu bestimmen. In Literatur und Rechtsprechung und auch in den Richtlinien des UNHCR findet sich die Formulierung, dass die „begründete Furcht vor Verfolgung", mithin das Verfolgungsrisiko, wegen eines Konventionsgrundes erfolgen muss.[1] Nach dieser Auffassung ist konsequenterweise das Anknüpfen an einen Konventionsgrund bereits zu bejahen, wenn von einer Verfolgungshandlung unterschiedslos alle Personen beeinträchtigt werden können, aber das Risiko, dieser Behandlung ausgesetzt zu werden, für bestimmte Personen, bspw. für Frauen, höher ist.[2] So weit geht der UNHCR aber nicht und stellt ausschließlich darauf ab, ob die private Verfolgungshandlung und/oder das staatliche Schutzversagen an einen Konventionsgrund anknüpfen.[3] Da die Verfolgungshandlung und das staatliche Schutzversagen bereits an dem Punkt „Verfolgung" geprüft werden, verkompliziert es die Entscheidungsfindung nur, wenn nicht nur die Verfolgung, sondern auch die „begründete Furcht vor" an das Merkmal anknüpfen muss. Es ist nämlich selten für alle Personen bspw. gleicher Religionszugehörigkeit oder gleichen Geschlechts das Risiko, verfolgt zu werden, gleich hoch. Zudem spricht der Wortsinn von Verfolgung dafür, dass sich die Wortgruppen „being persecuted"/„être persecutée" und „for reason of race [...]"/„du fait de race [...]" jeweils aufeinander beziehen, da „persecuted" bzw. „persecutée" schon nach ihrer gewöhnlichen Bedeutung Verfolgung aus einem bestimmten Grund bedeuten.[4] Es ist somit zunächst zu prüfen, ob die Ver-

---

1 *UNHCR*, RL Zugehörigkeit zu einer bestimmten sozialen Gruppe § 20; *Michigan Guidelines* § 14: „The requisite causal connection between the risk of being persecuted and a Convention ground may be established by either direct or circumstantial evidence"; *Hathaway*, 135 ff; *Bower*, Geo.Immigr.L.J. 1993, 173 (201 ff).

2 vgl. *Michigan Guidelines* § 15: „[...] Thus, evidence that persons who share the applicant's race, religion, nationality, membership of a particular social group or political opinion are more at risk of being persecuted than others in the home country is a sufficient form of circumstantial evidence that a Convention ground was a contributing factor to the risk of being persecuted."

3 *UNHCR*, RL Zugehörigkeit zu einer bestimmten sozialen Gruppe § 22.

4 s. u. 5. Kapitel A. I. 1.

folgung an einen der Konventionsgründe anknüpft, und erst im Anschluss zu ermitteln, ob eine begründete Furcht vor dieser Verfolgung besteht. Anknüpfungspunkt für die Konventionsgründe ist somit nicht das Verfolgungsrisiko, sondern die Verfolgung.[5]

Verfolgung ist nach dem oben Ausgeführten die zielgerichtete, unrechtmäßige und intensive Andersbehandlung, anders ausgedrückt, die zielgerichtete und unrechtmäßige Andersbehandlung, die objektiv vorhersehbar und unmittelbar zu einer ausreichend intensiven Beeinträchtigung menschenrechtlicher Gewährleistungen führt. Im Fall der unmittelbar staatlichen oder unmittelbar privaten Verfolgung lässt sich Verfolgung damit unterteilen in das Verhalten, die hierin liegende ungerechtfertigte Differenzierung und die hierdurch unmittelbar und objektiv vorhersehbar herbeigeführte intensive Beeinträchtigung einer menschenrechtlichen Gewährleistung im Einzelfall. Damit können einerseits das Verhalten mitsamt der hierin liegenden ungerechtfertigten Differenzierung und andererseits die hierdurch herbeigeführte intensive Beeinträchtigung potentielle Anknüpfungspunkte für einen Konventionsgrund sein. In Rechtsprechung und Literatur wird ebenfalls auf diese beiden Anknüpfungspunkte abgestellt. Die eine Richtung prüft, ob die Verfolgungshandlung an einen Konventionsgrund anknüpft[6], wobei nicht immer klar wird, ob unter Verfolgungshandlung nur die Handlung oder auch die ungerechtfertigte Differenzierung verstanden wird[7]. Die andere Richtung stellt darauf ab, ob die Zwangslage bzw. die Wirkungen der Handlung an den Konventionsgrund anknüpfen.[8] Darunter wird teilweise ausdrücklich nur die Beeinträchtigung im Einzelfall verstanden[9], teilweise wird hierunter auch die ungerechtfertigte Differenzierung gefasst[10].

Die passivische Formulierung „being persecuted for reasons of"/„être persécutée du fait de" spricht dafür, dass nicht auf die Handlung einer gar nicht genannten Person oder eines Staatsorgans abgestellt wird.[11] Allerdings schließt sie

---

5 *Kälin*, Grundriss, 90.

6 *Kälin*, Grundriss, 90; *Weberndörfer*, 51 ff; vgl. auch BVerfGE 80, 315 (335); BVerwGE 74, 143 (148) zu Art. 16a Abs. 1 GG, der insofern mit Art. 33 Abs. 1 GFK übereinstimmen soll.

7 siehe hierzu *Köfner/Nicolaus*, ZAR 1986, 11 (15); *Weberndörfer*, 51 ff.

8 *britische RL*, 3.4: „The criteria will be satisfied either where the serious harm was inflicted for a Contention ground or there is a failure of State protection for a Convention ground"; *kanadische RL*, A. III, 2."[...] the woman will need to show that she has a genuine fear of harm, that one of the grounds of the definition is the reason for the feared harm"; *Michigan Guidelines* § 6; *Köfner/Nicolaus*, ZAR 1986, 11 (15); *Musalo*, Mich.J.Int'l.L 1994, 1179 (1186 f); *Roth*, ZAR 1988, 164 (165 f); *Spijkerboer*, 25; auch der gemeinsame Standpunkt 4.2 stellt darauf ab, ob die Ereignisse, die befürchtet werden oder bereits stattgefunden haben, auf einen Konventionsgrund zurückzuführen sind.

9 *Crawley*, 100; *Spijkerboer*, 44 f.

10 *Musalo*, Mich.J.Int'l.L 1994, 1179 (1186 f); *Köfner/Nicolaus*, ZAR 1986, 11 (15); *Roth*, ZAR 1988, 164 (165).

11 *Michigan Guidelines* § 6.

dies auch nicht aus. So hat auch der deutsche Gesetzgeber zwischen der Passivkonstruktion in den Originalsprachen und der im Deutschen verwendeten aktivischen Formulierung „Verfolgung“ keinen Unterschied gesehen. Es kann auch nicht überzeugen, mit dem Argument auf die Beeinträchtigung im Einzelfall als Anknüpfungspunkt für den Konventionsgrund abzustellen, dass nur so ein umfassender Schutz herbeigeführt werden kann[12]. So wird als Beispiel für eine sonst auftretende Schutzlücke der Fall genannt, in dem eine Person durch die Einziehung zum Wehrdienst in einen unerträglichen Gewissenskonflikt versetzt wird.[13] In diesem Fall erfolgt aber nicht erst die Beeinträchtigung im Einzelfall möglicherweise wegen eines Konventionsgrundes, sondern bereits die in der Einziehung liegende ungerechtfertigte Differenzierung. Durch die Einziehung werden die Personen, die aufgrund ihrer religiösen Überzeugung wesentlich verschieden sind, gleichbehandelt. Schutzlücken werden somit bereits vermieden, wenn auf die dem Verhalten immanente ungerechtfertigte Differenzierung als Anknüpfungspunkt abgestellt wird. Dagegen verkompliziert ein Abstellen auf die Beeinträchtigung im Einzelfall als Anknüpftungspunkt für den Konventionsgrund die Beurteilung nur unnötig, da es zumeist von verschiedenen Faktoren abhängt, ob die Handlung zu einer intensiven Beeinträchtigung führt.[14] Formeln zur Bestimmung der Kausalität müssen daher notwendig unscharf bleiben.[15]

Festzuhalten bleibt somit, dass eine unmittelbar staatliche oder private Verfolgung wegen eines Konventionsgrundes erfolgt, wenn die dem Verhalten immanente ungerechtfertigte Differenzierung, die sich im Einzelfall als intensive Beeinträchtigung einer menschenrechtlichen Gewährleistung auswirkt, an einen solchen anknüpft.

Für eine mittelbar staatliche Verfolgung, die sich aus dem unmittelbar privaten Verhalten, das unmittelbar zu einer Beeinträchtigung menschenrechtlicher Gewährleistungen führt, und dem unrechtmäßigen Unterlassen des Staates, gegen diese Beeinträchtigung vorzugehen, zusammensetzt, gilt damit Folgendes: Sie erfolgt insgesamt wegen eines Konventionsgrundes, wenn die in dem privaten Verhalten und/oder im staatlichen Unterlassen liegende ungerechtfertigte Differenzierung hieran anknüpft.

---

12 *Michigan Guidelines* § 12.

13 *Köfner/Nicolaus*, ZAR 1986, 11 (15); *Schaeffer*, 68 bzgl. des grundgesetzlichen Asylrechts.

14 dies wird auch von den *Michigan Guidelines* § 12 selbst so gesehen.

15 so daher auch *Michigan Guidelines* § 12 f.

II. „Wegen“

1. Motivation

Zur Bestimmung, ob die Verfolgungshandlung „wegen“ eines Konventionsgrundes erfolgt, wird teilweise auf die Motivation des Handelnden abgestellt.[16] Überwiegend wird hingegen ermittelt, ob die Verfolgung bei objektiver Betrachtung an dieses Merkmal anknüpft.[17] Die in den gleichermaßen verbindlichen Sprachen verwendeten Formulierungen „du fait de“ und „for reason of“ scheinen eher gegen das Erfordernis einer Motivation zu sprechen, letztlich führt die Auslegung nach dem Wortsinn aber nicht zu einem eindeutigen Ergebnis. So wird die englische Formulierung „for reason of“ mit „on account of“ synonym verwendet.[18] „On account of“ kann einerseits im Sinne einer Motivation verstanden werden[19], andererseits im Sinne einer reinen Kausalität[20]. Dies gilt gleichermaßen für „du fait de“[21]. Aus der systematischen Zusammenschau mit „aus der begründeten Furcht vor“ ergibt sich aber, dass es nicht darauf ankommen kann, welche Motive den Handelnden tatsächlich bewegt haben, sondern nur darauf, wie sich dies für einen Außenstehenden darstellt. Für eine Unerheblichkeit der subjektiven Motive des Verfolgers spricht auch die passivische Formulierung[22] und das Ziel der Konvention, schutzbedürftige Personen zu schützen und nicht die Handelnden zur Verantwortung zu ziehen[23]. Zudem ist Anknüpfungspunkt für den Konventionsgrund die in dem Verhalten liegende ungerechtfertigte Differenzierung, die aber nicht vor-

---

16 *Zacarias v. INS*, US Supreme Court, E. v. 22. Januar 1992, 112 S.Ct. 812 sowie *Cañas-Segovia v. INS*, [1992] 970 F.2d 599, US C.A. (9th circ.), die nach Aufhebung von *Cañas-Segovia v. INS*, [1989] 902 F.2d 717, US C.A. (9th circ.) durch den US Supreme Court ergangen ist, s. ausführlich *Musalo*, Mich.J.Int'l.L 1994, 1179 (1225 ff).

17 *UNHCR*, Handbook, § 81; *Goodwin-Gill*, 50 ff; *Hathaway*, 135 ff; siehe auch die Nachweise in Fn. 8.

18 *The Oxford English Dictionary*, XIII, 288; *Goodwin-Gill*, 51 sieht den Unterschied zwischen den Begriffen „for reason of" und „on account of" allerdings darin, dass „on account of“ auf eine Motivation abstelle, „for reason of“ hingegen nicht.

19 So wird dieser Begriff mit „in consideration of" und „for sake of" synonym verwandt. „In consideration of" wird mit „in view of", „upon taking into account", „in respect of" gleichgesetzt, *The Oxford English Dictionary*, III, 769. „For sake of" wird mit „something regarded in the light of an end, aim, purpose" gleichgesetzt, *The Oxford English Dictionary*, XIV, 382.

20 So wird der Begriff auch mit „because of" synonym verwandt wird, *The Oxford English Dictionary*, I, 86.

21 Dieser wird gleichgesetzt mit „à cause de“ und „en raison de“, *Le Grand Larousse*, III, 1872. „À cause de" wird wiederum synonym verwandt, einerseits mit „en considération“ und damit mit „motiv, raison, que l' on considère pour agir“ (*Le Grand Larousse*, II, 627, *Le Grand Robert*, II, 842), andererseits mit „en raison de“ und „en consequence de“, d. h. einer reinen Folge, für die eine Motivation nicht erforderlich ist (*Le Grand Larousse*, VI, 4857), *Le Grand Larousse*, II, 627, *Le Grand Robert*, II, 408.

22 *Michigan Guidelines*, § 6.

23 *Musalo*, Mich.J.Int'l.L 1179 (1181).

sätzlich herbeigeführt werden muss. Es kommt auch nicht darauf an, ob objektive Anzeichen für eine subjektive Motivation zu erkennen sind. Dies liefe nämlich letztlich ebenfalls darauf hinaus, die tatsächliche Motivation zu ergründen.

Ob die Verfolgung wegen eines Konventionsgrundes erfolgt, ist somit danach zu ermitteln, ob die in dem Verhalten liegende ungerechtfertigte Differenzierung, die unmittelbar und objektiv vorhersehbar zu einer intensiven Beeinträchtigung von menschenrechtlichen Gewährleistungen führt, bei objektiver Betrachtung im gesellschaftlichen Kontext an einen Konventionsgrund anknüpft.[24] Hierfür kann eine objektiv erkennbare Motivation ein Hinweis sein, erforderlich ist sie aber nicht.[25] Ein solches Anknüpfen ist dabei auch zu bejahen, wenn die betroffene Person diesen Grund nicht aufweist, aber die Verfolgung dennoch erkenntlich deswegen erfolgt.[26] Im Folgenden ist somit nach weiteren Vorgaben zu suchen, mit denen bestimmt werden kann, wann ein Anknüpfen an einen Konventionsgrund zu bejahen ist.

2. Beitragender Faktor

Teilweise wird darauf abgestellt, ob der Konventionsgrund ein beitragender Faktor zum Verfolgungsrisiko ist.[27] Hierfür sei es ein hinreichendes, aber nicht notwendiges Anzeichen, wenn Personen gleicher Rasse, Religion etc. größere Gefahr liefen, verfolgt zu werden als andere im Herkunftsstaat[28], es sei denn, der Grund sei erkennbar nur von vollkommen untergeordneter Relevanz[29]. Auch der UNHCR ermittelt die Kausalität nach diesen Vorgaben.[30] Diese Formel ist aber erkennbar darauf gemünzt, die Kausalität zwischen der Verfolgungsgefahr und dem Konventionsgrund zu ermitteln. Sie ist daher bewusst vage gehalten, da im Einzelfall nur schwer ermittelt werden kann, ob das Merkmal tatsächlich zu der Situation beigetragen hat. Zur Ermittlung der hier interessierenden Kausalität zwischen der in der Verfolgungshandlung liegenden ungerechtfertigten Differenzierung und dem Konventionsgrund ist sie daher wegen ihrer Unschärfe nicht geeignet.

3. Formeln aus dem Diskriminierungsrecht

Nach dem hier vertretenen Ansatz ist es daher naheliegend, diese Kausalität anhand der im Diskriminierungsrecht entwickelten Vorgaben zu ermitteln. Da sich diesbezüglich im Völkerrecht bislang keine Dogmatik herausgebildet hat, sind im

---

24 ähnlich *Kälin*, Grundriss, 90.
25 *Goodwin-Gill*, 50.
26 *UNHCR*, Auslegung § 25.
27 *Michigan Guidelines*, § 9.
28 *Michigan Guidelines*, § 15; *Bower*, Geo.Immigr.L.J. 1993, 173 (189).
29 *Michigan Guidelines*, § 11 ff.
30 *UNHCR*, Auslegung § 23.

innerstaatlichen Recht Anleihen zu nehmen. Im Rahmen des Art. 3 Abs. 3 GG werden zur Bestimmung der Kausalität im Wesentlichen fünf verschiedene Ansätze größtenteils auch kombiniert verwendet[31]: Der erste Ansatz stellt darauf ab, ob es Zweck der Handlung ist, den Betroffenen in diesem Merkmal zu treffen.[32] Ähnlich ermittelt der zweite Ansatz die Kausalität danach, ob die Diskriminierung gerade an dieses Merkmal anknüpft.[33] Der dritte Ansatz bejaht die Kausalität, wenn die Ungleichbehandlung mit dem Merkmal begründet wird oder nur mit dem Merkmal begründbar ist.[34] Nach dem vierten Ansatz ist darauf abzustellen, ob die Ungleichbehandlung an das Merkmal anknüpft, in dem Sinne, dass sie äquivalent kausal auf dem Merkmal beruht.[35] Dieses konkretisierend wird von dem fünften Ansatz vertreten, dass das Merkmal Tatbestandsvoraussetzung für die Rechtsfolge sein muss.[36]

Wenn mit dem ersten Ansatz auf die Finalität der Handlung abgestellt wird bzw. mit dem zweiten Ansatz darauf, ob der Konventionsgrund das einzige Differenzierungskriterium ist, wird letztlich auf objektive Anzeichen für eine subjektive Motivation abgestellt. Wenn die ungerechtfertigte Differenzierung nur unter Hinweis auf die sich aus dem Konventionsgrund ergebenden Unterschiede begründet werden kann, ist dies ein starkes Indiz dafür, dass diese an den Konventionsgrund anknüpft. Auf diesen Ansatz allein kann aber nicht abgestellt werden, da es oft mehrere Begründungen für eine Differenzierung gibt. Zudem lässt sich hinsichtlich des Konventionsgrundes „Zugehörigkeit zu einer bestimmten sozialen Gruppe" mit diesem Ansatz nicht klar unterscheiden, ob die Differenzierung tatsächlich nur mit der Gruppenmitgliedschaft oder nicht vielmehr nur mit dem gruppenkonstituierenden Merkmal begründbar ist. Bei Anwendung der Äquivalenzformel knüpft die ungerechtfertigte Differenzierung an einen Konventionsgrund an, wenn dieser nicht hinweggedacht werden kann, ohne dass diese Differenzierung entfiele.[37] Hiermit kann allerdings nur die Kausalität zwischen zwei feststehenden Faktoren bestimmt werden. Es kann daher nicht berücksichtigt werden, wenn ein Konventionsgrund bei der betreffenden Person nicht real besteht, sondern ihr dieser nur erkennbar unterstellt wird. Außerdem hat die Formel nicht die erforderliche Trennschärfe, insbesondere hinsichtlich des Konventionsgrundes „Zugehörigkeit zu einer bestimmten sozialen Gruppe". Wegen dieses Konventionsgrundes kann eine Person nämlich nur verfolgt sein, wenn sie nicht als Einzelperson, sondern

---

31 s. *Heun* in *Dreier*, Art. 3 Rn. 105 ff; ausführlich *Sachs*, Diskriminierung, 390 ff.

32 vgl. BVerfGE 19, 119 (126).

33 BVerfGE 39, 334 (368); BVerfGE 75, 40 (70); aufgegeben in BVerfGE 85, 191 (206); *Dürig* in *Maunz/Dürig*, Art. 3 Rn. 154.

34 *Podlech*, 95, Regel 12.3; *Starck* in *v. Mangoldt/Klein/Starck*, Art. 3 Abs. 3 Rn. 350.

35 *Gubelt* in *v. Münch/Kunig*, Art. 3 Rn. 104; *Jarass* in *Jarass/Pieroth*, Art. 3 Rn. 118.

36 *Sachs*, Diskriminierung, 451 ff.

37 vgl. *Weberndörfer*, 52.

als Vertreterin der Gruppe verfolgt wird.[38] Mit der Formel kann aber nur festgestellt werden, dass eine Person dieser Gruppe zugehört und dass sie bei einer anderen Gruppenzugehörigkeit anders behandelt worden wäre. Es kann hingegen nicht festgestellt werden, ob sie als Vertreterin dieser Gruppe oder nicht vielmehr nur als Vertreterin einer Untergruppe dieser Gruppe oder als Einzelperson verfolgt wird. Deshalb wird dieser Formel, die zunächst in der älteren anglo-amerikanischen Literatur und Rechtsprechung verwendet wurde[39], mittlerweile entweder keine Bedeutung mehr beigemessen[40] oder sie ist nur noch eines unter mehreren Kriterien.[41]

In modifizierter Form ist diese Formel aber durchaus zur Ermittlung der Kausalität geeignet. So kann es nur darauf ankommen, wie sich diese Kausalbeziehung bei objektiver Betrachtung im gesellschaftlichen Kontext darstellt. Hierbei ist es hilfreich, dem fünften Ansatz zu Art. 3 Abs. 3 GG folgend, zwischen einem abstrakt-generellen und einem konkret-individuellen Verhalten zu trennen. Ein abstrakt-generelles Verhalten knüpft demnach an einen Konventionsgrund an, wenn der Konventionsgrund bei objektiver Betrachtung im gesellschaftlichen Kontext allein oder neben anderen Voraussetzungen, ausdrücklich oder jedenfalls stillschweigend mitgeschrieben den Tatbestand der die Rechtsfolge auslösenden generellen Regelung bildet.[42] Ein konkret-individuelles Verhalten erfolgt „wegen" des Konventionsgrundes, wenn die diesem bei objektiver Betrachtung zugrunde liegende Maxime als abstrakt-generelle Regelung gedacht nach diesem Konventionsgrund unterscheidet.[43] Eine Anwendung dieser Grundsätze soll an folgendem Beispielsfall, der in der Entscheidung *Islam and Shah* angeführt wurde, verdeutlicht werden:

> „Suppose that the Nazi government in those early days did not actively organise violence against Jews, but pursued a policy of not giving any protection to Jews subjected to violence by neighbours. A Jewish shopkeeper is attacked by a gang organised by an Aryan competitor who smash his shop, beat him up and threaten to do it again if he remains in business. The competitor and his gang are motivated by business rivalry and a desire to settle old personal scores, but they

[38] vgl. *Lord Millet, Islam and Shah*, IJRL 1999, 496 (524): „The applicant must be the subject of the attack, not for himself or herself alone but because he or she is one of those jointly condemned in the eyes of their persecutors for possession of the characteristic which is common to the group."

[39] vgl. *Daley/Kelley*, IJRL 2000, 149 (166) m. w. N.; *Hathaway*, 140.

[40] *Chen v. Minister for Immigration and Multicultural Affairs*, Federal Court of Australia, E. v. 13. April 2000, 170 ALR 553.

[41] *Lord Hoffmann* in *Islam and Shah*, IJRL 1999, 496 (515).

[42] vgl. *Sachs*, Diskriminierung, 459 ff.

[43] vgl. *Sachs*, Diskriminierung, 451 ff.

would not have done what they did unless they knew that the authorities would allow them to act with impunity. And the ground upon which they enjoyed impunity was that the victim was a Jew. Is he being persecuted on grounds of race? Again, in my opinion, he is. An essential element in the persecution, the failure of the authorities to provide protection, is based upon race. It is true that one answer to the question 'Why was he attacked?' would be 'because a competitor wanted to drive him out of business.' But another answer, and in my view the right answer in the context of the Convention, would be 'he was attacked by a competitor who knew that he would receive no protection because he was a Jew'."[44]

Bei objektiver Betrachtung bestand die Maxime des Handelnden in dem Beispiel darin, gegen jüdische Konkurrenten, nicht aber gegen andere Konkurrenten, vorzugehen, weil Juden gesellschaftlich schutzlos gestellt waren und es daher als legitim angesehen wurde, gegen sie vorzugehen. Die seiner Handlung zugrunde liegende fiktive Norm, nach der Juden beeinträchtigt werden dürfen, hat das Merkmal „Jude" und damit im damaligen gesellschaftlichen Kontext den Konventionsgrund „Rasse" als Tatbestandsvoraussetzung. Damit knüpfte die Handlung des Privaten – und anders als es in der Entscheidung angedeutet wird, nicht erst das staatliche Schutzversagen – im damaligen gesellschaftlichen Kontext an die Rasse an. Es ist zudem nicht erforderlich, dass die Vorstellung, dass die Person wegen des Merkmals schutzlos ist, in der ganzen Gesellschaft besteht, sondern es reicht aus, dass die Handlung sonst erkenntlich auf dieser Vorstellung basiert, beispielsweise weil die Gruppe, der der Handelnde zugehört, erkenntlich eine solche Vorstellung hat. Anhand dieser Vorgaben ist somit im Einzelfall zu ermitteln, ob die Verfolgung, mithin die der Verfolgungshandlung immanente ungerechtfertigte Differenzierung, an einen Konventionsgrund anknüpft.

4. (Innerstaatlicher) bewaffneter Konflikt als Sonderfall?

Teilweise wird speziell für den Fall eines (innerstaatlichen) bewaffneten Konflikts, in dem eine effektive staatliche Gebietsgewalt nicht mehr besteht, die Kausalität danach ermittelt, ob die Einzelperson einem größeren Risiko als alle anderen Personen ausgesetzt ist, mit Verfolgungsintensität beeinträchtigt zu werden.[45] Diese Auffassung kann nach dem hier vertretenen Ansatz schon deswegen nicht überzeugen, weil es nicht darauf ankommt, ob das Verfolgungsrisiko an einen Konventionsgrund anknüpft. Zudem ergeben sich weder aus der GFK noch aus dem allgemeinen Völkerrecht Anhaltspunkte dafür, Sonderregeln für die Situation eines

---

[44] *Lord Hoffmann*, *Islam and Shah*, IJRL 1999, 496 (514).

[45] *Adan*, [1999] 1 A.C. 293.

(innerstaatlichen) bewaffneten Konflikts zu treffen. Diese Auffassung wird daher auch mehrheitlich abgelehnt.[46]

III. Zugehörigkeit zu einer bestimmten sozialen Gruppe

1. Überblick: Frauen als bestimmte soziale Gruppe

In der internationalen Literatur und Rechtsprechung setzt sich die Auffassung immer mehr durch, dass das Geschlecht gruppenkonstituierender Faktor einer bestimmten sozialen Gruppe sein kann.[47] Begründet wurde diese Entwicklung in der kanadischen Rechtsprechung.[48] Anschließend wurde in der britischen Entscheidung *Islam and Shah*[49] angenommen, dass alle Frauen einer Gesellschaft oder Untergruppen von Frauen einer Gesellschaft bestimmte soziale Gruppen bilden können. Dies wurde auch in der australischen Entscheidung *Khawar*[50] so gesehen. Der UNHCR geht mittlerweile ebenfalls davon aus, dass das Geschlecht gruppenkonstituierender Faktor sein kann und dass alle Frauen einer Gesellschaft eine bestimmte soziale Gruppe bilden können.[51] Diese Auffassung ist auch in dem Kommissionsvorschlag enthalten[52] und wird von den australischen[53], britischen[54] und kanadischen[55] Richtlinien geteilt. Irland hat gesetzlich klargestellt, dass Frauen oder Untergruppen von Frauen bestimmte soziale Gruppen bilden können.[56]

---

46 *UNHCR*, Auslegung § 20 f; *Michigan Guidelines*, § 16; *Goodwin-Gill*, 75; *Bower*, Geo.Immigr.L.J. 1993, 173 (201 ff).

47 Frauen werden als bestimmte soziale Gruppe angesehen bspw. von: *Binder* 442 ff; *Bower*, Geo.Immigr.L.J. 1993, 173 (192 ff); *Castel*, IJRL 1992, 39 (52); *Connors*, IJRL 1997 (special issue), 114 ff; *Daley/Kelley*, IJRL 2000, 148 (165 ff); *Goodwin-Gill*, 50, 364; *Goldberg*, Corn.Int'l.L.J. 1993, 565 (597); *Hathaway*, 162 f; *Kelly*, Corn.Int'l.L.J. 1993, 565 (653 ff); *Macklin*, IJRL 1994, 363 (376 ff); *dies.*, HRQ 1995, 214 (244 ff); *Neal*, Col.H.R.L.Rev. 1988, 203 (222 ff).

48 *Ward v. Canada*, [1993] 2 S.C.R. 689 (739); *Chan v. Canada*, [1995] 3 S.C.R. 593 ff.

49 *Islam and Shah*, IJRL 1999, 496 ff.

50 *Khawar*, 21 (abwM), 34 (tragende Auffassung).

51 *UNHCR*, RL Geschlechtsspezifische Verfolgung § 30 f; Richtlinie Zugehörigkeit zu einer bestimmten sozialen Gruppe §§ 10, 19.

52 § 12 des Kommissionsvorschlags.

53 *australische RL*, 4.33: „Gender may be a significant factor in recognising a particular social group or an identifying characteristic of such a group."

54 *britische RL*, 3.39 ff.

55 *kanadische RL*, A. III.

56 So lautet section 1 des irischen Refugee Act derzeit: „'Membership of a particular social group' includes membership of a trade union and also includes membership of a group of persons whose defining characteristic is their belonging to the female or the male sex or having a particular sexual orientation", s. u. http://www.justice.ie.

In der französischen Rechtsprechung wird hingegen unterschiedlich beurteilt, ob das Geschlecht konstituierendes Merkmal einer bestimmten sozialen Gruppe sein kann.[57]

In der deutschen Rechtsprechung findet der Konventionsgrund „Zugehörigkeit zu einer bestimmten sozialen Gruppe" kaum Beachtung. Hier geht die Tendenz dahin, das Geschlecht im Rahmen des Art. 16a Abs. 1 GG und damit auch des § 51 Abs. 1 AuslG als zusätzliches asylerhebliches Merkmal anzusehen.[58] Die schweizerische Rechtsprechung hält weder Frauen noch Untergruppen von Frauen für bestimmte soziale Gruppen. Dies hat sich auch durch die Ergänzung des Asylgesetzes um die Formulierung: „Den frauenspezifischen Fluchtgründen ist Rechnung zu tragen" nicht geändert, da hierunter nur die frauenspezifische Form der Verfolgung verstanden wird.[59]

In US-amerikanischen und auch in kanadischen Entscheidungen[60] wird unterschiedlich beurteilt, ob neben Untergruppen von Frauen auch alle Frauen der jeweiligen Gesellschaft eine bestimmte soziale Gruppe bilden können. In den US-amerikanischen Entscheidungen *Sanchez-Trujillo*[61], *Gomez*[62], *Safaie*[63] und *Fisher*[64] wurde dies verneint, in der Entscheidung *Fatin* bejaht[65].

Damit lässt sich insgesamt keine einheitliche Staatenpraxis dahingehend erkennen, dass alle Frauen einer Gesellschaft eine bestimmte soziale Gruppe bilden können. Noch uneinheitlicher wird beurteilt, welche Untergruppen von Frauen bestimmte soziale Gruppen sein können. In den hier interessierenden Fallkonstellationen sind beispielsweise folgende Gruppen gebildet worden: die Gruppe der „Iranian women who refuse to conform to the laws, if a woman's opposition to the Iranian laws in question is so profound that she would choose to suffer the severe consequences of non-compliance"[66], die Gruppe der „single women living in a Moslem country without the protection of a male relative"[67] und die Gruppe

---

57 bejahend: *Mademoiselle X*, CRR, E. v. 18. September 1991, Public Law 1993, 195 (198), explizit verneinend: *Mme Chen*, Conseil d' Etat, E. v. 20. Dezember 1993, Revue Général de Droit International Public 1995, 156 (158 f); *Elkébir*, CRR, E. v. 22. Juli 1994, Public Law 1994, 655 (656).

58 s. u. 9. Kapitel A. III. 2; dabei kann Verfolgung wegen des Geschlechts nicht mit Verfolgung wegen der Zugehörigkeit zur bestimmten sozialen Gruppe aller Frauen gleichgesetzt werden, s. u. 9. Kapitel A. III. 4. b.

59 *Kälin*, ZAR 2000, 155 f.

60 bspw. lehnen es lt. *Macklin* in *Indra* 272 (300) einzelne kanadische Gerichte ab, alle Frauen einer Gesellschaft als bestimmte soziale Gruppe anzusehen, da diese zu groß ist.

61 *Sanchez-Trujillo v. INS*, [1986] 801 F.2d 1571 ff.

62 *Gomez v. INS*, [1991] 947 F.2d 660 (664).

63 *Safaie v. INS*, US C.A. (8th circ.), E. v. 25. Mai 1994, [1994] 25 F.3d 636 (640).

64 *Fisher v. INS*, [1996] 79 F.3d 955 (962 f).

65 *Fatin v. INS*, [1993] 12 F.3d 1233 (1241 f); s. auch *Sharif v. INS*, [1996] 87 F.3d 932 (936).

66 *Fatin v. INS*, [1993] 12 F.3d 1233 (1241).

67 *Re: Incirciyan*, Immigration and Refugee Board (Kanada), E. v. 10. August 1987, M 87-1541 X.

der „unmarried chinese women, who have been subjected to arranged marriages for money according to feudal practices and who oppose such practices“[68].

Die unterschiedliche Rechtspraxis liegt darin begründet, dass trotz einer weiteren Konkretisierung durch den UNHCR[69] der Begriff der bestimmten sozialen Gruppe bislang nicht einheitlich ausgelegt wird.

2. Auslegung des Begriffs „bestimmte soziale Gruppe“

a. Überblick

Bis zu Beginn der 1980er Jahre wurde dem Begriff „bestimmte soziale Gruppe“ weder in der Rechtsprechung noch in der Literatur neben den anderen Konventionsgründen große Bedeutung beigemessen. In der älteren Literatur werden beispielhaft Adelige, Kapitalisten, Landbesitzer, Beamte, Geschäftsleute, Akademiker, Bauern, Arbeiter, Mitglieder einer sprachlichen oder anderen Minderheit und Mitglieder verschiedener Vereinigungen oder Klubs als bestimmte soziale Gruppen genannt.[70] Diese Gruppen waren auf die Situation des Ost-West-Konflikts gemünzt, ebenso wie die damalige Auslegung des UNHCR, nach der sich „[I]in einer ‘bestimmten sozialen Gruppe’ [...] normalerweise Personen mit ähnlichem Hintergrund, Gewohnheiten oder sozialer Stellung“[71] befinden. Die Zugehörigkeit zu einer solchen sozialen Gruppe könne Anlass zur Verfolgung sein, wenn kein Vertrauen in die Loyalität der Gruppe der Regierung gegenüber bestehe oder wenn die politische Ausrichtung, das Vorleben oder die wirtschaftliche Tätigkeit der Mitglieder der Gruppe oder bereits die Existenz der Gruppe als Hindernis für die Politik der Regierung angesehen werde.[72] Hierauf stellen auch die ältere Literatur[73] und der gemeinsame Standpunkt der EU[74] ab. Da eine Subsumtion un-

[68] *Matter of Anon*, 6.

[69] *UNHCR*, RL Zugehörigkeit zu einer bestimmten sozialen Gruppe.

[70] *Grahl-Madsen*, Bd. 1, 219: „Nobility, capitalists, landowner, civil servants, businessmen, professional people, farmers, workers, members of a linguistic or other minority even members of certain associations, clubs, or societies, all constitute social groups of various kinds.“

[71] *UNHCR*, Handbook § 77: „A ‘particular social group’ normally comprises persons of similar background, habits or social status.“

[72] *UNHCR*, Handbook § 78: „Membership of such a particular social group may be at the root of persecution because there is no confidence in the group’s loyalty to the Government or because the political outlook, antecedents of economic activity of its members, or the very existence of the social group as such, is held to be an obstacle to the Government’s policies.“

[73] *Grahl-Madsen*, Bd. 1, 220: „[...] it seems appropriate to give the phrase a liberal interpretation. Whenever a person is likely to suffer persecution merely because of his background, he should get the benefit of the present provision.“

[74] Gemeinsamer Standpunkt 7.5.

ter diese Vorgaben außerhalb des Ost-West-Konflikts Schwierigkeiten bereitet,[75] wurde zunächst in der anglo-amerikanischen Jurisprudenz nach neuen Ansätzen zur Konkretisierung dieses Begriffs gesucht. Wegweisend waren dabei die US-amerikanischen Entscheidungen *Matter of Acosta* des BIA[76] und *Sanchez-Trujillo* des United States Court of Appeal[77], die Entscheidung *Ward* des kanadischen Supreme Court[78], die Entscheidung *Applicant A* des High Court of Australia[79] sowie die Entscheidung *Islam and Shah* des House of Lords[80]. Diese Entwicklung wurde in der Literatur begleitet[81] und der UNHCR hat hierzu Stellung bezogen[82].

b. Ablehnung der Extrempositionen

Nach der engsten Auffassung stellt nur eine Verbindung von Menschen, die durch Rasse, Religion, Nationalität oder ihre politische Überzeugung verbunden sind, eine bestimmte soziale Gruppe i. S. d. Art. 1 A Nr. 2 S. 1 Hs. 1 GFK dar.[83] Schon daraus, dass dieser Konventionsgrund explizit neben den anderen aufgeführt ist, folgt aber, dass dieser auch einen eigenen Anwendungsbereich hat, der über die kombinierte Anwendung der anderen Gründe hinausgeht.[84] Dies wird durch die vorbereitenden Arbeiten bestätigt, aus denen hervorgeht, dass dieser Grund erst durch einen Änderungsantrag nachträglich aufgenommen wurde.[85]

Nach der den Anwendungsbereich am meisten ausdehnenden Auffassung ist der Begriff der bestimmten sozialen Gruppe im Sinne eines „catch all“[86] oder „safety net“ so auszulegen, dass hierunter alle Fälle von Verfolgung zu fassen sind,

75 In *Sanchez-Trujillo v. INS*, [1986] 801 F.2d 1571 (1576) wird diese Definition bezeichnet als „providing little assistance in arriving at a workable definition of 'particular social group'“; ähnlich *Ward v. Canada*, [1993] 2 S.C.R. 689 (734, Rn. 69).

76 *Matter of Acosta*, [1985] 19 I.&N. 211 ff.

77 *Sanchez-Trujillo v. INS*, [1986] 801 F.2d 1571 ff.

78 *Ward v. Canada*, [1993] 2 S.C.R. 689 ff.

79 *Applicant A*, 142 ALR 1997, 331 ff.

80 *Islam and Shah*, IJRL 1999, 496 ff.

81 Ausführungen zur Auslegung des Begriffs der „bestimmten sozialen Gruppe“ finden sich bspw. bei *Goodwin-Gill*, 46 ff, 362 ff; *ders.*, IJRL 1999, 537 ff; *Hathaway*, 104 ff; *Daley/Kelley*, IJRL 2000, 148 ff; *Graves*, S.D.L.Rev. 1989, 739 ff; *Helton*, Col.H.R.L.Rev. 1983, 39 ff; *Parish*, C.L.R. 1992, 924 ff; Überblick über die Rechtsprechung: *Musalo/Knight*, IJRL 2001, 51 ff; *Carlier* (Hrsg.); *UNHCR*, IJRL 1997 (special issue), 80 (105 ff); *Fullerton*, Corn.Int'l.L.J. 1993, 505 ff; *dies.* Geo.Immigr.L.J. 1990, 381 ff.

82 *UNHCR*, RL Zugehörigkeit zu einer bestimmten sozialen Gruppe.

83 s. *Hathaway*, 157 ff m. w. N.

84 Deswegen besteht auch große Übereinstimmung, dass eine solche Auslegung nicht zulässig ist: bspw. *Ward v. Canada*, [1993] 2 S.C.R. 689 (734, Rn. 69); *Sanchez-Trujillo v. INS*, [1986] 801 F.2d 1571 (1576); sowie *Grahl-Madsen*, Bd. 1, 219; *Hathaway*, 157.

85 UN doc. A/Conf.2/9, abgedruckt bei *Takkenberg*, III, 12.

86 Diesen Begriff verwendet *Helton*, Col.H.R.L.Rev. 1983, 39 (41), der den Anwendungsbereich dieses Begriffs dennoch weiter einschränkt.

die nicht bereits unter den Anwendungsbereich der anderen Gründe fallen.[87] Aus der systematischen Auslegung und bestätigend aus den vorbereitenden Arbeiten[88] ergibt sich aber, dass die in Art. 1 A Nr. 2 GFK genannten Konventionsgründe abschließend zu verstehen sind. Dies kann nicht durch eine extensive Auslegung umgangen werden.[89]

c. Darstellung der vermittelnden Auffassungen

Die vermittelnden Auffassungen stimmen darin überein, dass für die Entstehung einer bestimmten sozialen Gruppe die interne Verbindung der Mitglieder durch gemeinsame Merkmale erforderlich ist. Sie beurteilen unterschiedlich, ob die Mitglieder der Gruppe zusätzlich durch den Verfolger oder durch andere Gruppen in der Gesellschaft oder von staatlicher Seite als zusammengehörende Einheit wahrgenommen werden müssen. Es lassen sich drei Richtungen unterscheiden: Die erste Richtung fokussiert bei der Entstehung der Gruppe auf die gruppeninternen Merkmale. Die dieser Richtung zugeordneten Auffassungen halten die Wahrnehmung der Gruppe für unbedeutend oder für nicht erforderlich.[90] Nach der zweiten Richtung besteht eine „bestimmte soziale Gruppe" hingegen erst und schon, wenn sie in der Gesellschaft als zusammengehörende Einheit wahrgenommen wird. Die dritte Richtung kombiniert die beiden zuerst genannten.

aa. Fokussierung auf die interne Ausgestaltung der Gruppe

(1) Unveränderliche Merkmale als Charakteristika

Nach einem Ansatz ist eine Gruppe nur eine bestimmte soziale Gruppe, wenn die Personen intern ein gemeinsames unveränderliches Merkmal teilen. Dieser Ansatz

---

87 *Brennan CJ* (abwM), *Applicant A*, 142 ALR 1997, 331 (336); *Neal*, Col.H.R.L.Rev. 1988, 203 (229).

88 siehe hierzu die Ausführungen infra unter d. aa.

89 fast allgemeine Auffassung, s. *UNHCR*, RL Zugehörigkeit zu einer bestimmten sozialen Gruppe § 2; *Islam and Shah*, IJRL 1999, 496 (502); *Applicant A*, 142 ALR 1997, 331 (342, 355); *Ward v. Canada*, [1993] 2 S.C.R. 689 (734, Rn. 69); *Sanchez-Trujillo v. INS*, [1986] 801 F.2d 1571 (1576); *Hathaway*, 159; *Parish*, C.L.R. 1992, 933; *Spijkerboer*, 35 ff.

90 So wird in *Sanchez-Trujillo v. INS*, [1986] 801 F.2d 1571 (1576), zwar in Fn. 7 angesprochen, dass eine bestimmte soziale Gruppe auch durch die Wahrnehmung von Seiten des Verfolgers zu Stande kommen könne. Diese Möglichkeit wird auch für nicht „invariably irrelevant" gehalten, sie allein könne aber niemals „conclusive" sein. In *Gomez v. INS*, [1991] 947 F.2d 660 (664) wird auf die Sichtweise von außen auf die Gruppe, d. h. durch den Verfolger oder durch die „outside world in general" verwiesen, allerdings ist die Rolle, die diese Wahrnehmung bei der Definition spielen soll, unklar.

hat in der internationalen Rechtsprechung[91] und Literatur[92] große Verbreitung gefunden. Von diesem Ansatz gehen auch die britischen[93] und kanadischen[94] Richtlinien aus. Auch der UNHCR bindet diesen Ansatz in seine umfassendere Definition einer bestimmten sozialen Gruppe ein.[95] In der deutschen Rechtsprechung wurde dieser Ansatz hingegen bislang kaum beachtet.[96]

Unveränderlich ist ein Merkmal hiernach entweder, wenn die Personen, die dieses Merkmal teilen, es tatsächlich nicht verändern können oder wenn eine solche Veränderung von ihnen rechtlich nicht verlangt werden kann. Letzteres sei gegeben, wenn das Merkmal von fundamentaler Bedeutung für die Menschenwürde[97] bzw. für Identität und Gewissen der Personen ist. Begründet wurde diese Auffassung in der Entscheidung *Matter of Acosta*[98] des US-amerikanischen BIA:

> „[...] we interpret the phrase persecution on account of membership in a 'particular social group' to mean persecution that is directed toward an individual who is a member of a group of persons all of whom share a common, immutable characteristic. The shared characteristic might be an innate one such as sex, colour, or kinship ties or in some circumstances it might be shared past experience such as former military leadership or land ownership. [...] However, whatever the common characteristic that defines the group, it must be one that the members of the group either cannot change, or should not be required to change because it is fundamental to their individual identities or consciences. Only when this is the case does the group membership become something comparable to the other four grounds of persecution under the Act, namely, something that either is beyond the power

---

91 *Ward v. Canada*, [1993] 2 S.C.R. 689 (734 ff); *Islam and Shah*, IJRL 1999, 496 ff; ein Teil der US-amerikanischen Entscheidungen stellt ebenfalls hierauf ab: *Hernadez-Montiel v. INS*, E. v. 24. August 2000, US C.A. (9th ciruit), hier wurden gay men with female sexual identities in Mexico als bestimmte soziale Gruppe angesehen; *Diev v. INS*, US C.A. (7th circ.), [1997] 127 F.3d 638 (642), *Fatin v. INS*, [1993] 12 F 3d 1233 (1241); *Ananeh-Firempong v. INS*, US C.A. (1st circ.), [1986] 766 F.2d 621, *Matter of Acosta*, [1985] 19 I. & N., 211 ff, *In re Kasinga*, BIA, E. v. 13. Juni 1996, Interim Decision 3276.

92 *Hathaway*, 157 ff; speziell in der Literatur zu frauenspezifischen Flucht- und Bleibegründen wird dieser Ansatz von *Crawley*, 70 ff; *Spijkerboer*, 26 f; sowie *Binder*, 214 vertreten, die allerdings auf S. 446 annimmt, dass die Unabänderlichkeit eines Merkmals auch davon abhänge, wie die Gruppe von außen durch den Verfolger wahrgenommen werde.

93 *britische RL*, 3.27.

94 *kanadische RL*, A. II.

95 *UNHCR*, RL Zugehörigkeit zu einer bestimmten sozialen Gruppe § 10 f, s. auch u. A. II. 2. c. cc.

96 Das VG München, U. v. 6. März 2001, M 21 K 98.51167 bezieht sich aber bei der Auslegung der „bestimmten sozialen Gruppe" auf *Ward v. Canada*, [1993] 2 S.C.R. 689.

97 *Ward v. Canada*, [1993] 2 S.C.R. 689 (739).

98 *Matter of Acosta*, [1985] 19 I. & N., 211 ff.

of an individual to change or that is so fundamental to his identity or conscience that it ought not be required to be changed. By construing 'persecution on account of membership in a particular social group' in this manner, we preserve the concept that refuge is restricted to individuals who are either unable by their own actions, or as a matter of conscience should not be required, to avoid persecution."[99]

Basierend auf dieser Entscheidung sowie auf der Entscheidung *Mayers v. Canada*[100] und den in der kanadischen Literatur gewonnenen Erkenntnissen[101] werden in der kanadischen Entscheidung *Ward v. Canada*[102] folgende Gruppen unterschieden, die als bestimmte soziale Gruppen angesehen werden:

(1) Gruppen, die durch ein angeborenes oder unveränderliches Merkmal charakterisiert sind.

(2) Gruppen, deren Mitglieder willentlich miteinander verbunden sind aus Gründen, die von so fundamentaler Bedeutung für ihre Menschenwürde sind, dass von ihnen nicht verlangt werden kann, diese Vereinigung zu verlassen.

(3) Gruppen, in denen die Mitgliedschaft früher zwar willentlich erfolgte, diese Mitgliedschaft (zum jetzigen Zeitpunkt) aufgrund des Verlaufs der Geschichte aber nicht mehr verändert werden kann.

---

99 *Matter of Acosta*, [1985] 19 I.&N., 211 (233 f).

100 *In Mayers v. Canada*, [1993] 97 D.L.R. 729 (737) werden folgende Gruppen unterschieden: „[...] a particular social group means a natural or non-natural group of persons with: (1) similar shared background, habits, social status, political outlook, education, values aspirations, history, economic activity or interests, often interests contrary to those of the prevailing government, and (2) sharing basic, innate, unalterable characteristics, consciousness and solidarity, or (3) sharing a temporary but voluntary status, with the purpose of their association being so fundamental to their human dignity that they should not be required to alter it".

101 *Hathaway*, 161 bildet die drei folgenden Gruppen: „(1) groups defined by an innate unalterable characteristic (2) groups defined by their past temporary or voluntary status, since their history or experience is not within their current power to change (3) existing groups defined by volition, so long as the purpose of the association is so fundamental to their human dignity that they ought not to be required to abandon it".

102 *Ward v. Canada*, [1993] 2 S.C.R. 689 (739): „(1) groups defined by an innate or unchangeable characteristic, (2) groups whose members voluntarily associate for reasons so fundamental to their human dignity that they should not be forced to forsake the association; and (3) groups associated by a former voluntary status, unalterable due to its historical permanence".

Alle Frauen einer Gesellschaft[103] stellen hiernach eine bestimmte soziale Gruppe dar, da sie das angeborene unveränderliche Merkmal Geschlecht teilen.[104] Schwierigkeiten bestehen hingegen bei der Beurteilung, ob Untergruppen von Frauen bestimmte soziale Gruppen sind. Da das die Gruppe näher charakterisierende Merkmal zumeist kein unveränderliches ist, können Untergruppen von Frauen überwiegend nur unter die zweite Kategorie von Gruppen gefasst werden. Es wird aber uneinheitlich beurteilt, welche Gruppen unter diese Kategorie fallen. Eine Auffassung sieht Personen bereits als Gruppe im Sinne der zweiten Kategorie an, wenn diese Personen jeweils für sich ein fundamentales Menschenrecht wahrnehmen wollen, worunter alle in der International Bill of Rights enthaltenen Rechte verstanden werden.[105] Dieser Auffassung scheint sich auch der UNHCR angeschlossen zu haben.[106] Von anderen wird es hingegen für erforderlich gehalten, dass die Personen durch eine tatsächliche Willensübereinkunft miteinander verbunden sind.[107] Beide Auffassungen kommen daher bspw. bezüglich Frauen, die zwangsverheiratet werden sollen, zu unterschiedlichen Ergebnissen. Nach der ersten Auffassung bilden diese eine bestimmte soziale Gruppe.[108] Die Frauen, die zwangsverheiratet werden sollen, möchten nämlich jede für sich das in Art. 16 AEMR und Art. 23 Abs. 3 IPBPR geschützte Recht eines jeden Ehepartners, die Ehe nur nach der freien und vollen Willenseinigung einzugehen, wahrnehmen. Diese Einordnung ist nach der zweiten Auffassung hingegen i. d. R. nicht möglich, da diese Frauen nur in den seltensten Fällen tatsächlich willentlich miteinander verbunden sind.

Vertreter des gesamten Ansatzes verlangen teilweise zusätzlich zu der internen Verbindung durch ein unveränderliches gruppeninternes Merkmal, dass die Gruppe in der Gesellschaft diskriminiert bzw. benachteiligt und marginalisiert wird.[109]

---

103 zumeist wird mittlerweile angenommen, dass die Gruppe nur in der jeweiligen Gesellschaft bestehen kann, so explizit: *Lord Hoffmann* in *Islam and Shah*, IJRL 1999, 496 (512).

104 *Islam and Shah*, IJRL 1999, 496 (516) bzgl. Frauen in Pakistan; *Ward v. Canada*, [1993] 2 S.C.R. 689 (739) nennt das Geschlecht ausdrücklich als Merkmal.

105 *Justice la Forest* in *Chan v. Canada* (abwM), [1995] 3 S.C.R. 593 (643): „In order to avoid any confusion on this point let me state incontrovertibly that a refugee alleging membership in a particular social group does not have to be in a voluntary association with other persons similar to him- or herself. Such a claimant is in no manner required to associate, ally or consort voluntarily with kindred person. The association exists by virtue of a common attempt made by its members to exercise a fundamental human right."

106 *UNHCR*, RL Zugehörigkeit zu einer bestimmten sozialen Gruppe § 12, s. u. A. II. 2. c. cc.

107 Die Mehrheit in *Chan v. Canada*, [1995] 3 S.C.R. 593 (690, 717, 721) hält an dieser in *Ward v. Canada*, [1993] 2 S.C.R., 689 (739) entwickelten Rechtsprechung fest; dem stimmt *Dawson J.* in *Applicant A*, 142 ALR 1997, 331 (345) zu.

108 *Daley/Kelley*, IJRL 2000, 149 (168).

109 *Ward v. Canada*, [1993] 2 S.C.R. 689 (734 ff) *Daley/Kelley*, IJRL 2000, 148 (165 ff); ähnlich auch *Binder*, 449, die der Auffassung ist, dass eine bestimmte soziale Gruppe durch ihre marginalisierte und benachteiligte Stellung in der Gesellschaft gekennzeichnet sei.

Dies setzt notwendig die Prüfung voraus, ob die betreffenden Personen, die nach dieser Auffassung eine bestimmte soziale Gruppe bilden, in der Gesellschaft tatsächlich als zusammengehörende Einheit von den anderen Gruppen in der Gesellschaft oder jedenfalls von staatlicher Seite wahrgenommen werden, da sie nur in diesem Fall als Gruppe marginalisiert sein können. Dies wird aber nur von einem Teil derjenigen, die diese Auffassung vertreten, geprüft.[110]

(2) Willentlicher Zusammenschluss, enge Verbundenheit, Homogenität als Charakteristika

Nach anderer Auffassung kann eine bestimmte soziale Gruppe nur eine willentlich zusammengeschlossene, von gemeinsamen Interessen geleitete, relativ kleine, eng verbundene homogene Gruppe sein.[111] Diese Auffassung wurde in der US-amerikanischen Entscheidung *Sanchez-Trujillo*[112] begründet und auch noch in nachfolgenden Entscheidungen vertreten.[113] Mittlerweile wird aber auch in der US-amerikanischen Rechtsprechung hierauf nur noch selten Bezug genommen.[114] In der Entscheidung *Sanchez Trujillo* heißt es wörtlich:

> „The statutory words 'particular' and 'social' which modify 'group', indicate that the term does not encompass every broadly defined segment of a population, even if a certain demographic division does have some statistical relevance. Instead the phrase 'particular social group' implies a collection of people closely affiliated with each other, who are actuated by some common impulse or interest. Of central concern is the existence of a voluntary associational relationship among the purported members which imparts some common characteristic that is fundamental to their identity as a member of that

---

[110] geprüft wird dies von *Lord Hope of Craighead, Islam and Shah*, IJRL 1999, 496 (517 ff) und *Binder*, 449, die allerdings ohne nähere Ausführungen feststellt, dass Frauen „aufgrund ihres Geschlechts zweifellos eine solche Gruppe bildeten"; nicht geprüft wird es hingegen in *Ward v. Canada*, [1993] 2 S.C.R. 689 ff; *Daley/Kelley*, IJRL 2000, 148 (165 ff).

[111] *Sanchez-Trujillo v. INS*, [1986] 801 F.2d 1571 (1576); ähnlich sieht es auch das VG Hannover, E. v. 6. Juli 1984, 1 OVGA 91/82 als entscheidend an, dass eine bestimmte soziale Gruppe homogen ist und eine innere Struktur hat.

[112] *Sanchez-Trujillo v. INS*, [1986] 801 F.2d 1571 (1576).

[113] So wurde in *De Valle v. INS*, US C.A. (9th circ.), [1990] 901 F.2d 787 angenommen, dass die Familien von Deserteuren aufgrund ihrer Verschiedenheit keine bestimmte soziale Gruppe darstellen können; in *Gomez v. INS*, [1991] 947 F.2d 660 (664) wurde entschieden, dass Frauen keine bestimmte soziale Gruppe bilden können.

[114] So hat auch der US C.A (9th circ.) in *Hernadez-Montiel v. INS*, E. v. 24. August 2000, 98-70582 diese Rechtsprechung nicht mehr vertreten, sondern sich der unter (1) dargestellten Auffassung angeschlossen. In der nachfolgenden Entscheidung *Aguirre-Cervantes v. INS*, [2001] 242 F.3d 1169 ff wurde die Annahme, dass eine Familie eine bestimmte soziale Gruppe bildet, hingegen auf beide Ansätze gestützt.

> discrete social group […] Major segments of the population of an embattled nation, even though undoubtedly at some risk from general political violence, will rarely if ever constitute a distinct 'social group' for the purposes of establishing refugee status."[115]

Als Gruppe in diesem Sinne wird jedenfalls die Familie angesehen.[116] In einer späteren Entscheidung wird ausdrücklich klargestellt, dass Personen, die nur durch weit verbreitete Merkmale, wie Jugend und Geschlecht, miteinander verbunden sind, keine bestimmte soziale Gruppe darstellen.[117] Auch Untergruppen von Frauen sind selten so eng miteinander verbunden, dass sie hiernach bestimmte soziale Gruppen bilden.

(3) Ermittlung anhand soziologischer Kriterien

Von einer anderen Auffassung wird eine bestimmte soziale Gruppe mit Hilfe der in der Soziologie entwickelten Erkenntnisse definiert.[118] Hiernach sind vier Gruppen zu unterscheiden: „statistical, societal, social and associational groups"[119]. Nur die „societal", „social" und „associational groups" stellten immer bestimmte soziale Gruppen dar. Demnach sind Personen, die unfreiwillig durch ein angeborenes Merkmal verbunden sind (societal group) sowie Personen, die willentlich aufgrund gemeinsamer Interessen zusammengeschlossen sind (social group und associational group), bestimmte soziale Gruppen. Personen, die unfreiwillig ein veränderliches gemeinsames Merkmal teilen, bilden nur eine „statistical group" und damit i. d. R. keine bestimmte soziale Gruppe.

bb. Wahrnehmung von außen als gruppenkonstituierender Faktor

Für die zweite Richtung ist für die Entstehung einer bestimmten sozialen Gruppe von entscheidender Bedeutung, dass diese von außen als zusammengehörende

---

[115] *Sanchez-Trujillo v. INS*, [1986] 801 F.2d 1571 (1576).

[116] *Sanchez-Trujillo v. INS*, [1986] 801 F.2d 1571 (1576): „Perhaps a prototypical example of a 'particular social group' would consist of the immediate members of a certain family, the family being a focus of fundamental affiliational concerns and common interests for most people"; bestätigt durch *Aguirre-Cervantes v. INS*, [2001] 242 F.3d 1169 ff.

[117] *Gomez v. INS*, [1991] 947 F.2d 660 (664).

[118] *Helton*, Col.H.R.L.Rev. 1983, 39 (51).

[119] *Helton*, Col.H.R.L.Rev. 1983, 39 (51 f).

Einheit wahrgenommen wird.[120] Erforderlich ist hiernach, dass die Personen erstens intern durch ein gemeinsames Merkmal verbunden sind und dass sie zweitens von außen als zusammengehörende Einheit wahrgenommen werden. Die interne Ausgestaltung der Gruppe unterliegt keinen Einschränkungen, die Mitglieder können durch unveränderliche oder veränderliche Merkmale, wie gemeinsame Standpunkte oder Auffassungen[121], verbunden sein. „Wahrnehmung von außen" wird unterschiedlich konkretisiert. Ein Ansatz verlangt, dass die Gruppe von der Gesellschaft bzw. von anderen Gruppen in der Gesellschaft als zusammengehörende Einheit wahrgenommen wird.[122] Demnach kann nur anhand der sozialen Realitäten der jeweiligen Gesellschaft beurteilt werden, ob eine solche Gruppe in der Gesellschaft besteht.[123] Dabei kann auch die Regierungspolitik dazu beitragen, dass eine solche Gruppe in der Gesellschaft als zusammengehörende Einheit wahrgenommen wird. Nach einem anderen Ansatz reicht es hingegen aus, wenn die Gruppe allein vor dem geistigen Auge der staatlichen Organe als zusammengehörende Einheit besteht.[124] Teilweise bleibt auch unklar, auf welchen dieser beiden Ansätze abgestellt wird.[125]

---

[120] *Lord Hope of Craighead* und *Lord Millet*, *Islam and Shah*, IJRL 1999, 496 (517 ff; 521 ff); *McHugh J* in *Applicant A*, 142 ALR 1997, 331 (359 ff); *In re R-A-*; *In re M-O-*, BIA, E. v. 7. April 2000; VG Wiesbaden, U. v. 26 April 1983 IV/1 E 06244/81; *Bower*, Geo.Immigr.L.J. 1993, 173 (199); *Compton*, Wash.L.Rev. 1987, 913 (931 ff); *Parish*, C.L.R. 1992, 923 (944); vgl. auch *Goodwin-Gill*, 47, der die Wahrnehmung von außen als einen bedeutenden Faktor für die Definition der bestimmten sozialen Gruppe ansieht, deren vollständige Definition er aber als unpraktikabel oder unmöglich ansieht.

[121] *Lord Hope of Craighead* und *Lord Millet*, *Islam and Shah*, IJRL 1999, 496 (517 ff, 525); *McHugh J* in *Applicant A*, 142 ALR 1997, 331 (359); *Bower*, Geo.Immigr.L.J. 1993, 173 (199); *Parish*, C.L.R. 1992, 923 (944 ff); *Goodwin-Gill*, 47 sieht ethnische, kulturelle oder sprachliche Herkunft, Erziehung, familiären Hintergrund, ökonomische Aktivität, gemeinsame Werte, Auffassungen und Standpunkte als interne Charakteristika an.

[122] so explizit *Lord Hope of Craighead*, *Islam and Shah*, IJRL 1999, 496 (518 f); ähnlich *Lord Millet*, *Islam and Shah*, IJRL 1999, 496 (521), der von einer „social function" der Gruppe in der Gesellschaft spricht; *McHugh J.* in *Applicant A*, 142 ALR 1997, 331 (359) spricht insofern von „public perception" und ist der Auffassung, dass sie durch „people in the relevante country" wahrgenommen werden muss, *Parish*, C.L.R. 1992, 923 (945 ff); *In re R-A-*.

[123] *Lord Hope of Craighead* und *Lord Millet*, *Islam and Shah*, IJRL 1999, 496 (518, 521 ff); *McHugh J* in *Applicant A*, 142 ALR 1997, 331 (359 ff); *Goodwin-Gill*, 362; *Parish*, C.L.R. 1992, 923 (945 ff).

[124] *Graves*, S.D.L.Rev. 1989, 739 (780) hält „perceptions and attitudes of persecuting powers" für zentral bei der Definition einer bestimmten sozialen Gruppe.

[125] so stellt *Kelly*, Corn.Int'l.L.J. 1993, 625 (653) darauf ab, dass die Gruppe „must be viewed as a group by the government or by other sectors of the society"; *Bower*, Geo.Immigr.L.J. 1993, 193 (197 ff), stellt einerseits auf „external characteristics", u. a. „societal perception" ab, lässt andererseits aber auch die Wahrnehmung des Verfolgers ausreichen; auch *Compton*, Wash.L.Rev. 1987, 913 (932 ff), spricht zunächst allgemein von einer „externally defined group" als einer Gruppe „that is largely identified by the perceptions of those outside of it", stellt dann aber nur noch auf die Wahrnehmung durch den Verfolger ab.

Es wird zudem unterschiedlich beurteilt, ob die Gruppe in der gesamten Gesellschaft diskriminiert und marginalisiert sein muss: Während dies teilweise explizit oder implizit verlangt wird[126], wird dies von anderen abgelehnt[127].

cc. Kombinierende Auffassungen

(1) Beschränkung durch Kombination

Die unter aa. (1) dargestellte Auffassung, nach der eine Gruppe bereits in der Gesellschaft besteht, wenn ihre Mitglieder ein unveränderliches Merkmal teilen, wird teilweise durch Kombination mit der unter bb. dargestellten Richtung eingeschränkt. Nach diesem Ansatz besteht eine bestimmte soziale Gruppe nur in der Gesellschaft, wenn ihre Mitglieder durch ein unveränderliches Merkmal verbunden sind und zugleich von der Gesellschaft als zusammengehörende Einheit wahrgenommen werden.[128]

(2) Erweiterung durch Kombination

Der UNHCR hingegen kombiniert die unter aa. (1) dargestellte Auffassung, nach der eine bestimmte soziale Gruppe durch unveränderliche Merkmale charakterisiert sein muss, mit der unter bb. dargestellten in der Weise, dass eine größere Anzahl von Gruppen bestimmte soziale Gruppen sein können als nach der jeweiligen Einzelauffassung: „Eine bestimmte soziale Gruppe ist eine Gruppe von Personen, die neben ihrem Verfolgungsrisiko ein weiteres gemeinsames Merkmal aufweisen oder von der Gesellschaft als eine Gruppe wahrgenommen werden. Das Merkmal wird oft angeboren, unabänderlich oder in anderer Hinsicht prägend für die Identität, das Bewusstsein oder die Ausübung der Menschenrechte sein.“[129] Konkretisiert wird dies dahingehend, dass eine Gruppe immer eine soziale Gruppe ist, wenn das gruppenkonstituierende Merkmal ein unabänderliches Merkmal oder ein Merkmal ist, das zwar geändert werden könnte, dessen Änderung aber nicht verlangt werden sollte, da es außerordentlich eng mit der Identität der Person verbunden ist.[130] Wenn die Personen, die zu der Gruppe gehören, hingegen nicht intern durch ein in diesem Sinne unveränderliches Merkmal charakterisiert sind, kommt es darauf an, ob sie von der Gesellschaft als zusammengehörende Einheit wahrgenommen werden.[131] Ein Zusammenhalt zwischen den Mitgliedern

---

126 explizit: *Lord Hope of Craighead, Islam and Shah*, IJRL 1999, 496 (517 ff); *Brennan C.J.* (abwM), *Applicant A*, 142 ALR 1997, 331 (333); *Dauvergne*, IJRL 1998, 76 (89).

127 *Goodwin-Gill*, 359 ff.

128 *In re M-O-*, BIA, E. v. 7. April 2000; *Kelly*, Corn.Int'l.L.J. 1993, 626 (652 ff).

129 *UNHCR*, RL Zugehörigkeit zu einer bestimmten sozialen Gruppe § 11.

130 *UNHCR*, RL Zugehörigkeit zu einer bestimmten sozialen Gruppe § 12.

131 *UNHCR*, RL Zugehörigkeit zu einer bestimmten sozialen Gruppe § 13.

ist hingegen keine Bedingung.[132] Eine ähnliche Definition der bestimmten sozialen Gruppe enthält auch Art. 12 lit. d des Kommissionsvorschlags. Hiernach bezeichnet der „Begriff soziale Gruppe [...] Gruppen von Personen, die anhand bestimmter wesentlicher Merkmale wie sexuelle Ausrichtung, Alter oder Geschlecht definiert werden können, sowie Gruppen von Personen mit gemeinsamem Hintergrund oder gemeinsamen Merkmalen, die so bedeutsam für die Identität oder das Gewissen sind, dass die Betreffenden nicht gezwungen werden dürfen, auf die Gruppenzugehörigkeit zu verzichten. Der Begriff umfasst auch Gruppen, die nach dem Gesetz als 'minderwertig' gelten."

Eine der wenigen deutschen Entscheidungen, in denen der Begriff der bestimmten sozialen Gruppe konkretisiert wird, sieht es als eine Möglichkeit der Entstehung einer solchen Gruppe an, dass „eine Vielzahl von Personen von der Bevölkerungsmehrheit als zu einer bestimmten ausgrenzbaren Gruppe zugehörig angesehen und behandelt wird."[133] In dieser Entscheidung wird angedeutet, dass auch eine Gruppe, deren Mitglieder formell durch einen Organisationsakt zusammengeschlossen sind, eine bestimmte soziale Gruppe sein kann.

(3) Beurteilung im Einzelfall

Nach einem weiteren Ansatz kann eine bestimmte soziale Gruppe nur im Einzelfall anhand von drei Variablen ermittelt werden[134]: „(1) the fact of voluntary association, where such association is equivalent to a certain value and not merely the result of accident or incident, unless that in turn is affected by (3), (2) involuntary linkages, such as family, shared past experience, or innate, unalterable characteristics (3) the perception of others"[135].

d. Eigene Beurteilung

Im Folgenden wird der Begriff „bestimmte soziale Gruppe" anhand der in Art. 31 ff WVK enthaltenen Auslegungsregeln konkretisiert.

aa. Auslegung nach dem Wortsinn

Im Rahmen der Auslegung nach dem Wortsinn ist zunächst zu klären, ob der Begriff „bestimmte soziale Gruppe" nach seiner gewöhnlichen Wortbedeutung auszulegen ist oder ob ihm eine fachspezifische Bedeutung zukommt. Aus Art. 31

---

[132] *UNHCR*, RL Zugehörigkeit zu einer bestimmten sozialen Gruppe § 15.
[133] VG Wiesbaden, U. v. 26. April 1983 IV/1 E 06244/81.
[134] *Goodwin-Gill*, 365 ff; *Graves*, S.D.L.Rev. 1989, 739 (780); dieser Auffassung folgt *Kirby J.* in *Applicant A*, 142 ALR 1997, 330 (393).
[135] *Goodwin-Gill*, 366.

Abs. 4 WVK ergibt sich, dass einem Begriff nur eine besondere Bedeutung zukommt, wenn feststeht, dass dies so gewollt war.[136] Weder aus der Systematik noch aus den vorbereitenden Arbeiten lässt sich aber ein solcher Wille entnehmen: So wurde der Grund „Zugehörigkeit zu einer bestimmten sozialen Gruppe“ erst nachträglich auf Vorschlag der schwedischen Delegation in die Definition des Flüchtlingsbegriffs eingefügt[137] und ohne Aussprache mit vierzehn zu acht Stimmen bei keiner Enthaltung angenommen[138]. Zur Begründung wurde lediglich angeführt: „[...] experience had shown that certain refugees had been persecuted because they belonged to particular social groups. The draft Convention made no provision for such cases, and one designed to cover them should accordingly be included”[139] und: „Such cases existed, and it would be as well to mention them explicitly”[140]. Der Begriff ist somit nach seiner gewöhnlichen Bedeutung auszulegen.

(1) Gruppe/group/groupe

Das englische Wort „group“ bezeichnet im hier interessierenden Zusammenhang: „a number of persons or things regarded as forming a unity on account of any kind of mutual or common relation, or classed together on account of a certain degree of similarity”.[141] Das französische Wort „groupe“ wird im ausdrücklichen Zusammenhang mit „social“ definiert als „ensemble des personnes ayant qqch. en commun”[142] bzw. als „ensemble de personnes liées sous un certain rapport (condition sociale, besoins, intérêts, goûts, opinions, activités, etc.) et qui ont des comportements communs”[143]. „Gruppe“ wird definiert als kleinere Anzahl von Personen oder Dingen[144] bzw. als „kleine, zwanglose Anzahl von Menschen oder Dingen“[145], speziell auf den sozialwissenschaftlichen Zusammenhang bezogen als „übersehbare Gesellschaft oder Gemeinschaft mit gemeinsamem Charakteristikum (bspw. gemeinsamem Ziel)“[146] sowie als „unscharfer und mehrdeutig benutzter Begriff für eine Menge, Masse, bzw. abgrenzbare Anzahl von Personen, die besondere soziale Beziehungen untereinander und gegenüber Außenstehenden unterhalten, mitunter auch synonym gebraucht für Schicht, Klasse, Bevölkerungs-

---

136 s. u. 4. Kapitel A. I. 2.

137 UN doc. A/Conf.2/9, abgedruckt bei *Takkenberg*, III, 12.

138 UN doc. A./Conf.2/SR.23, 14, abgedruckt bei *Takkenberg*, III, 417.

139 UN doc. A/Conf.2/SR.3, 14, abgedruckt bei *Takkenberg*, III, 219.

140 UN doc. A/Conf.2/SR.19, abgedruckt bei *Takkenberg*, III, 377.

141 *The Oxford English Dictionary*, VI, 887.

142 *Le Petit Robert*, 897.

143 *Le Grand Larousse*, III, 2331.

144 *Brockhaus*, Enzyklopädie, Bd. 9, 244.

145 *Wahrig*, 591.

146 *Das Große Duden Lexikon*, Bd. 3, 762.

teil oder eine sozialstatistische Personengesamtheit mit gleichen Merkmalen“[147]. Gegenüber der französischen und englischen Bedeutung weist die deutsche die Besonderheit auf, dass unter einer Gruppe teilweise nur eine kleine überschaubare Anzahl von Menschen verstanden wird; aus der zuletzt aufgeführten Bedeutung ergibt sich aber, dass ein solches Verständnis nicht zwingend ist. Da zudem nicht davon auszugehen ist, dass der Gesetzgeber von der Bedeutung in den verbindlichen Sprachen abweichen wollte, ist die Größe für die Klassifizierung als Gruppe damit unerheblich.

Nach der englischen Bedeutung ist eine Gruppe einerseits eine Verbindung von Personen, die willentlich oder aufgrund familiärer Verbundenheit interaktive Beziehungen zueinander haben. Diese Gruppe entsteht somit durch ihre Mitglieder und damit von innen. Andererseits können Menschen von anderen Personen(gruppen) und damit von außen zu einer Einheit zusammengefasst werden („classed together“). Beide Konstellationen sind auch von der Bedeutung erfasst, die das französische Wort „groupe“ hat. Aus der Formulierung „liées sous un certain rapport“ geht hervor, dass eine willentliche Verbindung von Personen eine „groupe“ darstellen kann. Unter die Wortbedeutung können aber auch sonstige Verbindungen von Personen fallen. Dies ergibt sich aus der insofern offenen Formulierung „ayant des charactères en commun“ sowie aus einem Rückschluss von der Bedeutung des Wortes „groupement“.[148] Sowohl aus dem Wort „ensemble“ als auch aus dem Wort „unity“ geht hervor, dass es sich um eine Personenverbindung handeln muss, die eine unterscheidbare Einheit bildet. Unterscheidbar ist eine Verbindung von Menschen aber nur dann, wenn diese als Einheit wahrgenommen wird. Eine Verbindung von Personen, die sich willentlich zusammengeschlossen haben, ist damit unterscheidbar, wenn sie jedenfalls von diesen Personen als zusammengehörende Einheit wahrgenommen wird. Dies gilt entsprechend für eine Familie.

Personen, die nicht willentlich interaktiv sind, werden als zusammengehörende Einheit wahrgenommen, wenn das Merkmal, das die Personen miteinander verbindet, so bedeutsam ist, dass es die Klassifizierung der Personen dominiert. Eine Gruppe besteht dabei bereits dann, wenn die Personen, die dieses Merkmal teilen, von einem einzelnen Betrachter unter einem bestimmten Aspekt als zusammengehörende Einheit wahrgenommen werden. Wenn beispielsweise ein Betrachter im Rahmen einer statistischen Erhebung Personen mit einer bestimmten Krankheit

[147] *Meyers*, Enzyklopädisches Lexikon, Bd. 11, 121.

[148] Für ein „groupement" ist es nämlich wichtiger als für eine „group", dass es sich um einen willentlichen Zusammenschluss der Personen handelt: „Remarque: Groupement désigne une réunion généralement plus importante que groupe et lorsqu'il s'agit des personnes, insiste plus que groupe sur le caractère consenti, volontaire de l'union", *Le Grand Robert*, V, 26.

erfasst, dann bilden diese Personen für ihn eine zusammengehörende Personenverbindung, die von anderen unterschieden werden kann.

(2) Bestimmte Gruppe/particular group/(un) certain groupe

Aus dem Sinn des Wortes „particular" wird in der US-amerikanischen Entscheidung *Sanchez-Trujillo*[149] und in der kanadischen Entscheidung *Mayers*[150] hergeleitet, dass große Teile der Bevölkerung, die verschiedene Lebensgewohnheiten, Interessen und politische Neigungen etc. haben, keine bestimmten sozialen Gruppen bilden könnten.[151] Die gewöhnliche Bedeutung von „particular" ist „pertaining or relating to a single definite thing or person, or set of things or persons, as distinguished from others [...]."[152] „Certain" bedeutet in der Stellung vor dem Substantiv, auf das es sich bezieht und nach einem unbestimmten Artikel: „Exprime un indétermination. Designe une quantité donnée, un moment déterminé, une attitude particulière, mais non précisé"[153] bzw. „indique qu'on ne peut ou ne veut donner de précision à leur sujet".[154] „Certain" drückt somit ebenso wie „particular" aus, dass es sich um eine soziale Gruppe handeln muss, die tatsächlich von anderen Gruppen unterschieden werden kann. Dies wird aus den Worten „distinguished" und „déterminé", „particulière" deutlich. Das deutsche Wort „bestimmt" hingegen bedeutet „genau festgelegt", „begrenzt"[155] und scheint daher eine Größenbegrenzung zu fordern. Da aber nicht anzunehmen ist, dass von der Bedeutung in den verbindlichen Sprachen abgewichen werden sollte, ist allein die Bedeutung zugrunde zu legen, die das Wort in diesen Sprachen hat. Eine Größenbegrenzung lässt sich diesem Begriff weder direkt noch indirekt entnehmen. Vielmehr kann auch eine Gruppe, deren Mitglieder die Mehrheit der Bevölkerung bilden, eindeutig von anderen Gruppen in der Gesellschaft unterschieden werden, wie am Beispiel der „Schwarzen" während der Apartheid in Südafrika deutlich wird.

(3) Soziale Gruppe/social group/groupe social

Das französische Wort „social" kann im Zusammenhang mit „groupe" nur die Bedeutung „de la société" bzw. „relatif à la société"[156] bzw. „qui forme une société ou un élément de société"[157] haben. Es bezeichnet somit eine Gruppe, die zur Ge-

---

[149] *Sanchez Trujillo v. INS*, [1986] 801 F.2d 1571 (1576).

[150] *Mayers v. Canada*, [1993] 97 D.L.R. 729, § 51.

[151] *Sanchez-Trujillo v. INS*, [1986] 801 F.2d 1571 (1576).

[152] *The Oxford English Dictionary*, XI, 271.

[153] *Le Grand Robert*, II, 450.

[154] *Le Grand Larousse*, I, 650.

[155] *Wahrig*, 261.

[156] *Le Grand Robert*, VIII, 805: „ [...] relatif à un groupe d'individus, d'hommes, conçues comme une réalité distincte (société)"; ähnlich: *Le Grand Larousse*, V, 5555.

[157] *Le Grand Robert*, VIII, 805.

sellschaft gehört, einen Teil der Gesellschaft bildet. Diese Bedeutung hat auch das englische Wort „social" im ausdrücklichen Zusammenhang mit „group": „pertaining, relating, or due to, connected with etc. society as a natural or ordinary condition of human life"[158]. Dies ist zugleich auch die einzige Bedeutung, die das Wort „sozial" in der deutschen Übersetzung im vorliegenden Zusammenhang haben kann, nämlich „das Zusammenleben der Menschen in Staat und Gesellschaft betreffend, auf die menschliche Gemeinschaft, Gesellschaft bezogen, gesellschaftlich"[159]. Das englische Wort „social" kann darüber hinaus die Bedeutung haben: „consisting or composed of persons associated together in, or for the purpose of, friendly intercourse"[160]. Allein auf diese Bedeutung stellt die Entscheidung *Sanchez-Trujillo* ab.[161] Eine solche Auslegung ist nur zulässig, wenn ein Begriff, der in beiden Sprachen eine gemeinsame Bedeutung hat, nicht ausschließlich nach dieser Bedeutung auszulegen ist. Die WVK enthält zwar keine automatische Regel, nach der immer die gemeinsame Bedeutung zur Auslegung heranzuziehen ist; es ist aber ein Indiz für die Bedeutung, wenn ein Wort in allen verbindlichen Sprachen neben weiteren Bedeutungen eine gemeinsame Bedeutung hat[162], und auf die Gemeinsame-Nenner-Regel kann subsidiär zurückgegriffen werden. Dass vorliegend die Bedeutung heranzuziehen ist, die dem Begriff in beiden verbindlichen Sprachen gemeinsam ist, ergibt sich auch daraus, dass das Wort „sozial" in der deutschen Übersetzung ebenfalls nur diese gemeinsame Bedeutung haben kann. Ein Abstellen auf die o. g. andere Bedeutung ist daher nur noch unter dem Aspekt möglich, dass das englische Wort „social" nur im Sinne von kleiner und homogener Gruppe verstanden werden kann und dass zwischen dieser Bedeutung und der französischen Bedeutung „gesellschaftliche Gruppe" ein Bedeutungsunterschied besteht, der nach Art. 33 Abs. 4 WVK zu Gunsten dieser Wortbedeutung zu lösen ist. Dies kann aber nur angenommen werden, wenn sich aus den weiteren Auslegungsmitteln deutliche Hinweise darauf ergeben, dass eine bestimmte soziale Gruppe nur in diesem Sinne verstanden werden kann. Wie unten noch näher ausgeführt wird, ist dies aber gerade nicht der Fall. „Bestimmte soziale Gruppe" ist somit im Sinne von „bestimmter Gruppe in der Gesellschaft" zu verstehen.

---

158 *The Oxford English Dictionary*, XV, 905.

159 *Brockhaus*, Enzyklopädie, Bd. 20, 458; ähnlich: *Das Große Duden Lexikon*, 7. Bd., 503; *Wahrig*, 591.

160 *The Oxford English Dictionary*, XV, 905.

161 *Sanchez-Trujillo v. INS*, [1986] 801 F.2d 1571 (1576).

162 *Bleckmann*, Rn. 352; *Mössner*, ArchVerwR 1971/72, 273 (301 ff).

(4) Konkretisierung

(a) Gesellschaft

Das französische Wort „société" hat im Zusammenhang mit „relatif à la société" die Bedeutung: „Ensemble des individus entre lesquels existent des rapports durables et organisés le plus souvent établis en institutions et garantis par des sanctions; milieu humain par rapport aux individus, ensemble des forces du milieu agissant sur les individus (contrainte sociale)"[163]; eine ähnliche Bedeutung haben das englische Wort „society": „[T]the aggregate of persons living together in a more or less ordered community"[164] und das deutsche Wort „Gesellschaft": „Gesamtheit von Individuen, deren Zusammenleben und gemeinsames Handeln in einem System organisiert und meist zweckgebunden ausgerichtet ist."[165] Dauerhafte und organisierte Beziehungen bestehen i. d. R. nur in einem Staat oder in einem stabilisierten de facto Regime. Allerdings kann dies im Einzelfall anders zu beurteilen sein, wenn eine Ethnie ein eigenes Ordnungssystem hat, nach dem sich die Personen richten, während die staatliche Ordnung entweder gar keine oder eine deutlich untergeordnete Bedeutung hat.

(b) Existenz der Gruppe in der Gesellschaft

Des Weiteren ist zu konkretisieren, unter welchen Voraussetzungen eine Gruppe in der Gesellschaft besteht. Dies kann für die von innen und von außen entstehenden Gruppen nur getrennt beurteilt werden.

Kennzeichen einer von innen entstehenden Gruppe ist, dass die Mitglieder in Interaktion stehen. Eine solche Gruppe kann nur in der Gesellschaft bestehen, wenn sie nicht nur ein diffuses Gebilde ist, sondern von anderen Gruppen in der Gesellschaft tatsächlich unterschieden werden kann, mithin abgrenzbar ist. Abgrenzbar ist sie dadurch, dass die Mitglieder der Gruppe ihrer Verbindung einen neuen Namen geben und/oder ein gemeinsames Ziel definieren, das sie mit der Zugehörigkeit zu der Gruppe verfolgen wollen. Dieses kann in der Vertretung gemeinsamer Interessen, in der gemeinsamen Ausübung von Aktivitäten oder in dem Austausch von Erfahrungen bestehen. Ab diesem Moment stellt die Gruppe etwas Eigenständiges dar. Dabei ist es keine notwendige Voraussetzung, dass die Gruppe ein Interesse vertritt, das nicht von anderen vertreten werden kann.[166] Mit der Erreichung der Eigenständigkeit geht zumeist auch die Entwicklung eines „Wir-Gefühls" einher. Die Gruppen können dabei so strukturiert sein, dass sich die Mit-

---

[163] *Le Grand Robert*, VIII, 808.

[164] *The Oxford English Dictionary*, XV, 913.

[165] *Brockhaus Wahrig*, Bd. 3, 184.

[166] so aber wohl *Compton*, Wash.L.Rev. 1987, 913 (932) unter Verweis auf *US v. Potter*, US C.A. (9th circ.), [1977] 552 F.2d 901 (904).

glieder persönlich kennen, wie in einer Familie oder einem Segelclub. Es können aber auch große Gruppen sein, in denen ein „Wir-Gefühl" über die formale Mitgliedschaft vermittelt wird.[167] Dies ist in unserer Gesellschaft beispielsweise bei Parteien, Gewerkschaften und bundesweiten Vereinen wie einem Naturschutzbund gegeben. Es sind daher viele Gruppen in der Gesellschaft unterscheidbar, obwohl die Mitglieder typischerweise nicht nur einer dieser Gruppen, sondern mehreren angehören. Einschränkend wird es für erforderlich gehalten, dass die Gruppe gesamtgesellschaftliche Interessen vertritt[168] oder in der gesamten Gesellschaft als zusammengehörende Einheit wahrgenommen wird. Für eine solche Auslegung lassen sich aber im Rahmen der Auslegung nach dem Wortsinn keine Anhaltspunkte finden.[169]

Bei einer von außen entstehenden Gruppe ist es schwieriger zu beurteilen, ab welchem Moment sie von anderen Gruppen in der Gesellschaft unterschieden werden kann und damit in der Gesellschaft existiert. Zunächst bestehen lediglich Individuen, die ein Merkmal oder mehrere Merkmale gemein haben. Zu einer Gruppe werden diese Individuen erst, wenn sie von außen zu einer Einheit zusammengefasst werden. Diese Individuen bilden nach dem oben Ausgeführten bereits dann eine Gruppe, wenn sie von einem einzigen Betrachter als Einheit wahrgenommen werden. In diesem Fall ist die Gruppe aber nur für diesen Betrachter existent. In der Gesellschaft kann die Gruppe hingegen erst existieren, wenn die Individuen *von der Gesellschaft* als zusammengehörende Einheit wahrgenommen werden.[170]

Es stellt sich somit die Frage, wann dies der Fall ist. Die Wahrnehmung als zusammengehörende Einheit setzt voraus, dass das Merkmal, das die Personen teilen, für den Betrachter eine solche Bedeutung erlangt, dass die Verschiedenheit der Personen dagegen in den Hintergrund tritt. Damit Individuen von der Gesellschaft als zusammengehörende Einheit wahrgenommen werden, ist es daher erforderlich, dass das Merkmal oder die Merkmale eine Bedeutung in der Gesamtbevölkerung haben. So kann die Schuhgröße für Hersteller von Schuhen durchaus von Bedeutung sein, für die Gesamtbevölkerung ist sie aber nicht von größerer Relevanz als die meisten anderen Merkmale. Die Bedeutung des Merkmals kann sich aus gesellschaftlichen, religiösen, kulturellen oder traditionellen Vorstellungen ergeben[171] sowie aus dem Wirtschaftssystem. Sie kann aber auch durch eine

---

167 vgl. *Bellebaum*, 26 ff.

168 vgl. *Compton*, Wash.L.Rev. 1987, 913 (932).

169 vgl. *McHugh J* in *Applicant A*, 142 ALR 1997, 331 (359).

170 ähnlich *McHugh J.* in *Applicant A*, 142 ALR 1997, 331 (359), der von „public perception" spricht.

171 in diese Richtung auch *Lord Hope of Craighead, Islam and Shah*, IJRL 1999, 496 (518): „Those persons may have been set apart by the norms or customs of that society."

staatliche Politik erst hervorgerufen oder zumindest verstärkt werden.[172] Ein starkes Indiz für das Bestehen einer Gruppe ist es, wenn es einen speziellen Begriff oder mehrere spezielle Begriffe für die Personen gibt, die das oder die Merkmal(e) teilen.

Oft werden die Merkmale, die in der Gesellschaft von Bedeutung sind, objektiv nachprüfbar bestehen; wie am Beispiel der Verfolgung von „Hexen" deutlich wird, ist dies aber nicht zwingend. Es können sowohl Merkmale Bedeutung erlangen, die abwertend, als auch solche, die aufwertend (Reichtum, Wissen) oder neutral (Beruf) belegt sind.

Es werden nicht alle von außen entstehenden Gruppen von der Gesellschaft gleichermaßen wahrgenommen. So werden die Individuen leichter erkannt und daher eher als zusammengehörende Einheit wahrgenommen, die ein Merkmal teilen, das in der sozialen Realität der Gesellschaft von großer Bedeutung ist. So war das Merkmal „Jude sein" im nationalsozialistischen Deutschland von großer Bedeutung und spielte in allen Aspekten des Lebens eine Rolle. Andere Merkmale, wie der Beruf, sind hingegen nur für Einzelaspekte des Lebens von Bedeutung.

Personen, die ein Merkmal teilen, sind auch deutlicher als zusammengehörende Einheit und damit als Gruppe in der Gesellschaft zu erkennen, wenn ihnen in der Gesellschaft mehrheitlich aufgrund des gemeinsamen Merkmals weitere Eigenschaften zugeschrieben werden. Beispielsweise werden allein lebende und damit „ungeschützte" Frauen in bestimmten Staaten als Prostituierte angesehen. Die gesellschaftliche Wahrnehmung als zusammengehörende Einheit nimmt zudem zu, wenn das Merkmal, das die Personen teilen, leicht zu erkennen ist. Von daher werden Personen, die ein unveränderliches Merkmal teilen, zumeist leichter als zusammengehörende Einheit wahrgenommen werden.[173] Zwingend ist dies aber nicht. So sind auch Obdachlose, die durch veränderliche Merkmale charakterisiert sind, oft eindeutig als zusammengehörende Einheit zu erkennen.

bb. Einschränkung des gefundenen Ergebnisses

(1) Existenz der Gruppe vor der Verfolgung

Aus der Stellung hinter „Verfolgung wegen" ergibt sich, dass die bestimmte soziale Gruppe nicht erst durch die Verfolgung entstehen kann, sondern bereits vor der

---

172 *UNHCR*, RL Zugehörigkeit zu einer bestimmten sozialen Gruppe, B.14; *Lord Steyn*, *Lord Hope of Craighead* in *Islam and Shah*, IJRL 1999, 496 (504, 518); *McHugh J* in *Applicant A*, 142 ALR 1997, 331 (359) „the actions of the persecutor may serve to identify or even create a particular social group"; *Dauvergne*, IJRL 1998, 77 (89); *Goodwin-Gill*, 362; auch die Vorinstanz von *Applicant A*, 142 ALR 1997, 331 (337), stellte darauf ab, dass in China die bestimmten sozialen Gruppen der „Menschen mit einem Kind" und der „Menschen mit mehr als einem Kind" durch eine entsprechende Politik entstanden sind.

173 *Dawson J.* in *Applicant A*, 142 ALR 1997, 331 (345).

Verfolgung bestanden haben muss.[174] Hieraus folgt, dass das einzige verbindende Merkmal zwischen den Personen nicht die Furcht vor der jetzt drohenden Verfolgung sein kann. Allerdings wird hierdurch nicht ausgeschlossen, dass Personen, die ein gemeinsames Merkmal teilen, erst infolge eines beeinträchtigenden Verhaltens, das auch Verfolgungsstärke erreichen kann, von der Gesellschaft als zusammengehörende Einheit wahrgenommen werden und damit zu einer bestimmten sozialen Gruppe werden können.[175]

(2) Unveränderliche Merkmale als Charakteristika?

(a) Systematische Auslegung

Die Beschränkung der gruppenkonstituierenden Merkmale auf unveränderliche Merkmale wird zum einen mit der Anwendung der im anglo-amerikanischen Rechtsraum verbreiteten „ejusdem generis rule" begründet[176], die auch im Rahmen der GFK als Auslegungsregel herangezogen werden kann[177]. Diese Regel besagt Folgendes: „W[w]here general words follow an enumeration of persons or things, by words of a particular and specific meaning, such general words are not to be construed in their widest extent, but are to be held as applying only to persons or things of the same general kind or class as those specifically mentioned"[178]. Das gemeinsame Genus der anderen vier Gründe wird darin gesehen, dass diese entweder Charakteristika einer Person bezeichnen, die tatsächlich unveränderlich sind (Rasse, Nationalität) oder solche Charakteristika, von denen rechtlich nicht verlangt werden kann, dass die Personen diese ändern, weil sie von fundamentaler Bedeutung für Identität und Gewissen der jeweiligen Personen sind (politische Überzeugung, Religion).[179]

Die „ejusdem generis rule" greift aber nur ein, wenn der Konventionsgrund „wegen der Zugehörigkeit zu einer bestimmten sozialen Gruppe" tatsächlich eine allgemeinere Bedeutung hat als die übrigen Konventionsgründe „Rasse, Religion, Nationalität, politische Überzeugung". Die Stellung dieses Konventionsgrundes an vierter und damit an vorletzter Stelle ist für einen solchen allgemeinen Begriff schon ungewöhnlich. Zudem dient die „ejusdem generis rule" dazu, Unsicherheiten über die Bedeutung zu beseitigen, die im Hinblick auf diesen Konven-

---

[174] dies ist daher auch einhellige Auffassung, bspw.: *UNHCR*, RL Zugehörigkeit zu einer bestimmten sozialen Gruppe, B.14; *Islam and Shah*, IJRL 1999, 496 (504, 518); *McHugh J* in *Applicant A*, 142 ALR 1997, 331 (359); *Dauvergne*, IJRL 1998, 77 (89); *Goodwin-Gill*, 362.

[175] s. die Nachweise in Fn. 172.

[176] *Ward v. Canada*, [1993] 2 S.C.R. 689 (734 ff); *Hathaway*, 161.

[177] vgl. *Kirby J.* in *Applicant A*, 142 ALR 1997, 331 (383).

[178] *Black's Law Dictionary*, 464.

[179] *Ward v. Canada*, [1993] 2 S.C.R. 689 (Rn. 75); *Matter of Acosta*, [1985] 19 I.&N., 211 (233 f).

tionsgrund gar nicht bestehen.[180] Auch sonst gibt es keine Anhaltspunkte dafür, dass es sich bei dem Begriff „Zugehörigkeit zu einer bestimmten sozialen Gruppe" um einen solchen allgemeinen Begriff handelt. So hätte es nahegelegen, diese Regel heranzuziehen, wenn die Formulierung gelautet hätte „und aus ähnlichen Gründen" oder „wegen der Zugehörigkeit zu einer sonstigen bestimmten sozialen Gruppe". Dieser Konventionsgrund bildet auch inhaltlich keinen Oberbegriff für die übrigen Gründe, da eine Verfolgung auch dann wegen der Religion oder wegen der politischen Überzeugung erfolgen kann, wenn die verfolgte Person keiner Gruppe zugehört.

Die Heranziehung dieser Regel kann auch nicht damit begründet werden, dass dieser Konventionsgrund einen weiteren, weniger klar umrissenen Anwendungsbereich als die übrigen hat. So ist beispielsweise auch der Anwendungsbereich des Konventionsgrundes „politische Überzeugung" in den Randbereichen unscharf.[181] Zudem ist der (möglicherweise) weitere Anwendungsbereich für sich allein kein Argument, um einen Begriff als allgemeinen Begriff anzusehen. Der Begriff „Zugehörigkeit zu einer bestimmten sozialen Gruppe" hat somit keinen allgemeineren Gehalt als die zuvor genannten Gründe.[182] Aus dieser systematischen Erwägung lässt sich daher nicht ableiten, dass die Mitglieder einer bestimmten sozialen Gruppe durch unveränderliche Merkmale verbunden sein müssen.

(b) Teleologische Auslegung

Die Beschränkung auf unveränderliche Merkmale wird auch aus der systematischen Zusammenschau mit Abs. 1 der Präambel zur GFK begründet, woraus sich ergebe, dass die Heranziehung von Menschenrechten bei der Definition des Begriffs der bestimmten sozialen Gruppe von großer Bedeutung sei.[183] Wie schon ausgeführt wurde, lässt sich aus Abs. 1 der Präambel aber nur entnehmen, dass Flüchtlinge in den Aufnahmestaaten in möglichst gleichem Umfang wie die Staatsangehörigen der Aufnahmestaaten Menschenrechte genießen sollen.[184] Für die Bestimmung, welche Personen Flüchtlinge sind und damit von dem menschenrechtlichen Schutz erfasst sind, lassen sich hieraus hingegen keine Schlüsse ziehen.

Allerdings folgt schon aus der Subsidiarität des menschenrechtlichen Schutzes im Aufnahmestaat, dass Personen, die eine Gruppe beliebig verlassen können, in diesem Sinne nicht schutzbedürftig sind. Auch hieraus lässt sich aber nicht

---

[180] vgl. *Goodwin-Gill*, IJRL 1999, 536 (541).

[181] s. u. A. IV.

[182] *Goodwin-Gill*, IJRL 1999, 537 (541).

[183] *Ward v. Canada*, [1993] 2 S.C.R. 689 (734 ff); *Islam and Shah*, IJRL 1999, 596 (511 f, 517); *Brennan CJ*. (abwM) in *Applicant A*, 142 ALR 1997, 331 (333); *britische RL*, 3.2; *Daley/Kelley*, IJRL 2000, 148 (165 ff).

[184] s. u. 5. Kapitel A. II. 2. a. aa.

ableiten, dass nur solche Gruppen schutzbedürftig sind, deren Mitglieder durch ein unveränderliches Merkmal oder durch den Wunsch, ein fundamentales Menschenrecht auszuüben, verbunden sind. So ist auch eine Gruppenmitgliedschaft, die grundsätzlich verändert werden kann, im Moment der Verfolgung häufig nicht mehr veränderbar. So kann ein Obdachloser, der von Skinheads angegriffen wird, diesen Zustand im Moment des Angriffs nicht mehr ändern. Wenn eine Mitgliedschaft prinzipiell veränderbar ist und dies auch verlangt werden kann, besteht vielmehr keine begründete Furcht vor Verfolgung.[185]

(c) Vorbereitende Arbeiten

Aus der fehlenden Diskussion über die Aufnahme des Begriffs „Zugehörigkeit zu einer bestimmten sozialen Gruppe" lässt sich schließen, dass die Delegierten diesen Begriff vor allem oder ausschließlich mit Verfolgung in Europa in Verbindung gebracht haben.[186] Es ist daher naheliegend, dass sie zumindest an die Gruppen gedacht haben, die während der Entstehung der sozialistischen Staaten in Europa verfolgt wurden, wie Landbesitzer, Kapitalisten oder freie Unternehmer.[187] Letztlich muss dies aber spekulativ bleiben, so dass sich hieraus keine begrenzende Auslegung des Begriffs ableiten lässt.[188] Eine Auslegung darf allerdings nicht dazu führen, dass diese Personengruppen von dem Begriff der bestimmten sozialen Gruppe ausgeschlossen sind.[189] Daraus folgt, dass nicht darauf abzustellen ist, dass die Mitglieder einer bestimmten sozialen Gruppe durch ein unveränderliches Merkmal miteinander verbunden sind. Zwar ist die von der hierauf abstellenden Auffassung gebildete „bestimmte soziale Gruppe" bestehend aus Personen, die sich ursprünglich willentlich zusammengeschlossen haben, aber derzeit aufgrund der historischen Entwicklung den Mitgliedschaftsstatus nicht mehr verändern können, auf diese Gruppen zugeschnitten. Kapitalisten oder freie Unternehmer waren aber weder durch ein angeborenes oder sonst unveränderliches Merkmal miteinander verbunden noch haben sie sich willentlich zur Wahrnehmung eines Menschenrechts zusammengeschlossen. Sie wurden vielmehr deswegen verfolgt, weil ihnen eine soziale Funktion zugeschrieben wurde und sie unabhängig von einer Interaktion der Mitglieder öffentlich als zusammengehörende Einheit wahrgenommen wurden.[190]

---

[185] in diese Richtung auch *Graves*, S.D.L.Rev. 1989, 739 (793).

[186] s. die Nachweise im 5. Kapitel, Fn. 76 f.

[187] *Lord Millet, Islam and Shah*, IJRL 1999, 496 (522); *McHugh J.* und *Kirby J.* in *Applicant A*, 142 ALR 1997, 331 (360, 387 f); *Goodwin-Gill*, 46; diese Gruppen werden auch von *Grahl-Madsen*, Bd. 1, 219 als Beispiele für bestimmte soziale Gruppen genannt.

[188] *McHugh J.* in *Applicant A*, 142 ALR 1997, 331 (360); *Goodwin-Gill*, 46 f; *Islam and Shah*, IJRL 1999, 496 (511, 521 f).

[189] *Lord* Millet, *Islam and Shah*, IJRL 1999, 496 (521 f).

[190] *McHugh J.* in *Applicant A*, 142 ALR 1997, 331 (360); *Goodwin-Gill*, 361.

(3) Diskriminierung bzw. Marginalisierung?

Teilweise wird es als notwendiges Element einer bestimmten sozialen Gruppe angesehen, dass diese Gruppe in der Gesellschaft diskriminiert bzw. marginalisiert ist. Diese Auffassung wird aus dem in Abs. 1 der Präambel der GFK verorteten Prinzip der Nichtdiskriminierung sowie aus der Zusammenschau mit den anderen Konventionsgründen hergeleitet.[191] Beide Herleitungen können aus den gerade dargelegten Gründen nicht überzeugen. Davon abgesehen ist die gesellschaftliche Diskriminierung den Merkmalen Rasse, Religion, Nationalität und politische Verfolgung nicht gemeinsam.[192] Dies sind zwar Merkmale, an die eine gesellschaftliche Diskriminierung typischerweise anknüpft und oftmals wird eine solche in einer Verfolgungssituation auch vorliegen. Es ist aber auch vorstellbar, dass die Verfolgung an eines dieser Merkmale anknüpft, obwohl nicht alle Personen, die dieses Merkmal teilen, gesamtgesellschaftlich diskriminiert sind. So ist die unmittelbar private Verfolgung einer Person wegen ihrer ethnischen Zugehörigkeit in einem Teil des Staatsgebiets Verfolgung wegen der Ethnie, auch wenn die Ethnie in einem anderen Teil des Staatsgebietes nicht diskriminiert wird.

Darüber hinaus wird diese Auffassung damit begründet, dass den Gruppen, denen in den Vorläuferabkommen Schutz zuteil wurde, gemeinsam war, dass sie in der Gesellschaft marginalisiert waren.[193] Es ist aber zu bedenken, dass in diesen Abkommen der Begriff „Verfolgung" nicht enthalten war, sondern allein auf das Fehlen diplomatischen Schutzes abgestellt wurde, so dass hieraus keine dahingehenden Schlussfolgerungen gezogen werden können. Auch aus den vorbereitenden Arbeiten lässt sich dies nicht entnehmen.

(4) Machtlosigkeit

Allerdings lässt sich sagen, dass die Situation, in der ein Mitglied des Kaninchenzüchtervereins X ein Mitglied eines Kaninchenzüchtervereins Y wegen der Zugehörigkeit zu diesem Verein tötet, nicht als Verfolgung wegen der Zugehörigkeit zu einer bestimmten sozialen Gruppe erfasst sein soll. Ein solcher Verein existiert aber in der Gesellschaft und ist daher nach dem bisher Ausgeführten eine bestimmte soziale Gruppe. Zumeist wird die Person, der die Tötung droht, allerdings kein Flüchtling sein, da staatlicher Schutz erlangt werden kann und so keine begründete Furcht vor Verfolgung besteht. Wenn hingegen der Staat den Mitgliedern dieses Vereins den Schutz gegenüber der Verfolgung versagt oder selbst Mitglieder dieses Vereins verfolgt, ist nicht ersichtlich, weshalb die Mitglieder dieses Vereins nicht

191 *Islam and Shah*, IJRL 1999, 496 (511, 517); *Ward v. Canada*, [1993] 2 S.C.R. 689 (734 ff, 738).

192 auch *McHugh J.* in *Applicant A*, 142 ALR 1997, 331 (358) hält es für schwierig, ein gemeinsames Genus der Gründe zu finden.

193 *Hathaway*, 135 f; *Ward v. Canada*, [1993] 2 S.C.R. 689 (735).

als Zugehörige zu einer bestimmten sozialen Gruppe verfolgt sein sollten, auch wenn sie nicht in der Gesellschaft diskriminiert sind. So wird auch von denen, die eine gesellschaftliche Diskriminierung bzw. Marginalisierung der Gruppe fordern, eine Familie X unproblematisch als bestimmte soziale Gruppe in der Gesellschaft angesehen[194], obwohl diese ebenfalls nicht in der Gesamtgesellschaft diskriminiert ist. Allerdings kann nicht in allen Fällen über das Element „begründete Furcht vor Verfolgung" verhindert werden, dass die zuvor genannte Situation zu einer Anerkennung als Flüchtling führt. So wäre die gerade angesprochene Konstellation in einem (innerstaatlichen) bewaffneten Konflikt, in dem ausreichender staatlicher Schutz oder Schutz durch ein stabilisiertes de facto Regime nicht erlangt werden kann, als unmittelbar private Verfolgung wegen der Zugehörigkeit zur bestimmten sozialen Gruppe des Kaninchenzüchtervereins Y anzusehen. Daher ist es notwendig, eine weitere Begrenzung in den Begriff der bestimmten sozialen Gruppe aufzunehmen. Es ist erforderlich, dass eine bestimmte soziale Gruppe innerhalb der staatlichen oder gesellschaftlichen Strukturen machtlos ist. Diese Stellung kann sich in einer gesamtgesellschaftlichen Diskriminierung äußern. Es reicht aber auch aus, wenn es erkenntlich von staatlichen Stellen oder im gesellschaftlichen Kontext als zulässig angesehen wird, den Mitgliedern der Gruppe mehrere unrechtmäßige Beeinträchtigungen zuzufügen oder jedenfalls eine Beeinträchtigung mit Verfolgungsintensität.[195]

(5) Ausschluss des Geschlechts?

Teilweise wird verneint, dass eine bestimmte soziale Gruppe eine Gruppe sein kann, deren Mitglieder allein durch das Merkmal „Geschlecht" miteinander verbunden sind. Aus einer systematischen Zusammenschau mit den Gründen „Nationalität", „Rasse", „Religion" und „politische Überzeugung" wird abgeleitet, dass die Gruppe „recognizable und discrete" sein müsse und daher nicht durch weitverbreitete Merkmale wie das Geschlecht definiert sein könne.[196] Dies kann schon deswegen nicht überzeugen, weil der Begriff der bestimmten sozialen Gruppe nicht in Ausrichtung auf das gemeinsame Genus der übrigen Konventionsgründe auszulegen ist. Davon abgesehen ist die kleine Zahl der Personen auch nicht

---

194 *Hathaway*, 164; auch *Binder*, 453 f.

195 vgl. *Macklin* in *Indra*, 272 (301) und *Parish*, C.L.R. 1992, 922 (945), der das Schutzlosstellen durch die Regierung als wichtiges Element des Begriffs der bestimmten sozialen Gruppe ansieht: „The social group category in filling out the definition of refugee covers those conceived as inferior 'others' unworthy of governmental protection for reasons other than race, religion, nationality, and political opinion".

196 *Gomez v. INS*, [1991] 947 F.2d 660 (664).

das gemeinsame Genus der Konventionsgründe, da auch die Bevölkerungsmehrheit wegen ihrer Rasse verfolgt sein kann.[197]

Des Weiteren wird es mit Bezug auf Art. 2 AEMR als bedeutungsvoll angesehen, dass das Geschlecht in Art. 1 A Nr. 2 S. 1 Hs. 1 GFK anders als in Art. 2 AEMR nicht erwähnt ist. Daraus wird gefolgert, dass „bestimmte soziale Gruppen" nicht solche sein könnten, deren Mitglieder (ausschließlich oder zusammen mit anderen Merkmalen) durch das Geschlecht verbunden sind.[198] Da in Art. 2 AEMR aber nicht die Formulierung „social group", sondern nur die Formulierung „social origin"[199] verwendet wird, lassen sich hieraus keine Rückschlüsse ziehen.[200] Die Zurückhaltung, Gruppen mit weitverbreiteten Merkmalen wie dem Geschlecht als bestimmte soziale Gruppen anzusehen, basiert wohl auch auf der Furcht vor unkontrollierten Flüchtlingsströmen.[201] Dieser Gedanke kann in Abschnitt vier der Präambel normativ verortet werden, in dem die Belastungen angesprochen werden, die in einzelnen Ländern durch die Aufnahme von Flüchtlingen entstehen können. Allerdings ergibt sich in der Zusammenschau mit Abschnitt fünf der Präambel, wo ausdrücklich der soziale und humanitäre Charakter des Flüchtlingsproblems anerkannt wird, dass eine einseitige restriktive Auslegung nicht zulässig ist.[202] Hieraus kann daher nicht abgeleitet werden, dass große Teile der Bevölkerung keine bestimmten sozialen Gruppen darstellen können. Auch die travaux préparatoires sprechen eher dagegen, bestimmte soziale Gruppen auf relativ kleine homogene Gruppen zu beschränken, da auch die Gruppen der selbstständigen Unternehmer oder der Kapitalisten nicht zwingend klein und homogen waren.

e. Ergebnis und Vergleich

Eine bestimmte soziale Gruppe ist somit eine Gruppe, die bereits vor der konkret zu betrachtenden Verfolgung in der Gesellschaft besteht und machtlos ist. Personen, die sich willentlich zusammengeschlossen haben oder durch familiäre Bindungen verbunden sind, bilden eine Gruppe in der Gesellschaft, sobald ihre Verbindung Eigenständigkeit erlangt hat. Personen, die nicht in dieser Weise miteinander verbunden sind, bilden hingegen erst eine bestimmte soziale Gruppe, wenn sie von der Gesellschaft als zusammengehörende Einheit wahrgenommen werden.

---

197 *UNHCR* RL Zugehörigkeit zu einer bestimmten sozialen Gruppe § 18; *Hathaway*, 163; kanadische Richtlinen, A III; *Macklin*, HRQ 1995, 213 (246).

198 *Lord Millet, Islam and Shah*, IJRL 1999, 496 (522).

199 Nach Art. 2 AEMR sind die nachfolgend kodifizierten Menschenrechte anzuwenden, „without distinction of any kind, such as race, colour, sex, language, religion, political or other opinion, national or social origin, property, birth or other status".

200 vgl. *Bleckmann*, Rn. 355.

201 vgl. *Aleinikoff*, IJRL 1991, 5 (9); *Bower*, Geo.Immigr.L.J. 1994, 173 (205).

202 s. u. 4. Kapitel A. I. 2. d.

Wenn dieses Ergebnis mit den oben dargestellten vermittelnden Auffassungen verglichen wird, ergibt sich Folgendes: Die unter c. aa. (1) dargestellte Auffassung, die auf ein unveränderliches Merkmal als Charakteristikum abstellt, definiert den Begriff der bestimmten sozialen Gruppe einerseits zu weit, da sie eine Wahrnehmung der Gruppe von außen für nicht erforderlich hält. Andererseits ist sie zu eng, da sie alle Gruppen ausschließt, deren Mitglieder kein unveränderliches Merkmal teilen. Die unter c. aa. (2) dargestellte Auffassung, die auf ein willentlich-interaktives Merkmal abstellt, erfasst nur einen kleinen Teil der Gruppen, die „bestimmte soziale Gruppen" sein können. Die Auffassung innerhalb der unter c. bb. dargestellten Meinungsgruppe, die verlangt, dass eine bestimmte soziale Gruppe nur eine Gruppe ist, die von der Gesellschaft als zusammengehörende Einheit wahrgenommen wird, sieht nicht alle willentlich zusammengeschlossenen Gruppen als bestimmte soziale Gruppen an. Die Auffassung innerhalb dieser Meinungsgruppe, die eine Wahrnehmung der Gruppe als zusammengehörende Einheit durch den Verfolger ausreichen lässt, geht hingegen zu weit, da sie eine von außen entstehende Gruppe auch dann als „bestimmte soziale Gruppe" ansieht, wenn sie nicht von der Gesellschaft als zusammengehörende Einheit wahrgenommen wird.

Daher kann auch die Auffassung des UNHCR nicht überzeugen. Sie ist einerseits zu weit, da hiernach jede Gruppe, deren Mitglieder ein unveränderliches Merkmal teilen, unabhängig von der Wahrnehmung durch die Gesellschaft eine bestimmte soziale Gruppe bildet. Andererseits ist sie zu eng, da hiernach Gruppen, deren Mitglieder willentlich in Interaktion zueinander getreten sind oder familiär verbunden sind und nicht zugleich ein unabänderliches Merkmal teilen, nur bestimmte soziale Gruppen sind, wenn sie von der Gesellschaft als zusammengehörende Einheit wahrgenommen werden.

Dem hier vertretenen Ansatz kommt die unter c. cc. (2) dargestellte Auffassung nahe, die einerseits willentlich interaktive Gruppen als bestimmte soziale Gruppen ansieht, andererseits Gruppen, die in der Gesellschaft als zusammengehörende Einheit wahrgenommen werden. Eine von dieser Auffassung angedeutete Beschränkung auf formal organisierte Gruppen ist aber nicht erforderlich.

3. Wegen der Zugehörigkeit zu einer bestimmten sozialen Gruppe

Häufig wird angenommen, dass eine Verfolgung nur an die Zugehörigkeit zu einer bestimmten sozialen Gruppe anknüpft, wenn alle oder nahezu alle Mitglieder der Gruppe Verfolgung zu befürchten haben.[203] Auch der UNHCR ist zwar der Auffassung, dass es nicht erforderlich ist, dass sich die Verfolgung gegen jeden einzelnen Angehörigen der Gruppe richtet. Allerdings schränkt er dies insofern ein,

[203] *Lord Steyn* in *Islam and Shah*, IJRL 1999, 496 (504); *Fatin v. INS*, [1993] 12 F.3d 1233 (1241); *Spijkerboer*, 45; implizit: *Helton*, Col.H.R.L.Rev. 1983, 39 (51); *Crawley*, 100.

als er manche Personen deshalb nicht als gefährdet ansieht, „weil sie zum Beispiel ihr gemeinsames Merkmal verheimlichen, den Verfolgern nicht bekannt sind oder mit dem Verfolger kooperieren“[204]. Es ist aber noch einmal in Erinnerung zu rufen, dass es nicht darauf ankommt, dass die Auswirkungen der Beeinträchtigung im Einzelfall an einen Konventionsgrund anknüpfen, sondern nur darauf, ob die ungerechtfertigte Differenzierung hieran anknüpft. Es ist daher unerheblich, wie viele Personen tatsächlich so intensiv von den Auswirkungen der Handlung betroffen sind, dass dies Verfolgung ist. Zudem kann von einer konkret-individuellen Verfolgungshandlung niemals die ganze Gruppe betroffen sein. Zutreffend ist allerdings, dass bei einer abstrakt-generellen Verfolgungshandlung die ungerechtfertigte Differenzierung nur an die Zugehörigkeit zu einer bestimmten sozialen Gruppe anknüpft, wenn hierdurch grundsätzlich alle Mitglieder dieser Gruppe in der Gesellschaft gegenüber dem Rest der Gesellschaft anders behandelt werden. So knüpft eine abstrakt-generelle Verfolgungshandlung an die Zugehörigkeit zu einer bestimmten sozialen Gruppe an, wenn diese innerhalb der Gesellschaft nach dem oder den gruppencharakterisierenden Merkmal(en) differenziert und zugleich im gesellschaftlichen Kontext erkennbar ist, dass die Gruppe als Einheit wahrgenommen wird. Hierfür ist es ein Indiz, wenn die Verfolgungshandlung aus Vorstellungen rührt, die allen Mitgliedern dieser Gruppe zugeschrieben werden.

Ein Anknüpfen ergibt sich häufig, aber wie an folgendem Beispiel deutlich wird nicht immer daraus, dass die Gruppenzugehörigkeit im Tatbestand einer abstrakt-generellen Norm genannt ist: In einem Gesetz werden allen Männern gleichgeschlechtliche sexuelle Handlungen verboten. Hier werden zum einen Männer ungleich mit Frauen behandelt, da Frauen durch dieses Gesetz nicht in ihren Rechten eingeschränkt werden. Zudem werden Personen, die gleichgeschlechtliche sexuelle Handlungen ausführen möchten, mit Personen ungleich behandelt, die diese nicht ausführen möchten. Nur letztere ist die relevante Differenzierung, da von vornherein klar ist, dass nur diejenigen Personen durch die Regelung objektiv vorhersehbar beeinträchtigt werden, die gleichgeschlechtliche sexuelle Handlungen ausüben wollen. Die Verfolgung knüpft somit nicht an die Zugehörigkeit zur bestimmten sozialen Gruppe aller Männer der jeweiligen Gesellschaft an, sondern an die Zugehörigkeit zur bestimmten sozialen Gruppe der (männlichen) Homosexuellen der jeweiligen Gesellschaft, sofern (männliche) Homosexuelle eine solche Gruppe bilden.[205]

Auch eine konkret-individuelle Verfolgungshandlung kann nur an die Zugehörigkeit zu einer bestimmten sozialen Gruppe anknüpfen, wenn dieser Behandlung eine Maxime zugrunde liegt, die als abstrakt-generelle Regelung gedacht anhand der Zugehörigkeit zur bestimmten sozialen Gruppe aller Frauen der jeweiligen

[204] *UNHCR*, RL Zugehörigkeit zu einer bestimmten sozialen Gruppe § 17.
[205] s. u. 12. Kapitel A. III.

Gesellschaft differenziert. Eine Frau muss somit als Vertreterin ihrer Gruppe und nicht als Einzelperson der Behandlung unterzogen werden.

In australischen und kanadischen Entscheidungen wird hingegen anhand der Formel „what one is or what one does" danach abgegrenzt, ob die Verfolgung an das Verhalten der Person oder an ihr „Sein" anknüpft, und nur im letzteren Fall angenommen, dass die Verfolgung wegen der Zugehörigkeit zu einer bestimmten sozialen Gruppe erfolgt.[206] Aus dieser Formel ergeben sich zwar Anhaltspunkte zur Abgrenzung, sie kann aber nicht schematisch angewandt werden, da beispielsweise die Bestrafung eines Verstoßes gegen ein Verbot immer an ein Verhalten anknüpft, dieser Bestrafung aber ebenfalls eine Maxime zugrunde liegen kann, die als abstrakt-generelle Regelung gedacht an die Zugehörigkeit zu einer bestimmten sozialen Gruppe anknüpft.[207] Dies ist beispielsweise der Fall, wenn die Strafnorm ausschließlich für Zugehörige dieser Gruppe gilt. Dies wurde in der Entscheidung *Islam and Shah* mit folgendem Beispiel unterstrichen:

> „Suppose oneself in Germany in 1935. There is discrimination against Jews in general, but not all Jews are persecuted. Those who conform to the discriminatory laws, wear yellow stars out of doors and so forth can go about their ordinary business. But those who contravene the racial laws are persecuted. Are they being persecuted on grounds of race? In my opinion, they plainly are. It is therefore a fallacy to say that because not all members of a class are being persecuted, it follows that persecution of a few cannot be on grounds of membership of that class."[208]

IV. Wegen der politischen Überzeugung

Dem Konventionsgrund „politische Überzeugung" wird im Hinblick auf frauenspezifische Flucht- und Bleibegründe ebenfalls eine große Bedeutung beigemessen.[209] Es soll daher im Folgenden vorab konkretisiert werden, unter welchen Voraussetzungen eine Überzeugung politisch ist und eine Verfolgung an eine solche Überzeugung anknüpft.

---

206 *Ward v. Canada*, [1993] 2 S.C.R., 689 (§ 77); *Applicant A*, 142 ALR 1997, 331 (342).

207 *Lord Hoffmann*, *Islam and Shah*, IJRL 1999, 497 (514); a. A. *Kirby J.* in *Applicant A*, 142 ALR 1997, 331 (393).

208 *Lord Hoffmann*, *Islam and Shah*, IJRL 1999, 497 (514).

209 bspw. *Crawley*, 62 ff; *Spijkerboer*, 38 ff; *UNHCR*, Auslegung §§ 29 ff.

1. Politische Überzeugung

Eine Überzeugung ist nach allgemeiner Auffassung politisch, wenn sie „contrary to or critical of the policies of the government or the ruling party“[210] ist. Diese Definition ist erkenntlich auf die Konstellationen zugeschnitten, in denen die Verfolgung vom Staat ausgeht. Für den hier vertretenen Ansatz, nach dem eine unmittelbar von Privaten ausgehende Handlung auch für sich genommen Verfolgung sein kann, ist sie daher zu erweitern. Dies gilt allerdings auch für die Ansätze, die eine staatliche Schutzpflichtverletzung verlangen, da es hier regelmäßig für ausreichend gehalten wird, wenn entweder die Handlung der Privaten oder das staatliche Schutzversagen an dieses Merkmal anknüpft.[211] Es wird daher u. a. vom UNHCR vorgeschlagen: „Politische Überzeugung sollte im weitesten Sinne verstanden werden und jede Meinung zu jeder Angelegenheit einschließen, auf die der Staatsapparat, die Regierung, die Gesellschaft oder die Politik Einfluss nehmen“[212]. Ähnlich wird angenommen, dass eine politische Überzeugung „every opinion on any matter in which the machinery of state, government and policy may be engaged“ ist.[213] Die Angelegenheiten, auf die sich die Auffassung beziehen kann, schließen dabei auch die Äußerungen und Programmsätze von politischen Gruppierungen ein, selbst wenn diese dem Staat entgegengesetzte Auffassungen vertreten.[214] Damit können auch Gewaltanwendungen, die bspw. von islamischen Gruppierungen ausgehen, Verfolgung wegen der politischen Überzeugung sein.

Im hier interessierenden Zusammenhang ist zu klären, unter welchen Voraussetzungen der Verstoß gegen gesellschaftliche oder staatliche frauendiskriminierende Verhaltensvorschriften die Äußerung einer politischen Überzeugung ist. Teilweise wird angenommen, dass eine Frau, die den Bereich, der durch solche Verhaltensvorschriften geregelt ist, für sich autonom regeln möchte, immer eine politische Überzeugung äußert[215]: Fragen darüber, ob Frauen frei wählen können,

---

210 *Grahl-Madsen*, Bd. 1, 220; ähnlich: Gemeinsamer Standpunkt 7.4; Art. 12 lit. e des Kommissionsvorschlags: „Unter dem Begriff politische Überzeugung ist zu verstehen, dass der Antragsteller in einer Angelegenheit, die den Staat, dessen Regierung oder dessen Politik betrifft, eine politische Überzeugung vertritt bzw. ihm eine solche zugeschrieben wird, wobei es unerheblich ist, ob der Antragsteller aufgrund dieser Überzeugung tätig geworden ist.“

211 bspw. *Islam and Shah*, IJRL 1999, 496 (514).

212 *UNHCR*, RL Geschlechtsspezifische Verfolgung § 32; ähnlich wird politische Überzeugung definiert als jede Überzeugung, die Kritik oder auch nur kritische Distanz zur staatlichen, gesellschaftlichen, wirtschaftlichen oder kulturellen Ordnung erkennen lässt, *Kälin*, Grundriss, 98; *Connors*, IJRL 1997 (special issue), 114 (121 ff) sowie *GK-AuslR*, § 51 Rn. 55 bzgl. § 51 Abs. 1 AuslG und *Schaeffer*, 45 bzgl. des grundgesetzlichen Asylrechts.

213 *Goodwin-Gill*, 49; *Ward v. Canada*, [1993] 2 S.C.R. 689 (746); *britische RL*, 3.17.

214 *Ward v. Canada*, [1993] 2 S.C.R. 689 (746); *Goodwin-Gill*, 49; *Goldberg*, Corn.Int'l.L.J. 1993, 565 (599).

215 *britische RL*, 3.26; *Crawley*, 100; *Spijkerboer*, 41; ähnlich: *Goldberg*, Corn.Int'l.L.J. 1993, 565 (601 ff).

ob sie einen Schleier tragen, beschnitten werden, sich bilden bzw. ob sie männlicher Gewalt ausgesetzt sind, beträfen die Grenze zwischen der öffentlichen und privaten Sphäre. Konflikte, die diese Sphäre betreffen, seien politischer Natur.[216] Es ist zwar eine politische Äußerung, wenn Frauen sich zu frauendiskriminierenden Vorschriften in der Weise äußern, dass sie diese abschaffen möchten oder jedenfalls in Frage stellen. Dementsprechend ist eine Demonstration von Frauen, die bewusst gegen Verhaltensvorschriften verstoßen, um deren Abschaffung zu fordern, als Äußerung einer politischen Überzeugung anzusehen. Allerdings kann nicht jeder Verstoß mit dem Argument als Äußerung einer politischen Überzeugung beurteilt werden, dass die Frauen selbstbestimmt den durch die Verhaltensvorschriften geregelten Bereich regeln wollen. So drückt auch nicht jede Person, die einen Diebstahl begeht, hiermit zugleich Kritik an der kapitalistischen Gesellschaft aus. Es kann daher nicht pauschal, sondern nur anhand der konkreten Umstände beurteilt werden, ob der Verstoß gegen die Vorschriften die Äußerung einer politischen Überzeugung ist.

2. Wegen der politischen Überzeugung

Die Verfolgung erfolgt wegen der politischen Überzeugung, wenn sie bei objektiver Betrachtung im gesellschaftlichen Kontext hieran anknüpft, in dem Sinne, dass sie eine Reaktion auf eine tatsächlich geäußerte oder unterstellte[217] politische Überzeugung ist.[218] Ob der Handelnde aus dem Verhalten der Person entnimmt, dass sie eine solche Überzeugung hat oder er ihr sonst eine solche Überzeugung unterstellt, kann wiederum nicht pauschal, sondern nur im Einzelfall beurteilt werden.[219] Insbesondere kann nicht bereits daraus, dass im jeweiligen gesellschaftlichen Kontext angenommen wird, dass das verbotene Verhalten eine Gefahr für die Gesellschaft ist, geschlossen werden, dass ein Verstoß als Äußerung einer politischen Überzeugung aufgefasst wird, da die meisten Strafnormen auf dieser Annahme basieren.

---

[216] *britische RL*, 3.26: „Opinions and conflicts concerning the role of women within society and women's behaviour are conflicts of a political nature. Thus where a woman is persecuted as a result of her opposition to, or refusal to comply with, the prescribed role of women in her country of origin such persecution will be on the basis of her political opinion"; *Spijkerboer*, 46.

[217] es wird allgemein als ausreichend angesehen, wenn eine solche Überzeugung nur unterstellt wird. *UNHCR*, Auslegung, § 25; *ders.* , Handbuch, § 82; *Ward v. Canada*, [1993] 2 S.C.R. 689 (746); *Goodwin-Gill*, 49; *Hathaway*, 153.

[218] vgl. *Hathaway*, 150; *UNHCR*, Handbook § 82; *Goodwin-Gill*, 49.

[219] so auch *UNHCR*, RL Geschlechtsspezifische Verfolgung § 32; *UNHCR*, Auslegung, § 30; in diesem Sinne kann auch die insofern offene Formulierung der kanadischen Richtlinien A. II. verstanden werden: „A woman who opposes institutionalized discrimination of women, or expresses views of independence from male social/cultural dominance in her society may be found to fear persecution for reasons of imputed political opinion, i.e. she is perceived by the established political/social structure as expressing politically antagonistic views."

Frauen werden gerade in Gesellschaften, in denen sie nicht gewohnt sind, sich in der Öffentlichkeit zu bewegen, auf eine andere Art und Weise politisch aktiv als Männer. Ihre politische Überzeugung kann sich auch dadurch äußern, dass sie z. B. für eine Guerilla-Organisation Essen kochen.[220] Wenn sie für diese Tätigkeiten bestraft werden, wird dies im gesellschaftlichen Kontext häufig eine Verfolgung wegen der politischen Überzeugung sein. In den Staaten, in denen es nur begrenzte Möglichkeiten für Frauen gibt, politisch aktiv zu werden, wie bspw. in Saudi-Arabien, wo es weder Wahlen noch Parteien gibt, die Frauenrechte vertreten, versuchen Frauen auch durch gezielte Regelverstöße, wie durch die Demonstration gegen das Autofahrverbot, ihre Anliegen durchzusetzen.[221]

V. Wegen der Rasse/Nationalität

Der Begriff „Rasse" bezeichnet nach überwiegender Auffassung nicht nur im ethnographischen Sinne eine Gruppe von Menschen mit gemeinsamen Erbanlagen, die durch bestimmte physische Eigenschaften (Hautfarbe, Schädelform) charakterisiert sind, sondern auch sonstige unterscheidbare ethnische Gruppen[222]. Diese Auslegung wird bereits durch die Bedeutung des Begriffs im Englischen und Französischen nahegelegt.[223] Gestützt wird diese Auslegung durch die systematische Heranziehung des Begriffs „Rassendiskriminierung" in Art. 1 Abs. 1 des Internationalen Übereinkommens zur Beseitigung jeder Form der Rassendiskriminierung[224], der „jede auf der Rasse, der Hautfarbe, der Abstammung, dem nationalen Ursprung oder dem Volkstum beruhende Unterscheidung [...]" bezeich-

---

220 *kanadische RL*, A. II.: „In a society, where women are assigned a subordinate status and the authority exercised by men over women results in a general oppression of women, women's political protest and activism may be manifest in forms that differ from the familiar modes expressed by men."

221 vgl. *Crawley*, 85 f.

222 *australische RL*, 4.29; *Grahl-Madsen*, Bd. 1, 218; *Hathaway*, 141; so auch *Schaeffer*, 36 f bzgl. des grundgesetzlichen Asylrechts.

223 Im Englischen hat das Wort „race" zum einen die Bedeutung: „one of the great divisions of mankind, having certain physical peculiarities in common", *The Oxford English Dictionary*, XIII, 69. Dieselbe Bedeutung hat es auch im Französischen: „Groupe ethnique qui se différencie des autres par un ensemble des caractères physiques héréditaires (couleur de la peau, forme de la tête, proportion des groupe sanguins, etc) représentant des variations au sein de l'espèce", *Le Grand Robert*, VII, 990. Darüber hinaus kann das Wort aber in beiden Sprachen bedeuten: „a tribe, nation, or people, regarded as of common stock" oder „a group of several tribes or peoples regarded as forming a distinct ethnical stock", *The Oxford English Dictionary*, XIII, 69, bzw.: „Groupe naturel d'hommes qui ont des caractères semblables (physiques, psychologiques, sociaux, linguistiques ou culturels) provenant d'un passé commun", wobei als Synonyme „ethnie, lignée, peuble ethnique" genannt werden, *Le Grand Robert*, VII, 990.

224 Internationales Übereinkommen zur Beseitigung jeder Form von Rassendiskriminierung vom 7. März 1966, BGB. 1969 II, 962.

net.[225] Zu einengend sind daher Formulierungen, nach denen ethnische Gruppen nur dann eine „Rasse" i. S. d. Art. 1 A Nr. 2 S. 1 Hs. 1 GFK darstellen, wenn sie entweder „üblicherweise"[226] oder im sozialen Kontext und damit von der Gesellschaft[227] als Rassen bezeichnet werden.[228] Nationalität wird nach allgemeiner Auffassung entsprechend dem Sinn der Worte Nationality/Nationalité[229] so ausgelegt, dass hiervon sowohl die Staatsangehörigkeit als auch die Zugehörigkeit zu einer bestimmten ethnischen oder sprachlichen Gemeinschaft erfasst ist.[230] Damit überschneiden sich die Anwendungsbereiche von „Rasse" und „Nationalität" partiell. Abgrenzungen sind nicht erforderlich, da allgemein anerkannt ist, dass eine Verfolgung an mehrere Gründe zugleich anknüpfen kann.[231]

B. Subsumtion

I. Frauen der jeweiligen Gesellschaft als bestimmte soziale Gruppe

Alle Frauen einer Gesellschaft werden i. d. R. von einer Gesellschaft als zusammengehörende Einheit wahrgenommen. Das Geschlecht ist ein klares Unterscheidungsmerkmal und es gibt eigene Begriffe für Frauen. Die Gruppe aller Frauen einer Gesellschaft ist in den Gesellschaften machtlos, in denen für Frauen abstrakt-generelle Verhaltensnormen gelten, die auch Verfolgungsstärke erreichen können. Zudem ist diese Gruppe machtlos, wenn es sonst von Staat und/oder Gesellschaft für zulässig angesehen wird, Frauen als Einheit mehrere Beeinträchtigungen von geringerer Intensität oder jedenfalls eine Beeinträchtigung mit Verfolgungsintensität zuzufügen. In allen hier interessierenden Gesellschaften wird es für zulässig gehalten, dass Frauen als Einheit in ihren Freiheitsrechten beschränkt werden.

---

225 vgl. *Goodwin-Gill*, 43.

226 *UNHCR*, Handbuch § 68.

227 *Köfner/Nikolaus*, 448.

228 *Grahl-Madsen*, Bd. 1, 217 f; *Hathaway*, 141.

229 Nationality und Nationalité haben beide die Bedeutung Staatsangehörigkeit: „The fact of belonging to a particular nation; spec. a legal relationship between a state and an individual involving reciprocal rights and duties", *The Oxford English Dictionary*, X, 235, bzw.: „personne qui est membre d'un nationalité déterminé", *Le Grand Robert*, VI, 694. Zudem haben sie die Bedeutung: „a people potentially but not actually a nation, occ. a racial or ethnic group", *The Oxford English dictionary*, X, 235, bzw.: „existence ou volonté d'existence en tant que nation d'un groupe d'hommes unis par un communauté de territoire, de langue, de traditions, d'aspirations [...]", *Le Grand Robert*, VI, 694.

230 *UNHCR*, Handbook, § 74; *britische RL*, 3.8; *Goodwin-Gill*, 45; *Grahl-Madsen*, Bd. 1, 218; Gemeinsamer Standpunkt 7.3.

231 *UNHCR*, Handbook, § 67.

Demnach bilden hier alle Frauen der Gesellschaft jeweils eine bestimmte soziale Gruppe.

II. Verhaltensvorschriften

1. Bestehen frauendiskriminierender Verhaltensvorschriften

a. Bestandsaufnahme

Sofern das Bestehen frauendiskriminierender Vorschriften als Verfolgung angesehen wird, wird dies als Verfolgung wegen der Religion oder der politischen Überzeugung beurteilt[232] und/oder als Verfolgung wegen der Zugehörigkeit zu einer bestimmten sozialen Gruppe. Als bestimmte soziale Gruppen werden die Gruppe aller Frauen der jeweiligen Gesellschaft[233] oder Untergruppen von Frauen angesehen, wie die Gruppe der „emancipated women: those who refused to wear the veil, who attempted to travel alone, and who tried to pursue a university education in the field of their choice"[234].

b. Beurteilung

aa. Arbeitsverbote/-beschränkungen

Das Bestehen von Arbeitsverboten kann unmittelbar staatliche Verfolgung bzw. unmittelbare Verfolgung durch ein stabilisiertes de facto Regime sein.[235] Diese Verfolgung könnte an die Zugehörigkeit zur bestimmten sozialen Gruppe aller Frauen der jeweiligen Gesellschaft anknüpfen. Eine Verbotsvorschrift, wie sie in Afghanistan unter der Herrschaft der Taliban bestand, behandelt Frauen als Gruppe gegenüber der Gruppe der Männer in der Gesellschaft einheitlich anders: Sie schränkt ausschließlich Frauen und grundsätzlich alle Frauen der Gesellschaft in ihrem Recht auf Arbeit ein. So waren die Arbeitsgenehmigungen, die einigen Frauen, wie Witwen oder Ärztinnen, in Afghanistan unter der Herrschaft der Taliban erteilt wurden, nur eine Ausnahme von diesem Verbot. Dieses Verbot ist auch nur mit dem Geschlecht der Frauen begründbar und wurde in Afghanistan unter der Herrschaft der Taliban auch gerade hiermit begründet[236].

---

232 *In re D-*, 8 f; *Spijkerboer*, 44 ff.

233 *Kelly*, Corn.Int'l.L.J. 1993, 625 (665); US-amerikanische Entscheidung *In re D*, 10 ff; dieser Entscheidung zustimmend *Binder*, 463.

234 Minister of Employment and Immigration, E. v. 29. Januar 1993, zitiert nach: *Fullerton*, Corn.Int'l.L.J. 1993, 505 (540); in CRDD, E. v. 5. Februar 1999, T98-01731, in der das Bestehen der Verhaltensvorschriften in Saudi-Arabien für eine Malaysierin als Verfolgung angesehen wurde, wurde kein Verfolgungsgrund genannt.

235 s. u. 5. Kapitel B. I. 1. b. bb.

236 s. u. 1. Kapitel A. II.

Die Verfolgung knüpft aber nur an die Zugehörigkeit zur bestimmten sozialen Gruppe aller Frauen der jeweiligen Gesellschaft an, wenn auf diese ungerechtfertigte Differenzierung zwischen allen Männern und allen Frauen in der Gesellschaft abzustellen ist. Als weitere Differenzierung kommt – entsprechend dem obigen Beispielsfall, in dem es allen Männer verboten ist, gleichgeschlechtliche sexuelle Handlungen auszuüben – die Differenzierung zwischen den Frauen, die arbeiten wollen, und dem Rest der Gesellschaft in Betracht.[237] Allerdings werden durch solche Arbeitsverbote alle Frauen in ihrer Freiheit beschränkt und nicht nur die Frauen, die arbeiten wollen. Anders als in dem Beispielsfall kann bei objektiver Betrachtung auch nicht von vornherein angenommen werden, dass nur ein bestimmter Teil der Frauen hierdurch mit Verfolgungsintensität beeinträchtigt wird. Abzustellen ist somit auf die Differenzierung zwischen Männern und Frauen in der Gesellschaft, so dass die Verfolgung an die Zugehörigkeit zur bestimmten sozialen Gruppe aller Frauen der jeweiligen Gesellschaft anknüpft.

Die Verfolgung erfolgt hingegen weder wegen der politischen Überzeugung noch wegen der Religion: Zwar kann die Auffassung, dass Frauen das Recht haben sollen, zu arbeiten, durchaus eine politische oder u. U. auch eine religiöse Überzeugung sein. Einer Arbeit nachzugehen, ist aber durch eine solche Vorschrift unabhängig von einer politischen oder religiösen Überzeugung für alle Frauen verboten, während andererseits Männer, die eine solche Überzeugung haben, hierdurch nicht betroffen sind. Eine Differenzierung anhand der Religion oder der politischen Überzeugung kann allenfalls darin gesehen werden, dass Frauen, die arbeiten wollen, gegenüber Frauen, die nicht arbeiten wollen, durch ein solches Verbot stärker beeinträchtigt werden. Auf diese Differenzierung ist aber, wie gesehen, nicht abzustellen. Ein Anknüpfen an die Religion kann auch nicht allein daraus abgeleitet werden, dass der Erlass der Arbeitsverbote religiös begründet wird.[238] Wie sich schon aus dem französischen Text „de sa religion", in dem „sa" sich eindeutig auf „toute personne" bezieht, und aus dem systematischen Zusammenhang mit den anderen Gründen ergibt, kommt es auf die Religion derjenigen Person an, die eine begründete Furcht vor Verfolgung hat, und nicht auf die Religion des Verfolgers.

Arbeitsbeschränkungen, wie sie in Saudi-Arabien bestehen, sind zunächst unter dem Aspekt unmittelbar staatliche Verfolgung, dass es Frauen von staatlicher Seite verboten ist, bestimmte Berufe, die als für Frauen ungeeignet angesehen werden, auszuüben. Aus den gerade dargelegten Gründen knüpft die Verfolgung in diesem Fall an die Zugehörigkeit zur bestimmten sozialen Gruppe aller Frauen der jeweiligen Gesellschaft an.

Die Verweigerung der Arbeitsgenehmigung durch Private als mittelbar staatliche Verfolgung erfolgt ebenfalls wegen der Zugehörigkeit zur bestimmten sozia-

---

[237] hierauf stellt wohl *Spijkerboer*, 38 ff ab.

[238] so aber *Köfner/Nikolaus*, 462.

len Gruppe aller Frauen der jeweiligen Gesellschaft, weil das staatliche Verhalten, nämlich die frauendiskriminierende Vorschrift, nach der grundsätzlich alle Frauen einer solchen Genehmigung bedürfen, hieran anknüpft.

bb. Bildungsverbote/-beschränkungen

Das Bestehen eines Bildungsverbots, wie es in Afghanistan unter der Herrschaft der Taliban für alle Frauen und Mädchen, die das 10. Lebensjahr erreicht hatten, bestand, kann unmittelbar staatliche Verfolgung oder unmittelbare Verfolgung durch ein stabilisiertes de facto Regime sein.[239] Ein solches Verbot differenziert innerhalb der Gesellschaft nach dem Geschlecht, da hiermit eine einheitliche Regelung für alle Mädchen und Frauen und ausschließlich für diese getroffen werden sollte. Zudem ist ein solches Verbot nur mit dem Geschlecht begründbar. Damit knüpft die Verfolgung an die Zugehörigkeit zur bestimmten sozialen Gruppe aller Frauen der jeweiligen Gesellschaft an. An dieser Betrachtung ändert es wiederum nichts, dass in einer Gesellschaft, in der es verpönt ist, dass Frauen sich bilden, nicht alle Frauen und Mädchen durch die Vorschrift gleichermaßen beeinträchtigt werden.

Wenn Mächen bzw. Frauen zum Schulbesuch oder dem Besuch einer sonstigen Bildungseinrichtung der Genehmigung ihres männlichen „Beschützers" bedürfen, kann die Genehmigungsverweigerung mittelbar staatliche Verfolgung sein.[240] Diesbezüglich knüpft die Vorschrift, nach der Mädchen bzw. Frauen einer solchen Genehmigung bedürfen, und damit die mittelbar staatliche Verfolgung an die Zugehörigkeit zur bestimmten sozialen Gruppe aller Frauen der jeweiligen Gesellschaft an.

cc. Bewegungsbeschränkungen

Das Bestehen einer bewegungsbeschränkenden Vorschrift, wie sie in Afghanistan unter der Herrschaft der Taliban bestand und in Saudi-Arabien besteht, kann unmittelbar staatliche Verfolgung oder unmittelbare Verfolgung durch ein stabilisiertes de facto Regime sein.[241] Durch eine solche Vorschrift werden alle Frauen in der Gesellschaft in ihrer Freiheit beschränkt und damit gegenüber allen Männern in dieser Gesellschaft ungleich behandelt. Daher knüpft die Verfolgung ebenfalls an die Zugehörigkeit zur bestimmten sozialen Gruppe aller Frauen der jeweiligen Gesellschaft an.

---

239 s. u. 5. Kapitel B. I. 1. b. dd.
240 s. u. 5. Kapitel B. I. 1. b. dd.
241 s. u. 5. Kapitel B. I. 1. b. ee.

dd. Verschleierungsgebote

Das Bestehen eines Verschleierungsgebots, wie es in Afghanistan unter der Herrschaft der Taliban bestand und in Saudi-Arabien besteht, kann für die Frauen Verfolgung sein, die durch die konkrete Ausgestaltung der vorgeschriebenen Verschleierung intensiv beeinträchtigt sind, sowie für die Frauen, die hierdurch in ihrer Gewissensfreiheit beeinträchtigt werden.[242]

Ein solches Gebot differenziert in der Gesellschaft nach dem Geschlecht, da es allen Frauen und nur Frauen gebietet, sich zu verschleiern, und es nur mit dem Geschlecht begründbar ist. Die Verfolgung könnte damit ebenfalls an die Zugehörigkeit zur bestimmten sozialen Gruppe aller Frauen der jeweiligen Gesellschaft anknüpfen. Dies setzt allerdings voraus, dass die in der Regelung liegende Differenzierung zwischen Frauen und Männern der Anknüpfungspunkt für den Konventionsgrund ist. Als weitere Differenzierung kommt die Differenzierung zwischen den „Frauen, die sich anders kleiden wollen" oder „die sich zeigen wollen"[243] und dem Rest der Gesellschaft in Betracht. Dafür, dass auf die Differenzierung zwischen allen Frauen und Männern in der Gesellschaft abzustellen ist, spricht, dass alle Frauen in den Regelungsbereich der Vorschrift fallen, weil sie Frauen sind und nicht weil sie Frauen sind, „die sich zeigen wollen". Allerdings trifft diese Argumentation auch noch auf das Beispiel zu, in dem eine Vorschrift nur Männern untersagt, gleichgeschlechtliche sexuelle Handlungen vorzunehmen. In diesem Beispielsfall ist aber klar, dass durch die Vorschrift objektiv vorhersehbar nicht alle Männer in der Ausübung ihrer Freiheit beeinträchtigt werden, sondern nur Männer mit homosexuellen Neigungen. Im hier interessierenden Fall ist dies aber anders zu beurteilen: Durch das Gebot, die Burqa zu tragen, sind grundsätzlich alle Frauen in ihrer Sicht beeinträchtigt und in der Öffentlichkeit nicht mehr als Personen erkennbar. Es lässt sich auch bei objektiver Betrachtung nicht von vornherein sagen, dass nur bestimmte Frauen in ihrer Freiheit spürbar eingeschränkt sind. Vielmehr sind potentiell alle Frauen hierdurch beeinträchtigt; einige Frauen sehen es aber als religiöse Verpflichtung an, diese Beeinträchtigungen auf sich zu nehmen. Dies ist damit zu vergleichen, dass sich nicht von vornherein sagen lässt, dass durch Vorschriften, nach denen Männern gleichgeschlechtliche sexuelle Handlungen verboten sind, nur ein bestimmter Teil der Personen, die ihre Sexualität durch homosexuelle Handlungen ausleben möchten, objektiv vorhersehbar in ihrer Freiheit beschränkt wird, auch wenn einige Homosexuelle aus religiösen Gründen ihre Neigungen unterdrücken. Abzustellen ist somit auf die Ungleichbehandlung von Frauen gegenüber Männern. Dies gilt gleichermaßen für ein Verschleierungsgebot,

---

242 s. u. 5. Kapitel B. I. 1. b. aa.

243 so hieß es in der englischen Übersetzung des Dekrets der Taliban von November 1996, dass Frauen, die nicht den Bekleidungsvorschriften entsprechend dies tun „to show themselves", s. u. 1. Kapitel Fn. 63.

wie es in Saudi-Arabien besteht. Die Verfolgung knüpft somit an die Zugehörigkeit zur bestimmten sozialen Gruppe aller Frauen der jeweiligen Gesellschaft an.

Sofern ein Verschleierungsgebot deswegen Verfolgung ist, weil Frauen hierdurch in ihrer Gewissensfreiheit beeinträchtigt werden, könnte als Anknüpfungspunkt für den Konventionsgrund auf eine weitere Differenzierung abzustellen sein, nämlich auf die Gleichbehandlung dieser Frauen mit den übrigen Frauen in der Gesellschaft trotz ihrer wesentlichen Verschiedenheit.

Sofern sich der Gewissenskonflikt daraus ergibt, dass die Frauen den frauendiskriminierenden Hintergrund eines solchen Gebots ablehnen, werden diese durch die ausnahmslose Geltung dieses Gebots trotz ihrer weltanschaulich begründeten wesentlichen Verschiedenheit mit den anderen Frauen gleichbehandelt. Sie könnten daher wegen der Religion verfolgt sein. Dies setzt voraus, dass von dem Konventionsgrund Religion auch Weltanschauungen erfasst sind. Dies wird von einer Meinungsgruppe angenommen.[244] Nach dem Sinn der Worte „religion"/"religion" zeichnet sich eine Religion aber durch die Anerkennung einer Vorstellung von einer „higher unseen power" aus, einem „principe supérieur", das in irgendeiner Weise Kontrolle über das menschliche Leben hat und dem Aufmerksamkeit und Gehorsam gezollt wird, sowie durch den generellen geistigen und moralischen Standpunkt, der aus diesem Glauben folgt.[245] Zudem wird in Art. 18 AEMR, Art. 18 IPBPR und der Erklärung über die Beseitigung aller Formen von Intoleranz und Diskriminierung aufgrund der Religion oder der Überzeugung[246] zwischen den Begriffen Religion (religion) und Weltanschauung/Überzeugung (belief) dif-

---

244 Gemeinsamer Standpunkt 7.2: „Der Begriff Religion kann in einem weiten Sinne aufgefasst werden und theistische, nichttheistische und atheistische Glaubensüberzeugungen umfassen"; Art. 12 lit. b des Kommissionsvorschlags: „Der Begriff Religion umfasst theistische, nichttheistische und atheistische Glaubensüberzeugungen [...]"; *kanadische RL*, A. II: „[...] In the context of the Convention refugee definition, the notion of religion may encompass, among other freedoms, the freedom to hold a belief system of one's choice or not to hold a particular belief system and the freedom to practice a religion of one's choice or not to practice a prescribed religion. In certain states, the religion assigns certain roles to women; if a woman does not fulfil her assigned role and is punished for that, she may have a well-founded fear of persecution for reasons of religion".

245 *The Oxford English Dictionary*, XIII, 569 definiert den Begriff als „Recognition on the part of man of some higher unseen power as having control of his destiny, and as being entitled to obedience, reverence, and worship; the general mental and moral attitude resulting from this belief, with reference to its effect upon the individual or the community; personal or general acceptance of this feeling as a standard of spiritual and practical life"; *Le Grand Robert*, VIII, 199 definiert den Begriff als: „Reconnaissance par l'homme d'un pouvoir ou d'un principe supérieur de qui dépend sa destinée et à qui obéissance et respect son dus; attitude intellectuelle et morale qui résulte de cette croyance, en conformité avec un modèle social et qui peut constituer une règle de vie."

246 Declaration on the Elimination of all Forms of Intolerance and of Discrimination based on Religion or Belief, Resolution der UN-Generalversammlung 36/55 vom 25. November 1981, GAOR 36th session, 171.

ferenziert. Es ist daher überzeugender, von diesem Begriff nicht auch Weltanschauungen erfasst zu sehen.

Die Differenzierung i. S. d. Gleichbehandlung trotz der wesentlichen Verschiedenheit könnte aber an die politische Überzeugung der Frauen anknüpfen. So ist die Überzeugung, dass Frauen mit Männern gleichberechtigt sind, in den Gesellschaften, in denen solche Gebote bestehen, als Kritik an den bestehenden gesellschaftlichen Verhältnissen und damit als politisch anzusehen.[247] Allerdings basiert diese Überzeugung gerade auf dem frauendiskriminierenden Charakter des Verschleierungsgebots, so dass diese Überzeugung, die die wesentliche Verschiedenheit der Frauen ausmacht, ihren Ursprung in der Differenzierung zwischen Männern und Frauen hat. Es ist somit weiterhin diese Differenzierung, die zur Verfolgung führt, so dass die Verfolgung auch in dieser Konstellation wegen der Zugehörigkeit zur bestimmten sozialen Gruppe aller Frauen der jeweiligen Gesellschaft erfolgt.

Anders zu beurteilen ist dies, wenn eine Frau es aufgrund ihrer Religion als unmittelbar verpflichtend ansieht, die vorgeschriebene Verschleierung nicht zu tragen. In diesem Fall ist die Gewissensbeeinträchtigung nicht mehr Folge der ungerechtfertigten Differenzierung zwischen Männern und Frauen, sondern der Gleichbehandlung aufgrund der religiös begründeten wesentlichen Verschiedenheit, so dass das Verschleierungsgebot in diesem Fall an die Religion anknüpft.

ee. Verweigerung der (ausreichenden) medizinischen Versorgung

Wenn eine Vorschrift, wie in Afghanistan unter der Herrschaft der Taliban, einem Arzt verbietet, eine Frau (ausreichend) zu behandeln, kann das Unterlassen des Arztes unmittelbar staatliche Verfolgung oder unmittelbare Verfolgung durch ein stabilisiertes de facto Regime sein.[248] Die Verfolgung knüpft an die Zugehörigkeit zur bestimmten sozialen Gruppe aller Frauen der jeweiligen Gesellschaft an, da dem Unterlassen des Arztes erkennbar die Maxime zugrunde liegt, der Vorschrift zu entsprechen, die ihrerseits an die Zugehörigkeit zur bestimmten sozialen Gruppe aller Frauen der jeweiligen Gesellschaft anknüpft.

ff. Entzug des Sorge- und Umgangsrechts

Wenn einer unverheirateten Mutter das Sorge- und Umgangsrecht für ihr Kind entzogen und fortan von staatlichen Einrichtungen wahrgenommen wird, kann dies für Mutter und Kind Verfolgung sein.[249] Diese Verfolgung knüpft im Hinblick auf die Mutter daran an, dass sie unverheiratet ist, im Hinblick auf das Kind daran,

---

[247] vgl. *Spijkerboer*, 44.

[248] s. u. 5. Kapitel B. I. 1. b. cc.

[249] s. u. 5. Kapitel B. I. 1. b. gg.

dass es das nichteheliche Kind einer unverheirateten Frau ist. Verfolgungsgrund ist somit die Zugehörigkeit zur Gruppe aller unverheirateten Frauen mit Kind der jeweiligen Gesellschaft oder die Zugehörigkeit zur Gruppe aller nichtehelichen Kinder der jeweiligen Gesellschaft. Die Verfolgung knüpft damit an einen Konventionsgrund an, wenn dies jeweils bestimmte soziale Gruppen sind. Unverheiratete Frauen mit Kind und nichteheliche Kinder bilden jeweils nur solche Gruppen, wenn sie von der Gesellschaft jeweils als zusammengehörende Einheit wahrgenommen werden. Ob dies der Fall ist, kann nur anhand der konkreten gesellschaftlichen Verhältnisse beurteilt werden. Indiz hierfür ist, dass es in der jeweiligen Gesellschaft eigene Begriffe für sie gibt. Weiteres Indiz ist die große Bedeutung der Nichtehelichkeit in Gesellschaften, in denen Geschlechtskontakte auf die Ehe beschränkt sind.[250] Falls solche Gruppen in der Gesellschaft existieren, sind sie in den Gesellschaften, in denen solche Vorschriften bestehen auch machtlos, da es als zulässig angesehen wird, allen unverheirateten Frauen mit Kind und allen nichtehelichen Kindern mehrere Beeinträchtigungen zuzufügen, die auch Verfolgungsstärke erreichen können. In diesem Fall bilden sie daher jeweils bestimmte soziale Gruppen.

gg. Zusammenschau der Vorschriften

Sofern die Verfolgung darin besteht, dass alle frauendiskriminierenden Vorschriften, die grundsätzlich für alle Frauen in der Gesellschaft gelten, zusammen zu einer intensiven Beeinträchtigung menschenrechtlicher Gewährleistungen führen, knüpft diese Verfolgung an die Zugehörigkeit zur bestimmten sozialen Gruppe aller Frauen der jeweiligen Gesellschaft an, da nach dem gerade Ausgeführten auch die Einzelvorschriften jeweils hieran anknüpfen.

2. Bestrafung eines Verstoßes gegen frauendiskriminierende Vorschriften

a. Bestandsaufnahme

Die Bestrafung eines Verstoßes gegen frauendiskriminierende Vorschriften wird überwiegend als Verfolgung wegen der religiösen oder politischen Überzeugung beurteilt. In den Richtlinien des UNHCR[251], in der internationalen Literatur[252]

---

[250] vgl. CRDD, E. v. 6. März 1997, T96-03638, wo die soziale Ausgrenzung als Verfolgung wegen der Zugehörigkeit zur Gruppe der „unwed mothers in Iraq" angesehen wurde, sowie CRDD, E. v. 3. November 1997, T96-05483, wo die soziale Ausgrenzung an die Zugehörigkeit zur bestimmten sozialen Gruppe der „unwed mothers in Albania" angeknüpft wurde.

[251] *UNHCR*, RL Geschlechtsspezifische Verfolgung § 26.

[252] *Binder*, 468; *Crawley*, 100; *Folkelius/Noll*, IJRL 1998, 607 (626); *Marx*, Handbuch, § 76 Rn. 39; *Spijkerboer*, 38 ff.

sowie in den kanadischen[253], britischen[254] und weniger deutlich auch in den australischen[255] Richtlinien wird angenommen, dass Frauen, die gegen frauendiskriminierende Normen verstoßen, häufig wegen einer tatsächlich geäußerten oder einer unterstellten politischen Überzeugung verfolgt werden. Dies wird auch in kanadischen[256], US-amerikanischen[257] und deutschen Entscheidungen[258] so gesehen. Daneben wird in den Richtlinien des UNHCR[259], den australischen[260], britischen[261] und kanadischen[262] Richtlinien und in der Literatur[263] die Bestrafung auch als Verfolgung wegen der Religion beurteilt.

Andererseits (teilweise auch zugleich) wird angenommen, dass die Bestrafung an die Zugehörigkeit zu einer bestimmten sozialen Gruppe anknüpft. Als Gruppen

---

253 *kanadische RL*, A. II.

254 *britische RL*, 3.26 ff.

255 *australische RL*, 4.25: „[...] the fact that a woman may challenge particular social conventions about the manner in which women should behave may be considered political by the authorities and may attract persecutory treatment on this basis."

256 *Namitabar v. Canada (MEI)*, [1994] F.2d 42, F.C., E. v. 5. November 1993.

257 *Fisher v. INS*, [1996] 79 F.3d 955 (961 ff), nicht bei jeder Bestrafung, sondern nur, wenn es besondere Anhaltspunkte dafür gibt.

258 VGH Baden-Württemberg, U. v. 20. September 1990, A 14 S 298/90, InfAuslR 1990, 346 (347 f); HessVGH, B. v. 14. November 1988, 13 TH 1094/87; VG Frankfurt a. M., U. v. 23. Oktober 1996, 5 E 33532/94.A (3), InfAuslR 1997, 177 (178); Schleswig-Holsteinisches VG, B. v. 19. August 1986, 15 D 172/86, InfAuslR 1986, 336 f.

259 *UNHCR*, RL Geschlechtsspezifische Verfolgung § 25: „In manchen Staaten weist die Religion Frauen und Männern unterschiedliche Rollen oder Verhaltensregeln zu. Wenn eine Frau der ihr zugedachten Rolle nicht entspricht oder sich nicht an die Regeln hält und sie deshalb bestraft wird, kann sie eine begründete Furcht vor Verfolgung wegen ihrer Religion haben. Ihre Weigerung, die Regeln zu befolgen, kann unabhängig von ihrer tatsächlichen Überzeugung als Beweis für eine inakzeptable religiöse Gesinnung aufgefasst werden."

260 *australische RL*, 4.30: „Religion: In certain societies, the role ascribed to women may be attributable to the requirements of the state or official religion. The failure of women to conform to this role or model of behaviour may then be perceived by the authorities or other agents of persecution as the failure to practice or to hold certain religious beliefs and as such an attempt to corrupt the society or even as a threat to the religion's continued power. This may be the case even though the woman actually holds the official religious faith but it is not outwardly evidenced by her behaviour."

261 *britische RL*, 3.13: „Where the religion assigns particular roles or behavioural codes to women, a woman who refuses or fails to fulfil her assigned role or abides by the codes may have a well-founded fear of persecution on the ground of religion", 3.14: „Failure to abide by the behavioural codes set out for women may be perceived as evidence that a woman holds unacceptable religious opinions regardless of what she actually believes about religion."

262 *kanadische RL*, A. II.: „A woman who in a theocracy for example, chooses not to subscribe to or follow the precepts of a state religion may be at risk of persecution for reasons of religion", siehe auch die Nachweise in Fn. 244.

263 *Binder*, 468; *Hathaway*, 145, Fn. 72; *Macklin*, HRQ 1995, 213 (239); *Spijkerboer*, 38 ff.

in diesem Sinne werden alle Frauen der jeweiligen Gesellschaft angesehen[264] oder verschiedene Untergruppen von Frauen[265]. In der US-amerikanischen Entscheidung *Fatin* wird die Verfolgung an die Zugehörigkeit zur Gruppe der „Iranian women who refuse to conform to the laws, if a woman's opposition to the Iranian laws in question is so profound that she would choose to suffer the severe consequences of noncompliance" angeknüpft und ausdrücklich entschieden, dass die Bestrafung keine Verfolgung wegen der Zugehörigkeit zur bestimmten sozialen Gruppe aller Frauen der jeweiligen Gesellschaft sei[266]. Diese Linie wurde in nachfolgenden Entscheidungen zumeist bestätigt, nur vereinzelt wird die Bestrafung als Verfolgung wegen der Zugehörigkeit zur bestimmten sozialen Gruppe aller Frauen der jeweiligen Gesellschaft beurteilt[267].

b. Beurteilung

Die Bestrafung eines Verstoßes gegen frauendiskriminierende Vorschriften kann unmittelbar staatliche Verfolgung oder unmittelbare Verfolgung durch ein stabilisiertes de facto Regime sein.[268] Die Verfolgung knüpft an einen Konventionsgrund an, wenn die der Bestrafung zugrunde liegende Maxime als Norm gedacht an einen solchen anknüpft.

aa. Wegen der politischen Überzeugung

(1) Strafnorm als Anknüpfungspunkt

Mit der Bestrafung soll die Strafnorm ausgeführt werden. Diese setzt sich aus der Gebots- bzw. Verbotsvorschrift und der Strafe zusammen. Frauendiskriminierende Gebots- bzw. Verbotsvorschriften, wie sie in Afghanistan unter der Herrschaft der Taliban bestanden und in Saudi-Arabien bestehen, knüpfen, wie gerade gesehen, nicht an die politische Überzeugung, sondern an die Zugehörigkeit zur bestimmten sozialen Gruppe aller Frauen der jeweiligen Gesellschaft an. Allerdings könnte die in der Norm vorgesehene Strafe an die politische Überzeugung anknüpfen. Dies ist der Fall, wenn die vorgesehene oder regelmäßig verhängte Strafe derjenigen für politische Gegner entspricht. Sowohl in Saudi-Arabien als auch in Afghanistan

---

264 *Bower*, Geo.Immigr.L.J. 1993, 173 (192 f, 202 f); *Graves*, S.D.L.Rev. 1989, 739 (805); *Kelly*, Corn.Int'l.L.J. 1993, 625 (665); *Mahmud*, JRS 1996, 367 (371), sie knüpft die Verfolgung an die Zugehörigkeit zur Gruppe aller Frauen an, beurteilt diese aber nicht als bestimmte soziale Gruppe; vgl. auch *Wolter*, 443 ff, die annimmt, dass dies eine Verfolgung wegen des Geschlechts ist.

265 s. u. B. I. 2. b. cc.

266 *Fatin v. INS*, [1993] 12 F 3d 1233 (1241).

267 bestätigt wurde dies in *Fisher v. INS*, [1996] 79 F.3d 955 (962 f); als Verfolgung wegen der Zugehörigkeit zu einer bestimmten sozialen Gruppe wurde dies in der abwM in *Fisher v. INS*, [1996] 79 F.3d 955 (966) sowie in *In re D-*, 8 f.

268 s. u. 5. Kapitel B. I. 2.

unter der Herrschaft der Taliban ist bzw. war aber keine Strafhöhe festgeschrieben. Auch aus der Praxis in beiden Gebieten lässt sich nicht entnehmen, dass alle Frauen, die gegen die Vorschriften verstoßen haben, in einer Weise bestraft wurden, die der für politische Gegner vorgesehenen entspricht bzw. entsprach. Zwar hat die Frauenpolitik in beiden Gebieten einen hohen Stellenwert. Daher liegt es vor allem in Umbruchssituationen nahe, dass einer Frau, vor allem, wenn sie gegen die Bekleidungsvorschriften verstößt, eine politische Gegnerschaft unterstellt wird. Selbst in Afghanistan unter der Herrschaft der Taliban wurden aber Frauen in den ländlichen Gebieten weniger oft und intensiv bestraft als in Kabul.[269] Dies kann auch nicht aus der institutionalisierten Diskriminierung von Frauen geschlossen werden.[270] Die Strafnorm knüpft somit nicht an die politische Überzeugung der Frauen an.

(2) Bestrafung im Einzelfall als Anknüpfungspunkt

Allerdings fällt die Bestrafung im Einzelfall regelmäßig härter aus, wenn eine Frau mit dem Verstoß gegen die Vorschriften eine politische Überzeugung geäußert hat oder ihrem Verstoß eine solche entnommen wird. In diesem Fall ist die Bestrafung daher Verfolgung wegen der politischen Überzeugung. Dies ist zum einen gegeben, wenn Frauen bewusst gegen die Vorschriften verstoßen, um hiermit ihre Gegnerschaft zum Regime zu demonstrieren. Auch in sonstigen Fällen kann aus dem Verhalten der Frauen auf eine abweichende politische Überzeugung geschlossen werden.[271] Dies kann sich daraus ergeben, dass die Frauen gebildet sind oder sonst nicht dem erwarteten Frauenbild entsprechen, sich bereits kritisch geäußert haben oder schon (mehrmals) gegen die Vorschriften verstoßen haben.[272] Zum anderen kann in Umbruchssituationen oder sonstigen politisch angespannten Situationen allein die Anwesenheit einer Frau an einem bestimmten Ort ausreichen, um ihren Verstoß als Zeichen einer abweichenden politischen Überzeugung aufzufassen. Dies liegt vor allem bei einem Verstoß gegen Verschleierungsgebote

[269] s. u. 1. Kapitel A. II.

[270] vgl. aber: *Namitabar v. Canada*, [1994] F.2d 42, F.C., E. v. 5. November 1993: „I consider that in the case at bar the female applicant has demonstrated that her fear of persecution is connected with her political opinion. In a country where the oppression of women is institutionalized any independent point of view or act opposed to the imposition of a clothing code will be seen as a manifestation of opposition to the established theocratic regime."

[271] vgl. *UNHCR*, Handbook, §§ 82 f; *britische RL*, 3.28: „Women may also be persecuted under this head where they do not intentionally or openly oppose or reject the prescribed social roles and behaviour, but do so inadvertently, accidentally or are perceived to do so"; *Hailbronner*, ZAR 1998, 152 (158); vgl. auch VGH Baden-Württemberg, U. v. 20. September 1990, A 14 A S 298/90, InfAuslR 1990, 346 (348), der bzgl. des Iran davon ausgeht, dass bei Verstoß gegen die Vorschriften von „niederen Chargen" eine politische Gegnerschaft unterstellt wird.

[272] vgl. BAFl, E. v. 12. September 2001, GZ: 2692034, 6, wo angenommen wird, dass die Taliban gebildete oder westlich geprägte Frauen als politische Gegnerinnen betrachten.

nahe, da gerade dem Tragen oder Nichttragen der Verschleierung eine hohe politische Bedeutung beigemessen wird.[273] So sahen bspw. die Taliban Verstöße gegen die Verschleierungsgebote in Kabul i. d. R. als Äußerung einer politischen Überzeugung an.[274] Auch im Iran gab es entsprechende Vorstellungen.[275]

bb. Wegen der Religion

Die Verfolgung könnte in den Fällen, in denen sie an die politische Überzeugung anknüpft, auch an die Religion anknüpfen, da Frauen, die gegen die Vorschriften verstoßen, häufig nicht nur als politische Gegnerinnen, sondern auch als „Ungläubige" oder als „von der Scharia Verfluchte"[276] angesehen werden. Den Frauen wird damit aber i. d. R. kein bestimmter Glaube, sondern Nichtglaube unterstellt. Dem Begriff Religion ist aber ein positiver Glaube an ein, wie auch immer geartetes, höheres Wesen immanent.

In einer Theokratie wird allerdings häufig nur ein Nichtglaube unterstellt. Wenn Anhänger anderer Religionen als Nichtgläubige verfolgt werden, haben sie aber tatsächlich eine abweichende Religion, so dass die Verfolgung aus diesem Grund wegen der Religion erfolgt. Eine Frau, der Bestrafung droht, hat hingegen nur selten eine abweichende religiöse Überzeugung. Zumeist kann die Verfolgung daher nur unter dem Aspekt an die Religion anknüpfen, dass der Handelnde der betroffenen Frau erkenntlich eine abweichende Religionszugehörigkeit unterstellt. Dies ist aber nicht der Fall, wenn aus dem Verhalten der Frau nur auf ihre Ungläubigkeit geschlossen wird.

Damit erfolgt die Verfolgung nur in dem Ausnahmefall wegen der Religion, in dem eine Frau in Anknüpfung an ihre abweichende Religionszugehörigkeit härter bestraft wird.

cc. Wegen der Zugehörigkeit zu einer bestimmten sozialen Gruppe

(1) Alle Frauen der Gesellschaft als bestimmte soziale Gruppe

Ein Anknüpfen der Verfolgung an die Zugehörigkeit zur bestimmten sozialen Gruppe aller Frauen der jeweiligen Gesellschaft wird zumeist damit verneint, dass

---

273 *Hathaway*, 155; *Spijkerboer*, 34.

274 BAFl, E. v. 12. September 2001, GZ: 2692034-423.

275 so gab es laut *Mees*, InfAuslR 1990, 348 (349) m. w. N. eine Warnung der Teheraner Staatsanwaltschaft, dass das Nichteinhalten der Bekleidungsvorschriften gleichgesetzt werde mit dem Halten eines Plakats, auf dem „Nieder mit der Islamischen Republik" steht, und die Betroffenen dementsprechend bestraft würden.

276 so hieß es in der englischen Übersetzung des Dekrets der Taliban vom November 1996, dass Frauen, die nicht den Bekleidungsvorschriften entsprechen, „will be cursed by Isamic Sharia", s. 1. Kapitel Fn. 63.

nicht alle Frauen bestraft werden, sondern nur Frauen, die gegen diese Vorschriften verstoßen und sich damit nicht so verhalten haben, wie sie sich als Frau in der jeweiligen Gesellschaft verhalten sollen[277]. Der Bestrafung liegt zwar erkenntlich die Maxime zugrunde, nur die Frauen zu bestrafen, die gegen die Vorschriften verstoßen haben. Die Strafnorm ist aber nicht allgemein gültig, sondern frauendiskriminierend. Da auch grundsätzlich alle Frauen zu bestrafen sind, die gegen die Vorschriften verstoßen haben, setzt die Bestrafung somit die in der Verhaltensvorschrift liegende Differenzierung um und knüpft damit an die Zugehörigkeit zur bestimmten sozialen Gruppe aller Frauen der jeweiligen Gesellschaft an.

Da allerdings nicht jede Bestrafung Verfolgung ist, sondern nur eine längere Inhaftierung oder eine ausreichend intensive Körperstrafe, knüpft die Verfolgung nur an die Zugehörigkeit zu dieser Gruppe an, wenn objektiv vorhersehbar alle Frauen – und nicht nur Frauen, denen bspw. eine politische Überzeugung unterstellt wird – in einer Weise bestraft werden können, dass dies Verfolgung ist. Dies ist in Saudi-Arabien und war in Afghanistan unter der Herrschaft der Taliban der Fall. Hier wird bzw. wurde nämlich nicht nur die durch das Verhalten geäußerte Überzeugung, sondern auch die Situation, d. h. die Tatsache, dass Frauen Auto fahren oder ihr „unbedecktes Gesicht" zeigen, als Gefahr für die Gesellschaft angesehen und konnte mit Verfolgungsstärke bestraft werden.

Unter diesen Voraussetzungen knüpft die Verfolgung somit an die Zugehörigkeit zur bestimmten sozialen Gruppe aller Frauen der jeweiligen Gesellschaft an.

(2) Sonstige bestimmte soziale Gruppen

(a) „Frauen, die gegen den Sittenkodex verstoßen haben"

Das Exekutivkomitee des UNHCR hat es den Staaten freigestellt, sich die Auslegung zu eigen zu machen, dass weibliche Asylsuchende, die harte oder unmenschliche Behandlung zu erwarten haben, weil sie gegen den sozialen Sittenkodex in der Gesellschaft, in der sie leben, verstoßen haben, eine bestimmte soziale Gruppe im Sinne des Art. 1 A Nr. 2 GFK darstellen[278]. Ähnlich fordert die Resolution

---

277 *Crawley*, 100 f, *Marx*, Handbuch, § 76/58; *Spijkerboer*, 38 ff; VG Gießen, U. v. 13. Februar 1997, 2 E 10819/91; VG Karlsruhe, U. v. 18. März 1998, A 10 K 11655/96, teilweise abgedruckt in Streit 1998, 178 ff, nicht aber diese Stelle.

278 *UNHCR* Exekutivkommittee, Conclusion 39 von 1985: „Recognized that States, in the exercise of their sovereignty, are free to adopt the interpretation that women asylum-seekers who face harsh or inhuman treatment due to their having transgressed the social mores of the society in which they live may be considered as a particular social group within the meaning of Article 1 A (2) of the United Nations Refugee Convention" abgedruckt in IJRL 1989, 155; ähnlich bildet *Neal*, Col.H.R.L.Rev. 1988, 203 (255), die Gruppe der „women accused of subversion because they fail to comply with legally sanctioned religious or customary laws".

des Europäischen Parlaments von 1984[279] die Staaten auf, Frauen, die Verfolgung erleiden, weil sie gegen moralische oder ethische Regeln der Gesellschaft, in der sie leben, verstoßen haben, als Flüchtling wegen ihrer Zugehörigkeit zu einer bestimmten sozialen Gruppe anzuerkennen. Diese Gruppen sind nach dem hier vertretenen Ansatz schon keine bestimmten sozialen Gruppen, da die zu erwartende Verfolgungshandlung jeweils gruppenkonstituierendes Merkmal ist. Die zuerst genannte Gruppe kann zudem keine bestimmte soziale Gruppe sein, da eine solche nur aus Frauen der jeweiligen Gesellschaft des Herkunftsstaats, nicht aber des Aufnahmestaats, und damit nicht aus Asylsuchenden zusammengesetzt sein kann.

Allerdings kann die Gruppe der Frauen der jeweiligen Gesellschaft, die gegen den sozialen Sittenkodex der Gesellschaft verstoßen haben, u. U. eine solche Gruppe sein. Die einzelne Frau wird aber nicht wegen der Zugehörigkeit zu dieser Gruppe bestraft, sondern weil sie als Individuum gegen den Sittenkodex verstoßen hat.

(b) „Frauen, die nicht bereit sind, die Vorschriften zu beachten"

In einer deutschen Entscheidung wird angenommen, dass die Verfolgung wegen der Zugehörigkeit zur Gruppe der „Frauen, die nicht bereit sind, die islamischen Bekleidungsvorschriften zu beachten"[280] erfolgt. Es ist durchaus vorstellbar, dass Frauen, die nicht bereit sind, sich diesen Vorschriften anzupassen und dies auch zeigen, härter bestraft werden. Zumeist werden diese Frauen aber von der Gesellschaft nicht als zusammengehörende Einheit wahrgenommen werden und damit keine Gruppe in der Gesellschaft bilden, da sie auch nicht willentlich miteinander verbunden sind. Es ist aber vorstellbar, dass diese Frauen als „westlich geprägte Frauen"[281] bzw. als „Frauen, die die traditionellen Werte nicht beachten wollen" von der Gesellschaft als zusammengehörende Einheit wahrgenommen werden. Sofern diese Gruppen in der Gesellschaft existieren, sind sie auch machtlos und bilden daher bestimmte soziale Gruppen. Sofern dies gegeben ist, kann eine aus diesem Grund härtere Bestrafung somit als Verfolgung wegen der Zugehörigkeit zu beiden Gruppen oder zu einer dieser Gruppen beurteilt werden. In diesem Fall wird die Verfolgung zumeist auch an die (unterstellte) politische Überzeugung anknüpfen.[282]

---

279 Entschließung des Europäischen Parlaments zur Anwendung des Abkommens über die Rechtsstellung der Flüchtlinge vom 13. April 1984, Abl. 1994, C 127, 137.

280 HessVGH, B. v. 14. November 1988, 13 TH 1094/87, InfAuslR 1989, 17 (18).

281 vgl. VG Wiesbaden, U. v. 8. Mai 1984, VI/1 E 07897/81-0, Streit 1987, 51 f, wo angedeutet wird, dass die westlich geprägten Mädchen und Frauen drohende Bestrafung Verfolgung wegen ihrer westlichen Prägung ist.

282 s. supra unter B. II. 2. b. aa. (2).

Die in der US-amerikanischen Entscheidung *Fatin* gebildete Gruppe der „Iranian women who refuse to conform to the laws, if a woman's opposition to the Iranian laws in question is so profound that she would choose to suffer the severe consequences of non-compliance“[283] existiert hingegen nicht in der Gesellschaft. Die Frauen, die diese Merkmale teilen, sind weder willentlich zusammengeschlossen noch ist vorstellbar, dass sie von außen als zusammengehörende Einheit wahrgenommen werden.

(c) „Allein lebende Frauen“

In einer weiteren deutschen Entscheidung wird die Bestrafung als Verfolgung wegen der Zugehörigkeit zu folgender bestimmter sozialer Gruppe beurteilt: der Gruppe der „alleinstehenden Frauen, die aufgrund ihrer Zwangslage und ihrer fehlenden Schutzmöglichkeit durch andere Familienmitglieder oder Ehemänner gehalten sind, sich zur Bestreitung des notwendigen Lebensunterhalts in der Öffentlichkeit zu zeigen und sich damit dem Vorwurf auszusetzen, gegen die von den Taliban verfochtenen strengen islamischen Sittengesetze und Moralvorstellungen zu verstoßen“.[284] Diese Gruppe ist nach dem hier vertretenen Ansatz keine bestimmte soziale Gruppe, da sie durch den der Sanktionierung unmittelbar vorausgehenden Vorwurf definiert ist. Zudem besteht sie nicht in der Gesellschaft, da ihre Mitglieder von der Gesellschaft nicht als zusammengehörende Einheit wahrgenommen werden. Als Kern kann allerdings die Gruppe der „allein lebenden Frauen“ bzw. der „ungeschützten Frauen“ herausgeschält werden. Diese existiert i. d. R. in Gesellschaften, in denen es von Bedeutung ist, dass Frauen immer einem Mann zuordenbar sind: In solchen Gesellschaften werden allein lebende Frauen zumeist als zusammengehörende Einheit wahrgenommen. Häufig wird es auch einen speziellen Begriff für diese Frauen geben und ihnen werden weitere gemeinsame Eigenschaften zugeschrieben werden, bspw. das Ausüben der Prostitution. Wenn diese Gruppe in der Gesellschaft existiert, ist sie zugleich in der Gesellschaft machtlos und damit eine bestimmte soziale Gruppe. Eine härtere Bestrafung von allein lebenden Frauen ist damit Verfolgung wegen der Zugehörigkeit zu dieser Gruppe. Das für eine allein lebende Frau höhere Risiko, bestraft zu werden, ist hingegen nur bei der Prüfung der „begründeten Furcht vor“ Verfolgung von Interesse.[285]

---

[283] *Fatin v. INS*, [1993] 12 F.3d 1233 (1241).

[284] VG Frankfurt a. M., U. v. 23. Oktober 1996, 33532/94.A (3), InfAuslR 1997, 177 (178).

[285] anders hingegen wohl VG Frankfurt a. M. ab, U. v. 23. Oktober 1996, 33532/94.A (3), InfAuslR 1997, 177 (178).

(d) „Ungläubige" bzw. „von der Scharia Verfluchte"

Falls Frauen härter bestraft werden, weil sie als „Ungläubige" angesehen werden, knüpft die Verfolgung an die Zugehörigkeit zur Gruppe der „Ungläubigen" bzw. der „von der Scharia Verfluchten" an. Es ist vorstellbar, dass diese Personen in einem islamischen Staat von der Gesellschaft als zusammengehörende Einheit wahrgenommen werden. Voraussetzung ist allerdings, dass in dieser Gesellschaft nicht zwischen den Personen, die gegen die göttliche Ordnung verstoßen haben, unterschieden wird. Sofern eine dieser Gruppen in der Gesellschaft existiert, ist sie zugleich machtlos und bildet eine bestimmte soziale Gruppe.

3. Verfolgung im Zusammenhang mit nichtdiskriminierenden zina-Vorschriften

In der Literatur wird die Bestrafung eines Verstoßes gegen nichtdiskriminierende zina-Vorschriften prinzipiell als Verfolgung wegen des Geschlechts angesehen.[286] Dies kann aber in dieser Allgemeinheit nicht überzeugen, da diese Bestrafung – anders als die Bestrafung eines Verstoßes gegen frauendiskriminierende Vorschriften – nicht die in der Strafnorm liegende Differenzierung nachvollzieht. Es sind daher die jeweiligen Situationen, in denen die Bestrafung Verfolgung sein kann, gesondert daraufhin zu untersuchen, an welchen Konventionsgrund die Verfolgung anknüpft.

a. Willkürliche Inhaftierung in Untersuchungshaft

Die Inhaftierung in Untersuchungshaft ist willkürlich und damit bei hinreichender Intensität auch Verfolgung, wenn Frauen, wie in Pakistan, allein aufgrund der Behauptung ihres Ehemannes oder männlicher Familienangehöriger, dass sie vor- oder außerehelichen Geschlechtsverkehr hatten, inhaftiert werden. Grundlage ist in Pakistan die gesellschaftliche Auffassung, dass Frauen zur Untreue neigen und Männer keinen Anlass haben, die Unwahrheit zu sagen.[287] Der diskriminierenden Inhaftierung im Einzelfall liegt somit erkennbar die Maxime zugrunde, Frauen anders zu behandeln als Männer. Die einzelne Frau wird somit willkürlich inhaftiert, weil sie irgendeine Frau in der Gesellschaft ist, mithin weil sie der bestimmten sozialen Gruppe aller Frauen Pakistans zugehört.

Verfolgung kann es auch sein, wenn eine Frau und ihr Ehemann, die ohne Einwilligung des Vaters rechtsgültig geheiratet haben, wegen zina angezeigt und anschließend inhaftiert werden.[288] In diesem Fall werden beide gegenüber anderen rechtsgültig verheirateten Ehepaaren ungleich behandelt. Sofern den handelnden

---

[286] *Mees-Asadollah*, Streit 1998, 139 (151) bzgl. Art. 16a Abs. 1 GG.

[287] s. u. 5. Kapitel B. I. 3. a.

[288] s. u. 5. Kapitel B. I. 3. a.

Organen die tatsächliche Rechtslage bekannt ist, was häufig gegeben sein wird, stellt sich die Inhaftierung oder das Unterlassen der Haftentlassung als Bestrafung dafür dar, dass beide mit ihrer Heirat gegen bestehende Traditionen verstoßen haben und damit als Gefahr für die Gesellschaft angesehen werden. Die Verfolgung könnte daher wegen der politischen Überzeugung erfolgen. Dies ist der Fall, wenn ihr Verhalten als Kritik an den gesellschaftlichen Verhältnissen aufgefasst wird. Dies ist eher anzunehmen, wenn die Stellung der Frau in der Gesellschaft gerade diskutiert wird und eine Umbruchssituation besteht.

Wenn dies nicht der Fall ist, könnte die Inhaftierung auch als Bestrafung in Anknüpfung an die Zugehörigkeit zur Gruppe der „Personen, die die traditionellen Werte nicht achten" begriffen werden. Voraussetzung ist, dass eine solche Gruppe in der Gesellschaft besteht und der Inhaftierung die Maxime zugrunde liegt, Personen, die dieser Gruppe zugehören, anders zu behandeln als andere. Dies kann ebenfalls nur für jede Gesellschaft getrennt beurteilt werden. Es spricht einiges dafür, dass dies in Pakistan, wo traditionelle Werte eine Renaissance erleben, der Fall ist.

Wenn sich eine gesamtgesellschaftliche Systematik erkennen lässt, nach der ausschließlich Frauen inhaftiert werden, die eines Verstoßes gegen zina-Vorschriften verdächtigt werden, knüpft die Verfolgung auch an die Zugehörigkeit zur bestimmten sozialen Gruppe aller Frauen der jeweiligen Gesellschaft an.[289] Bezüglich Pakistan ist eine solche Systematik allerdings nicht erkennbar.

b. Bestrafung

Die Bestrafung ist Verfolgung, wenn sie in einer Steinigung oder einer Körperstrafe von ausreichender Intensität oder in einem willkürlichen Freiheitsentzug von nicht unerheblicher Dauer besteht.[290]

Ein Freiheitsentzug ist Verfolgung, wenn Frauen aufgrund eines Verstoßes gegen die Unschuldsvermutung willkürlich verurteilt werden. In diesem Fall könnte die Verfolgung an die Zugehörigkeit zur bestimmten sozialen Gruppe aller Frauen der jeweiligen Gesellschaft anknüpfen. Die willkürliche Verurteilung, und damit die Verfolgung, basiert auf dem Verstoß gegen die Unschuldsvermutung. Dieser Verstoß hat seine Grundlage darin, dass bei unverheirateten schwangeren Frauen und Frauen, die eine Anzeige wegen Vergewaltigung gestellt haben, angenommen wird, dass sie vorehelichen Geschlechtverkehr hatten, mit der Folge, dass sie eine

289 ähnlich VG München, U. v. 17. Januar 1997, M 9 K 96.53080, ZDWF-RÜ 1998, 248 f bzgl. § 51 Abs. 1 AuslG, das es als Verfolgung wegen des Geschlechts ansieht, wenn Frauen, die gegen die für beide Geschlechter im Iran geltenden zina-Vorschriften verstoßen haben, i. d. R. härter bestraft werden.

290 s. u. 5. Kapitel B. I. 3. b.

Vergewaltigung beweisen müssen, was ihnen kaum gelingen wird[291]. Zu dieser Beweislastumkehr kommt es nur bei Frauen. Dies ist zum einen darin begründet, dass nur Frauen schwanger werden können und nur Frauen eine Vergewaltigung anzeigen. Zum anderen basiert dies auf dem allgemeinen Gesellschaftsbild von Frauen, nach dem sie i. d. R. freiwilligen Geschlechtsverkehr haben und anschließend eine Vergewaltigung nur erfinden, um den Verlust ihrer Jungfräulichkeit zu legitimieren. Die der Beweislastumkehr zugrunde liegenden Vorstellungen behandeln somit Frauen und Männer der Gesellschaft in ungerechtfertigter Weise ungleich, so dass die Beweislastumkehr und damit auch die Verurteilung an die Zugehörigkeit zur bestimmten sozialen Gruppe aller Frauen der jeweiligen Gesellschaft anknüpft.

Es wird auch vorgeschlagen, die Verurteilung in dieser Konstellation als Verfolgung wegen der Zugehörigkeit zur bestimmten sozialen Gruppe der „schwangeren, unverheirateten Frauen" anzusehen.[292] Es werden zwar wohl vor allem schwangere unverheiratete Frauen unter Verstoß gegen die Unschuldsvermutung willkürlich bestraft. Die willkürliche Bestrafung hat ihre Ursache aber in der Diskriminierung aller Frauen gegenüber allen Männern der jeweiligen Gesellschaft.

Die Verurteilung zu einem Freiheitsentzug ist zudem Verfolgung, wenn Frauen prinzipiell härter bestraft werden als Männer. In diesem Fall knüpft die Verfolgung an die Zugehörigkeit zur bestimmten sozialen Gruppe aller Frauen der jeweiligen Gesellschaft an.[293] Wenn Frauen, die einer bestimmten Ethnie oder einer bestimmten Religion angehören, härter bestraft werden, knüpft die Verfolgung an die Rasse/Nationalität bzw. Religion an.

Die Verurteilung zur Steinigung oder zu einer Körperstrafe ist zum einen Verfolgung, wenn sie willkürlich ist. Insofern knüpft die Verfolgung an die gleichen Konventionsgründe an wie ein willkürlicher Freiheitsentzug. Die Steinigung kann aber auch Verfolgung sein, wenn sie nicht willkürlich ist. Da sie aber in diesem Fall darauf beruht, dass die besonderen Voraussetzungen einer hadd-Strafe erfüllt sind, differenziert sie nicht anhand eines Konventionsgrundes in der Gesellschaft.

4. Verfolgung im Zusammenhang mit Eheverboten

Das Bestehen einer Vorschrift, nach der Muslima keinen nicht-muslimischen Mann heiraten dürfen, kann Verfolgung sein.[294] Diese knüpft nicht an die Zugehörigkeit zur bestimmten sozialen Gruppe aller Frauen der jeweiligen Gesellschaft an, da hierdurch nicht alle Frauen in ihrer Freiheit eingeschränkt werden, sondern nur muslimische Frauen. Sie knüpft damit aber an die Zugehörigkeit zur Grup-

---

291 s. u. 1. Kapitel B. III.

292 *Binder*, 465.

293 vgl. VG München, U. v. 17. Januar 1997, M 9 K 96.53080, ZDWF-RÜ 1998, 248 f bzgl. § 51 Abs. 1 AuslG, das in diesem Fall eine Verfolgung wegen des Geschlechts bejaht.

294 s. u. 5. Kapitel B. I. 3.

pe der muslimischen Frauen der jeweiligen Gesellschaft an. Muslimische Frauen werden in den Gesellschaften, in denen solche Vorschriften bestehen, i. d. R. als zusammengehörende Einheit wahrgenommen und existieren damit als Gruppe in der Gesellschaft. Sofern dies der Fall ist, ist die Gruppe in den hier interessierenden Gesellschaften auch machtlos, da es als zulässig angesehen wird, muslimischen Frauen als Gesamtheit Freiheitsbeschränkungen zuzufügen. Sofern der Mann in dieser Konstellation ebenfalls verfolgt ist, wird die Verfolgung an die Religion oder Nationalität anknüpfen.

Das Bestehen einer Vorschrift, nach der eine Frau ohne Zustimmung des für sie „verantwortlichen" Mannes den gewollten Partner nicht heiraten kann, kann ebenfalls Verfolgung sein.[295] Sofern das Verbot für alle Frauen in der Gesellschaft gilt, knüpft es an die Zugehörigkeit zur bestimmten sozialen Gruppe aller Frauen der jeweiligen Gesellschaft an. Wenn es nur für muslimische Frauen gilt, knüpft es an die Zugehörigkeit zur bestimmten sozialen Gruppe der muslimischen Frauen der jeweiligen Gesellschaft an. Die Verfolgung des Mannes, den die Frau aus diesem Grund nicht heiraten kann, erfolgt hingegen nicht wegen eines Konventionsgrundes.

Falls die Frau und/oder der Mann, den sie nicht heiraten darf, wegen Verstoßes gegen zina-Vorschriften willkürlich inhaftiert und/oder bestraft werden, kann dies Verfolgung sein. Diese knüpft an die politische Überzeugung[296] oder an die Zugehörigkeit zur bestimmten sozialen Gruppe der „Personen, die die Traditionen nicht achten" oder der „Ungläubigen" an.[297]

III. Genitalverstümmelung

1. Verstümmelungsvorgang

a. Bestandsaufnahme

Überwiegend wird angenommen, dass die Genitalverstümmelung Verfolgung wegen der Zugehörigkeit zu einer bestimmten sozialen Gruppe ist. Als Gruppen in diesem Sinne werden die Gruppe aller Frauen in der Gesellschaft[298] bzw. die Gruppe aller Frauen einer bestimmten Ethnie[299] oder verschiedene Untergruppen

---

[295] s. u. 5. Kapitel B. I. 3.

[296] vgl. VG Kassel, U. v. 21. November 1995, 8 E 9160/91.A (2), InfAuslR 1996, 238 (240). Hier wird allerdings angenommen, dass eine Frau, die mit einem Mann zusammenlebt, mit dem sie nicht zusammenleben darf, und daraufhin eine Bestrafung wegen außerehelichen Geschlechtsverkehrs droht, generell wegen der politischen Überzeugung verfolgt ist.

[297] s. u. B. II. 2. b.

[298] *Mahmud*, JRS 1996, 367 (374); VG München, U. v. 6. März 2001, M 21 K 98.511167, 43; VG Frankfurt a. M., U. v. 29. August 2001, 3 E 309495/98.

[299] *Binder*, 459.

von Frauen angesehen, bspw. die Gruppe der „nicht beschnittenen Frauen“[300], der „young women of the Tchamba-Kunsuntu Tribe who have not had FGM, as practiced by that tribe, and who oppose the practice“[301] bzw. „the group of Sierra Leone women who are forced to undergo female genital mutilation”[302]. Daneben oder im Ausschließlichkeitsverhältnis wird die Genitalverstümmelung auch als Verfolgung wegen der politischen Überzeugung beurteilt.[303] In Anlehnung an die Beurteilung des Falls, in dem ein männlicher Christ von Muslimen zwangsbeschnitten wird, wird auch angenommen, dass die Genitalverstümmelung Verfolgung wegen der Religion ist.[304] Vereinzelt wird sie auch an die Rasse/Nationalität angeknüpft.[305]

b. Beurteilung

aa. Unmittelbar private Verfolgung

Eine Genitalverstümmelung ist unmittelbar private Verfolgung, wenn sie ohne den freien und aufgeklärten Willen der Frau/des Mädchens durchgeführt wird.[306]

(1) Wegen der Zugehörigkeit zu einer bestimmten sozialen Gruppe

Diese Verfolgung könnte an die Zugehörigkeit zur bestimmten sozialen Gruppe aller Frauen und Mädchen der jeweiligen Ethnie anknüpfen. Die Gruppe aller Frauen und Mädchen der jeweiligen Ethnie ist eine solche Gruppe, wenn die Ethnie eine Gesellschaft ist. Dies kann angenommen werden, wenn die Ethnie selbst ein Ordnungssystem darstellt, das den Staat als Ordnungssystem in den Hintergrund drängt. Dies lässt sich nur für jede Ethnie getrennt beurteilen. Wenn hingegen der Herkunftsstaat als Gesellschaft anzusehen ist, werden die Frauen und Mädchen einer Ethnie häufig dann als zusammengehörende Einheit wahrgenommen werden, wenn bekannt ist, dass diese Ethnie die Genitalverstümmelung praktiziert.[307] Sie sind in diesem Fall machtlos, wenn es von der Gesellschaft als zulässig angesehen wird, dass sie an den Genitalien verstümmelt werden, was i. d. R. der Fall sein wird.

---

300 VG Wiesbaden, U. v. 27. Januar 2000, 5 E 31472/98.A (2), Streit 2000, 133 (135).

301 *In re Kasinga*, BIA, 13. Juni 1996, Interim Decision 3278.

302 *Matter of M-K.*

303 VG Freiburg, U. v. 5. Februar 2001, A 2 K 10475/00, Asylmagazin 4/2001, 25 ff; US-amerikanische Entscheidung *Matter of M-K*; *Crawley*, 194.

304 *Cissé*, Columbia Journal of Transnational Law 1997, 429 (447); *Crawley*, 194; *Spijkerboer*, 39.

305 *Cissé*, Columbia Journal of Transnational Law 1997, 429 (447); *Crawley*, 193 f.

306 s. u. 5. Kapitel B. II. 1.

307 vgl. australisches Refugee Review Tribunal, V 97/06156, E. v. 3. November 1997, auszugsweise abgedruckt bei *Crawley*, 197, wo angenommen wurde, dass der Yoruba Stamm, ebenso wie die Frauen des Yoruba Stammes als abgrenzbare Gruppe in der Gesellschaft zu erkennen sind.

Die Verstümmelung als unmittelbar private Verfolgung knüpft an die Zugehörigkeit zur bestimmten sozialen Gruppe aller Frauen und Mädchen der jeweiligen Ethnie an, wenn ihr erkenntlich eine Maxime zugrunde liegt, die als Norm gedacht an diese Gruppenzugehörigkeit anknüpft. Hiergegen scheint zu sprechen, dass von der Genitalverstümmelung nur das oder die Mädchen bzw. Frau(en) der jeweiligen Familie betroffen sind. Mit der Genitalverstümmelung soll aber der Tradition entsprochen werden, so dass diese Handlung in jedem Einzelfall als Ausführungshandlung der Praxis der Genitalverstümmelung anzusehen ist. Diese Praxis trifft für alle Frauen und Mädchen der Ethnie eine einheitliche Regelung, da hiernach prinzipiell alle Frauen und Mädchen zu beschneiden sind. Die Praxis der Genitalverstümmelung behandelt somit innerhalb der jeweiligen Ethnie alle Frauen und Mädchen als Einheit anders als alle Männer und knüpft daher an die Zugehörigkeit zur bestimmten sozialen Gruppe aller Frauen und Mädchen der jeweiligen Ethnie an. Hiergegen kann auch nicht eingewandt werden, dass nicht alle Frauen und Mädchen der Ethnie verstümmelt werden sollen, sondern jeweils nur die unbeschnittenen Frauen und Mädchen der Ethnie.[308] Mit der Praxis soll nämlich der beschnittene Zustand hergestellt werden. Dieser soll bei allen Frauen bzw. Mädchen der jeweiligen Ethnie herbeigeführt werden, sobald sie das vorgesehene Alter erreicht haben. Die Herstellung des Zustands wird auch nicht nur bei den Frauen angestrebt, die bisher noch unverstümmelt waren, sondern auch bei Frauen, die schon einmal beschnitten waren und anschließend defibuliert wurden oder eine engere Vernähung der Narbe wünschen.

Damit knüpft auch die einzelne Genitalverstümmelung, die in Erfüllung dieser Praxis erfolgt, und somit die unmittelbar private Verfolgung an die Zugehörigkeit zur bestimmten sozialen Gruppe aller Frauen und Mädchen der jeweiligen Ethnie an. Aus diesem Begründungsansatz folgt zugleich, dass es unerheblich ist, wie viele Mädchen und Frauen tatsächlich (noch) in der jeweiligen Ethnie beschnitten werden, da die traditionelle Praxis der Genitalverstümmelung dies von allen Mädchen und Frauen der Ethnie verlangt.

(2) Wegen der politischen Überzeugung

Daneben könnte die Genitalverstümmelung Verfolgung wegen der politischen Überzeugung sein. Das VG Freiburg begründet dies damit, dass die Verstümmelung erst dadurch zur Verfolgung werde, dass sie gegen den Willen der Frau/des Mädchens vorgenommen wird. Durch die Verstümmelung gegen ihren/seinen Willen solle die entgegengesetzte Einstellung, die als gesellschaftsgefährdend und damit als politisch angesehen wird, gebrochen werden.[309] Allerdings ist die Ge-

---

[308] vgl. aber VG Wiesbaden, U. v. 27. Januar 2000, 5 E 31472/98.A (2), Streit 2000, 133 (135).

[309] VG Freiburg, U. v. 5. Februar 2001, A 2 K 10475/00, Asylmagazin 4/2001, 25 ff.

nitalverstümmelung nicht erst Verfolgung, wenn sie gegen den ausdrücklich erklärten Willen vorgenommen wird, sondern bereits, wenn sie ohne diesen Willen erfolgt. Die relevante Differenzierung ist somit nicht erst darin zu sehen, dass die Frau/das Mädchen trotz ihres/seines entgegenstehenden Willens verstümmelt wird und damit mit allen anderen Frauen und Mädchen gleich behandelt wird, sondern in der dem Verstümmelungsvorgang immanenten Differenzierung zwischen weiblichen und männlichen Mitgliedern der jeweiligen Ethnie. Die Erwägungen des VG Freiburg können daher nicht überzeugen.

Allerdings wird in zahlreichen Ethnien ein Widersetzen gegen die Genitalverstümmelung als Bedrohung für die kulturellen und traditionellen Werte der Gesellschaft angesehen. Es kann somit im Einzelfall anzunehmen sein, dass die Frau/das Mädchen mit dem Widersetzen gegen die Genitalverstümmelung eine politische Überzeugung äußert oder ihrem/seinem Verhalten eine solche entnommen wird. Auch in diesem Fall ist die Genitalverstümmelung aber nicht die Sanktion für eine gesellschaftskritische Äußerung, sondern es soll weiterhin das Ergebnis, d. h. die Verstümmelung, erreicht werden. Die Frau/das Mädchen wird somit auch in diesem Fall nicht wegen, sondern trotz ihres/seines gegenteiligen Willens genitalverstümmelt, mithin nicht wegen der politischen Überzeugung, sondern wegen der Zugehörigkeit zur bestimmten sozialen Gruppe aller Frauen und Mädchen der jeweiligen Ethnie.

(3) Wegen weiterer Konventionsgründe

Die Genitalverstümmelung wird zwar religiös begründet, dies reicht für ein Anknüpfen an die Religion aber nicht aus.[310] Die der Genitalverstümmelung zugrunde liegende Maxime als Norm gedacht differenziert zudem innerhalb der Gesellschaft nach dem Geschlecht, nicht nach der Religion. Die Genitalverstümmelung ist auch keine kultische Handlung, so dass sie auch aus diesem Aspekt nicht an die Religion anknüpft. Da auch die Zugehörigkeit zu einer Ethnie nicht das Kriterium ist, nach dem die der Genitalverstümmelung zugrunde liegende als Norm gedachte Maxime innerhalb der Gesellschaft differenziert, ist die Genitalverstümmelung auch keine Verfolgung wegen der Rasse/Nationalität.

bb. Mittelbar staatliche Verfolgung

Das unrechtmäßige staatliche Unterlassen, Frauen und/oder Mädchen vor der Genitalverstümmelung zu schützen, kann zusammen mit der Handlung der Privaten mittelbar staatliche Verfolgung sein.[311] Diese Verfolgung knüpft an die Zugehö-

---

310 s. supra unter B. II. 1. b. aa.

311 s. u. 5. Kapitel B. II. 1. a. bb. (2).

rigkeit zur bestimmten sozialen Gruppe aller Frauen und Mädchen der jeweiligen Ethnie an, sofern die Handlung der Privaten hieran anknüpft.

Daneben knüpft das staatliche Schutzversagen und damit die mittelbar staatliche Verfolgung an die Zugehörigkeit zur bestimmten sozialen Gruppe aller Frauen des jeweiligen Herkunftsstaats an, wenn dieses darin begründet ist, dass die Verstümmelung als unschädliche oder jedenfalls nicht allzu schädliche Tradition angesehen und/oder die Auseinandersetzung mit der jeweiligen Ethnie gescheut wird. In diesem Fall wird den Frauen kein Schutz zuteil, weil ihre Belange als Frau nicht in ausreichendem Maße als schutzwürdig angesehen werden. Wenn der Herkunftsstaat allerdings aufgrund eines mangelhaft organisierten Staatsapparats nicht zur Schutzgewährung in der Lage ist, knüpft das staatliche Unterlassen an keinen Konventionsgrund an.

c. Sonderfall: Genitalverstümmelung als Bestrafung

Auch wenn nur noch die Frauen an ihren Genitalien verstümmelt werden, von denen angenommen wird, dass sie vor- oder außerehelichen Geschlechtsverkehr hatten, ist die Genitalverstümmelung nicht als Verfolgung wegen der politischen Überzeugung zu beurteilen. Die Genitalverstümmelung ist nämlich auch in diesem Fall keine Reaktion auf eine Kritik an den bestehenden Gesellschaftsnormen. Sie soll bei objektiver Betrachtung im gesellschaftlichen Kontext vielmehr eine Hilfe für die Frauen sein, die durch ihr tatsächliches oder vermeintliches Verhalten dokumentiert haben, dass sie nicht dazu in der Lage sind, ihre Triebe zu kontrollieren.

Vielmehr knüpft die unmittelbar private Verfolgung auch in dieser Konstellation an die Zugehörigkeit zur bestimmten sozialen Gruppe aller Frauen und Mädchen der jeweiligen Ethnie an: Zwar liegt der Genitalverstümmelung nicht die Maxime zugrunde, alle Frauen der Gesellschaft zu verstümmeln. Die Genitalverstümmelung vollzieht aber die Andersbehandlung nach, die in einer – in der Gesellschaft und/oder im Kopf der Handelnden vorhandenen – Norm angelegt ist. Hiernach müssen alle Frauen der Gesellschaft und ausschließlich Frauen ihre Triebe kontrollieren. Falls sie dies allein nicht können, müssen sie zum Wohle der Gesellschaft an den Genitalien verstümmelt werden. Diese Norm knüpft daher entsprechend dem zur Bestrafung eines Verstoßes gegen frauendiskriminierende Verhaltensnormen Ausgeführten an die Zugehörigkeit zur bestimmten sozialen Gruppe aller Frauen und Mädchen der jeweiligen Ethnie an.

Sofern die Genitalverstümmelung mittelbar staatliche Verfolgung ist, knüpft diese damit ebenfalls an die Zugehörigkeit zur bestimmten sozialen Gruppe aller Frauen und Mädchen der jeweiligen Ethnie an. Zudem erfolgt sie wegen der Zugehörigkeit zur bestimmten sozialen Gruppe aller Frauen und Mädchen des Herkunftsstaats, sofern das staatliche Unterlassen hieran anknüpft. Dies ist unter den gleichen Voraussetzungen wie bei sonstigen Genitalverstümmelungen zu bejahen.

2. Soziale Ausgrenzung unbeschnittener Frauen

Die soziale Ausgrenzung unbeschnittener Frauen kann unmittelbar private und/ oder mittelbar staatliche Verfolgung sein.[312]

Die unmittelbar private Verfolgung knüpft nicht an die politische Überzeugung der Frauen an.[313] Zwar kann die Entscheidung, sich nicht verstümmeln zu lassen, Kritik an der Praxis der Genitalverstümmelung und damit an der Gesellschaftsordnung sein oder als eine solche aufgefasst werden. Anlass für die Handlungen ist aber nicht der Widerstand gegen die Verstümmelung. Die Frauen werden vielmehr wegen der Vorstellungen, die mit ihrem unverstümmelten Zustand generell verbunden sind, sozial ausgegrenzt. Dies zeigt sich auch darin, dass Frauen und Mädchen, die sich früher einmal der Genitalverstümmelung widersetzt haben, nicht mehr in dieser Weise sozial ausgegrenzt werden, sobald sie an den Genitalien verstümmelt sind.

Die Verfolgung könnte aber an die Zugehörigkeit zur bestimmten sozialen Gruppe der unbeschnittenen Frauen der jeweiligen Ethnie anknüpfen. Voraussetzung ist, dass die unbeschnittenen Frauen eine solche Gruppe darstellen. Da diese Frauen nicht willentlich verbunden sind, ist dies nur der Fall, wenn sie von der Gesellschaft als zusammengehörende Einheit wahrgenommen werden. Wenn als Gesellschaft die jeweilige Ethnie anzusehen ist, ist dies in den Ethnien i. d. R. gegeben, in denen unbeschnittene Frauen mit Verfolgungsintensität aus der Gesellschaft ausgegrenzt werden. Sofern der Herkunftsstaat die Gesellschaft ist, bilden diese nur eine bestimmte soziale Gruppe, wenn sie von diesem als zusammengehörende Einheit wahrgenommen werden. Dies lässt sich nur anhand der jeweiligen gesellschaftlichen Verhältnisse beurteilen. Sofern unbeschnittene Frauen demnach als Gruppe in der Gesellschaft existieren, ist diese auch machtlos und damit eine bestimmte soziale Gruppe. Unter diesen Voraussetzungen erfolgt die unmittelbar private Verfolgung somit wegen der Zugehörigkeit zu dieser Gruppe.

In diesem Fall knüpft damit zugleich auch die soziale Ausgrenzung als mittelbar staatliche Verfolgung an diesen Konventionsgrund an. Das staatliche Unterlassen knüpft ebenfalls hieran an, wenn erkennbar ist, dass den unbeschnittenen Frauen differenzierend der Schutz versagt wird, weil ihre Belange als nicht so schutzwürdig eingestuft werden. Es knüpft daneben oder stattdessen an die Zugehörigkeit zur bestimmten sozialen Gruppe aller Frauen der jeweiligen Gesellschaft

---

[312] s. u. 5. Kapitel B. II. 3.

[313] *Crawley*, 194.

an, wenn es Ausdruck dessen ist, dass Frauen insgesamt für weniger schutzwürdig gehalten werden.

IV. Gewalt in der Familie

1. Häusliche Gewalt an Ehefrauen

Häusliche Gewalt an Ehefrauen wird in der Literatur zum einen als Verfolgung wegen der politischen Überzeugung beurteilt[314] zum anderen (teilweise auch zugleich[315]) als Verfolgung wegen der Zugehörigkeit zu verschiedenen Gruppen, die jeweils als bestimmte soziale Gruppen angesehen werden. Teilweise wird angenommen, dass die Verfolgung dabei an die Zugehörigkeit zur bestimmten sozialen Gruppe aller Frauen der jeweiligen Gesellschaft[316] bzw. der verheirateten Frauen der jeweiligen Gesellschaft[317] anknüpft. Von anderen wird die Verfolgung an die Zugehörigkeit zur Gruppe der „woman who are battered and have no recourse to state protection“[318] angeknüpft bzw. der Frauen, die (jede für sich) ein fundamentales Menschenrecht ausüben möchten, nämlich das Recht, nicht in Sklaverei gehalten zu werden, nicht mit dem Ehepartner zusammenleben zu müssen und nicht in ihrer Sicherheit beeinträchtigt zu werden[319]. In der Rechtspraxis werden Gewaltanwendungen an Ehefrauen überwiegend von vornherein nicht als Verfolgung wegen eines Konventionsgrundes beurteilt. Eine Ausnahme bilden mehrere australische, britische, kanadische und US-amerikanische Entscheidungen. Hier lässt sich aber ebenso wenig wie in der Literatur eine einheitliche Auffassung bezüglich des Konventionsgrundes erkennen. In der britischen Entscheidung *Islam and Shah*[320] und in der australischen Entscheidung *Khawar*[321] wurde darauf abgestellt, dass das staatliche Schutzversagen und damit die Verfolgung insgesamt an die Zugehörigkeit zur bestimmten sozialen Gruppe aller Frauen in der Gesellschaft bzw. der verheirateten Frauen in der Gesellschaft anknüpft. In kanadischen Entscheidungen wurde als Grund für die Verfolgung die Zugehörigkeit zur bestimmten sozialen Gruppe der Trinidadian [Sri Lankan[322], Ecuadorian[323]] „women subject

---

[314] *Crawley*, 139 ff; *Goldberg*, Corn.Int'l.L.J., 565 (598 ff); *Musalo/Knight*, IJRL 2001, 51 (68).

[315] *Crawley*, 139 ff; *Goldberg*, Corn.Int'l.L.J. 1993, 565 (597 ff).

[316] *Bower*, Geo.Immigr.L.J. 1993, 173 (192 f); *Goldberg*, Corn.Int'l.L.J. 1993, 565 (597) (staatliches Schutzversagen und Handlung der Privaten); *Kelly*, Corn.Int'l.L.J. 1993, 625 (671) (staatliches Schutzversagen); *Macklin* in *Indra*, 272 (299 ff); *dies.*, IJRL 1994, 362 (377); *dies.*, HRQ 1995, 213 (260 ff); *Mahmud*, JRS 1996, 361 (374); in diese Richtung auch *Binder*, 443.

[317] *UNHCR*, position paper gender-related persecution, Januar 2000, II. E.

[318] *Goldberg*, Corn.Int'l.L.J. 1993, 565 (597).

[319] *Daley/Kelley*, IJRL 2000, 147 (167).

[320] *Islam and Shah*, IJRL 1999, 496 (513 ff).

[321] *Khawar*, 34 ff.

[322] CRDD, E. v. 23. Januar 1990, T89-0189112.

[323] CRDD, E. v. 4. Juni 1993, U92-08714.

to wife abuse“[324] angesehen.[325] In der US-amerikanischen Rechtsprechung wurde Gewalt an Ehefrauen zunächst vereinzelt als Verfolgung wegen der politischen Überzeugung[326] beurteilt oder als Verfolgung wegen der Zugehörigkeit zur Gruppe der „Guatemalan women who have been involved intimately with Guatemalan male companions who believe that women are to live under male domination“[327] bzw. wegen der Zugehörigkeit zu der nur geringfügig anders definierten Gruppe der „Guatemalan women who are or have been affiliated with men who believe it is their right to dominate 'their women' by force and violence“[328]. Diese Rechtsprechung wurde mit der Entscheidung *In re R-A* aufgegeben[329]. In der nachfolgend ergangenen Entscheidung *Aguirre-Cervantes v. INS* wurde angenommen, dass die Gewaltanwendung durch den Vater gegenüber seiner Ehefrau und seinen Kindern Verfolgung wegen der Zugehörigkeit zur Familie als bestimmter sozialer Gruppe sei.[330]

a. Unmittelbar private Verfolgung

Die Gewaltanwendung des Ehemannes ist unter den oben dargestellten Voraussetzungen unmittelbar private Verfolgung.[331] Diese Verfolgung knüpft nicht an die Zugehörigkeit zur bestimmten sozialen Gruppe aller Frauen der jeweiligen Gesellschaft an. Entscheidungsgrundlage der Verfolgung ist es nämlich, dass der Ehefrau Gewalt zugefügt wird, nicht weil sie irgendeine Frau in der Gesellschaft ist, sondern weil sie die Frau des Handelnden, dessen „Eigentum“ ist, mit dem er nach Belieben verfahren kann. Eine solche Einstellung hat ein Ehemann ausschließlich gegenüber seiner Ehefrau. Aus dem gleichen Grund knüpft die unmittelbar private Verfolgung auch nicht an die Zugehörigkeit zur Gruppe aller verheirateten Frauen der jeweiligen Gesellschaft[332] oder an die Zugehörigkeit zu den Gruppen der „bat-

---

324 *Mayers v. Canada*, [1993] 97 D.L.R. 729, § 56 ff.

325 lt. *Macklin* in *Indra*, 272 (300) sehen es allerdings mittlerweile einzelne kanadische Gerichte als unzulässig an, bestimmte soziale Gruppen in dieser Weise zu definieren, zugleich nahmen sie an, dass die Gruppe aller Frauen zu groß für eine bestimmte soziale Gruppe ist, so dass Ehefrauen, die vor häuslicher Gewalt geflohen sind, nicht als Flüchtlinge anerkannt wurden.

326 *Lazo-Majano v. INS*, [1987] 813 F.2d 1432 (1435) in einem Fall, in dem eine Guatemaltekin von einem Angehörigen der Streitkräfte, der sie schon seit der Jugend kannte, vergewaltigt und misshandelt wurde; *Matter of D-*, 12; *Matter of M-K.*

327 Diese Gruppe wurde in der *Matter of R-A-*, Entscheidung des US Immigration Court gebildet, diese wurde aber durch das BIA in *In re R-A-*, aufgehoben, dort dargestellt auf S. 5.

328 *Matter of D-*, 9 ff.

329 *In re R-A-*.

330 *Aguirre-Cervantes v. INS*, [2001] 242 F.3d 1169.

331 s. u. 5. Kapitel B. III. 1.

332 so auch *In re R-A-*.

tered wifes" oder der „unprotected wifes subject to wife abuse"[333] an, unabhängig davon, ob diese Gruppen bestimmte soziale Gruppen sind.

In dem Fall, in dem ein Ehemann sich nicht nur als berechtigt ansieht, seine Ehefrau zu schlagen, sondern auch seine Kinder, erfolgt die unmittelbar private Verfolgung - anders als dies teilweise angenommen wird - nicht wegen der Zugehörigkeit zu seiner Familie, bestehend aus einer Ehefrau und seinen Kindern. Der Handlung des Ehemannes liegt nämlich nicht die Maxime zugrunde „alle Mitglieder der Familie X dürfen geschlagen werden", da er als Familienmitglied hiervon ausgenommen ist. Wenn der Ehemann nur seine Ehefrau und seine Töchter schlägt, könnte die Verfolgung damit zwar an die Zugehörigkeit zur Gruppe der weiblichen Familienmitglieder anknüpfen, diese bildet aber keine bestimmte soziale Gruppe, da sie nicht als abgrenzbare Einheit in der Gesellschaft existiert.

Als weiterer Konventionsgrund kommt die politische Überzeugung in Betracht. Ein erster Ansatz begründet dies folgendermaßen: Die Frau habe die als politisch anzusehende Überzeugung, dass sie nicht von Männern dominiert werden wolle. Als einzige Handlung, mit der sie diese Auffassung äußern könne, komme die Flucht vor bzw. generell der Widerstand gegen die Handlungen des Ehemannes in Betracht. Dieser reagiere darauf mit Gewaltanwendungen und verfolge sie somit wegen der politischen Überzeugung.[334] Dieser Ansatz kann nicht überzeugen:[335] Die Flucht oder der Widerstand als Reaktionen auf die Gewaltanwendung des Ehemannes sind Handlungen der Selbstverteidigung, mit denen die Frau äußert, dass sie von ihrem Ehemann nicht geschlagen werden möchte.[336] Mit dieser Handlung übt sie i. d. R. keine Kritik an den gesellschaftlichen Verhältnissen, in dem Sinne, dass Männer nicht das Recht haben sollen Frauen zu schlagen, und damit auch keine politische Überzeugung. Es ist auch lebensfremd anzunehmen,

---

333 *In re R-A-*, 12.

334 *Musalo/Knight*, IJRL 2001, 51 (68); *Goldberg*, Corn.Int'l.L.J. 1993, 565 (601 ff); US-amerikanische Entscheidung *Lazo-Majano v. INS*, [1987] 813 F.2d 1432 (1435): „So in this case, if the situation is seen in its social context, Zuniga is asserting the political opinion that a man has a right to dominate and he has persecuted Olimpia to force her to accept this opinion without rebellion. [. . .] His statement reflects a much more generalised animosity to the opposite sex, an assertion of a political aspiration and the desire to suppress opposition to it. Olimpia was not permitted by Zuniga to hold an opinion to the contrary. When by flight, she asserted one, she became exposed to persecution for her assertion. Persecution threatened her because of her political opinion"; diese Auffassung wurde bestätigt von der abweichenden Meinung in *In re R-A-*, 28 f: „Opposition to male domination and violence against women may be imputed to a victim of domestic violence who protests, resists, or seeks to escape such domination and violence. [. . .] Such a perception, whether actual or simply imputed, is a motivator for further violence and abuse. [. . .] In response to a victim's actual or perceived opposition, the abuser who inflicts such violence may inflict more violence in an effort to reassert what he considers his rightful power and control over the victim."

335 so auch: *In re R-A-*, 8 ff, *Macklin* in *Indra*, 272 (298); in diese Richtung auch *Binder*, 491 f, die dies aber von einer Einzelfallprüfung abhängig machen will.

336 so auch *Goodwin-Gill*, 364; *Macklin* in *Indra* 272 (298); *Binder*, 491.

dass der Ehemann ihr unterstellt, dass sie durch Flucht oder Widerstand eine solche Überzeugung äußert. Vor allem sind Anlass für die Gewaltanwendungen des Ehemannes nicht ihre Verteidigungshandlungen, sondern seine Auffassung, dass er berechtigt ist, sie zu schlagen.[337]

Ein zweiter Ansatz stellt darauf ab, dass die Ehefrau von ihrem Ehemann als Strafe für einen Verstoß gegen Sozialnormen geschlagen werde. Dies stelle sich gleichermaßen dar wie die staatliche Bestrafung eines Verstoßes gegen frauendiskriminierende staatliche Normen und knüpfe daher wie diese Bestrafung an die politische Überzeugung an. Der private Haushalt funktioniere in diesem Fall als Parallelstaat.[338] Die Frauen haben aber nicht in allen Fällen, in denen sie geschlagen werden, auch tatsächlich gegen Sozialnormen verstoßen, sondern sie werden oft allein aus einer Laune heraus geschlagen. Selbst wenn die Gewaltanwendung tatsächlich eine Reaktion auf einen Verstoß gegen Sozialnormen ist, bspw. die Reaktion darauf, dass die Frau sich „unkontrolliert" außerhalb des Hauses aufgehalten hat, äußert die Frau hierdurch i. d. R. keine Kritik an den gesellschaftlichen Verhältnissen – konkret daran, dass Männer berechtigt und verpflichtet sind, ihre Frauen zu kontrollieren – sondern möchte für sich die verbotene Handlung wahrnehmen. Der Ehemann wird ihrem Verhalten im Allgemeinen auch nicht entnehmen, dass sie die gesellschaftlichen Verhältnisse, nach denen Frauen von ihren Männern zu kontrollieren sind, generell in Frage stellt, sondern er wird i. d. R. annehmen, dass sie für ihr Fehlverhalten die „gerechte Strafe" zu erhalten habe. Dies ist in dem Einzelfall anders zu beurteilen, in dem die Frau das gesellschaftliche System erkenntlich in Frage stellt und als Reaktion hierauf von ihrem Ehemann geschlagen wird.

Zumeist knüpft die Gewaltanwendung des Ehemannes als unmittelbar private Verfolgung somit weder an die politische Überzeugung noch sonst an einen Konventionsgrund an.[339]

b. Mittelbar staatliche Verfolgung

Sofern die Gewaltanwendungen des Ehemannes mittelbar staatliche Verfolgung sind, knüpft diese Verfolgung dementsprechend i. d. R. nur an einen Konventionsgrund an, wenn das staatliche Unterlassen hieran anknüpft. Das staatliche Unterlassen kann in dem Nichtvorgehen gegen legitimierende Vorstellungen oder in der Schutzversagung im Einzelfall bestehen.

---

337 *In re R-A-*, 8 f; *Macklin* in *Indra*, 272 (298).

338 *Goldberg*, Corn.Int'l.L.J. 1993, 565 (603).

339 i. E. auch *Islam and Shah*, IJRL 1999, 496 (513 f); *Khawar*, 34, *In re R-A-*, 8 f; *Macklin* in *Indra*, 272 (298).

aa. Nichtvorgehen gegen legitimierende Vorstellungen

Das Nichtvorgehen gegen eine in der Gesellschaft bestehende Vorstellung, nach der Ehefrauen von ihren Ehemännern geschlagen werden dürfen, könnte Ehefrauen aus dem gleichen Grund schutzlos stellen, aus denen sie durch diese Vorstellung schutzlos gestellt werden. Dies ist der Fall, wenn diese Vorstellung von staatlichen Stellen unterstützt oder toleriert wird. Anders als in der US-amerikanischen Entscheidung *In re R-A*[340] angenommen, ist dies aber keine notwendige Voraussetzung.[341] Es reicht vielmehr aus, dass in der Gesellschaft eine solche Vorstellung besteht und die handlungsfähigen staatlichen Organe hiergegen nicht mit due diligence vorgehen. Hierdurch kommt bei objektiver Betrachtung im gesellschaftlichen Kontext zum Ausdruck, dass die staatlichen Stellen einer Ehefrau keinen Schutz zuteil werden lassen, weil sie diese trotz ihrer Schutzbedürftigkeit, die infolge der legitimierenden Vorstellungen besteht, nicht als schutzwürdig ansehen. Damit wird ihre durch die Vorstellung bestehende Schutzlosigkeit weiter aufrechterhalten, so dass das Unterlassen an den gleichen Konventionsgrund anknüpft wie das Schutzlosstellen durch die gesellschaftliche Vorstellung.

In der gesellschaftlichen Vorstellung ist der Ehemann berechtigt, seine Ehefrau zu schlagen, wenn diese ihm nicht gehorcht. Die Gewaltanwendung stellt sich somit als Sanktionierung eines Verstoßes gegen Gesellschaftsnormen dar, die von der Gesellschaft zugelassen wird. Entsprechend der Konstellation, in denen Frauen wegen eines Verstoßes gegen staatliche frauendiskriminierende Normen bestraft werden, könnte daher angenommen werden, dass die Ehefrau wegen ihrer politischen Überzeugung gegenüber diesen Gewaltanwendungen schutzlos gestellt wird.[342] Anlass für die Gewaltanwendung des Ehemannes ist aber, wie gerade schon festgestellt wurde, weder eine tatsächlich geäußerte noch eine unterstellte politische Überzeugung der Ehefrau. Auch die Schutzlosstellung durch die Gesellschaft hat ihre Grundlage nicht darin, dass einer Ehefrau, die gegen Sozialnormen verstoßen hat, generell eine politische Überzeugung unterstellt wird. Die Tatsache, dass eine Ehefrau ihrem Ehemann nicht gehorcht, wird nämlich auch aus der Perspektive der Gesellschaft nicht so verstanden, dass sie hierdurch prinzipiell die Aussage trifft: „Ehefrauen sollen nicht von ihren Ehemännern dominiert werden“ oder auch nur die Aussage: „Ich lasse mich generell nicht von meinem Ehemann dominieren“. Es mag zwar sein, dass eine Frau im Einzelfall eine solche Überzeugung äußert, Gewaltanwendungen werden aber nicht nur in diesem Fall,

---

340 *In re R-A-*, 13: „And this is not a case in which it has been shown that the Government of Guatemala encourages its male citizens to abuse its female citizens, nor in which the Government has suddenly and unreasonably withdrawn protection from a segment of the population in the expectation that a third party will inflict harm and thereby indirectly achieve a governmental objective."

341 *Islam and Shah*, IJRL 1999, 496 (515); *Matter of D-*, 9 ff; *Anker*, Geo.Immigr.L.J. 2001, 391 (400 f).

342 vgl. *Goldberg*, Corn.Int'l.L.J. 1993, 565 (602 f).

sondern als Reaktion auf jeden Verstoß gegen den männlichen Willen für zulässig gehalten. Dass einer Ehefrau von der Gesellschaft in diesem Fall die Äußerung einer politischen Überzeugung unterstellt wird, kann auch nicht allein daraus hergeleitet werden, dass der Verstoß gegen den männlichen Willen gesellschaftlich unerwünscht ist.[343] Damit erfolgt das staatliche Unterlassen nicht wegen der politischen Überzeugung.

Als weiterer Konventionsgrund kommt die Zugehörigkeit zur bestimmten sozialen Gruppe aller Frauen der jeweiligen Gesellschaft in Betracht. Hiergegen wird eingewandt, dass durch diese legitimierende Vorstellung nur diejenigen Ehefrauen schutzlos gestellt werden, die einen gewalttätigen Partner haben.[344] Es ist zwar zutreffend, dass von den Auswirkungen der Schutzlosstellung einige Ehefrauen mehr als andere betroffen sind, hierauf kommt es aber nach dem hier vertretenen Ansatz nicht an.

Die legitimierende Vorstellung, nach der Ehefrauen von ihren Ehemännern geschlagen werden dürfen, ist häufig als Konkretisierung der gesellschaftlichen Norm zu verstehen, nach der Frauen in der Gesellschaft von Männern kontrolliert werden müssen und bei Ungehorsam bestraft werden dürfen. Diese Kontrolle wird zunächst vom Vater und den Brüdern und anschließend vom Ehemann ausgeübt. Diese Norm knüpft an die Zugehörigkeit zur bestimmten sozialen Gruppe aller Frauen der jeweiligen Gesellschaft an und damit auch die sie konkretisierende Teilnorm. In diesem Fall wird eine Ehefrau somit durch die legitimierende Vorstellung schutzlos gestellt, weil sie der bestimmten sozialen Gruppe aller Frauen der Gesellschaft zugehört, so dass das staatliche Unterlassen und damit auch die mittelbar staatliche Verfolgung hieran anknüpft.[345]

bb. Schutzversagen im Einzelfall

Das staatliche Schutzversagen kann auch darin bestehen, dass die staatlichen Organe auf ein konkretes Schutzbegehren einer Ehefrau keinen Schutz bieten. Sie greifen hier oftmals nicht ein, weil sie der Auffassung sind, dass es sich um eine häusliche Angelegenheit handele und/oder der Ehemann einen Grund für sein Handeln

---

343 s. u. A. IV. 2.

344 *Khawar*, 16, 22 (abwM) „If the social class is taken to be women, then two circumstances would need to be found before an applicant could succeed to make out the Convention ground. The first is that all women are potentially subject to violence. It hardly makes sense to say that women can avoid being persecuted by not marrying into an abusive relationship, whatever may be the case with women whose husbands accuse them of adultery. All women in Pakistan are not potentially subject to the violence which can constitute persecution. This has only to be stated to be accepted. It is only women in an abusive relationship whose husbands are alcoholically or otherwise abusive (or women who are labelled as adulterous) who are potentially subject to the violence."

345 i. E. auch: *Islam and Shah*, IJRL 1999, 496 (515); *Khawar*, 34 ff; *Anker*, Geo.Immigr.L.J. 2001, 391 (399 ff); *Macklin* in *Indra*, 272 (298).

haben werde. Damit gewähren die staatlichen Organe bei objektiver Betrachtung im gesellschaftlichen Kontext keinen Schutz, weil sie den Status quo aufrechterhalten wollen. Sofern in der Gesellschaft die legitimierende Vorstellung besteht, dass Frauen von ihren Ehemännern geschlagen werden dürfen, knüpft dieses Unterlassen daher ebenfalls an die Zugehörigkeit zur bestimmten sozialen Gruppe aller Frauen der jeweiligen Gesellschaft an.[346]

Dagegen kann auch nicht eingewandt werden, dass eine Ehefrau ausschließlich gegenüber den Gewaltanwendungen von Seiten ihres Ehemanns ungeschützt gelassen wird[347], da immer auf den konkreten Fall abzustellen ist. Dies gilt gleichermaßen für das Argument, dass auch Männer, die Sozialnormen überschreiten, gegenüber privaten Sanktionierungen schutzlos gestellt würden[348]. Es ist zwar zutreffend, dass auch einem Mann im Einzelfall, beispielsweise wenn ihm eine Tötung im Namen der Ehre droht, kein Schutz zuteil wird. Es wird aber gerade nicht als zulässig angesehen, dass ein Ehemann gegenüber Gewaltanwendungen von Seiten seiner Ehefrau ungeschützt gelassen wird. Es mag zwar sein, dass Männer, die um Hilfe vor solchen Gewaltanwendungen nachsuchen, jedenfalls zunächst keinen staatlichen Schutz erhalten, allerdings deswegen, weil angenommen wird, dass sie nicht schutzbedürftig sind.[349]

2. Tötung/Gewalt im Namen der Ehre

Tötungen im Namen der Ehre werden oft als flüchtlingsrechtlich unerhebliche private Racheakte angesehen.[350] In einzelnen kanadischen und US-amerikanischen Entscheidung wurde aber angenommen, dass eine drohende Tötung Verfolgung wegen der Zugehörigkeit zu folgenden Gruppen ist, die als bestimmte soziale Gruppen angesehen werden: der Gruppe der „Syrian women who are members of traditional arab families“[351] bzw. der Gruppe der „Jordanians who are subject to death by Islamic law and who cannot adequately avail themselves of govern-

---

346 i. E. auch: *Lord Hoffmann*, *Islam and Shah*, IJRL 1999, 497 (514), der dies allerdings bereits aus der institutionalisierten staatlichen Diskriminierung herleitet: „In the case of Mrs Islam, the legal and social conditions which according to the evidence existed in Pakistan and which left her unprotected against violence by men were discriminatory against women. For the purposes of the Convention, this discrimination was the critical element in the persecution. In my opinion, this means that she feared persecution because she was a woman." Diese ist aber ohne Belang, solange es nicht eine Norm gibt, die Ehemännern oder Männer im allgemeinen legitimiert, als Mittel zur Kontrolle gegenüber den ihnen „unterstehenden“ Frauen Gewalt anzuwenden.

347 so aber: *Khawar* (abwM), 21 ff.

348 so aber: *Lord Millet*, *Islam and Shah*, IJRL 1999, 497 (525 f).

349 ähnlich *Lord Hoffmann*, *Islam and Shah*, IJRL 1999, 497 (514) und *Goldberg*, Corn.Int'l.L.J. 1993, 565 (597), die allerdings insofern ungenau allein darauf abstellen, ob dem Mann das Schutzversagen zuteil wird, nicht darauf, ob er ebenfalls ungeschützt gelassen würde.

350 *In re M-O*, BIA, E. v. 7. April 2000, 4; *Matter of A*, US Immigration Court, E. v. 8. Januar 1998.

351 CRDD, E. v. 9. September 1994, T93 11934.

ment protection"[352]. Tötungen im Namen der Ehre werden auch als Verfolgung in Anknüpfung an das Geschlecht[353] oder die politische Überzeugung[354] beurteilt.

a. Unmittelbar private Verfolgung

Die Tötung bzw. Gewaltanwendung im Namen der Ehre als unmittelbar private Verfolgung wird typischerweise von einem männlichen „Beschützer" der Frau ausgeführt. Sowohl der Tötung als auch der Gewaltanwendung, die anstelle der Tötung vorgenommen wird, liegt die Maxime zugrunde, die Frau, die durch ihr tatsächliches oder vermeintliches Verhalten die Ehre des sie „beschützenden" Mannes verletzt hat, töten zu müssen. Das (tatsächliche oder vermeintliche) Verhalten der Frau besteht darin, dass sie sich ohne den Willen der sie „beschützenden" Männer ihren Geschlechtspartner selbst gewählt hat oder wählen möchte.

Bei oberflächlicher Betrachtung knüpft die unmittelbar private Verfolgung nicht an die politische Überzeugung der Frau an, da für die Handlung nur die Vorstellung von dem Verhalten der Frau in der Öffentlichkeit von Bedeutung ist, wohingegen unerheblich ist, ob die Frau tatsächlich so gehandelt hat, oder welche Gründe sie für ihre Handlung hatte. Bei einer solchen Betrachtung knüpft die Verfolgung auch nicht an die Zugehörigkeit zu einer bestimmten sozialen Gruppe an, da sich die Handlung von vornherein nur gegen das weibliche Familienmitglied richtet, das sich so verhalten hat.

Allerdings liegt der Handlung erkenntlich die Maxime zugrunde, die Ehre wiederherzustellen, und damit einer – im Kopf des Handelnden, seiner Familie oder der Gesellschaft – vorhandenen Norm zu entsprechen, nach der eine unter dem „Schutz" des Handelnden stehende Frau, die sich in einer solchen Weise verhalten hat, getötet werden muss. Die Handlung vollzieht somit die Andersbehandlung nach, die in dieser Norm angelegt ist. Wenn diese Norm wegen eines Konventionsgrundes erfolgt, knüpft somit auch die Handlung hieran an. Dagegen kann auch nicht eingewandt werden, dass sich die Handlung von vornherein nur gegen die Frau richtet, die der Handelnde „beschützt", da die handelnden Männer in diesem Fall als Ausführende der generellen Norm anzusehen sind.

Diese Norm lautet: „Frauen, die ohne den Willen der sie 'beschützenden' Männer sexuelle Kontakte hätten haben können, müssen von den die Frau 'beschützenden' Männern getötet werden". Diese Norm verlangt die Tötung der Frau, weil sie sich in einem für eine patrilineare Gesellschaft wesentlichen Punkt, nämlich der Tatsache, mit wem sie Geschlechtsverkehr hat, außerhalb männlicher Kontrolle befunden hat und damit die Gefahr bestand, dass Kinder aus der Verbindung entstehen, die nicht eindeutig einem Mann zuordenbar sind. In dieser generellen, auf

[352] *Matter of A*, US Immigration Court, E. v. 8. Januar 1998, 10 f.
[353] VG Berlin, U. v. 23. April 2001, VG 23X 6601, InfAuslR 2002, 160 (162).
[354] *Crawley*, 123 f.

alle Frauen der Gesellschaft bezogenen Weise wird diese Norm daher auch zumeist nur den Handlungen als Maxime zugrunde liegen, die innerhalb einer patrilinearen Gesellschaftsordnung erfolgen. Wenn aus einer solchen Gesellschaftsordnung stammende Familien schon längere Zeit außerhalb einer solchen Ordnung leben, kann sich diese Norm auch dahin wandeln, dass sie lautet: „Frauen meiner Familie, die sich so verhalten, müssen getötet werden". Im Folgenden wird von dem Fall ausgegangen, dass die Norm sich auf alle Frauen in der Gesellschaft bezieht.

Die Tötungen im Namen der Ehre stellen sich nach dem bisher Ausgeführten als Bestrafung für einen Verstoß gegen eine Sozialnorm dar. Von daher drängen sich Parallelen zu den Fällen auf, in denen Frauen wegen des Verstoßes gegen staatliche frauendiskriminierende Verhaltensnormen bestraft werden.[355] Dort wurde angenommen, dass die Bestrafung an die Zugehörigkeit zur bestimmten sozialen Gruppe aller Frauen der jeweiligen Gesellschaft anknüpft, wenn erstens die Verhaltensnorm an dieses Merkmal anknüpft und zweitens jeder Verstoß gegen diese Norm in einer Weise bestraft werden kann, dass dies Verfolgung ist. Die Verhaltensnorm, als deren Sanktionierung sich die Tötung darstellt, lautet: „Frauen dürfen nur mit dem Willen der sie 'beschützenden' Männer Geschlechtsverkehr haben, bzw. sich in eine Situation begeben, in der es hierzu kommen kann". Diese Norm gilt allerdings für beide Geschlechter, da auch Männer nur mit dem Einverständnis der die Frau „beschützenden" Männer Geschlechtsverkehr haben dürfen. In einigen Gesellschaften muss neben der Frau daher auch der Mann getötet werden, der hiergegen verstoßen hat, so dass die Norm, die Tötungen im Namen der Ehre gebietet oder jedenfalls gestattet, in diesem Fall nicht an die Zugehörigkeit zur bestimmten sozialen Gruppe aller Frauen der jeweiligen Gesellschaft anknüpft.

Als weiterer Konventionsgrund kommt die politische Überzeugung in Betracht. Die Tötungen im Namen der Ehre fordernde oder gestattende Norm knüpft hieran an, wenn beide zu töten sind, weil sie durch ihr Verhalten eine politische Überzeugung geäußert haben. Diese Norm verlangt die Tötung der Frau, weil diese sich der männlichen Kontrolle entzogen hat. Mit diesem Verhalten wird im gesellschaftlichen Kontext, in dem die Norm entstanden ist und derzeit angewandt wird, nicht die Aussage getroffen: „Frauen sollen generell ohne männliche Kontrolle sein" oder eine vergleichbare Kritik an der Gesellschaftsordnung geübt. Eine Frau, die so handelt, hat sich vielmehr typischerweise nur in diesem Fall in einem für die Gesellschaft wesentlichen Punkt über die Regeln hinweggesetzt, ohne damit zugleich diese Regeln in Frage zu stellen. Auch der Mann hat mit seinem Verhalten nicht die Auffassung geäußert, dass Männer die Möglichkeit haben sollen, nach Belieben Geschlechtsverkehr zu haben. Vielmehr hat er innerhalb des

---

355 in diese Richtung auch VG Berlin, U.v. 23. August 2001, VG 34 X 66.01, InfAuslR 2002, 160 (161).

Systems versucht, „die Frau zu erobern“ und dabei sein Leben eingesetzt. Diese Norm knüpft somit auch nicht an die politische Überzeugung an.

Sie knüpft auch nicht unter dem Aspekt an die Zugehörigkeit zu einer bestimmten sozialen Gruppe an, dass sie die Tötung verlangt, weil die Frau der Gruppe der „schlechten Frauen“ bzw. speziell in Pakistan der „kari“ zugehört, der Mann, weil er der Gruppe der „karo“ zugehört.[356] Es ist durchaus vorstellbar, dass die betroffenen Frauen und Männer in Pakistan, wo sie diese Bezeichnungen auch noch über den Tod hinaus innehaben, von der Gesellschaft als zusammengehörende Einheit wahrgenommen werden. Allerdings sind die betroffene Frau und der betroffene Mann nach den der Norm zugrunde liegenden Vorstellungen nicht wegen der Zugehörigkeit zu dieser Gruppe zu töten, sondern wegen ihres Verhaltens. Die Erklärung zur „kari“ und zum „karo“ bildet nur eine Zwischenstufe zwischen dem tatsächlichen oder vermeintlichen Verhalten und der nachfolgenden Tötung. Sie ist eine psychologische Hilfe zur Tötung, da hierdurch aus der vormals geliebten Schwester, Tochter, Ehefrau eine wertlose „kari“ wird.

In dieser Konstellation erfolgt die unmittelbar private Verfolgung somit insgesamt nicht wegen eines Konventionsgrundes.

Dies ist anders zu beurteilen, wenn der Handlung die als Norm gedachte Maxime zugrunde liegt, dass nur Frauen, die gegen die o. g. Sozialnorm verstoßen haben, nach der Frauen ohne den Willen der sie „beschützenden“ Männer keinen Geschlechtsverkehr haben dürfen, zu töten sind. In diesem Fall erfolgt diese Norm und damit auch die unmittelbar private Verfolgung wegen der Zugehörigkeit zur bestimmten sozialen Gruppe aller Frauen der jeweiligen Gesellschaft.

Auch in den Gesellschaften, in denen die Vorstellung besteht, dass prinzipiell Frauen und Männer im Namen der Ehre zu töten sind, kann sich gegenüber dem gerade Ausgeführten in dem Fall etwas anderes ergeben, in dem die Frau gegen den Willen des Vaters geheiratet hat. In diesem Fall kann der Tötung der Frau die Maxime zugrunde liegen, ausschließlich die Frau zu töten. Sofern dies gegeben ist, stellt sich die Tötung bei objektiver Betrachtung im gesellschaftlichen Kontext als Bestrafung für einen Verstoß gegen die Norm: „Frauen dürfen nicht den Mann ihrer Wahl heiraten“ dar. In diesem Fall knüpft die diese Tötung vorschreibende bzw. gestattende Norm und damit auch die unmittelbar private Verfolgung an die Zugehörigkeit zur bestimmten sozialen Gruppe aller Frauen der jeweiligen Gesellschaft an. Sofern die Norm sich dagegen nur auf Frauen der Familie bezieht, lautet sie: „Frauen meiner Familie dürfen nicht den Mann ihrer Wahl heiraten“. In diesem Fall könnte die Frau nur wegen der Zugehörigkeit zur Gruppe der Frau-

[356] vgl. *Lord Hutton* in *Islam and Shah*, IJRL 1999, 497 (520); *Khawar* (abwM), 18, wo jeweils abgelehnt wird, dass die Verfolgung an die ähnlich definierte Gruppe der des Ehebruchs bezichtigten Frauen anknüpft.

en der Familie X verfolgt sein, diese Frauen bilden aber keine bestimmte soziale Gruppe.[357]

b. Mittelbar staatliche Verfolgung

Die mittelbar staatliche Verfolgung knüpft in den Fällen an die Zugehörigkeit zur bestimmten sozialen Gruppe aller Frauen der jeweiligen Gesellschaft an, in denen die Handlung der Privaten nach dem gerade Ausgeführten hieran anknüpft. Zudem knüpft sie an einen Konventionsgrund an, wenn das Unterlassen des Herkunftsstaats hieran anknüpft. Das Unterlassen kann zunächst darin bestehen, dass dieser nicht mit due diligence gegen die gesellschaftliche Vorstellung vorgeht, nach der Tötungen im Namen der Ehre zulässig sind. In den Gesellschaften, in denen es zu Tötungen im Namen der Ehre kommt, wird es zumeist nicht gesamtgesellschaftlich als verpflichtend angesehen, eine Verletzung der Ehre durch die Tötung wiederherzustellen. Es bestehen hier aber große Sympathien für die handelnden Männer oder es wird als Recht der Männer angesehen, so zu handeln. Das Unterlassen des Herkunftsstaats, gegen diese Vorstellung vorzugehen, erfolgt wegen der Zugehörigkeit zur bestimmten sozialen Gruppe aller Frauen der jeweiligen Gesellschaft, wenn auch diese gesellschaftliche Vorstellung hieran anknüpft. Dies ist in den o. g. Fällen gegeben, in denen es in der Gesellschaft nur als legitim bzw. verpflichtend angesehen wird, Frauen im Namen der Ehre zu töten.

Das staatliche Unterlassen knüpft auch an die Zugehörigkeit zur bestimmten sozialen Gruppe aller Frauen der jeweiligen Gesellschaft an, wenn die staatlichen Organe nur Tötungen im Namen der Ehre an Frauen dulden.

Wenn einer bei staatlichen Stellen um Hilfe nachsuchenden Frau der Schutz mit der Begründung nicht zuteil wird, dass sich der Staat in diese Familienangelegenheit nicht einmische, ist dies bei objektiver Betrachtung im gesellschaftlichen Kontext so zu verstehen, dass hierdurch der Status quo aufrechterhalten werden soll. Die Frau wird somit in den Fällen wegen der Zugehörigkeit zur bestimmten sozialen Gruppe aller Frauen der jeweiligen Gesellschaft schutzlos gestellt, in denen sie auch durch das staatliche Unterlassen, gegen legitimierende gesellschaftliche Vorstellungen vorzugehen, schutzlos gestellt wird. Darüber hinaus knüpft das staatliche Unterlassen im Einzelfall an die Zugehörigkeit zur bestimmten sozialen Gruppe aller Frauen der jeweiligen Gesellschaft an, wenn Frauen, die vor diesen Gewaltanwendungen um Schutz nachsuchen, weniger Hilfe zuteil wird als Männern in einer vergleichbaren Situation. Es spricht einiges dafür, dass sich dies in Jordanien so verhält, da hier Frauen gegen eine einfache Erklärung ihrer Familienmitglieder wieder aus der Schutzhaft entlassen werden.

---

[357] s. u. B. IV. 1. a.

3. Tötung/Gewalt im Zusammenhang mit Mitgiftforderungen

Sofern die Tötung oder Gewaltanwendung durch den Ehemann und/oder die Schwiegermutter unmittelbar private Verfolgung sind, richten sich diese gegen die jeweilige Frau, weil sie die Ehefrau/Schwiegertochter ist und in dieser Funktion nicht ausreichend Mitgift in die Familie eingebracht hat, so dass diese Verfolgung nicht an die Zugehörigkeit zur bestimmten sozialen Gruppe aller Frauen der jeweiligen Gesellschaft anknüpft. Da die unmittelbar private Verfolgung entsprechend dem zur häuslichen Gewalt an Ehefrauen Ausgeführten auch nicht wegen der politischen Überzeugung erfolgt, knüpft sie somit insgesamt nicht an einen Konventionsgrund an.

Allerdings erfolgt die Tötung oder Gewaltanwendung als mittelbar staatliche Verfolgung wegen eines Konventionsgrundes, wenn das staatliche Unterlassen hieran anknüpft. In den Gesellschaften, in denen es zu diesen Tötungen oder Gewaltanwendungen kommt, werden diese zwar nicht als legitim, wohl aber als verzeihlich angesehen, weil eine Frau in der Gesellschaft weniger wert ist. Hierdurch werden Frauen in diskriminierender Weise gegenüber solchen Handlungen schutzlos gestellt, so dass diese Vorstellungen als Norm gedacht an die Zugehörigkeit zur bestimmten sozialen Gruppe aller Frauen der jeweiligen Gesellschaft anknüpfen. Damit erfolgt auch das staatliche Unterlassen, hiergegen vorzugehen, aus diesem Grund, sofern hierdurch erkenntlich der Status quo aufrechterhalten wird.

4. Witwenverbrennung

Eine Witwenverbrennung kann unmittelbar private Verfolgung sein, wenn die Witwe mit physischem oder psychischem Druck hierzu getrieben wird.[358] Sie knüpft in diesem Fall daran an, dass die Frauen „Witwen“ sind. Witwen werden von den Gesellschaften, in denen es zu Witwenverbrennungen kommt, i. d. R. als zusammengehörende Einheit wahrgenommen. Da Witwen in diesen Gesellschaften zudem machtlos sind, bilden sie dann eine bestimmte soziale Gruppe. In diesem Fall erfolgt damit sowohl die unmittelbar private als auch die mittelbar staatliche Verfolgung wegen der Zugehörigkeit zur bestimmten sozialen Gruppe aller Witwen der jeweiligen Gesellschaft.

Wenn das Unterlassen des Herkunftsstaats darauf zurückzuführen ist, dass die Frauen als nicht so schutzwürdig angesehen werden, weil sie Witwen sind, knüpft auch das staatliche Unterlassen und damit die mittelbar staatliche Verfolgung hieran an.

---

[358] s. u. 5. Kapitel B. III. 4.

V. Sonstige Beeinträchtigungen im Zusammenhang mit Heirat und Ehe

1. Zwangsverheiratung durch Private

a. Bestandsaufnahme

Die Zwangsverheiratung durch die Eltern oder sonstige Dritte wurde bisher nur selten als Verfolgung wegen eines Konventionsgrundes angesehen. Dabei schwingt implizit mit, dass eine Zwangsverheiratung durch diese Personen eine persönliche Angelegenheit sei, die von vornherein aus dem Anwendungsbereich der GFK herausfalle. In den wenigen hierzu ergangenen Entscheidungen und in der Literatur wird der Grund für die Verfolgung überwiegend in der Zugehörigkeit zu einer bestimmten sozialen Gruppe gesehen. In der kanadischen Entscheidung *Vidhani* wird die Verfolgung an die Zugehörigkeit zur bestimmten sozialen Gruppe aller Frauen der Gesellschaft angeknüpft[359], während die Vorinstanz davon ausging, dass diese nur an die Zugehörigkeit zur bestimmten sozialen Gruppe der „persons forced into marriage without their consent" anknüpfen könne[360]. In zwei früheren Entscheidungen des kanadischen Refugee Board wurde angenommen, dass eine Frau, die von Zwangsverheiratung bedroht war bzw. bereits zwangsverheiratet wurde, wegen der Zugehörigkeit zur Gruppe der „Zimbabwean women or girls forced to marry according to customary law"[361] bzw. zur Gruppe der „women in or who face arranged marriages"[362] verfolgt sei, die jeweils als bestimmte soziale Gruppen angesehen wurden.

b. Beurteilung

Die Zwangsverheiratung durch die Eltern kann unmittelbar private Verfolgung sein.[363] Diese könnte wegen der Zugehörigkeit zur bestimmten sozialen Gruppe aller Frauen der jeweiligen Gesellschaft erfolgen. Voraussetzung ist, dass der Handlung erkenntlich die Maxime zugrunde liegt, die Töchter anders als die Söhne zu behandeln. Wenn dies der Fall ist, wird der Handlung zumeist die Maxime zugrunde liegen, der gesellschaftlichen Norm gerecht zu werden, nach der Frauen möglichst schnell und ordnungsgemäß, d. h. nach dem Willen der sie „beschützenden" Männer, mit dem ausgesuchten Partner zu verheiraten sind. Wenn dies gegeben ist, wird die Frau bei objektiver Betrachtung im gesellschaftlichen Kon-

---

359 *Vidhani v. Canada*, F.C. (T.D.), E. v. 8. Juni 1995, [1995] 3 F.C. 60.
360 siehe hierzu: *Daley/Kelley*, IJRL 2000, 149 (168) m. w. N.
361 CRDD, E. v. 19. März 1993, U92-06668.
362 CRDD, E. v. 26. Januar 1994, T93-09636.
363 s. u. 5. Kapitel B. IV. 1.

text nicht nur als Tochter, sondern als irgendeine Frau in der Gesellschaft in dieser Weise behandelt.

Eine solche Maxime wird der Handlung in dieser Generalität nur in patrilinear und patriarchal strukturierten Gesellschaften zugrunde liegen. In anderen Gesellschaften wird sie hingegen lauten: „Die unter meinem Schutz stehenden Frauen sind von mir zu verheiraten". In diesem Fall kann die Handlung nur an die Zugehörigkeit zur Gruppe der weiblichen Familienmitglieder anknüpfen, die aber keine bestimmte soziale Gruppe bilden.

Wenn die Verfolgung mittelbar staatlich ist, knüpft sie in den Fällen an die Zugehörigkeit zur bestimmten sozialen Gruppe aller Frauen der jeweiligen Gesellschaft an, in denen auch die unmittelbar private Verfolgung hieran anknüpft, zudem, wenn das staatliche Unterlassen hieran anknüpft. Dies ist der Fall, wenn es staatliche Vorschriften gibt, nach denen nur Mädchen im Kindesalter verheiratet werden dürfen oder nur die Willenserklärung von Frauen durch andere Personen ersetzt werden kann oder Vergewaltiger straffrei bleiben, wenn sie die Frau, die sie vergewaltigt haben, heiraten. Dies ist auch gegeben, wenn der Herkunftsstaat es unterlässt, gegen die gesellschaftliche Vorstellung vorzugehen, nach der Frauen von den sie „beschützenden" Männern verheiratet werden dürfen und damit den Status quo aufrechterhält. Das staatliche Schutzversagen knüpft zudem an die Zugehörigkeit zur bestimmten sozialen Gruppe aller Frauen der jeweiligen Gesellschaft an, wenn dem staatlichen Schutzversagen erkennbar die Maxime zugrunde liegt, Frauen in diskriminierender Weise den Schutz zu versagen.

Das staatliche Unterlassen knüpft auch an diesen Konventionsgrund an, wenn Frauen sich entweder gar nicht oder nur nach Überwindung rechtlicher Hürden scheiden lassen können. In diesem Fall werden sie nämlich gegenüber den Auswirkungen der Zwangsverheiratungen schutzlos gestellt und damit gegenüber Männern anders behandelt, die sich regelmäßig leicht aus der Ehe lösen können.

2. „Abtretung"

Die „Abtretung" von Frauen kann unmittelbar private oder mittelbar staatliche Verfolgung sein.[364] Die „Abtretung" als unmittelbar private Verfolgung erfolgt damit nicht wegen der Zugehörigkeit zur bestimmten sozialen Gruppe aller Frauen der jeweiligen Gesellschaft. Die betroffene Frau wird nämlich „abgetreten", weil sie eine Verwandte ist und im Rahmen einer Vereinbarung einer anderen Familie „abgegeben" wird, nicht weil sie irgendeine Frau ist.

Das staatliche Unterlassen kann darin bestehen, dass die „Abtretung" durch staatliche und/oder gewohnheitsrechtliche Normen gestattet ist, zudem darin, dass gegen die Vorstellung, dass Frauen nicht „abgetreten" werden dürfen, nicht in aus-

---

364 s. u. 5. Kapitel IV. 1. b. bb. (2).

reichendem Maße vorgegangen wird. Diese Norm bzw. diese Vorstellung knüpft an die Zugehörigkeit zur bestimmten sozialen Gruppe aller Frauen der jeweiligen Gesellschaft an: Es dürfen ausschließlich Frauen „abgetreten" werden und sie können gerade deswegen „abgetreten" werden, weil sie aufgrund ihres Geschlechts als Eigentum der männlichen Verwandten angesehen werden. Damit knüpft auch das staatliche Unterlassen, durch das der Status quo aufrechterhalten wird, und damit die mittelbar staatliche Verfolgung hieran an.

3. „Vererbung"

Die „Vererbung" kann, wie gesehen, unmittelbar private und mittelbar staatliche Verfolgung sein.[365] Die „Vererbung" als unmittelbar private Verfolgung knüpft an keinen Konventionsgrund an. Hierdurch wird die Frau nämlich gezwungen, den Vertrag einzuhalten, den sie mit der Familie durch ihre Heirat und die Übergabe des Brautpreises eingegangen ist. Diese Forderung wird nur gegen sie als Einzelperson gerichtet, nicht als irgendeine Frau in der Gesellschaft. Die „Vererbung" als mittelbar staatliche Verfolgung knüpft an die Zugehörigkeit zur bestimmten sozialen Gruppe aller Frauen der jeweiligen Gesellschaft an, wenn das staatliche Unterlassen darauf zurückzuführen ist, dass es auch von staatlicher Seite als Verpflichtung der Frau angesehen wird, nach dem Tod des Ehemannes der Familie weiterhin als Gebärerin zur Verfügung zu stehen, oder es hingenommen wird, wenn die Frau diesen Beeinträchtigungen ausgesetzt ist. In beiden Fällen wird die Frau nämlich gegenüber den Beeinträchtigungen schutzlos gestellt, weil sie irgendeine Frau in der Gesellschaft ist.

4. Zwangsverheiratung durch den Staat

Die staatliche Zwangsverheiratung und die drohende Sanktionierung als unmittelbar staatliche Verfolgung können auch an die politische Überzeugung anknüpfen: In dem der Entscheidung *Kamaleddin v. INS* zugrunde liegenden Sachverhalt wollte die iranische Regierung eine Frau zwangsweise verheiraten, von der bereits vermutet wurde, dass sie Opponentin des Regimes sein könnte. Mit einer Ablehnung der Zwangsheirat wäre sie Gefahr gelaufen, anschließend als „Staatsfeindin" verfolgt zu werden.[366]

---

[365] s. u. 5. Kapitel IV. 1. b. bb. (3).

[366] *Kamaleddin v. INS*, US C.A. (9th circ.), E. v. 4. April 1994, 21 F.3d 1113: „Since the authorities already believed that she might be opposed to the regime, she could not afford to say no – she would have to consent to marriage to avoid the potentially disastrous consequence of being labelled an enemy to the regime."

5. Folgen des Widerstands

Folgen eines Widerstands gegen eine Zwangsverheiratung können Gewaltanwendung oder Tötung sein. In einer US-amerikanischen Entscheidung wurde die Verfolgung an die Zugehörigkeit zur Gruppe der „unmarried Chinese women who have been subjected to arranged marriages for money according to feudal practices and who oppose such practices" angeknüpft.[367] Personen, die diese Merkmale teilen, sind aber weder willentlich miteinander verbunden noch werden sie in der Gesellschaft als zusammengehörende Einheit wahrgenommen, so dass diese so gebildete Gruppe keine bestimmte soziale Gruppe ist. Zudem knüpft weder die private Gewaltanwendung noch das staatliche Unterlassen an diese Gruppenzugehörigkeit an.

Die Gewaltanwendung/Tötung als unmittelbar private Verfolgung wird zumeist auch nicht wegen der politischen Überzeugung erfolgen. Die betroffene Tochter stellt nämlich durch ihren Widerstand i. d. R. nicht die Praxis der arrangierten bzw. zwangsweise geschlossenen Ehe insgesamt in Frage, sondern lehnt nur diesen einen Ehepartner und/oder den Zeitpunkt der Heirat ab. Von den Handelnden wird ihr eine solche Überzeugung auch nicht unterstellt werden. Als Konventionsgrund kommt daher nur die Zugehörigkeit zur bestimmten sozialen Gruppe aller Frauen der jeweiligen Gesellschaft in Betracht. Voraussetzung hierfür ist, dass der Handlung erkenntlich die Maxime zugrunde liegt, ausschließlich oder stärker gegen sich der Zwangsverheiratung widersetzende Töchter als gegen sich widersetzende Söhne vorzugehen. Falls dies gegeben ist, knüpft die der Handlung zugrunde liegende Maxime als abstrakt-generelle Regelung gedacht an die Zugehörigkeit zur bestimmten sozialen Gruppe aller Frauen an, wenn hiermit der gesellschaftlichen Norm entsprochen werden soll, nach der Frauen ausschließlich mit dem Willen der sie „beschützenden" Männer Geschlechtsverkehr haben dürfen. Dies wird zumeist der Fall sein.

Die Gewaltanwendung/Tötung als mittelbar staatliche Verfolgung knüpft ebenfalls in den Fällen an einen Konventionsgrund an, in denen auch die unmittelbar private Verfolgung hieran anknüpft. Zudem knüpft das staatliche Unterlassen und damit auch die mittelbar staatliche Verfolgung an die Zugehörigkeit zur bestimmten sozialen Gruppe aller Frauen der jeweiligen Gesellschaft an, wenn den staatlichen Stellen bekannt ist, dass Frauen stärker als Männer solchen Beeinträchtigungen ausgesetzt sind und er dennoch hiergegen nichts unternimmt oder er Frauen sonst in diskriminierender Weise keinen oder weniger Schutz als Männern zuteil werden lässt.

---

[367] *Matter of Anon*, 6 f bzgl. China.

6. Zwangsheirat

Als Zwangsheirat sind bspw. die Zwangsheirat von unverheirateten Jezidinnen in der Türkei und die Zwangsheirat von „ungeschützten" Frauen anzusehen. Da auf die zuletzt genannte Situation gleich noch eingegangen wird, wird hier nur die Zwangsheirat von Jezidinnen betrachtet. Sofern diese entsprechend dem oben Ausgeführten unmittelbar private Verfolgung ist[368], knüpft diese an die Religion an. Der Handlung liegt unabhängig von dem Motiv der konkret handelnden Personen bei objektiver Betrachtung im gesellschaftlichen Kontext als Maxime zugrunde, Jezidinnen zwangsweise zu heiraten und damit auch zu islamisieren, weil dies in der Gesellschaft als legitim angesehen wird. Diese gesellschaftliche Schutzlosstellung knüpft an die Religion an.

Die Zwangsheirat als unmittelbar private Verfolgung könnte zudem an die Zugehörigkeit zu einer bestimmten sozialen Gruppe anknüpfen. Als eine solche Gruppe kommt die Gruppe der Jeziden in Betracht. Jeziden werden in diesen Gesellschaften zumeist als zusammengehörende Einheit wahrgenommen und sind in diesem Fall zugleich in der Gesellschaft machtlos und bilden damit eine bestimmte soziale Gruppe. In diesem Fall knüpft die Zwangsheirat auch an die Zugehörigkeit zu dieser Gruppe – und nicht etwa nur an die Zugehörigkeit zur Gruppe der Jezidinnen – an, da hiermit das soziale Gefüge der Jeziden insgesamt geschwächt werden soll.

Die Zwangsheirat als mittelbar staatliche Verfolgung erfolgt wegen der gleichen Konventionsgründe wie die unmittelbar private Verfolgung.[369] Auch das staatliche Unterlassen knüpft hieran an, wenn dem Staat die gesellschaftliche Vorstellung bekannt ist, er hiergegen aber nicht mit due diligence vorgeht und damit den Status quo aufrechterhält.

7. Ökonomische Ausbeutung von Ehefrauen

Die ökonomische Ausbeutung von Ehefrauen als unmittelbar private Verfolgung liegt darin begründet, dass der Ehemann seine Frau als sein „Eigentum" ansieht, das er ausbeuten kann. Sie knüpft damit nicht an einen Konventionsgrund an. Allerdings erfolgt die ökonomische Ausbeutung als mittelbar staatliche Verfolgung wegen der Zugehörigkeit zur bestimmten sozialen Gruppe aller Frauen der jeweiligen Gesellschaft, wenn das staatliche Unterlassen deswegen unrechtmäßig ist, weil der Herkunftsstaat die betroffenen Frauen wegen ihrer Geschlechtszugehörigkeit erkenntlich als nicht so schutzwürdig ansieht.

---

[368] s. u. 5. Kapitel B. IV. 3.

[369] vgl. hierzu auch BVerwGE 85, 12 (18 ff), wo ebenfalls erwogen wird, dass die mittelbar staatliche Verfolgung an die Religion anknüpft; ebenso *Marx*, Handbuch § 76 Rn. 33.

VI. Weitere unmittelbar von Privaten ausgehende Beeinträchtigungen

1. Beeinträchtigung von „ungeschützten" Frauen

In der Rechtsprechung werden Beeinträchtigungen, denen allein lebende Frauen ausgesetzt sind, zumeist als Verfolgung wegen der Zugehörigkeit zu einer bestimmten sozialen Gruppe, bspw. der „young widows without male protection"[370], „young women without male protection"[371] oder der „women"[372] angesehen. In der Entscheidung *Incirciyan*[373] wurden die Beeinträchtigungen, denen eine türkische Witwe ausgesetzt war, als Verfolgung wegen der Zugehörigkeit zur bestimmten sozialen Gruppe der „single women living in a Moslem country without the protection of a male relative" beurteilt. In der Literatur wird die Verfolgung in diesen Fällen an die Zugehörigkeit zur bestimmten sozialen Gruppe der „Witwen" oder der „allein lebenden Frauen" angeknüpft.[374] Teilweise wird die soziale Ausgrenzung unverheirateter, getrennt lebender, geschiedener oder verwitweter Frauen auch als Verfolgung wegen der politischen Überzeugung angesehen.[375] Nach anderer Auffassung ist dies Verfolgung wegen der Religion: Die Regeln, nach denen Frauen nicht „ohne männlichen Schutz" leben dürfen, hätten einen religiösen Hintergrund. Die Weigerung der Frau, diesen Regeln zu folgen, sei daher religiöser Natur.[376]

Die Beeinträchtigung allein lebender Frauen kann unmittelbar private Verfolgung sein.[377] Diese knüpft zumeist nicht an die Religion an, da der Handlung i. d. R. die Maxime zugrunde liegt, gegen alle allein lebenden Frauen unabhängig von ihrer Religionszugehörigkeit vorzugehen. Dies kann allerdings in Ausnahmefällen, bspw. im Hinblick auf allein lebende Jezidinnen, anders sein.

Die Verfolgung knüpft an die politische Überzeugung an, wenn das Leben ohne männlichen „Schutz" in Gesellschaften, in denen Frauen nur mit einem Mann leben können, als generelle Kritik an der Gesellschaftsordnung verstanden wird. In der Regel ist für die Handlung aber der „ungeschützte" Zustand der Frauen entscheidend. Gegen diesen Zustand wird vorgegangen, weil „ungeschützte" und damit „unkontrollierte" Frauen als Gefahr für die Gesellschaft angesehen werden und/oder weil es für legitim gehalten wird, solche Frauen zu beeinträchtigen.

---

370 CRDD, E. v. 2. Dezember 1998, U97-03981, bzgl. der Verfolgung von Witwen in Indien.
371 CRDD, E. v. 24. Dezember 1991, U91 04008, bzgl. der Verfolgung allein lebender Frauen.
372 CRDD, E. v. 31. Dezember 1993, T93-05935/36, bzgl. der Verfolgung geschiedener Frauen.
373 *Incirciyan v. Canada*, Immigration Appeal Board, E. v. 10. August 1987, M87-1541X.
374 *Kelly*, Corn.Int'l.L.J. 1993, 625 (663).
375 *Crawley*, 125.
376 *Spijkerboer*, 39 f.
377 s. u. 5. Kapitel B. V. 3.

Damit liegt der Handlung bei objektiver Betrachtung im gesellschaftlichen Kontext eine Maxime zu Grunde, die innerhalb der Gesellschaft an die Zugehörigkeit zur Gruppe der allein lebenden Frauen bzw. der „ungeschützten" Frauen anknüpft, da diese einheitlich anders behandelt werden. Dies sind unter den oben dargelegten Voraussetzungen bestimmte soziale Gruppen.[378] Da die Handelnden dabei nicht das individuelle Schicksal, sondern nur der Zustand der Frauen interessiert, kann es nicht überzeugen, diese Gruppe weiter in „ungeschützte" Witwen oder „ungeschützte" geschiedene Frauen aufzuspalten. Anders ist dies zu beurteilen, wenn Witwen speziell wegen ihres Zustands als Witwe aus der Gesellschaft ausgegrenzt werden. In diesem Fall sind sie wegen der Zugehörigkeit zur bestimmten sozialen Gruppe der Witwen der jeweiligen Gesellschaft verfolgt.

Die mittelbar staatliche Verfolgung knüpft in den Fällen an die Zugehörigkeit zur bestimmten sozialen Gruppe der „ungeschützten" bzw. allein lebenden Frauen oder der Witwen der jeweiligen Gesellschaft an, in denen auch die unmittelbar private Verfolgung hieran anknüpft. Zugleich erfolgt auch das staatliche Unterlassen aus einem dieser Gründe, wenn der Herkunftsstaat nicht gegen in der Gesellschaft bestehende Vorstellungen vorgeht, nach denen „ungeschützte" Frauen bzw. Witwen beeinträchtigt werden dürfen.

Das staatliche Unterlassen, allein lebenden Frauen das zum Leben Erforderliche zur Verfügung zu stellen, kann unmittelbar staatliche Verfolgung sein.[379] Diese knüpft ebenfalls an die Zugehörigkeit zur bestimmten sozialen Gruppe der „ungeschützten" bzw. allein lebenden Frauen an, wenn die Unrechtmäßigkeit darauf beruht, dass der Herkunftsstaat diesen Frauen wegen ihres Zustandes das Existenzminimum in diskriminierender Weise nicht zur Verfügung stellt.

2. Beeinträchtigung durch islamische Gruppierungen

Sofern die von islamischen Gruppierungen ausgehende Beschränkung von Freiheitsrechten unmittelbar private Verfolgung ist[380], knüpft diese an die Zughörigkeit zur bestimmten sozialen Gruppe aller Frauen der jeweiligen Gesellschaft an, wenn in der Vorstellung der Handelnden allen Frauen diese Beschränkungen auferlegt werden sollen. In diesem Fall behandelt die der Handlung zugrunde liegende Maxime als Norm gedacht nämlich alle Frauen in der Gesellschaft einheitlich anders. Wenn die Beschränkungen hingegen nur bei muslimischen Frauen herbeigeführt werden sollen, knüpft die unmittelbar private Verfolgung an die Zugehörigkeit zur bestimmten sozialen Gruppe der muslimischen Frauen an.[381]

---

[378] s. u. B. II. 2. b. cc. (2).

[379] s. u. 5. Kapitel B. V. 2.

[380] s. u. 5. Kapitel B. V. 1. unter welchen Voraussetzungen dies der Fall ist.

[381] siehe dazu, unter welchen Voraussetzungen muslimische Frauen eine bestimmte soziale Gruppe bilden, die Ausführungen unter B. II. 4.

Die Bestrafung eines Verstoßes gegen frauendiskriminierende Normen als unmittelbar private Verfolgung knüpft unter den gleichen Voraussetzungen wie die staatliche Sanktionierung eines Verstoßes gegen frauendiskriminierende Normen an die Zugehörigkeit zur bestimmten sozialen Gruppe aller (muslimischen) Frauen der jeweiligen Gesellschaft an. Ein Anknüpfen an diesen Konventionsgrund liegt daher vor, wenn der Handlung erkenntlich die Maxime zugrunde liegt, alle (muslimischen) Frauen, die gegen eine von den Handelnden auferlegte frauendiskriminierende Beschränkung verstoßen haben, in einer Weise zu bestrafen, die auch Verfolgungsstärke erreichen kann. Dies ist der Fall, wenn Frauen, wie in Bangladesh, mit Stockschlägen für einen Verstoß gegen eine frauendiskriminierende Norm bestraft werden.

Teilweise wird der Handlung aber nur die Maxime zugrunde liegen, nur die Frauen mit Verfolgungsintensität zu bestrafen, die sich auch auf mehrfache Aufforderung hin den Vorschriften nicht anpassen wollen und damit zum Ausdruck bringen, dass sie auch weiterhin selbstbestimmt leben wollen. Die unmittelbar private Verfolgung knüpft dann an diese tatsächlich oder vermeintlich geäußerte Überzeugung an. Diese Überzeugung ist als politisch anzusehen: Die Frauen äußern mit ihrem Widerstand die Auffassung, dass sie sich nicht vorschreiben lassen werden, wie sie zu leben haben. Hierdurch drücken sie Kritik an der gesellschaftlichen Ordnung bzw. der angestrebten staatlichen Ordnung der jeweiligen islamischen Gruppierung aus. Sie äußern damit durch ihr Verhalten eine politische Überzeugung und werden von der jeweiligen islamischen Gruppierung i. d. R. als politische Gegnerinnen angesehen.[382]

Sofern die Gewaltanwendung mittelbar staatliche Verfolgung ist, knüpft diese an den Konventionsgrund an, an den auch die unmittelbar private Verfolgung anknüpft. Daneben knüpft das staatliche Unterlassen an die Zugehörigkeit zur bestimmten sozialen Gruppe aller (muslimischen) Frauen der jeweiligen Gesellschaft an, wenn einer betroffenen Frau mit der tatsächlich geäußerten oder sonst erkennbaren Begründung der Schutz versagt wird, dass sie sich als Frau bzw. als Muslima den von den islamischen Gruppierungen vorgegebenen Verhaltensvorschriften anzupassen habe.

VII. Gewalt zur Erpressung oder Erniedrigung

Gewalt an der Ehefrau oder sonstigen (weiblichen) Familienmitgliedern zur Erpressung von Informationen über ein gesuchtes Familienmitglied oder zur Erniedrigung werden als Verfolgung wegen der Zugehörigkeit zur Familie als bestimmter

382 i. E. auch französische CRR, E. v. 22. Juli 1994, 237939, Elkébir, Public Law 1994, 655 (656), Originalstelle abedruckt bei *Wolter*, 422.

sozialer Gruppe[383] und/oder als Verfolgung wegen der politischen Überzeugung beurteilt.[384]

Der Gewaltanwendung als Verfolgung wird regelmäßig die Maxime zugrunde liegen, gegen die Person vorzugehen, weil sie irgendein Mitglied der Familie des Gesuchten ist, von der so die entsprechenden Informationen erpresst werden sollen. In diesem Fall knüpft die Handlung somit an die Zugehörigkeit zur bestimmten sozialen Gruppe der Familie X an, wenn diese eine bestimmte soziale Gruppe ist. Eine Familie X existiert wie jede Familie in der Gesellschaft[385], sie ist aber nur eine bestimmte soziale Gruppe, wenn sie in der Gesellschaft in dem Sinne machtlos ist, dass es von staatlicher oder gesellschaftlicher Seite als zulässig angesehen wird, ihren Mitgliedern mehrere Beeinträchtigungen oder jedenfalls eine Beeinträchtigung mit Verfolgungsstärke zuzufügen. Eine Familie, deren Mitgliedern von staatlichen Organen Gewalt zugefügt wird, ist in diesem Sinne machtlos, so dass sie eine solche Gruppe bildet. Die unmittelbar staatliche Verfolgung knüpft damit regelmäßig an diesen Konventionsgrund an.

Die unmittelbar private und die mittelbar staatliche Verfolgung kann hingegen nur in dem Ausnahmefall wegen dieses Konventionsgrundes erfolgen, in dem es nicht nur von der handelnden Person, sondern auch von staatlicher Seite als zulässig angesehen wird, Mitglieder dieser Familie in dieser Weise zu beeinträchtigen.

Der Verfolgung kann zudem die Maxime zugrunde liegen, gegen Familienmitglieder vorzugehen, weil sie ebenso wie das gesuchte Familienmitglied als politische Gegner angesehen werden. In diesem Fall erfolgen sowohl die unmittelbar staatliche als auch die unmittelbar private als auch die mittelbar staatliche Verfolgung wegen der politischen Überzeugung.

---

383 *Chen v. Ashcroft*, US C.A. (9th circ.), E. v. 13. Mai 2002, [2002] 289 F.3d 1113, diese Entscheidung wurde allerdings aufgehoben durch *Chen v. Ashcroft*, US C.A. (9th circ.), E. v. 12. Dezember 2002, [2002] 314 F.3d 995; *britische RL*, 3.43; *Castel*, IJRL 1992, 39 (51 f); *Johnsson*, IJRL 1989, 221 (223 f); *Kelly*, Corn.Int'l.L.J. 1993, 625 (666 f); die Familie wird auch von den *kanadischen RL*, A. III. und den *US-amerikanischen RL*, V. B. (3) als bestimmte soziale Gruppe angesehen; anders hingegen US-amerikanische Entscheidung: *Estrada-Posadas v. INS*, US C.A. (9th circ.), [1991] 924 F.2d 916 (919), wo die Verfolgung wegen der Zugehörigkeit zur Familie nicht als Verfolgung aus einem Konventionsgrund angesehen wird, diese Rechtsprechung wurde in *Konate v. INS*, US C.A. (9th circ.), E. v. 17. Mai 1999, [1999] 178 F.3d 1300 bestätigt.

384 *australische RL*, 4.27; *britische RL*, 3.33; *Kelly*, Corn.Int'l.L.J. 1993, 625 (666 f); vgl. auch BVerwGE 79, 244 (245 f) bzgl. Art. 16a Abs. 1 GG.

385 s. u. A. II. 2. d. aa. (3) (b)

VIII. Sexuelle Gewalt

1. Vergewaltigung

a. Bestandsaufnahme

Vergewaltigungen werden von der einen Richtung in der Literatur prinzipiell als Verfolgung wegen des Geschlechts[386] und damit häufig auch zugleich als Verfolgung wegen der Zugehörigkeit zur bestimmten sozialen Gruppe aller Frauen der jeweiligen Gesellschaft[387] beurteilt. Nach der anderen Richtung sind Vergewaltigungen hingegen als frauenspezifische Form der Verfolgung anzusehen, die je nach Situation an die Ethnie, Religion oder politische Überzeugung anknüpft.[388] Die Rechtsprechung folgt überwiegend der zuletzt dargestellten Richtung. So wurde in US-amerikanischen Entscheidungen vereinzelt angenommen, dass Vergewaltigungen Verfolgung wegen der politischen Überzeugung[389] oder der Ethnie[390] sind, nicht aber wegen der Zugehörigkeit zur bestimmten sozialen Gruppe aller Frauen der jeweiligen Gesellschaft. Teilweise werden Vergewaltigungen auch für eine Privatangelegenheit gehalten. So wurde in *Klawitter v. INS* entschieden, dass eine Frau, die von einem Offizier des Geheimdienstes sexuell missbraucht worden war, nicht wegen eines Konventionsgrundes, sondern wegen ihrer Weigerung, mit ihm intimen Kontakt aufzunehmen, vergewaltigt und missbraucht worden sei.[391] In einer deutschen Entscheidung wurde demgegenüber in einer ähnlichen Konstellation angenommen, dass dies Verfolgung wegen des Geschlechts sei.[392]

b. Beurteilung

aa. Unmittelbar staatliche Verfolgung

Wenn eine Vergewaltigung als unmittelbar staatliche Verfolgung Teil der Folter ist, erfolgt sie aus den gleichen Gründen wie die Folter. Kurdinnen in der Türkei werden somit wegen ihrer tatsächlichen oder vermuteten politischen Überzeugung

---

386 *Binder*, 443; *Bower*, Geo.Immigr.L.J. 1993, 173 (190 ff); *Castel*, IJRL 1992, 39 (52); *Goodwin-Gill*, 364; *Kandt*, Geo.Immigr.L.J. 1995, 137 (147); *Wolter*, 438 ff, 447; vgl. auch hinsichtlich des deutschen Asylrechts: *v. Galen*, Streit 1992, 148 (151); *Mees-Asadollah*, Streit 1998, 139 (147);

387 *Binder*, 443 ff; *Bower*, Geo.Immigr.L.J. 1993, 173 (190 ff); *Castel*, IJRL 1992, 39 (52).

388 *Spijkerboer*, 26 ff; *Crawley*, 91 ff.

389 *Lazo-Majano v. INS*, [1987] 813 F.2d 1432 (1435) (bejahend); *Campos-Guardado v. INS*, [1987] 809 F.2d 285 (288) (verneinend); auch in den *US-amerikanischen RL*, IV. A. wird angedeutet, dass entgegen der Rechtsprechung in *Campos-Guardado* hier eine Verfolgung wegen der politischen Überzeugung vorliegen kann.

390 *Shoafera v. INS*, US C.A., E. v. 7. März 2000, [2000] 228 F.3d 1070; *Shalini Lata v. INS*, US C.A. (9th circ.), E. v. 7. September 1999, 98-70936.

391 *Klawitter v. INS*, US C.A. (6th circ.), [1992] 970 F.2d 149.

392 VG Ansbach, U. v. 19. Februar 1992, AN 17 K 91.44245, Streit 1993, 104 ff.

bzw. ihrer Rasse/Nationalität verfolgt.[393] Die Verfolgung knüpft hingegen nicht an die Zugehörigkeit zur bestimmten sozialen Gruppe aller Frauen der jeweiligen Gesellschaft an, da die hiervon betroffene Frau nicht als irgendeine Frau, sondern speziell als Kurdin getroffen werden soll. Die Frau wird auch nicht als Zugehörige zur bestimmten sozialen Gruppe der Kurdinnen verfolgt, weil die Vergewaltigungen von Kurdinnen u. a. dazu dienen, Kurdinnen in ihrer Funktion als Gebärerin und in ihrer sozialen Rolle in der Gesellschaft zu treffen. Sie sind damit gegen die ethnische Gruppe insgesamt und nicht nur gegen deren weibliche Mitglieder gerichtet.

Eine Vergewaltigung kann auch dazu dienen, eine ganze Region einzuschüchtern, die als „terroristisch" angesehen wird.[394] Dies ist Verfolgung wegen der politischen Überzeugung, wenn erkenntlich allen in dieser Region lebenden Personen unterstellt wird, dass sie politische Gegner sind und daher bestraft werden müssen. Die Verfolgung wird häufig zugleich an die Rasse/Nationalität anknüpfen, wenn die in der Region lebenden Personen einer Ethnie zugehören, oder an die Religion.[395]

Eine Frau wird teilweise auch deswegen vergewaltigt, weil sie politisch aktiv ist. Dies wurde in der Literatur als doppelte Verfolgung bezeichnet, weil die Frau in diesem Fall sowohl als Frau als auch wegen ihrer politischen Überzeugung verfolgt sei.[396] Insofern ist zu differenzieren: Wenn der Vergewaltigung erkenntlich die Maxime zugrunde liegt, die Frau zu vergewaltigen, weil ihre konkrete politische Überzeugung abgelehnt wird, wird sie wegen ihrer politischen Überzeugung verfolgt. Wenn sie hingegen vergewaltigt wird, weil sie als Frau politisch aktiv geworden ist, und damit den für Frauen vorgesehenen häuslichen Bereich verlassen hat, wird sie wegen der Zugehörigkeit zur bestimmten sozialen Gruppe aller Frauen der jeweiligen Gesellschaft verfolgt. In diesem Fall wird die Frau nämlich bei objektiver Betrachtung im gesellschaftlichen Kontext mittels der Vergewaltigung für den Verstoß gegen die Norm bestraft, nach der Frauen nicht politisch aktiv werden dürfen. Diese der Handlung zugrunde liegende fiktive Strafnorm knüpft an die Zugehörigkeit zur bestimmten sozialen Gruppe aller Frauen der jeweiligen Gesellschaft an.

Wenn eine Frau vergewaltigt wird, um Informationen über ein Familienmitglied zu erpressen, knüpft die Vergewaltigung unter den o. g. Voraussetzungen an einen Konventionsgrund an[397].

---

393 vgl. BVerfG, InfAuslR 1994, 156 (158 f), das ebenfalls davon ausgeht, dass beides nicht von einander getrennt werden kann.

394 so auch *Spijkerboer*, 27.

395 so auch *Spijkerboer*, 26.

396 *Gottstein*, 75 f.

397 s. u. B. VII.

Wenn Frauen einer bestimmten Ethnie oder Religion, allein lebende Frauen oder Frauen einer bestimmten Kastenzugehörigkeit von staatlichen Organen vergewaltigt werden, weil die gesellschaftliche Vorstellung besteht, dass es legitim sei, diese Frauen zu vergewaltigen, knüpft die Verfolgung je nachdem an die Ethnie, die Religion, die Zugehörigkeit zu einer bestimmten Kaste als bestimmter sozialer Gruppe oder an die Zugehörigkeit zur bestimmten sozialen Gruppe der „ungeschützten Frauen“ bzw. allein lebenden Frauen[398] oder der „Prostituierten“ der jeweiligen Gesellschaft an.

In den Fällen, in denen Frauen aus keinem der o. g. Gründe in staatlichem Gewahrsam vergewaltigt werden, kommt als Konventionsgrund nur die Zugehörigkeit zur bestimmten sozialen Gruppe aller Frauen der jeweiligen Gesellschaft in Betracht, da es entsprechend dem zur häuslichen Gewalt Ausgeführten nicht überzeugen kann, Vergewaltigungen von Frauen prinzipiell als Verfolgung wegen der politischen Überzeugung zu beurteilen.[399] Die Verfolgung knüpft an die Zugehörigkeit zur bestimmten sozialen Gruppe aller Frauen der jeweiligen Gesellschaft an, wenn die Frau in diesem Fall als irgendeine Frau in der Gesellschaft vergewaltigt wird. Dies ist vor allem in Gesellschaften, in denen Frauen unter männlicher Kontrolle stehen, vorstellbar: Hier wird eine Frau in dem Moment, in dem sie sich in Haft befindet, als „ungeschützt“ angesehen, mit der Folge, dass der Handelnde es für legitim hält oder es jedenfalls wagen kann, sie zu vergewaltigen, da er weiß, dass er von ihren männlichen „Beschützern“ keine Sanktion zu erwarten hat. Die der Handlung zugrunde liegende Maxime als Norm gedacht differenziert somit in der Gesellschaft ausschließlich nach dem Geschlecht und knüpft damit an die Zugehörigkeit zur bestimmten sozialen Gruppe aller Frauen der jeweiligen Gesellschaft an.

bb. Unmittelbar private und mittelbar staatliche Verfolgung

Die Vergewaltigung durch den Ehemann kann unmittelbar private Verfolgung sein. Sie folgt den gleichen Regeln wie häusliche Gewalt durch den Ehemann und knüpft daher nicht an einen Konventionsgrund an. Hier kann die mittelbar staatliche Verfolgung unter den oben dargestellten Voraussetzungen an die Zugehörigkeit zur bestimmten sozialen Gruppe aller Frauen der jeweiligen Gesellschaft anknüpfen.

Sonstige Vergewaltigungen durch Private knüpfen an einen Konventionsgrund an, wenn es entsprechende Vorstellungen in der Gesellschaft gibt, nach denen Frauen einer bestimmten Ethnie oder einer bestimmten Religion vergewaltigt werden dürfen. In diesen Fällen erfolgt die Vergewaltigung je nachdem wegen der

---

[398] so auch VG Frankfurt a. M., U. v. 7. September 2001, 1 E 31666197.A (1).

[399] so aber *Mulligan*, Boston Third World Law Journal 1990, 335 (377 ff).

Rasse/Nationalität oder der Religion. An die Zugehörigkeit zur bestimmten sozialen Gruppe aller Frauen der jeweiligen Gesellschaft knüpft die Verfolgung hingegen nur in den äußerst seltenen Fällen an, in denen eine Frau vergewaltigt wird, weil sie irgendeine Frau in der Gesellschaft ist. Hier wird i. d. R. keine begründete Furcht vor Verfolgung bestehen.

2. Folgen einer Vergewaltigung

Folgen einer Vergewaltigung können die Zwangsverheiratung mit dem Vergewaltiger und/oder Gewaltanwendung/Tötung im Namen der Ehre sein. In diesen Fällen erfolgt die Verfolgung unter den oben dargestellten Voraussetzungen wegen eines Konventionsgrundes[400].

Weitere Folge einer Vergewaltigung kann die soziale Ausgrenzung sein. Diese kann unmittelbar private und gegebenenfalls mittelbar staatliche Verfolgung sein.[401] Die Handlung der Privaten macht sich daran fest, dass das Mädchen ein „gefallenes Mädchen“ bzw. die Frau eine „beschmutzte Frau“ ist. Die Verfolgung erfolgt daher wegen der Zugehörigkeit zur bestimmten sozialen Gruppe der „gefallenen Mädchen“ bzw. der „beschmutzen Frauen“ der jeweiligen Gesellschaft[402], sofern dies bestimmte soziale Gruppen sind. Da diese Mädchen und Frauen nicht willentlich zusammengeschlossen sind, existieren sie nur als Gruppe in der Gesellschaft, wenn sie von der Gesellschaft als zusammengehörende Einheit wahrgenommen werden. Dies kann nur für jede Gesellschaft gesondert beurteilt werden. Für das Bestehen dieser Gruppen spricht, dass die vor- und außereheliche sexuelle Enthaltsamkeit in den Gesellschaften, in denen es zu den beschriebenen Verfolgungshandlungen kommt, von enormer Wichtigkeit ist. Ein starkes Indiz hierfür ist es auch, wenn es Begriffe für diese Personen gibt. Weiteres Indiz ist, dass allen vergewaltigten Frauen/Mädchen gemeinsame negative Eigenschaften zugeschrieben werden. Sofern eine oder beide dieser Gruppen in der Gesellschaft existieren, sind sie auch machtlos, da es als zulässig angesehen wird, ihren Mitgliedern mehrere Beeinträchtigungen zuzufügen, die auch Verfolgungsstärke erreichen können, und die betroffenen Frauen und Mädchen zumeist gesamtgesellschaftlich diskriminiert sind.

Die soziale Ausgrenzung als mittelbar staatliche Verfolgung knüpft damit ebenfalls hieran an. Auch das staatliche Unterlassen erfolgt wegen dieses Konventionsgrundes, wenn diesen Frauen erkenntlich der erforderliche Schutz nicht zuteil wird, weil sie nicht als ausreichend schutzwürdig angesehen werden.

---

400 s. u. B. IV. 2.

401 s. u. 5. Kapitel B. VI. 3.

402 *Kelly*, Corn.Int'l.L.J. 1993, 625 (663).

3. Zwangsabtreibung/Zwangssterilisation

Zwangsabtreibungen und Zwangssterilisationen dienen in den Gesellschaften, in denen sie vorgenommen werden, dem Zweck, politische Gegnerinnen, ethnische Minderheiten oder bestimmte Religionsgemeinschaften zu treffen. Je nach Kontext erfolgen diese Handlungen wegen der politischen Überzeugung, wegen der Ethnie oder der Religion. Die Verfolgung knüpft hingegen nicht an die Zugehörigkeit zur bestimmten sozialen Gruppe aller Frauen der jeweiligen Gesellschaft an, da ihr nicht die Maxime zugrunde liegt, alle Frauen in der Gesellschaft anders zu behandeln.

Besondere Schwierigkeiten hat die rechtliche Beurteilung der Zwangssterilisation als Sanktion eines Verstoßes gegen die Ein-Kind-Politik in China hervorgerufen. Diese Zwangssterilisationen werden als Verfolgung wegen der politischen Überzeugung beurteilt[403] und/oder als Verfolgung wegen der Zugehörigkeit zur bestimmten sozialen Gruppe der „women in China who have more than one child and are faced with forced sterilisation"[404] bzw. der „parents in China with more than one child who disagree with forced sterilization"[405]. Andere nehmen hingegen an, dass die Verfolgung nicht an einen Konventionsgrund anknüpft.[406]

Zumeist droht sowohl Männern als auch Frauen die Zwangssterilisation. Es mag zwar sein, dass mehr Frauen sterilisiert werden, dies ist aber nicht auf eine staatliche Politik zurückzuführen, sondern darauf, dass sich das betroffene Paar häufig auf eine Zwangssterilisation der Frau einigen wird. In dieser Fallkonstellation treten daher keine spezifischen Probleme auf. Es sei allerdings noch angemerkt, dass die Gruppe der „parents with more than one child who disagree with forced sterilization" i. d. R. nicht in der Gesellschaft als Gruppe existieren wird, es sei denn, diese Personen haben sich willentlich zusammengeschlossen und/oder ihr Missfallen deutlich nach außen kundgetan, so dass sie von der Gesellschaft als zusammengehörende Einheit wahrgenommen werden.[407] Selbst wenn dies der Fall ist, knüpft die Zwangssterilisation nicht hieran an, sondern an die Tatsache, dass die Personen gegen die Ein-Kind-Politik verstoßen haben.

---

[403] *Crawley*, 156 ff; *Spijkerboer*, 41; in den USA gibt es eine Verwaltungsvorschrift, nach der Fälle von Zwangssterilisationen auch im Rahmen der Ein-Kind-Politik Verfolgung wegen der politischen Überzeugung sind, s. hierzu *Crawley*, 157 m. w. N.

[404] *Cheung v. Canada*, Court of Appeal, [1993] 2 F.C. 314 (322).

[405] *Chan v. Canada*, abwM, [1995] 3 S.C.R. 593, § 82 ff.

[406] *Applicant A*, 142 ALR 1997, 330 (363 f); VG Frankfurt a. M., U. v. 4. September 2000, 4 E 30037/97.A (1).

[407] vgl. *Applicant A*, 142 ALR 1997, 330 (363 f).

4. Zwangsprostitution

Die von Privaten ausgehende Zwangsprostitution kann unmittelbar private Verfolgung sein.[408] Zumeist besteht in diesen Fällen allerdings keine begründete Furcht vor Verfolgung, da die Wahrscheinlichkeit, dieser Beeinträchtigung ausgesetzt zu werden, zu gering ist.[409] Dies kann in dem Fall anders sein, in dem eine Frau, die zwangsprostituiert wurde, geflohen ist und jetzt in dem Staat, in den sie verbracht worden ist, um Asyl nachsucht, da ihr in diesem Fall bei einer Rückkehr möglicherweise eine erneute Zwangsprostitution droht. Es gibt bisher nur wenige Entscheidungen, in denen die Zwangsprostitution als Verfolgung angesehen wurde. In einer kanadischen Entscheidung wurde erwogen, dass die hiervon betroffenen Frauen wegen der Zugehörigkeit zur Gruppe der „new citizens of Israel who are women recently arrived from elements of the former Soviet Union and who are not yet well integrated into Israeli society, despite the generous support offered by the Israeli government, who are lured into prostitution and threatened and exploited by individuals not connected to government, and who can demonstrate indifference to their plight by front line authorities to whom they would normally be expected to turn for protection“ verfolgt seien.[410] Diese Gruppe besteht aber in dieser Weise nicht in der israelischen Gesellschaft und ist daher keine bestimmte soziale Gruppe.

Die Zwangsprostitution als unmittelbar private Verfolgung knüpft nicht an die Zugehörigkeit zur bestimmten sozialen Gruppe aller Frauen der jeweiligen Gesellschaft an, da die betroffene Frau nicht als irgendeine Frau in der Gesellschaft zwangsprostituiert wird, sondern weil sie bestimmte weitere Voraussetzungen erfüllt, beispielsweise jung ist. „Junge Frauen“ wiederum werden von der Gesellschaft i. d. R. nicht als zusammengehörende Einheit wahrgenommen. Dies kann nur in den seltenen Fällen angenommen werden, in denen die Zwangsprostitution stark verbreitet ist. Zudem wird die Zwangsprostitution zumeist nicht hieran anknüpfen, da auch Jungen zwangsprostituiert werden und das Alter der Frauen nicht das einzige Auswahlkriterium ist. Zumeist erfolgt die unmittelbar private Verfolgung somit nicht wegen eines Konventionsgrundes. Ausnahmsweise kann sie aber an die Rasse/Nationalität anknüpfen, wenn es in der Gesellschaft als legitim angesehen wird, Frauen einer bestimmten Ethnie oder einer bestimmten Religion zur Prostitution zu zwingen.

Sofern die Zwangsprostitution mittelbar staatliche Verfolgung ist, wird das staatliche Unterlassen deswegen unrechtmäßig sein, weil die staatlichen Stellen ein finanzielles Interesse daran haben, die kriminellen Organisationen nicht zu verfolgen. Dieses Unterlassen ist daher nur eine Andersbehandlung, wenn hierdurch

[408] s. u. 5. Kapitel B. VI. 4.

[409] s. generell zur begründeten Furcht vor Verfolgung unter 7. Kapitel.

[410] *Litvinov v. Canada*, F.C. (T.D.), 30. Juni 1994, IMM-7488-93.

bestimmte Gruppen in der Gesellschaft ungeschützt gelassen werden. Dies ist der Fall, wenn es als legitim angesehen wird, Frauen oder allgemein Angehörige einer bestimmten ethnischen Gruppe, einer Kaste oder einer Religion zur Prostitution zu zwingen. In diesem Fall erfolgt das staatliche Unterlassen und damit die mittelbar staatliche Verfolgung wegen der Rasse/Nationalität oder Religion.

Sofern als Reaktion auf die Flucht einer zwangsprostituierten Frau aus einem Bordell Gewaltanwendung durch die Organisation droht, welche diese zwangsprostituiert hat, kann dies unmittelbar private Verfolgung sein. Als einziger Konventionsgrund kommt die Zugehörigkeit zu einer bestimmten sozialen Gruppe in Betracht. Ein Anknüpfen an diesen Grund kann unter dem Aspekt bejaht werden, dass die Frau gegen eine für eine bestimmte Gruppe geltende Norm verstoßen hat, und jetzt hierfür bestraft wird. Als eine solche Gruppe kommt aber nur die Gruppe aller der durch die Organisation zwangsprostituierten Personen in Betracht. Diese Gruppe existiert allerdings nicht in der Gesellschaft, da diese Personen weder willentlich zusammengeschlossen sind noch von der Gesellschaft als zusammengehörende Einheit wahrgenommen werden.

IX. Verfolgung im (innerstaatlichen) bewaffneten Konflikt

Die Ausführungen unter den Punkten I bis VIII gelten grundsätzlich auch für das Anknüpfen der Verfolgung in einem (innerstaatlichen) bewaffneten Konflikt.

Allerdings könnte sich ein Anknüpfen an den Konventionsgrund „Zugehörigkeit zu einer bestimmten sozialen Gruppe“ in dem Fall als problematisch erweisen, in dem keine Gesellschaft mehr existiert. Es kommt aber nur darauf an, welche Maxime der Verfolgungshandlung zugrunde liegt. Sofern die handelnde Person bei objektiver Betrachtung davon ausgeht, dass die Gruppe weiterhin in der Gesellschaft besteht, und sie die betroffene Person als Zugehörige zu dieser Gruppe ansieht, knüpft die Verfolgung daher auch in diesem Fall an die Zugehörigkeit zu einer bestimmten sozialen Gruppe an.

Da (innerstaatliche) bewaffnete Konflikte häufig mit Vergewaltigungen einhergehen, wird im Folgenden noch speziell auf diese Situation eingegangen. Sofern die Vergewaltigung Symbol für die Demütigung des männlichen Gegners ist oder der Destabilisierung einer Region dient, knüpft sie an den Konventionsgrund an, aus dem die Handelnden den Gegner bekämpfen, d. h. konkret Rasse/Nationalität, bzw. Ethnie[411], Religion[412] oder politische Überzeugung. In diesem Fall ist das entscheidende Kriterium für die Vergewaltigung nämlich, dass die Frau der jeweiligen gegnerischen Gruppe zugehörig ist. Es kommt dabei nicht darauf an, ob die Frau tatsächlich eine solche Religion oder politische Überzeugung hat,

---

[411] *britische RL*, 3.6; *Spijkerboer*, 27.

[412] so auch *Spijkerboer*, 27.

sondern nur darauf, wie der Handelnde sie zuordnet. Dies wurde in der US-amerikanischen Entscheidung *Campos-Guardado*[413] verkannt:[414] Frau Campos-Guardado und weitere weibliche Familienmitglieder wurden von einer Guerilla-Gruppe vergewaltigt, nachdem männliche Familienmitglieder zuerst verstümmelt und dann ermordet worden waren. Während das Gericht annahm, dass die Männer wegen ihrer politischen Überzeugung verfolgt seien, meinte es, die Frauen seien aus einer persönlichen Beziehung heraus vergewaltigt worden, wobei diese „persönliche Beziehung" allein aus der Tatsache hergeleitet wurde, dass die Frauen vergewaltigt wurden.

Um auch die Form der Verfolgung nicht unberücksichtigt zu lassen, insbesondere die Tatsache, dass die Frau durch die Vergewaltigung als Gebärende getroffen werden soll, wird vorgeschlagen, in diesem Fall auch das Geschlecht bei der Definition des Verfolgungsgrundes nicht unberücksichtigt zu lassen. Die Frauen seien somit wegen der Zugehörigkeit zur bestimmten sozialen Gruppe der „Frauen dieser Ethnie"[415] bzw. generell der „weiblichen Angehörigen des Kriegsgegners"[416] verfolgt. Bezüglich der Massenvergewaltigungen in Bosnien-Herzegowina wird konkret vorgeschlagen, dass die Frauen wegen der Zugehörigkeit zur Gruppe der „muslimischen Frauen und Mädchen bosnischer Volkszugehörigkeit" verfolgt worden seien.[417] Eine solche Gruppe wird aber zumeist schon nicht in der Gesellschaft bestehen. Zudem spricht der Aspekt, dass die Frauen in ihrer biologischen Funktion als Gebärende getroffen werden, gerade dafür, dass sie nicht als separate Einheit innerhalb der Ethnie behandelt werden, sondern dass die gesamte Ethnie als zusammengehörende Einheit wahrgenommen wird, als deren wesentlicher Bestandteil die Frauen in ihrer Funktion als Gebärende angesehen werden. Die Verfolgung knüpft somit allein an die Rasse/Nationalität an.

Wenn der Vergewaltigung nicht die Maxime zugrunde liegt, gerade die Frauen des Gegners zu treffen, sondern irgendeine Frau, um die eigenen Gefühle abzureagieren oder sich gegenseitig die Männlichkeit zu beweisen, kann dies Verfolgung wegen der Zugehörigkeit zur bestimmten sozialen Gruppe aller Frauen der jeweiligen Gesellschaft sein, da die Frau in diesem Fall als irgendeine Frau in der Gesellschaft betrachtet wird.

X. Einfügung eines Konventionsgrundes Gender?

Insgesamt wird deutlich, dass die Fallkonstellationen frauenspezifischer Flucht- und Bleibegründe befriedigend gelöst werden können, ohne dass ein Verfol-

413 *Campos-Guardado v. INS*, [1987] 809 F.2d 285 (288).
414 so auch *Castel*, IJRL 1992, 38 (43).
415 *Binder*, 445.
416 *Marx*, Handbuch, § 76 Rn. 27.
417 *Binder*, 445.

gungsgrund Gender bzw. Geschlecht eingefügt wird, wie dies teilweise gefordert wird.[418] Allerdings könnte die Einfügung eines solchen Verfolgungsgrundes zu einer Vereinfachung der Argumentation führen. So wird in der Literatur angenommen, dass alle Konstellationen, aus denen Frauen im Zusammenhang mit ihrem Geschlecht im Sinne von Gender geflohen sind oder in die sie nicht zurückkehren wollen, Verfolgung wegen des Gender seien. So werden häusliche Gewalt, Tötungen im Namen der Ehre, das Bestehen frauendiskriminierender Verhaltensvorschriften sowie die Sanktionierung eines Verstoßes gegen diese Normen als Verfolgung wegen des Gender beurteilt.[419] Teilweise wird auch deutlich zwischen der Verfolgung „as women" und der Verfolgung „because of gender" unterschieden und die Bestrafung für einen Verstoß gegen frauendiskriminierende Normen generell als Verfolgung wegen des Gender angesehen.[420] Gender ist aber die für Frauen in der Gesellschaft insgesamt vorgesehene Rolle. Die Frauen, die wegen eines Verstoßes gegen Sozialnormen, die diese Rolle und damit das Gender der Frauen festlegen, sanktioniert werden, werden daher ebenfalls nicht ohne weiteres wegen des Gender verfolgt, sondern weil sie dem vorgegebenen Gender nicht entsprochen haben.[421] Dies gilt gleichermaßen für Frauen, die im Namen der Ehre getötet werden. Eine Verfolgung wegen des Gender liegt somit vor, wenn innerhalb der Gesellschaft Frauen wegen der Rolle, die sie in der Gesellschaft haben oder haben sollen, anders behandelt werden. Dies ist deckungsgleich mit den Fällen, in denen sie wegen der Zugehörigkeit zur bestimmten sozialen Gruppe aller Frauen der jeweiligen Gesellschaft verfolgt werden. Damit würde die Einfügung eines solchen Konventionsgrundes auch nicht zu einer Vereinfachung beitragen.

---

[418] bspw. fordern dies: *Cipriani*, Geo.Immigr.L.J. 1993, 511 (538, 548) und *Kandt*, Geo.Immigr.L.J. 1995, 137 (151).

[419] vgl. *britische RL*, 1.14: „Gender-related persecution is not necessarily the same as persecution on the basis of biological sex. It does not simply refer to persons being persecuted because they are biologically male or female, but to them being persecuted because they fail or refuse to comply with the social requirements of being a man or a woman"; *Mahmud*, JRS 1996, 367 (371).

[420] *Macklin*, HRQ 1995, 213 (258 f).

[421] vgl. *Folkelius/Noll*, IJRL 1998, 607 (611).

Kapitel 7

Weitere Voraussetzungen des Art. 1 A Nr. 2 S. 1 Hs. 1 GFK

A. Begründete Furcht

Weitere Voraussetzung des Art. 1 A Nr. 2 S. 1 Hs. 1 GFK ist, dass eine begründete Furcht vor Verfolgung besteht. Dies ist der Fall, wenn die Antragstellerin befürchtet, dass ihr persönlich Verfolgung droht und diese Furcht objektiv nachvollziehbar ist.[1] Eine begründete Furcht vor Verfolgung besteht nicht, wenn der interne Schutz ausreichend ist. Dabei stellen sich im vorliegenden Zusammenhang speziell fünf Fragen: Nach welchen Grundsätzen wird beurteilt, ob ein Herkunftsstaat ausreichenden Schutz gewährt?[2] Hat eine Beweislastumkehr zu erfolgen, wenn der Herkunftsstaat eine Demokratie ist? Wann ist eine interne Fluchtalternative auch für Frauen zumutbar? Kann von einer Frau verlangt werden, dass sie sich Verhaltensvorschriften anpasst, um dadurch einer Bestrafung zu entgehen? Muss die Frau vor ihrer Flucht ein Schutzbegehren an den Herkunftsstaat gerichtet haben?

I. Ausreichende staatliche Schutzgewährung

Eine Furcht vor Verfolgung ist nicht begründet, wenn sie in ausreichendem Maße durch verfügbaren und wirksamen nationalen Schutz entschärft ist. Bei der Beurteilung ist auf die Wahrscheinlichkeit abzustellen, Opfer einer Verfolgungshandlung zu werden. In die Betrachtung sind der allgemeine Zustand von Recht und Ordnung in dem betreffenden Land sowie die verfügbaren Ressourcen und die Fähigkeit und Bereitschaft, diese zum Schutz der Bewohner in angemessener und wirksamer Weise einzusetzen, einzubeziehen.[3] Es kommt dabei darauf an, ob die staatlichen Schutzmechanismen gerade auch für eine Frau in der Position des

1 *UNHCR*, Auslegung, § 11; *Canada v. Ward*, 2 S.C.R. 689 (723); *australische RL*, 4.17–4.20; ähnlich US-amerikanische Rechtsprechung bspw. in *Abankwah v. INS*, US C.A. (2nd circ.), [1999] 185 F.3d 18 (22), wonach darauf abzustellen ist, ob eine „reasonable person in her position would fear persecution if returned to her native country".

2 *UNHCR*, Auslegung, § 15.

3 *UNHCR*, Auslegung, § 15; *Macklin* in *Indra*, 272 (290); in eine ähnliche Richtung geht auch das Urteil *Abankwah v. INS*, US C.A. (2nd circ.), [1999] 185 F.3d 18 (25): Hier wird im Rahmen der begründeten Furcht erörtert, dass Genitalverstümmelung in Ghana zwar unter Strafe steht, dass es aber erst zu sieben Verurteilungen gekommen ist; *Macklin* in *Indra*, 272 (291).

weiblichen Flüchtlings und mit dessen kulturellem Hintergrund erreichbar sind.[4] Zudem muss dieser Schutz gerade im Zeitpunkt des refoulement erreichbar sein.[5] Eine Frau ist daher so lange als Flüchtling anzusehen, bis ein ausreichender innerstaatlicher Schutz gegen die von Privaten unmittelbar drohenden Beeinträchtigungen tatsächlich verfügbar ist.

Wenn die Verfolgungsmaßnahmen von staatlichen Organen ausgehen, besteht i. d. R. eine begründete Furcht vor Verfolgung. Da allerdings einem Staat jede von einem Organ in seiner Organeigenschaft ausgehende Handlung als eigene zuzurechnen ist, ist auch hier ausnahmsweise eine begründete Furcht vor Verfolgung nicht gegeben, wenn andere staatliche Organe effektiven Schutz bieten können.

Die Prüfung, ob die Furcht vor Verfolgung begründet ist, ist vor allem bei einer unmittelbar privaten Verfolgung erforderlich. Hier besteht eine begründete Furcht vor Verfolgung, wenn es keinen Staat oder kein stabilisiertes de facto Regime gibt, das Schutz bieten kann[6], es sei denn ein solcher Schutz ist tatsächlich verfügbar. Wenn der Staat oder das stabilisierte de facto Regime den Vorgaben von due diligence nachgekommen ist, besteht nur eine begründete Furcht vor Verfolgung, wenn der zum Handeln verpflichtete Staat bereits alle Handlungsmöglichkeiten ausgeschöpft hat, die Furcht vor Verfolgung aber dennoch nicht entschärfen konnte.[7] Dies wird bei Genitalverstümmelungen häufig der Fall sein. Die Furcht ist auch nicht dadurch weniger begründet, dass rein private Schutzeinrichtungen zur Verfügung stehen.[8]

II. Beweislastumkehr bei einem demokratischen Herkunftsstaat?

In der kanadischen Rechtsprechung wird eine Beweislastumkehr vorgenommen, wenn der Herkunftsstaat eine Demokratie ist: Je demokratischer der Staat ist, desto mehr müssen Antragsteller unternommen haben, um zu zeigen, dass sie alle Möglichkeiten, den Schutz in Anspruch zu nehmen, ausgeschöpft haben.[9] Diese Beweislastumkehr kann gerade hinsichtlich frauenspezifischer Flucht- und Bleibegründe nicht überzeugen. So hängt es nicht zwangsläufig von der Staatsform ab, ob ein Staat häusliche Gewalt für eine Privatangelegenheit hält oder gegen Zwangsverheiratungen so effektiv vorgeht, dass das Risiko, Opfer einer solchen Beein-

---

4 *australische RL*, 4.14; *Macklin* in *Indra*, 272 (290).

5 *Macklin* in *Indra*, 272 (289).

6 *UNHCR*, Auslegung, § 15, § 36.

7 *UNHCR*, Auslegung, § 15, § 36.

8 *kanadische RL*, C. 2; *Macklin* in *Indra*, 274 (290).

9 bspw. *Quintana v. Canada*, 2: „The burden of proof that rests on the claimant is in a way directly proportional to the level of democracy in the State in question: the more the claimant must have done to exhaust all the courses of action open to him or her."

trächtigung zu werden, so gering ist, dass keine begründete Furcht vor Verfolgung mehr besteht.

III. Inländische Fluchtalternative

Im Hinblick auf die Zumutbarkeit einer inländischen Fluchtalternative ergibt sich in den Fallkonstellationen frauenspezifischer Flucht- und Bleibegründe Folgendes: Wenn die Beeinträchtigung durch staatliche Normen oder als Folge des Verstoßes gegen staatliche Normen droht, besteht keine inländische Fluchtalternative.[10] Wenn die Verfolgung von Privaten ausgeht, kommt hingegen eine inländische Fluchtalternative grundsätzlich in Betracht. Es ist aber zu bedenken, dass in vielen Staaten allein lebende Frauen auffallen und daher von ihren männlichen Verwandten leicht aufgefunden werden. Gerade wenn die Durchführung der Verfolgungshandlung für die Handelnden von besonderer Wichtigkeit ist, wie bei der Genitalverstümmelung oder der Tötung im Namen der Ehre, wird regelmäßig keine inländische Fluchtalternative bestehen, zumal wenn der Herkunftsstaat klein ist.[11] Außerdem sind die finanziellen, logistischen, sozialen, kulturellen und sonstigen Barrieren zu berücksichtigen, denen spezifisch Frauen im Hinblick auf eine inländische Fluchtalternative begegnen.[12] Eine solche Fluchtalternative ist daher nicht zumutbar, wenn dort Beeinträchtigungen von menschenrechtlichen Gewährleistungen mit Verfolgungsintensität drohen. Es ist auch zu bedenken, dass Frauen, die außerhalb des Familienverbandes leben, in vielen Staaten als „ungeschützt“ gelten und ihnen somit intensive Beeinträchtigungen drohen. Sie können u. a. gezwungen sein, den Lebensunterhalt durch Prostitution oder Bettelei zu bestreiten. Eine Fluchtalternative ist auch nicht zumutbar, wenn Frauen zu ihrer eigenen Sicherheit das Haus, in dem sie Zuflucht gefunden haben, nicht mehr verlassen dürfen, wie dies bei Gewaltanwendungen im Namen der Ehre häufig gegeben ist.

IV. Zumutbarkeit normgemäßen Verhaltens

Normgemäßes Verhalten, um dadurch Verfolgung als Reaktion auf den Verstoß gegen eine Verhaltensvorschrift zu vermeiden, ist nicht zumutbar, wenn diese Vorschrift selbst Verfolgung ist oder wenn eine Anpassung dazu führt, dass men-

---

10 nahezu einhellige Auffassung, bspw. *Binder*, 431.

11 so stellt auch die US-amerikanische Entscheidung *In re Kasinga* des BIA, E. v. 13. Juni 1996, Interim Decision 3278; darauf ab, dass Togo ein kleines Land ist; *Binder*, 432.

12 *australische RL*, 4.21: „In considering the issue of relocation the relevant issue is whether the applicant could safely live in another part of the country. Officers must carefully consider gender-related issues when applying this test. Financial, logistical, social, cultural and other barriers to reaching internal safety may significantly affect persons of one gender over another. In addition, gender based persecution may be systemic and no protection may be available from the authorities in any part of the country."

schenrechtliche Gewährleistungen mit Verfolgungsstärke beeinträchtigt sind. Zudem kann dies nur verlangt werden, wenn angepasstes Verhalten überhaupt zu einer Vermeidung der Bestrafung führen kann. So kann eine Bestrafung wegen eines Verstoßes gegen frauendiskriminierende Vorschriften häufig nicht vermieden werden, weil auch fahrlässige Verstöße in dieser Weise bestraft werden können.

V. Zumutbarkeit eines Schutzbegehrens

Eine begründete Furcht vor Verfolgung kann grundsätzlich nur bestehen, wenn die staatlichen Stellen von der Schutzbedürftigkeit erfahren haben und damit ihre Schutzfähigkeit unter Beweis stellen konnten. Grundsätzlich haben daher die Antragsteller vor der Flucht staatlichen Schutz zu begehren. Dies ist aber nicht erforderlich, wenn dieser offensichtlich nicht erlangt werden kann.[13] Ein solches Schutzbegehren ist auch unzumutbar, wenn die Frau hiermit ihr Leben riskiert oder sich hiermit der Gefahr von Strafverfolgung oder einer Rechtsgutbeeinträchtigung von Seiten Privater aussetzt, die so intensiv ist wie die Verfolgungshandlung. Es ist auch zu berücksichtigen, dass ein Schutzbegehren zum Ausschluss aus dem Familienverbund und/oder der Ethnie führen kann, mit der Folge, dass der Frau die Beeinträchtigungen drohen, die generell „ungeschützten Frauen" in der Gesellschaft drohen, und/oder ihr Existenzminimum nicht mehr gewährleistet ist.

B. Sonstige Voraussetzungen

Weitere Voraussetzung des Flüchtlingsbegriffs des Art. 1 A Nr. 2 S. 1 Hs. 1 GFK ist, dass die Person sich außerhalb des Landes befindet, dessen Staatsangehörigkeit sie besitzt, zudem dass sie den Schutz dieses Landes nicht in Anspruch nehmen kann oder wegen dieser Befürchtungen nicht in Anspruch nehmen will. Letzteres bezieht sich ausschließlich auf den diplomatischen Schutz im Aufnahmestaat.[14] Diesbezüglich ergeben sich daher im Hinblick auf die Fallkonstellationen frauenspezifischer Flucht- und Bleibegründe keine besonderen Probleme.

---

13 *Ward v. Canada*, 2 S.C.R. 689 (§ 57); *australische RL*, 4.14 „[...] as her inability to even request protection may in itself be indicative of a failure of state protection"; *britische RL*, 2B.4.; *kanadische RL*, C. 2.

14 *UNHCR*, Auslegung, § 35; *UNHCR*, Handbook, § 97 ff; s. u. 5. Kapitel A. 2. a. bb.

Kapitel 8

Gebote des non-refoulement aus der EMRK

Aus der Europäischen Menschenrechtskonvention ergeben sich völkerrechtliche Verpflichtungen der Bundesrepublik Deutschland zum non-refoulement. Der EGMR und das Bundesverwaltungsgericht gehen insofern übereinstimmend davon aus, dass Beeinträchtigungen, die direkt vom Zielstaat drohen oder ihm „zuzurechnen" sind, ein solches Gebot begründen können. Das Bundesverwaltungsgericht schließt aber anders als der EGMR aus, dass auch sonstige unmittelbar von Privaten ausgehende Beeinträchtigungen zu einem solchen Gebot führen können. Da zahlreiche Beeinträchtigungen, die spezifisch Frauen treffen, von Privaten ausgehen, ist daher vorab zu klären, unter welchen Voraussetzungen die Bundesrepublik Deutschland aus der EMRK zum non-refoulement verpflichtet ist.

A. Auslegungsregeln

Zur Auslegung der EMRK sind auch nach der Inkorporierung ins deutsche Recht die in Art. 31 ff WVK enthaltenen Regeln heranzuziehen.[1] Die Entscheidungen des EGMR sind nach Art. 53 EMRK für die am Verfahren unmittelbar Beteiligten bindend. Darüber hinaus kommt dem EGMR jedenfalls eine besondere Bedeutung bei der Auslegung der EMRK zu. Weiter gehend wird angenommen, dass den Entscheidungen des EGMR eine Präjudizwirkung[2] oder sogar eine Wirkung erga omnes zukommt.[3] Das Bundesverwaltungsgericht hingegen sieht sich durch die Äußerungen des EGMR nicht gebunden.[4]

B. Voraussetzungen

Der EGMR hat zunächst aus dem in Art. 3 EMRK gewährleisteten Recht auf Freiheit vor einer unmenschlichen oder erniedrigenden Behandlung ein Gebot des non-refoulement abgeleitet. Mittlerweile nimmt er an, dass auch aus Art. 8 EMRK ein solches Gebot folgt.[5] Die Europäische Kommission für Menschenrechte (EKMR)

---

1 BVerwGE 104, 265 (269 f); s. u. 4. Kapitel A.

2 *Tomuschat* in *Isensee/Kirchhof*, Bd. VII, 497 f (§ 172, Rn. 23 f); *Frowein*, ZAR 2002, 29 (33).

3 *Zimmer*, ZAR 1998, 115 (123).

4 BVerwGE 104, 265 (269 f); bestätigt durch: BVerwGE 105, 187 ff.

5 EGMR, *Berrehab v. Niederlande*, U. v. 21. Juni 1988, Ser. A, 138, dt. Übers. in EuGRZ 1993, 547 (548 f); *C v. Belgien*, U. v. 7. August 1996, s. hierzu *Kälin*, EMRK, 41 ff.

hat auch aus Art. 2 EMRK, dem Recht auf Leben, ein Gebot des non-refoulement entnommen, wenn im Zielstaat mit „near certainty“ der Verlust des Lebens droht.[6] Von dem Gebot des non-refoulement sind jedenfalls Auslieferung, Abschiebung und Ausweisung erfasst. Unklar ist, ob auch die Zurückweisung an der Grenze hierunter fällt.[7]

Begründet wurde die Rechtsprechung des EGMR in der Entscheidung *Soering*. Hier hat der EGMR aus Art. 3 EMRK die Verpflichtung abgeleitet, eine Person vom Staatsgebiet nicht zu entfernen, wenn im Zielstaat unmenschliche oder erniedrigende Behandlung droht, die unmittelbar von den Organen des Zielstaats ausgeht.[8] Dies wurde in weiteren Entscheidungen, beispielsweise in *Cruz-Varas*[9], *Vivarajah*[10] und *Jabary*[11] bestätigt. In der Entscheidung *Ahmed*[12] hat der EGMR ausdrücklich klargestellt, dass auch die unmittelbar von nichtstaatlichen Einheiten ausgehende Beeinträchtigung ein Gebot des non-refoulement begründet, unabhängig von einer „Zurechnung“ zum Zielstaat. Hiernach kommt es nur darauf an, ob im Zielstaat die tatsächliche Gefahr einer unmenschlichen oder erniedrigenden Behandlung besteht, gegen die der Zielstaat keinen Schutz gewähren kann. Dies sei in der Situation eines innerstaatlichen bewaffneten Konflikts gerade anzunehmen.[13] In der Entscheidung *H.L.R.* hat der EGMR die Vertragsstaaten auch zum non-refoulement verpflichtet gesehen, wenn eine unmenschliche Behandlung von Privaten, konkret einem Drogenkartell, mit ausreichender Wahrscheinlichkeit droht.[14] Im Fall *D* ist der Gerichtshof noch einen Schritt weitergegangen und hat entschieden, dass unter gewissen Voraussetzungen die Entfernung einer Person

---

6 *Bhahaddar v. Niederlande*, 25894/94, Bericht der EKMR vom 13. September 1996, § 78 „As to the prohibition of intentional deprivation of life, the Commission does not exclude that an issue might be raised under Article 2 in circumstances in which the expelling State knowingly puts the person concerned at such high risk of losing his life as for the outcome to be a near-certainty", *X v. Schweiz* (unpubliziert), 14912/89; beide Berichte auszugsweise abgedruckt bei *Kälin*, EMRK, 19.

7 siehe hierzu ausführlich *Hartl*, 103 f.

8 EGMR, *Soering v. U.K.*, U. v. 7. Juli 1989, Ser. A, 161, dt. Übers. in NJW 1990, 2183 (2184 f).

9 EGMR, *Cruz Varas v. Schweden*, U. v. 20. März 1991, Ser. A, 201, dt. Übers. in NJW 1991, 3079 (3080).

10 EGMR, *Vilvarajah v. U.K.*, U. v. 30. Oktober 1991, 45/1996/236/302-306, Ser. A, 215, dt. Übers. in NVwZ 1992, 869 ff.

11 EGMR, *Jabary v. Turkey*, U. v. 11. Juli 2000, 40035/98.

12 EGMR, *Ahmed v. Österreich*, U. v. 17. Dezember 1996, 71/1995/577/663, dt. Übers. in NJW 1997, 1100 ff.

13 EGMR, *Ahmed v. Österreich*, U. v. 17. Dezember 1996, Nr. 71/1995/577/663, dt. Übers. in NJW 1997, 1100 ff: „68. The position of the Austrian authorities, that there is no substantial risk for the applicant since the State authority has ceased to exist in Somalia cannot be accepted. It is sufficient that those who hold substantial power within the State, even though they are not the Government, threaten the life and security of the applicant. That is clearly the situation in the present case, given the powerful position of General Aideed."

14 EGMR, *H.L.R. v. Frankreich*, U. v. 29. April 1997, 11/1996/630/813, dt. Übers. in NVwZ 1998, 163 f.

vom Staatsgebiet gegen Art. 3 EMRK verstoßen kann, auch wenn im Zielstaat keine weitere unmenschliche oder erniedrigende Behandlung droht: Hier wurde die Abschiebung eines Aidskranken nach St. Kitts mit der Begründung versagt, dass dessen Todeseintritt aufgrund der besonderen Lebensumstände in St. Kitts erheblich beschleunigt werde.[15] Diese Rechtsprechung wurde in der Entscheidung *Bensaid* bestätigt.[16]

Das Bundesverwaltungsgericht[17] und ihm folgend zahlreiche Verwaltungsgerichte[18] ebenso wie Teile der Literatur[19] sind der Rechtsprechung des EGMR nicht gefolgt: Sie bejahen ein Gebot des non-refoulement aus Art. 3 EMRK nur, wenn die unmenschliche oder erniedrigende Behandlung entweder direkt von einem (Quasi-)Staat ausgeht oder diesem „zurechenbar" ist. Unabhängig davon, ob das Bundesverwaltungsgericht nicht sowieso an die Rechtsprechung des Gerichtshofs gebunden ist, kann seine Kritik an der Rechtsprechung des EGMR, der eine Auslegung gewählt habe, die mit Wortsinn, Ziel und Entstehungsgeschichte unvereinbar sei[20], bereits deswegen nicht überzeugen, weil sie inkonsequent ist: Im Kern gründet sich die Kritik des Bundesverwaltungsgerichts darauf, dass die Gestaltung der Flüchtlingspolitik durch die Rechtsprechung des EGMR stärker eingeschränkt werde, als sich dies der deutsche Gesetzgeber vorgestellt habe.[21] So befürchtet das Bundesverwaltungsgericht, dass Art. 3 EMRK in eine völkerrechtliche Generalklausel für die Gewährung eines allgemeinen Flüchtlingsschutzes umgeformt werde.[22] Allerdings wurde der Grundstein für die Beschränkung der staatlichen Souveränität schon in der Entscheidung *Soering* gelegt. Bereits in dieser Entscheidung sieht der EGMR einen Konventionsstaat aus Art. 1 EMRK verpflichtet, jede Person, die sich auf seinem Hoheitsgebiet befindet, erstens nicht selbst unmenschlich oder erniedrigend zu behandeln und zweitens nicht in eine Situation zu verbringen, in der sie „tatsächlich Gefahr laufen würde, im Aufnahmeland einer Behandlung ausgesetzt zu werden, die mit Art. 3 EMRK unvereinbar

---

15 EGMR, *D v. U.K.*, U. v. 2. Mai 1997, 146/1996/767/946; dt. Übers. in NVwZ 1998, 161 f.

16 EGMR, *Bensaid v. U.K.*, U. v. 6. Februar 2001, 44599/98, dt. Übers. in InfAuslR 2001, 364 ff.

17 BVerwGE 104, 265 ff; BVerwGE 105, 187 ff; sowie BVerwGE 99, 331 ff.

18 dem EGMR zustimmend hingegen bspw.: VG München, U. v. 6. März 2001, M 21 K 98.51167, 54 ff; VG Frankfurt a. M., U. v. 29. März 1999, 9 E 30919/97.A (2), InfAuslR 1999, 300 (305 f); eine eigene Linie zwischen der Rechtsprechung des EGMR und des BVerwG vertritt das VG Karlsruhe, U. v. 18. März 1998, A 10 K 11655/96 (teilweise abgedruckt in Streit 1998, 179 ff, nicht aber diese Stelle), das andere Anforderungen an das Bestehen eines Quasi-Staates stellt als bei Art. 16a Abs. 1 GG.

19 *Hailbronner* in *Hailbronner*, 3 ff; *Maaßen*, ZAR 1998, 107 ff; a. A. hingegen bspw.: *Binder*, 142 ff; *Hartl*, 118 ff; *Kälin* in *Hailbronner/Klein*, 51 ff; *Marx*, NVwZ 1998, 153 ff; *Wiesbrock*, 127 f; *Zimmer*, ZAR 1998, 115.

20 BVerwGE 104, 265 ff; bestätigt durch BVerwGE 105, 187 (191 ff).

21 BVerwGE 104, 265 (269 ff); BVerwGE 105, 187 ff.

22 BVerwGE 104, 265 (271).

ist."[23] Das Bundesverwaltungsgericht übt an dieser Rechtsprechung des EGMR keine Kritik.[24] Die nachfolgenden Entscheidungen des EGMR sind nur eine konsequente Fortentwicklung der in *Soering* entwickelten Grundsätze:

Die Verpflichtungen aus der EMRK sind bei der Handlung des Konventionsstaates zu beachten, mithin bei dem refoulement.[25] Damit trifft die Bundesrepublik Deutschland zunächst aus Art. 1 und Art. 3 EMRK die Verpflichtung, bei dem Vorgang der Entfernung vom Staatsgebiet eine unmenschliche oder erniedrigende Behandlung zu unterlassen. Eine unmenschliche Behandlung ist ein Verhalten, das schwerwiegende Beeinträchtigungen herbeiführt. Diese müssen nicht absichtlich herbeigeführt werden.[26] Eine Behandlung ist erniedrigend, wenn sie eine Person schwerwiegend herabsetzt. Ob dies gegeben ist, ist anhand aller Umstände des Falls danach zu beurteilen, ob eine Person gleichen Geschlechts, Alters, Gesundheitszustands hierdurch in dieser Weise herabgesetzt wäre.[27] Im Einzelfall kann daher auch der Vorgang der Entfernung selbst eine unmenschliche oder erniedrigende Behandlung sein, wenn es während der Abschiebung, Auslieferung oder Ausweisung zu einer solchen Beeinträchtigung kommt oder wenn im direkten Anschluss hieran im Zielstaat unmittelbar eine solche Beeinträchtigung droht. Letzteres kann nur unter besonderen Umständen angenommen werden, beispielsweise wenn eine Person schwer erkrankt ist und ihr infolge des refoulement schmerzlindernde oder lebensverlängernde Medikamente nicht mehr zur Verfügung stehen. In diesem Sinne ist die Rechtsprechung in *D* zu verstehen. Die Kritik des Bundesverwaltungsgerichts an dieser Entscheidung, die sich darauf gründet, dass in diesem Fall keine unmenschliche oder erniedrigende Behandlung droht, ist somit unberechtigt, da hier der Vorgang der Entfernung vom Staatsgebiet eine solche Behandlung ist.

Wenn erst die Handlung Dritter, d. h. staatlicher Organe oder Privater im Zielstaat die konkreten schwerwiegenden Beeinträchtigungen herbeiführt, kann der Vorgang der Entfernung vom Staatsgebiet selbst hingegen keine unmenschliche oder erniedrigende Behandlung sein.[28]

---

23 EGMR, *Soering v. U.K.*, U. v. 7. Juli 1989, Ser. A, 161, dt. Übers. in NJW 1990, 2183 (2184 f).

24 BVerwGE 104, 265 (268).

25 so ausdrücklich der EGMR bspw. in *D v. U.K.*, U. v. 2. Mai 1997, 146/1996/767/946; dt. Übers. in NVwZ 1998, 161 f, § 50; *H.L.R. v. Frankreich*, U. v. 29. April 1997, 11/1996/630/813, dt. Übers. in NVwZ 1998, 163 f Rn. 34; VG Frankfurt a. M., U. v. 29. März 1999, 9 E 30919/97.A (2), InfAuslR 1999, 300 (306); *Frowein*, NVwZ 2002, 29 (32); *Kälin*, EMRK, 14; *Kälin* in *Hailbronner/Klein*, 51 (64 ff); *Masuch*, ZAR 2000, 115 (118); *Zimmer*, ZAR 1998, 115 (117).

26 *Harris/O'Boyle/Warbrick*, 62 f, die Kommission hat hingegen in Dänemark, Norwegen, Schweden, Niederlande v. Griechenland, B 3321/67 u. a. verlangt, dass die Beeinträchtigungen absichtlich herbeigeführt werden, s. hierzu *Frowein/Peukert*, Art. 3 Rn. 2.

27 *Harris/O'Boyle/Warbrick*, 80 f.

28 so auch *Maaßen*, 120.

Hier hat ein refoulement seit der Entscheidung *Soering* aber zu unterbleiben, wenn im Zielstaat mit einem „real risk" eine solche Behandlung droht.[29] Das Bundesverwaltungsgericht argumentiert, dass eine unmenschliche oder erniedrigende Behandlung nach Wortsinn und Zweck der Konvention, dem Missbrauch staatlicher Gewalt vorzubeugen, nur vorliegen könne, wenn sie von staatlichen Organen ausgehe oder dem Staat „zurechenbar" sei.[30] Es geht somit davon aus, dass einer unmenschlichen oder erniedrigenden Behandlung i. S. d. Art. 3 EMRK immanent ist, dass sie vom (Quasi-)Staat ausgeht oder diesem „zuzurechnen" ist. Da nach allgemeiner Auffassung auch unmittelbar private Handlungen den Gewährleistungsbereich des Art. 3 EMRK beeinträchtigen können, setzt dies voraus, dass eine Behandlung, die unmittelbar von Privaten ausgeht und vom Charakter her eine unmenschliche oder erniedrigende Behandlung ist, dem Staat als eigene Handlung zugerechnet wird, wenn dieser die Handlung duldet oder sonst nicht mit due diligence hiergegen vorgeht. Das ist aber nach den allgemeinen völkerrechtlichen Grundsätzen[31] nicht der Fall: Eine unmittelbar von Privaten ausgehende unmenschliche oder erniedrigende Behandlung löst Handlungspflichten des Konventionsstaates aus. Wenn die staatlichen Organe es unterlassen, mit due diligence die Beeinträchtigung zu verhindern, verstößt ihr Unterlassen gegen Art. 3 EMRK, sofern es kausal zu der Menschenrechtsbeeinträchtigung geführt hat. Der Vertragsstaat der EMRK wird somit in diesem Fall ausschließlich für das Unterlassen seiner Organe zur Verantwortung gezogen.[32] Einer unmenschlichen oder erniedrigenden Behandlung ist somit nicht immanent, dass sie vom (Quasi-)Staat ausgeht. Zudem kann es nur Schutzzweck der EMRK sein, vor dem Missbrauch staatlicher Gewalt durch die Vertragsstaaten der EMRK zu schützen. Da der Zielstaat regelmäßig kein solcher Vertragsstaat ist, kann es nur darum gehen, die betroffene Person vor dem Verhalten des Vertragsstaates Bundesrepublik Deutschland, d. h. dem refoulement zu schützen.

Aus dem gerade Ausgeführten folgt zugleich, dass die Rechtsprechung in *Soering* nur so verstanden werden kann, dass die im Zielstaat mit ausreichender Wahrscheinlichkeit drohende unmenschliche oder erniedrigende Behandlung für die Bundesrepublik die Pflicht auslöst, die Person nicht abzuschieben, auszuweisen oder auszuliefern.[33] Aus der Sicht der Bundesrepublik Deutschland ist es dabei unerheblich, von wem die Beeinträchtigung ausgeht, denn für sie sind sowohl die

---

[29] EGMR, *Soering v. U.K.*, U. v. 7. Juli 1989, Ser. A, 161, dt. Übers. in NJW 1990, 2183 (2184 f); *Harris/O'Boyle/Warbrick*, 79.

[30] so BVerwGE 104, 265 (270 f), bestätigt durch: BVerwGE 105, 187 (188 ff).

[31] s. hierzu die Ausführungen unter 5. Kapitel A. III. 1. a. cc.

[32] so auch VG München, U. v. 6. März 2001, M 21 K 98.511167, 57; *Kälin* in *Hailbronner/Klein*, 51 (64 ff); *Wiesbrock*, 126 f; ähnlich VG Frankfurt a. M., U. v. 29. März 1999, 9 E 30919/97.A (2), InfAuslR 1999, 300 (306); *Marx*, NVwZ 1998, 153; *Masuch*, ZAR 2000, 115 (118 ff).

[33] *Harris/O'Boyle/Warbrick*, 77 f; *Künzli*, 261.

staatlichen Organe des Zielstaats als auch dort handelnde Private gleichermaßen Dritte, die eine Handlungspflicht auslösen.[34] Wenn die Beeinträchtigung im Zielstaat von Privaten droht, besteht ein „real risk" allerdings nur, wenn die staatlichen Organe des Zielstaats nicht dazu in der Lage oder willens sind, gegen die von den Privaten ausgehende Beeinträchtigung effektiven Schutz zu bieten.

C. Bedeutung für das innerstaatliche Recht

Die EMRK ist innerstaatlich durch Zustimmungsgesetz gemäß Art. 59 Abs. 2 GG in Kraft gesetzt worden. Sie steht damit jedenfalls im Rang eines Bundesgesetzes.[35] Aus den einzelnen Normen der EMRK folgt auch jeweils ein subjektives Recht des Einzelnen auf Beachtung des Gebots des non-refoulement.[36] Diese Normen sind nämlich erstens hinreichend konkret und bestimmt, um auch im innerstaatlichen Recht unmittelbar Anwendung zu finden und zweitens haben Individuen bereits auf völkerrechtlicher Ebene nach Art. 34 EMRK die Möglichkeit, eine Beeinträchtigung ihrer Rechte aus der EMRK vor dem EGMR prüfen zu lassen.

§ 53 Abs. 4 AuslG könnte daher nur als Klarstellung zu verstehen sein. Das Bundesverwaltungsgericht geht aber davon aus, dass im Rahmen des § 53 Abs. 4 AuslG zwischen solchen Beeinträchtigungen zu differenzieren ist, die im Zielstaat drohen und solchen, die im Aufnahmestaat drohen. Nur erstere seien von § 53 Abs. 4 AuslG erfasst.[37] Im Hinblick auf diese zielstaatsbezogenen Beeinträchtigungen ist § 53 Abs. 4 AuslG wegen der direkten Bezugnahme auf die EMRK so auszulegen, dass in allen Fällen, in denen die Bundesrepublik Deutschland aus der EMRK zum non-refoulement verpflichtet ist, hieraus ein Abschiebungshindernis folgt.[38]

D. Subsumtion

I. Körperstrafen

Körperstrafen sind eine erniedrigende Behandlung, sofern sie über ein unerhebliches Minimum hinausgehen.[39] Wenn sie zu schwerwiegenden und/oder dauerhaften körperlichen Beeinträchtigung führen, sind sie auch eine unmenschliche

---

34 *Künzli*, 257 ff; *Wiesbrock*, 126 f.

35 BVerfGE 74, 358 (370); *Frowein in Isensee/Kirchhof*, VII, § 180 Rn. 6.

36 *Maaßen*, 84; *Marx*, Handbuch § 79 Rn. 2; offen lassend *Renner*, § 53 Rn. 13; a. A. *Gornig*, EuGRZ 1986, 521 (527).

37 BVerwGE 105, 322 ff.

38 BVerwGE 105, 322 ff; *Renner*, § 53 Rn. 13 ff.

39 *Frowein/Peukert*, Art. 3 Rn. 8; so wurden in *Costello-Roberts v. U.K.*, E. v. 25. März 1993, RUDH 1993, 282 drei Schläge mit einem Gymnastikschuh nicht als ausreichend angesehen.

Behandlung.[40] Sofern im Zielstaat von staatlichen Organen oder von Privaten eine Körperstrafe mit einem „real risk“ droht, ist die Bundesrepublik Deutschland daher zum non-refoulement verpflichtet.[41] Dies gilt gleichermaßen für § 53 Abs. 4 AuslG. Nach der ständigen Rechtsprechung des Bundesverwaltungsgerichts gilt dies hingegen nur für den Fall, dass die Beeinträchtigung entweder unmittelbar von staatlichen Organen ausgeht[42] oder diese dem Staat „zuzurechnen“ ist. Das Bundesverwaltungsgericht bejaht die „Zurechnung“ hierbei unter den gleichen Voraussetzungen wie im Rahmen des Art. 16a Abs. 1 GG.[43] Selbst wenn dem Ansatz des Bundesverwaltungsgerichts entgegen der hier vertretenen Auffassung gefolgt wird, ist eine „Zurechnung“ aber bereits zu bejahen, wenn der Staat gegen die Beeinträchtigungen nicht mit due diligence vorgeht. Wie bei der Prüfung des Art. 16a Abs. 1 GG noch näher ausgeführt wird, sind die „Zurechnungs“kriterien des Bundesverwaltungsgerichts mit den Vorgaben dieses Maßstabs aber teilweise nicht zu vereinbaren.[44]

II. Frauendiskriminierende Verhaltensvorschriften

Zudem könnte auch das Bestehen frauendiskriminierender Verhaltensvorschriften zu einem Gebot des non-refoulement aus Art. 3 EMRK führen. So kann auch ein Gesetz eine erniedrigende Behandlung i. S. d. Art. 3 EMRK sein.[45] Dies ist gegeben, wenn hierdurch eine Person gleichen Alters und Geschlechts wie der Betroffene schwerwiegend herabgewürdigt wird.[46] EGMR und EKMR haben dies dahingehend konkretisiert, dass die Behandlung im Opfer Gefühle der Angst, der Ohnmacht oder Minderwertigkeit erzeugen muss, die geeignet sind, zu erniedrigen oder zu entwürdigen und möglicherweise dessen physischen oder moralischen Widerstand zu brechen.[47] Die Person muss entweder vor anderen schwerwiegend herabgesetzt werden und/oder gezwungen werden, gegen ihren Willen oder ihr Ge-

---

40 EGMR, *Tyrer v. U.K.*, U. v. 25. April 1978, Ser. A, 26, § 29, EuGRZ 1979, 162 ff; *Frowein/Peukert*, Art. 3 Rn. 8.

41 vgl. *Jabary v. Turkey*, EGMR, U. v. 11. Juli 2000, 400 35/98, bzgl. der einer Frau im Iran drohenden Körperstrafe.

42 In diesem Fall ein Abschiebungshindernis aus § 53 Abs. 4 AuslG bejahend: BVerfG (Kammer), NVwZ-Beilage 3/1996, 19 f; BayVGH, U. v. 11. November 1992, 19 BZ.92.31853, Streit 1994, 85 (86 f); *GK-AuslR*, § 53 Rn. 205.

43 s. bspw. BVerwGE 104, 265 (269).

44 s. u. 9. Kapitel A. II. 1. b.

45 EGMR, *Marckx v. Belgien*, U. v. 13. Juni 1979, Ser. A, 31, EuGRZ 1979, 454 (461); EKMR, *East African Asians v. U.K.*, 14. Dezember 1973, § 195, in dt. Übers. in EuGRZ 1994, 386 (389); Frowein/Peukert, Art. 3 Rn. 9.

46 EGMR, *Kudla v. Polen*, U. v. 26. Oktober 2000, § 91, dt. Übers. in NJW 2001, 2694 (2695).

47 EGMR, *Irland v. U.K.*, U. v. 18. Januar 1978, Ser. A, 25, § 167, 66 f, dt. Übers. in EuGRZ 1979, 149 ff.

wissen zu handeln.[48] Dabei kann nicht auf eine typisierte Person in dem jeweiligen gesellschaftlichen Kontext abgestellt werden, da die EMRK dort keine Anwendung findet und sie zudem vor dem gemeinsamen europäischen Hintergrund auszulegen ist.[49] Es ist somit auf eine Person gleichen Geschlechts und Alters in Europa abzustellen. Verschleierungsgebote, wie sie in Afghanistan unter der Herrschaft der Taliban bestanden und wie sie in Saudi-Arabien bestehen, würdigen Frauen in diesem Sinne schwerwiegend herab, da Frauen hierdurch nicht mehr als Individuen zu erkennen sind. Jedenfalls, wenn die hiermit einhergehenden sonstigen frauendiskriminierenden Vorschriften mit in die Betrachtung einbezogen werden, wird eine Frau, die es nicht als religiös verpflichtend ansieht, die vorgeschriebene Bekleidung zu tragen, durch das Gebot schwer herabgewürdigt. Das Bestehen der Vorschriften ist daher eine erniedrigende Behandlung i. S. d. Art. 3 EMRK.[50]

Das Unterlassen des Arztes, Frauen wegen ihrer Geschlechtszugehörigkeit im erforderlichen Umfang zu behandeln, ist eine unmenschliche Behandlung i. S. d. Art. 3 EMRK, wenn hierdurch bleibende Gesundheitsschäden oder starke körperliche oder psychische Beeinträchtigungen hervorgerufen werden. Anderenfalls ist dieses Unterlassen jedenfalls eine erniedrigende Behandlung.

III. Genitalverstümmelung

Alle Formen der Genitalverstümmelung sind, sofern sie ohne Einwilligung der Frauen durchgeführt werden, entsprechend dem zu Art. 7 IPBPR Ausgeführten unmenschliche Behandlungen i. S. d. Art. 3 EMRK.[51] Sie sind zudem erniedrigende Behandlungen, wenn sie gegen den Willen der Betroffenen durchgeführt werden.

Die soziale Ausgrenzung unverstümmelter Frauen kann ebenfalls eine solche Schwere erreichen, dass dies für eine durchschnittliche Frau in Europa als schwerwiegende Herabsetzung anzusehen ist. Dies ist jedenfalls gegeben, wenn einer Frau in Folge der sozialen Ausgrenzung als einzige Erwerbsquelle die Prostitution bleibt oder sie vergewaltigt wird. Darüber hinaus ist die Ausgrenzung eine ernie-

---

48 EKMR, *East African Asians v. U.K.*, E. v. 14. Dezember 1973, § 195, dt. Übers. in EuGRZ 1994, 386 (389).

49 vgl. *Frowein/Peukert*, Art. 3 Rn. 1.

50 daher sieht auch das OVG NRW, B. v. 17. Januar 1997, 17 B 31517/95; InfAuslR 1997, 268 ff; „gewichtige Anhaltspunkte" für eine erniedrigende oder unmenschliche Behandlung i. S. d. Art. 3 EMRK; VG Leipzig, U. v. 7. November 1995, A 4 K 2588/93; VG Karlsruhe, U. v. 18. März 1998, A 10 K 11655/96, Streit 1998, 178 (180): „Aber auch die noch unterhalb der Schwelle von Körperverletzungen liegende, im Fall der Klägerinnen mit Sicherheit zu erwartende soziale Ausgrenzung und Stigmatisierung als solche ist 'erniedrigende Behandlung' im Sinne von Art. 3 EMRK – unabhängig davon, ob im asylrechtlichen Sinne ausreichende Intensität [...] vorliegen würde."

51 s. u. 5. Kapitel B. II. 1. a.

drigende Behandlung, wenn die Frauen fortwährend beschimpft und dauerhaft aus der Gesellschaft ausgegrenzt werden.[52]

Aus Art. 3 EMRK trifft die Bundesrepublik Deutschland somit die Verpflichtung, eine Frau, der eine solche Behandlung im Zielstaat droht, nicht dorthin zu verbringen. Entsprechend folgt aus § 53 Abs. 4 AuslG die Verpflichtung, unverstümmelte Frauen nicht in den Zielstaat abzuschieben. Nach der Rechtsprechung des Bundesverwaltungsgerichts besteht ein solcher Anspruch allerdings nur in den Fällen, in denen dem Staat das Verhalten „zuzurechnen" ist, mithin die staatlichen Organe nicht mit due diligence gegen die Beeinträchtigungen vorgehen. Dies ist unter den zur GFK dargelegten Voraussetzungen gegeben.[53] In der Praxis wurde unterschiedlich beurteilt, ob drohende Genitalverstümmelungen zum Abschiebungsschutz aus § 53 Abs. 4 AuslG i. V. m. Art. 3 EMRK führen.[54] Die Verneinung des Abschiebungsschutzes liegt auch darin begründet, dass teilweise zu hohe Anforderungen an die „Zurechnung" gestellt werden.[55] In den Verwaltungsvorschriften zu § 53 AuslG werden Genitalverstümmelungen ebenfalls nur im Rahmen des § 53 Abs. 6 AuslG erwähnt.[56]

IV. Gewalt in der Familie

Gewalt an Ehefrauen, die zu einem Fluchtgrund wird, ist i. d. R. so schwerwiegend, dass diese eine unmenschliche oder erniedrigende Behandlung i. S. d. Art. 3 EMRK ist. Hierdurch werden bei den Frauen auch Gefühle der Minderwertigkeit und Erniedrigung erzeugt. Dies gilt gleichermaßen für Gewalt im Zusammenhang mit Mitgiftforderungen sowie im Namen der Ehre, die, wie das Abschneiden der Nase, zumeist ausreichende Beeinträchtigungsintensität erreichen. Eine Tötung im Namen der Ehre ist ebenfalls eine unmenschliche oder erniedrigende Behandlung i. S. d. Art. 3 EMRK, wenn die betroffene Frau, wie zumeist, zu den gegen sie gerichteten Vorwürfen nicht einmal Stellung nehmen kann.[57] Zudem beeinträchtigen sie das in Art. 2 EMRK geschützte Recht auf Leben.[58]

---

52 siehe hierzu schon die Ausführungen unter 5. Kapitel B. II .3.

53 s. u. 5. Kapitel B. II.

54 bejahend, weil staatliche „Zurechenbarkeit" gegeben: VG Ansbach, U. v. 4. Dezember 2001, AN 12 K 01.30131, abgedruckt in Asylmagazin 3/2002, VG München, U. v. 2. Dezember 1998, M 21 K 97.53552, InfAuslR 1999, 306 (307); *GK-AuslR*, § 53 Rn. 204.1; auch sonst bejahend: VG München, U. v. 6. März 2001, M 21 K 98.51167, 61; VG Frankfurt a. M., U. v. 29. März 1999, 9 E 30919/97.A (2), InfAuslR 1999, 300 (305 f); verneinend hingegen bspw.: VGH Baden-Württemberg, U. v. 3. April 2001, A 9 S 1897/00; VG Oldenburg, U. v. 7. Mai 1998, 6 A 4610/96, InfAuslR 1998, 412 (414 f); VG Trier, U. v. 27. April 1999, 4 K 1157/98, NVwZ-Beilage 7/1999, 75 (75).

55 siehe auch unter: 9. Kapitel C. II. 1. a. aa. (2).

56 AuslG-VwV, 53.6.1.

57 *Allewedt*, 23; *Weberndörfer*, 141.

58 *Allewedt*, 23.

Die Bundesrepublik Deutschland trifft daher aus Art. 3 EMRK die Verpflichtung, Personen, denen Gewaltanwendungen im Namen der Ehre im Zielstaat mit ausreichender Wahrscheinlichkeit drohen, nicht dorthin zu verbringen. Zudem besteht ein Abschiebungshindernis aus § 53 Abs. 4 AuslG. Nach der Rechtsprechung des Bundesverwaltungsgerichts ist dies nur der Fall, wenn die unmittelbar private Handlung dem Zielsstaat „zuzurechnen" ist, mithin der Zielstaat es unterlassen hat, mit due diligence hiergegen vorzugehen. Dies ist unter den oben dargelegten Voraussetzungen gegeben.[59] In den Fällen häuslicher Gewalt, bei Gewaltanwendungen im Zusammenhang mit der Mitgift sowie bei Tötungen im Namen der Ehre wird in der Rechtspraxis allerdings i. d. R. nur ein Abschiebungshindernis aus § 53 Abs. 6 AuslG bejaht.[60] Dies liegt mit daran, dass nicht in Erwägung gezogen wird, dass diese Beeinträchtigungen dem Zielstaat „zuzurechnen" sein könnten.[61] Auch in den Verwaltungsvorschriften werden Ritualmorde und Blutrache nur im Rahmen des § 53 Abs. 6 AuslG erwähnt.[62]

Sofern mit der EKMR angenommen wird, dass auch aus Art. 2 EMRK ein Gebot des non-refoulement folgt, wenn im Zielstaat mit „near certainty" ein Verlust des Lebens droht, führen Tötungen im Namen der Ehre i. d. R. zu einem solchen Gebot, da es sehr wahrscheinlich ist, dass diese Tötungen ausgeführt werden und selbst im Zielstaat vorhandene Schutzvorkehrungen häufig keinen ausreichenden Schutz bieten können.

V. Speziell: Beeinträchtigung von Witwen

Witwen können im Zielstaat Witwenverbrennungen drohen. Diese sind eine erniedrigende oder unmenschliche Behandlung, wenn die Witwen mit physischer oder psychischer Gewalt zu der Verbrennung gezwungen werden. Die systematische Ausgrenzung von Witwen in der Gesellschaft und in der Familie kann ebenfalls das Ausmaß einer erniedrigenden Behandlung erreichen. In diesem Fall folgt somit aus Art. 3 EMRK ein Gebot des non-refoulement und aus Art. § 53 Abs. 4 AuslG ein Abschiebungshindernis.

Nach der Rechtsprechung des Bundesverwaltungsgerichts ist zusätzlich zu prüfen, ob die Witwenverbrennungen dem Zielstaat „zuzurechnen" sind. Bisher gibt es noch keine Entscheidung, in der dies erwogen wurde, und auch in den Verwaltungsvorschriften sind Witwenverbrennungen nur im Rahmen des § 53

59 s. u. 5. Kapitel B. III.

60 s. bspw. OVG Niedersachsen, U. v. 12. September 2001, 2 L 1082/00, InfAuslR 2002, 154; VG Gelsenkirchen, U. v. 15. Januar 1999, 18 a K 2523/98.A, InfAuslR 2000, 51 ff; VG Münster, B. v. 5. März 1999, 10 L 207/99.A, InfAuslR 1999, 307 f; anders hingegen VG Berlin, U. v. 23. April 2001, VG 34 X 66.01, InfAuslR 2002, 160 (163).

61 s. OVG Niedersachsen, U. v. 12. September 2001, 2 L 1082/00, InfAuslR 2002, 154.

62 AuslG-VwV, 53.6.1.

Abs. 6 AuslG erwähnt.[63] Wenn der Staat gegen Vorstellungen in der Gesellschaft, die diese Tötungen legitimieren, nicht in ausreichendem Maße vorgeht und/oder eine weitverbreitete soziale Ausgrenzung von Witwen zu unterbinden versucht, ist aber vorstellbar, dass dieser den Anforderungen von due diligence nicht genügt.[64]

Zugleich wird durch die Witwenverbrennung als Fremdtötung auch der Gewährleistungsbereich von Art. 2 EMRK beeinträchtigt. Anders als Tötungen im Namen der Ehre drohen Witwenverbrennungen allerdings nicht mit „near certainty" im Zielstaat, so dass die Voraussetzungen des Gebots des non-refoulement aus Art. 2 EMRK nicht erfüllt sind.

VI. Vergewaltigung/Zwangsabtreibung/Zwangssterilisation

Vergewaltigung[65], Zwangsabtreibung und Zwangssterilisation[66] sind jeweils eine unmenschliche oder erniedrigende Behandlung i. S. d. Art. 3 EMRK. Dies gilt auch für sonstige Formen sexueller Gewalt, die über eine Erheblichkeitsschwelle hinausgehen.[67] Wenn im Zielstaat eine oder mehrere dieser Beeinträchtigungen mit ausreichender Wahrscheinlichkeit drohen, folgt somit aus Art. 3 EMRK ein Gebot des non-refoulement. Entsprechend folgt auch ein Abschiebungshindernis aus § 53 Abs. 4 AuslG i. V. m. Art. 3 EMRK. Insofern sind die Verwaltungsvorschriften zu § 53 Abs. 4 AuslG missverständlich, da hier nur systematische Vergewaltigungen als Beispiel für eine erniedrigende oder unmenschliche Behandlung genannt sind[68]. Ob die Vergewaltigungen systematisch sind, ist nur für die Beurteilung von Interesse, ob ein ernsthaftes Risiko („real risk") besteht, im Zielstaat einer solchen Behandlung unterzogen zu werden. Zudem ist es unerheblich, ob die Vergewaltigung durch Private oder staatliche Organe droht. Eine Vergewaltigung durch Private ist nach der Rechtsprechung des Bundesverwaltungsgerichts allerdings nur eine erniedrigende oder unmenschliche Behandlung, wenn sie dem Staat „zurechenbar" ist. Eine solche „Zurechnung" kann gegeben sein, wenn der Staat es versäumt, gegen in der Gesellschaft bestehende Vorstellungen vorzugehen, in denen die Vergewaltigung von bestimmten Frauen als legitim angesehen wird.[69]

---

63 AuslG-VwV, 53.6.1.

64 s. u. 5. Kapitel B. III. 4.

65 EGMR, *Aydin v. Turkey*, U. v. 26. August 1997, 23/78/94.

66 OVG NRW, U. v. 26. Juni 1997, 1 A 1402/97.A, InfAuslR 1997, 268 f; OVG NRW, U. v. 24. April 1998, 1 A 1399/97.A; *GK-AuslR*, § 53 Rn. 205.3, offen lassend: VG Frankfurt a. M., U. v. 4. September 2000, 4 E 30037/97.A (1).

67 vgl. hierzu *Irland v. U.K.*, U. v. 18. Januar 1978, EuGRZ 1979, 449, Ser. A, 25, hier wurde angenommen, dass es eine erniedrigende Behandlung sein kann, wenn inhaftierte Personen unter Aufsicht körperliche Übungen durchführen müssen.

68 AuslG-VwV, 53.4.1.1.

69 s. u. 5. Kapitel B. VI. 1.

Teil III

Innerstaatliche Rechtslage

In diesem Teil wird betrachtet, unter welchen Voraussetzungen frauenspezifische Flucht- oder Bleibegründe im innerstaatlichen Recht zur Schutzgewährung aus Art. 16a Abs. 1 GG sowie aus §§ 51 ff AuslG führen. Hierbei wird ermittelt, ob bzw. in welchem Umfang die völkerrechtlichen Verpflichtungen zur Schutzgewährung beachtet werden.

Kapitel 9

Schutz aus Art. 16a Abs. 1 GG und § 51 Abs. 1 AuslG

Da § 51 Abs. 1 AuslG üblicherweise in weitgehender Übereinstimmung mit Art. 16a Abs. 1 GG ausgelegt wird, ist es sinnvoll, den aus Art. 16a Abs. 1 GG und § 51 Abs. 1 AuslG folgenden Schutz in einer einheitlichen Prüfung zu ermitteln. Nach dem hier vertretenen Ansatz ist § 51 Abs. 1 AuslG hingegen entsprechend Art. 33 Abs. 1 GFK i. V. m. Art. 1 A Nr. 2 S. 1 Hs. 1 GFK und damit so auszulegen, wie im zweiten Teil ausgeführt. Bei der Subsumtion unter § 51 Abs. 1 AuslG werden daher die Ergebnisse beider Auslegungen miteinander verglichen.

A. Voraussetzungen von Art. 16a Abs. 1 GG

Nach Art. 16a Abs. 1 GG genießen politisch Verfolgte Asylrecht. Das Bundesverfassungsgericht hat politische Verfolgung konkretisiert als Zufügung gezielter Rechtsverletzungen in Anknüpfung an asylerhebliche Merkmale, die ihrer Intensität nach aus der übergreifenden Friedensordnung der staatlichen Einheit ausgrenzen.[1] Nach ständiger Rechtsprechung ist politische Verfolgung dabei grundsätzlich nur staatliche oder quasi-staatliche Verfolgung.[2]

I. Verfolgung

1. Ansatz der Rechtsprechung: asylerhebliche Intensität

Ein Verhalten kann nach dem Ansatz der Rechtsprechung nur Verfolgung sein, wenn es sich nicht nur als Beeinträchtigung, sondern als ausgrenzende Verfolgung darstellt. Dies ist nach Auffassung des Bundesverfassungsgerichts nicht abstrakt zu bestimmen, sondern im Einzelfall, der humanitären Intention des Asylrechts entsprechend, danach, ob sich die Person in einer für sie ausweglosen Lage befindet.[3] Dies wurde dahingehend konkretisiert, dass eine nicht unerhebliche unmittelbare Beeinträchtigung von Leib, Leben oder der physischen Freiheit immer von asylerheblicher Intensität ist, sonstige Beeinträchtigungen hingegen nur, wenn sie nach Intensität und Schwere die Menschenwürde verletzen und über

[1] BVerfGE 80, 315 (333).
[2] bspw. BVerfGE 80, 315 (336); BVerfGE 54, 341 (358); BVerwGE 67, 317 (318).
[3] BVerfGE 80, 315 (335); BVerfGE 74, 51 (64).

das hinausgehen, was die Bevölkerung des Heimatstaates allgemein hinzunehmen hat.[4] Bundesverfassungs- und Bundesverwaltungsgericht haben die menschenwürdeverletzende Beeinträchtigungsintensität im Hinblick auf Beeinträchtigungen der Religionsausübungsfreiheit[5], der Berufsfreiheit[6], des sexuellen Selbstbestimmungsrechts[7] und der Bildungsfreiheit[8] konkretisiert. Diese Vorgaben sind aber nicht zur Lösung aller Probleme geeignet, die in den Konstellationen frauenspezifischer Flucht- und Bleibegründe auftreten können.

Eine Übertragung dieser Konkretisierungen auf die Beeinträchtigung anderer Rechtsgüter kommt erst in Betracht, wenn die allgemeinen Prinzipien klar geworden sind, auf denen diese Konkretisierungen beruhen.

Das Bundesverfassungsgericht hat ausgeführt, dass Beeinträchtigungen der Religionsausübungsfreiheit menschenwürdeverletzende Intensität erreichen, wenn nicht einmal mehr die Religionsausübung im häuslich-privaten Bereich im Sinne eines religiösen Existenzminimums möglich sei. In diesem Fall hätten die Beeinträchtigungen „ein solches Gewicht [...], daß sie in den elementaren Bereich der sittlichen Person eingreifen, in dem für ein menschenwürdiges Dasein die Selbstbestimmung möglich bleiben muß, sollen nicht die metaphysischen Grundlagen der menschlichen Existenz zerstört werden."[9] Dies ergebe sich aus dem Kriterium der Menschenwürde, wie nach internationalem Standard.[10] Im Rahmen der Begründung stellt das Bundesverfassungsgericht dabei darauf ab, dass der Staat das legitime Interesse habe, Maßnahmen „zur näheren Abgrenzung der Zugehörigkeit zu dieser Staatsreligion sowie zu deren Schutz – auch gegenüber der internen Glaubensspaltung" zu ergreifen.[11] Es stellt somit auf die Legitimität staatlichen Handelns ab. Der Maßstab, an dem diese Legitimität gemessen wird, ist dabei nicht das Grundgesetz, da diese Erwägungen mit dem Neutralitätsgebot des Grundgesetzes nicht vereinbar sind. Die Bezugnahme auf die Menschenwürde ist daher nicht so zu verstehen, dass das Bundesverfassungsgericht den Menschenwürdekern des Art. 4 Abs. 1, 2 GG bestimmt, zumal dieser nicht notwendig mit der Religionsausübung im häuslich-privaten Bereich identisch ist.[12] Das Bundesverfassungsgericht expliziert auch nicht, was es unter internationalem Standard versteht. Rückschlüsse lassen sich daraus ziehen, dass es die zum religiösen Existenzmi-

---

4 BVerfGE 80, 315 (324); BVerfGE 76, 143 (158); BVerfGE 54, 341 (357); BVerwGE 87, 141 (146).

5 BVerfGE 76, 143 ff; BVerfGE 81, 58 (66); BVerwGE 74, 31 ff; BVerwGE 80, 321 ff.

6 BVerwGE 88, 367 (374); BVerwGE 74, 41 (47); BVerwG, NVwZ-RR 1995, 607; vgl. auch BVerwG, InfAuslR 1988, 22 (23); NVwZ 1987, 701.

7 BVerwGE 79, 143 (148 f), Homosexuelle Betätigung; BVerwGE 85, 12 (18), Zwangsheirat von Jezidinnen; BVerwGE 90, 127 (133), Eheverbote.

8 BVerwG, InfAuslR 1988, 22 f; vgl. auch BVerfGE 76, 143 (168 f).

9 BVerfGE 76, 143 (158).

10 BVerfGE 76, 143 (158 f).

11 BVerfGE 76, 143 (159 f).

12 siehe hierzu *Liegmann*, 122 ff.

nimum gehörenden Verhaltensweisen als „unentziehbaren Kern der Privatsphäre" ansieht.[13] Dies könnte so zu verstehen sein, dass es diese Verhaltensweisen durch ius cogens geschützt sieht. Im positiven Völkerrecht kann eine menschenrechtliche Gewährleistung nur ius cogens sein, wenn sie völkergewohnheitsrechtlich universell als zwingendes Recht anerkannt ist.[14] Dies kann allenfalls nach einer eingehenden Prüfung der einzelnen Verhaltensweisen angenommen werden[15], die aber vom Bundesverfassungsgericht nicht vorgenommen wird. In einer nachfolgenden Kammerentscheidung wird zudem explizit ausgeführt, dass die menschenwürdeverletzende Intensität der Religionsausübungsfreiheit nicht anhand von internationalen Kodifikationen und Erklärungen zur Religionsfreiheit zu bestimmen ist.[16] Die Rechtsprechung des Bundesverfassungsgerichts ist daher so zu verstehen, dass hiernach menschenwürdeverletzende Intensität erreicht ist, wenn ein überpositives unveräußerliches Menschenrecht beeinträchtigt wird.

Auf diesen Maßstab stellt implizit auch das Bundesverwaltungsgericht ab. Es hat das Bestehen von staatlich sanktionierten Vorschriften, nach denen Männern jeder gleichgeschlechtliche sexuelle Kontakt untersagt wird, mit der Begründung nicht als Beeinträchtigung von menschenwürdeverletzender Intensität beurteilt, dass es mit den im Herkunftsstaat Iran bestehenden Moralvorstellungen nicht vereinbar sei, solche Kontakte auszuführen.[17] Dabei leitet es aus früheren Entscheidungen des Bundesverfassungsgerichts zu Art. 2 Abs. 1 i. V. m. Art. 1 Abs. 1 GG sowie des EGMR zu Art. 8 EMRK ab, dass die homosexuelle Betätigung nur im Rahmen des jeweiligen Sittengesetzes gewährleistet sei.[18] Die Moralvorstellungen im Herkunftsstaat Iran können aber im Rahmen des Grundgesetzes oder der EMRK nicht berücksichtigt werden, da der Iran hieran nicht gebunden ist und wegen des regional beschränkten Anwendungsbereichs eine solche Bindung auch nicht vorstellbar ist. Damit stellt das Bundesverwaltungsgericht auf einen überpositiven Maßstab ab, auf den es aus dem Grundgesetz und der EMRK schließt, indem es annimmt, dass hiernach zulässige staatliche Maßnahmen nicht überpositiv illegitim sein können.

Beide Gerichte bestimmen die menschenwürdeverletzende Intensität der Beeinträchtigung somit anhand von überpositiven, unveräußerlichen Menschenrechten. Welche Menschenrechte einen solchen Charakter haben, lässt sich aber entweder gar nicht konkretisieren[19] oder erst nach einer genauen Analyse jeder ein-

---

[13] BVerfGE 76, 143 (159).

[14] vgl. *Kadelbach*, 191 ff, 284 ff.

[15] siehe hierzu *Ipsen*, § 50 Rn. 6, 10, und *Kadelbach*, 305, die die Religionsausübungsfreiheit jeweils nicht als ius cogens ansehen.

[16] BVerfG (Kammer), B. v. 25. November 1993, 2 BvR 224/93.

[17] BVerwGE 79, 143 (148 f).

[18] BVerwGE 79, 143 (148 f).

[19] so *Dreier* in *Dreier*, Art. 1 Abs. 2 Rn. 14.

zelnen in internationalen Abkommen kodifizierten menschenrechtlichen Gewährleistung[20]. Dieser Maßstab ist daher zur Entscheidungsfindung wenig geeignet.

Daher bestimmen auch nur Teile der Literatur und Rechtsprechung die menschenwürdeverletzende Intensität der Beeinträchtigung ebenfalls anhand dieses Maßstabs.[21] Andere ziehen hingegen die AEMR[22], den IPBPR[23] sowie einschränkend völkergewohnheitsrechtlich geltende Menschenrechte[24] und selten auch das Grundgesetz[25] als Beurteilungsmaßstab heran. Teilweise wird gerade in den Fallkonstellationen frauenspezifischer Flucht- und Bleibegründe auch eine „kulturelle Relativierung" vorgenommen.[26] Es liege „auf der Hand, dass in einem von islamischen Idealen geprägten Land der Begriff dessen, was die Menschenwürde einer Frau ausmacht, etwas völlig anderes ist als in einem westlich orientierten Land wie Deutschland."[27] Daher wurde den frauendiskriminierenden Vorschriften in Afghanistan unter der Herrschaft der Taliban der menschenwürdeverletzende Charakter abgesprochen, weil „hier nicht ein völlig neues und fremdes Wertesystem der Bevölkerung aufgezwungen werden soll, dies vielmehr – wenn auch in anderen Ausprägungen – ein alt hergebrachtes System in Afghanistan darstellt"[28].

2. Eigener Ansatz

Im Folgenden ist daher durch Auslegung des Art. 16a Abs. 1 GG ein Maßstab zu ermitteln, mit dem die asylerhebliche Intensität einer Beeinträchtigung bestimmt werden kann. Dabei ist es weiterführend, deutlicher als die Rechtsprechung zwischen der Unrechtmäßigkeit und der Intensität der Beeinträchtigung zu trennen. So hängt die empfundene Intensität der Beeinträchtigung nicht von der rechtlichen

---

20 s. u. 5. Kapitel A. II. 1. cc.

21 *Discher*, ZAR 1998, 217 (219, 221 f).

22 *Incesu*, InfAuslR 1986, 337 ff; *Mees-Asadollah*, Streit 1998, 139 ff.

23 *Liegmann*, 122 ff allerdings nur bzgl. der Religionsausübung in der Öffentlichkeit; ähnlich *Hailbronner*, ZAR 1998, 152 (156).

24 *Reichel*, 77.

25 bspw.: VG Freiburg, U. v. 20. Juli 1998, A 7 K 12643/95, NVwZ-Beilage 3/1999, 28 (30); vgl. auch *Schaeffer*, 95 ff, der annimmt, dass neben der Beeinträchtigung sog. unabdingbarer Menschenrechte auch die Beeinträchtigung grundgesetzlich geschützter Rechte Verfolgung sein kann. Explizit anderer Auffassung sind hingegen: VG Ansbach, U. v. 4. Dezember 2001, AN 12 K 01.30131; VG Gießen, U. v. 13. Februar 1997, 2 E 10819/91; *Becker* in *v. Mangoldt/Klein/Starck*, Art. 16a Rn. 28; *GK-AsylVfG*, Bd. 1 vor II-2 Rn. 48, 72; *Randelzhofer* in *Maunz/Dürig*, Art. 16 Abs. 2 S. 2 Rn. 47; *Hailbronner*, AuslR, B1, Art. 16a Rn. 8; *ders.*, ZAR 1998, 152 (156); *Köfner/Nicolaus*, 529; *Reichel*, 78. Offen lassend: OVG NRW, U. v. 17. Dezember 1992, 16A 10141/90; *Liegmann*, 122 ff misst die Beschränkung der privaten Religionsausübung an Art. 4 Abs. 1, 2 GG und die Beschränkung der öffentlichen Religionsausübungsfreiheit am IPBPR.

26 VG Ansbach, U. v. 4. Dezember 2001, AN 12 K 01.30131; VG Gießen, U. v. 13. Februar 1997, 2 E 10819/91; offen lassend OVG NRW, U. v. 17. Dezember 1992, 16 A 10141/90.

27 VG Gießen, U. v. 13. Februar 1997, 2 E 10819/91.

28 VG Gießen, U. v. 13. Februar 1997, 2 E 10819/91.

Beurteilung der sie verursachenden Maßnahme ab. Es ist daher sinnvoll, die asylerhebliche Intensität erst zu ermitteln, nachdem die Unrechtmäßigkeit der Maßnahme festgestellt worden ist. Da politische Verfolgung nur staatliche Verfolgung ist, kommt es hier – anders als im Rahmen der GFK – nur auf die Unrechtmäßigkeit der staatlichen Maßnahme an. Bei einer solchen Vorgehensweise kann auch die derzeit übliche Trennung zwischen einer Beeinträchtigung der Rechtsgüter Leib, Leben und persönliche Freiheit und einer Beeinträchtigung der übrigen Rechtsgüter überwunden werden. Bei ersteren verlangt die Rechtsprechung nämlich keine menschenwürdeverletzende Intensität der Beeinträchtigung und prüft daher unter diesem Punkt auch nicht, ob sich das beeinträchtigende Verhalten als legitime Ausübung von Staatsgewalt darstellt. Die Unrechtmäßigkeit wird aber auch in diesen Konstellationen nicht ungeprüft gelassen, sondern bei der Prüfung berücksichtigt, ob die Verfolgung wegen eines asylerheblichen Merkmals erfolgt. So wird in diesen Konstellationen das Vorliegen politischer Verfolgung verneint, wenn die Beeinträchtigung dem Schutz von Rechtsgütern anderer Bürger dient oder es sich um die nichtdiskriminierende Bestrafung einer Tat handelt, deren Strafwürdigkeit der Staatenpraxis geläufig ist.[29] Zudem werden Maßnahmen im Rahmen der Terrorismusbekämpfung für politische Verfolgung gehalten, wenn sie menschenrechtswidrig sind.[30]

a. Maßstab zur Bestimmung der Unrechtmäßigkeit

aa. Genetische Auslegung

Aus der Entstehungsgeschichte folgt, dass das Asylrecht im Rahmen des allgemeinen Völkerrechts gewährt werden sollte. Im Parlamentarischen Rat wurde Art. 4 Abs. 2 des Verfassungsentwurfs von Herrenchiemsee, der die Regelung vorsah: „Wer unter Nichtbeachtung der in dieser Verfassung niedergelegten Grundrechte von einer Stelle außerhalb des Bundes verfolgt wird, wird nicht ausgeliefert", geändert in: „Politisch Verfolgte genießen Asylrecht im Rahmen des allgemeinen Völkerrechts."[31] Die Formulierung „im Rahmen des allgemeinen Völkerrechts" wurde anschließend gestrichen, ohne dass damit aber eine inhaltliche Änderung bezweckt war.[32] Aus den Redebeiträgen im Ausschuss für Grundsatzfragen geht hervor, dass die Bezugnahme auf das Völkerrecht gewährleisten sollte, dass eine

---

29 BVerfGE 80, 315 (335); BVerfG, InfAuslR 1993, 142 (144).

30 BVerfG (Kammer), NVwZ-Beilage 8/1999, 81; BVerfG (Kammer), NVwZ-Beilage 7/2000, 75; BVerfG (Kammer), NVwZ 1991, 772 f; BVerwGE 111, 334 (341); BVerwGE 87, 141 (145).

31 *Kreuzberg*, 22 m. w. N.

32 *Reichel*, 161 m. w. N.

Auslieferung nur erfolgt, wenn dies völkerrechtlich zulässig ist.[33] Da die Entscheidung über die Auslieferung prinzipiell das souveräne Recht der Staaten ist, interessiert die völkerrechtliche Zulässigkeit nur in dem Fall, in dem die Staaten ihre Souveränität durch ein Auslieferungsabkommen eingeschränkt haben. In diesem Fall können die Staaten beispielsweise unter den in Art. 14 AEMR genannten Voraussetzungen die Auslieferung verweigern. Da Art. 12 des Entwurfs zur AEMR[34], der später zu Art. 14 AEMR wurde, dem Parlamentarischen Rat vorlag,[35] ist es möglich, dass er sich an dieser Vorschrift orientierte.[36] Da auf den Entwurf der AEMR in den veröffentlichten Redebeiträgen nicht direkt Bezug genommen wird, muss diese Annahme aber spekulativ bleiben.[37] Aus den Redebeiträgen geht hervor, dass sich die Mitglieder des Parlamentarischen Rats an dem völkerrechtlichen Begriff des politischen Delikts orientierten.[38] Ein gefestigtes völkerrechtliches Verständnis dieses Begriffs gab es aber nicht.[39] Auch der Begriff „Verfolgung" war durch die Vorläuferabkommen der GFK noch nicht konkretisiert.[40] Aus den Äußerungen im Parlamentarischen Rat lässt sich somit ein konkreter Maßstab zur Bestimmung der Unrechtmäßigkeit der Beeinträchtigung nicht erkennen.

Allerdings lässt sich hieraus ableiten, dass nicht auf den in den Herkunftsstaaten geltenden Maßstab abzustellen ist, da die Herkunftsstaaten ihre eigene Strafverfolgung immer als legitim ansehen, so dass eine Nichtauslieferung niemals zulässig wäre. Des Weiteren ergibt sich hieraus, dass nur auf einen Maßstab abgestellt werden kann, nach dem es völkerrechtlich zulässig ist, eine Person trotz eines bestehenden Auslieferungsabkommens auf ein Auslieferungsbegehren hin nicht auszuliefern. Dies ist möglich, wenn die Voraussetzungen von Art. 14 AEMR oder Art. 33 Abs. 1 GFK erfüllt sind[41]. Dies spricht dafür, auf den Maßstab abzustellen, auf den nach dem hier vertretenen Ansatz auch im Rahmen des Art. 33 Abs. 1 GFK abzustellen ist, nämlich auf einen internationalen Menschenrechts-

---

33 s. die Äußerungen der Mitglieder des Parlamentarischen Rates Zinn, v. Mangoldt und Schmid in der 4. Sitzung des Ausschusses für Grundsatzfragen am 23. September 1948, abgedruckt bei *Kreuzberg*, 25 ff.

34 Art. 12 Abs. 1 des Entwurfs zur AEMR lautete in der Fassung, wie er dem Parlamentarischen Rat vorlag: „(1) Bei Verfolgung hat jede Person das Recht, in einem anderen Land Asyl zu suchen und zu erhalten. (2) Rechtmäßige Fahndungen aus Anlaß eines gemeinrechtlichen Verbrechens oder von Handlungen, die gegen die Prinzipien und Ziele der Vereinten Nationen verstoßen, stellen keine Verfolgung dar", zitiert nach *Kreuzberg*, 7 f.

35 *Kreuzberg*, 7.

36 *Kreuzberg*, 6 f, 22 f mit Fn. 32.

37 vgl. *Reichel*, 137.

38 siehe hierzu die Äußerungen in der 4. Sitzung des Ausschusses für Grundsatzfragen am 23. September 1949, abgedruckt bei *Kreuzberg*, 25 ff; sowie *Kreuzberg*, 47 f; vgl. hierzu auch BVerfGE 9, 174 (181).

39 *Reichel*, 69 f; vgl. BVerfGE 74, 56 (59).

40 s. u. 5. Kapitel A. II. 2. a.

41 *Grahl-Madsen* in *Macalister-Smith/Alfreddson*, 280 (285 f).

maßstab, der von der großen Staatenmehrheit akzeptiert worden ist. Hierzu zählen bspw. der IPBPR, der IPWSKR, die Kinderkonvention und die Frauenkonvention.

Allerdings hat es der verfassungsändernde Gesetzgeber gerade abgelehnt, die Voraussetzungen des Flüchtlingsbegriffs des Art. 1 A Nr. 2 S. 1 Hs. 1 GFK in Art. 16a Abs. 1 GG aufzunehmen.[42] Er begründete dies aber damit, dass der Anwendungsbereich der GFK durch Art. 16a Abs. 1 GG weitestgehend abgedeckt sei.[43] Zudem hat er in Art. 16a Abs. 2 S. 1 GG einen engen Bezug zur GFK hergestellt, so dass sich hieraus insgesamt kein gegenteiliger gesetzgeberischer Wille ableiten lässt.

bb. Teleologische Auslegung

(1) Menschenwürdeprägung

Mit der Menschenwürdeprägung des Asylrechts wird zum einen das Abstellen auf einen grundgesetzlichen Maßstab begründet.[44] Schon die Rechtsprechung von Bundesverfassungs- und Bundesverwaltungsgericht zeigt aber, dass die Menschenwürdeprägung des Asylrechts nicht so verstanden werden muss, dass die Rechtmäßigkeit des staatlichen Verhaltens anhand des Grundgesetzes zu bestimmen ist. Zudem spricht die genetische Auslegung gegen eine solche Auslegung, so dass sich hiermit das Abstellen auf einen grundgesetzlichen Maßstab nicht begründen lässt.

Zum anderen wird hieraus abgeleitet, auf die in Art. 1 Abs. 2 GG genannten, unverletzlichen und unveräußerlichen, überpositiven Menschenrechte als Maßstab abzustellen.[45] Art. 1 Abs. 2 GG verbindet die Menschenwürde mit der Idee der Menschenrechte in der Tradition der westlichen Demokratien, nach der diese dem Menschen kraft seiner Natur zustehen, verweist damit aber nicht auf konkrete Menschenrechte.[46] Das Auffinden dieser Menschenrechte begegnet den bereits angesprochenen Schwierigkeiten. Außerdem kann allenfalls ein Teil der internationalen Menschenrechte, die von der großen Staatenmehrheit akzeptiert worden sind, als in diesem Sinne überpositiv angesehen werden. Sofern sich nicht aus der weiteren Auslegung Anhaltspunkte dafür ergeben, diesen Maßstab zur Bestim-

---

[42] siehe *Hailbronner*, AuslR, B1, Art. 16a Rn. 62 m. w. N.; BVerwGE 95, 42 (51 f).

[43] siehe BT-Drucks 12/2718, 55.

[44] *Treiber*, 146 f; vgl. VG Freiburg, U. v. 20. Juli 1998, A 7 K 12643/95, NVwZ-Beilage 3/1999, 28 (30).

[45] vgl. *Discher*, ZAR 1998, 217 (219 f); sowie *Liegmann*, 124 f, die diesem Ansatz i. E. aber nicht folgt.

[46] *Dreier* in *Dreier*, Art. 1 Abs. 2 Rn. 14 f; Dürig in *Maunz/Dürig*, Art. 1 Rn. 73; *Jarass* in *Jarass/Pieroth*, Art. 1 Rn. 17 ff; *v. Münch/Kunig*, Art. 1 Rn. 45 ff; *Starck* in *v. Mangoldt/Klein/Starck*, Art. 1 Abs. 2 Rn. 108 ff, 118.

mung der Unrechtmäßigkeit des staatlichen Verhaltens heranzuziehen, kann dieser Ansatz daher nicht überzeugen.

(2) Asylrecht als subsidiärer Menschenrechtsschutz

Nach dem bisher ermittelten Maßstab ist es aus den oben bezüglich der GFK dargelegten Gründen nicht erforderlich, dass alle Staaten tatsächlich Vertragsstaaten der Abkommen, die den jeweiligen Maßstab bilden, sind, sondern es wird jeweils nur auf die fiktiven Pflichten der Staaten abgestellt, die bestehen würden, wenn die Herkunftsstaaten Vertragsstaaten wären[47].

Erforderlich ist eine Beschränkung auf Menschenrechte, zu deren Einhaltung jeder Staat völkergewohnheitsrechtlich bzw. naturrechtlich verpflichtet ist, wenn (politische) Verfolgung als Menschenrechtsverletzung durch einen völkerrechtlich verpflichteten Staat zu verstehen ist. Dies wird aus dem Verständnis des Asylrechts als Instrument des subsidiären Menschenrechtsschutzes hergeleitet.[48] Allerdings ist ein subsidiärer Menschenrechtsschutz bereits erforderlich, wenn die Menschenrechte aufgrund der Verfolgung tatsächlich nicht mehr wahrgenommen werden können. Es kommt nicht darauf an, ob der Herkunftsstaat zu ihrer Gewährleistung völkerrechtlich verpflichtet war oder ob er durch sein Verhalten eine solche Verpflichtung verletzt hat.[49] Auch sonst lässt sich nicht begründen, dass eine Menschenrechtsverletzung des Staates Voraussetzung der Asylgewährung ist: Das Asylrecht soll dazu dienen, schutzbedürftigen Personen Schutz zukommen zu lassen, nicht Staaten für ihre Menschenrechtsverletzungen zur Verantwortung zu ziehen.[50]

(3) Völkerrechtsfreundlichkeit des Grundgesetzes

Eine Einschränkung dieses Maßstabs, nämlich das Abstellen auf einen Menschenrechtsmaßstab, an den alle Staaten völkergewohnheitsrechtlich bzw. naturrechtlich gebunden sind, oder auf einen in den Herkunftsstaaten geltenden Standard wird häufig mit dem Gebot der Respektierung fremder Rechtsordnungen begründet, das aus der Völkerrechtsfreundlichkeit des Grundgesetzes abgeleitet wird.[51] Völkerrechtlich ist die Gewährung territorialen Asyls, auf das sich Art. 16a Abs. 1 GG ausschließlich bezieht, aber Teil der staatlichen Souveränität.[52] Selbst wenn die Staaten ihre Souveränität durch die Ratifizierung eines Auslieferungsabkommens

---

47 s. u. 5. Kapitel A. II. 2. b.

48 *Reichel*, 57; vgl. *Lübbe-Wolff* in *Dreier*, Art. 16a Rn. 15.

49 s. u. 5. Kapitel A. II. 2. a. cc.

50 vgl. BVerfGE 80, 315 (335); BVerfGE 76, 143 (158); BVerfGE 74, 51 (64).

51 *Discher*, ZAR 1998, 217 (222 f); *Hailbronner* ZAR 1998, 152 (156); *Liegmann*, 93; *Reichel*, 71 ff.

52 BVerfGE 74, 51 (59); *Lübbe-Wolff* in *Dreier*, Art. 16a Rn. 6; *Gusy*, 26; *Kimminich* in BK, Art. 16 Rn. 143 f; *Grahl-Madsen*, Territorial Asylum, 12.

beschränkt haben, darf diese Auslieferung, wie bereits ausgeführt, jedenfalls unterbleiben, wenn die Voraussetzungen des Art. 33 Abs. 1 GFK erfüllt sind, in dessen Rahmen die Unrechtmäßigkeit der Beeinträchtigung anhand eines von der großen Staatenmehrheit akzeptierten Menschenrechtsmaßstabs beurteilt wird. Die Heranziehung von völkergewohnheitsrechtlich oder naturrechtlich geltenden Menschenrechten bedeutet somit, dass über das völkerrechtlich Gebotene hinaus eine Verpflichtung zu völkerrechtskonformem Verhalten begründet wird.[53] Dies widerspricht aber dem Prinzip der Völkerrechtsfreundlichkeit des Grundgesetzes, wonach gerade eine Orientierung an völkerrechtlichen Vorgaben erfolgen soll.[54] Zudem hat das Gebot der Respektierung fremder Rechtsordnungen seinen Ursprung im Gebot der Nichteinmischung in die inneren Angelegenheiten und in dem Grundsatz der souveränen Gleichheit aller Staaten.[55] Die Asylgewährung ist aber gerade keine Einmischung in innere Angelegenheiten.[56] Dieser Widerspruch wird damit aufzulösen versucht, dass die Völkerrechtsfreundlichkeit des Grundgesetzes auch „die Förderung der Fortentwicklung des Völkerrechts und die Berücksichtigung internationaler Werte und Allgemeininteressen auch über das geltende Völkerrecht hinaus“ umfasse.[57] Es zeichnet sich aber allenfalls eine Fortentwicklung des Völkerrechts dahin ab, dass aus Art. 33 Abs. 1 GFK eine Verpflichtung zur Asylgewährung folgt[58], keineswegs aber dahin, dass die Asylgewährung als Einmischung in die inneren Angelegenheiten verstanden wird.

Eine weitere Einschränkung des Asylrechts kann auch nicht damit begründet werden, dass mit der Asylgewährung ein Unwerturteil verbunden ist.[59] Die Abgabe eines solchen Urteils ist nämlich dem Recht der Staaten auf Gewährung territorialen Asyls immanent.[60] Eine solche Auslegung führt somit wiederum zu einer Einschränkung des Asylrechts, die über das völkerrechtlich gebotene Maß hinausgeht. Hiergegen sprechen aber die humanitäre Intention des Asylrechts und die Entstehungsgeschichte. Insgesamt kann somit mit einer völkerrechtsfreundlichen Auslegung des Grundgesetzes keine über das Völkerrecht hinausgehende Beschränkung des Asylrechts gerechtfertigt werden.[61]

---

53 dies sieht auch *Reichel*, 71.

54 vgl. *Stern*, Staatsrecht I, 475 f.

55 *Reichel*, 72.

56 *Grahl-Madsen*, Territorial Asylum, 45; *Kimminich*, 68; *Reichel*, 44 ff; s. auch unter 5. Kapitel A. II. 2. a. dd.

57 *Reichel*, 71.

58 vgl. Art. 18 der Charta der Europäischen Grundrechte, der allerdings bislang noch keine rechtliche Verbindlichkeit hat.

59 so aber *Hailbronner*, ZAR 1998, 152 (156).

60 siehe die Nachweise in 5. Kapitel Fn. 82 sowie den begleitenden Text.

61 so ausdrücklich auch VG Freiburg, U. v. 20. Juli 1998, A 7 K 12643/95, NVwZ-Beilage 3/1999, 28 (30); *Ulmer*, 171 ff.

Mit der Völkerrechtsfreundlichkeit des Grundgesetzes lässt sich daher auch eine generelle kulturelle Relativierung des asylrechtlichen Schutzes nicht begründen. Auf die Wertvorstellungen des Herkunftsstaats kann nur abgestellt werden, sofern dies im Rahmen des von der großen Staatenmehrheit akzeptierten internationalen Menschenrechtsmaßstabs möglich ist. Da die hierzu zählenden Abkommen jeweils keinen generellen Vorbehalt der Tradition oder Religion haben, können die Wertvorstellungen nur im Rahmen der Rechtfertigungsgründe berücksichtigt werden.[62] Eine andere Auffassung ist auch mit dem entstehungsgeschichtlichen Zusammenhang nicht zu vereinbaren. So hätte hiermit auch die Verfolgung von Juden sowie von Sinti und Roma im Dritten Reich als der „Moral- und Wertvorstellung" des Verfolgerstaates entsprechend angesehen werden können.

Aus dem gleichen Grund ist es mit Intention und Entstehungsgeschichte nicht vereinbar, die Unrechtmäßigkeit anhand der in den Herkunftsstaaten geltenden Rechtsordnung zu beurteilen. Die Folge wäre nämlich, dass schutzbedürftige Personen aus Staaten, die nur einen geringen Menschenrechtsstandard haben, nahezu immer von der Asylgewährung ausgeschlossen wären.[63]

cc. Ergebnis

Die Unrechtmäßigkeit des staatlichen Verhaltens ist somit anhand eines von der großen Staatenmehrheit akzeptierten internationalen Maßstabs zu bestimmen. Es ist nicht erforderlich, dass auf völkergewohnheitsrechtlich oder naturrechtlich geltende Menschenrechte abgestellt wird. Die Unrechtmäßigkeit des Verhaltens des Herkunftsstaats ist entsprechend dem zur GFK Ausgeführten danach zu ermitteln, ob sich aus den zu diesem Maßstab gehörenden Abkommen für den Herkunftsstaat – unterstellt er ist ein Vertragsstaat des jeweiligen Abkommens – hinreichend konkrete Unterlassungs- oder Handlungspflichten entnehmen lassen. Solche Verpflichtungen lassen sich u. a. dem IPBPR, dem IPWSKR, der Frauenkonvention und der Kinderkonvention entnehmen.[64]

b. Intensität

Es sind zwei Ansätze vorstellbar, nach denen die Intensität der Beeinträchtigung bestimmt werden kann: entweder abstrakt anhand von für jeden Menschen geltenden Vorgaben oder im konkreten Einzelfall.[65] Bundesverfassungs- und Bundesverwaltungsgericht ermitteln die Intensität der Beeinträchtigung nach dem zuletzt genannten Ansatz. Sie verlangen zwar, dass die Beeinträchtigung im Einzelfall tat-

---

62 s. u. 5. Kapitel A. II. 2. b.

63 *Reichel*, 75 f.

64 s. u. 5. Kapitel A. II. 2. b.

65 vgl. die Ausführungen unter 5. Kapitel A. II. 3.

sächlich als intensiv empfunden wird, halten diese aber nur für asylerheblich, wenn sie so intensiv ist, dass hierdurch ein überpositives unveräußerliches Menschenrecht beeinträchtigt wird.[66] Sie stellen somit letztlich darauf ab, ob eine zwingende Norm beeinträchtigt wird. Abgesehen von den Schwierigkeiten, denen das Auffinden von überpositiven Menschenrechten begegnet, lassen sich aus dem Charakter eines Menschenrechts als ius cogens nur gewisse Hinweise für die Intensität einer solchen Beeinträchtigung entnehmen, nicht aber schematische Vorgaben.[67] Es ist daher überzeugender, ohne abstrakte Vorgaben im jeweiligen Einzelfall zu bestimmen, ob die Beeinträchtigungen so intensiv sind, dass ein weiterer Verbleib im Herkunftsstaat nicht mehr zumutbar ist.[68] Eine solche Auslegung wird auch der eigenen Vorgabe des Bundesverfassungsgerichts[69], wonach die Ausweglosigkeit der Lage nicht abstrakt, sondern nur im jeweiligen Einzelfall bestimmt werden kann, besser gerecht.

Entsprechend dem zur GFK Ausgeführten ist bei der Beurteilung darauf abzustellen, ob der Genuss weiterer Menschenrechte durch die Maßnahme verhindert wird. Sofern nur ein einziges Menschenrecht beeinträchtigt wird, ist darauf abzustellen, ob die Wahrnehmung dieser menschenrechtlichen Gewährleistung in objektiv nachvollziehbarer Weise zu den Grundlagen der Existenz der jeweiligen Einzelperson gehört.[70] Dies ist anhand der Umstände im konkreten Einzelfall zu ermitteln. Hierbei sind die Dauer und Wiederholbarkeit der Beeinträchtigung, die Möglichkeiten, dieser Beeinträchtigung auszuweichen, sowie die (psychischen) Folgen, die das Verbot oder Gebot für die konkret hiervon betroffene Person hat, zu berücksichtigen.

Diese Auslegung lässt sich auch mit dem Ansatz des Bundesverwaltungsgerichts vereinbaren. Dieses geht davon aus, dass eine Beeinträchtigung dann so intensiv ist, dass sie die Menschenwürde verletzt, wenn sie mit einer Beeinträchtigung von Leib, Leben oder der physischen Freiheit vergleichbar ist.[71] Ein Vergleich kann sinnvoll nur in der Weise erfolgen, dass die Folgen, die durch die Beeinträchtigung hervorgerufen werden, mit denen verglichen werden, die eine Beeinträchtigung von Leib, Leben oder der physischen Freiheit bei der betroffenen Person im konkreten gesellschaftlichen Kontext hervorruft. Dies kann nur anhand der gerade dargelegten Kriterien beurteilt werden.

Nach dem hier vertretenen Ansatz ist somit im Hinblick auf (quasi-)staatliches Handeln insgesamt auf den gleichen Maßstab abzustellen, wie im Rahmen der

---

66 BVerfGE 76, 143(158 ff); BVerwGE 74, 31 (40); BVerwGE 80, 321 (325); vgl. BVerfGE 81, 58 (68) zur innerstaatlichen Fluchtalternative; siehe hierzu auch *Davy*, AK-GG, Art. 16a Rn. 17.

67 s. u. 5. Kapitel A. II. 3. a.

68 siehe hierzu und zum Folgenden schon die Ausführungen unter 5. Kapitel A. II. 3.

69 BVerfGE 80, 315 (335); BVerfGE 74, 51 (64).

70 vgl. *Liegmann*, 170 ff.

71 bspw. BVerwGE 74, 31 (38); BVerwGE 80, 321 (325 f).

GFK. Bei der Subsumtion der Fallkonstellationen wird aber zunächst von den Konkretisierungen der Rechtsprechung ausgegangen. Nur wenn diese nicht weiterführen oder nach dem gerade Ausgeführten nicht überzeugen können, wird auf diesen Ansatz zurückgegriffen.

3. Zielgerichtete Beeinträchtigung

Verfolgung i. S. d. Art. 16a Abs. 1 GG ist nur eine gezielte Rechtsverletzung.[72] „Gezielt" ist in Abgrenzung zu Nachteilen zu verstehen, die eine Person infolge von Hunger, Naturkatastrophen, oder aufgrund der allgemeinen Auswirkungen von Unruhen, Revolutionen und Kriegen in ihrem Herkunftsstaat zu erleiden hat.[73] In diesem Sinne ist auch die Rechtsprechung des Bundesverfassungsgerichts zu verstehen, dass eine Maßnahme nur Verfolgung ist, wenn sie über das hinausgeht, was die Bevölkerung allgemein hinzunehmen hat[74]. Hiernach wird kein Sonderopfer verlangt, sondern es reicht aus, wenn die konkrete Maßnahme diskriminierend ist.[75] Dies kann sie auch sein, wenn alle Personen einer Gruppe hierdurch gleichermaßen betroffen sind.[76] Die Maßnahme verliert die Zielrichtung auch nicht dadurch, dass andere Gruppen in der Gesellschaft ebenfalls durch vergleichbare Rechtsgutbeeinträchtigungen betroffen sind.[77] Dies ergibt sich sowohl aus der humanitären Zielrichtung des Asylrechts als auch aus dessen entstehungsgeschichtlichem Zusammenhang, da während der nationalsozialistischen Herrschaft nicht nur eine Personengruppe, sondern mehrere in jeweils diskriminierender Weise verfolgt wurden. Die Beeinträchtigungen müssen zudem den Antragsteller in eigener Person treffen.[78]

II. Staatlichkeit oder staatliche Zurechenbarkeit

Weitere Voraussetzung einer politischen Verfolgung ist nach der ständigen Rechtsprechung von Bundesverfassungs- und Bundesverwaltungsgericht, dass die Verfolgung unmittelbar oder mittelbar von einem Staat oder einem staatsähnlichen Gebilde ausgeht.[79]

---

72 BVerfGE 83, 216 (230); BVerwGE 89, 162 (168).

73 BVerfGE 80, 315 (335).

74 vgl. BVerfGE 54, 341 (357).

75 *Becker* in *v. Mangoldt/Klein/Starck*, Art. 16a Abs. 1 Rn. 27; *Lübbe-Wolff* in *Dreier*, Art. 16a Rn. 33; *Schaeffer*, 104; vgl. auch BVerfGE 83, 216 (230); a. A. *GK-AsylVfG*, Bd. 1 vor II-2 Rn. 74.

76 vgl. BVerfGE 57, 341 (359); *Becker* in *v. Mangoldt/Klein/Starck*, Art. 16a Abs. 1 Rn. 29; *Schaeffer*, 104.

77 *Becker* in *v. Mangoldt/Klein/Starck* Art. 16a Abs. 1 Rn. 29.

78 BVerfGE 83, 216 (230).

79 s. bspw. BVerfGE 80, 315 (336); BVerfGE 54, 341 (358); BVerwGE 67, 317 (318); BVerwGE 62, 123.

1. Staatliche Gebietsgewalt besteht

Wenn eine staatliche Gebietsgewalt besteht, ist eine unmittelbar von Privaten ausgehende, zielgerichtete, asylerhebliche Beeinträchtigung damit nur politische Verfolgung, wenn der Staat nicht willens oder nicht in der Lage ist, gegen diese Übergriffe zu schützen,[80] bzw. wenn der Staat die Maßnahmen unterstützt, billigt oder tatenlos hinnimmt.[81] In der Rechtsprechung sind diese Formeln im Hinblick auf den jeweiligen Einzelfall konkretisiert worden, der generelle Maßstab, anhand dessen die Zurechnung erfolgt, bleibt aber unklar. Es wird insofern gesprochen von „zum Handeln verpflichtete[n] Organe[n]", die ihren Pflichten nicht nachkommen[82], bzw. von der staatlichen Schutzverpflichtung gegenüber den eigenen Staatsangehörigen[83]. Ebenso bleibt auch der Maßstab unklar, mit dem einem Staat das Handeln seiner Organe zugerechnet wird. Aus dem entstehungsgeschichtlichen Zusammenhang zwischen Asylrecht und allgemeinem Völkerrecht liegt es nahe, hierbei auf völkerrechtliche Kriterien abzustellen.[84] Völkerrechtliche Zurechnungsregeln sind die zu Völkergewohnheitsrecht gewordenen in dem Entwurf der International Law Commission zur Staatenverantwortlichkeit von 1980 (ILC-Entwurf) enthaltenen Regeln.[85] Weiteres Argument für deren Heranziehung ist, dass diese Regeln als globales Völkergewohnheitsrecht auch Teil der allgemeinen Regeln des Völkerrechts i. S. d. Art. 25 S. 1 GG sind.[86] Diese sind daher auch im Wege einer völkerrechtsfreundlichen Auslegung zur Konkretisierung des Art. 16a Abs. 1 GG heranzuziehen, sofern sich nicht aus der spezifischen Zielrichtung des Asylrechts etwas anderes ergibt.[87]

a. Maßstab

Nach Art. 5, 10 ILC-Entwurf ist das Verhalten von Organen in amtlicher Eigenschaft zugleich staatliches Verhalten.[88] Das Verhalten Privater ist dem Staat hiernach grundsätzlich nicht als eigenes Verhalten zuzurechnen.[89] Wenn die Beeinträchtigung unmittelbar durch Private herbeigeführt worden ist, ergibt sich die völkerrechtliche Verantwortlichkeit des Staates daraus, dass er diese Beeinträchtigung nicht mit der gebührenden Sorgfalt (due diligence) verhindert hat. In diesem Fall

---

80 BVerfGE 80, 315 (336); BVerfGE 54, 341 (358); BVerwG, NVwZ 1996, 85 (85 f); BVerwGE 67, 317 (318); BVerwGE 62, 123.

81 BVerwGE 88, 367 (374).

82 BVerfGE 83, 216 (235).

83 HessVGH, U. v. 26. August 1991, 12 UE 2436/85.

84 so auch *Reichel*, 87 ff.

85 s. u. 5. Kapitel A. III. 1. a. aa.

86 vgl. *Jarass* in *Jarass/Pieroth*, Art. 25 Rn. 7 m. w. N.

87 vgl. *Marx*, Handbuch, § 8 Rn. 5.

88 *Ipsen*, § 40 Rn. 3 ff; *Marx*, Handbuch § 6 Rn. 7.

89 s. u. 5. Kapitel A. III. 1. a. cc.

kann das Verhalten der Privaten zusammen mit dem unrechtmäßigen staatlichen Unterlassen im Rahmen des Art. 16a Abs. 1 GG – entsprechend dem zur GFK Ausgeführten – mittelbar staatliche Verfolgung sein.[90]

Wenn das Bundesverfassungsgericht von zum „Handeln verpflichteten Organen" spricht[91], klingt an, dass nur die Verletzung einer tatsächlich (völkergewohnheitsrechtlich oder naturrechtlich) bestehenden Schutzpflicht zu einer mittelbar staatlichen Verfolgung führen kann. Da bei der Prüfung der „Zurechnung" aber nichts anders als die Unrechtmäßigkeit des staatlichen Unterlassens geprüft wird, ist der Umfang dieser Verpflichtung dem von der großen Staatenmehrheit akzeptierten internationalen Menschenrechtsmaßstab zu entnehmen. Eine Verfolgung ist somit mittelbar staatlich, wenn sich hieraus die (fiktive) Verpflichtung eines Herkunftsstaats ergibt, gegen die von den Privaten ausgehenden Beeinträchtigungen vorzugehen, und der Herkunftsstaat dieser Verpflichtung nicht entsprochen hat.[92] Nach dem hier vertretenen Ansatz ist die Staatlichkeit bzw. staatliche Zurechenbarkeit des Verhaltens somit bereits bei der Prüfung der Unrechtmäßigkeit als einem Element von Verfolgung zu berücksichtigen.

b. Vereinbarkeit der Rechtsprechung mit diesem Maßstab

Die Konkretisierungen in der Rechtsprechung dazu, unter welchen Voraussetzungen Beeinträchtigungen, die unmittelbar von staatlichen Organen bzw. unmittelbar von Privaten ausgehen, dem Staat „zurechenbar" sind, sind vorrangig zur Auslegung heranzuziehen, sofern sie mit dem ermittelten Maßstab vereinbar sind.

aa. Unmittelbar staatliche Verfolgung

Das Bundesverwaltungsgericht[93] und einige Verwaltungsgerichte[94] rechnen dem Staat das Handeln der Regierung sowie Maßnahmen, die auf Anordnung der Regierung durchgeführt werden, immer zu, das Handeln sonstiger Staatsorgane hingegen nur, wenn die Regierung nicht „im Großen und Ganzen erfolgreich pflichtwidriges Handeln verfolgt". Diese Rechtsprechung ist mit Art. 5, 10 ILC-Entwurf nicht vereinbar, wonach die Handlung eines Staatsorgans dem Staat unabhängig davon zugerechnet wird, in welcher Stufe der Hierarchie es steht.[95]

---

90 vgl. die Ausführungen unter 5. Kapitel A. III. 1. a. cc.

91 BVerfGE 83, 216 (235).

92 siehe hierzu ausführlich unter 5. Kapitel A. III. 1. a. cc.

93 bspw. BVerwGE 74, 160 (163 f); BVerwGE 89, 162 (166 f).

94 vgl. VG Ansbach, U. v. 17. März 2000, AN 17 K 98.31944, Streit 2001, 168 (170) und VG Stuttgart, U. v. 15. Juni 1999, A 3 K 10890/98, Streit 2000, 75 f.

95 *Ipsen*, § 40 Rn. 3 ff; *Verdross/Simma*, 859; *Marx*, Handbuch § 6 Rn. 7; *Reichel*, 95.

bb. Mittelbar staatliche Verfolgung

Eine unmittelbar von Privaten ausgehende asylerhebliche Beeinträchtigung einer menschenrechtlichen Gewährleistung ist mittelbar staatliche Verfolgung, wenn der Staat nicht mit due diligence hiergegen vorgeht. Hiernach ist es erforderlich, dass der Staat zum einen generelle präventive Vorkehrungen gegen diese Beeinträchtigungen trifft, zum anderen im Einzelfall dem Opfer Schutz gewährt. Hiermit nicht vereinbar ist der Ansatz des Bundesverwaltungsgerichts, das diese Maßnahmen nicht prinzipiell vom Herkunftsstaat verlangt, sondern nur in Ausnahmefällen, beispielsweise bzgl. Beeinträchtigungen innerhalb der Armee[96]. Der Hessische Verwaltungsgerichtshof hingegen stellt in Übereinstimmung mit den völkerrechtlichen Vorgaben explizit darauf ab, ob der Staat allgemein sowie im Einzelfall die gebotenen präventiven Vorkehrungen gegen die Beeinträchtigungen getroffen hat und Schutz gewährt.[97] Die äußeren Grenzen dessen, was die Rechtsprechung von einem Herkunftsstaat für eine „Zurechnung" privaten Verhaltens verlangt, stimmen ebenfalls mit den Vorgaben von due diligence überein. So endet die Verpflichtung jenseits der zur Verfügung stehenden Mittel[98] und der Staat muss keinen lückenlosen Schutz gewähren[99]. Eine bloße Erklärung der zum Handeln verpflichteten Organe, ihren Pflichten nachzukommen, reicht aber nicht aus, sondern die Schutzbereitschaft muss konkret belegbar sein.[100] Für die dazwischenliegenden Bemühungen verwendet das Bundesverfassungsgericht einerseits die Formulierung des in hinreichend verlässlicher Weise gewährleistet erscheinenden Schutzes.[101] Diese ist offen genug, um hier die Vorgaben von due diligence zu verorten. Andererseits hat es eine Entscheidung gebilligt, in der eine Verantwortlichkeit des Staates ausgeschlossen ist, wenn der Staat „aufs ganze gesehen, nachdrücklich bemüht ist, Gewalt größeren Umfangs zu verhindern"[102]. Die hier aufgestellten Kriterien sind mit dem due diligence Maßstab nicht zu vereinbaren, da nicht in ausreichendem Maße berücksichtigt werden kann, dass der Schutz nach Ort, Zeit, Schwere des Eingriffs variieren muss.[103] Aus den gleichen Gründen hiermit unvereinbar ist die vom Bundesverwaltungsgericht verwendete Formel, nach der eine „Zurechnung" nicht erfolgt, wenn der Staat an sich zur Unterbindung bereit ist, Befriedungsbemühungen aber „in Einzelfällen ohne Erfolg bleiben oder regional und/oder zeitlich mit unterschiedlicher Effektivität greifen"[104]. Hiermit erst recht

---

96 BVerwGE 89, 162 (166 f).

97 HessVGH, U. v. 21. Dezember 1992, 12 UE 1847/89, U. v. 26. August 1991, 12 UE 2436/85.

98 BVerfGE 80, 315 (336); BVerfGE 83, 216 (235).

99 BVerfGE 83, 216 (235).

100 BVerfGE 83, 216 (235).

101 BVerfGE 81, 58 (68).

102 BVerfGE 76, 143 (169); siehe hierzu *Lübbe-Wolff* in *Dreier*, Art. 16a Rn. 44 f.

103 s. u. 5. Kapitel A. III. 1. a. bb.

104 BVerwGE 67, 317 (320); auch BVerwGE 95, 42 (48); BVerwGE 85, 12 (20).

unvereinbar ist es, wenn das OVG Rheinland-Pfalz das Vorliegen mittelbar staatlicher Verfolgung erst bejaht, wenn der staatliche Schutz in einer „Vielzahl von Fällen unterbleibt, so daß es für die Angehörigen der entsprechenden Minderheit völlig offen ist, ob die vom Staat verbal versicherte Schutzbereitschaft im Einzelfall greift oder nicht“[105].

Nach den völkerrechtlichen Vorgaben sind die konkret erforderlichen Maßnahmen außerdem der Norm zu entnehmen, aus der sich die (fiktive) Handlungspflicht ergibt. Hiermit ist die Rechtsprechung formal nicht vereinbar, da sie prinzipiell nicht auf eine konkrete Norm bei der Beurteilung abstellt. Allerdings muss sich auch nach der Rechtsprechung des Bundesverfassungsgerichts die Intensität des Schutzes an der Schwere der Übergriffe ausrichten[106], was letztlich den Vorgaben entspricht, die sich aus der verletzten Norm ergeben.

2. Staatliche Gebietsgewalt besteht nicht

Wenn eine effektive staatliche Gebietsgewalt nicht besteht, kann nach der ständigen Rechtsprechung grundsätzlich keine politische Verfolgung vorliegen. Wichtigste Ausnahme ist, dass eine staatsähnliche Struktur besteht.[107] Von dieser kann unter den gleichen Voraussetzungen wie von einem Staat unmittelbar oder mittelbar Verfolgung ausgehen.[108] Das Bundesverwaltungsgericht erkannte in der Vergangenheit eine Partei des innerstaatlichen bewaffneten Konflikts erst als staatsähnliche Struktur an, wenn die Außengrenzen dieser Struktur in dem Sinne gefestigt sind, dass sie keine Absicht mehr hat, um die Macht im ganzen Bürgerkriegsgebiet zu kämpfen.[109] Das Bundesverfassungsgericht hat diese Auffassung zurückgewiesen. Das Bestehen staatstheoretischer Elemente ist hiernach für das Bestehen einer staatsähnlichen Struktur zwar indiziell, aber nicht konstitutiv. Maßgeblich für die Bewertung einer Maßnahme als politisch ist hiernach, dass der Schutzsuchende einerseits in ein übergreifendes, das Zusammenleben in der konkreten Gemeinschaft durch Befehl und Zwang ordnendes Herrschaftsgefüge eingebunden ist, welches den ihm Unterworfenen in der Regel Schutz gewährt, andererseits aber wegen asylerheblicher Merkmale von diesem Schutz ausgenommen und durch gezielt zugefügte Rechtsverletzungen aus der konkreten Gemeinschaft ausgeschlossen wird, was ihn in eine ausweglose Lage bringt, der er sich nur durch Flucht entziehen kann.[110] Entscheidend ist somit, ob in einem gewis-

---

105 OVG Rheinland-Pfalz, U. v. 30. August 1994, 6 A 10598/92.OVG, InfAuslR 1995, 211 (212).

106 BVerfGE 83, 216 (235).

107 Unter welchen Voraussetzungen sonstige Beeinträchtigungen Verfolgung sein können, wenn eine staatliche Gebietsgewalt nicht mehr besteht, wird unter C. IV. eingegangen.

108 BVerfGE 80, 315 (334).

109 BVerwGE 105, 306 (311).

110 BVerfG (Kammer), NVwZ 2000, 1165 (1166 f).

sen Kernterritorium ein solches Herrschaftsgefüge errichtet wurde. Dieser Auffassung hat sich das Bundesverwaltungsgericht angeschlossen und zugleich explizit klargestellt, dass es nicht darauf ankommt, ob die Ausübung von Staatsgewalt legitim ist, ein Mindestmaß an menschenrechtlichen Gewährleistungen eingehalten wird oder Deliktsfähigkeit besteht.[111] Diese Voraussetzungen sind jedenfalls erfüllt, wenn ein stabilisiertes de facto Regime besteht.[112] Da diesem aber bereits Deliktsfähigkeit zugesprochen wird[113], erfüllen möglicherweise auch weniger stabile Gebilde diese Voraussetzungen.

III. Verfolgungsgrund

Weitere Voraussetzung einer politischen Verfolgung i. S. d. Art. 16a Abs. 1 GG ist, dass sie wegen eines asylerheblichen Merkmals erfolgt. Nach Auffassung des Bundesverfassungsgerichts ist eine Verfolgung nur politisch, wenn sie den Einzelnen in Anknüpfung an die politische Überzeugung, die religiöse Grundentscheidung oder sonst unverfügbare Merkmale trifft.[114] Das Bundesverwaltungsgericht hat die asylerheblichen Merkmale zunächst ausschließlich in Anlehnung an die in Art. 1 A Nr. 2 GFK genannten Konventionsgründe bestimmt.[115] Mittlerweile sieht es aber jedenfalls auch die unveränderliche homosexuelle Prägung als zusätzliches asylerhebliches Merkmal an.[116] Zudem geht es offensichtlich davon aus, dass die in Art. 1 A Nr. 2 GFK enthaltenen Merkmale unveränderlich sind.[117]

1. Konventionsgründe der GFK

Die in der GFK genannten Konventionsgründe Rasse, Religion, politische Überzeugung und Zugehörigkeit zu einer bestimmten sozialen Gruppe können prinzipiell nach beiden Ansätzen asylerhebliche Merkmale sein. Allerdings können diese Merkmale nicht unbesehen so ausgelegt werden wie im Rahmen der GFK, da das Bundesverwaltungsgericht sich nur an der GFK orientiert und das Bundesverfassungsgericht die asylerheblichen Merkmale unabhängig hiervon ermittelt. Die GFK kann aber jedenfalls als Auslegungsleitlinie herangezogen werden.[118] Allerdings können die dort genannten Konventionsgründe im Rahmen des Asylrechts

[111] BVerwG, NVwZ 2001, 815 (816 f).
[112] vgl. *Marx*, Handbuch, § 7 Rn. 57 ff.
[113] vgl. *Ipsen*, § 39 Rn. 27, § 8 Rn. 13.
[114] BVerfGE 74, 51 (57); BVerfGE 80, 315 (334).
[115] siehe BVerwGE 67, 184 (185 f); BVerwGE 49, 202 (204 f); BVerwGE 4, 235 (237).
[116] BVerwGE 79, 143 (144 ff); siehe zum Ganzen auch *Marx*, Handbuch, § 1 A Rn. 12 ff.
[117] BVerwGE 79, 143 (146); so auch schon: BVerwGE 67, 184 (187).
[118] vgl. *GK-AsylVfG*, Bd. 1, Vor II-2, Rn. 82; *Hailbronner*, JZ 1995, 250 (252); *Lübbe-Wolff* in *Dreier*, Art. 16a Rn. 32 f; *Pieroth* in *Jarass/Pieroth*, Art. 16a Rn. 2, 9; *Schnapp* in *v. Münch/Kunig*, Art. 16a Rn. 8; *Randelzhofer* in *Maunz/Dürig*, Art. 16 Abs. 2 S. 2 Rn. 25.

nur dann so ausgelegt werden wie im Rahmen der GFK, wenn dies mit den Begründungsansätzen von Bundesverfassungs- und Bundesverwaltungsgericht vereinbar ist. Dies ist im Hinblick auf Rasse, Religion, Nationalität und politische Überzeugung gegeben.[119] Bei der Subsumtion der Fallkonstellationen frauenspezifischer Flucht- und Bleibegründe kann daher insofern auf die Ausführungen im sechsten Kapitel verwiesen werden.

Hinsichtlich des Grundes „Zugehörigkeit zu einer bestimmten sozialen Gruppe“ ist dies hingegen nicht ohne weiteres möglich. So ist eine bestimmte soziale Gruppe nach dem hier vertretenen Ansatz auszulegen als Gruppe, die in der Gesellschaft besteht und in der Gesellschaft machtlos ist. Gruppen, deren Mitglieder willentlich zusammengeschlossen sind, und Familien bestehen in der Gesellschaft, sobald diese Eigenständigkeit erlangt haben und damit tatsächlich von anderen Gruppen unterschieden werden können. Sonstige Personen bestehen als Gruppe in der Gesellschaft, wenn sie von der Gesellschaft als zusammengehörende Einheit wahrgenommen werden. Dies kann sich bspw. darin äußern, dass es einen gemeinsamen Begriff für sie gibt.[120]

Diese Auslegung ist mit dem Ansatz von Bundesverfassungs- und Bundesverwaltungsgericht nicht vereinbar, da die Zugehörigkeit zu einer so gebildeten Gruppe nicht per se unveränderlich ist. Diesem würde daher eher der Ansatz zur Auslegung der GFK entsprechen, nach dem nur Gruppen, deren Mitglieder ein unveränderliches Merkmal teilen, eine bestimmte soziale Gruppe i. S. d. GFK bilden. Dieser Ansatz kann allerdings aus den oben dargelegten Gründen nicht überzeugen.[121]

Es hat sich bisher auch noch kein spezifisches Verständnis des Begriffs „Zugehörigkeit zu einer bestimmten sozialen Gruppe“ herausgebildet. Da diesem Begriff in der derzeitigen Rechtspraxis keine Bedeutung zukommt, gibt es auch nur in der älteren Rechtsprechung[122] und Literatur[123] vereinzelt Definitionsansätze, die aber seit der Rechtsprechung des Bundesverwaltungsgerichts, nach der auch sonstige Merkmale asylerheblich sein können, nicht weiter verfolgt wurden. Im Hinblick auf die Fallkonstellationen frauenspezifischer Flucht- und Bleibegründe wurde in mehreren Entscheidungen angedeutet, dass Untergruppen von Frauen bestimmte

[119] vgl. *Liegmann*, 67 f; *Köfner/Nikolaus*, 450; *Weberndörfer*, 54.

[120] s. u. 6. Kapitel A. III. 2. d. aa. (4).

[121] s. u. 6. Kapitel A. II 2. d. bb.

[122] VG Wiesbaden, U. v. 26 April 1983, IV/1 E 06244/81; VG Hannover, E. v. 6. Juli 1984, 1 OV-GA 91/82, siehe hierzu die Ausführungen unter 6. Kapitel A. III. 2. c.

[123] nach *Koefner/Nicolaus*, 455 ff sind „bestimmte soziale Gruppen“ Gruppen, deren Mitglieder entweder durch unveränderliche Merkmale miteinander verbunden sind, oder durch eine gemeinsame Überzeugung, die einer religiösen Überzeugung entsprechen muss; *Schaeffer*, 42 ff legt den Begriff der bestimmten sozialen Gruppe unter spezifisch asylrechtlichen Gesichtspunkten im Licht der Grund- und Menschenrechte als eine Art Auffangtatbestand aus.

soziale Gruppen sein können[124], ohne dass aber zuvor der Begriff konkretisiert wurde. Verschiedentlich wurde auch angenommen[125] oder erwogen[126], dass die Gruppe aller Frauen in der Gesellschaft ein solche Gruppe ist. Zumeist wird dies aber nicht in Erwägung gezogen oder sogar abgelehnt[127].

2. Geschlecht

Stattdessen wird in zwei Entscheidungen des Bundesverwaltungsgerichts[128], in mehreren Entscheidungen des BAFl[129] und verschiedener Verwaltungsgerichte[130] sowie in der Literatur das Geschlecht als asylerhebliches Merkmal i. S. d. Art. 16a Abs. 1 GG angesehen.[131]

Bundesverfassungs- und Bundesverwaltungsgericht begründen ihre jeweilige Konkretisierung der asylerheblichen Merkmale mit der dem Asylrecht zugrunde liegenden Rechtsüberzeugung, nach der kein Staat das Recht habe, Leib, Leben oder die persönliche Freiheit des Einzelnen aus Gründen zu gefährden oder zu verletzen, die allein in seiner politischen Überzeugung oder religiösen Grundentscheidung oder in unverfügbaren, einem jeden Menschen anhaftenden Merkmalen liegen.[132] Diese Rechtsüberzeugung wird in der Achtung der Unverletzlichkeit der Menschenwürde[133] und im Toleranzgebot[134] verortet. Das Bundesverwaltungsge-

---

[124] Das VG Wiesbaden, U. v. 27. Januar 2000, 5 E 31472/98.A (2), Streit 2000, 133 (135) sieht die Gruppe der „nicht beschnittenen Frauen" als eine solche Gruppe an; das VG Frankfurt a. M., U. v. 7. September 2001, 1 E 31666197.A(1) die Gruppe der allein stehenden Frauen; zu weiteren Gruppen siehe die Ausführungen unter 6. Kapitel B. II. 2. b. cc. (2).

[125] VG München, U. v. 17. Januar 1997, M 9 K 96.53080, ZDWF-RÜ 1998, 248 f; *Köfner/Nikolaus*, 455 f; *Schaeffer*, 44; *Weberndörfer*, 58; das VG Frankfurt a. M., U. v. 29. August 2001, 3 E 309495198 bildet die Gruppe der Frauen, die einen anderen Sozialstatus einnehmen und andere Funktionen erfüllen als Männer.

[126] VG Oldenburg, U. v. 15. Januar 1998, 6 A 4379/96, ZDWF-RÜ 1998, 249.

[127] so *Hailbronner*, AuslR, B1, Art. 16a Rn. 65.

[128] BVerwG, NVwZ 2001, 818 (819); BVerwGE 111, 334 (338).

[129] BAFl, E. v. 12. September 2001, GZ: 2692034-423, 6 hinsichtlich der Situation in Afghanistan unter der Herrschaft der Taliban: „Drohende Verfolgungsmaßnahmen [...] knüpfen somit an die von der Antragstellerin genossene Ausbildung und Erziehung sowie an ihre Geschlechtszugehörigkeit an, mithin an asylerhebliche, unveräußerliche Persönlichkeitsmerkmale."

[130] OVG NRW, U. v. 17. Dezember 1992, 16 A 10141/90; VG Ansbach, U. v. 19. Februar 1992, AN 17 K 91.44245, Streit 1993, 104 (106); VG Karlsruhe, U. v. 18. März 1998, A 10 K 11655/96 (teilweise abgedruckt in Streit 1998, 178); VG München, U. v. 17. Januar 1997, M 9 K 96.53080, ZDWF-RÜ 1998, 248; VG Frankfurt a. M., U. v. 23. Oktober 1996, 5D 33532/94.A (3).

[131] *Bumke*, NVwZ 2002, 423 (425); *Christ*, InfAuslR 1997, 327 (328); *Gebauer*, ZAR 1988, 120 (127 f); *v. Galen*, Streit 1992, 148 (150 f); *Mees-Asadollah*, Streit 1998, 139 (146 f); so auch schon *Franz*, DVBl 1966, 624 (627); in diese Richtung auch *Hailbronner*, ZAR 1998, 152 (159), der aber prinzipiell eine Verknüpfung zwischen Verfolgung und dem Geschlecht ablehnt.

[132] BVerfGE 80, 315 (335); BVerfGE 76, 143 (157 f); BVerwGE 67, 184 (185 ff).

[133] BVerfGE 80, 315 (333); BVerfGE 76, 143 (156 f); BVerwGE 67, 184 (185 ff).

[134] BVerwGE 67, 184 (185 ff).

richt stellt dabei in einer Entscheidung einen ausdrücklichen Bezug zum innerstaatlichen Toleranzgebot her: „Wie das Diskriminierungsverbot im Inland Schutz vor Benachteiligungen wegen des Geschlechts, der Abstammung, der Rasse, der Herkunft und der religiösen oder politischen Anschauung gewährt, gewährt das Asylrecht bei einer wegen dieser Merkmale im Ausland erlittenen oder drohenden Verfolgung Schutz vor dem Zugriff des verfolgenden Staates."[135] Beide Herleitungen sprechen dafür, das Geschlecht als asylerhebliches Merkmal anzusehen.[136]

Allerdings wählt das Bundesverwaltungsgericht in der Entscheidung, in der es die Homosexualität als zusätzliches asylerhebliches Merkmal i. S. d. Art. 16a Abs. 1 GG begreift, einen anderen Begründungsansatz: Zusätzliche asylerhebliche Merkmale könnten nur solche sein, die mit den in der GFK genannten Merkmalen vergleichbar sind. Neben der übergreifenden Eigenschaft, dass sie dem Betroffenen ohne eigenes Zutun sozusagen schicksalhaft zufallen müssten, sei eine solche Vergleichbarkeit naheliegend, wenn sie sich in der Vergangenheit ebenfalls als verfolgungsträchtig erwiesen hätten.[137] Auch das Geschlecht hat sich in der Vergangenheit zwar unzweifelhaft als verfolgungsträchtig erwiesen, auch wenn dies erst in letzter Zeit wahrgenommen wird. In der Entscheidung des Bundesverwaltungsgerichts bleibt aber unklar, ob Vergangenheit nicht nur auf die Zeit des Dritten Reiches und die Verfolgung von 1945 bis 1951 bezogen wird. Auch zu dieser Zeit ist es zu Vergewaltigungen und frauendiskriminierenden Maßnahmen gekommen, das Geschlecht ist aber nicht das Merkmal, das vorrangig mit den Verfolgungsmustern dieser Zeit in Verbindung gebracht wird.

Der Ansatz des Bundesverwaltungsgerichts kann aber nicht überzeugen. Es gibt keinen gemeinsamen Nenner, auf den die Konventionsgründe der GFK gebracht werden können. Die dort genannten Merkmale sind weder alle unveränderlich[138] noch ist ihnen zwingend gemeinsam, dass sie sich während dieser Zeit als verfolgungsträchtig erwiesen haben. Vielmehr ist die zeitliche Beschränkung auf Ereignisse vor dem 1. Januar 1951 durch das Protokoll von 1967 gerade aufgehoben worden.

Der verfassungsändernde Gesetzgeber könnte sich aber dagegen ausgesprochen haben, dass das Geschlecht ein solches Merkmal ist. So schlug der Rechtsausschuss bei den Beratungen zur Asylrechtsreform vor, in den Entwurf der Fraktionen CDU/CSU, SPD und FDP vom 2. März 1993[139] den Hinweis aufzunehmen, dass eine geschlechtsspezifische Verfolgung, wenn sie einem Staat zuzuordnen sei,

---

135 BVerwGE 67, 184 (185 ff).

136 so auch *v. Galen*, Streit 1992, 148 (151); *Gebauer*, ZAR 1988, 120 (127); *Mees-Asadollah*, Streit 1998, 139 (146).

137 BVerwGE 79, 143 (146).

138 s. u. 6. Kapitel A. III. 2. d. bb. (2).

139 BT-Drucks 12/4550.

einen Asylgrund darstellt.[140] Dieser Vorschlag wurde vom verfassungsändernden Gesetzgeber abgelehnt. Allerdings ging diesem Votum folgende Erklärung voraus: „Der Bundesminister des Inneren erklärt, daß nach seiner Auffassung geschlechtsspezifische Verfolgungen dann Ausdruck politischer Verfolgung sind, wenn sie vom Staat veranlaßt werden oder in dem Staat zurechenbarer Weise als Mittel politischer Unterdrückung erfolgen, etwa im Rahmen einer auf das äußerste zu verurteilenden, völkerrechtswidrigen, absolut inhumanen sog. ethnischen Säuberung."[141] Dieser Erklärung haben sich die Fraktionen von CDU/CSU und FDP, die SPD-Fraktion und die Gruppe PDS/Linke Liste angeschlossen.[142] Zudem ist diese Ablehnung auch vor dem Hintergrund eines Entschließungsantrags des Bundestages vom 31. Oktober 1990 zu sehen, mit dem der Bundestag die Bundesregierung auffordert, eine ausdrückliche Klarstellung ins Asylverfahrensgesetz aufzunehmen, wonach auch wegen ihres Geschlechts oder ihrer sexuellen Orientierung verfolgte Frauen Asyl genießen.[143] Beide Äußerungen zusammengenommen werden teilweise so verstanden, dass der Bundestag davon ausging, dass das Geschlecht bereits als Verfolgungsgrund erfasst war und eine ausdrückliche Normierung daher nicht für erforderlich hielt.[144] Allerdings hat der Bundesminister des Inneren gerade ein Beispiel gewählt, in dem Frauen jedenfalls auch wegen der ethnischen Zugehörigkeit verfolgt sind. Zudem erklärt dies nicht, weshalb der Hinweis nicht ausdrücklich aufgenommen wurde, obwohl das Bedürfnis nach einer Klarstellung schon länger erkannt worden war. Andererseits schließt die offene Formulierung in dieser Erklärung auch nicht aus, dass das Geschlecht ein asylerhebliches Merkmal sein kann. Aus der Ablehnung des Änderungsantrags kann daher auch nicht geschlossen werden, dass das Geschlecht kein asylerhebliches Merkmal sein soll. Bei Verfolgung des Ansatzes der Rechtsprechung ist das Geschlecht somit zusätzliches asylerhebliches Merkmal.

3. Weitere asylerhebliche Merkmale

In den Fallkonstellationen frauenspezifischer Flucht- und Bleibegründe kann aber auch ein Bedürfnis dafür bestehen, weitere Merkmale als asylerheblich anzusehen. So können Beeinträchtigungen, denen unbeschnittene Frauen ausgesetzt sind, nur dann Verfolgung wegen des Geschlechts sein, wenn die Verfolgung erkenntlich innerhalb der „Unbeschnittenen" anhand des Geschlechts differenziert.[145] Anderen-

---

140 BT-Drucks 12/4984, 48.

141 BT-Drucks 12/4984, 48.

142 BT-Drucks 12/4984, 48.

143 Entschließungsantrag vom 31. Oktober 1990, BT-Drucks 11/4150.

144 vgl. VG Karlsruhe, U. v. 18. März 1998, A 10 K 11655/96 (teilweise abgedruckt in Streit 1998, 178 ff, nicht aber diese Stelle).

145 siehe infra unter A. III. 4. b. und B. II. 1. b. aa.

falls kommt nur eine Verfolgung wegen der „Unbeschnittenheit" in Betracht. Da dieses Merkmal nicht angeboren ist, kann es nach dem Ansatz der Rechtsprechung nur asylerheblich sein, wenn es sonst unverfügbar ist. Vorgaben ergeben sich diesbezüglich aus den Verfolgungsgründen Religion und politische Verfolgung. Diese sind unveränderlich, weil eine Aufgabe dieser Merkmale rechtlich nicht verlangt werden kann. Aus der Herleitung beider Gerichte, wonach die jedem Menschen anhaftenden Merkmale asylerheblich sind, geht hervor, dass dies danach zu beurteilen ist, ob es sich um die Ausübung eines überpositiven Menschenrechts handelt. Dieser Ansatz begegnet den bereits angesprochenen Schwierigkeiten. Zudem kann diese Rechtsprechung generell nicht überzeugen: Aus dem Gesichtspunkt der Menschenwürde kann keinem Menschen eine hinreichend intensive Rechtsgutbeeinträchtigung zugemutet werden. Hieraus lässt sich eine Differenzierung zwischen aus diesem Gesichtspunkt gleichermaßen schutzbedürftigen Personen daher nicht begründen.[146] So ist ein Obdachloser, der (mittelbar staatlich) von Skinheads menschenunwürdig behandelt wird, nicht weniger schutzbedürftig als eine Person mit schwarzer Hautfarbe, zumal er seinen Zustand im Zeitpunkt des Angriffs häufig ebenfalls nicht mehr ändern kann. Aus dem Aspekt der Menschenwürde ist ein Mann, dem für aus einer Laune heraus begangene homosexuelle Handlungen die Hinrichtung droht, ebenso schutzbedürftig wie ein Mann mit einer unveränderlichen homosexuellen Prägung. Ob das Merkmal prinzipiell verändert werden kann, ist allein bei der Frage von Bedeutung, ob der Verfolgung in zumutbarer Weise ausgewichen werden kann und daher keine ausreichende Wahrscheinlichkeit der Beeinträchtigung besteht. Von daher ist es überzeugender, politische Verfolgung i. S. d. Art. 16a Abs. 1 GG nicht auf Verfolgung in Anknüpfung an unabänderliche Merkmale zu beschränken.

Da aber nicht jede Verfolgung, sondern nur eine politische Verfolgung asylrechtlich geschützt ist, ist nach einer weiteren Einschränkung zu suchen. Nicht willkürlich ist es, auf die in der GFK enthaltenen Verfolgungsgründe abzustellen. Diese sind dann so auszulegen, wie im sechsten Kapitel ausgeführt wurde, so dass auch bezüglich der Subsumtion der Fallkonstellationen auf die dort gefundenen Ergebnisse verwiesen werden könnte. Wegen der größeren Praxisrelevanz wird allerdings bei der unter C. erfolgenden Subsumtion ausschließlich von dem Ansatz der Rechtsprechung ausgegangen.

4. „Wegen"

Im Folgenden wird konkretisiert, unter welchen Voraussetzungen die Verfolgung wegen eines asylerheblichen Merkmals, insbesondere wegen des Geschlechts erfolgt.

---

146 siehe hierzu auch *Treiber*, 156 ff.

a. Allgemeine Ausführungen

Anknüpfungspunkt für das asylerhebliche Merkmal ist die Verfolgungshandlung.[147] Bei der mittelbar staatlichen Verfolgung reicht es aus, wenn entweder die Handlung der Privaten oder das staatliche Schutzversagen an dieses Merkmal anknüpft.[148] Dabei ist, um Schutzlücken zu vermeiden, auf die der Handlung immanente Differenzierung abzustellen.[149]

Ob die Handlung an ein asylerhebliches Merkmal anknüpft, ist nicht nach der Motivation der handelnden Person, sondern objektiv anhand der erkennbaren Gerichtetheit der Maßnahme zu bestimmen.[150] Diese ist nach dem inhaltlichen Charakter der Maßnahme zu ermitteln.[151] Die erkennbare Gerichtetheit kann sich daraus ergeben, dass es objektiv erkennbare Anzeichen für eine subjektive Motivation gibt. Die Gerichtetheit ist aber nicht nur in diesen Fällen zu bejahen[152], wie dies teilweise in der Rechtsprechung des Bundesverwaltungsgerichts anklingt[153], sondern sie kann auch vorliegen, wenn die Maßnahme sonst erkenntlich im gesellschaftlichen Kontext an dieses Merkmal anknüpft. Dabei reicht es aus, wenn die Person so behandelt wird, als ob sie ein solches asylerhebliches Merkmal aufwiese.[154] Da dies der gleiche Maßstab ist, nach dem im Rahmen des Art. 1 A Nr. 2 GFK bestimmt wurde, ob die Maßnahme an ein asylerhebliches Merkmal anknüpft, können die dort entwickelten Konkretisierungen auch bezüglich Art. 16a Abs. 1 GG herangezogen werden. Demnach ist zwischen abstrakt-generellen und konkret-individuellen Verfolgungshandlungen zu trennen. Ein abstrakt-generelles Verhalten knüpft an ein asylerhebliches Merkmal an, wenn das Merkmal Tatbestandsvoraussetzung der Norm ist oder wenn das Verhalten sonst erkenntlich an dieses Merkmal anknüpft, beispielsweise weil es nur mit diesem Merkmal begründbar ist. Ein konkret-individuelles Verhalten knüpft an ein solches Merkmal

---

147 BVerfGE 80, 315 (335); BVerwGE 74, 143 (148); siehe aber auch *Schaeffer*, 68 sowie *v. Galen*, Streit 1992, 148 (151), wo anklingt, dass auf die Verfolgungsgefahr abzustellen ist. Da sich das Adjektiv politisch aber eindeutig auf Verfolgung bezieht, zudem die Verfolgungsgefahr in Art. 16a Abs. 1 GG gar nicht erwähnt wird, kann dies nicht überzeugen.

148 BVerwG, NVWZ 1996, 85 (86); BVerwGE 85, 12 (19); BVerwG, NVWZ 1984, 512; *Göbel-Zimmermann*, Rn. 55.

149 so auch *Weberndörfer*, 51 ff; es ist allerdings unklar, ob die Rechtsprechung ebenfalls auf die ungerechtfertigte Differenzierung oder nicht nur auf die Handlung abstellt, siehe hierzu *Köfner/ Nicolaus*, ZAR 1986, 11 (15) und *Marx*, Handbuch, § 64 Rn. 9 ff.

150 BVerfGE 80, 315 (335); BVerwGE 85, 139 (141 f); *Pieroth* in *Jarass/Pieroth*, Art. 16a Rn. 9.

151 BVerfGE 80, 315 (335); *Lübbe-Wolff* in *Dreier*, Art. 16a Rn. 34.

152 vgl. BVerfGE 80, 315 (335); siehe zur Kritik an der Motivationslehre auch *Marx*, Handbuch, § 64 Rn. 9 ff; vgl. hierzu aber *GK-AsylVfG* Bd. 1, vor II-2 Rn. 65.

153 bspw. BVerwG, NVwZ 1992, 274 (278).

154 BVerfGE 80, 315 (335); BVerfGE 81, 142 (151); BVerfG, InfAuslR 1993, 142 (144); BVerwGE 90, 127 (134); *Becker* in *v. Mangoldt/Klein/Starck*, Art. 16a Rn. 37; *GK-AsylVfG*, Bd. 1, vor II-2 Rn. 69.

an, wenn dem Verhalten bei objektiver Betrachtung im gesellschaftlichen Kontext eine Maxime zugrunde liegt, die – als abstrakt-generelle Regelung gedacht – an dieses Merkmal anknüpft.[155] Dies ist beispielsweise gegeben, wenn der Handelnde die aufgrund eines asylerheblichen Merkmals bestehende Schutzlosigkeit der Opfer ausnutzt.[156]

b. Wegen des Geschlechts

In Literatur und Rechtsprechung ist bisher noch nicht näher konkretisiert worden, wann eine Verfolgungshandlung an das Geschlecht anknüpft: Teilweise wird „wegen des Geschlechts“ mit wegen des „Frauseins“ gleichgesetzt.[157] Hierin klingt an, dass Verfolgung wegen des Geschlechts mit Verfolgung wegen der Zugehörigkeit zur bestimmten sozialen Gruppe aller Frauen (der jeweiligen Gesellschaft) synonym verwendet werden kann. Andererseits werden Vergewaltigungen unproblematisch als Verfolgung wegen des Geschlechts angesehen[158], obwohl eine Vergewaltigung allenfalls ausnahmsweise an die Zugehörigkeit zur bestimmten sozialen Gruppe aller Frauen (der jeweiligen Gesellschaft) anknüpft[159].

Auch sonst bestehen prinzipielle Unterschiede zwischen der Verfolgung wegen des Geschlechts und der Verfolgung wegen der Zugehörigkeit zur bestimmten sozialen Gruppe aller Frauen bzw. Männer (der jeweiligen Gesellschaft). So kann die Verfolgungshandlung nach dem bisher Ausgeführten an das Geschlecht anknüpfen, wenn die Handlung innerhalb der Gesellschaft oder innerhalb sonstiger Gruppen, beispielsweise der Familie, anhand des Geschlechts differenziert. Eine Verfolgung wegen der Zugehörigkeit zur bestimmten sozialen Gruppe aller Frauen bzw. Männer (der jeweiligen Gesellschaft) setzt hingegen voraus, dass diese Gruppe in der Gesellschaft besteht. Hierfür ist es zunächst erforderlich, dass sie von der Gesellschaft als zusammengehörende Einheit wahrgenommen wird. Das ist bei den Gruppen „Frauen“ bzw. „Männern“ regelmäßig gegeben, so dass insofern kein Unterschied besteht. Weitere Voraussetzung ist aber, dass die Gruppe in der Gesellschaft machtlos ist.[160] Außerdem knüpft die Verfolgung nur an die Zugehörigkeit zur bestimmten sozialen Gruppe aller Frauen bzw. Männer (der je-

---

[155] s. u. 6. Kapitel A. II. sowie 6. Kapitel A. III. 3.

[156] so auch BVerwGE 85, 12 (18 f): „Zwar werden [...] in der Türkei auch muslimische Frauen entführt doch nutzen die Täter, wie weiter festgestellt ist, bei der Entführung einer christlichen Frau bewußt die Schutzlosigkeit der Angehörigen einer religiösen Minderheit aus und betreiben deren Übertritt zum Islam auch aus religiöser Überzeugung.“

[157] *Gebauer*, ZAR 1988, 120 (128); *Mees-Asadollah*, Streit 1998, 139 (151); *Wolter*, 436; ähnlich: VG Ansbach, U. v. 19. Februar 1992, AN 17 K 91.44245, Streit 1993, 104 (106); VG Neustadt a. d. W., U. v. 27. August 2001, 5 K 1390/98.NW, 19: „weil sie Frauen sind“.

[158] *Mees-Asadollah*, Streit 1998, 139 (147); *v. Galen*, Streit 1992, 148 (160); *Wolter*, 446.

[159] s. u. 6. Kapitel B. VIII. 1. b.

[160] s. u. 6. Kapitel A. III. 2. d. bb. (3).

weiligen Gesellschaft) an, wenn sie innerhalb der Gesellschaft nach dem gruppenkonstituierenden Merkmal Geschlecht differenziert. Es ist somit keine Verfolgung wegen der Zugehörigkeit zur bestimmten sozialen Gruppe aller Frauen (der jeweiligen Gesellschaft), wenn Witwen von ihren Verwandten sozial ausgegrenzt bzw. zur Witwenverbrennung getrieben werden. Dies ist aber nach dem bisher Ausgeführten Verfolgung wegen des Geschlechts, da hier innerhalb der „Personen, die den Ehepartner verloren haben" anhand des Geschlechts differenziert wird. Da die Verfolgung wegen des Geschlechts gerade abgekoppelt von dem Begriff „Zugehörigkeit zu einer bestimmten sozialen Gruppe" entwickelt wurde, kann „wegen des Geschlechts" auch nicht ohne weiteres mit „wegen der Zugehörigkeit zur bestimmten sozialen Gruppe aller Frauen der jeweiligen Gesellschaft" gleichgesetzt werden. Zudem bejaht auch das Bundesverwaltungsgericht eine Verfolgung wegen des Geschlechts, wenn die Handlung lediglich innerhalb einer Untergruppe der Gesellschaft anhand des Geschlechts differenziert, indem es annimmt, dass Maßnahmen im Zuge der Terrorismusbekämpfung an Alter, Geschlecht und die tamilische Volkszugehörigkeit anknüpfen.[161]

aa. Minderwertigkeit

In der Literatur wird vorgeschlagen, dass Verfolgung wegen des Geschlechts nur vorliege, wenn Frauen ähnlich wie politische Gegner einer gezielten Verfolgung ausgesetzt seien, in dem Sinne, dass Frauen als zusammengehörende Einheit verfolgt werden.[162] Dies wird mit einem Urteil des Bundesverwaltungsgerichts begründet, nach dem eine Verfolgung wegen der irreversiblen Homosexualität als asylerheblich beurteilt wird, weil Homosexuelle „allein oder zumindest auch wegen dieser ihnen unabänderlich anhaftenden Merkmale [...] aus der Sicht des Verfolgers als andersartig klassifiziert [werden], und zwar in dem negativen Sinne, daß sie als Folge ihrer Andersartigkeit als minderwertig, lebensunwert, schädlich oder gefährlich eingestuft werden. Der ihnen asylrechtlich gewährte Schutz beruht auf dem allgemeinen Gesichtspunkt, daß derjenige Asyl genießen soll, der Verfolgungsmaßnahmen deshalb befürchten muß, weil er aufgrund unabänderlicher persönlicher Merkmale anders ist, als er nach Ansicht des Verfolgers zu sein hat."[163] Aus diesem Urteil geht nicht hervor, dass alle Personen, die ein Merkmal teilen, als zusammengehörende Einheit Verfolgung ausgesetzt sein müssen. Es reicht vielmehr aus, wenn der Verfolger die konkret von ihm verfolgte Person als anders ansieht, als sie zu sein hat. Da diese Formulierung im Hinblick auf unveränderliche Merkmale zumeist nicht überzeugen kann, ist diese dahingehend zu modifizieren, dass der Verfolger die betroffene Person aufgrund des Merkmals als

[161] BVerwGE 111, 334 (338).
[162] *Hailbronner*, ZAR 1998, 152 (159).
[163] BverwGE 79, 143 (146).

minderwertig ansehen muss. Eine Frau wird somit nur wegen ihres Geschlechts verfolgt, wenn die Verfolgung Ausdruck dessen ist, dass der Verfolger Frauen insgesamt als minderwertig ansieht. Dabei ist auf die im gesellschaftlichen Kontext objektiv erkennbare Sicht des Verfolgers abzustellen. Eine solche ergibt sich – sofern keine sonstigen Anhaltspunkte vorhanden sind – aus der Sicht von Staat und Gesellschaft. Diese äußert sich jedenfalls in einer gesamtgesellschaftlichen Diskriminierung der Frauen. Eine Frau wird aber auch erkenntlich als minderwertig angesehen, wenn es (von der handelnden Person und/oder in Staat und/oder Gesellschaft) als zulässig angesehen wird, Frauen in der Gesellschaft Beeinträchtigungen zuzufügen, die Verfolgungsstärke erreichen können.

Aus diesem Ansatz folgt dabei nicht, dass „wegen des Geschlechts“ mit „wegen der Zugehörigkeit zur bestimmten sozialen Gruppe aller Frauen der jeweiligen Gesellschaft“ gleichzusetzen ist. Hieraus ergibt sich nämlich nicht, dass der Verfolgung erkenntlich die Maxime zugrunde liegen muss, innerhalb der Gesellschaft nach dem Geschlecht zu differenzieren. So verfolgen Private eine Witwe nicht, weil sie irgendeine Frau in der Gesellschaft ist, sondern weil sie eine Witwe ist. Der Handlung liegt somit nicht die Maxime zugrunde, innerhalb der Gesellschaft nach dem Geschlecht zu differenzieren. Dennoch ist die Verfolgungshandlung – bei objektiver Betrachtung im gesellschaftlichen Kontext – Ausdruck dessen, dass Frauen insgesamt als minderwertig angesehen werden, da Witwen diesen Handlungen ausgesetzt sind, weil Frauen nach dem Tod des Ehemannes keinen Platz mehr in der Gesellschaft haben. Auch diese Verfolgung knüpft somit an das Geschlecht an, obwohl die Handlung nicht innerhalb der Gesellschaft, sondern lediglich innerhalb der „Personen, die den Ehepartner verloren haben“ anhand des Geschlechts differenziert.

bb. Abgrenzung zu frauenspezifischen Formen der Verfolgung?

Es wird zudem vorgeschlagen, zwischen frauenspezifischen Formen der Verfolgung und der Verfolgung wegen des Geschlechts zu differenzieren.[164] Es ist allerdings im Einzelfall schwierig abzugrenzen, ob die Verfolgung tatsächlich nur der Form nach frauenspezifisch ist. So ist außer bei der Zwangsabtreibung bereits zweifelhaft, was frauenspezifische Formen der Verfolgung sein sollen, da – wenn auch seltener – auch Männer vergewaltigt werden. Zudem knüpft bspw. eine Vergewaltigung zwar häufig an die Ethnie oder Religion an. In Einzelfällen kann sie aber auch wegen der Zugehörigkeit zur bestimmten sozialen Gruppe aller Frauen der jeweiligen Gesellschaft erfolgen. Zudem lässt sich oft nicht sagen, ob die konkrete Frau einer vergleichbaren Handlung ausgesetzt worden wäre, wenn sie

[164] vgl. *Spijkerboer*, 26 f; *Folkelius/Noll*, IJRL 1998, 607 (611 f) jeweils bzgl. der GFK.

ein Mann wäre.[165] Es ist somit überzeugender, die Abgrenzung danach vorzunehmen, ob die Handlung Ausdruck dessen ist, dass die Person auch wegen ihres Geschlechts und nicht nur wegen eines anderen Merkmals, beispielsweise der Ethnie, als minderwertig angesehen wird.

cc. Zusätzliche Prüfung des „Politischen"?

In der Literatur wird vorgeschlagen, bei der Prüfung, ob die Verfolgung an das Geschlecht anknüpft, zusätzlich zu prüfen, ob die Handlung einen öffentlichen und damit politischen Bezug hat, da hier die Konturen zwischen der Verfolgung im persönlichen und öffentlichen Bereich stark verschwimmen würden.[166] Bei der Genitalverstümmelung wird der öffentliche Bezug darin gesehen, dass die Weigerung sich verstümmeln zu lassen Ausdruck einer politischen Überzeugung sei, weil hiermit das politische Ziel verfolgt werde, die Geschlechterverhältnisse neu zu bestimmen.[167] Allerdings ist es auf das konkrete Beispiel bezogen zweifelhaft, ob mit der Weigerung tatsächlich eine solch weitreichende politische Auffassung geäußert oder der Handlung entnommen wird.[168] Auch generell kann der Ansatz nicht überzeugen. So fehlen zum einen die Kriterien, nach denen der politische Bezug sonst konkretisiert werden soll, wenn nicht durch die Tatsache, dass die Verfolgungshandlung an ein asylerhebliches Merkmal anknüpft und staatlich oder mittelbar staatlich ist. So bleibt unklar, ob ein öffentlicher Bezug immer nur vorliegt, wenn im Umfeld der Verfolgungshandlung eine politische Aussage getroffen wird oder dies jedenfalls so erscheint. Zudem kann es nicht überzeugen, diese Prüfung nur bezüglich des asylerheblichen Merkmals Geschlecht vorzunehmen. Dies lässt sich auch nicht damit begründen, dass eine Verfolgung wegen des Geschlechts nicht der typischen Form der staatlichen Unterdrückung entspreche und mit der Folter vergleichbar sei[169]. So ist es keine neue Erscheinung, dass Frauen durch Berufs- und Bildungsverbote oder durch Tötungen im Namen der Ehre unmittelbar oder mittelbar staatlich unterdrückt werden. Zudem impliziert der Vergleich mit der Folter, dass eine Verfolgung wegen des Geschlechts nur geschlechtsspezifische Formen der Verfolgung erfasst, was aber nur auf einen Teil der Fallkonstellationen frauenspezifischer Flucht- und Bleibegründe zutrifft.

---

[165] vgl. *Binder*, 444 f bzgl. der GFK.
[166] *Bumke*, NVwZ 2002, 423 (426).
[167] *Bumke*, NVwZ 2002, 423 (426).
[168] s. u. 6. Kapitel B. II. 3.
[169] so aber *Bumke*, NVwZ 2002, 423 (426).

IV. Weitere Voraussetzungen des Art. 16a Abs. 1 GG

Auf die weiteren Voraussetzung des Asylrechts, in denen sich Besonderheiten bei der Beurteilung der frauenspezifischen Flucht- und Bleibegründe ergeben, wird unter D. und E. gesondert eingegangen. Diese Probleme stellen sich nämlich teilweise, bspw. im Hinblick auf die Differenzierung zwischen Vor- und Nachfluchtgründen, ausschließlich bzgl. Art. 16a Abs. 1 GG. Zudem ist diesbezüglich eine gesonderte Betrachtung der einzelnen Fallkonstellationen nicht sinnvoll.

B. Voraussetzungen von § 51 Abs. 1 AuslG

§ 51 Abs. 1 AuslG ist nach dem hier vertretenen Ansatz entsprechend Art. 33 Abs. 1 in Verbindung mit Art. 1 A Nr. 2 S. 1 Hs. 1 GFK auszulegen.[170] Üblicherweise wird § 51 Abs. 1 AuslG allerdings hinsichtlich Verfolgungshandlung, geschützten Rechtsgütern und dem politischen Charakter der Verfolgung in Übereinstimmung mit Art. 16a Abs. 1 GG ausgelegt.[171] Anders als im Rahmen des Art. 16a Abs. 1 GG ist hier nicht erforderlich, dass ein Kausalzusammenhang zwischen Verfolgung und Flucht besteht. Damit können die Voraussetzungen von § 51 Abs. 1 AuslG auch bei selbstgeschaffenen Nachfluchtgründen vorliegen. Obwohl in § 51 Abs. 1 AuslG ausdrücklich der Verfolgungsgrund „Zugehörigkeit zu einer bestimmten sozialen Gruppe" genannt ist, wird die Verfolgung hieran in der Rechtspraxis nicht öfter angeknüpft als im Rahmen des Art. 16a Abs. 1 GG. Stattdessen wird auch im Rahmen des § 51 Abs. 1 AuslG auf zusätzliche asylerhebliche Merkmale zurückgegriffen.[172]

C. Betrachtung der Fallkonstellationen im Hinblick auf Verfolgung und Verfolgungsgrund

I. Unmittelbar (quasi-)staatliches Verhalten

Als unmittelbar (quasi-)staatliches Verhalten, das Verfolgung aus einem Verfolgungsgrund sein kann, kommen das Bestehen diskriminierender Verhaltensvorschriften, die Sanktionierung des Verstoßes gegen diskriminierende Verhaltensvorschriften sowie die Sanktionierung des Verstoßes gegen nichtdiskriminierende Verhaltensvorschriften in Betracht. Dabei ist auch das Verhalten von Personen, die

---

170 s. u. 4. Kapitel B. II.

171 vgl. BVerwGE 95, 42 ff; BVerwG, NVwZ 1994, 500 (503); *GK-AuslR*, § 51 Rn. 19; *Hailbronner*, AuslR, A1, § 51 Rn. 14; *Kloesel/Christ/Häußer*, § 51 Rn. 4.

172 bspw. VG Wiesbaden, U. v. 27. Januar 2000, 5 E 31472/98.A (2), Streit 2000, 133 (135); siehe hierzu auch *Weberndörfer*, 67 ff.

keine Organe des (Quasi-)Staats sind, diesem nach Art. 7 Nr. 2, Art. 8 lit. a ILC-Entwurf als eigenes Verhalten zuzurechnen, wenn sie ermächtigt sind, Staatsgewalt auszuüben, oder diese de facto ausüben.

1. Bestehen frauendiskriminierender Verhaltensvorschriften

a. Subsumtion unter Art. 16a Abs. 1 GG

Es gibt nur wenige Entscheidungen, in denen bereits das Bestehen einer frauendiskriminierenden Verhaltensvorschrift als Verfolgung i. S. d. Art. 16a Abs. 1 GG angesehen wird.[173] Dies liegt zum einen daran, dass der ausgrenzende Charakter einer solchen Vorschrift verneint wird. So wird die Formel des Bundesverfassungsgerichts, nach der eine ausgrenzende Verfolgung nur vorliegt, wenn die Beeinträchtigung über das hinausgeht, was die Bevölkerung allgemein zu ertragen hat, bezüglich frauendiskriminierender Vorschriften im Iran teilweise so ausgelegt, dass die Frauen keine ausreichende Beeinträchtigung treffe, da sie nur das ertragen müssten, was alle Frauen zu ertragen hätten.[174] Damit wird aber übersehen, dass eine solche Vorschrift gerade ausgrenzend ist, weil sie in diskriminierender Weise nur Frauen beeinträchtigt.[175]

Den Vorschriften in Afghanistan unter der Herrschaft der Taliban wurde die Zielgerichtetheit mit der Begründung abgesprochen, dass sie im gesamten Machtbereich der Taliban gelten und daher nicht die Rechtsgüter der konkret betroffenen Frau gezielt beeinträchtigten.[176] Zielgerichtet sind die Verhaltensvorschriften aber bereits dadurch, dass sie in diskriminierender Weise Frauen Beschränkungen auferlegen. So ist in der bundesverfassungs-[177] und bundesverwaltungsgerichtlichen[178] Rechtsprechung anerkannt, dass auch Gesetze Verfolgungshandlungen sein können, sofern sie die asylerhebliche Beeinträchtigung unmittelbar herbeiführen. Die Verfolgung ist daher auch zielgerichtet, wenn der Handelnde die hier-

---

173 bejahend: VG Neustadt a. d. W., U. v. 10. Juli 2001, 5 K 1390/98.NW, 18; BAFl, E. v. 12. September 2001, GZ: 269034-423, 7, in diese Richtung auch VG Aachen, U. v. 28. November 1995, 1 K 2455/95.A, InfAuslR 1996, 237 f , a. A. hingegen VG Frankfurt a. M., U. v. 23. Oktober 1996, 5 E 335321 94.A (3), InfAuslR 1997, 177 (180) jeweils bzgl. Afghanistan unter der Herrschaft der Taliban; das VG Wiesbaden deutet bzgl. des Iran an, dass Drangsalierungen zur Umerziehung westlich geprägter Mädchen Verfolgung sein könnten, U. v. 8. Mai 1984, VI E 07897/81-0, Streit 1987, 51 (52); zur Rechtsprechung bzgl. des Iran siehe auch *v. Galen*, Streit 1992, 148 ff.

174 OVG Lüneburg, U. v. 18. März 1988, 21 OVG A 600/87; VG Hamburg vom 29. Januar 1987, 18 VG A 1199/86; *Rothkegel*, ZRP 1992, 222 (224).

175 i. E. auch *Mees-Asadollah*, Streit 1998, 141 (149).

176 VG Regensburg, U. v. 23. Mai 1997, RO 15 K 95.312392, ZDWF-RÜ 1998, 41; VG Karlsruhe, U. v. 18. März 1998, A 10 K 11655/96, teilweise abgedruckt in Streit 1998, 179 ff, nicht aber diese Stelle.

177 BVerfGE 54, 341 (357); BVerfGE 76, 143 (160).

178 BVerwGE 80, 321 (326 ff); BVerwGE 79, 143 (148 ff); BVerwGE 74, 31 (37).

von betroffenen Personen nur anhand allgemeiner Merkmale identifiziert.[179] Es ist auch nicht erforderlich, dass die durch das Gesetz unmittelbar herbeigeführte Beschränkung für alle Personen, die in den Anwendungsbereich fallen, asylerhebliche Beeinträchtigungsintensität erreicht oder von den staatlichen Organen vorhergesehen wird, für welche Personen oder Personengruppen diese Intensität erreicht wird.[180]

Es kann auch nicht überzeugen, wenn mit dem Hinweis auf die im Herkunftsstaat geltenden Moralvorstellungen abgelehnt wird, dass das Bestehen der Vorschriften Verfolgung sein kann[181], da frauendiskriminierende Vorschriften die Beeinträchtigung eines der in IPBPR, IPWSKR oder der Frauenkonvention geschützten Menschenrechte unter keinen Umständen rechtfertigen können.

aa. Verfolgung

(1) Arbeitsverbote/-beschränkungen

Beeinträchtigungen der Berufsfreiheit sind jedenfalls von asylerheblicher Intensität, wenn hierdurch das wirtschaftliche Existenzminimum nicht mehr gewährleistet ist.[182] Frauendiskriminierende Arbeitsverbote, wie sie in Afghanistan unter der Herrschaft der Taliban bestanden, können somit für allein stehende Frauen oder für Frauen, deren Ehepartner oder männliche Verwandte arbeitsunfähig sind, Verfolgung sein. Mit dieser Argumentation werden daher auch in Literatur und Rechtsprechung solche Verbote als ein Aspekt von Verfolgung beurteilt.[183]

In sonstigen Konstellationen wird hingegen die asylerhebliche Intensität zumeist verneint.[184] So sieht das Bundesverwaltungsgericht selbst massive Benachteiligungen auf dem Arbeitsmarkt, die nicht auf die Vernichtung der physischen Existenz gerichtet sind, nicht als Verfolgung an.[185] In zwei Entscheidungen hat es aber erwogen, ob „neben der Vernichtung der wirtschaftlichen Existenz auch schon andere Beeinträchtigungen der beruflichen Betätigung die Menschenwürde verlet-

179 vgl. BVerwG, DVBl. 1986, 834 (835), diese Stelle ist nicht abgedruckt in BVerwGE 74, 41 ff.

180 BVerfGE 54, 341 (357).

181 OVG Rheinland-Pfalz, B. v. 17. Mai 2002, 6 A 10217/02-OVG; VGH Baden-Württemberg, U. v. 3. April 2001, A 9 S 1897/00; VG Gießen, U. v. 13. Februar 1997, 2 E 10819/91; in diese Richtung auch OVG NRW, U. v. 17. Dezember 1992, 16 A 10141/90; auch schon VG Berlin, U. v. 16. Juli 1987, VG 23 A292.87 bzgl. des Iran.

182 BVerwGE 88, 367 (374); BVerwGE 74, 41 (47); BVerwG, NVwZ-RR 1995, 607; InfAuslR 1988, 22 (23); NVwZ 1987, 701.

183 VG Neustadt a. d. W., U. v. 10. Juli 2001, 5 K 1390/98.NW, 18; BAFl, E. v. 12. September 2001, GZ: 269034-423, 7; *Mees-Asadollah*, Streit 1998, 139 (148).

184 *Becker* in *v. Mangoldt/Klein*/Starck, Art. 16a Abs. 1 GG Rn. 31; *Lübbe-Wolff* in *Dreier*, Art. 16a Rn. 18; *Randelzhofer* in *Maunz/Dürig*, Art. 16 Abs. 2 S. 2 Rn. 46; speziell zu frauendiskriminierenden Vorschriften: OVG NRW, U. v. 17. Dezember 1992, 16 A 10141/90 bzgl. des Iran.

185 BVerwGE 96, 200 (207 f).

zen und damit asylrelevant werden können, etwa das Verbot einer die Persönlichkeit des Betroffenen in besonderem Maße prägenden beruflichen Betätigung oder die mit einer beruflichen Umsetzung verbundene gezielte Bloßstellung und Herabwürdigung“[186], ohne dass dies aber im konkreten Fall entscheidungserheblich war. Auch das VG Regensburg hat geprüft, ob für eine Studentin das Bestehen der Arbeitsverbote in Afghanistan unter der Herrschaft der Taliban unter dem Aspekt Verfolgung ist, dass die Arbeit für sie persönlichkeitsprägend ist.[187] Diesem Ansatz ist zuzustimmen: Durch Arbeitsverbote, wie sie bspw. in Afghanistan unter der Herrschaft der Taliban nahezu für alle Frauen bestanden, wird den Frauen jede Möglichkeit genommen, sich ihren Fähigkeiten entsprechend beruflich zu entfalten. Es ist vorstellbar, dass durch dieses potentiell lebenslang bestehende Verbot für diejenigen Frauen die Grundlage ihrer Existenz zerstört wird, für die es von großer Bedeutung ist, ihren gewählten Beruf weiter oder erstmalig ausüben zu können, so dass das Bestehen eines solchen Verbots die Menschenwürde verletzen kann.[188]

Dementsprechend gilt für Vorschriften, nach denen Frauen – wie in Saudi-Arabien – für die Erwerbstätigkeit die Genehmigung des für sie „verantwortlichen“ Mannes benötigen, Folgendes: Wenn der Mann die Genehmigung verweigert, ist dies mittelbar staatliche Verfolgung, sofern hierdurch der Frau das wirtschaftliche Existenzminimum nicht mehr zur Verfügung steht oder sie einen Beruf, der zu den Grundlagen ihrer Existenz gehört, nicht ausüben kann.[189]

(2) Bewegungsbeschränkungen

Frauendiskriminierende bewegungsbeschränkende Vorschriften sind in entsprechender Anwendung der in der Rechtsprechung entwickelten Kriterien Verfolgung, wenn allein lebende bzw. allein stehende Frauen daraufhin das wirtschaftliche Existenzminimum nicht mehr erlangen können.[190] Zudem sind sie Verfolgung, wenn Frauen hierdurch faktisch unter Hausarrest stehen, und damit nicht unerheblich in ihrer persönlichen Freiheit eingeschränkt werden.[191]

---

[186] BVerwG, NVwZ 1987, 701; BverwG, InfAuslR 1988, 22 f; ähnlich auch BayVGH, U. v. 30. Juli 1992, BayVDI 1992, 724 f, hier wird die asylerhebliche Intensität bzgl. Rumänien mit dem Argument verneint, dass keine Existenzgefährdung vorliegt und es der Frau zudem zuzumuten ist, als Volksschullehrerin anstatt als Gymnasiallehrerin zu arbeiten.

[187] VG Regensburg, U. v. 23. Mai 1997, RO 15 K 95.31392, ZDWF-RÜ 1998, 41, das i. E. asylerhebliche Intensität wegen der für Ärztinnen bestehenden Ausnahmen vom Berufsverbot und ihrer noch nicht abgeschlossenen Ausbildung verneint.

[188] i. E. auch *Mees-Asadollah*, Streit 1998, 139 (148); siehe hierzu auch die Ausführungen unter 5. Kapitel B. I. 1. b. bb.

[189] vgl. *Mees-Asadollah*, Streit 1998, 139 (148).

[190] VG Neustadt a. d. W., U. v. 10. Juli 2001, 5 K 1390/98.NW, 18; BAFl, E. v. 12. September 2001, GZ: 269034-423, 7.

[191] VG Neustadt a. d. W., U. v. 10. Juli 2001, 5 K 1390/98.NW, 18.

Auch darüber hinaus kann das Bestehen einer solchen Vorschrift Verfolgung sein: Diese ist gemessen an Art. 12 Abs. 1 Var. 1 IPBPR immer unrechtmäßig und sie kann unter dem Aspekt asylerhebliche Intensität erreichen, dass infolge einer solchen Vorschrift objektiv nachvollziehbar die Grundlage der Existenz einer hiervon betroffenen Frau zerstört ist, die ihr Leben lang außerhalb der eigenen vier Wände keine Autonomie über ihre Bewegungen hat.[192] Dies ist allerdings nicht der Fall, wenn Frauen sich mit einem Chauffeur fortbewegen oder Verkehrsmittel des öffentlichen Nahverkehrs benutzen können oder wenn die im Einzelfall betroffene Frau infolge der Anwendung der Regeln durch die sie „beschützenden" Männer faktisch nicht oder nur marginal in ihrem Selbstbestimmungsrecht eingeschränkt ist.

(3) Verschleierungsgebote

Das Bestehen von Verschleierungsgeboten wird häufig mit Verweis auf den in den Herkunftsstaaten geltenden Maßstab ausdrücklich nicht als Verfolgung beurteilt.[193] Im Hinblick auf das in Afghanistan unter der Herrschaft der Taliban bestehende Gebot, die Burqa zu tragen, wurde aber teilweise angenommen, dass dies Verfolgung ist.[194] In einer anderen Entscheidung hingegen wurde dies unter Verweis auf die Bekleidungsvorschriften für Männer verneint.[195] Dieses Gebot ist aber weder mit den Bartwuchs- und Kopfbedeckungsvorschriften noch mit den weiteren Bekleidungsvorschriften, die in Afghanistan unter der Herrschaft der Taliban galten, vergleichbar.[196]

(a) Beeinträchtigung der Religions- und Weltanschauungsfreiheit

Verschleierungsgebote könnten zunächst unter dem Aspekt Verfolgung sein, dass hierdurch die Religions- und Weltanschauungsfreiheit mit asylerheblicher Intensität beeinträchtigt wird. Nach den Vorgaben der Rechtsprechung sind Beeinträchtigungen der Religionsfreiheit nicht so intensiv, dass sie die Menschenwürde verletzen, wenn hierdurch lediglich die öffentliche Religionsausübung verboten ist.[197] Dementsprechend wurde eine (allerdings nichtdiskriminierende) Vorschrift zur

---

192 vgl. *Mees-Asadollah*, Streit 1998, 139 (148 f).

193 OVG Rheinland-Pfalz, B. v. 17. Mai 2002, 6 A 10217/02-OVG; VGH Baden-Württemberg, U. v. 3. April 2001, A 9 S 1897/00; VG Gießen, U. v. 13. Februar 1997, 2 E 10819/91; wohl auch OVG NRW, U. v. 17. Dezember 1992, 16 A 10141/90.

194 VG Neustadt a. d. W., U. v. 10. Juli 2001, 5 K 1390/98.NW, 16; offen lassend: BAFl, E. v. 12. September 2001, GZ: 2693034-423, 5 f.

195 VG Karlsruhe, U. v. 18. März 1998, A 10 K 11655/96, teilweise abgedruckt in Streit 1998, 179 ff nicht aber diese Stelle.

196 s. u. 5. Kapitel B. I. 1. a.

197 BVerfGE 76, 143 (158 f); BVerfGE 81, 58 (66); BVerwGE 74, 31 (38).

Geschlechtertrennung im Iran als ausschließlich die öffentliche Sphäre betreffende Ordnungsvorschrift angesehen und damit das Bestehen dieser Vorschrift nicht als politische Verfolgung beurteilt.[198]

Nach dem hier vertretenen Ansatz kann dies nicht überzeugen. Eine solche Vorschrift beeinträchtigt den Gewährleistungsbereich des Art. 18 Abs. 1 IPBPR unter dem Aspekt, dass hierdurch Frauen ein Gebot auferlegt wird, das mit ihrer religiösen oder weltanschaulichen Gewissensfreiheit nicht vereinbar ist. Dieser Eingriff kann wegen des frauendiskriminierenden Charakters der Vorschrift auch nicht gerechtfertigt werden, so dass es auf die Moralvorstellungen des Herkunftsstaats nicht ankommt. Es ist auch vorstellbar, dass die Entscheidung, die Verschleierung nicht zu tragen, für die konkrete Person so wesentlich ist, dass dies zu den Grundlagen ihrer Existenz gehört.[199]

(b) Beeinträchtigung des Rechts auf Privatleben

Verschleierungsgebote könnten auch unter dem Aspekt Verfolgung sein, dass hierdurch das Recht auf Privatleben i. S. d. Art. 17 Abs. 1 Var. 1 IPBPR mit asylerheblicher Intensität beeinträchtigt wird. In der Rechtsprechung wurde bisher nur konkretisiert, wann Einzelaspekte des Rechts auf Privatleben, nämlich das Recht auf sexuelle Selbstbestimmung[200] und das Ausleben der sexuellen Identität[201], asylerhebliche Intensität erreichen; diesen Konkretisierungen lässt sich im vorliegenden Zusammenhang nichts entnehmen.

Nach einem Ansatz in der Literatur sind solche Beeinträchtigungen dann nicht von asylerheblicher Intensität, wenn trotz des staatlich erzwungenen Verhaltens noch ein Minimum an menschenwürdiger Entfaltung möglich ist.[202] Dieser Formel lässt sich nur entnehmen, dass asylrechtlich lediglich ein Minimum der grundgesetzlichen Menschenwürde als geschützt angesehen wird. Zur näheren Konkretisierung der Beeinträchtigungsintensität ist sie nicht geeignet.

Nach einem anderen Ansatz erreicht die Beeinträchtigung des Rechts auf Privatleben asylerhebliche Intensität, wenn der elementare Bereich der sittlichen Person verletzt ist, in dem für ein menschwürdiges Dasein die Selbstbestimmung möglich bleiben muss.[203] Diese Formel entspricht im Wesentlichen dem hier vertretenen Ansatz. Allerdings kann es nicht darauf ankommen, ob die „Sittlichkeit“

---

[198] BVerwG, InfAuslR 1989, 216 (216) bzgl. des Verbots, sich mit einem nichtverwandten oder verheirateten Partner des anderen Geschlechts in der Öffentlichkeit zu zeigen.

[199] s. u. 5. Kapitel B. I. 1. b. aa. (2)

[200] BVerwGE 85, 12 (19); BVerwGE 90, 127 (133).

[201] BVerwGE 79, 143 (148 f).

[202] *Hailbronner*, ZAR 1998, 152 (157).

[203] *Bonk/Pagenkopf* in *Sachs*, Art. 16a Rn. 16; diese Formel verwendet auch BVerfGE 76, 143 (158f), das diese im Anschluss aber nur im Hinblick auf Beeinträchtigungen der Religionsfreiheit konkretisiert.

der Person beeinträchtigt ist. Das Recht auf Privatleben schützt das Ausleben der eigenen Identität, nicht per se die „Sittlichkeit" einer Person. So erscheint es grotesk, ein Gesetz, das gleichgeschlechtliche sexuelle Handlungen verbietet, daran zu messen, ob hierdurch ein elementarer Bereich der „sittlichen" Person verletzt ist. Vielmehr ist asylerhebliche Intensität bereits erreicht, wenn die Selbstbestimmung in Bereichen, die eine betroffene Person in objektiv nachvollziehbarer Weise als Grundbedingungen ihrer Existenz ansieht, nicht mehr möglich ist.

Demnach ist im Hinblick auf die Verschleierungsgebote folgendermaßen zu entscheiden: Diese können ohne Betrachtung der konkret vorgeschriebenen Verschleierung gemessen an dem Recht auf Privatleben keine asylerhebliche Intensität erreichen. Das Gebot, Verschleierungen wie die Burqa zu tragen, kann unter dem Aspekt von asylerheblicher Intensität sein, dass eine hiervor betroffene Frau es als Grundlage ihrer Existenz ansieht, die Welt ungestört sehen zu können und in der Öffentlichkeit als Person und nicht nur als Tuch wahrnehmbar zu sein. Auch das Bestehen eines Gebots, das eine Verschleierung vorschreibt, wie sie in Saudi-Arabien üblich ist, kann u. U. zu Beeinträchtigungen von asylerheblicher Intensität führen.[204]

(4) Bildungsverbote/-beschränkungen

Das Bundesverwaltungsgericht hat in einer Entscheidung angenommen, dass der diskriminierende Ausschluss vom Studium unter den gleichen Voraussetzungen asylerhebliche Intensität erreicht wie Beeinträchtigungen der Berufsfreiheit nach abgeschlossenem Studium.[205] Demnach ist der frauendiskriminierende Ausschluss von bestimmten Studiengängen Verfolgung, wenn hierdurch das wirtschaftliche Existenzminimum nicht gewährleistet ist oder wenn der gewählte Beruf von besonderer Bedeutung für die Frau ist und auch nicht zumutbar ein anderer Studiengang und damit ein anderer Beruf gewählt werden kann.[206] Unter den gleichen Voraussetzungen ist die Verweigerung der Genehmigung mittelbar staatliche Verfolgung, wenn in diskriminierender Weise nur Frauen einer solchen Genehmigung bedürfen.

Auch das Bestehen sonstiger bildungsbeschränkender Vorschriften kann Verfolgung sein: Gemessen an Art. 13 IPWSKR, Art. 10 FraK, Art. 28 KK ist jeder

---

[204] s. u. 5. Kapitel B. I. 1. b. aa. (2).

[205] BVerwG, InfAuslR 1988, 22 f.

[206] s. u. 5. Kapitel B. I. 1. b. dd; siehe hierzu auch *Marx*, Handbuch § 69 Rn. 16 m. w. N.; vgl. VG Ansbach, U. v. 21. September 1955, 2070 II/55, das asylerhebliche Verfolgungsintensität bejaht, wenn „[der Kläger] wegen Ablehnung des Parteibeitritts vom Fachschulbesuch und damit von der Vertiefung seines Könnens abgehalten wird", Stelle abgedruckt bei *Grahl-Madsen*, Bd. 1, 211. Auch *Schaeffer*, 101 hält die Unterbindung jeder Art von begabungs- bzw. interessegemäßer Fortbildung, bspw. das diskriminierende Verbot der Zulassung zu jeder Art von Universitätsstudium für Verfolgung.

frauendiskriminierende Ausschluss von bestehenden Bildungseinrichtungen unrechtmäßig. Es ist auch objektiv nachvollziehbar, dass es eine Person als Grundlage ihrer Existenz ansieht, dass ihr nicht von vornherein jede Möglichkeit genommen wird, sich ihren Fähigkeiten entsprechend zu entfalten und das Leben nach eigener Verantwortung zu bestimmen und zu planen.[207] So ist „kaum ein schwererer Eingriff in die persönliche Existenz eines Kindes denkbar [. . .], als der, ihm in den jeweiligen Staaten grundsätzlich vorhandene und aufgrund seiner Begabung auch offenstehende Bildungsmöglichkeiten zu versagen."[208] Dementsprechend ist das Bestehen von bildungsbeschränkenden Vorschriften wie in Afghanistan unter der Herrschaft der Taliban Verfolgung, da hier den Mädchen und Frauen allenfalls eine absolute Basisbildung zuteil wurde, sonst aber lebenslänglich und unausweichlich die Möglichkeit genommen wurde, sich (weiter) zu bilden. Auch ein vollständiger Ausschluss von weiterführenden Schulen kann nach diesen Vorgaben Verfolgung sein, wenn keine vergleichbaren Bildungsmöglichkeiten bestehen.[209] Daher kann es nicht überzeugen, wenn das Bundesverfassungsgericht Religionsquoten bei der Vergabe von Ausbildungsplätzen generell für zulässig hält.[210]

(5) Verweigerung der (ausreichenden) medizinischen Versorgung

Die in Afghanistan unter der Herrschaft der Taliban bestehenden Vorschriften führten dazu, dass Frauen, die medizinischer Versorgung bedurften, in diskriminierender Weise nicht oder unzureichend behandelt wurden. Dies kann zur Folge haben, dass das Leben oder die körperliche Unversehrtheit mehr als unerheblich beeinträchtigt wird und damit asylerhebliche Intensität erreicht ist.[211] Verfolgungshandlung ist in diesem Fall das Unterlassen des Arztes, das dem Staat unmittelbar als eigene Verfolgung zuzurechnen ist.[212]

(6) Entzug des Sorge- und Umgangsrecht

Wenn einer unverheirateten Frau das Sorge- und Umgangsrecht für ihr Kind wegen ihres Familienstandes entzogen wird, beurteilt das VG Freiburg dies gemessen an Art. 6 GG als Beeinträchtigung von asylerheblicher Intensität.[213] Auch nach dem hier vertretenen Ansatz kann ein solcher Entzug Verfolgung sein. Er ist gemessen an Art. 17 Abs. 1 Var. 2 IPBPR und Art. 16 Abs. 1 lit. d, f FraK unrechtmäßig.[214]

---

[207] vgl. Schleswig-Holsteinisches VG, U. v. 17. August 1984, 15 A 391/83, InfAuslR 1985, 99 (100).
[208] Schleswig-Holsteinisches VG, U. v. 17. August 1984, 15 A 391/83, InfAuslR 1985, 99 (100).
[209] s. u. 5. Kapitel B. I. 1. b. dd.
[210] BVerfGE 76, 143 (168 f).
[211] VG Neustadt a. d. W., U. v. 10. Juli 2001, 5 K 1390/98.NW, 18.
[212] s. u. 5. Kapitel B. 1. b. cc.
[213] VG Freiburg, U. v. 20. Juli 1998, A 7 K 1263/95, NVwZ-Beilage 3/1999, 28 (30).
[214] s. u. 5. Kapitel B. I. 1. b. gg.

Er kann auch asylerhebliche Intensität erreichen, da es vorstellbar ist, dass es zu den Grundlagen der Existenz der konkret hiervon betroffenen Frau gehört, Sorge- und Umgangsrecht für ihr Kind nicht an den Staat zu verlieren. Dementsprechend kann auch die Entziehung der Mutter für das Kind Verfolgung sein.[215]

(7) Zusammenschau der Vorschriften

Überwiegend wird in Entscheidungen zur Situation in Afghanistan unter der Herrschaft der Taliban nicht auf die einzelnen Vorschriften gesondert eingegangen, sondern insgesamt das Vorliegen von Verfolgung bejaht.[216] Dies ist insofern erstaunlich, als nach der Rechtsprechung des Bundesverwaltungsgerichts mehrere gegen unterschiedliche Schutzgüter gerichtete Eingriffe, die jeweils keine ausreichende Beeinträchtigungsintensität erreichen, nicht zu einer Verfolgungshandlung zusammengezogen werden können.[217] Diese einschränkende Beurteilung wird aber zu Recht abgelehnt[218]: Die Vorschriften gehen von dem gleichen Urheber aus und verstärken sich in der Intensität gegenseitig. Sie führen somit jedenfalls zusammengenommen zu einer ausweglosen Lage.[219] Es ist daher nicht ersichtlich, weshalb diese Vorschriften nicht auch zusammengenommen Verfolgung sein sollten.

bb. Verfolgungsgrund

Das Bestehen einer der zuvor genannten frauendiskriminierenden Vorschriften als unmittelbar (quasi-)staatliche Verfolgung knüpft an das Geschlecht an.[220] Die jeweilige Vorschrift differenziert innerhalb der Gesellschaft anhand des Geschlechts, da das Geschlecht Tatbestandsvoraussetzung ist und die Unterscheidung nur mit

---

215 s. u. 5. Kapitel B. I. 1. b. gg.

216 so stellt das VG Aachen, U. v. 28. November 1995, InfAuslR 1996, 237, darauf ab, dass Frauen keine selbstgewählte Rolle in Staat, Gesellschaft und Familie einnehmen dürfen, sondern sich auf den ihnen übertragenen Wirkungskreis und damit im Wesentlichen auf den Bereich der Familie zu beschränken haben, und auch das BAFl, E. v. 12. September 2001, GZ: 2692034423 sowie das VG Neustadt a. d. W., U. v. 10. Juli 2001, 5 K 1390/98.NW bejahen das Vorliegen von Verfolgung aus einer Zusammenschau der Vorschriften und der drohenden Sanktionen.

217 BVerwG, NVwZ-RR 1995, 607; BVerwGE 88, 367 (374).

218 *Lübbe-Wolff* in *Dreier*, Art. 16a Rn. 18; *Schnapp* in *v. Münch/Kunig*, Art. 16a Rn. 10; *GK-AsylVfG*, Bd. 1, vor II-2 Rn. 73.

219 vgl. die Ausführungen unter 5. Kapitel B. I. 1. b. hh.

220 i. E. auch *Mees-Asadollah*, Streit 1998, 139 (150); wohl auch *Wolter*, 445 f; sowie VG Neustadt a. d. W., U. v. 27. August 2001, 5 K 1390/98.NW, 19: „weil sie Frauen sind", ähnlich auch BAFl, E. v. 12. September 2001, GZ: 2692034-423, 6 (Geschlechtszugehörigkeit, Ausbildung und Erziehung als asylerhebliche Merkmale), die jeweils diese Vorschriften als einen Aspekt von Verfolgung sehen, siehe auch BVerwG, NVwZ 2001, 818 (819): Hier gibt das Bundesverwaltungsgericht der Vorinstanz auf, zu prüfen, ob den Klägerinnen bei einer Rückkehr „politische Verfolgung durch die fundamentalistischen Taliban auch wegen ihres Geschlechts droht"; vgl. OVG NRW, U. v. 17. Dezember 1992, 16 A 10141/90, das andeutet, dass das Geschlecht Anknüpfungspunkt für diese Vorschriften ist, aber schon das Vorliegen von Verfolgung verneint.

dem Geschlecht begründbar ist. Zugleich werden alle Frauen in den Fällen, in denen sie in den Regelungsbereich einer solchen Vorschrift fallen, objektiv erkennbar von Seiten des (Quasi-)Staats als minderwertig angesehen: Der (Quasi-)Staat hat durch den Erlass der Vorschriften dokumentiert, dass er es als zulässig ansieht, der Gruppe der Frauen des (Quasi-)Staates insgesamt Beschränkungen aufzuerlegen, die sich als Verfolgung auswirken können. Zudem wurden Frauen in Afghanistan unter der Herrschaft der Taliban und werden Frauen in Saudi-Arabien in der Gesellschaft gegenüber Männern als minderwertig angesehen und diese Vorschriften sind Ausdruck dessen. Diese Ausführungen gelten auch für den Fall, dass Frauen durch die Verschleierungsgebote in ihrer Gewissensfreiheit beeinträchtigt werden, weil sie die frauendiskriminierende Fundierung der Vorschriften ablehnen. Auch in diesem Fall ist nämlich nicht darauf abzustellen, dass sie durch das Bestehen der Vorschriften trotz ihrer wesentlichen Verschiedenheit gleich behandelt werden, da sich hier weiter das Auferlegen der Freiheitsbeschränkung durch die Gebotsvorschrift auswirkt, die aus den gerade genannten Gründen an das Geschlecht anknüpft. Etwas anderes gilt nur für den Fall, dass die Beeinträchtigung der Gewissensfreiheit einen religiösen Ursprung hat; hier knüpft die Verfolgung an die Religion an.[221]

Das Unterlassen der (ausreichenden) ärztlichen Behandlung in Afghanistan unter der Herrschaft der Taliban als unmittelbar quasi-staatliche Verfolgung knüpft ebenfalls an das Geschlecht an, da die Vorschrift, nach der es Ärzten untersagt ist, Frauen zu behandeln, aus den gerade dargelegten Gründen an das Geschlecht anknüpft.

Sofern die Verweigerung der Genehmigung zu arbeiten oder die Schule zu besuchen mittelbar staatliche Verfolgung ist, erfolgt sie ebenfalls wegen des Geschlechts, da die staatliche Norm, nach der nur Frauen einer solchen Genehmigung bedürfen, an das Geschlecht anknüpft.[222]

Wenn die Entziehung ihres nichtehelichen Kindes für eine Mutter Verfolgung ist, knüpft diese hingegen nicht an das Geschlecht an, da (theoretisch) auch Männern ein solches Kind entzogen würde. Entscheidendes Kriterium ist vielmehr die Tatsache, dass die Frau weiterhin unverheiratet ist. Der „unverheiratete Zustand der Frau“ kann nach dem Ansatz der Rechtsprechung allerdings als zusätzliches asylerhebliches Merkmal angesehen werden, da das Recht nicht zur Ehe gezwungen zu werden als vorstaatliches Recht eines jeden Menschen begriffen werden kann. Sofern die Entziehung der Mutter für das Kind Verfolgung ist, knüpft diese an die Nichtehelichkeit an, da alle nichtehelichen Kinder unabhängig vom Geschlecht ihren Müttern entzogen werden und nur diese. Die Nichtehelichkeit ist nach dem

[221] siehe hierzu auch schon die Ausführungen unter 6. Kapitel B. II. 1. c.

[222] i. E. auch *Mees-Asadollah*, Streit 1998, 139 (150).

Ansatz der Rechtsprechung ebenfalls zusätzliches asylerhebliches Merkmal, da diese tatsächlich nicht verändert werden kann.

b. Subsumtion unter § 51 Abs. 1 AuslG

Wenn § 51 Abs. 1 AuslG in weitgehender Übereinstimmung mit Art. 16a Abs. 1 GG ausgelegt wird, gelten diese Ausführungen entsprechend. Zwischen dieser Auslegung und der Auslegung von § 51 Abs. 1 AuslG entsprechend der GFK ergeben sich nach dem hier zu Art. 16a Abs. 1 GG vertretenen Ansatz im Hinblick auf das Vorliegen von Verfolgung keine Unterschiede, da hiernach auf den gleichen Maßstab abzustellen ist.

Auch im Hinblick auf den Verfolgungsgrund führen beide Ansätze zumeist zu übereinstimmenden Ergebnissen. So knüpft die Verfolgung in allen Fällen, in denen sie nach der üblichen Auslegung an das Geschlecht anknüpft, bei Auslegung entsprechend der GFK an die Zugehörigkeit zur bestimmten sozialen Gruppe aller Frauen der jeweiligen Gesellschaft an.[223] Auch in der Konstellation, in der einer Frau das Sorge- und Umgangsrecht für ihr Kind entzogen wird, ergeben sich im Ergebnis allenfalls marginale Unterschiede, da sich die Fälle, in denen die Verfolgung nach der üblichen Auslegung wegen der zusätzlichen asylerheblichen Merkmale „unverheirateter Zustand der Frau“ und „Nichtehelichkeit des Kindes“ erfolgt, mit denen decken werden, in denen die Verfolgung bei Auslegung entsprechend der GFK an die Zugehörigkeit zur bestimmten sozialen Gruppe der „unverheirateten Frauen mit Kind“ bzw. der „nichtehelichen Kinder“ anknüpft.

2. Bestrafung eines Verstoßes gegen frauendiskriminierende Vorschriften

a. Subsumtion unter Art. 16a Abs. 1 GG

In Saudi-Arabien oder in Afghanistan unter der Herrschaft der Taliban wird bzw. wurde ein Verstoß gegen die Verschleierungsgebote oder sonstige frauendiskriminierende Verhaltensvorschriften mit Freiheitsentzug oder mit Körperstrafen geahndet. Nach den Vorgaben der Rechtsprechung erreichen ein Freiheitsentzug von

---

[223] s. u. 6. Kapitel B. II. 1.

nicht unerheblicher Dauer[224] und Körperstrafen[225] asylerhebliche Intensität. Nach dem hier vertretenen Ansatz ist die Bestrafung hingegen nur Verfolgung, wenn sie zusätzlich unrechtmäßig ist. Der als Sanktionierung drohende Freiheitsentzug ist gemessen an Art. 9 Abs. 1 S. 1 Var. 1 IPBPR immer willkürlich und damit unrechtmäßig, da er aufgrund einer frauendiskriminierenden Strafnorm erfolgt. Zudem sind Körperstrafen immer unrechtmäßig, sofern sie eine grausame, unmenschliche oder erniedrigende Bestrafung i. S. d. Art. 7 S. 1 IPBPR sind.[226] Nach dem Ansatz der Rechtsprechung ist hingegen Verfolgung von Strafverfolgung danach abzugrenzen, ob die Bestrafung an ein asylerhebliches Merkmal anknüpft. Politische Verfolgung liegt hiernach vor, wenn mit der Handlung mehr beabsichtigt ist als der Schutz der Allgemeinheit sowie der öffentlichen Sicherheit und Ordnung.[227] Der diskriminierende Charakter kann dabei ein Indiz für eine solche Absicht sein. Die drohende Bestrafung wegen des Verstoßes gegen Verschleierungsgebote wird daher auch in der Rechtsprechung als politische Verfolgung beurteilt[228]. Allerdings ist an dieser Rechtsprechung grundsätzlich zu kritisieren, dass gemessen an dem von der großen Staatenmehrheit akzeptierten internationalen Menschenrechtsmaßstab der diskriminierende Charakter nicht nur ein Indiz für die Unrechtmäßigkeit einer Freiheitsstrafe ist und Körperstrafen unabhängig von dem damit verfolgten Zweck gemessen an Art. 7 S. 1 IPBPR unrechtmäßig sind.

Die Sanktionierung eines Verstoßes gegen die Verschleierungsgebote oder sonstige diskriminierende Verhaltensvorschriften als unmittelbar staatliche Verfolgung knüpft unter den zur GFK dargelegten Voraussetzungen an die politische

---

224 BVerwGE 87, 141 (145 f); BVerwGE 80, 321 (324).

225 bspw.: BVerwG, InfAuslR 1989, 216 (216); VGH Baden-Württemberg, U. v. 20. September 1990, A 14 S 298/90, InfAuslR 1990, 346 (347 f); HessVGH, B. v. 14. November 1988, 13 TH 1094/87, InfAuslR 1989, 17 (18); VG Neustadt a. d. W., U. v. 10. Juli 2001, 5 K 1390/98.NW, 18; VG Frankfurt a. M., U. v. 23. Oktober 1996, 5 E 33532/94.A (3), InfAuslR 1997, 177 (179); Schleswig-Holsteinisches VG, B. v. 19. August 1986, 15 D 172/86, InfAuslR 1986, 336 f; BAFl, E. v. 12. September 2001, GZ: 2692034423, 6; VG Gießen, U. v. 13. Februar 1997, 2 E 10819/91; ähnlich auch *Hailbronner*, ZAR 1998, 152 (157), der allerdings annimmt, dass leichtere Sanktionen bei einem Verstoß gegen Bekleidungsvorschriften keine ausreichende Intensität erreichen, ohne dies aber zu konkretisieren.

226 s. u. 5. Kapitel B. I. 3.

227 BVerwG, InfAuslR 1989, 216 (216); BVerwGE 67, 184 (188).

228 VG Neustadt a. d. W., U. v. 10. Juli 2001, 5 K 1390/98.NW, 18 f; VG Frankfurt a. M., U. v. 23. Oktober 1996, 5 E 3352/94.A (3), InfAuslR 1997, 177 (179); BAFl, E. v. 12. September 2001, GZ: 269034-423; a. A. hingegen VG Karlsruhe, U. v. 18. März 1998, A 10 K 11655/96, hier wurde aber die Verschleierungsvorschrift schon nicht als diskriminierend angesehen, siehe supra u. C. I. 1. a.

Überzeugung an.[229] Zudem erfolgt sie regelmäßig wegen des Geschlechts,[230] da mit der Bestrafung erkenntlich die Differenzierung nachvollzogen werden soll, die bereits in der Strafnorm angelegt ist. Diese diskriminiert innerhalb der Gesellschaft anhand des Geschlechts und ist zudem Ausdruck dessen, dass Frauen in der Gesellschaft als minderwertig angesehen werden, da prinzipiell alle Frauen, die hiergegen verstoßen, in einer Weise bestraft werden können, dass dies Verfolgung ist.[231]

In dem Fall, in dem Anlass für die Verfolgung die westliche Prägung der Frauen ist, ohne dass den Frauen eine politische Überzeugung unterstellt wird, knüpft die Verfolgung nach dem Ansatz der Rechtsprechung nur dann an ein asylerhebliches Merkmal an, wenn die „westliche Prägung" hiernach zusätzliches asylerhebliches Merkmal ist. Diese ist aber weder angeboren noch lässt sich sagen, dass ein Verzicht hierauf aus überpositiven Menschenrechten nicht verlangt werden kann. Bisher wurde die westliche Prägung daher von der Rechtsprechung auch noch nicht als ein solches Merkmal angesehen.

b. Subsumtion unter § 51 Abs. 1 AuslG

Wenn § 51 Abs. 1 AuslG entsprechend der üblichen Auslegung in weitgehender Übereinstimmung mit Art. 16a Abs. 1 GG ausgelegt wird, gelten diese Ausführungen entsprechend. Wenn § 51 Abs. 1 AuslG entsprechend der GFK ausgelegt wird, ist die Bestrafung in den gleichen Fällen Verfolgung wegen der Zugehörigkeit zur bestimmten sozialen Gruppe aller Frauen der jeweiligen Gesellschaft, in denen sie nach der üblichen Auslegung wegen des Geschlechts erfolgt. Die Auslegung entsprechend der GFK führt nur in dem Fall zu einem umfassenderen Schutz, in dem Anlass für die Verfolgung allein die westliche Prägung der Frauen ist. In diesem Fall knüpft die Verfolgung nämlich auch an die Zugehörigkeit zur bestimmten sozialen Gruppe der „westlich geprägten" Frauen an.

---

229 s. u. 6. Kapitel B. II. 2. b; Verfolgung wegen der politischen Überzeugung bejahend: VGH Baden-Württemberg, U. v. 20. September 1990, A 14 S 98/90, InfAuslR 1990, 346 (347 f); HessVGH, B. v. 14. November 1988, 13 TH 1094/87; VG Frankfurt a. M., U. v. 23. Oktober 1996, 5 E 33532/94.A (3), InfAuslR 1997, 177 (178); Schleswig-Holsteinisches VG, B. v. 19. August 1986, 15 D 172/86, InfAuslR 1986, 336 f; vgl. aber auch, dass bzgl. des Iran angenommen wird, dass aus dem Verstoß gegen die Normen nicht automatisch auf die Äußerung einer politischen Überzeugung geschlossen werden kann, bspw. VG Neustadt a. d. W., U. v. 16. April 1991, 6 K 1120/88.NW, Zusammenfassung der Entscheidung in *Dutch Refugee Council*, 58.

230 i. E. auch VG Neustadt a. d. W., U. v. 27. August 2001, 5 K 1390/98.NW, 19; ähnlich auch BAFl, E. v. 12. September 2001, GZ: 2692034-423, 6.

231 siehe hierzu auch die Ausführungen unter: 6. Kapitel B. II. 2. b.

3. Verfolgung im Zusammenhang mit nichtdiskriminierenden zina-Vorschriften

Der (vorgebliche) Verstoß gegen nichtdiskriminierende zina-Vorschriften in Pakistan, mit denen der vor- oder außereheliche Geschlechtsverkehr unter Strafe gestellt ist, führt zunächst zur Inhaftierung in Untersuchungshaft. Als Strafen drohen Freiheitsentzug, Körperstrafen oder u. U. auch Steinigung.[232]

a. Subsumtion unter Art. 16a Abs. 1 GG

Freiheits- und Körperstrafen erreichen nach den Vorgaben der Rechtsprechung i. d. R. asylerhebliche Intensität. Nach dem hier vertretenen Ansatz ist die Bestrafung allerdings nur Verfolgung, wenn sie unrechtmäßig ist. Die Inhaftierung aufgrund einer nichtdiskriminierenden Vorschrift ist nicht per se willkürlich im Sinne des Art. 9 Abs. 1 S. 2 IPBPR. Sie ist aber willkürlich, wenn Frauen ohne Tatverdacht in diskriminierender Weise inhaftiert werden oder wenn sie unter Verstoß gegen das Gleichheitsgebot oder die Unschuldsvermutung zu einer Freiheitsstrafe verurteilt werden, weil eine Schwangerschaft oder eine Vergewaltigungsanzeige zur Beweislastumkehr führen. Körperstrafen sind unrechtmäßig, sofern sie eine grausame, unmenschliche oder erniedrigende Bestrafung i. S. d. Art. 7 S. 1 IPBPR sind.

Die Rechtsprechung prüft auch in diesen Fällen die Abgrenzung zur Strafverfolgung im Rahmen der Anknüpfung an ein asylerhebliches Merkmal. Die eine Richtung sieht dabei jede Strafe als rechtmäßige Strafverfolgung an, weil hier nur ein Verstoß gegen die öffentliche Moral und Sitte geahndet werde[233] und diese Regelung für die ganze Bevölkerung gelte[234]. Hier wird nicht ausreichend beachtet, dass Bestrafung und Inhaftierung in Untersuchungshaft frauendiskriminierend und damit Verfolgung sein können. Die andere Richtung hingegen sieht jede einer Frau mit einem nichtehelichen Kind drohende Bestrafung als Verfolgung an.[235] Zwar wird es häufig so sein, dass eine Frau, die ein nichteheliches Kind hat, unter Verstoß gegen die Unschuldsvermutung bestraft wird; allein aus der Tatsache, dass sie bestraft wird, kann ein solcher Verstoß aber nicht abgeleitet werden.

Die Verfolgung knüpft an das Geschlecht an, wenn die Diskriminierung, die aus der zulässigen Strafverfolgung eine unrechtmäßige Verfolgung werden lässt,

---

[232] s. u. 1. Kapitel B.

[233] BayVGH, U. v. 11. November 1992, 19 BZ 92.31853, Streit 1994, 85 (86).

[234] VG Bremen, U. v. 24. November 1998, 3 K 23125/96.A; VG Bremen, U. v. 2. April 1998, 3 AK 2749/97.

[235] VG Köln, U. v. 24. September 1992, 7 K 10321/89 sieht die einer Frau im Iran drohende Bestrafung wegen außerehelichen Geschlechtsverkehrs ohne nähere Begründung als Verfolgung i. S. d. § 51 Abs. 1 AuslG an; *Mees-Asadollah*, Streit 1998, 138 (151).

wegen des Geschlechts erfolgt.[236] Dies ist in den o. g. Fällen gegeben, in denen ausschließlich Frauen in diskriminierender Weise inhaftiert werden. In diesem Fall ist die Inhaftierung nämlich Ausdruck des allgemeinen Frauenbilds, nach dem Frauen prinzipiell an sexuellen Kontakten interessiert sind und daher regelmäßig willentlich außerehelichen Geschlechtsverkehr haben, den sie anschließend zu legitimieren suchen. Dies gilt gleichermaßen für eine Bestrafung unter Verstoß gegen die Unschuldsvermutung, da die Beweislastumkehr, die hierzu führt, ebenfalls auf diesem Frauenbild beruht.

Sofern der Ehemann ebenfalls in Untersuchungshaft inhaftiert wird, wie dies vorkommen kann, wenn eine Frau ihren Ehemann gegen den Willen des Vaters geheiratet hat, erfolgt die Verfolgung hingegen nicht wegen des Geschlechts. Hier knüpft sie u. U. an die politische Überzeugung an.[237]

b. Subsumtion unter § 51 Abs. 1 AuslG

Die Auslegung von § 51 Abs. 1 AuslG entsprechend der GFK und die übliche Auslegung des § 51 Abs. 1 AuslG führen zumeist zu übereinstimmenden Ergebnissen:

Nach beiden Ansätzen sind das Bestehen der Vorschriften und ihre Sanktionierung nach dem hier zu Art. 16a Abs. 1 GG vertretenen Ansatz unter den gleichen Voraussetzungen Verfolgung. Die Verfolgung knüpft bei Auslegung entsprechend der GFK in allen Fällen, in denen sie nach der üblichen Auslegung an das Geschlecht anknüpft, an die Zugehörigkeit zur bestimmten sozialen Gruppe aller Frauen der jeweiligen Gesellschaft an.[238] Nur in der Konstellation, in der ein Ehepaar inhaftiert wird, das gegen den Willen des Vaters der Ehefrau geheiratet hat, kann die Auslegung entsprechend der GFK zu einem umfassenderen Schutz führen. Hiernach kann die Verfolgung in dieser Konstellation nämlich nicht nur an die politische Überzeugung, sondern auch an die Zugehörigkeit zur bestimmten sozialen Gruppe der „Personen, die die Traditionen nicht achten“ anknüpfen, während dies nach dem Ansatz der Rechtsprechung im Rahmen des Art. 16a Abs. 1 GG nicht möglich ist.

---

236 vgl. VG München, U. v. 17. Januar 1997, M 9 K 96.53080, ZDWF-RÜ 1998, 248 f bzgl. § 51 Abs. 1 AuslG; *Mees-Asadollah*, Streit 1998, 139 (151); *Dutch Refugee Council*, 59; vgl. auch VG Köln, U. v. 24. September 1992, 7 K 10321/89, das eine Frau mit einer nichtehelichen Tochter, der bei der Rückkehr ein Strafverfahren wegen des Verstoßes gegen zina-Vorschriften droht, nach § 51 Abs. 1 AuslG als geschützt ansieht, ohne aber auszuführen, an welches Merkmal die Verfolgung anknüpft.

237 siehe hierzu die Ausführungen unter 6. Kapitel B. II. 3.

238 s. u. 6. Kapitel B. II. 3.

4. Verfolgung im Zusammenhang mit Eheverboten

a. Subsumtion unter Art. 16a Abs. 1 GG

Staatliche Eheverbote sind gemessen an Art. 17 Abs. 1 Var. 1, 2 IPBPR und Art. 23 Abs. 2 IPBPR unrechtmäßig.[239] Diese sind zudem von asylerheblicher Intensität, da „Liebe und Heirat [...] nicht von Staats wegen geboten oder verboten werden oder mit asylerheblichen Sanktionen belegt werden [dürfen], weil sie gleichsam unentrinnbar Phänomene des menschlichen Lebens sind"[240].

Sofern das Verbot, ohne Einwilligung des männlichen „Beschützers" zu heiraten, hiernach unmittelbar staatliche Verfolgung ist, knüpft diese Verfolgung an das Geschlecht an, da das Verbot innerhalb der Gesellschaft oder der Muslime in der Gesellschaft anhand des Geschlechts differenziert und in ihm zugleich die allgemein minderwertige Stellung von Frauen in der Gesellschaft zum Ausdruck kommt. Dies gilt gleichermaßen für das frauendiskriminierende Verbot, einen ausländischen oder nicht-muslimischen Mann zu heiraten. Hier wird zusätzlich der Mann wegen seiner Nationalität oder seiner Religion verfolgt.

Sofern der Verstoß gegen die Vorschriften bestraft wird und die Bestrafung nach den dargelegten Grundsätzen Verfolgung ist, erfolgt diese ebenfalls wegen des Geschlechts, da die Bestrafung die in der Vorschrift schon angelegte Differenzierung nachvollzieht. Sofern die Frau und der Mann, den sie nicht heiraten darf, wegen eines Verstoßes gegen zina-Vorschriften inhaftiert werden, ist dies hingegen im Allgemeinen keine politische Verfolgung, da sie genauso behandelt werden wie andere unverheiratete Paare.[241] Die Verfolgung kann aber an die politische Überzeugung anknüpfen, wenn die Frau oder beide härter bestraft werden.[242]

b. Subsumtion unter § 51 Abs. 1 AuslG

Die übliche Auslegung von § 51 Abs. 1 AuslG und die Auslegung entsprechend der GFK führen nach der hier zu Art. 16a Abs. 1 GG vertretenen Auffassung auch diesbezüglich zumeist zu übereinstimmenden Ergebnissen:

Nach beiden Ansätzen sind das Bestehen der Vorschriften und ihre Sanktionierung unter den gleichen Voraussetzungen Verfolgung. Die Konstellationen, in denen diese Verfolgung nach der üblichen Auslegung an das Geschlecht anknüpft, sind zudem mit denen deckungsgleich, in denen die Verfolgung bei Auslegung

---

239 s. u. 5. Kapitel B. IV. 4.

240 BVerwGE 90, 127 (133).

241 vgl. aber VG Kassel, U. v. 21. November 1995, 8 E 9160/91.A (2), InfAuslR 1996, 238 (240 f), das die Bestrafung hier generell als Verfolgung wegen der politischen Überzeugung ansieht.

242 vgl. BVerwGE 90, 127 (134), wo allerdings nicht ganz klar wird, ob unter Verfolgung das Eheverbot oder die Sanktionierung verstanden wird; VG Kassel, U. v. 21. November 1995, 8 E 9160/91.A (2), InfAuslR 1996, 238 (240 f).

entsprechend der GFK wegen der Zugehörigkeit zur bestimmten sozialen Gruppe aller (muslimischen) Frauen der jeweiligen Gesellschaft erfolgt. Zudem knüpft die härtere Bestrafung in den gleichen Konstellationen an die politische Überzeugung an. Bei Auslegung entsprechend der GFK kann die Verfolgung allerdings auch wegen der Zugehörigkeit zur bestimmten sozialen Gruppe der „Ungläubigen" bzw. der „von der Scharia Verfluchten" erfolgen.[243] Dieser Verfolgungsgrund kann nach der üblichen Auslegung des § 51 Abs. 1 AuslG nur berücksichtigt werden, wenn die „Ungläubigkeit" als zusätzliches asylerhebliches Merkmal im Sinne des Art. 16a Abs. 1 GG angesehen wird, oder die Bestrafung entgegen dem hier vertretenen Ansatz als Verfolgung wegen der Religion beurteilt wird.[244]

II. Unmittelbar von Privaten ausgehende Beeinträchtigungen

Im Folgenden werden die Fallkonstellationen frauenspezifischer Flucht- und Bleibegründe betrachtet, in denen das beeinträchtigende Verhalten in einem existenten und grundsätzlich handlungsfähigen Staat[245] unmittelbar von Privaten ausgeht.

1. Genitalverstümmelung

Im Zusammenhang mit der Genitalverstümmelung ist zu untersuchen, unter welchen Voraussetzungen der Verstümmelungsvorgang und die soziale Ausgrenzung unverstümmelter Frauen als Verfolgung aus einem Verfolgungsgrund zu beurteilen sind.

a. Verstümmelungsvorgang

aa. Subsumtion unter Art. 16a Abs. 1 GG

Zu der Frage, ob eine drohende Genitalverstümmelung politische Verfolgung ist, gibt es einige Entscheidungen.[246]

(1) Asylerhebliche Intensität

Es wird allgemein angenommen, dass eine Genitalverstümmelung von asylerheblicher Intensität ist, wenn sie gegen den Willen der Mädchen vorgenom-

---

243 s. u. 5. Kapitel B. I. 3; sowie unter 6. Kapitel B. II. 4.

244 vgl. BVerwGE 90, 127 (134), hier wird das Bestehen des Verbots bzw. die Bestrafung als Verfolgung wegen des „Abfalls vom Glauben".

245 s. u. IV. dazu, wie diese zu beurteilen sind, wenn eine effektive Gebietsgewalt nicht besteht.

246 VG Magdeburg, Gerichtsbescheid v. 20. Juni 1996, 1 A 185/95; NVwZ 1998, 18 f; VG Trier, U. v. 27. April 1999, 4 K 1157/98, NVwZ-Beilage 7/1999, 75; VG Wiesbaden, U. v. 27. Januar 2000, 5 E 1472/98 A (2), Streit 2000, 133 (135); VG Freiburg, U. v. 5. Februar 2001, A 2 K 10475/00, Asylmagazin 4/2001, 25 ff; VG München, U. v. 6. März 2001, M 21 K 98.51167, 12 f; ein Rechtsprechungsüberblick ist zu finden bei *Bumke*, NVwZ 2002, 423 ff.

men wird. Dies wird mit der Rechtsprechung des Bundesverwaltungsgerichts zur Zwangsbeschneidung christlicher Wehrpflichtiger begründet, wonach „der von einer Zwangsbeschneidung Betroffene unter Mißachtung seines religiösen und personalen Selbstbestimmungsrechts zum bloßen Objekt erniedrigt wird“[247]. Gemessen an Art. 7 S. 1 IPBPR ist problematisch, dass bisher noch in keiner Entscheidung eine Genitalverstümmelung bereits deswegen als Verfolgung angesehen wurde, weil sie ohne den Willen der Betroffenen erfolgt; teilweise wird sogar ausdrücklich angenommen, dass die Genitalverstümmelung erst durch ihre zwangsweise Vornahme zur Verfolgungshandlung wird.[248] Dies kann bspw. in dem Fall zu einem abweichenden Ergebnis führen, in dem ein Mädchen einen solchen Willen wegen seines Alters nicht bilden kann. In diesem Fall berührt die Genitalverstümmelung immer den Gewährleistungsbereich von Art. 7 S. 1 IPBPR; nach dieser Rechtsprechung wäre sie hingegen immer zulässig. Dem wird teilweise damit zu begegnen versucht, dass auf den Willen der Eltern abgestellt wird[249], was aber mit Art. 7 S. 1 IPBPR ebenfalls nicht zu vereinbaren ist.[250] Diese Rechtsprechung ergibt sich auch nicht zwangsläufig aus den vom Bundesverwaltungsgericht zur männlichen Beschneidung entwickelten Vorgaben: Wenn ein Mädchen einen entgegenstehenden Willen nicht bilden kann, wird ihr personales Selbstbestimmungsrecht zwar nicht durch den Vorgang der Verstümmelung beeinträchtigt. Folge der Genitalverstümmelung ist aber auch hier die unumkehrbare Beeinträchtigung des sexuellen und damit auch des personalen Selbstbestimmungsrechts zu dem Zeitpunkt, in dem das Mädchen einen solchen Willen bilden kann.

In einigen Entscheidungen wird die Genitalverstümmelung nicht als ausgrenzende Verfolgung beurteilt, da mit ihr gerade der Zweck verfolgt werde, die betroffenen Mädchen bzw. Frauen als vollwertiges Mitglied in die Gesellschaft aufzunehmen.[251] Ausgegrenzt würden sie erst durch ihre eigene Weigerung, sich dieser Behandlung zu unterziehen.[252] Damit wird aber auf die in den Herkunftsstaaten geltenden Vorstellungen abgestellt, obwohl dies im Rahmen des Art. 7 IPBPR nicht möglich ist. Diese Rechtsprechung ist zugleich mit den Vorgaben des Bundesverfassungsgerichts nicht zu vereinbaren: Dem Begriff „ausgrenzende Verfolgung“ kommt nur eine Abgrenzungsfunktion gegenüber nichtdiskriminierenden,

---

[247] BVerwGE 89, 162 (166).

[248] VG Freiburg, U. v. 5. Februar 2001, A 2 K 10475/00, Asylmagazin 4/2001, 25 ff.

[249] VG Trier, U. v. 27. April 1999, 4 K 1157/98, NVwZ-Beilage 7/1999, 75 (75).

[250] s. u. 5. Kapitel B. II. 1. bb. (1).

[251] so VG Ansbach, U. v. 4. Dezember 2001, AN 12 K 01.30131; VG Frankfurt a. M., U. v. 29. März 1999, 9 E 30919/97 A (2), InfAuslR 1999, 300 (300); VG Oldenburg, U. v. 7. Mai 1998, 6 A 4610/96, InfAuslR 1998, 412 (414).

[252] VG Frankfurt a. M., U. v. 29. März 1999, 9 E 30919/97 A (2), InfAuslR 1999, 300; VG Oldenburg, U. v. 7. Mai 1998, 6 A 4610/96, InfAuslR 1998, 412 (414).

unterschiedslos treffenden Beeinträchtigungen zu.[253] Von der Genitalverstümmelung sind aber von vornherein nur Frauen betroffen.[254]

(2) Unrechtmäßiges staatliches Unterlassen

Die Genitalverstümmelung ist nach dem hier vertretenen Ansatz unter den gleichen Voraussetzungen mittelbar staatliche Verfolgung wie im Rahmen der GFK. Erforderlich sind mithin präventiv staatlich durchgeführte und/oder unterstützte Aufklärungsmaßnahmen. Dies sehen auch einige Verwaltungsgerichte so.[255] Das VG Oldenburg hingegen erkennt zwar, dass Aufklärungsmaßnahmen das effektivste Mittel sind, um gegen Genitalverstümmelungen vorzugehen, sieht diese aber in nicht nachvollziehbarer Weise nicht als staatliche Mittel an.[256] Das Bundesverwaltungsgericht „rechnet" dem Staat Genitalverstümmelungen nur ausnahmsweise „zu"[257] und tendiert dahin, bereits das Bestehen eines staatlichen Verbotes ausreichen zu lassen.[258] Ein staatliches Verbot allein ist aber aufgrund der kulturellen Verwurzelung der Genitalverstümmelung nicht ausreichend effektiv.[259] Mit den Vorgaben von due diligence unvereinbar ist es auch, wenn das VG Frankfurt a. M. bezüglich der Côte d' Ivoire eine staatliche Zurechnung verneint, obwohl die einzige staatliche Maßnahme darin bestand, die Genitalverstümmelung in staatliche Kliniken zu verlagern. Zur Begründung wird angeführt, dass staatlichen Maßnahmen von vornherein Grenzen gesetzt seien, da sie von der Bevölkerung wegen der traditionellen Verwurzelung der Praxis als Gefahr angesehen würden. Von daher könne trotz des aus „mitteleuropäischer Sicht" unzureichend erscheinenden Schutzes „angesichts der gesamtgesellschaftlichen Verhältnisse in der Republik Elfenbeinküste jedenfalls nicht angenommen werden [...], der Staat sehe bewußt und

---

253 s. u. 5. Kapitel B. II. 1. a.

254 explizit gegen diese Rechtsprechung daher auch VG Frankfurt a. M., U. v. 29. August 2001, 3 E 309495198; VG München, U. v. 6. März 2001, M 21 K 98.51167, 17 ff; VG München, U. v. 2. Dezember 1998, M 21 K 97.53552, InfAuslR 1999, 306 (307).

255 VG Frankfurt a. M., U. v. 29. August 2001, 3 E 309495198; VG Freiburg, U. v. 5. Februar 2001, A2K 10475/00, Asylmagazin 4/2001, 25 ff; VG Trier, U. v. 27. April 1999, 4 K 1157/98, NVwZ-Beilage 7/1999, 75.

256 VG Oldenburg, U. v. 7. Mai 1998, 6 A 4610/96, InfAuslR 1998, 412 (415).

257 BVerwG, NVwZ 2000, Beilage 9/2000, 98 (99) zu § 53 Abs. 4 AuslG i. V. m. Art. 8 EMRK.

258 BVerwG, B. v. 10. Juli 2000, 9 B 296/00, Buchholz 402.240, § 53 AuslG Nr. 37 bzgl. § 53 Abs. 4 AuslG i. V. m. Art. 3 EMRK. In dieser Entscheidung lagen allerdings auch die sonstigen Voraussetzungen nicht vor.

259 vgl. auch VGH Baden-Württemberg, U. v. 3. April 2001, A 9 S 1897/00, wo möglicherweise ebenfalls auf einen zu geringen Schutzstandard abgestellt wird: „Ob die im Norden des Sudan immer noch verbreitete Genitalverstümmelung ein Asylmerkmal betrifft oder betreffen kann, bedarf keiner Entscheidung. Sie ist im Sudan schon deshalb keine politische Verfolgung, weil sie nicht vom sudanesischen Staat ausgeht und diesem auch nicht zurechenbar ist; der sudanesische Staat hat diese Praktiken vielmehr verboten und geht im Rahmen seiner – insofern freilich begrenzten – Möglichkeiten dagegen vor."

zielgerichtet von einem Gebrauch der ihm zur Verfügung stehenden Mittel zum Schutz der weiblichen Kinder ab“[260]. Hier wird zum einen von der unzutreffenden Vorstellung ausgegangen, dass eine Zurechnung ein bewusstes und zielgerichtetes Unterlassen des Staates voraussetzt. Zum anderen sind die staatlichen Maßnahmen nicht ausreichend, da eine Genitalverstümmelung den Verfolgungscharakter nicht dadurch verliert, dass sie im Krankenhaus ausgeführt wird.[261] Es kann zwar sinnvoll sein, in bestimmten Gegenden und für eine begrenzte Zeit, die Vornahme von Genitalverstümmelungen in staatlichen Krankenhäusern zu gestatten, da es für die betroffenen Frauen jedenfalls besser ist, unter hygienischen Bedingungen im Krankenhaus als im Dorf verstümmelt zu werden. Da der Staat mit dieser Gestattung die Praxis legitimiert, sind hier aber besonders intensive staatliche Aufklärungsmaßnahmen erforderlich. Hierauf kann nicht mit dem generellen Hinweis auf die Schwierigkeit solcher Maßnahmen verzichtet werden, da dies den Staat nicht davon entbindet, mit den verfügbaren Mitteln gegen die Praxis vorzugehen.[262] Der Staat ist nach den Vorgaben von due diligence zwar nur verpflichtet, im Rahmen seiner Handlungsmöglichkeiten gegen die Beeinträchtigung vorzugehen. Dies bedeutet aber nicht, dass bei kulturell verwurzelten Praktiken generell ein geringerer Schutz erforderlich ist. Eine solche Auslegung steht auch im Widerspruch zu der Rechtsprechung von Bundesverfassungs- und Bundesverwaltungsgericht, nach der eine Rücksichtnahme auf gesellschaftliche oder kulturelle Gruppen nicht zu einem Ausschluss der „Zurechnung“ führt.[263]

Andererseits ist es auch nicht erforderlich, ein spezielles Verbotsgesetz zu erlassen[264], wie dies teilweise gefordert wird[265]. Ein nicht strafbewehrtes Verbot kann aber je nach Situation im Herkunftsstaat eine effektive Maßnahme sein, da es die Aufklärungsmaßnahmen unterstützt und die staatlichen Behörden ermächtigt, im Einzelfall schützend einzugreifen.[266]

Neben diesen präventiven Maßnahmen muss der Staat ausreichenden Schutz im Einzelfall bieten.[267] Er hat daher Stellen mit dieser Aufgabe zu betrauen. Zudem hat er auf bestehende Zufluchtstätten hinzuweisen und im Rahmen der finanziellen Möglichkeiten selbst temporäre Unterkunftsmöglichkeiten zur Verfügung

---

260 VG Frankfurt a. M., U. v. 29. März 1999, 9 E 30919/97 A (2), InfAuslR 1999, 300 (301).

261 so aber: VG Frankfurt a. M., U. v. 29. März 1999, 9 E 30919/97 A (2), InfAuslR 1999, 300.

262 VG Wiesbaden, U. v. 27. Januar 2000, 5 E 31472/98 A (2), Streit 2000, 133 (135); ähnlich VG Ansbach, U. v. 4. Dezember 2001, AN 12 K 01.30131, 8, bzgl. § 53 Abs. 4 AuslG i. V. m. Art. 3 EMRK.

263 BVerfGE 80, 315 (336); BVerwGE 74, 41 (43); BVerwGE 95, 42 (44, 48); BVerwG, NVwZ 1996, 85 (86).

264 VG Trier, U. v. 27. April 1999, 4 K 1157/98, NVwZ-Beilage 7/1999, 75.

265 VG Ansbach, U. v. 4. Dezember 2001, AN 12 K 01.30131 bzgl. § 51 Abs. 4 AuslG i. V. m. Art. 3 EMRK.

266 s. u. 5. Kapitel B. II. 1. a. bb. (2).

267 VG München, U. v. 6. März 2001, M 21 K 98.51167, 20 ff bzgl. Togo.

zu stellen.[268] Hiermit unvereinbar hält das VG Oldenburg jeglichen Schutz im Einzelfall für entbehrlich, weil Genitalverstümmelungen immer im Verborgenen stattfänden und damit nicht zur Kenntnis des Staates gelängen.[269]

(3) Verfolgungsgrund

Die Genitalverstümmelung ist politische Verfolgung, wenn entweder die Handlung der Privaten oder das unrechtmäßige staatliche Unterlassen an ein asylerhebliches Merkmal anknüpft. Dem Verstümmelungsvorgang liegt erkennbar die Maxime zugrunde, der Tradition gerecht zu werden. Diese Tradition als abstrakt-generelle Regelung gedacht unterscheidet innerhalb aller Mitglieder der jeweiligen Ethnie nach dem Geschlecht, da grundsätzlich alle Frauen der Ethnie an ihren Genitalien verstümmelt werden sollen und dies gerade mit ihrem Geschlecht begründet wird. Zugleich ist die Genitalverstümmelung Ausdruck dessen, dass Frauen als Einheit in dem Sinne als minderwertig angesehen werden, als es als zulässig angesehen wird, ihnen Beeinträchtigungen mit Verfolgungsstärke zuzufügen. Daher knüpft auch der Verstümmelungsvorgang an das Geschlecht an.[270] Auch das staatliche Unterlassen knüpft an das Geschlecht an, wenn erkennbar ist, dass gegen die Genitalverstümmelung weniger unternommen wird als gegen vergleichbar schwere Beeinträchtigungen von Männern, zudem, wenn die Praxis der Genitalverstümmelung erkenntlich geduldet wird, oder Frauen sonst als nicht gleichermaßen schutzwürdig wie Männer angesehen werden.

bb. Subsumtion unter § 51 Abs. 1 AuslG

Wenn § 51 Abs. 1 AuslG entsprechend der GFK ausgelegt wird, kann die Genitalverstümmelung auch unmittelbar private Verfolgung wegen der Zugehörigkeit zur bestimmten sozialen Gruppe aller Frauen der jeweiligen Ethnie sein. Die Verfolgung ist sonst in den gleichen Fällen, in denen sie im Rahmen des Art. 16a Abs. 1 GG mittelbar staatliche Verfolgung wegen des Geschlechts ist, mittelbar staatliche Verfolgung wegen der Zugehörigkeit zur bestimmten sozialen Gruppe aller Frauen der jeweiligen Ethnie bzw. des jeweiligen Herkunftsstaats.[271] Wenn das Element „begründete Furcht vor Verfolgung“ mit in die Betrachtung einbe-

---

[268] vgl. VG München, U. v. 6. März 2001, M 21 K 98.51167, 23 f, das diese Maßnahmen wegen der mangelhaften Finanzausstattung Togos für nicht erforderlich hält.

[269] VG Oldenburg, U. v. 7. Mai 1998, 6 A 4610/96, InfAuslR 1998, 412 (414 f).

[270] i. E. auch VG München, U. v. 6. März 2001, M 21 K 98.51167, 43; VG Wiesbaden, U. v. 27. Januar 2000, 5 E 31472/98.A (2), Streit 2000, 133 (135) sowie VG Frankfurt a. M., U. v. 29. August 2001, 3 E 309495198; *Bumke*, NVwZ 2002, 423 (424 f); *Lünsmann*, InfAuslR 1998, 176 (177); *Wolter*, 438 f; verneinend hingegen VG Freiburg, U. v. 5. Februar 2001, A 2 K 10475/00, s. auch die Ausführungen unter 6. Kapitel B. III. 1. b.

[271] s. u. 5. Kapitel B. II. 1.; 6. Kapitel B. III. 1. b.

zogen wird, führt die Auslegung von § 51 Abs. 1 AuslG entsprechend der GFK zu einem umfassenderen Schutz, wenn die Vornahme der Genitalverstümmelung ausreichend wahrscheinlich ist, der Herkunftsstaat aber alle Handlungsmöglichkeiten ausgeschöpft hat. In diesem Fall besteht nach der Auslegung entsprechend der GFK eine begründete Furcht vor Verfolgung, während die Genitalverstümmelung mangels eines unrechtmäßigen staatlichen Unterlassens keine politische Verfolgung i. S. d. Art. 16a Abs. 1 GG ist.

b. Soziale Ausgrenzung unbeschnittener Frauen

aa. Subsumtion unter Art. 16a Abs. 1 GG

In der Rechtsprechung wurde bisher nicht konkretisiert, unter welchen Voraussetzungen soziale Ausgrenzung Verfolgung ist. Diese kann den Gewährleistungsbereich von Art. 26 IPBPR, Art. 2 lit. e, f FraK und im Extremfall auch von Art. 7 S. 1 IPBPR beeinträchtigen. Wenn der Staat hiergegen nicht mit due diligence vorgeht, liegt ein unrechtmäßiges staatliches Unterlassen vor[272], so dass die Handlungen mittelbar staatliche Verfolgung sind, sofern sie zu Beeinträchtigungen von asylerheblicher Intensität führen. Dies ist der Fall, wenn sie so dicht sind, dass die wirtschaftliche Existenz gefährdet ist oder nur noch ein Leben als Prostituierte möglich ist oder hierdurch die körperliche Unversehrtheit nicht unerheblich beeinträchtigt wird.

In diesem Fall ist weiter zu prüfen, an welchen Verfolgungsgrund die mittelbar staatliche Verfolgung anknüpft. Die Handlungen der Privaten erfolgen nicht wegen der politischen Überzeugung der unverstümmelten Frauen, da nicht deren Wille, sich nicht verstümmeln zu lassen, für die soziale Ausgrenzung ausschlaggebend ist, sondern deren unverstümmelter Zustand.[273] Sie können aber an das Geschlecht anknüpfen. Zwar unterscheidet die der Handlung zugrunde liegende Maxime als Norm gedacht innerhalb der Ethnie nach dem unbeschnittenen Zustand und nicht nach dem Geschlecht. Innerhalb der „unbeschnittenen" Personen unterscheidet diese aber nach dem Geschlecht, wenn sich die Handlungen – wie zumeist – nur gegen unbeschnittene Frauen und nicht auch gegen unbeschnittene Männer richten. Die soziale Ausgrenzung ist dann zugleich Ausdruck des allgemeinen Frauenbildes, nach dem Frauen eine potentiell zerstörende Sexualkraft zugeschrieben wird, die Verstümmelung und damit auch Ausgrenzung unverstümmelter Frauen erfordert.

In diesem Fall knüpft auch das staatliche Schutzversagen an das Geschlecht an, wenn der Staat erkenntlich trotz Handlungsfähigkeit und erkannter Schutzbedürftigkeit den Schutz verweigert und damit den Status quo aufrechterhält.

---

272 s. u. 5. Kapitel B. II. 3.

273 s. u. 6. Kapitel B. III. 3.

Wenn auch unbeschnittene Männer sozialer Ausgrenzung ausgesetzt sind, kann dies nach dem Ansatz der Rechtsprechung nur politische Verfolgung sein, wenn das Merkmal „unbeschnitten sein“ zusätzliches asylerhebliches Merkmal ist. Dies kann mit dem Argument bejaht werden, dass durch ein gegenteiliges Handeln eine menschenrechtliche Gewährleistung, die als vorstaatlich aufgefasst werden kann, nämlich die Freiheit vor grausamer oder unmenschlicher oder erniedrigender Behandlung, aufgegeben werden müsste.[274] Bisher wurde dies von der Rechtsprechung aber noch nicht als zusätzliches asylerhebliches Merkmal angesehen.

bb. Subsumtion unter § 51 Abs. 1 AuslG

Nach dem hier zu § 51 Abs. 1 AuslG vertretenen Ansatz kann die soziale Ausgrenzung auch unmittelbar private Verfolgung wegen der Zugehörigkeit zur bestimmten sozialen Gruppe der unbeschnittenen Frauen der jeweiligen Ethnie sein. Dieser Ansatz kann demnach gegenüber der üblichen Auslegung von § 51 Abs. 1 AuslG zu einem umfassenderen Schutz führen, wenn der Staat alle Handlungsmöglichkeiten ausgeschöpft hat, aber dennoch eine begründete Furcht vor Verfolgung besteht. Sonst führen beide Ansätze zu übereinstimmenden Ergebnissen, da bei der Auslegung des § 51 Abs. 1 AuslG entsprechend der GFK die soziale Ausgrenzung in den gleichen Fällen, in denen sie im Rahmen des Art. 16a Abs. 1 GG mittelbar staatliche Verfolgung wegen des Geschlechts ist, mittelbar staatliche Verfolgung wegen der Zugehörigkeit zur bestimmten sozialen Gruppe der unbeschnittenen Frauen der jeweiligen Ethnie ist.[275]

2. Gewalt in der Familie

a. Häusliche Gewalt an Ehefrauen

aa. Subsumtion unter Art. 16a Abs. 1 GG

Häusliche Gewalt an Ehefrauen, die zu einem Flucht- oder Bleibegrund wird, beeinträchtigt die körperliche Unversehrtheit üblicherweise mehr als unerheblich und ist daher i. d. R. von asylerheblicher Intensität. Dies gilt gleichermaßen für Vergewaltigungen in der Ehe, da diese sowohl die körperliche Unversehrtheit als auch das sexuelle Selbstbestimmungsrecht mit asylerheblicher Intensität beeinträchtigen.[276]

Diese Gewaltanwendungen sind mittelbar staatliche Verfolgung, wenn der Staat nicht oder nicht in ausreichendem Maße gegen legitimierende Vorstellungen vorgeht, nach denen Ehefrauen geschlagen und/oder vergewaltigt werden dürfen,

---

274 s. u. A. III. 3.

275 s. u. 5. Kapitel B. II. 3. und 6. Kapitel B. III. 3.

276 s. allgemein zur asylerheblichen Intensität von Vergewaltigungen unter C. III.

und/ oder den betroffenen Frauen im Einzelfall keinen effektiven Schutz zur Verfügung stellt.[277]

Sofern häusliche Gewalt hiernach mittelbar staatliche Verfolgung ist, knüpft diese an einen Verfolgungsgrund an, wenn entweder die Handlung der Privaten oder das unrechtmäßige staatliche Unterlassen hieran anknüpft. Die Gewaltanwendung durch den Ehemann knüpft nicht an die politische Überzeugung an.[278] Sie erfolgt zumeist auch nicht wegen des Geschlechts[279], da sie sich von vornherein nur gegen die unter dem „Schutz“ des Ehemanns stehenden Personen richtet. Eine Verfolgung wegen des Geschlechts kommt daher nur unter dem Aspekt in Betracht, dass die der Gewaltanwendung zugrunde liegende Maxime als Norm gedacht innerhalb der Personen, die unter dem „Schutz“ des Ehemannes stehen, nach dem Geschlecht differenziert. Zumeist liegt der Gewaltanwendung aber nur die Maxime zugrunde, die Ehefrau bzw. diese und die Kinder beiderlei Geschlechts zu schlagen. Etwas anderes gilt nur in dem Ausnahmefall, in dem der Gewaltanwendung die Maxime zugrunde liegt, gegen alle weiblichen Personen innerhalb dieser Gruppe und ausschließlich gegen diese Gewalt anzuwenden.

Das staatliche Unterlassen knüpft an das Geschlecht an, sofern es – wie üblicherweise – in der Gesellschaft eine legitimierende Vorstellung gibt, nach der Ehefrauen von ihren Männern geschlagen werden dürfen. Diese Vorstellung als Norm gedacht knüpft an das Geschlecht an, da es nur als legitim angesehen wird, dass Ehefrauen von ihren Ehemännern geschlagen werden und dies auf der frauendiskriminierenden Vorstellung beruht, dass Frauen in der Gesellschaft von Männern kontrolliert werden müssen.[280] Wenn der Staat hiergegen nicht mit due diligence vorgeht, lässt er damit die Frauen gegenüber den Gewaltanwendungen durch ihre Ehemänner wegen des Geschlechts ungeschützt. Dies gilt auch für den Fall, in dem die staatlichen Behörden vorgeblich nicht handeln, weil sie sich in die private Angelegenheit nicht einmischen wollen. In diesem Fall soll nämlich – bei objektiver Betrachtung im gesellschaftlichen Kontext – der Status quo aufrechterhalten werden.[281]

Im Hinblick auf eine Vergewaltigung in der Ehe wird teilweise angenommen, dass die mittelbar staatliche Verfolgung immer an das Geschlecht anknüpft.[282] Die Vergewaltigung erfolgt allerdings nicht wegen des Geschlechts, da sich kei-

---

277 s. u. 5. Kapitel B. III. 1.

278 s. u. 6. Kapitel B. IV. 1. a.

279 *Wolter*, 447.

280 siehe hierzu auch die Ausführungen unter 6. Kapitel B. IV. 1. a.

281 s. auch unter 6. Kapitel B. IV. 1. b.

282 so aber: *Wolter*, 447; vgl. auch *In re R-A-* (abwM), 26: „The factual record reflects quite clearly that the severe beatings were directed at the respondent by her husband to dominate and subdue her, precisely because of her gender, as he inflicted his harm directly on her vagina, sought to abort her pregnancy, and raped her."

ne Gruppe finden lässt, innerhalb derer die der Vergewaltigung zugrunde liegende Maxime als Norm gedacht anhand des Geschlechts differenziert. Allerdings knüpft das staatliche Schutzversagen unter den gerade dargelegten Voraussetzungen an das Geschlecht an.

bb. Subsumtion unter § 51 Abs. 1 AuslG

Wenn § 51 Abs. 1 AuslG entsprechend der GFK ausgelegt wird, kann häusliche Gewalt an Ehefrauen auch unmittelbar private Verfolgung sein; diese erfolgt aber nicht wegen eines Konventionsgrundes.[283] Damit führen beide Ansätze zur Auslegung des § 51 Abs. 1 AuslG zu übereinstimmenden Ergebnissen, da die Fälle, in denen häusliche Gewalt nach der üblichen Auslegung mittelbar staatliche Verfolgung wegen des Geschlechts ist, mit denen übereinstimmen, in denen sie bei Auslegung entsprechend der GFK mittelbar staatliche Verfolgung wegen der Zugehörigkeit zur bestimmten sozialen Gruppe aller Frauen der jeweiligen Gesellschaft ist.[284]

b. Tötung/Gewalt im Zusammenhang mit Mitgiftforderungen

aa. Subsumtion unter Art. 16a Abs. 1 GG

Bisher wurde noch in keiner Entscheidung angenommen oder auch nur erwogen, dass Gewaltanwendungen bzw. Tötungen im Zusammenhang mit Mitgiftforderungen politische Verfolgung im Sinne des Art. 16a Abs. 1 GG sind.

Hierdurch werden aber regelmäßig Beeinträchtigungen von asylerheblicher Intensität herbeigeführt, die unter den o. g. Voraussetzungen auch menschenrechtliche Gewährleistungen, bspw. Art. 6 Abs. 1, Art. 7 S. 1, Art. 17 Abs. 1 Var. 1 sowie Art. 9 Abs. 1 S. 1 Var. 2 IPBPR beeinträchtigen.[285] In diesem Fall sind die Handlungen damit mittelbar staatliche Verfolgung, wenn der Staat nicht ausreichend gegen eine in der Gesellschaft verbreitete Vorstellung vorgeht, nach der es verzeihlich ist, eine Frau zur Erfüllung der materiellen Begehrlichkeiten zu töten bzw. ihr Gewalt anzutun, oder wenn er den betroffenen Frauen im Einzelfall keinen effektiven Schutz zur Verfügung stellt.[286]

Gewaltanwendung und/oder Tötung von Seiten des Ehemanns und/oder der Schwiegermutter knüpfen nicht an das Geschlecht an, da diesen die Maxime zugrunde liegt, ausschließlich gegen die Ehefrau vorzugehen. Die der Handlung der Schwiegermutter zugrunde liegende Maxime als Norm gedacht differenziert daher

---

283 s. u. 5. Kapitel B. III. 1. und 6. Kapitel B. IV. 1. a.
284 s. u. 6. Kapitel B. IV. 1. b.
285 s. u. 5. Kapitel B. III. 3.
286 s. u. 5. Kapitel B. III. 3.

nicht innerhalb der „Familie“ nach dem Geschlecht und die der Handlung des Ehemannes zugrunde liegende als Norm gedachte Maxime nicht innerhalb der unter dessen „‘Schutz’ stehenden Personen“.

Allerdings knüpft das staatliche Schutzversagen und damit die mittelbar staatliche Verfolgung insgesamt an das Geschlecht an, wenn dieses frauendiskriminierend ist und zugleich Ausdruck dessen ist, dass Frauen insgesamt als minderwertig angesehen werden. Dies kann angenommen werden, wenn der Staat nicht mit der erforderlichen Sorgfalt gegen die o. g. legitimierenden gesellschaftlichen Vorstellungen vorgeht.

bb. Subsumtion unter § 51 Abs. 1 AuslG

Beide Auslegungsansätze zu § 51 Abs. 1 AuslG führen zu übereinstimmenden Ergebnissen: Wenn § 51 Abs. 1 AuslG entsprechend der GFK ausgelegt wird, können zwar Gewaltanwendungen bzw. Tötungen unmittelbar private Verfolgung sein; diese knüpft aber nicht an einen Konventionsgrund an. Sonst sind Gewaltanwendungen bzw. Tötungen nach diesem Ansatz in den gleichen Fällen mittelbar staatliche Verfolgung wegen der Zugehörigkeit zur bestimmten sozialen Gruppe aller Frauen der jeweiligen Gesellschaft[287], in denen sie im Rahmen des Art. 16a Abs. 1 GG mittelbar staatliche Verfolgung wegen des Geschlechts sind.

c. Tötung/Gewalt im Namen der Ehre

aa. Subsumtion unter Art. 16a Abs. 1 GG

Tötungen und Gewaltanwendungen im Namen der Ehre sind regelmäßig von asylerheblicher Intensität. Sie sind unter den zur GFK dargelegten Voraussetzungen mittelbar staatliche Verfolgung.[288] Dem entspricht eine Entscheidung des VG Berlin, in der eine Tötung im Namen der Ehre in Jordanien ebenfalls als mittelbar staatliche Verfolgung angesehen wurde, weil solche Tötungen in Jordanien deutlich milder bestraft werden als sonstige Tötungen.[289] Die Absichtserklärung der jordanischen Regierung, hiergegen vorzugehen, wurde als unzureichend beurteilt, da ein entsprechendes Gesetz vom Parlament nicht verabschiedet worden war. Zudem wurde die in Jordanien übliche Schutzhaft für Frauen nicht als ausreichende Schutzgewährung angesehen, da eine Frau allein aufgrund der Erklärung der Familienangehörigen, dass ihr nichts geschieht, entlassen werden kann. In sonstigen

[287] s. u. 5. Kapitel B. III. 3 und 6. Kapitel B. IV. 3.
[288] s. u. 5. Kapitel B. III. 2.
[289] VG Berlin, U. v. 23. April 2001, VG 23X 6601, InfAuslR 2002, 160 (161).

Entscheidungen wird hingegen gar nicht erst in Erwägung gezogen, dass Tötungen im Namen der Ehre mittelbar staatliche Verfolgung sein können.[290]

Die Tötung knüpft nicht an die politische Überzeugung der betroffenen Frauen an.[291] Sie könnte aber an das Geschlecht anknüpfen.[292] So wird innerhalb der Familienmitglieder, die sich tatsächlich oder vermeintlich gleich verhalten haben, anhand des Geschlechts differenziert, da von vornherein nur weibliche Familienmitglieder getötet werden. Allerdings wird bei einer solchen Betrachtung in vielen Gesellschaften nur ein Teil des Sachverhalts erfasst. So muss zur Wiederherstellung der Ehre oft nicht nur die Frau, sondern auch der tatsächlich oder vermeintlich involvierte Mann getötet werden. Der Tötung liegt somit die Maxime zugrunde, alle Personen zu töten, die zur Wiederherstellung der Ehre getötet werden müssen. Damit erfolgt die Tötung aus dem gleichen Verfolgungsgrund, aus dem auch die – in der Gesellschaft oder im Kopf des Handelnden vorhandene – Norm erfolgt. Wenn diese Norm lautet „Frauen, die sich in einer Situationen befunden haben, in der sie ohne Willen der sie 'beschützenden' Männer sexuelle Kontakte hätten haben können, sowie Männer, die sich in der gleichen Situation befunden haben, müssen von den die Frau 'beschützenden' Männern getötet werden", differenziert diese Norm nicht nach dem Geschlecht.[293] Wenn nach dieser Norm hingegen nur die Frau, nicht aber der involvierte Mann zu töten ist, differenziert diese innerhalb der „Personen, die ohne den Willen der die Frau 'beschützenden' Männer Geschlechtsverkehr hätten haben können", anhand des Geschlechts. Diese Norm ist in diesem Fall auch Ausdruck dessen, dass Frauen als „Eigentum" der sie jeweils „beschützenden" Männer als minderwertig angesehen werden. Damit knüpft in diesem Fall sowohl diese Norm als auch die Tötung und damit auch die mittelbar staatliche Verfolgung an das Geschlecht an.

Das staatliche Schutzversagen erfolgt wegen des Geschlechts, wenn es in der Gesellschaft nur für zulässig gehalten wird, dass Frauen in diesen Fällen im Namen der Ehre getötet werden, zudem, wenn Tötungen im Namen der Ehre an Männern härter bestraft werden oder Männern im Einzelfall mehr Schutz zuteil wird als Frauen. Insofern kann daher die Entscheidung des VG Berlin nicht überzeugen, in der angenommen wird, dass die der Antragstellerin drohende Tötung im Namen der Ehre an das Geschlecht anknüpft, ohne dass geprüft wird, ob nicht auch dem (tatsächlich oder vermeintlich) beteiligten Mann Tötung oder Gewaltanwendung

---

[290] siehe OVG Niedersachsen, U. v. 12. September 2001, 2 L 1082/00, InfAuslR 2002, 154, das ausschließlich das Vorliegen von Abschiebungshindernissen nach § 53 Abs. 6 AuslG prüft, nach dem der Asylantrag zuvor erfolglos geblieben ist; VG Oldenburg, U. v. 7. August 2001, 12 A 1019/98; VG Gelsenkirchen, U. v. 15. Januar 1999, 18 a K 2523/98.A, InfAuslR 2000, 51 ff; VG Münster, B. v. 5. März 1999, 10 L 207/99.A, InfAuslR 1999, 307 ff.

[291] s. u. 6. Kapitel IV. 2.

[292] so VG Berlin, U. v. 23. April 2001, VG 23X 6601, InfAuslR 2002, 160 (161 f).

[293] s. u. 6. Kapitel III. 2. a.

droht.[294] Die Ausführungen zum Verfolgungsgrund gelten entsprechend für die anstelle der Tötung erfolgende Gewalt im Namen der Ehre.

bb. Subsumtion unter § 51 Abs. 1 AuslG

Die übliche Auslegung von § 51 Abs. 1 AuslG und die Auslegung entsprechend der GFK führen zumeist zu übereinstimmenden Ergebnissen. Die Tötung bzw. Gewalt ist bei Auslegung entsprechend der GFK in den Fällen mittelbar staatliche Verfolgung wegen der Zugehörigkeit zur bestimmten sozialen Gruppe aller Frauen der jeweiligen Gesellschaft, in denen sie nach der üblichen Auslegung mittelbar staatliche Verfolgung wegen des Geschlechts ist. Allerdings können Tötung bzw. Gewaltanwendung bei Auslegung entsprechend der GFK in Einzelfällen auch unmittelbar private Verfolgung wegen der Zugehörigkeit zur bestimmten sozialen Gruppe aller Frauen der jeweiligen Gesellschaft sein[295], so dass diese Auslegung zu einem umfassenderen Schutz führen kann.

d. Witwenverbrennung

aa. Subsumtion unter Art. 16a Abs. 1 GG

Eine Witwenverbrennung ist von asylerheblicher Intensität. Sie ist mittelbar staatliche Verfolgung, wenn eine Witwe durch physischen oder psychischen Druck hierzu getrieben wird und der Staat nicht präventiv gegen eine Witwenverbrennungen legitimierende gesellschaftliche Vorstellung vorgeht und/oder im Einzelfall den betroffenen Frauen keinen effektiven Schutz zukommen lässt.[296]

Sofern eine Witwenverbrennung hiernach mittelbar staatliche Verfolgung ist, knüpft diese an das Geschlecht an.[297] Die der Handlung der Privaten zugrunde liegende Maxime als Norm gedacht differenziert innerhalb der „Personen, deren Ehepartner verstorben ist“ nach dem Geschlecht, da ausschließlich Witwen zu einer solchen Tötung getrieben werden und dies zugleich Ausdruck dessen ist, dass Frauen insgesamt als minderwertig angesehen werden.[298] Das staatliche Schutzversagen knüpft ebenfalls an das Geschlecht an, wenn es erkenntlich darauf beruht, dass den Witwen, trotz ihrer erkannten Schutzbedürftigkeit und vorhandener Handlungsmöglichkeiten, kein Schutz zuteil wird.

---

[294] VG Berlin, U. v. 23. April 2001, VG 23X 6601, InfAuslR 2002, 160 (161 f).

[295] s. u. 6. Kapitel IV. 2.

[296] s. u. 5. Kapitel B. III. 4.

[297] i. E. auch *Wolter*, 440.

[298] s. infra unter A. III. 4. b. aa.

bb. Subsumtion unter § 51 Abs. 1 AuslG

Bei Auslegung des § 51 Abs. 1 AuslG entsprechend der GFK kann anders als bei der üblichen Auslegung des § 51 Abs. 1 AuslG auch die private Handlung unmittelbar private Verfolgung wegen der Zugehörigkeit zur bestimmten sozialen Gruppe der Witwen der jeweiligen Gesellschaft sein.[299] Diese Auslegung führt daher zu einem umfassenderen Schutz, wenn der Staat den Anforderungen von due diligence genügt hat, aber dennoch eine begründete Furcht vor Verfolgung besteht. Dies ist aber im Hinblick auf Witwenverbrennungen praktisch nicht relevant. Sonst führen beide Auslegungsansätze zu übereinstimmenden Ergebnissen, da eine Witwenverbrennung in den Fällen, in denen sie nach der üblichen Auslegung mittelbar staatliche Verfolgung wegen des Geschlechts ist, bei Auslegung entsprechend der GFK mittelbar staatliche Verfolgung wegen der Zugehörigkeit zur bestimmten sozialen Gruppe der Witwen der jeweiligen Gesellschaft ist.

3. Sonstige Beeinträchtigungen im Zusammenhang mit Heirat und Ehe

a. Subsumtion unter Art. 16a Abs. 1 GG

aa. Zwangsheirat

Eine Zwangsheirat ist regelmäßig von asylerheblicher Intensität: Sie führt unmittelbar dazu, dass das (sexuelle) Selbstbestimmungsrecht stark beeinträchtigt wird. Frauen können dieser Situation i. d. R. nicht entkommen, da sie de iure oder de facto keine oder nur geringe Möglichkeiten haben, sich scheiden zu lassen. Es ist daher nachvollziehbar, dass eine drohende Zwangsheirat die Grundlagen der Existenz der hiervon betroffenen Frauen beeinträchtigt. Wenn mit der Zwangsheirat eine Zwangskonvertierung einhergeht, ist zugleich auch das religiöse Selbstbestimmungsrecht mit asylerheblicher Intensität beeinträchtigt. Dementsprechend wurden in der Rechtsprechung die Zwangsheirat von Jezidinnen in der Türkei[300] sowie die Zwangsheirat von Mädchen durch die Taliban[301] als Beeinträchtigungen von asylerheblicher Intensität beurteilt.

Entführung, Zwangsheirat und damit einhergehende Vergewaltigungen beeinträchtigen den Gewährleistungsbereich von Art. 23 Abs. 3 IPBPR und von Art. 17 Abs. 1 Var. 1 IPBPR und, sofern sie mit einer Zwangskonvertierung einhergehen, auch von Art. 18 Abs. 1 S. 1, Abs. 2 IPBPR. Sie sind mittelbar staatliche Verfolgung, wenn der Staat hiergegen nicht mit due diligence vorgeht. Das Bundesverwaltungsgericht hat bezüglich der Zwangsheirat von Jezidinnen in der Tür-

---

299 s. u. 5. Kapitel B. III. 4, 6. Kapitel IV. 4.

300 BVerwGE 85, 12 (18).

301 VG Neustadt a. d. W., U. v. 10. Juli 2001, 5 K 1390/98.NW, 19; BAFl, E. v. 12. September 2001, GZ: 269034-423, 7.

kei ausgeführt, dass diese dem Staat grundsätzlich nicht als mittelbar staatliche Verfolgung „zurechenbar" sind: Die allgemeinen Präventivmaßnahmen seien ausreichend, da der türkische Staat mit den ihm zur Verfügung stehenden Mitteln im Großen und Ganzen Schutz gewähren könne. So seien nicht sämtliche allein lebende Jezidinnen ohne Schutz vor Zwangsheirat, sondern nur die, denen es nicht gelinge Arbeit und Wohnung zu finden. Deswegen handele es sich im Ganzen gesehen, um – nicht seltene – Einzelfälle. Weitere Maßnahmen könnten vom Staat nicht verlangt werden, da kein Staat „allgemeine Kriminalität wie die naturgemäß kaum zu verhindernde und – in der Privatsphäre der Beteiligten – nicht leicht aufklärbare Entführung junger, in wirtschaftlicher Not und ohne Obdach lebender Mädchen" durchgängig von diesen abwenden könne.[302] Es sei insofern auch unerheblich, dass eine Entführung nach erfolgter Verheiratung vom türkischen Staat nicht mehr verfolgt werde, da auch nach § 238 StGB die Entführung gegen den Willen der Entführten nur auf Antrag und grundsätzlich dann nicht mehr verfolgt werde, wenn die Entführung in eine Eheschließung münde.[303] Zudem könne nicht angenommen werden, dass die türkische Polizei tatenlos zusehe, wenn sie Zeuge einer Entführung werde, oder keine Ermittlungen anstelle, wenn ihr ein solcher Vorfall gemeldet werde, so dass auch im Einzelfall ein ausreichender Schutz gegeben sei.[304]

Diese Rechtsprechung ist in mehrfacher Hinsicht mit den Vorgaben von due diligence nicht vereinbar. So erkennt das Bundesverwaltungsgericht zunächst selbst, dass Entführungen von Jezidinnen häufiger sind als solche von anderen Frauen und Mädchen in der Türkei, zieht daraus aber hinsichtlich des erforderlichen Schutzes keine Konsequenzen: Gerade weil die Entführung, Vergewaltigung und Zwangsverheiratung von Jezidinnen im Gegensatz zur Vergewaltigung und Zwangsverheiratung muslimischer Frauen in der türkischen Gesellschaft als legitim angesehen werden, muss der Staat präventiv verstärkt gegen dieses strukturelle Problem vorgehen.[305] Seine Organe haben sich von der legitimierenden gesellschaftlichen Vorstellung zu distanzieren und auch aktiv, u. a. mit einer konsequenten Bestrafung der Täter, hiergegen vorzugehen. Das staatliche Schutzversagen kann dabei nicht mit den Aufklärungsschwierigkeiten entschuldigt werden. Die Ermittlung und Bestrafung im Einzelfall sind nur ein kleiner Teil der Präventivmaßnahmen und staatliche Stellen haben die Straftat wegen ihrer Schwere und Häufigkeit besonders sorgfältig aufzuklären. Der Verweis auf die in Deutschland bestehende Rechtslage kann kein Indiz für einen ausreichenden Schutz sein, da die Situationen in Deutschland und

302 BVerwGE 85, 12 (20 f).
303 BVerwGE 85, 12 (21).
304 BVerwGE 85, 12 (21).
305 HessVGH, U. v. 2. Dezember 1991, Streit 1992, 161, HessVGH, U. v. 20. März 1989, 12 UE 30003/86, Streit 1989, 158 ff.

der Türkei nicht vergleichbar sind.[306] Der hessische Verwaltungsgerichtshof sieht es darüber hinaus als Verpflichtung des Staates an, allein lebenden Jezidinnen das zum Überleben Erforderliche zur Verfügung zu stellen und damit ihre besondere Gefährdungslage auf das allgemeine Maß herabzumindern.[307] Sofern eine solche (fiktive) Verpflichtung überhaupt besteht, ist sie jedenfalls ressourcenabhängig.

Die Zwangsheirat durch den zukünftigen Ehemann wurzelt häufig darin, dass die betroffenen Frauen einer Ethnie oder Religion angehören, die als minderwertig angesehen wird, oder darin, dass die Frauen „ungeschützt" sind. In den ersten beiden Konstellationen knüpft sie an die Ethnie oder die Religion[308] an. In der Literatur wird angenommen, dass die Zwangsheirat prinzipiell an das Geschlecht anknüpft.[309] Innerhalb der Gesellschaft differenziert die der Zwangsheirat zugrunde liegende Maxime als Norm gedacht allerdings nicht nach dem Geschlecht, da nicht irgendeine Frau zur Heirat gezwungen werden soll, sondern nur eine Frau, die einer bestimmten Ethnie oder Religion angehört oder „ungeschützt" ist. Allerdings ist in den beiden zuerst genannten Konstellationen vorstellbar, dass die als Norm gedachte Maxime innerhalb der Ethnie bzw. Religionsgemeinschaft nach dem Geschlecht differenziert. So sind bspw. in der Türkei nicht nur Jezidinnen Beeinträchtigungen ausgesetzt, sondern auch Jeziden; ausschließlich Jezidinnen werden aber in dieser Form beeinträchtigt. Dennoch knüpft die Zwangsheirat hier nicht an das Geschlecht an, da sie nicht Ausdruck dessen ist, dass Frauen insgesamt als minderwertig angesehen werden. Vielmehr kommt in ihr zum Ausdruck, dass speziell Jezidinnen in dem Sinne als minderwertig angesehen werden, dass es als zulässig angesehen wird, sie in dieser Weise zu beeinträchtigen.

In der dritten Konstellation hingegen knüpft die Zwangsheirat an das Geschlecht an. Hier unterscheidet die der Zwangsheirat zugrunde liegende Maxime als Norm gedacht innerhalb der allein lebenden Personen nach dem Geschlecht und die Zwangsheirat ist zugleich Ausdruck dessen, dass Frauen insgesamt vom Verfolger als minderwertig angesehen werden. In ihr kommt zum Ausdruck, dass die Gesellschaft vor einer „ungeschützten" und damit „unkontrollierten" Frau geschützt werden muss und/oder dass eine allein lebende Frau als „Gemeineigentum" ungestraft geheiratet werden darf.

---

306 HessVGH, U. v. 2. Dezember 1991, Streit 1992, 161, HessVGH, U. v. 20. März 1989, 12 UE 30003/86, Streit 1989, 158 ff.

307 HessVGH, U. v. 21. Dezember 1992, UE 1847/89; HessVGH, U. v. 26. August 1991, 12 UE 2436/85.

308 so daher auch BVerwGE 85, 12 (18 f); HessVGH, U. v. 21. Dezember 1992, 12 UE 1847/89, Streit 1994, 87 (Leitsatz); *Marx*, Handbuch, § 76 Rn. 29 ff.

309 *Wolter*, 439.

Das staatliche Schutzversagen knüpft an das Merkmal an, an das auch die in der Gesellschaft bestehenden legitimierenden Vorstellungen anknüpfen, mithin an Religion, Ethnie oder Geschlecht.[310]

bb. Zwangsverheiratung

Bisher wurde noch in keiner Entscheidung erwogen, ob die Zwangsverheiratung von Seiten der Eltern oder sonstiger privater Dritter politische Verfolgung ist.[311] Eine Zwangsverheiratung ist aber unter den gleichen Voraussetzungen wie eine Zwangsheirat von asylerheblicher Intensität und hierdurch wird der Gewährleistungsbereich von Art. 23 Abs. 3 IPBPR und teilweise auch Art. 8 Abs. 2 IPBPR beeinträchtigt, so dass eine Zwangsverheiratung mittelbar staatliche Verfolgung ist, sofern der Staat hiergegen nicht mit due diligence vorgeht.[312]

Die Zwangsverheiratung durch die Eltern und damit die mittelbar staatliche Verfolgung knüpft an das Geschlecht an, wenn ausschließlich Töchter verheiratet werden, ohne die Möglichkeit zu haben, ihren gegenteiligen Willen zu äußern, oder wenn ein größerer Druck auf die Töchter ausgeübt wird. In diesem Fall differenziert die der Zwangsverheiratung zugrunde liegende Norm innerhalb der „Kinder" nach dem Geschlecht und die Zwangsverheiratung ist zugleich Ausdruck dessen, dass Frauen als „Eigentum" der Männer als minderwertig angesehen werden. Die mittelbar staatliche Verfolgung knüpft zudem an das Geschlecht an, wenn das staatliche Schutzversagen hieran anknüpft. Dies ist der Fall, wenn rechtlich oder faktisch nur Frauen verheiratet werden können, ohne ihren Willen zu äußern, oder wenn es für Frauen rechtlich schwieriger ist, sich aus der Ehe zu lösen.

cc. Folgen des Widerstands

Wenn Frauen sich weigern, den vorgeschlagenen Ehemann zu heiraten, drohen u. U. Gewalt oder Tötung im Namen der Ehre. Diese sind regelmäßig von asylerheblicher Intensität i. S. d. Art. 16a Abs. 1 GG und damit mittelbar staatliche Verfolgung, wenn der Staat nicht mit der erforderlichen Sorgfalt präventiv gegen Vorstellungen vorgeht, nach denen Eltern ihre Tochter in dieser Weise bestrafen dürfen.[313]

Die unmittelbar private Handlung und damit die mittelbar staatliche Verfolgung insgesamt knüpft an das Geschlecht an, wenn dieser die Maxime zugrunde liegt, innerhalb der Gruppe „Kinder, die den vorgeschlagenen Ehepartner nicht

---

310 s. auch supra unter C. II. 2. a. aa.

311 bspw. wurde in den Entscheidungen VG Ansbach, U. v. 4. Dezember 2001, AN 12 K 01.30131; VG Freiburg, U. v. 5. Februar 2001, A 2 K 10475/00 nur auf die neben der Zwangsverheiratung drohende Genitalverstümmelung eingegangen.

312 siehe zum Ganzen die Ausführungen unter 5. Kapitel B. IV. 1.

313 s. auch unter 5. Kapitel B. IV. 2.

heiraten wollen" nur die Töchter in dieser Weise zu behandeln. In diesem Fall ist die Handlung zugleich Ausdruck dessen, dass eine Frau in der Gesellschaft „Eigentum" der sie „beschützenden" Männer ist, und damit nur mit deren Willen Geschlechtsverkehr haben darf. Die mittelbar staatliche Verfolgung knüpft zudem an das Geschlecht an, wenn das staatliche Schutzversagen hieran anknüpft. Dies ist der Fall, wenn es in der Gesellschaft nur als legitim angesehen wird, Frauen, die sich der Zwangsverheiratung widersetzen, in dieser Weise zu bestrafen, oder Frauen sonst in diskriminierender Weise der Schutz versagt wird.

b. Subsumtion unter § 51 Abs. 1 AuslG

Im Hinblick auf Zwangsheirat, Zwangsverheiratung und Gewaltanwendung/Tötung als mittelbar staatliche Verfolgung führen beide Auslegungen des § 51 Abs. 1 AuslG zu übereinstimmenden Ergebnissen. Wenn § 51 Abs. 1 AuslG entsprechend der GFK ausgelegt wird, kann die Zwangsheirat aber auch unmittelbar private Verfolgung wegen der Ethnie, der Religion oder der Zugehörigkeit zur bestimmten sozialen Gruppe der „ungeschützten Frauen" der jeweiligen Gesellschaft sein. Zudem können Zwangsverheiratung und Gewaltanwendung/Tötung durch die Eltern ausnahmsweise unmittelbar private Verfolgung wegen der Zugehörigkeit zur bestimmten sozialen Gruppe aller Frauen der jeweiligen Gesellschaft sein.[314] Diese Auslegung kann daher in Einzelfällen zu einem umfassenderen Schutz führen.

4. Weitere unmittelbar von Privaten ausgehende Beeinträchtigungen

a. Beeinträchtigungen durch islamische Gruppierungen

aa. Subsumtion unter Art. 16a Abs. 1 GG

Nicht unerhebliche Gewaltanwendungen oder Tötungen von Seiten islamischer Gruppierungen als Sanktion für den Verstoß gegen frauendiskriminierende Verhaltensvorschriften sind von asylerheblicher Intensität.[315] Verfolgung kann auch die durch die Drohungen verursachte Zwangslage sein, sofern sie – etwa wegen einer bestehenden Todesangst – zu schwerwiegenden psychischen und physischen Beeinträchtigungen für die Betroffene führt.[316] Zudem kann diese Zwangslage auch unter dem Aspekt von asylerheblicher Intensität sein, dass sie zur Beeinträchtigung sonstiger Rechtsgüter, bspw. des Rechts auf Arbeit oder Bildung führt. Diese

[314] s. u. 6. Kapitel B. V.
[315] VG Freiburg, U. v. 20. Juli 1998, A 7 K 12643/95, NVwZ-Beilage 3/1999, 28 (29).
[316] VG Freiburg, U. v. 20. Juli 1998, A 7 K 12643/95, NVwZ-Beilage 3/1999, 28 (29).

sind unter den gleichen Voraussetzungen wie staatliche Beeinträchtigungen dieser Rechtsgüter von asylerheblicher Intensität.[317]

Durch diese Handlungen werden jeweils menschenrechtliche Gewährleistungen beeinträchtigt[318], so dass die unmittelbar privaten Handlungen mittelbar staatliche Verfolgung sind, wenn der Staat hiergegen nicht mit due diligence vorgeht. Dies ist gegeben, wenn ein Herkunftsstaat im Hinblick auf ein konkretes Schutzbegehren keinen Schutz bietet und/oder generell aus Rücksicht auf religiöse Kreise nicht präventiv hiergegen vorgeht.[319] Den Vorgaben von due diligence kommt ein Herkunftsstaat insbesondere dann nicht nach, wenn er gegen die Handlungen nichts unternimmt, weil es von den Frauen erwartet wird, dass sie sich den Vorgaben anpassen, weil eine gute Muslima sich so zu verhalten habe oder weil ein solches Verhalten für eine Frau jedenfalls nicht unzumutbar sei.[320]

Die mittelbar staatliche Verfolgung knüpft an einen Konventionsgrund an, wenn entweder die Handlung der Privaten oder das staatliche Unterlassen hieran anknüpft.

Die Drohungen knüpfen an das Geschlecht an. Diesen liegt nämlich die Maxime zugrunde, ausschließlich und einheitlich alle (muslimischen) Frauen in dieser Weise zu behandeln, so dass diese Maxime als Norm gedacht innerhalb der Gesellschaft oder der Muslime in der Gesellschaft nach dem Geschlecht differenziert. Sie ist zugleich auch Ausdruck dessen, dass Frauen im Allgemeinen als minderwertig gegenüber Männern angesehen werden.

Die Gewaltanwendungen und Tötungen knüpfen ebenfalls an das Geschlecht an, wenn der Bestrafung im Einzelfall die Maxime zugrunde liegt, alle Frauen, die gegen die frauendiskriminierenden Vorschriften verstoßen, in einer Weise zu bestrafen, dass dies asylerhebliche Intensität erreicht. Wenn hingegen nur Frauen bestraft werden, die bereits mehrfach aufgefordert wurden, sich so zu verhalten, sich aber dennoch widersetzen, knüpft eine solche Handlung nicht an das Geschlecht an. In diesem Fall wird sie aber regelmäßig an die tatsächlich geäußerte oder unterstellte politische Überzeugung der Frauen anknüpfen.[321] Das staatliche Schutzversagen knüpft ebenfalls an das Geschlecht an, sofern es erkenntlich darauf basiert, dass von einer Frau erwartet wird, dass sie sich den frauendiskriminierenden Ge- und Verboten anpasst.

---

317 vgl. BVerwGE 74, 41 (47); BVerwGE 88, 367 (374); BVerwGE 96, 200 (207 f); vgl. auch VG Freiburg, U. v. 20. Juli 1998, A 7 K 12643/95, NVwZ-Beilage 3/1999, 28 (29), das diese Beeinträchtigungen für sich genommen wohl nicht für Verfolgung hält.

318 s. unter 5. Kapitel B. V. 1.

319 vgl. VG Freiburg, U. v. 20. Juli 1998, A 7 K 12643/95, NVwZ-Beilage 3/1999, 28 (29).

320 vgl. VG Freiburg, U. v. 20. Juli 1998, A 7 K 12643/95, NVwZ-Beilage 3/1999, 28 (29).

321 s. u. 6. Kapitel B. VI. 2.

bb. Subsumtion unter § 51 Abs. 1 AuslG

Im Hinblick auf die mittelbar staatliche Verfolgung führen beide Auslegungen des § 51 Abs. 1 AuslG zu übereinstimmenden Ergebnissen. So knüpft die mittelbar staatliche Verfolgung in den Fällen, in denen sie bei der üblichen Auslegung an das Geschlecht anknüpft, bei Auslegung entsprechend der GFK an die Zugehörigkeit zur bestimmten sozialen Gruppe der (muslimischen) Frauen der jeweiligen Gesellschaft an.[322] Allerdings können bei Auslegung entsprechend der GFK die Handlungen der Privaten auch unmittelbar private Verfolgung aus einem Konventionsgrund sein.[323] Dies führt in den Fällen zu einem größeren Schutzumfang, in denen der Staat zwar mit due diligence gegen die Beeinträchtigungen vorgegangen ist, diese aber dennoch mit ausreichender Wahrscheinlichkeit drohen.

b. Beeinträchtigung von Witwen

Witwen droht neben Witwenverbrennungen auch soziale Ausgrenzung. Diese erreicht unter den gleichen Voraussetzungen asylerhebliche Intensität wie die soziale Ausgrenzung unverstümmelter Frauen. Dies ist der Fall, wenn die körperliche Unversehrtheit nicht unerheblich beeinträchtigt wird oder das wirtschaftliche Existenzminimum nicht mehr gewährleistet ist. Die soziale Ausgrenzung kann unter den zur GFK dargelegten Voraussetzungen mittelbar staatliche Verfolgung sein.[324] Sofern dies der Fall ist, knüpft die mittelbar staatliche Verfolgung aus den oben bereits dargelegten Gründen an das Geschlecht an.[325]

Die Auslegung von § 51 Abs. 1 AuslG entsprechend der GFK kann gegenüber der üblichen Auslegung von § 51 Abs. 1 AuslG zu einem größeren Schutzumfang führen, da hiernach die soziale Ausgrenzung unmittelbar private Verfolgung wegen der Zugehörigkeit zur bestimmten sozialen Gruppe der Witwen der jeweiligen Gesellschaft sein kann.[326]

c. Beeinträchtigung von allein lebenden Frauen

Allein lebende Frauen sind in Gesellschaften, in denen es von Bedeutung ist, dass Frauen einem Mann zuzuordnen sind, neben Zwangsheirat und Vergewaltigungen auch Gewaltanwendungen und sozialer Ausgrenzung ausgesetzt. Diesbezüglich ergeben sich nur hinsichtlich des Anknüpfens an einen Verfolgungsgrund Besonderheiten, auf die bereits bezüglich der Zwangsheirat eingegangen wurde.[327]

---

322 s. u. 6. Kapitel B. VI. 2.
323 s. u. 5. Kapitel B. V. 1, 6. Kapitel VI. 2.
324 s. u. 5. Kapitel B. V. 4.
325 s. u. C. II. 2. d. aa.
326 s. u. 6. Kapitel B. VI. 1
327 s. u. C. II. 3. a.

III. Sexuelle Gewalt

1. Vergewaltigung

a. Subsumtion unter Art. 16a Abs. 1 GG

Vergewaltigungen beeinträchtigen die körperliche Unversehrtheit und das sexuelle Selbstbestimmungsrecht erheblich und sind daher nach den Kriterien von Bundesverfassungs- und Bundesverwaltungsgericht von asylerheblicher Intensität. Dementsprechend gibt es nur wenige Entscheidungen, in denen dies nicht bejaht wird[328], in einer Entscheidung wird eine Vergewaltigung sogar als „besonders verabscheuenswürdiger Verstoß gegen die Menschenwürde" bezeichnet[329].

Allerdings wird eine von einem Organwalter ausgehende Vergewaltigung nur ausnahmsweise als unmittelbar staatliche Verfolgung beurteilt, weil entweder angenommen wird, dass der Organwalter als Privatperson handelt oder dass es sich um einen Exzess handelt. Dieses Begründungsschema ist aus den o. g. Gründen abzulehnen.[330] Eine Vergewaltigung durch einen Organwalter ist daher nur als Handeln des Organwalters als Privatperson anzusehen, wenn dieser evidentermaßen auch vor und nach der Vergewaltigung nicht in seiner Funktion gehandelt hat.[331] Zu begrüßen ist daher die Entscheidung des VG Ansbach, in der eine Rumänin, die über zwei Wochen u. a. von dem Bürgermeister ihres Ortes vergewaltigt und sexuell genötigt worden war, als Asylberechtigte anerkannt wurde. In dieser Entscheidung wurde angenommen, dass nicht zwischen dem Bürgermeister als Funktionsträger des Staates und als Privatperson unterschieden werden könne und die Vergewaltigung daher wie sonstiges Handeln in amtlicher Eigenschaft dem Staat unmittelbar als eigenes Handeln zuzurechnen sei.[332] Gleichermaßen wurden auch Vergewaltigungen durch die Taliban von Frauen in afghanischen Gefängnissen den Taliban als stabilisiertem de facto Regime zugerechnet.[333] In die richtige Richtung gehen auch Entscheidungen, in denen Vergewaltigungen nicht als Handlungen der Organwalter als Privatpersonen angesehen werden, wenn sie das Instrument sog. „ethnischer Säuberungen" sind: So wurden Vergewaltigungen von kosovo-albanischen Frauen durch serbische Polizisten mit dem Argument als Verfolgung beurteilt, dass diese die Einschüchterungspolitik des jugoslawischen Staates gegenüber der albanischen Bevölkerungsgruppe sowie die besondere Situation der

---

[328] laut *Laubenthal*, 70 ff wurden Vergewaltigungen in den Entscheidungen des BAFl, die in den Urteilen des VG Gera vom 26. Mai 1994, 5 K 20246/93 und des VG Aachen, U. v. 25. August 1994, 7 L 1090/94.A zitiert sind, nicht als Verfolgung angesehen.

[329] HessVGH, U. v. 2. Dezember 1991, Streit 1992, 161.

[330] s. u. 5. Kapitel B. VI. 1.

[331] s. u. 5. Kapitel B. VI. 1.

[332] VG Ansbach, U. v. 19. Februar 1992, AN 17 K 91.44245, Streit 1993, 104 (107).

[333] VG Neustadt a. d. W., U. v. 27. August 2001, 5 K 1390/98.NW, 19; BAFl, E. v. 12. September 2001, GZ: 269034-423, 6.

kosovo-albanischen Frauen nutzten, die bei Bekanntwerden der Vorfälle von ihren Angehörigen bzw. ihren Ehemännern Repressionen zu erwarten hätten.[334] Aus den gleichen Gründen sieht auch das VG Stuttgart Vergewaltigungen von Kurdinnen in der Türkei als staatliche Verfolgung an.[335]

Eine Vergewaltigung ist außerdem gleichermaßen wie sonstiges staatliches Handeln nach Art. 10 ILC-Entwurf nicht als Exzess anzusehen, selbst wenn der Organwalter sich kompetenzwidrig verhalten hat.[336] Diesen völkerrechtlichen Vorgaben entspricht die bereits erwähnte Entscheidung des VG Ansbach.[337] Sonst wird in der deutschen Rechtsprechung aber regelmäßig geprüft, ob die Vergewaltigung nicht ein Exzess ist.[338] Dies widerspricht aber auch den Vorgaben des Bundesverfassungsgerichts, wonach ein Exzess allenfalls ausnahmsweise vorliegen kann.[339] Demnach ist eine Vergewaltigung jedenfalls dann nicht als Exzess zu beurteilen, wenn sie einem Muster folgt.[340] Insofern ist bedenklich, dass in vielen verwaltungsgerichtlichen Entscheidungen Vergewaltigungen nur ausnahmsweise als strukturelles Problem angesehen werden.[341] Es wird hier nicht ausreichend berücksichtigt, dass der Organwalter sich häufig berechtigt sieht, eine Frau zu vergewaltigen, weil er diese, bspw. wegen ihrer Ethnie oder Religion, als minderwertig ansieht oder diese während des staatlichen Gewahrsams „ungeschützt" ist.

Im Hinblick auf die unmittelbar von Privaten ausgehenden Vergewaltigungen wurde in der Rechtspraxis bisher nur geprüft, ob die Vergewaltigungen von Jezidinnen in der Türkei politische Verfolgung sind.[342] Sonst werden Vergewaltigungen implizit als reine Privatangelegenheit bzw. als Folge allgemeiner Kriminalität und damit nicht als politische Verfolgung beurteilt. So geht auch das Bundesverwaltungsgericht davon aus, dass in der Türkei allenfalls Vergewaltigungen von Jezidinnen, nicht aber von muslimischen Frauen, politische Verfolgung sein

---

334 VG Regensburg, U. v. 30. Januar 1997, RN 4 K 95.32442, Streit 1997, 132 f.

335 VG Stuttgart, U. v. 15. Juni 1999, A 3 K 10890/98, Streit 2000, 78 f.

336 s. u. 5. Kapitel B. VI. 1. sowie *Ipsen*, § 40 Rn. 28 m. w. N.

337 VG Ansbach, U. v. 19. Februar 1992, AN 17 K 91.44245, Streit 1993, 104 (107).

338 bspw. OVG NRW, U. v. 17. Juni 1995, 13 A 4154/93.A, ZDWF-RÜ 1995, 51; VGH Baden-Württemberg, U. v. 3. April 2001, A 9 S 1897/00 bzgl. des Sudan; VG Regensburg, U. v. 30. Januar 1997, RN 4 K 95.32442, Streit 1997, 132 f.

339 bspw. BVerfGE 80, 315 (352); BVerfG (Kammer), NVwZ-Beilage 11/2000, 121 (122).

340 i. E. zutreffend Staatlichkeit der Verfolgung bejahend daher VG Ansbach, U. v. 17. März 2000, AN 17 K 98.31944, Streit 2001, 168 (170); VG Neustadt a. d. W., U. v. 27. August 2001, 5 K 1390/98.NW, 19; VG Stuttgart, U. v. 15. Juni 1999, A 3 K 10890/98, Streit 2000, 75 f; VG Ansbach, U. v. 19. Februar 1992, AN 17 K 91.44245, Streit 1993, 104 (107); BAFl, E. v. 12. September 2001, GZ: 269034-423, 6.

341 vgl. OVG NRW, U. v. 14. Juni 1996, 21 A 5046/94.A, bzgl. der Vergewaltigung von Tamilinnen durch indische Streitkräfte; VG Regensburg, U. v. 30. Januar 1997, RN 4 K 95.32442, Streit 1997, 132 f; siehe hierzu auch *Laubenthal*, 69 ff.

342 s. u. C. II. 3. a.

können.[343] Hier bleibt unberücksichtigt, dass eine unmittelbar von Privaten ausgehende Vergewaltigung nicht selten auf in der Gesellschaft bestehenden legitimierenden Vorstellung basiert[344] und daher unter den zur GFK dargestellten Voraussetzungen mittelbar staatliche Verfolgung ist.[345] Diesbezüglich können auch die Ausführungen des VG Stuttgart und des VG Ansbach bezüglich der Erforderlichkeit staatlicher Maßnahmen gegen Vergewaltigungen durch Organwalter herangezogen werden. Hiernach ist außer einer offiziellen Distanzierung durch staatliche Stellen erforderlich, dass strafrechtliche Ermittlungen eingeleitet werden.[346] Diese sind nicht effektiv, wenn wie in Pakistan die prinzipielle Vorstellung besteht, dass Vergewaltigungen praktisch nicht vorkommen, Anzeigen entweder gar nicht oder verspätet bearbeitet werden und Frauen eine Vergewaltigung daher faktisch nicht beweisen können.[347] Die Strafverfolgung ist auch nicht effektiv, wenn Frauen mit der Anzeige einer Vergewaltigung selbst die Strafverfolgung riskieren.

Vergewaltigungen knüpfen oft an die Ethnie, die politische Überzeugung oder die Religion an.[348] In der Literatur[349] und vereinzelt auch in der Rechtsprechung[350] werden Vergewaltigungen zudem als Verfolgung wegen des Geschlechts beurteilt. Insofern ist zu differenzieren: Vergewaltigungen von allein lebenden und damit „ungeschützten" Frauen knüpfen an das Geschlecht an, da die der Vergewaltigung zugrunde liegende Maxime als Norm gedacht innerhalb der „allein lebenden Personen" anhand des Geschlechts differenziert und die Vergewaltigung Ausdruck des allgemeinen Frauenbilds in der Gesellschaft ist, wonach Frauen „Eigentum" der sie jeweils „beschützenden" Männer und „ungeschützte" Frauen damit „Gemeineigentum" sind. Eine Vergewaltigung knüpft zudem an das Geschlecht an, wenn sie Teil einer Repression gegen eine bestimmte Personengruppe, bspw. eine Ethnie, ist und zugleich Ausdruck dessen ist, dass der Handelnde nicht nur Frauen dieser Ethnie, sondern Frauen insgesamt als minderwertig ansieht. Dies kann angenommen werden, wenn die Frauen bei der Vergewaltigung erkenntlich als „Eigentum" des Mannes angesehen werden, dessen Ehre auf diese Weise verletzt werden soll.

Das staatliche Schutzversagen knüpft an den gleichen Verfolgungsgrund an wie die jeweilige legitimierende gesellschaftliche Vorstellung, wenn staatliche

---

343 vgl. BVerwGE 85, 12 (19).

344 so auch *Mees-Asadollah*, Streit 1998, 139 (144).

345 s. u. 5. Kapitel VI. 1.

346 VG Ansbach, U. v. 17. März 2000, AN 17 K 98.31944, Streit 2001, 168 (170); VG Stuttgart, U. v. 15. Juni 1999, A 3 K 10890/98, Streit 2000, 75 f.

347 s. u. 1. Kapitel B.

348 s. u. 6. Kapitel B. VIII. 1. b.

349 *Mees-Asadollah*, Streit 1998, 139 (147); *v. Galen*, Streit 1992, 148 (160); *Wolter*, 446.

350 VG Ansbach, U. v. 19. Februar 1992, AN 17 K 91.44245, Streit 1993, 104 (106 f); vgl. auch VG Neustadt a. d. W., U. v. 27. August 2001, 5 K 1390/98.NW, 19, das sexuelle Gewalt und Zwangsverheiratungen als Verfolgung wegen des Geschlechts ansieht.

Stellen nicht ausreichend gegen diese Vorstellungen vorgehen. In diesem Fall werden die Frauen trotz ihrer Schutzbedürftigkeit wegen dieses Merkmals weiterhin schutzlos gestellt.

b. Subsumtion unter § 51 Abs. 1 AuslG

Wenn § 51 Abs. 1 AuslG entsprechend der GFK ausgelegt wird, kann auch die unmittelbar von Privaten ausgehende Vergewaltigung für sich genommen Verfolgung aus einem Konventionsgrund sein.[351] Sonst führen beide Auslegungen zu übereinstimmenden Ergebnissen, da bei der Auslegung entsprechend der GFK die Vergewaltigung als unmittelbar oder mittelbar staatliche Verfolgung in den Fällen, in denen sie nach der üblichen Auslegung an das Geschlecht anknüpft, an die Zugehörigkeit zur bestimmten sozialen Gruppe aller Frauen in der jeweiligen Gesellschaft oder der allein lebenden Frauen in der jeweiligen Gesellschaft anknüpft.[352]

2. Speziell: Sexuelle Gewalt zur Erpressung oder Erniedrigung

Wenn Ehefrauen staatlich veranlasst Gewalt angewandt wird, um so Informationen über den gesuchten Ehemann zu erpressen oder diesen zu erniedrigen, wird in der Rechtsprechung widerleglich vermutet, dass die mittelbar staatliche Verfolgung an die (unterstellte) politische Überzeugung anknüpft.[353] Eine in diesem Zusammenhang begangene Vergewaltigung kann zudem an das Geschlecht anknüpfen. Die ihr zugrunde liegende Maxime als Norm gedacht differenziert nämlich innerhalb der „Familie X“ anhand des Geschlechts und die Vergewaltigung ist zugleich Ausdruck dessen, dass Frauen insgesamt als minderwertig angesehen werden, wenn sie dazu dient, auf diese Weise die Ehre des Mannes zu verletzen.

Wenn § 51 Abs. 1 AuslG entsprechend der GFK ausgelegt wird, ist die Vergewaltigung in den gleichen Fällen wie im Rahmen des Art. 16a Abs. 1 GG staatliche Verfolgung wegen der Zugehörigkeit zur Familie X oder wegen der (unterstellten) politischen Überzeugung, so dass beide Auslegungen zu einem übereinstimmenden Schutz führen.

---

351 s. u. 6. Kapitel B. VIII. 1. b. bb.

352 s. u. 6. Kapitel B. VIII. 1. b.

353 BVerwGE 79, 244 (245 f): „Wegen der engen persönlichen und familiären Verbundenheit kann bei Eheleuten der hinsichtlich des einen Ehegatten bestehende politische Verfolgungsgrund auf den anderen Ehegatten in der Weise durchschlagen, daß er für ihn – ungeachtet einer bei ihm bestehenden oder vermuteten politischen Überzeugung und einer hierauf abzielenden Motivation des Verfolgenden – zum eigenen Verfolgungsgrund wird. [...] Dies ist dann anzunehmen, wenn der Verfolgerstaat den zurückbleibenden oder zurückkehrenden Ehegatten stellvertretend für den politisch verfolgten Ehegatten in Anspruch nimmt.“

3. Folgen einer Vergewaltigung

Eine Vergewaltigung kann zur Tötung im Namen der Ehre, zu Gewaltanwendungen, zur Zwangsverheiratung mit dem Vergewaltiger oder zu sozialer Ausgrenzung führen. Bezüglich der zuerst genanten Beeinträchtigungen kann auf die obigen Ausführungen verwiesen werden. Die soziale Ausgrenzung ist unter den gleichen Voraussetzungen mittelbar staatliche Verfolgung im Sinne des Art. 16a Abs. 1 GG wie die soziale Ausgrenzung von unbeschnittenen Frauen. Diese Verfolgung knüpft regelmäßig an das Geschlecht an. So differenziert die der unmittelbar privaten Handlung zugrunde liegende Maxime als Norm gedacht i. d. R. innerhalb der „Personen, die außer- oder vorehelichen Geschlechtsverkehr hatten" anhand des Geschlechts, da nur Frauen, die solchen Geschlechtsverkehr hatten, in dieser Weise aus der Gesellschaft ausgegrenzt werden. Diese Ausgrenzung ist zugleich Ausdruck dessen, dass Frauen insgesamt als minderwertig angesehen werden, weil sie darauf basiert, dass eine Frau in einer patriarchalen Gesellschaft ohne den Willen der sie „beschützenden" Männer keinen Geschlechtsverkehr haben darf. Wenn der Staat es unterlässt, ausreichend gegen legitimierende Vorstellungen vorzugehen, knüpft das Unterlassen ebenfalls an das Geschlecht an.

Beide Auslegungen des § 51 Abs. 1 AuslG führen insofern zu Unterschieden, als bei der Auslegung entsprechend der GFK die soziale Ausgrenzung unmittelbar private Verfolgung wegen der Zugehörigkeit zur bestimmten sozialen Gruppe der „gefallenen Mädchen" bzw. der „beschmutzten Frauen" der jeweiligen Gesellschaft sein kann.[354]

4. Sonstige Formen sexueller Gewalt

Zwangsabtreibungen und Zwangssterilisationen sind i. d. R. von asylerheblicher Intensität und damit, sofern sie vom (Quasi-)Staat ausgehen, unmittelbar (quasi-)staatliche Verfolgung. Diese kann je nach gesellschaftlichem Kontext an die Ethnie bzw. die politische Überzeugung anknüpfen. Sie erfolgt hingegen nicht wegen des Geschlechts: Innerhalb der Gesellschaft differenziert die der Zwangsabtreibung oder Zwangssterilisation zugrunde liegende Maxime als Norm gedacht nicht nach dem Geschlecht, da von vornherein nur bestimmte Frauen in dieser Weise beeinträchtigt werden sollen. Selbst wenn innerhalb einer Untergruppe der Gesellschaft, bspw. einer Ethnie oder Religionsgemeinschaft Frauen anders behandelt werden als Männer, knüpfen Zwangsabtreibung und Zwangssterilisation nicht an das Geschlecht an, da die Frauen nicht wegen ihres Geschlechts, sondern wegen ihrer Ethnie etc. als minderwertig angesehen werden.

---

354 s. u. 6. Kapitel B. VIII. 2.

Eine Zwangsprostitution ist nur in seltenen Ausnahmefällen mittelbar staatliche Verfolgung. Diese kann wegen der Ethnie oder Religion erfolgen.[355] Sie kann auch an das Geschlecht anknüpfen, wenn die der Zwangsprostitution zugrunde liegende Maxime als Norm gedacht innerhalb einer Untergruppe in der Gesellschaft erkenntlich anhand des Geschlechts differenziert und dies zugleich Ausdruck dessen ist, dass Frauen insgesamt und nicht nur Frauen dieser Untergruppe als minderwertig angesehen werden. Dies kann sich entsprechend dem zu Vergewaltigungen Ausgeführten unter dem Aspekt ergeben, dass Frauen erkenntlich als „Eigentum" der sie „beschützenden" Männer angesehen werden.

Beide Auslegungen des § 51 Abs. 1 AuslG führen damit in diesen Konstellationen zumeist zu übereinstimmenden Ergebnissen, da die Zwangsprostitution im Rahmen der GFK zwar unmittelbar private Verfolgung sein kann, diese aber regelmäßig nicht wegen eines Konventionsgrundes erfolgt[356].

IV. Effektive Gebietsgewalt besteht nicht

Wenn kein Staat oder Quasi-Staat besteht, kann die unmittelbar von Privaten ausgehende Beeinträchtigung im Rahmen des Art. 16a Abs. 1 GG keine mittelbar staatliche Verfolgung sein, da es an einer effektiven Gebietsgewalt fehlt, der sie „zugerechnet" werden kann. Die Auslegung von § 51 Abs. 1 AuslG entsprechend der GFK führt daher in dieser Situation gegenüber der üblichen Auslegung zu einem umfassenderen Schutz. Mangels einer effektiven Gebietsgewalt, die Schutz gewähren könnte, besteht hier nämlich regelmäßig eine begründete Furcht vor Verfolgung, sofern die von den Privaten ausgehende Beeinträchtigung unmittelbar private Verfolgung ist.

Nach ständiger Rechtsprechung sind auch Maßnahmen, die von dem zur Bürgerkriegspartei gewordenen Staat ausgehen, keine politische Verfolgung im asylrechtlichen Sinne, „wenn und soweit sie typisch militärisches Gepräge aufweisen und der Rückeroberung eines Gebietes dienen"[357]. Sie sind aber ausnahmsweise politische Verfolgung, wenn „die staatlichen Kräfte den Kampf in einer Weise führen, die auf die physische Vernichtung von auf der Gegenseite stehenden oder ihr zugerechneten und nach asylerheblichen Merkmalen bestimmten Personen gerichtet ist, obwohl diese keinen Widerstand mehr leisten wollen oder können oder an dem militärischen Geschehen nicht oder nicht mehr beteiligt sind, vollends wenn die Handlungen der staatlichen Kräfte in die gezielte physische Vernichtung oder Zerstörung der ethnischen, kulturellen oder religiösen Identität des gesamten auf-

---

[355] s. u. 6. Kapitel B. VIII. 4.

[356] s. u. 6. Kapitel B. VIII. 4.

[357] BVerfGE 80, 315 (340).

ständischen Bevölkerungsteils umschlagen“[358]. Hierunter können im vorliegenden Zusammenhang Massenvergewaltigungen als Mittel der ethnischen Vertreibung oder Vernichtung subsumiert werden.

Es bleibt aber unklar, inwiefern diese Rechtsprechung auch für sonstige gegen die Zivilbevölkerung gerichtete Handlungen gilt, die kein militärisches Gepräge aufweisen, wie dies bei Vergewaltigungen immer der Fall ist. Dafür, dass auch diese politische Verfolgung im Sinne des Art. 16a Abs. 1 GG sind, spricht, dass die Bindung der Regierungstruppen an die im IPBPR enthaltenen Rechte und damit auch an Art. 7 S. 1 IPBPR, der durch eine Vergewaltigung beeinträchtigt wird, nicht mit dem Eintritt in einen offenen Bürgerkrieg endet. Diese Verpflichtungen sind lediglich modifiziert[359], was im Hinblick auf frauenspezifische Flucht- oder Bleibegründe aber keine Rolle spielt.[360] Die von einer zur Bürgerkriegspartei gewordenen Regierung ausgehenden Handlungen sind daher im hier interessierenden Zusammenhang unter den gleichen Voraussetzungen wie zu Friedenszeiten unmittelbar staatliche Verfolgung.

Vergewaltigungen im (innerstaatlichen) bewaffneten Konflikt wird im Rahmen des Art. 16a Abs. 1 GG teilweise auch die Zielgerichtetheit abgesprochen, indem sie nicht als ausgrenzende Verfolgung, sondern als „allgemeine Kriminalität“ angesehen werden[361] oder bemängelt wird, dass sie keiner erkennbaren Regel unterworfen seien[362]. Selbst bezüglich der Vergewaltigung muslimischer Frauen in Bosnien-Herzegowina wurde entschieden, dass es sich um „Vorkommnisse und Verhaltensweisen handelt, wie sie in Kriegs- und Bürgerkriegssituationen nicht ungewöhnlich sind“[363]. Das Bundesverwaltungsgericht hat allerdings klargestellt, dass es keinem Zweifel unterliege, dass die „festgestellten, einer ‘ethnischen Säuberung’ dienenden Verfolgungsmaßnahmen im asylrechtlichen Sinne ausgrenzenden Charakter haben, nämlich an unverfügbare Merkmale, an das ‘Anderssein’ der muslimischen Bosnier anknüpfen und nicht etwa militärische Maßnahmen im Bürgerkrieg sind“[364]. Dem ist hinzuzufügen, dass nicht nur Vergewaltigungen im Rahmen einer ethnischen Säuberung, sondern generell Vergewaltigungen nicht wie eine Hungersnot die hiervon Betroffenen unterschiedslos treffen, sondern immer auf die konkrete Frau gerichtet sind, die vergewaltigt wird, so dass diese immer zielgerichtet beeinträchtigt wird.[365] Ob es sich bei der Vergewaltigung um allgemeine

---

358 BVerfGE 80, 315 (340).

359 *Ipsen*, § 48 Rn. 55

360 siehe hierzu bereits 5. Kapitel A. II. 1. d. sowie 5. Kapitel B. VII.

361 OVG Berlin, U. v. 1. September 1986, 9 B 16.86.

362 OVG NRW, U. v. 10. Juni 1986, 19 A 10055/85, zitiert nach *Dieregsweiler*, 91 f, siehe zum Ganzen auch *Laubenthal*, 69 ff.

363 VG Ansbach, U. v. 27. Mai 1993, AN 5 K 92.39428, Stelle zitiert nach *Laubenthal*, 85.

364 BVerwGE 101, 328 (331).

365 vgl. *Laubenthal*, 19 f.

Kriminalität handelt, ist danach zu beurteilen, ob sie an ein asylerhebliches Merkmal anknüpft. Vergewaltigungen dienen in der Situation eines (innerstaatlichen) bewaffneten Konflikts teilweise der Einschüchterung des Gegners und knüpfen so an die Rasse, Religion oder politische Überzeugung an.[366] Sofern Vergewaltigungen sich auch allgemein gegen Frauen in dem Gebiet richten und dazu dienen, dass die kämpfenden Männer ihr Zusammengehörigkeitsgefühl stärken oder ihre Kriegserlebnisse abreagieren, knüpfen sie an das Geschlecht an.

D. Subsidiarität

Nach allgemeiner Auffassung ist der asylrechtliche Schutz nur subsidiär. Daher greift er nicht ein, wenn die Verfolgung durch eine zumutbare Anpassung an die Verhältnisse vermieden werden kann oder wenn eine inländische Fluchtalternative besteht.[367] Dies gilt gleichermaßen nach der üblichen Auslegung des § 51 Abs. 1 AuslG.[368] Da dies auch für Art. 33 Abs. 1 GFK gilt, ergeben sich zwischen beiden Auslegungsansätzen zu § 51 Abs. 1 AuslG keine Unterschiede. Es werden daher nur die Besonderheiten angesprochen, die nach beiden Auslegungsansätzen bei der Subsumtion der Fallkonstellationen frauenspezifischer Flucht- und Bleibegründe zu beachten sind.

I. Anpassung

Es wird nicht selten angenommen, dass betroffene Frauen durch Anpassung an die Vorschriften, Gewaltanwendung durch islamische Gruppen[369] oder Bestrafung durch staatliche Organe vermeiden könnten.[370] So wurde bezüglich der Beeinträchtigung von Jezidinnen ausgeführt: „Verhält sich das Mädchen bzw. die Frau „ehrbar“, so wird ihr kaum etwas geschehen. Richtet sie sich hingegen nicht nach diesem Verhaltenskodex, so drohen ihr Übergriffe [. . .]. [. . .] derartige Belästigungen [lassen sich] u. a. jedenfalls dadurch praktisch vermeiden, daß das Mädchen bzw. die junge Frau diesen Verhaltenskodex berücksichtigt. Das ist von den Anforderungen auch zumutbar, weil [. . .] der Kodex die Frauen nicht übermäßig belastet.“[371] Diese Rechtsprechung kann allerdings schon aus dem Aspekt nicht überzeugen, dass eine Anpassung jedenfalls dann nicht verlangt werden kann, wenn

---

366 s. u. 6. Kapitel B. IX.

367 BVerfGE 80, 325 (342 ff).

368 BVerwGE 101, 328 (335 f); *Hailbronner*, A 1 § 51 Rn. 16, *Weberndörfer*, 84.

369 so die Entscheidung des BAFl, die in VG Freiburg, U. v. 20. Juli 1998, A 7 K 12643/95, NVwZ-Beilage 3/1999, 28 (29) aufgehoben wurde.

370 OVG Rheinland-Pfalz, B. v. 17. Mai 2002, 6 A 10217/02. OVG, 3 f.

371 OVG Rheinland-Pfalz, U. v. 5. April 1989, 13 A 147/87; Stelle abgedruckt bei *v. Galen*, Streit 1992, 148 (159).

diese zu einem Verhalten veranlassen würde, das seinerseits Verfolgung ist oder dazu führen würde, dass menschenrechtliche Gewährleistungen mit asylerheblicher Intensität beeinträchtigt würden. Dementsprechend wurde vom Bundesverfassungsgericht eine Entscheidung aufgehoben, in der angenommen wurde, dass eine Frau, die ein nichteheliches Kind geboren hat und der deswegen eine Verurteilung wegen außerehelichen Geschlechtsverkehrs droht, der Bestrafung dadurch entgehen kann, dass sie den Vater des Kindes ehelicht.[372]

II. Inländische Fluchtalternative

Eine inländische Fluchtalternative besteht, wenn in einem anderen Landesteil eine tatsächlich erreichbare und zumutbare Zuflucht gefunden werden kann.[373] Nach der Rechtsprechung ist der Zufluchtsort unzumutbar, wenn dort ebenfalls politische Verfolgung oder andere Gefahren drohen, die nach ihrer Intensität und Schwere einer asylerheblichen Beeinträchtigung aus politischen Gründen gleichkommen, sofern diese existenzielle Gefährdung am Herkunftsort so nicht bestünde.[374]

Hier können nicht unbesehen die gleichen Kriterien wie für Männer angelegt werden.[375] So ist es für Frauen in vielen Gebieten schwierig, eine inländische Fluchtalternative zu erreichen, und/oder allein reisende oder allein lebende Frauen sind nicht selten der Gefahr ausgesetzt, vergewaltigt zu werden. Frauen ist es oft auch nicht möglich, außerhalb des Familienverbundes das Existenzminimum zu sichern.[376]

III. Vorheriges Schutzersuchen

Der asylrechtliche Schutz kann grundsätzlich nur eingreifen, wenn die Antragsteller vor der Flucht um Schutz vor der Beeinträchtigung nachgesucht haben. Eine solche Anzeige ist aber entbehrlich, wenn sie sinnlos ist[377] oder wenn sie zu sonstigen Rechtsgutbeeinträchtigungen von asylerheblicher Intensität führen würde, bspw. zu Tötungen im Namen der Ehre oder der Inhaftierung wegen des Verdachts auf außer- oder vorehelichen Geschlechtsverkehr.

[372] BVerfG (Kammer) NVWZ-Beilage3/1996, 19 f, vorhergehend: VG Darmstadt, U. v. 9. November 1994.

[373] BVerfGE 80, 315 (342 f); BVerfGE 81, 58 (65 f); BVerwGE 85, 139 (140 f); BVerwGE 105, 204 (211 ff).

[374] BVerfGE 81, 58 (65 f); einschränkend BVerwGE 105, 204 (211 f), wonach dies nur nicht zumutbar ist, wenn dort das Leben auf Dauer nur am Rande des Existenzminimums gefristet werden kann.

[375] so auch VG Frankfurt a. M., U. v. 29. August 2001, 3 E 309495198; VG München, U. v. 6. März 2001, M 21 K 98.51167, 46.

[376] siehe auch die Ausführungen unter 7. Kapitel A. III.

[377] HessVGH, U. v. 2. Dezember 1991, Streit 1992, 161.

E. Ausschluss vom asylrechtlichen Schutz

I. Differenzierung zwischen Vorflucht- und Nachfluchtgrund

Die Rechtsprechung differenziert im Rahmen des Art. 16a Abs. 1 GG zwischen Vorflucht- und Nachfluchtgründen.[378] Grundsätzlich können nur Vorfluchtgründe asylerheblich sein. Bei Gründen, die erst nach der Ausreise entstanden sind, ist hingegen zu differenzieren: Wenn die Verfolgungsgefahr unabhängig von dem nach der Ausreise gezeigten Verhalten des Betroffenen entstanden ist, liegt ein objektiver Nachfluchtgrund vor, bei dem der gleiche asylrechtliche Schutz wie bei einem Vorfluchtgrund greift.[379] Beruht die Verfolgungsgefahr aber auf einem Tatbestand, den die Betroffene nach Verlassen des Herkunftsstaats aus eigenem Entschluss gefasst hat, liegt ein sogenannter subjektiver Nachfluchtgrund vor, der nur dann asylbegründend ist, wenn er sich als „Ausdruck und Fortführung eines schon während des Aufenthalts im Heimatstaat vorhandenen und erkennbar betätigten festen Überzeugung darstellt"[380]. Dies könnte in den Fällen Schwierigkeiten bereiten, in denen eine Frau sich zum Studium oder aus einem anderen Grund außerhalb des Herkunftsstaats befindet und hier eine außer- oder voreheliche Beziehung beginnt, die dann Gewaltanwendungen im Namen der Ehre oder eine Bestrafung wegen des Verstoßes gegen zina-Vorschriften nach sich zieht. In diesem Fall ist die drohende Verfolgung somit ein subjektiver Nachfluchtgrund. Dieser führt dennoch nicht zum Ausschluss vom asylrechtlichen Schutz, da hier nicht vom gesicherten Ort aus eine risikolose Verfolgungsprovokation geschaffen werden sollte.[381]

II. Sichere Herkunftsstaaten

Frauen können zudem deswegen vom asylrechtlichen Schutz des Art. 16a Abs. 1 GG ausgeschlossen sein, weil sie aus einem Staat kommen, der vom Gesetzgeber als sicherer Herkunftsstaat i. S. d. Art. 16a Abs. 3 S. 1 GG festgelegt wurde. Bei dieser Festlegung, bei der dem Gesetzgeber eine Einschätzungsprärogative zukommt,[382] wird teilweise der spezifischen Situation von Frauen nicht ausreichend Rechnung getragen. So kann ein Staat nach Art. 16a Abs. 3 S. 1 GG als sicher eingestuft werden, wenn es aufgrund der Rechtslage, der Rechtsanwendung und den allgemeinen politischen Verhältnissen gewährleistet erscheint, dass weder politische Verfolgung noch Folter oder unmenschliche oder erniedrigende

---

378 BVerfGE 74, 51 (56 f); BVerfGE 80, 315 (344 f).

379 BVerfGE 74, 51 (64); dies ist auch in § 28 Abs. 1 AsylVfG so normiert.

380 BVerfGE 74, 51 (65).

381 BVerwGE 90, 127 (133); VG Kassel, U. v. 21. November 1995, 8 E 9160/91.A, InfAuslR 1996, 238 (241).

382 BVerfGE 94, 115 (144).

Behandlung stattfindet. Zwei Faktoren tragen dazu bei, dass Herkunftsstaaten vom Gesetzgeber als sicher eingestuft werden können, obwohl Frauen dort politische Verfolgung und/oder eine unmenschliche oder erniedrigende Behandlung i. S. d. Art. 3 EMRK droht: die generelle Neigung, Flucht- und Verfolgungssituationen von Frauen nicht als politisch einzustufen, und die Rechtsprechung des Bundesverwaltungsgerichts zu Art. 3 EMRK, dass eine von Privaten ausgehende unmenschliche oder erniedrigende Behandlung nur als eine solche beurteilt wird, wenn sie dem Staat „zurechenbar" ist. Dementsprechend sind mit Ghana und dem Senegal auch zwei Staaten als sichere Herkunftsstaaten festgelegt worden[383], in denen Genitalverstümmelungen praktiziert werden. Eine solche Festlegung führt gemäß Art. 16a Abs. 3 S. 2 GG zu der Regelvermutung, dass die Antragstellerin nicht politisch verfolgt ist. Dieses kann zwar durch den Vortrag von Tatsachen widerlegt werden. Es ist in diesem Fall für die Betroffenen aber schwieriger, als Asylberechtigte anerkannt zu werden.[384]

F. Abschließende Bewertung und Ausblick

Wenn § 51 Abs. 1 AuslG in weitgehender Übereinstimmung mit Art. 16a Abs. 1 GG ausgelegt wird, ist der Schutz verkürzt gegenüber dem Schutz, der Frauen zuteil würde, wenn § 51 Abs. 1 AuslG entsprechend Art. 33 Abs. 1 i. V. m. Art. 1 A Nr. 2 S. 1 Hs. 1 GFK ausgelegt würde. Relevant ist dies in den Fällen, in denen die Verfolgung nicht mittelbar staatlich und damit nicht politisch i. S. d. Art. 16a Abs. 1 GG ist, weil es keinen Staat oder Quasi-Staat gibt, dem dieses Verhalten zugerechnet werden kann oder der Staat alle Handlungsmöglichkeiten, die von ihm nach den Vorgaben von due diligence verlangt werden können, ausgeschöpft hat, es aber dennoch ausreichend wahrscheinlich ist, dass es zu einer Beeinträchtigung kommt.

Der Ansatz der Rechtsprechung, bei Art. 16a Abs. 1 GG und § 51 Abs. 1 AuslG in den Fallkonstellationen frauenspezifischer Flucht- und Bleibegründe nicht auf den Verfolgungsgrund Zugehörigkeit zu einer bestimmten sozialen Gruppe aller Frauen der jeweiligen Gesellschaft, sondern auf den Verfolgungsgrund „Geschlecht" abzustellen, führt zumeist zu übereinstimmenden Ergebnissen, wenn „wegen des Geschlechts" im hier verstandenen Sinne ausgelegt wird. Wenn „wegen des Geschlechts" hingegen mit „wegen der Zugehörigkeit zu der bestimmten sozialen Gruppe aller Frauen" gleichgesetzt wird, mit der Folge, dass eine Differenzierung anhand des Geschlechts innerhalb der Gesellschaft erfolgen muss, kann

383 § 29a AsylVfG Anlage II.

384 vgl. § 29a Abs. 1 AsylVfG (Ablehnung des Asylantrags als offensichtlich unbegründet), § 75 AsylVfG (Klage hat keine aufschiebende Wirkung), § 78 Abs. 1 AsylVfG (verkürzter Rechtsweg), § 18a Abs. 1 AsylVfG (Flughafenverfahren).

nach dem von der Rechtsprechung vertretenen Ansatz in vielen Konstellationen nur politische Verfolgung vorliegen, wenn die Merkmale „ungeschützt" bzw. „allein lebend", „unbeschnitten" und „vergewaltigt" bzw. „gefallenes Mädchen" als zusätzliche asylerhebliche Merkmale angesehen werden. Da das Auffinden von zusätzlichen asylerheblichen Merkmalen den oben dargelegten Schwierigkeiten begegnet, erscheint es insgesamt überzeugender, ausschließlich die in der GFK enthaltenen Konventionsgründe als asylerhebliche Merkmale anzusehen und den Begriff der „Zugehörigkeit zu einer bestimmten sozialen Gruppe" so zu verstehen wie im Rahmen der GFK.

Der geringere Schutzumfang, der aus der üblichen Auslegung des § 51 Abs. 1 AuslG resultiert, wäre durch § 60 AufenthG beseitigt worden[385]: In § 60 Abs. 1 AufenthG wird der Bezug zu Art. 33 Abs. 1 GFK und damit auch zu Art. 1 A Nr. 2 S. 1 Hs. 1 GFK direkt hergestellt.[386] Daraus folgt, dass die in § 60 Abs. 1 AufenthG genannten Begriffe, die dem Wortlaut nach mit denen des Art. 33 Abs. 1 GFK übereinstimmen, nach völkerrechtlichen Auslegungskriterien und damit so auszulegen sind, wie im zweiten Teil ausgeführt wurde. Verfolgung ist daher als zielgerichtete, unrechtmäßige und intensive Andersbehandlung zu konkretisieren.

In § 60 Abs. 1 S. 3 AufenthG wird klargestellt, dass auch eine drohende nichtstaatliche Verfolgung zum Abschiebungsschutz führen kann, allerdings nur, wenn die Voraussetzungen der GFK erfüllt sind. Wie dies zu verstehen ist, geht aus § 60 Abs. 1 S. 4, 5 AufenthG hervor: Nach Satz 4 sind die Voraussetzungen des § 60 Abs. 1 S. 1 AufenthG nur erfüllt, wenn der Herkunftsstaat gegen die Beeinträchtigungen keinen Schutz bieten kann. In Satz 5 wird klargestellt, dass der sog. „Zurechnungstheorie" nicht mehr gefolgt wird. Dies stimmt mit der hier vertretenen Auslegung des Art. 33 Abs. 1 GFK i. V. m. Art. 1 A Nr. 2 S. 1 Hs. 1 GFK überein: Verfolgung kann hiernach von staatlichen Organen, von stabilisierten de facto Regimen und von Privaten ausgehen. Die staatliche Schutzunfähigkeit, gegen die

385 Dieser sollte am 1. Januar 2003 als Teil des Zuwanderungsgesetzes in Kraft treten, das vom Bundesverfassungsgericht für nichtig erklärt wurde, BVerfG, U. v. 18. Dezember 2002, NJW 2003, 339 ff.

386 § 60 Abs. 1 AufenthG lautet: „In Anwendung des Abkommens über die Rechtsstellung der Flüchtlinge vom 28. Juli 1951 darf ein Ausländer nicht in einen Staat abgeschoben werden, in dem sein Leben oder seine Freiheit wegen seiner Rasse, Religion, Staatsangehörigkeit, seines Geschlechts, seiner Zugehörigkeit zu einer bestimmten sozialen Gruppe oder wegen seiner politischen Überzeugung bedroht ist. Dies gilt auch für Ausländer, die im Bundesgebiet die Rechtsstellung ausländischer Flüchtlinge genießen oder die außerhalb des Bundesgebiets als ausländische Flüchtlinge im Sinne des Abkommens über die Rechtsstellung der Flüchtlinge anerkannt sind. Die Voraussetzungen des Satzes 1 liegen bei nichtstaatlicher Verfolgung nur vor, wenn es sich um Verfolgung im Sinne des Abkommens über die Rechtsstellung der Flüchtlinge vom 28. Juli 1951 handelt. Es ist hierbei zu prüfen, ob der Antragsteller in seinem Herkunftsland Schutz vor drohender Verfolgung erhalten kann. Dabei ist es unerheblich, ob die Verfolgung dem Herkunftsstaat zuzurechnen ist."

Beeinträchtigung von Privaten vorzugehen, ist Voraussetzung des Gebots des non-refoulement aus Art. 33 Abs. 1 GFK i. V. m. Art. 1 A Nr. 2 S. 1 Hs. 1 GFK. Allerdings reicht es für eine staatliche Schutzunfähigkeit aus, dass der Staat gegen die Beeinträchtigungen faktisch keinen Schutz bieten kann, auf eine Schutzpflichtverletzung kommt es nicht an. Da die Effektivität der Schutzgewährung nur anhand der Wahrscheinlichkeit des Schadenseintritts beurteilt werden kann, ist es sinnvoll – und wird daher auch vom UNHCR präferiert – diese Prüfung nicht im Rahmen des Verfolgungsbegriffs, sondern im Rahmen der Prüfung, ob eine begründete Furcht vor Verfolgung besteht, vorzunehmen.

Auch die in § 60 Abs. 1 AufenthG genannten Verfolgungsgründe, die mit denen der GFK übereinstimmen, sind so auszulegen wie im Rahmen der GFK. Allerdings ist in § 60 Abs. 1 AufenthG zusätzlich das Geschlecht aufgeführt. Insofern stellt sich die Frage, ob das Geschlecht als eigener Verfolgungsgrund zu verstehen ist oder ob hiermit nur klargestellt ist, dass das Geschlecht ein Merkmal sein kann, das eine bestimmte soziale Gruppe i. S. d. Art. 1 A Nr. 2 S. 1 Hs. 1 GFK konstituiert.

In Stellungnahmen zu § 60 Abs. 1 AufenthG wird dies im letzteren Sinne als Angleichung des deutschen Rechts an internationale Standards verstanden.[387] Hierfür sprechen der Wortlaut sowie die gesetzgeberische Begründung, nach der die Anwendung der Vorschrift vom gleichen Schutzniveau wie die GFK ausgehen sollte. Andererseits wird in dieser Begründung auch deutlich, dass mit § 60 Abs. 1 AufenthG die Regelung der GFK ausdrücklich auf Fälle der geschlechtsspezifischen Verfolgung erstreckt werden sollte.[388] Der Gesetzgeber sah somit, wie auch aus der Erläuterung zu § 60 Abs. 1 AufenthG hervorgeht, das Geschlecht wohl eher als zusätzlichen Verfolgungsgrund an, denn als ein Merkmal, das eine bestimmte soziale Gruppe bilden kann.[389] Praktisch gibt es kein Bedürfnis für einen zusätzlichen Verfolgungsgrund „Geschlecht“ bzw. „Gender“, da nach dem hier vertretenen Ansatz alle Fallkonstellationen frauenspezifischer Flucht- und Bleibegründe bereits befriedigend mit den in der GFK genannten Konventionsgründen gelöst werden können.

---

[387] *Duchrow*, ZAR 2002, 269 (272).

[388] BT-Drucks 14/8414, 57: „Die geänderte Fassung macht deutlich, dass die Anwendung der Vorschrift vom gleichen Schutzniveau des Abkommens über die Rechtsstellung der Flüchtlinge vom 28. Juli 1951 ausgeht, und erstreckt diese Regelung ausdrücklich auf Fälle der geschlechtsspezifischen Verfolgung.“

[389] BT-Drucks 14/7387, 85: „Zu § 60: Absatz 1 entspricht inhaltlich der Regelung in § 51 Abs. 1 AuslG, ergänzt um den Verfolgungsgrund des ‘Geschlechts’. Verfolgung aufgrund der sexuellen Identität wird als Verfolgung aufgrund der Zugehörigkeit zu einer sozialen Gruppe berücksichtigt.“

Kapitel 10

Schutz aus weiteren ausländerrechtlichen Vorschriften

A. § 53 Abs. 1, 2 AuslG

Aus § 53 Abs. 1 AuslG folgt ein Abschiebungshindernis, wenn im Zielstaat Folter droht. Folter ist so zu verstehen wie in Art. 1 Abs. 1 S. 1 der UN-Folterkonvention und in Art. 3 EMRK.[1] Hinsichtlich der Fallkonstellationen frauenspezifischer Flucht- und Bleibegründe kommt diesem Abschiebungshindernis daher neben § 53 Abs. 4 AuslG i. V. m. der EMRK keine Bedeutung zu. Aus § 53 Abs. 2 AuslG besteht ein Abschiebungshindernis, wenn im Zielstaat die Todesstrafe droht. Hieraus folgt für die Frauen Abschiebungsschutz, denen im Zielstaat die Todesstrafe, bspw. die Steinigung, wegen eines Verstoßes gegen zina-Vorschriften droht.

B. § 53 Abs. 4 AuslG i. V. m. der EMRK und § 53 Abs. 6 AuslG

Aus § 53 Abs. 4 AuslG i. V. m. der EMRK folgt jedenfalls in den Fällen ein Anspruch auf Abschiebungsschutz, in denen die Abschiebung gegen die völkerrechtlichen Verpflichtungen aus der EMRK verstoßen würde und die Beeinträchtigung im Zielstaat droht.[2] Insofern kann auf die Ausführungen im 8. Kapitel verwiesen werden. Da das Bundesverwaltungsgericht die völkerrechtlichen Verpflichtungen aus der EMRK anders als der EGMR auf staatliche Maßnahmen des Zielstaats oder auf private Handlungen, die dem Zielstaat „zurechenbar“ sind, beschränkt, wird in der Praxis aber nur in einem Teil dieser Fälle Schutz gewährt.[3] So erhalten beispielsweise Frauen, die vor Genitalverstümmelung, Tötung im Namen der Ehre oder häuslicher Gewalt fliehen, häufig keinen Schutz. Der EGMR hat es allerdings nicht als Verstoß gegen Art. 3 EMRK angesehen, wenn Großbritannien im Rahmen des Dubliner Übereinkommens einen Asylbewerber in die Bundesrepublik Deutschland weiterschiebt.[4] Dies wurde damit begründet, dass wegen der

---

1 *Hailbronner*, AuslR, A1, § 53 Abs. 1 Rn. 20 ff, weitergehend *Weberndörfer*, 120 ff, der auch die erniedrigende, unmenschliche oder grausame Behandlung hierunter fasst.

2 s. u. 8. Kapitel C.

3 s. u. 8. Kapitel B.

4 EGMR, *T.I. v. U.K.*, U. v. 7. März 2000, Nr. 43844/98, dt. Übers. in InfAuslR 2000, 321 ff.

in §§ 53 Abs. 6, 54 AuslG enthaltenen Abschiebungshindernisse die Gefahr einer Kettenabschiebung trotz der divergierenden Rechtsprechung nicht mit ausreichender Wahrscheinlichkeit drohe.[5]

Dennoch besteht die Gefahr, dass § 53 Abs. 6 AuslG in den hier interessierenden Fallkonstellationen keinen wirksamen Schutz bietet. Aus § 53 Abs. 6 S. 2 AuslG wird nämlich abgeleitet, dass Gefahren, denen die Bevölkerung oder die Bevölkerungsgruppe, der der Ausländer angehört, allgemein ausgesetzt ist, ausschließlich nach § 54 AuslG zu berücksichtigen sind, mit der Folge, dass in diesen Fällen kein Abschiebungsschutz aus § 53 Abs. 6 S. 1 AuslG gewährt wird. Von den von privater Seite drohenden Beeinträchtigungen, die nach der Rechtsprechung des Bundesverwaltungsgerichts nicht zu einem Abschiebungsschutz aus § 53 Abs. 4 AuslG i. V. m. Art. 3 EMRK führen, sind aber gerade Frauen als Teil einer Bevölkerungsgruppe betroffen. Daher wurde Frauen, denen im Ziel- und Herkunftsstaat Genitalverstümmelung drohte, teilweise auch kein Abschiebungsschutz aus § 53 Abs. 6 S. 1 AuslG gewährt.[6] Diesen Frauen kann nach den Vorgaben der Rechtsprechung nur noch dann Schutz zuteil werden, wenn die obersten Landesbehörden trotz einer extremen allgemeinen Gefahrenlage für die Betroffene, in der sie „gleichsam sehenden Auges dem sichereren Tod oder schwersten Verletzungen überantwortet wäre", von ihrer Ermächtigung nach § 54 AuslG keinen Gebrauch gemacht haben.[7] Da hierdurch wesentlich höhere Hürden als im Rahmen des Art. 3 EMRK aufgestellt werden, ist nicht sichergestellt, dass über § 53 Abs. 6 AuslG und § 54 AuslG nicht eine Abschiebung erfolgt, die nach Art. 3 EMRK zu unterbleiben hat. Um diese Schutzlücken zu vermeiden, ist es daher erforderlich, die Sperrwirkung des § 53 Abs. 6 S. 2 AuslG entfallen zu lassen, wenn die Rechtsprechung des Bundesverwaltungsgerichts von der Rechtsprechung des EGMR abweicht.[8]

---

[5] EGMR, *T.I. v. U.K.*, U. v. 7. März 2000, Nr. 43844/98, dt. Übers. in InfAuslR 2000, 321 (325 f).

[6] Schutz nach § 53 Abs. 6 S. 1 AuslG verneinend: VGH München, U. v. 21. März 2000, 25 B 99.31134; VG Trier, U. v. 27. April 1999, 4 K 1157/98, NVwZ-Beilage 7/1999, 75 (75 f); offen lassend: BVerwG, B. v. 27. April 2000, NVwZ-Beilage 9/2000, 98; BVerwG, B. v. 10. Juli 2000, 9 B 296/00; bejahend: VG Frankfurt a. M., U. v. 29. März 1999, 9 E 30919/97.A (2), InfAuslR 1999, 300 (306); VG Oldenburg, U. v. 7. Mai 1998, 6 A 4610/06, InfAuslR 1998, 412 jeweils mit der Begründung, dass eine Einzelfallentscheidung über eine solche Gefährdung vorliege und daher aus der Entstehungsgeschichte folgend § 53 Abs. 6 S. 2 AuslG keine Anwendung finde.

[7] BVerwGE 99, 324 (328).

[8] *Marx*, InfAuslR 2000, 313 (316 f).

Teil IV

Männerspezifische Flucht- und Bleibegründe

In diesem Teil wird untersucht, inwiefern die Erkenntnisse, die bei der Beurteilung der Fallkonstellationen frauenspezifischer Flucht- und Bleibegründe gewonnen wurden, auch für die Beurteilung der Konstellationen männerspezifischer Flucht- und Bleibegründe hilfreich sind. Dies mag auf den ersten Blick erstaunlich erscheinen, schließlich sind sowohl Art. 33 Abs. 1 GFK als auch Art. 16a Abs. 1 GG auf den Mann zugeschnitten, der wegen seiner politischen Aktivität Verfolgung ausgesetzt ist. Allerdings haben auch Männer spezifische Flucht- und Bleibegründe, die auf ihrem sozialen und kulturellen Geschlecht basieren und die nicht ohne weiteres in das klassische Muster der politischen Verfolgung passen. Sie fliehen vor Vorschriften, die gleichgeschlechtliche sexuelle Handlungen sanktionieren, vor Kriegs- oder Wehrdiensteinziehung sowie vor den Sanktionen einer Kriegs- oder Wehrdienstentziehung oder einer Desertion. Männerspezifische Flucht- und Bleibegründe können auch im Zusammenhang mit Zwangsbeschneidungen, Tötungen im Namen der Ehre oder sexueller Gewalt bestehen. Im Folgenden werden die Fallkonstellationen jeweils unter das Gebot des non-refoulement des Art. 33 Abs. 1 GFK und im Hinblick auf Verfolgung und Verfolgungsgrund unter Art. 16a Abs. 1 GG subsumiert. Anschließend erfolgt die Susumition unter § 51 Abs. 1 AuslG. Dabei werden die übliche Auslegung des § 51 Abs. 1 AuslG in weitgehender Übereinstimmung mit Art. 16a Abs. 1 GG und die hier vertretene Auslegung entsprechend der GFK miteinander verglichen. Danach werden die Fallkonstellationen unter die Gebote des non-refoulement aus der EMRK und unter die Abschiebungshindernisse des § 53 AuslG subsumiert.

Kapitel 11

Beeinträchtigungen im Zusammenhang mit Verhaltensvorschriften

A. Vorschriften, die sich speziell an Männer richten

In Afghanistan unter der Herrschaft der Taliban wurden Männer dafür bestraft, dass die unter ihrem „Schutz" stehenden Frauen gegen Verhaltensvorschriften verstoßen hatten.[1] Sie wurden damit für die Verletzung ihrer „Aufsichtspflicht" bestraft.

Durch diese Norm werden Männer und Frauen in ungerechtfertigter Weise ungleich behandelt, da nur Männer eine solche „Aufsichtspflicht" haben und sich dies auch nicht mit der natürlichen Verschiedenheit zwischen Männern und Frauen erklären lässt. Eine Freiheitsstrafe ist daher gemessen an dem in Art. 9 Abs. 1 S. 1 Var. 1 IPBPR geschützten Recht auf Freiheit der Person unrechtmäßig und bei entsprechender Schwere Verfolgung. Körperstrafen sind Verfolgung, wenn sie eine erniedrigende, grausame oder unmenschliche Behandlung i. S. d. Art. 7 S. 1 IPBPR sind. Sofern die Bestrafung hiernach Verfolgung ist, knüpft diese aber nicht an einen Konventionsgrund an: Zwar vollzieht die Bestrafung in diesem Fall die schon in der Norm angelegte Differenzierung zwischen Männern und Frauen nach. Die Gruppe aller Männer in Afghanistan unter der Herrschaft der Taliban war aber keine bestimmte soziale Gruppe: Männer wurden zwar von der Gesellschaft als zusammengehörende Einheit wahrgenommen und existierten damit als Gruppe in der Gesellschaft, sie waren in der Gesellschaft aber nicht machtlos: Sie wurden nicht gesamtgesellschaftlich diskriminiert und es wurde auch nicht als zulässig angesehen, Männern als Einheit Beeinträchtigungen zuzufügen, die Verfolgungsstärke erreichen konnten, da die für Männer geltenden Verhaltensvorschriften, anders als die für Frauen geltenden, nicht zu solch intensiven Beeinträchtigungen führen konnten. Die begründete Furcht vor dieser Sanktionierung kann daher nicht zum Gebot des non-refoulement aus Art. 33 Abs. 1 GFK führen.

Im Rahmen des Art. 16a Abs. 1 GG könnte die Bestrafung unter dem Aspekt politische Verfolgung sein, dass sie an das Geschlecht anknüpft. Weder die Bestrafung noch die Strafnorm sind aber Ausdruck dessen, dass Männer generell als minderwertig angesehen werden. In der Verhaltensvorschrift drückt sich vielmehr das höhere Ansehen aus, dass Männer in der jeweiligen Gesellschaft haben, da nur

---

[1] s. u. 1. Kapitel A. II.

sie für berechtigt gehalten werden, Kontrolle auszuüben. Die Bestrafung ist daher auch keine politische Verfolgung i. S. d. Art. 16a Abs. 1 GG.

Damit sind in dieser Konstellation sowohl nach der üblichen Auslegung als auch nach der Auslegung entsprechend der GFK die Voraussetzungen des § 51 Abs. 1 AuslG nicht erfüllt.

Zudem mussten Männer in Afghanistan unter der Herrschaft der Taliban den dort geltenden Vorschriften über das äußere Erscheinungsbild entsprechen. Männern war es verboten, westliche Kleidung und einen westlichen Haarschnitt zu tragen[2], und sie waren verpflichtet, sich einen Bart wachsen zu lassen[3], um sich dem Erscheinungsbild Mohammeds anzunähern.[4] Zudem mussten sie Turbane tragen.[5] Männer, die gegen diese Vorschriften verstoßen hatten, wurden geschlagen oder inhaftiert.[6]

Das Bestehen der Vorschriften ist keine Verfolgung im Sinne des Art. 33 Abs. 1 GFK, da Männer hierdurch nicht diskriminiert werden. So behandeln die Bekleidungsvorschriften, wie oben gesehen, Männer und Frauen nicht ungleich.[7] Die Bartwuchsgebote behandeln Männer und Frauen zwar ungleich; diese Ungleichbehandlung ist aber gerechtfertigt, da sich von Natur aus nur Männer dem Erscheinungsbild Mohammeds annähern können. Im übrigen ist die hierdurch herbeigeführte Beeinträchtigung nicht ausreichend intensiv.

Da die Vorschriften nicht männerdiskriminierend sind, ist auch ein als Strafe drohender Freiheitsentzug nicht aus diesem Grund willkürlich und damit gemessen an dem in Art. 9 Abs. 1 S. 1 Var. 1 IPBPR geschützten Recht auf Freiheit der Person nicht unrechtmäßig. Er kann nur im Einzelfall aus sonstigen Gründen willkürlich sein. Die Bestrafung ist aber immer Verfolgung, wenn die Sanktionierung eine Körperstrafe ist, die von der Schwere her eine grausame, unmenschliche oder erniedrigende Bestrafung i. S. d. Art. 7 S. 1 IPBPR ist. Die Verfolgung knüpft in beiden Konstellationen nicht an die Zugehörigkeit zur bestimmten sozialen Gruppe aller Männer der jeweiligen Gesellschaft an, da eine solche in beiden Gesellschaften nicht besteht. Zudem vollzieht die Bestrafung eines Verstoßes gegen die Bartwuchsgebote zwar die in der Vorschrift angelegte Differenzierung

---

2 Dekret der General Presidency of Amr Bil Maruf vom Dezember 1996: „[...] 9. To prevent British and American hairstyle. People with long hair should be arrested and taken to the Religious Police department to shave their hair. The criminal pays the barber", abgedruckt bei *Rashid*, 219.

3 Dekret der General Presidency of Amr Bil Maruf vom Dezember 1996: „[...] 3. To prevent beard shaving and its cutting. After one and a half months if anyone observed who has shaved or cut his beard, they should be arrested and imprisoned until their beards get bushy", abgedruckt bei *Rashid*, 219.

4 Afghanistan: Im siechen Land der Taliban, SZ vom 22. Februar 2000.

5 *Marsden*, 88 f.

6 Bericht des *US State Department*, section 1 c; Afghanistan: Im siechen Land der Taliban, SZ vom 22. Februar 2000.

7 s. u. 5. Kapitel B. I. 1. a.

zwischen Männern und Frauen nach; diese ist aber gerechtfertigt und daher als Anknüpfungspunkt für den Konventionsgrund nicht geeignet. Als Konventionsgrund kommt jeweils die (unterstellte) politische Überzeugung in Betracht. Die Verfolgung knüpft hieran an, wenn die angedrohte oder im Einzelfall verhängte Strafe der Bestrafung für politische Gegner entspricht. Es kann auch sein, dass ein Mann wegen seiner Ethnie oder Religion härter als andere Männer bestraft wird, in diesem Fall knüpft die Verfolgung an die Rasse/Nationalität bzw. die Religion an. Unter diesen Voraussetzungen kann somit ein Gebot des non-refoulement aus Art. 33 Abs. 1 GFK bestehen. Da die Bestrafung zudem nicht an das Geschlecht anknüpft, kann auch nur unter diesen Voraussetzungen Schutz aus Art. 16a Abs. 1 GG folgen. Dies gilt gleichermaßen für § 51 Abs. 1 AuslG.

Sofern in diesen Konstellationen eine Körperstrafe droht, die die Voraussetzungen einer unmenschlichen oder erniedrigenden Behandlung i. S. d. Art. 3 EMRK erfüllt, kann hieraus ein Gebot des non-refoulement aus Art. 3 EMRK und Abschiebungsschutz aus § 53 Abs. 4 AuslG folgen.

B. Nichtdiskriminierende zina-Vorschriften

Vorschriften über den vor- und außerehelichen Geschlechtsverkehr (zina) gelten zumeist für beide Geschlechter. In diesem Fall kann nur der diskriminierende Freiheitsentzug oder eine Körperstrafe Verfolgung i. S. d. Art. 1 A Nr. 2 S. 1 Hs. 1 GFK sein. Anders als Frauen werden Männer grundsätzlich weder diskriminierend in Untersuchungshaft inhaftiert noch in diskriminierender Weise zu einer Freiheitsstrafe verurteilt. Eine Ausnahme bildet der Fall, in dem ein Mann zusammen mit seiner Ehefrau, die ihn gegen den Willen ihres Vaters geheiratet hat, inhaftiert wird. In dieser Konstellation ist die Inhaftierung unter den oben dargelegten Voraussetzungen Verfolgung wegen der politischen Überzeugung oder der Zugehörigkeit zur bestimmten sozialen Gruppe der „Personen, die die traditionellen Werte nicht achten“.[8] In diesem Fall kann somit ein Gebot des non-refoulement aus Art. 33 Abs. 1 GFK bestehen. Im Rahmen des Art. 16a Abs. 1 GG kann die Inhaftierung als Verfolgung wegen der politischen Überzeugung beurteilt werden.[9] Damit führen in dieser Konstellation beide Auslegungen des § 51 Abs. 1 AuslG zumeist zu übereinstimmenden Ergebnissen.[10]

Wenn die Bestrafung mit einer Körperstrafe droht, kann aus Art. 3 EMRK ein Gebot des non-refoulement und aus § 53 Abs. 4 AuslG Abschiebungsschutz folgen.

---

8 s. u. 6. Kapitel B. II. 3. b.

9 s. u. 9. Kapitel C. I. 3.

10 s. u. 9. Kapitel C. I. 3.

C. Die sexuelle Identität betreffende Vorschriften

In einigen Staaten bestehen Vorschriften, mit denen gleichgeschlechtliche sexuelle Handlungen von Männern unter Androhung der Todesstrafe verboten sind, die teilweise strikter sind als für Frauen geltende Vorschriften.[11]

I. Subsumtion unter Art. 33 Abs. 1 GFK

Das Bestehen einer solchen Vorschrift könnte gemessen an Art. 17 Abs. 1 Var. 1 IPBPR Verfolgung sein. Von Art. 17 Abs. 1 Var. 1 IPBPR ist das Recht auf Ausleben der sexuellen Identität geschützt.[12] Eine solche Vorschrift greift hierin in ungerechtfertigter Weise ein, wenn sie willkürlich ist. Dies könnte sich daraus ergeben, dass sie nach dem Geschlecht diskriminiert und daher mit Art. 2 Abs. 1 IPBPR und Art. 3 IPBPR nicht vereinbar ist. In den Gesellschaften, in denen solche Vorschriften bestehen, sind aber auch gleichgeschlechtliche sexuelle Handlungen von Frauen untersagt, sie werden nur nicht als (gleichermaßen) strafwürdig angesehen, so dass das Verbot nicht nach dem Geschlecht differenziert.

Das Verbot beeinträchtigt das Privatleben i. S. d. Art. 17 Abs. 1 Var. 1 IPBPR aber dennoch willkürlich, wenn es zum Schutz der öffentlichen Sittlichkeit oder der Grundrechte anderer nicht erforderlich ist.[13] Die Beeinträchtigung lässt sich dabei nicht mit der Religionsfreiheit i. S. d. Art. 18 Abs. 1 IPBPR rechtfertigen, da hiervon nicht das Recht geschützt ist, das Leben anderer Personen so zu gestalten, dass die eigenen religiösen Gefühle nicht verletzt werden. Diese Vorschriften sind aber dennoch kein willkürlicher Eingriff in das Privatleben im Sinne des Art. 17 Abs. 1 Var. 1 IPBPR, wenn sie zum Schutz der öffentlichen Sittlichkeit erforderlich sind. Der Menschenrechtsausschuss hat eine australische Vorschrift, nach der Männern gleichgeschlechtliche sexuelle Handlungen untersagt waren, zum Schutz der öffentlichen Sittlichkeit in Australien für nicht erforderlich gehalten, da homosexuelles Verhalten dort weitgehend akzeptiert sei und die Vorschriften gegenwärtig nicht mehr durchgesetzt würden.[14] Die Begründung spricht dafür, dass Vorschriften in islamischen Staaten, beispielsweise im Iran, wo die homosexuelle Betätigung auch im Privaten nicht akzeptiert ist, nicht als willkürliche

---

11 So wird bspw. im Iran zwischen männlicher und weiblicher Homosexualität unterschieden. Männer haben hier bei jeder gleichgeschlechtlichen Handlung mit der Todesstrafe zu rechnen, Frauen hingegen „erst" beim vierten Mal, siehe hierzu und generell zu den Regelungen betreffend die sexuelle Identität: *Dinkelberg/Gundermann.*

12 *HRC, Toonen v. Australia* (488/92), § 8.2, abgedruckt bei *Joseph/Schultz/Castan,* [16.36].

13 *HRC, Toonen v. Australia* (488/92), § 8.3 „The Committee interprets the requirement of reasonableness to imply that any interference with privacy must be proportional to the end sought and be necessary in the circumstances of any given case", abgedruckt bei *Joseph/Schultz/Castan,* [16.13].

14 *HRC, Toonen v. Australia* (488/92), § 8.6, abgedruckt bei *Joseph/Schultz/Castan,* [16.36].

Beeinträchtigung des Privatlebens zu beurteilen sind.[15] Allerdings wurden vom Menschenrechtsausschuss auch entsprechende Vorschriften in Lesotho, Tansania, Polen und Hongkong kritisiert[16], wo nicht ohne weiteres angenommen werden kann, dass dort homosexuelles Verhalten weitgehend akzeptiert ist. Nach dem hier vertretenen Ansatz haben die Staaten zwar eine Einschätzungsprärogative, ihnen sind hierbei aber Grenzen gesetzt.[17] Für die Unverhältnismäßigkeit des Verbots spricht, dass die Handlungen ausschließlich im privaten Bereich stattfinden, so dass andere hierdurch allenfalls durch Kenntniserlangung berührt sein können, es anderseits männlichen Homosexuellen aufgrund der drohenden drastischen Strafe lebenslang verwehrt ist, ihre sexuelle Identität auszuleben.[18] Das Bestehen einer solchen Vorschrift kann somit als unrechtmäßig beurteilt werden. Es führt zu Beeinträchtigungen von ausreichender Intensität, wenn auch sexuelle Handlungen im Privaten verboten sind und bei Zuwiderhandeln mit einer nicht unerheblichen Bestrafung zu rechnen ist. Unter diesen Voraussetzungen ist das Bestehen einer solchen Vorschrift somit Verfolgung.

Die Verfolgung knüpft nicht an die Zugehörigkeit zur (bestimmten sozialen) Gruppe aller Männer der jeweiligen Gesellschaft an, da das Verbot innerhalb der Gesellschaft nicht nach dem Geschlecht, sondern nach der Homosexualität differenziert. Sie erfolgt damit wegen der Zugehörigkeit zur bestimmten sozialen Gruppe der Homosexuellen oder der männlichen Homosexuellen der jeweiligen Gesellschaft, sofern dies bestimmte soziale Gruppen sind. Homosexuelle sind nicht willentlich zusammengeschlossen und können daher nur eine bestimmte soziale Gruppe bilden, wenn sie von der Gesellschaft als zusammengehörende Einheit wahrgenommen werden. Dies ist in zahlreichen Gesellschaften gegeben: Es gibt für sie einheitliche Bezeichnungen und Mitgliedern dieser Gruppe werden weitere gemeinsame Eigenschaften zugeschrieben. Wenn sie in der Gesellschaft existieren, sind sie in den Gesellschaften, in denen es solche Vorschriften gibt, zugleich auch machtlos, da es als zulässig angesehen wird, ihnen Beeinträchtigungen mit Verfolgungsstärke zuzufügen und sie zugleich in der Gesellschaft diskriminiert sind. Sofern in einer Gesellschaft männliche und weibliche Homosexuelle als getrennte Gruppen wahrgenommen werden und beide in der Gesellschaft machtlos sind, bilden diese jeweils getrennte bestimmte soziale Gruppen. In diesem Fall knüpft die Verfolgung dann an die Zugehörigkeit zur bestimmten sozialen Gruppe der männlichen Homosexuellen an.

---

15 so auch *Joseph/Schultz/Castan*, [16.38].

16 *HRC*, CC on Lesotho (1999), UN doc. CCPR/C/79/Add.106, § 13; CC on United Republic of Tanzania (1999), UN doc. CCPR/C/79/Add.97, § 23; CC on Poland (1999), UN doc. CCPR/C/79/Add.110, § 23; CC on Hong Kong (China) (1999), UN doc. CCPR/C/79/Add.117, § 15; *Joseph/Schultz/Castan*, [16.38].

17 s. u. 5. Kapitel A. II. 2. b.

18 so auch *Kapell*, ZAR 1999, 260 (263).

In Afghanistan unter der Herrschaft der Taliban war als Strafe für eine gleichgeschlechtliche sexuelle Handlung unter Männern die Tötung durch eine einstürzende Mauer vorgesehen.[19] Diese Bestrafung ist eine grausame, unmenschliche oder erniedrigende Strafe i. S. d. Art. 7 S. 1 IPBPR.[20] Auch sonstige Hinrichtungen sind gemessen an dem in Art. 6 Abs. 1 IPBPR geschützten Recht auf Leben unrechtmäßig und damit Verfolgung, da nach Art. 6 Abs. 2 S. 1 IPBPR die Todesstrafe nur für ein „schwerstes Verbrechen“ verhängt werden darf. Dieser Begriff ist restriktiv auszulegen[21] und dahingehend zu verstehen, dass hierunter nur vorsätzliche und versuchte Tötungen sowie die vorsätzliche Zufügung großer körperlicher Leiden fallen.[22] Zur Bestrafung homosexueller Handlungen darf sie daher nicht verhängt werden.[23] Sofern die Bestrafung hiernach Verfolgung ist, knüpft diese an die Zugehörigkeit zur bestimmten sozialen Gruppe der Homosexuellen bzw. der männlichen Homosexuellen der jeweiligen Gesellschaft an, da die Bestrafung die Differenzierung nachvollzieht, die bereits in der Strafnorm angelegt ist. Da nicht das Verbot, sondern nur die Strafbewehrtheit innerhalb der Gesellschaft nach dem Geschlecht differenziert, knüpft die Verfolgung hingegen nicht an die Zughörigkeit zur (bestimmten sozialen) Gruppe aller Männer der jeweiligen Gesellschaft an.[24]

II. Subsumtion unter Art. 16a Abs. 1 GG

Das Bestehen von Vorschriften, die das Ausleben der sexuellen Identität verbieten, wird in der Rechtsprechung unter Verweis auf die in dem jeweiligen Herkunftsstaat geltenden Moralvorstellungen nicht als politische Verfolgung i. S. d. Art. 16a Abs. 1 GG angesehen.[25] Im Ergebnis ist dies mit den Vorgaben des von der überwiegenden Staatenmehrheit akzeptierten internationalen Menschenrechtsmaßstabs vereinbar, wenn eine solche Auslegung auch nicht zwingend ist.

Eine drohende Todesstrafe für den Verstoß gegen ein solches Gebot ist von asylerheblicher Intensität und nach dem gerade Ausgeführten unrechtmäßig und damit nach dem hier vertretenen Ansatz Verfolgung. Die Rechtsprechung kommt zu einem hiermit übereinstimmenden Ergebnis.[26]

---

19 Bericht des *US State Department*, section 1 c.

20 s. u. 5. Kapitel B. I. 2.

21 *HRC*, GC 6, § 7.

22 *Joseph/Schultz/Castan*, [8.21].

23 *HRC*, CC on Sudan (1997), UN doc. CCPR/C/79/Add.85, § 8.

24 s. auch unter 6. Kapitel A. III. 3.

25 BVerwGE 79, 143 (148 f); VG Leipzig, U. v. 21. Dezember 1998, A 2 K 30357/95, InfAuslR 1999, 309 (310).

26 BVerwGE 79, 143 (144); VG Leipzig, U. v. 21. Dezember 1998, A 2 K 30357/95, InfAuslR 1999, 309 (310).

Verfolgungsgrund ist nach dem Ansatz der Rechtsprechung die Homosexualität, wenn es sich nicht nur um „eine bloße Neigung“ handelt, sondern diese in dem Sinne irreversibel ist, dass sie tatsächlich nicht aufgegeben werden kann.[27] Diese Rechtsprechung birgt die Gefahr in sich, dass eine Person, der wegen ihrer Homosexualität die Todesstrafe droht, nicht als asylberechtigt anerkannt wird, wenn es sich nach Auffassung des erkennenden Gerichts um eine bloße homosexuelle Neigung handelt, obwohl sie gleichermaßen schutzbedürftig ist. Daher kann es nicht überzeugen, nur die Verfolgung in Anknüpfung an ein unabänderliches Merkmal als politische Verfolgung anzusehen. Ob das Merkmal unveränderlich ist, ist allein bei der Frage von Bedeutung, ob eine Anpassung des Verhaltens verlangt werden kann.[28] Es ist daher überzeugender, diese Konstellationen auch im Rahmen des Art. 16a Abs. 1 GG als Verfolgung wegen der Zugehörigkeit zur bestimmten sozialen Gruppe der (männlichen) Homosexuellen der jeweiligen Gesellschaft zu beurteilen. An das Geschlecht knüpft die Bestrafung hingegen auch in den Fällen nicht an, in denen nur Männer für die Vornahme gleichgeschlechtlicher sexueller Handlungen bestraft werden. Hier differenziert die Bestrafung zwar innerhalb der „Homosexuellen“ anhand des Geschlechts. Diese Differenzierung ist aber nicht Ausdruck dessen, dass Männer insgesamt als minderwertig angesehen werden.

III. Subsumtion unter § 51 Abs. 1 AuslG

Wenn Art. 16a Abs. 1 GG nach dem hier vertretenen Ansatz ausgelegt wird, führen die übliche Auslegung des § 51 Abs. 1 AuslG in weitgehender Übereinstimmung mit Art. 16a Abs. 1 GG und die hier vertretene Auslegung entsprechend der GFK zu übereinstimmenden Ergebnissen. Anderenfalls führt die Auslegung entsprechend der GFK zu einem umfassenderen Schutz.

IV. Subsumtion unter die EMRK und § 53 AuslG

Eine Hinrichtung durch Einstürzen der Mauer ist eine unmenschliche oder erniedrigende Behandlung i. S. d. Art. 3 EMRK. Sofern diese im Zielstaat mit ausreichender Wahrscheinlichkeit droht, folgt somit aus Art. 3 EMRK ein Gebot des non-refoulement und aus § 53 Abs. 4 AuslG ein Abschiebungshindernis. Eine drohende Todesstrafe, die diese Voraussetzungen nicht erfüllt, kann auch nicht über Art. 2 EMRK[29], wohl aber über § 53 Abs. 1 AuslG zum Abschiebungsschutz führen.

---

27 BVerwGE 79, 143 (145 ff).

28 siehe auch schon unter 9. Kapitel A. III. 3.

29 s. u. 8. Kapitel D. II.

Kapitel 12

Beeinträchtigungen im Zusammenhang mit der Wehrfähigkeit

In vielen Gesellschaften werden ausschließlich oder überwiegend Männer zum Kriegs- bzw. Wehrdienst eingezogen. Zu trennen ist hierbei zwischen der Einziehung zum Kriegs- bzw. Wehrdienst durch den Staat bzw. ein stabilisiertes de facto Regime und der Rekrutierung durch nichtstaatliche Einheiten.

A. Einziehung zum Kriegs- bzw. Wehrdienst durch einen (Quasi-)Staat

I. Subsumtion unter Art. 33 Abs. 1 GFK

1. Einziehung

Die Einziehung zum Kriegs- bzw. Wehrdienst durch einen Staat oder ein stabilisiertes de facto Regime ist grundsätzlich völkerrechtlich zulässig.[1] Es ist auch kein Verstoß gegen Art. 2 Abs. 1, Art. 3 IPBPR, wenn ausschließlich Männer zum Wehr- bzw. Kriegsdienst herangezogen werden: Männer werden hierdurch zwar gegenüber Frauen ungleich behandelt, diese Ungleichbehandlung ist aber gerechtfertigt, da sie darauf basiert, dass typisierend von vornherein nur Männer als wehrfähig angesehen werden.[2] Die Einziehung zum Kriegs- bzw. Wehrdienst ist daher grundsätzlich keine Verfolgung.

Etwas anderes gilt, wenn während des Kriegs- bzw. Wehrdienstes Verfolgung droht. Dies ist der Fall, wenn ethnische Minderheiten oder politische Gegner Diskriminierungen ausgesetzt sind, welche die im IPBPR oder IPWSKR enthaltenen Menschenrechte beeinträchtigen und nach den obigen Grundsätzen ausreichend intensiv sind.[3] In diesem Fall ist die Einziehung eine unrechtmäßige und intensive Andersbehandlung und damit Verfolgung. Verfolgungsgrund ist in diesem Fall die

---

1 s. Art. 8 Abs. 3 lit. c (ii) IPBPR sowie *Joseph/Schultz/Castan*, [17.19].

2 vgl. *HRC*, GC 22, § 11 sowie *L.T.K. v. Finland* (185/84), wo ein Verstoß gegen die Diskriminierungsverbote jeweils nicht geprüft wird.

3 Gemeinsamer Standpunkt 10: „Bei Nichtbefolgung des Einberufungsbefehls oder Fahnenflucht ist dem Betreffenden die Flüchtlingseigenschaft zuzuerkennen, wenn die Bedingungen, unter denen er seine Wehrpflicht erfüllt, an sich schon eine Verfolgung darstellen"; *Discher*, ZAR 1998, 217 (220) (bzgl. Art. 16a Abs. 1 GG, den er aber am internationalen Maßstab misst); vgl. auch *UNHCR*, Handbook, § 169.

Ethnie, Religion oder politische Überzeugung. Die Verfolgung knüpft hingegen nicht an die Zugehörigkeit zur (bestimmten sozialen) Gruppe aller Männer in der Gesellschaft an, da den Handlungen die Maxime zugrunde liegt, nur bestimmte Männer in dieser Weise zu beeinträchtigen.

Wenn Angehörige bestimmter Gruppen in diskriminierender Weise verstärkt zum Kriegs- bzw. Wehrdienst herangezogen werden, kann dies gemessen an dem in Art. 6 Abs. 1 IPBPR geschützten Recht auf Leben i. V. m. dem in Art. 2 Abs. 1 IPBPR geschützten Diskriminierungsverbot Verfolgung sein.[4] Verfolgungsgründe sind in diesem Fall je nach den Umständen im Einzelfall Rasse/Nationalität, Religion oder politische Überzeugung.

Zudem könnte die Einziehung zum Kriegs- bzw. Wehrdienst Verfolgung sein, wenn hierdurch die in Art. 18 Abs. 1 IPBPR geschützte Gewissensfreiheit ausreichend intensiv beeinträchtigt ist. Es geht aber aus den vorbereitenden Arbeiten hervor, dass ein Recht auf Kriegs- bzw. Wehrdienstverweigerung im IPBPR bewusst nicht normiert wurde.[5] Damit ist aber nicht ausgeschlossen, dass die Einziehung zum Kriegs- bzw. Wehrdienst dennoch die in Art. 18 Abs. 1 IPBPR geschützte Gewissensfreiheit beeinträchtigen kann.[6] Gegenteiliges lässt sich auch nicht aus Art. 8 Abs. 3 lit. c (ii) IPBPR entnehmen. Hieraus geht nur hervor, dass die Vertragsstaaten nicht unabhängig von den Voraussetzungen des Art. 18 Abs. 1 IPBPR verpflichtet sind, ein Recht auf Kriegs- bzw. Wehrdienstverweigerung zu gewährleisten.[7] So geht auch der Menschenrechtsausschuss, der früher ein Recht auf Kriegsdienstverweigerung nicht anerkannt hatte, mittlerweile davon aus, dass Art. 18 Abs. 1 IPBPR ein solches Recht entnommen werden kann, wenn die Verpflichtung, Menschen zu töten, mit dem Recht auf Gewissensfreiheit in einen ernsthaften Konflikt gerät.[8] Die Ablehnung der Einziehung ist eine Handlung, die den öffentlichen Bereich betrifft. Der aus der Einziehung resultierende Gewissenskonflikt ist daher nach einer Auffassung nur geschützt, wenn zugleich die Voraussetzungen des Art. 18 Abs. 1 S. 2 IPBPR erfüllt sind[9]; nach anderer Auffassung ist hingegen unabhängig hiervon jede Gewissensbeeinträchtigung über Art. 18 Abs. 1 S. 1 Var. 2 IPBPR geschützt.[10] Nach der zuerst genannten Auffassung ist daher zusätzlich erforderlich, dass die Ablehnung des Kriegs- bzw. Wehrdienstes Teil

---

4 *Hathaway*, 180; *Marx*, Handbuch, § 64 Rn. 32.

5 *Bossuyt*, 364 m. w. N.; der Vorschlag lautete: „Persons who conscientiously object to war as being contrary to their religion shall be exempt form military service."

6 *Nowak*, Art. 18 Rn. 28 ff.

7 *Nowak*, Art. 18 Rn. 28 ff.

8 *HRC*, GC 22, § 11: „[...] The Covenant does not explicitly refer to a right to conscientious objection, but the committee believes that such right can be derived form article 18, inasmuch as the obligation to use lethal force may seriously conflict with the freedom of conscience and the right to manifest one's religion or belief."

9 *Nowak*, Art. 18 Rn. 28 ff.

10 *Kaufmann*, 14 ff, 26 ff, s. schon unter 5. Kapitel B. I. 1. b. aa. (2).

der Praxis einer Religion oder Weltanschauung i. S. d. Art. 18 Abs. 1 S. 2 IPBPR ist und die Beeinträchtigung nicht gemäß Art. 18 Abs. 3 IPBPR gerechtfertigt werden kann.[11] Als Rechtfertigung kommt hier nur in Betracht, dass die Beeinträchtigung zum Schutz der öffentlichen Sicherheit erforderlich ist. Ein solches Erfordernis kann nur in einer akuten Mangelsituation bestehen. Selbst in diesem Fall wird es zumeist nicht erforderlich sein, die Person als Soldat einzuziehen.[12] Nach der zweiten Auffassung ist somit jede Einziehung, die die Gewissensfreiheit beeinträchtigt, gemessen an Art. 18 Abs. 1 S. 1 Var. 2 IPBPR unrechtmäßig. Nach der zuerst genannten Auffassung trifft dies regelmäßig auf eine religiös oder weltanschaulich begründete Gewissensfreiheit zu. Dementsprechend kann bspw. die Einziehung von Zeugen Jehovas zum Dienst an der Waffe als Verfolgung angesehen werden, sofern es keinen zumutbaren Ersatzdienst gibt.[13] Die Verfolgung knüpft in diesem Fall an die Religion an, da die betroffenen Personen mit der Einziehung trotz ihrer religiös begründeten wesentlichen Verschiedenheit gleich behandelt werden.[14]

Hiernach können auch sonstige Einziehungen, die zu einer Beeinträchtigung der Gewissensfreiheit führen, jedenfalls sofern diese als Praxis einer Weltanschauung i. S. d. Art. 18 Abs. 1 S. 2 IPBPR anzusehen sind, unrechtmäßig sein. Damit übereinstimmend nimmt der UNHCR an, dass die Militärpflicht Verfolgung sein kann, wenn eine Person darlegen kann, dass der Militärdienst ihre Teilnahme an militärischen Maßnahmen erfordern würde, die im Widerspruch zu ihrer echten politischen, religiösen oder moralischen Überzeugung oder auch zu anzuerkennenden Gewissensgründen stehen.[15] Auch der Menschenrechtsausschuss lehnt eine Differenzierung zwischen verschiedenen Gründen ab, aus denen das Gewissen beeinträchtigt sein kann.[16] Sofern die Einziehung dementsprechend als Verfolgung zu beurteilen ist, knüpft diese an die Zugehörigkeit zu einer weltanschaulichen Vereinigung als bestimmter sozialer Gruppe oder an die politische Überzeugung an.

Zudem könnte auch die Einziehung zu einem völkerrechtswidrigen Einsatz Verfolgung sein. So sieht der Menschenrechtsausschuss es als aus Art. 6 IPBPR folgende höchste Pflicht der Staaten an, Kriege zu verhindern.[17] Hieraus wird abgeleitet, dass Tötungen im Gefolge eines Krieges, soweit dieser nicht aufgrund der UN-Charta zulässig ist, eine Verletzung des in Art. 6 Abs. 1 IPBPR geschütz-

---

11 *Nowak*, Art. 18 Rn. 28 ff.

12 *Nowak*, Art. 18 Rn. 28 ff.

13 *Hathaway*, 185; *Zolfagharkhani v. Canada*, [1993] 3 F.C. 540, F.C.A., E. v. 15. Juni 1993, § 34.

14 so auch *Discher*, ZAR 1998, 217 (221).

15 *UNHCR*, Handbook, Rn. 170, so auch *Grahl-Madsen*, Bd. 1, 238, 249 f.

16 *HRC*, GC 22, § 11: „When this right is recognised by law or practice, there shall be no differentiation among conscientious objectors on the basis of the nature of their particular beliefs".

17 *HRC*, GC 6, § 2.

ten Rechts auf Leben sind.[18] Zu bedenken ist allerdings, dass ein völkerrechtlich zulässiger Konflikt nicht immer leicht von einem völkerrechtlich unzulässigen unterschieden werden kann. Zudem kann nach Art. 2 der UN-Charta nur ein internationaler, nicht aber ein innerstaatlicher Konflikt völkerrechtswidrig sein, so dass eine solche Annahme willkürlich erscheint.[19] Dementsprechend hält es auch der UNHCR in einer solchen Konstellation nur für möglich, dass die Bestrafung wegen der Kriegsdienstentziehung Verfolgung ist.[20]

Allerdings ist die Einziehung zu einem völkerrechtswidrigen Einsatz Verfolgung, wenn hierdurch die Gewissensfreiheit beeinträchtigt wird. Dies kommt in Betracht, wenn der Konflikt mit der Begehung von Handlungen verbunden ist, die unter die Ausschlussklausel des Art. 1 F GFK fallen würden[21], die im IV. Genfer Abkommen oder im Statut über den Internationalen Strafgerichtshof bzw. in den Statuten des Internationalen Jugoslawien Tribunals[22] sowie des Ruanda Tribunals[23] als Straftaten normiert sind[24] oder sonst den Grundlagen der UNO widersprechen[25].

In diesem Fall stellt sich die Frage nach dem Verfolgungsgrund. Relevante Differenzierung ist nicht die Differenzierung wehrfähiger Männer gegenüber nicht wehrfähigen Männern und Frauen, da diese Differenzierung gerechtfertigt ist, sondern die Einziehung zu einem völkerrechtswidrigen oder sogar völkerstrafrechtlich relevanten Einsatz von Männern, die hierdurch in ihrer Gewissensfreiheit beeinträchtigt werden. Diese Männer werden damit trotz ihrer wesentlichen Verschiedenheit, die in ihrer religiösen, weltanschaulichen oder politischen Überzeugung begründet ist, eingezogen und damit wegen ihrer Religion, ihrer politischen Überzeugung oder der Zugehörigkeit zu einer weltanschaulichen Gruppe verfolgt.

2. Bestrafung

Sofern die Kriegs- oder Wehrdienstentziehung mit Freiheitsentzug bestraft wird, ist die Strafe gemessen an dem in Art. 9 Abs. 1 S. 1 Var. 1 IPBPR geschützten

---

18 *Nowak*, Art. 6 Rn. 9; vgl. auch *Discher*, ZAR 1998, 217 (218), der es ebenfalls als aus den Menschenrechten folgende Staatenverpflichtung ansieht, einen solchen Einsatz zu unterlassen.

19 so auch: *Dinstein* in *Henkin*, 114 (120).

20 *UNHCR*, Handbook, Rn. 171.

21 Gemeinsamer Standpunkt 10.

22 Statut des Internationalen Gerichts zur Verfolgung der Verantwortlichen für die seit 1991 im Hoheitsgebiet des ehemaligen Jugoslawien begangenen Verstöße gegen das humanitäre Völkerrecht, Resolution 827 (1993) des Sicherheitsrats der Vereinten Nationen vom 25. Mai 1993.

23 Schaffung des Internationalen Gerichts für Ruanda, Resolution 955 (1994) des Sicherheitsrats der Vereinten Nationen vom 8. November 1994.

24 vgl. *Hathaway*, 180 ff; sowie *Discher*, ZAR 1998, 217 (218, 220) zu Art. 16a Abs. 1 GG.

25 *Hathaway*, 180 ff, s. auch die Resolution 33/165 der Generalversammlung der UN, mit der die Staaten aufgefordert wurden, den Personen Asyl- oder Transit zu gewähren, die sich weigerten, zur Zeit der Apartheid in Südafrika Dienst bei den Streitkräften oder der Polizei zu leisten.

Recht auf Freiheit der Person unrechtmäßig, wenn sie willkürlich ist. Dies ist sie zum einen, wenn die Einziehung selbst willkürlich ist. Dies ist in den o. g. Fällen gegeben, in denen die Einziehung diskriminierend ist.[26] Die Strafe ist zudem willkürlich, wenn sie im Einzelfall diskriminierend verhängt wird.[27] Sofern der Freiheitsentzug ausreichende Beeinträchtigungsintensität erreicht, ist er somit Verfolgung. Eine Todesstrafe ist gemessen an Art. 6 Abs. 1 IPBPR Verfolgung, da die Wehrdienstentziehung kein schwerstes Verbrechen i. S. d. Art. 6 Abs. 2 S. 1 IPBPR ist. Sofern eine grausame, unmenschliche oder erniedrigende Bestrafung i. S. d. Art. 7 S. 1 IPBPR droht, ist diese ebenfalls Verfolgung.

Wenn die Bestrafung die Reaktion auf eine Entziehung vor einer Kriegs- oder Wehrdiensteinziehung ist, die ihrerseits diskriminierend ist, knüpft die Verfolgung an die gleichen Konventionsgründe an wie die diskriminierende Einziehung. Demnach ist die Bestrafung eines Kriegs- oder Wehrdienstverweigerers aus Gewissensgründen Verfolgung wegen der Religion bzw. der politischen Überzeugung oder der Zugehörigkeit zu einer weltanschaulichen Gemeinschaft als bestimmter sozialer Gruppe. Sofern nicht schon die Einziehung, sondern erst die diskriminierende Bestrafung Verfolgung ist, knüpft diese an das Merkmal an, aus dem die Bestrafung diskriminiert; wenn bspw. Angehörige einer bestimmten Ethnie härter bestraft werden, erfolgt sie wegen der Rasse/Nationalität.

II. Subsumtion unter Art. 16a Abs. 1 GG

Die Einziehung zum Kriegs- oder Wehrdienst wird von der Rechtsprechung nur als politische Verfolgung im Sinne des Art. 16a Abs. 1 GG angesehen, wenn erkenntlich ist, dass mit der Einziehung auch beabsichtigt ist, Wehrpflichtige wegen asylerheblicher Merkmale heranzuziehen, insbesondere politische Gegner umzuerziehen oder Minderheiten zwangsweise zu assimilieren.[28] Hierfür sei es ein Indiz, wenn in diskriminierender Weise nur Angehörige einer bestimmten Volksgruppe zum Wehr- oder Kriegsdienst herangezogen werden.[29] Nach dem hier vertretenen Ansatz ist das Vorliegen von Verfolgung i. S. d. Art. 16a Abs. 1 GG nach dem gleichen Maßstab zu bestimmen wie im Rahmen der GFK. Demnach ist es nicht nur ein Indiz für eine unrechtmäßige Einziehung, sondern es ist eine solche, wenn

---

[26] vgl. Art. 11 Nr. 2 lit. d ii) des Kommissionsvorschlags. Hier wird Verfolgung bejaht, bei einer strafrechtlichen Verfolgung „[...] oder Bestrafung wegen der Weigerung, der allgemeinen Wehrpflicht nachzukommen aus Gründen der Rasse, Religion, Nationalität, politischen Überzeugung oder der Zugehörigkeit zu einer bestimmten sozialen Gruppe: [...] in Kriegs- oder Konfliktsituationen, wenn der Betreffende nachweisen kann, dass der Wehrdienst seine Teilnahme an militärischen Aktionen erfordert, die nicht mit seinen tief empfundenen moralischen, religiösen oder politischen Überzeugungen oder mit sonstigen berechtigten Gewissensgründen zu vereinbaren sind".

[27] so auch Kommissionsvorschlag Art. 11 Nr. 2 lit. d i); *Marx*, § 64 Rn. 32.

[28] BVerwGE 81, 41 (43); BVerwGE 62, 123 (125).

[29] BVerwGE 62, 123 (125).

Minderheiten oder politische Gegner in diskriminierender Weise zum Wehr- oder Kriegsdienst eingezogen oder sonst während des Dienstes diskriminiert werden.[30] Sofern ausreichende Beeinträchtigungsintensität erreicht ist, ist dies daher auch Verfolgung, so dass der Ansatz der Rechtsprechung mit diesen Vorgaben nicht zu vereinbaren ist.[31] Die Verfolgung knüpft an das Merkmal an, anhand dessen die ungerechtfertigte Unterscheidung vorgenommen wird, mithin an Ethnie, Religion oder politische Überzeugung.

Zudem ist es nach dem zu Art. 33 Abs. 1 GFK Ausgeführten auch unrechtmäßig, wenn Personen zum Kriegs- oder Wehrdienst eingezogen werden, obwohl sie wegen ihrer religiösen oder weltanschaulichen Überzeugung wesentlich verschieden sind. In der Rechtsprechung wird dies hingegen nicht als Verfolgung angesehen.[32] Diese Auffassung wird auch in der Literatur ganz überwiegend geteilt.[33] Teilweise beruht dies aber auf der Annahme, dass es im Völkerrecht kein Recht auf Kriegsdienst- bzw. Wehrdienstverweigerung gibt.[34] Diese Annahme ist angesichts der geänderten Auffassung des Menschenrechtsausschusses aber jedenfalls zu überdenken.

In der Literatur wird allerdings – insofern in Übereinstimmung mit dem hier vertretenen Ansatz – die Einziehung als Verfolgung angesehen, wenn zu befürchten ist, dass der Wehrpflichtige gegen seine Überzeugung an völkerrechtlich strafbewehrten oder menschenrechtswidrigen Aktionen teilnehmen muss.[35]
Die Verfolgung knüpft in den beiden zuletzt genannten Fällen entsprechend dem zur GFK Ausgeführten an die Religion, die politische Überzeugung[36] oder die Weltanschauung an, sofern letztere nach dem Ansatz der Rechtsprechung als zusätzliches asylerhebliches Merkmal begriffen werden kann.

Die Verfolgung knüpft hingegen in keinem dieser Fälle an das Geschlecht an, da die in der Einziehung liegende Ungleichbehandlung zwischen Männern und Frauen gerechtfertigt ist und damit nicht Anknüpfungspunkt für den Verfolgungsgrund sein kann. Zudem ist die Einziehung in diesen Fällen nicht Ausdruck dessen, dass Männer generell als minderwertig angesehen werden.

Die Bestrafung einer Wehrdienstentziehung wird vom Bundesverwaltungsgericht als politische Verfolgung i. S. d. Art. 16a Abs. 1 GG angesehen, wenn „bereits

---

30 so bzgl. des Art. 16a Abs. 1 GG auch *Discher*, ZAR 1998, 217 (220 f).

31 s. auch *Marx*, Handbuch § 64 Rn. 9 ff.

32 s. BVerwGE 81, 41 (42); BVerwGE 62, 123 (124).

33 *Discher*, ZAR 1998, 217 (221 f); *Kimminich* in BK, Art. 16 Rn. 236; *Lübbe-Wolff* in *Dreier*, Art. 16a Rn. 33; *Randelzhofer* in *Maunz/Dürig*, Art. 16 Abs. 2 S. 2 Rn. 76; *Welte*, AktAR, § 51 Rn. 20; a. A. *Weberndörfer*, 56 f.

34 *Discher*, ZAR 1998, 217 (221 f); *Kimminich* in BK, Art. 16 Rn. 236; *Lübbe-Wolff* in *Dreier*, Art. 16a Rn. 33.

35 *Discher*, ZAR 1998, 217 (220).

36 vgl. *Weberndörfer*, 57, 65.

die Norm als solche ihrer objektiven Gerichtetheit nach an ein asylrelevantes Persönlichkeitsmerkmal anknüpft oder wenn die Anwendung einer Strafvorschrift, die für sich betrachtet asylrechtlich unerheblich ist, allgemein oder im Einzelfall zum Anlaß genommen wird, auf asylrechtlich bedeutsame persönliche Merkmale oder Eigenschaften zuzugreifen"[37]. Hierfür sei es ein Indiz, wenn die Strafe außergewöhnlich hart sei[38] oder willkürlich verhängt werde[39]. Die Todesstrafe für sich genommen reiche allerdings nicht aus.[40] Nach dem vorliegend zu Art. 16a Abs. 1 GG vertretenen Ansatz ist hingegen jede Andersbehandlung politische Verfolgung, die gemessen am internationalen Menschenrechtsmaßstab unrechtmäßig und intensiv ist und an ein asylerhebliches Merkmal anknüpft. Dies ist unter den gleichen Voraussetzungen wie im Rahmen des Art. 33 Abs. 1 GFK gegeben. Die Bestrafung ist somit in den Fällen willkürlich, in denen auch die Einziehung willkürlich ist. Da die Bestrafung die in der Einziehung bereits angelegte Differenzierung nachvollzieht, knüpft die Verfolgung an das Merkmal an, an das auch die diskriminierende Einziehung anknüpft. Es kann daher nicht überzeugen, wenn angenommen wird, dass eine Bestrafung wegen der Kriegs- bzw. Wehrdienstentziehung, die eine Gewissensbeeinträchtigung verhindert, deswegen keine politische Verfolgung sei, weil sie nicht wegen, sondern trotz der Religion erfolge.[41] Sofern die Einziehung gemessen an dem in Art. 18 Abs. 1 IPBPR geschützten Recht auf Gewissensfreiheit unrechtmäßig ist, diskriminiert die Einziehung wegen der Religion, da die Personen trotz ihrer wesentlichen Verschiedenheit gleich behandelt werden. Damit knüpft auch die Bestrafung, die erst wegen der diskriminierenden Einziehung zur Verfolgungshandlung wird, an die Religion an.[42]

Die Bestrafung ist außerdem willkürlich, wenn sie im Einzelfall härter ausfällt oder für die Kriegs- bzw. Wehrdienstentziehung eine Strafe vorgesehen ist, die der für politische Gegner insgesamt entspricht. Anders als es das Bundesverwaltungsgericht annimmt, ist der diskriminierende Charakter somit nicht nur ein Indiz für politische Verfolgung.

III. Subsumtion unter § 51 Abs. 1 AuslG

Wenn Art. 16a Abs. 1 GG nach dem hier vertretenen Ansatz ausgelegt wird, führen die übliche Auslegung des § 51 Abs. 1 AuslG und die Auslegung entsprechend der GFK zu übereinstimmenden Ergebnissen. Anderenfalls folgt aus § 51

37 BVerwG, NVwZ 1993, 789; ähnlich: BVerwG, NVwZ 1993, 193 (194); NVwZ 1992, 274 (275).
38 BVerwG, NVwZ 1992, 274 (275).
39 BVerwG, NVwZ 1993, 193 (194).
40 BVerwG, NVwZ 1993, 193 (194).
41 so *Randelzhofer* in *Maunz/Dürig*, Art. 16 Abs. 2 S. 2 Rn. 76; VG Ansbach, DÖV 1977, 369.
42 so auch *Weberndörfer*, 57.

Abs. 1 AuslG ein umfassenderer Schutz, wenn er entsprechend der GFK ausgelegt wird.

IV. Subsumtion unter Art. 3 EMRK, § 53 Abs. 4 AuslG

Aus Art. 3 EMRK kann ein Gebot des non-refoulement folgen, wenn während des Kriegs- oder Wehrdienstes unmenschliche oder erniedrigende Behandlungen oder die Bestrafung mit einer erniedrigenden oder unmenschlichen Körperstrafe droht. Unter diesen Voraussetzungen kann auch aus § 53 Abs. 4 AuslG Abschiebungsschutz folgen.

B. Rekrutierung durch nichtstaatliche Einheiten

I. Subsumtion unter Art. 33 Abs. 1 GFK

Die Zwangsrekrutierung durch nichtstaatliche Einheiten beeinträchtigt das in Art. 6 IPBPR geschützte Recht auf Leben, das in Art. 9 Abs. 1 S. 1Var. 2 geschützte Recht auf Sicherheit sowie das in Art. 17 Abs. 1 Var. 1 IPBPR geschützte Recht auf Freiheit vor Beeinträchtigungen der körperlichen Unversehrtheit und ist damit regelmäßig Verfolgung.[43] Der Verfolgungsgrund wurde in der kanadischen Rechtsprechung in der Zugehörigkeit zur Gruppe der „young [Lebanese] men targeted to join this militia which is not an official army of the State"[44] bzw. der „young [Salvadoran] men of military age"[45] gesehen. Die erste Gruppe kann schon keine bestimmte soziale Gruppe i. S. d. GFK sein, da sie mit Hilfe der Verfolgungshandlung gebildet wurde. Sofern die Maßnahmen jeweils nur wehrfähige junge Männer treffen, bzw. solche Männer, die in einer bestimmten Gegend ansässig sind, kommt es darauf an, ob diese erstens eine bestimmte soziale Gruppe bilden und zweitens die Einziehung an diese Gruppenzugehörigkeit anknüpft. Es ist zwar vorstellbar, dass wehrfähige junge Männer – wenn bspw. solche Männer schon seit längerer Zeit zwangsrekrutiert werden – von der Gesellschaft als zusammengehörende Einheit wahrgenommen werden. Allerdings wird die betroffene Person nicht zwangsweise rekrutiert, weil sie dieser Gruppe zugehört und als Teil dieser Einheit gesehen wird, sondern weil konkret sie als wehrfähig eingestuft wird. Die Einziehung als unmittelbar private Verfolgung knüpft somit an keinen Verfolgungsgrund an.

Die Bestrafung, die den Personen droht, die sich der Einziehung widersetzen, ist gemessen an dem in Art. 9 Abs. 1 S. 1 Var. 2 IPBPR geschützten Recht auf

[43] vgl. CRDD, E. v. 4. Januar 1990, T89-01960.

[44] CRDD, E. v. 4. Januar 1990, T89-01960.

[45] CRDD, E. v. 26. Juni 1986, V83-6807.

Sicherheit der Person, dem in Art. 17 Abs. 1 Var. 1 IPBPR geschützten Recht auf körperliche Unversehrtheit sowie möglicherweise auch gemessen an dem in Art. 7 S. 1 IPBPR geschützten Recht auf Freiheit vor grausamer, unmenschlicher oder erniedrigender Behandlung oder dem in Art. 6 S. 1 IPBPR geschützten Recht auf Leben unrechtmäßig und regelmäßig so intensiv, dass sie Verfolgung ist. Die Verfolgung knüpft an die (unterstellte) politische Überzeugung an.[46] In der kanadischen Rechtsprechung wurde zudem angenommen, dass die Bestrafung an die Zugehörigkeit zur bestimmten sozialen Gruppe der „people in rural areas [of El Salvador] who find themselves caught between the two opposing forces and victimized and suspected by each"[47] bzw. der „young [Honduran] men of eligible age for military duty, who were subject to mistreatment after indiscriminate recruitment"[48] anknüpft. Die Verfolgung erfolgt aber schon deswegen nicht wegen der Zugehörigkeit zu einer dieser so gebildeten Gruppen, weil die Verfolgungshandlung jeweils gruppenkonstituierendes Merkmal ist.

II. Subsumtion unter Art. 16a Abs. 1 GG

Zwangsrekrutierungen sind regelmäßig von asylerheblicher Intensität.[49] Allerdings sind sie nur politische Verfolgung, wenn – was generell nicht der Fall sein wird – die staatlichen Stellen hiergegen nicht mit due diligence vorgehen. Die Zwangsrekrutierung knüpft nicht an das Geschlecht an, auch wenn zumeist nur Männer als wehrfähig angesehen werden, da Männer hierdurch gegenüber Frauen nicht diskriminiert werden. Sie könnte aber an die politische Überzeugung anknüpfen. Das Bundesverwaltungsgericht bejaht dies für den Fall, dass alle Personen, die sich nicht freiwillig rekrutieren lassen wollen, durch die Rekrutierung diszipliniert werden sollen.[50] Dies kann angenommen werden, wenn diese Personen besonders gefährliche Einsätze vornehmen müssen oder sonst nach der Rekrutierung erkenntlich wegen ihrer tatsächlichen oder unterstellen Überzeugung diskriminiert werden. Anderenfalls knüpft die Rekrutierung nur an die Wehrfähigkeit an. Diese kann nach der Rechtsprechung nicht als zusätzliches asylerhebliches Merkmal angesehen werden, da sie nicht unveränderlich ist und es kein vorstaatliches Menschenrecht auf den Verlust der Wehrfähigkeit gibt.

Sofern die Bestrafung als Folge der Flucht vor Zwangsrekrutierung ausnahmsweise mittelbar staatliche Verfolgung ist, wird diese häufig an die tatsächliche oder

---

46 *Zolfagharkhani v. Canada*, F.C.A., E. v. 15. Juni 1993, [1993] 3 F.C. 540: „There can be no doubt that the appellant's refusal to participate in the military action against the Kurds would be treated by the Iranian government as the expression of an unacceptable political opinion."

47 CRDD, E. v. 8. Dezember 1989, T89-02579.

48 CRDD, E. v. 29. Juli 1987, T97-9024X.

49 vgl. BVerwGE 69, 320 (321); *Randelzhofer* in *Maunz/Dürig*, Art. 16 Abs. 2 S. 2 GG Rn. 78 m. w. N.

50 BVerwGE 69, 320 (322).

(unterstellte) politische Überzeugung anknüpfen.[51] Vom Bundesverwaltungsgericht wird dies hingegen nur bejaht, wenn die Bestrafung wegen der tatsächlichen oder vermeintlichen Regimegegnerschaft höher ausfällt.[52]

III. Subsumtion unter § 51 Abs. 1 AuslG

Wenn § 51 Abs. 1 AuslG entsprechend der GFK ausgelegt wird, führt dies gegenüber der üblichen Auslegung zu einem umfassenderen Schutz, da hier die Bestrafung des Widerstands gegen die Zwangsrekrutierung unmittelbar private Verfolgung wegen der (unterstellten) politischen Überzeugung sein kann. Im Hinblick auf die mittelbar staatliche Verfolgung ergeben sich keine Unterschiede, wenn Art. 16a Abs. 1 GG im hier vertretenen Sinn ausgelegt wird. Anderenfalls führt die Auslegung entsprechend der GFK zu einem umfassenderen Schutz.

IV. Subsumtion unter Art. 3 EMRK, § 53 Abs. 4 AuslG

Sofern als Sanktion eine unmenschliche oder erniedrigende Bestrafung oder Folter droht, kann aus Art. 3 EMRK ein Gebot des non-refoulement und aus § 53 Abs. 4 AuslG Abschiebungsschutz folgen. Nach der Rechtsprechung des Bundesverwaltungsgerichts gilt dies nur für den Fall, dass dem Zielstaat die Beeinträchtigungen „zuzurechnen“ sind, mithin er es unterlassen hat, hiergegen mit due diligence vorzugehen.

C. Staatliche Gewalt gegen wehrfähige Männer

Häufig gehen Sicherheitskräfte im Rahmen der Terrorbekämpfung gerade gegen junge wehrfähige Männer vor, die sie der Unterstützung von Terrorgruppen verdächtigen.

I. Subsumtion unter Art. 33 Abs. 1 GFK

Sofern Folter oder erniedrigende, grausame oder unmenschliche Behandlung droht, sind diese Beeinträchtigungen gemessen an Art. 7 IPBPR unmittelbar staatliche Verfolgung. Je nach den Umständen im Einzelfall kann diese an Rasse, Nationalität, Religion oder politische Überzeugung anknüpfen. Die nicht nach der Ethnie differenzierende Gewaltanwendung der salvadorianischen Regierung wurde als Verfolgung angesehen wegen der Zugehörigkeit zur bestimmten sozialen

---

[51] vgl. BAFl, E. v. 10. September 2001, GZ: 2691341-423 hinsichtlich der Zwangsrekrutierung durch die Taliban. Hier wurde die Bestrafung als Verfolgung wegen der politischen Überzeugung angesehen, jedenfalls wenn die betroffene Person zugleich Tatschike ist.

[52] BVerwGE 69, 320 (322 f).

Gruppe der „young urban, working class males of military age who had never served in the military or otherwise expressed support for the government of El Salvador“.[53] Da diese Gruppe nicht willentlich zusammengeschlossen ist, können diese Personen nur eine bestimmte soziale Gruppe bilden, wenn sie von der Gesellschaft als zusammengehörende Einheit wahrgenommen werden. Dies kann allenfalls angenommen werden, wenn sie schon längere Zeit Repressionen ausgesetzt ist. Zudem sind diejenigen Merkmale gruppenkonstituierend, die den Verfolgenden dazu veranlassen anzunehmen, dass die konkrete Person eine abweichende politische Überzeugung vertritt. Daher ist es überzeugender, diese Konstellationen als Verfolgung wegen der (unterstellten) politischen Überzeugung zu beurteilen.

II. Subsumtion unter Art. 16a Abs. 1 GG

Das Bundesverwaltungsgericht hat angenommen, dass die Gewaltanwendungen, denen ein Tamile ausgesetzt war, der von staatlicher Seite der Unterstützung einer als terroristisch angesehenen Vereinigung verdächtigt wurde, politische Verfolgung i. S. d. Art. 16a Abs. 1 GG seien, da die Verfolgung an das Geschlecht, das Alter und die tamilische Volkszugehörigkeit und damit an für ihn unveränderliche Merkmale anknüpfe.[54]

In einer solchen Konstellation knüpft die Verfolgung jedenfalls an die Ethnie an. Wenn von den Handlungen nur junge Männer betroffenen sind, differenziert die Verfolgung auch innerhalb der tamilischen Volkszugehörigkeit nach Alter und Geschlecht. Dennoch ist dies keine Verfolgung wegen des Geschlechts, da die Handlung nicht Ausdruck dessen ist, dass Männer insgesamt als minderwertig angesehen werden. Aus dem gleichen Grund knüpft sie auch nicht an das Alter an. Alter und Geschlecht werden in solchen Fällen aber häufig die Merkmale sein, an denen festgemacht wird, dass die Person ein Regimegegner ist, so dass die Verfolgung häufig wegen der (unterstellten) politischen Überzeugung erfolgen wird.[55]

III. Subsumtion unter Art. 3 EMRK, § 53 Abs. 4 AuslG

Sofern als Bestrafung Folter oder unmenschliche oder erniedrigende Bestrafung droht, kann auch aus Art. 3 EMRK ein Gebot des non-refoulement und aus § 53 Abs. 4 AuslG Abschiebungsschutz folgen.

---

[53] so die vom Antragsteller in *Sanchez-Trujillo v. INS*, [1986] 801 F.2d 1571 (1573) gebildete Gruppe, die in dieser Entscheidung nicht als bestimmte soziale Gruppe i. S. d. Art. 1 A Nr. 2 S. 1 Hs. 1 GFK angesehen wurde.

[54] BVerwGE 111, 334 (338).

[55] vgl. hierzu auch BVerfG, InfAuslR 1994, 156 (158 f).

Kapitel 13

Beeinträchtigungen durch Private

A. Männliche Beschneidung

Zu einem männerspezifischen Flucht- oder Bleibegrund kann auch die männliche Beschneidung werden. Die Beschneidung wird von vielen Muslimen als äußeres Zeichen für die Zugehörigkeit zum Islam angesehen, auch wenn sie im Koran nicht vorgeschrieben ist.[1] Auch viele Juden und einige Christen sehen die Beschneidung als Symbol für die Zugehörigkeit zur jeweiligen Religion an. Daher sehen sich Muslime und Juden und teilweise auch Christen religiös verpflichtet, Jungen zu beschneiden. Die Beschneidung erfolgt zwischen dem 7. Tag nach der Geburt und dem 15. Lebensjahr.[2] Sie wird häufig durch einen Barbier vorgenommen und ist ein öffentliches Ereignis, bei dem zumeist mehrere Jungen gemeinsam beschnitten werden.[3] Die männliche Beschneidung wird aber auch, bspw. in den USA, vorgenommen, um Masturbation zu verhindern.[4] Daher werden dort 2/3 aller männlichen Säuglinge beschnitten.[5] Die Beschneidung findet dabei zumeist ohne Narkose statt, da angenommen wird, dass die Säuglinge sich an die erlittenen Schmerzen nicht mehr erinnern.[6] In muslimisch geprägten Gebieten kommt es auch vor, dass Christen von Mulimen zwangsweise beschnitten werden.

I. Subsumtion unter Art. 33 Abs. 1 GFK

1. Zwangsbeschneidung von Christen durch Muslime

Wenn Christen von Muslimen gegen ihren Willen zwangsweise beschnitten werden, ist dies eine erniedrigende Behandlung i. S. d. Art. 7 S. 1 Var. 4 IPBPR und damit unrechtmäßig. Zudem ist diese Zwangsbeschneidung gemessen an Art. 17 Abs. 1 Var. 1 IPBPR unrechtmäßig, da hierdurch die körperliche Unversehrtheit dauerhaft beeinträchtigt wird. Außerdem ist hierdurch die negative Religionsfreiheit i. S. d. Art. 18 Abs. 1 S. 2 IPBPR unter dem Aspekt beeinträchtigt, dass die Zwangsbeschneidung eine kultische Handlung ist, die symbolisch die Religionszugehörigkeit festlegt, auch wenn diese hierdurch nicht tatsächlich festgelegt wird.

1 *Khoury*, 500.
2 *Khoury/Hagemann/Heine*, Bd. 1, 122 f.
3 *Khoury/Hagemann/Heine*, Bd. 1, 122 f.
4 *Hammond/Kimmel* in *Schnüll*, 241 (244 f).
5 Der Spiegel, Nr. 10 vom 8. März 1999, 271.
6 *Hammond/Kimmel* in *Schnüll*, 241 (245).

Die Zwangsbeschneidung ist somit i. d. R. unmittelbar private Verfolgung. Sofern der Staat hiergegen nicht mit due diligence vorgeht, ist dies auch mittelbar staatliche Verfolgung. Verfolgungsgrund ist jeweils die Religion.

2. Beschneidung durch die Eltern

a. Unmittelbar private Verfolgung

Die durch die Eltern veranlasste Beschneidung ist unrechtmäßig, wenn hierdurch eine menschenrechtliche Gewährleistung beeinträchtigt wird und sich hieraus die konkrete fiktive Verpflichtung der Eltern ergibt, dieses Verhalten zu unterlassen. Die Beschneidung ist gemessen an Art. 7 IPBPR unrechtmäßig, wenn sie eine grausame, unmenschliche oder erniedrigende Behandlung ist. Sofern die Beschneidung unter Narkose vorgenommen wird, ist sie anders als die Genitalverstümmelung von Frauen nicht unmenschlich, da sie weder kurzfristig noch langfristig zu starken gesundheitlichen Beeinträchtigungen führt. Teilweise werden die Langzeitfolgen der Beschneidung von Medizinern sogar als gesundheitsfördernd gewertet.[7] Sie ist aber eine erniedrigende Behandlung, wenn sie gegen den Willen der Jungen vorgenommen wird.

Zudem könnte die Handlung der Eltern gemessen an den in Art. 17 Abs. 1 Var. 1 IPBPR geschützten Rechten auf körperliche Unversehrtheit und sexuelle Selbstbestimmung unrechtmäßig sein. Hierfür spricht, dass die Folgen der Beschneidung irreversibel sind. Da aber, wie gerade gesehen, nicht geklärt ist, ob die Beschneidung nicht sogar gesundheitsfördernd ist und sie mit zunehmendem Alter gefährlicher wird, lässt sich aus Art. 17 Abs. 1 IPBPR nicht die konkrete fiktive Verpflichtung der Eltern entnehmen, von dieser Handlung Abstand zu nehmen. Diese Erwägungen gelten entsprechend hinsichtlich des Rechts auf sexuelle Selbstbestimmung, da auch diesbezüglich unklar ist, ob dieses durch die Beschneidung überhaupt nachteilig beeinträchtigt wird.[8] Eine fiktive Verpflichtung der Eltern, von der Zwangsbeschneidung Abstand zu nehmen, kann sich allerdings aus Art. 18 IPBPR ergeben und zwar unter dem Aspekt, dass der Junge die Durchführung explizit ablehnt und damit wegen des Charakters der Zwangsbeschneidung als kultischer Handlung und der mit ihr einhergehenden symbolischen Festlegung der Religionszugehörigkeit in seiner negativen Religionsfreiheit ausreichend intensiv beeinträchtigt ist.

---

7 so haben Untersuchungen ergeben, dass sich unbeschnittene Männer leichter mit dem HIV-Virus anstecken, Der Spiegel , Nr. 3 vom 15. Januar 2001, 156; *Caldwell/Caldwell*, Spektrum der Wissenschaft 1986, 76 ff; andererseits führen *Hammond/Kimmel* in *Schnüll*, 241 (249) aber eine Studie an, nach der beschnittene Männer sich mit größerer Wahrscheinlichkeit mit einer Geschlechtskrankheit infizieren.

8 s. hierzu *Hammond/Kimmel* in *Schnüll*, 241 (248 f).

Eine ohne Narkose vorgenommene Beschneidung von Säuglingen kann zu psychischen Beeinträchtigungen führen, da die Säuglinge den Schmerz wahrnehmen und ihn auch ein Leben lang nicht vergessen.[9] Allerdings ist dieser Schmerz nicht so intensiv, dass er die besonderen Anforderungen einer grausamen oder unmenschlichen Behandlung i. S. d. Art. 7 S. 1 IPBPR erfüllt. Wenn eine Beschneidung unter Narkose nicht möglich ist, wie dies bei der Beschneidung von Säuglingen der Fall ist, ist die Handlung der Eltern angesichts der unterschiedlichen Beurteilung der gesundheitlichen Folgen auch gemessen an Art. 17 IPBPR nicht unrechtmäßig.

In dem Fall, in dem die Beschneidung gegen den Willen des Jungen vorgenommen wird, und damit unmittelbar private Verfolgung ist, ist zu prüfen, ob diese Handlung an einen Konventionsgrund anknüpft. Anknüpfungspunkt ist nicht die Zugehörigkeit zur bestimmten sozialen Gruppe aller Männer, da nur Muslime und nicht alle Männer beschnitten werden sollen. Anknüpfungspunkt ist auch nicht die Zugehörigkeit zur bestimmten sozialen Gruppe aller männlichen Muslime, da männliche Muslime in einer muslimischen Gesellschaft nicht machtlos sind und daher keine bestimmte soziale Gruppe bilden. Sie werden nicht diskriminiert und es wird auch nicht als zulässig angesehen, ihnen Beeinträchtigungen mit Verfolgungsstärke zuzufügen, da die Beschneidung für sich genommen keine solche Beeinträchtigung ist. Dies wäre lediglich in dem (wohl nicht praxisrelevanten) Fall anders zu beurteilen, in dem es in der Gesellschaft als zulässig angesehen wird, Muslime auch gegen den ausdrücklich erklärten Willen zu beschneiden. Die Handlung der Eltern knüpft zumeist auch nicht an die Religion an, da der Handlung nicht die Maxime zugrunde liegt, in der Gesellschaft oder in einer anderen Gruppe nach der Religion zu differenzieren. Dies ist nur in dem Fall anders zu beurteilen, in dem die Beschneidung mit ausreichender Intensität die negative Religionsfreiheit beeinträchtigt. Die Handlung der Eltern knüpft somit i. d. R. an keinen Konventionsgrund an.

b. Mittelbar staatliche Verfolgung

Die Beschneidung ist darüber hinaus mittelbar staatliche Verfolgung, wenn hierdurch der Gewährleistungsbereich eines Menschenrechts beeinträchtigt wird und der Staat hiergegen nicht mit due diligence vorgeht. Die Beschneidung gegen den Willen des Jungen beeinträchtigt den Gewährleistungsbereich von Art. 7 S. 1 IPBPR und Art. 17 Abs. 1 Var. 1 IPBPR. Die Beschneidung ohne den Willen kann hingegen angesichts der unterschiedlichen Auffassungen über die Auswirkungen der Beschneidung nicht als willkürliche Beeinträchtigung des Privatlebens angesehen werden. Jedenfalls kann nicht verlangt werden, dass der Herkunftsstaat

---

9 *Hammond/Kimmel* in *Schnüll*, 241 (245 ff).

hiergegen vorgeht. Dies gilt auch für den Fall, dass sie ohne Narkose vorgenommen wird, weil eine Vornahme unter Narkose nicht möglich ist. Der Herkunftsstaat hat aber mit due diligence dagegen vorzugehen, dass die Beschneidung nicht gegen den ausdrücklich erklärten Willen vorgenommen wird. Sofern er dies unterlässt, und dies erkenntlich darauf basiert, dass Muslime auch zu ihrem „Glück" gezwungen werden müssen, knüpft dieses Unterlassen an die Zugehörigkeit zur bestimmten sozialen Gruppe der Muslime bzw. an die Religion an. Dies kann aber nur in Ausnahmefällen angenommen werden. Zumeist kann die durch die Eltern veranlasste oder durchgeführte Beschneidung somit nicht zu einem Gebot des non-refoulement aus Art. 33 Abs. 1 GFK führen.

II. Subsumtion unter Art. 16a Abs. 1 GG

Die Zwangsbeschneidung von christlichen Wehrpflichtigen erreicht nach der Rechtsprechung asylerhebliche Intensität, da hierdurch „der von einer Zwangsbeschneidung Betroffene unter Mißachtung seines religiösen und personalen Selbstbestimmungsrechts zum bloßen Objekt erniedrigt wird"[10]. Die Zwangsbeschneidung ist mittelbar staatliche Verfolgung, wenn der Herkunftsstaat hiergegen nicht mit due diligence vorgeht. Der Herkunftsstaat muss somit präventive Vorkehrungen treffen, den Opfern Schutz gewähren und Sanktionen verhängen.[11] Die mittelbar staatliche Verfolgung knüpft ebenfalls an die Religion an, da jedenfalls die Handlung der Privaten anhand der Religion differenziert. Zudem könnte die Verfolgung auch an das Geschlecht anknüpfen. So differenziert die Beschneidung innerhalb der „Christen" nach dem Geschlecht. Allerdings werden hier männliche Christen nicht als Ausdruck dessen beschnitten, dass Männer insgesamt in der Gesellschaft als minderwertig angesehen werden, sondern in der Beschneidung kommt zum Ausdruck, dass speziell Christen als minderwertig angesehen werden.

Die Zwangsbeschneidung durch die Eltern erreicht ebenfalls asylerhebliche Intensität. Sie ist aber nur in den Ausnahmefällen politische Verfolgung, in denen auch im Rahmen des Art. 33 Abs. 1 GFK die Beschneidung mittelbar staatliche Verfolgung ist. Diese knüpft nicht an das Geschlecht an, da weder die Beschneidung durch die Eltern gegen den Willen noch das staatliche Unterlassen Ausdruck dessen sind, dass Männer insgesamt als minderwertig angesehen werden. Sie knüpft aber in dem Fall, in dem durch eine Zwangsbeschneidung die negative Religionsfreiheit intensiv beeinträchtigt ist, an die Religion an.

---

10 BVerwGE 89, 162 (166).

11 so hinsichtlichlich Zwangsbeschneidungen in der Armee explizit auch BVerwGE 89, 162 (166 f).

III. Subsumtion unter § 51 Abs. 1 AuslG

Im Hinblick auf das Vorliegen mittelbar staatlicher Verfolgung führen die übliche Auslegung des § 51 Abs. 1 AuslG und die Auslegung entsprechend der GFK zu übereinstimmenden Ergebnissen. Bei der Auslegung von § 51 Abs. 1 AuslG entsprechend der GFK folgt aber daraus ein umfassenderer Schutz, dass hier auch die von Privaten ausgehende Beschneidung unmittelbar private Verfolgung aus einem Konventionsgrund sein kann.

IV. Subsumtion unter Art. 3 EMRK, § 53 Abs. 4 AuslG

Die Beschneidung gegen den Willen des Betroffenen ist eine erniedrigende Behandlung i. S. d. Art. 3 EMRK, so dass sie zu einem Gebot des non-refoulement aus Art. 3 EMRK bzw. einem Abschiebungshindernis aus § 53 Abs. 4 AuslG führen kann. Nach der Rechtsprechung des Bundesverwaltungsgerichts ist dies nur gegeben, wenn die Beeinträchtigungen dem Zielstaat „zurechenbar" sind, mithin er es unterlassen hat, mit due diligence gegen die Beeinträchtigungen vorzugehen.

B. Beeinträchtigungen in matriarchalen Gesellschaften

Vereinzelt gibt es Gesellschaften, die im Matriarchat leben. Beispiel hierfür ist die Gesellschaft der Khasi im Nordosten Indiens.[12] In dieser Gesellschaftsordnung sind die Kinder der Frau zugeordnet. Die jüngste Tochter erbt das Haus, muss sich im Gegenzug aber auch um die Familie kümmern. Männer hingegen sind im Haus ihrer Ehefrauen nur Gast und haben auch kein Landeigentum. Jungen erhalten i. d. R. eine schlechtere Ausbildung als Mädchen. Hierdurch werden die Jungen diskriminiert und Art. 13 Abs. 1 IPWSKR wird beeinträchtigt. Allerdings lässt sich hieraus keine hinreichend konkrete fiktive Verpflichtung der Eltern erkennen, ihren Söhnen den Schulbesuch gleichermaßen wie den Töchtern zu ermöglichen. Es ist vielmehr Aufgabe des Staates, die Eltern hierzu zu veranlassen, bspw. indem er gem. Art. 14 IPWSKR die allgemeine Grundschulpflicht auf unentgeltlicher Basis einführt. Diese Andersbehandlung ist damit nicht unrechtmäßig und daher keine unmittelbar private Verfolgung i. S. d. Art. 33 Abs. 1 GFK. In Einzelfällen kann dies aber mittelbar staatliche Verfolgung sein, wenn der Staat den Verpflichtungen aus dem IPWSKR nicht nachkommt, dies wird aber zumeist nicht der Fall sein. Sonstige Diskriminierungen erreichen nicht die erforderliche Beeinträchtigungsintensität. In der Regel sind diese Diskriminierungen daher weder unmittelbar pri-

12 s. SZ vom 9. März 2002, 3: Im Nordosten Indiens lebt eine Gesellschaft im Matriarchat: Es sind die Frauen, die eine Gesellschaft stark machen.

vate noch mittelbar staatliche Verfolgung i. S. d. Art. 33 Abs. 1 GFK. Sie sind daher regelmäßig auch keine mittelbar staatliche Verfolgung i. S. d. Art. 16a Abs. 1 GG. Wenn dies dennoch ausnahmsweise der Fall ist, knüpft die Handlung der Privaten und damit die mittelbar staatliche Verfolgung insgesamt im Rahmen des Art. 33 Abs. 1 GFK an die Zugehörigkeit zur bestimmten sozialen Gruppe aller Männer der Gesellschaft und im Rahmen des Art. 16a Abs. 1 GG an das Geschlecht an.

C. Gewalt an Männern durch Private

I. Häusliche Gewalt

Auch Männer sind Opfer häuslicher Gewalt durch ihre Ehefrauen[13], allerdings gibt es noch keine Erhebungen über die Häufigkeit dieser Vorkommnisse. Insgesamt scheint dies in Gesellschaften, in denen Frauen eine untergeordnete Stellung haben, seltener vorzukommen als in Gesellschaften, in denen Frauen zunehmend gleichberechtigt sind. Diese Handlungen sind zwar gemessen an dem in Art. 9 Abs. 1 S. 1 Var. 2 IPBPR geschützten Recht auf Sicherheit und dem in Art. 17 Abs. 1 Var. 1 IPBPR geschützten Recht auf Privatleben unrechtmäßig, sie erreichen aber i. d. R. nicht die für Verfolgung i. S. d. Art. 1 A Nr. 2 S. 1 Hs. 1 GFK erforderliche Beeinträchtigungsintensität, da Männer zumeist die Möglichkeit haben, sich räumlich von ihren Frauen zu trennen. Jedenfalls besteht keine begründete Furcht vor Verfolgung. Auch knüpft die Gewaltanwendung der Ehefrau nicht an einen Konventionsgrund an, da sie sich von vornherein nur gegen ihren Mann richtet. Die Gewaltanwendung durch die Ehefrau ist somit keine unmittelbar private Verfolgung aus einem Konventionsgrund. Die Gewaltanwendungen werden regelmäßig auch keine mittelbar staatliche Verfolgung sein, da der Staat den Anforderungen von due diligence genügen wird. So sind hier nicht die gleichen Maßnahmen wie bei häuslicher Gewalt an Ehefrauen erforderlich, weil es gesellschaftlich nicht als zulässig angesehen wird, dass Frauen Männer schlagen. Diese Gewaltanwendungen führen somit nicht zu einem Gebot des non-refoulement aus Art. 33 Abs. 1 GFK. Aus den gleichen Gründen folgt auch aus Art. 16a Abs. 1 GG und § 51 Abs. 1 AuslG kein Schutz.

II. Tötung im Namen der Ehre

Männern droht Tötung im Namen der Ehre, wenn sie die Ehre eines anderen Mannes verletzt haben, in dem sie eine Frau, die unter dessen „Schutz“ stand, tatsächlich oder vermeintlich begehrt und sich mit ihr in eine Situation begeben haben,

---

13 taz Berlin vom 27. Februar 2002, 22: Fluchtburg für geschlagene Männer – Das Berliner Männerbüro will Deutschlands erstes Haus für Männer einrichten, die unter Gewalt ihrer Frauen leiden.

in der es zum Geschlechtsverkehr hätte kommen können. Diese Konstellation ist entsprechend dem oben Ausgeführten zu beurteilen.[14] Damit ist die Tötung zwar unmittelbar private Verfolgung i. S. d. Art. 1 A Nr. 2 S. 1 Hs. 1 GFK. Diese knüpft aber weder an die Zugehörigkeit zur (bestimmten sozialen) Gruppe aller Männer noch an einen sonstigen Konventionsgrund an. Sofern die Tötung mittelbar staatliche Verfolgung ist, knüpft zumeist auch das staatliche Unterlassen an keinen Konventionsgrund an. Dies ist nur anders zu beurteilen, wenn erkenntlich bestimmten Männern wegen ihrer Religion oder ihrer Ethnie in diskriminierender Weise weniger Schutz zuteil wird. Nur unter dieser Voraussetzung ist die Tötung daher auch im Rahmen des Art. 16a Abs. 1 GG mittelbar staatliche Verfolgung.

In dieser Konstellation folgt aber regelmäßig aus Art. 3 bzw. Art. 2 EMRK und aus § 53 Abs. 4 AuslG Schutz.[15]

III. Blutrache

Bei der Praxis der Blutrache, die in einigen Gebieten noch geläufig ist, werden Männer im Zuge einer Familien- oder Stammesfehde getötet, Frauen teilweise vergewaltigt. Die Tötung ist Verfolgung i. S. d. Art. 1 A Nr. 2 S. 1 Hs. 1 GFK. Als Verfolgungsgrund kommt die Zugehörigkeit zur Familie als bestimmter sozialer Gruppe in Betracht. Die Familie ist aber nur eine solche Gruppe, wenn sie in dem Sinne machtlos ist, dass es von Staat oder Gesellschaft als zulässig angesehen wird, ihr Beeinträchtigungen mit Verfolgungsintensität zuzufügen. Dies kann nur in dem Ausnahmefall angenommen werden, in dem den staatlichen Stellen die drohende Beeinträchtigung bekannt ist, diese aber bewusst nicht hiergegen vorgehen. Nur in diesem Fall kann daher aus Art. 33 Abs. 1 GFK ein Gebot des non-refoulement folgen.

Die Tötung erreicht asylerhebliche Intensität i. S. d. Art. 16a Abs. 1 GG. Sie ist mittelbar staatliche Verfolgung, wenn in der Gesellschaft die Praxis der Blutrache verbreitet ist und die staatlichen Stellen hiergegen nicht mit due diligence vorgehen. In diesem Fall erfolgt die Verfolgung nicht wegen des Geschlechts. Die unmittelbar private Tötung differenziert innerhalb der Familie des Antragstellers zwar nach dem Geschlecht, da üblicherweise nur Männer getötet werden. Allerdings resultiert diese Handlung nicht aus der generellen Auffassung, dass Männer minderwertig sind. Dies gilt gleichermaßen für das staatliche Unterlassen, das den Status quo aufrechterhält, so dass nach dem Ansatz der Rechtsprechung aus Art. 16a Abs. 1 GG kein Schutz folgt. Nach dem hier zu Art. 16a Abs. 1 GG vertretenen Ansatz knüpft die Verfolgung hingegen an die Zugehörigkeit zur bestimmten sozialen Gruppe „Familie" an. Nach diesem Ansatz führen somit die

---

[14] s. u. 5. Kapitel B. III. 2 und 6. Kapitel B. IV. 3.

[15] s. u. 8. Kapitel D. IV.

Auslegung von § 51 Abs. 1 AuslG entsprechend der GFK und die übliche Auslegung des § 51 Abs. 1 AuslG zu übereinstimmenden Ergebnissen; nach dem Ansatz der Rechtsprechung führt hingegen die Auslegung entsprechend der GFK zu einem umfassenderen Schutz.

In dieser Fallkonstellation besteht regelmäßig ein Gebot des non-refoulement aus Art. 2 EMRK und Art. 3 EMRK[16] sowie ein Abschiebungshindernis aus § 53 Abs. 4 AuslG. Nach der Rechtsprechung des Bundesverwaltungsgerichts ist dies allerdings nur gegeben, wenn der Zielstaat es unterlassen hat, mit due diligence gegen die Praxis vorzugehen. Wie gerade gesehen, kann dies durchaus der Fall sein. Es kann daher nicht überzeugen, wenn in der Rechtsprechung in diesen Konstellationen von vornherein nur ein Abschiebungshindernis aus § 53 Abs. 6 AuslG in Betracht gezogen wird.[17]

---

16 s. u. 8. Kapitel D. IV.

17 s. bspw. OVG Niedersachsen, B. v. 6. März 2000, 9 L 3275/99, NVwZ-Beilage 2/2001, 19 f.

Kapitel 14

Sexuelle Gewalt

A. Vergewaltigung

Auch gegen Männer werden Vergewaltigungen und vergleichbare Formen sexueller Gewalt zur Erniedrigung vor allem im Rahmen von Folterungen angewandt.[1]

I. Subsumtion unter Art. 33 Abs. 1 GFK

Vergewaltigungen und vergleichbare Formen sexueller Gewalt sind aufgrund der physischen und psychischen Beeinträchtigungen jedenfalls eine erniedrigende Behandlung i. S. d. Art. 7 S. 1 IPBPR und damit Verfolgung i. S. d. Art. 1 A Nr. 2 S. 1 Hs. 1 GFK. Verfolgungsgrund ist je nach Konstellation Ethnie, politische Überzeugung oder Religion. Die Verfolgung knüpft hingegen nicht an die Zugehörigkeit zur (bestimmten sozialen) Gruppe aller Männer der jeweiligen Gesellschaft an: Es ist keine Situation vorstellbar, in der ein Mann sexuell erniedrigt wird, weil er irgendein Mann in der Gesellschaft ist. Männer werden anders als Frauen auch nicht wegen ihres „ungeschützten" Zustandes sexuell erniedrigt. Wenn die Beeinträchtigung innerhalb von Guerilla-Truppen als Bestrafung für unzuverlässiges Verhalten angewandt werden sollte, ist der Verfolgungsgrund auch nicht die Zugehörigkeit zu dieser Guerilla- oder Terrorgruppe (unabhängig davon, ob es sich um eine bestimmte soziale Gruppe handelt), da die Beeinträchtigung den Betroffenen nicht als irgendein Mitglied der Gruppe trifft.[2]

II. Subsumtion unter Art. 16a Abs. 1 GG

Vergewaltigungen und vergleichbare Formen sexueller Gewalt sind regelmäßig von asylerheblicher Intensität.[3] Ein unrechtmäßiges staatliches Unterlassen, das die unmittelbar von Privaten ausgehende Beeinträchtigung zu einer mittelbar staatlichen Verfolgung werden lässt, wird anders als bei der Vergewaltigung von Frauen nur selten vorliegen, da es in der Gesellschaft keine legitimierenden Normen gibt, nach denen Männer insgesamt oder Untergruppen von Männern sexuell erniedrigt werden dürfen. Daher können die Vergewaltigungen nur politische Verfolgung sein, wenn die Beeinträchtigungen von Staatsorganen oder Organen eines

1 dies kommt bspw. in der Türkei vor: *a. i.*, Turkey Systemic Torture.

2 vgl. *Ward v. Canada*, [1993] 2 S.C.R. 689, § 86 f.

3 s. u. 9. Kapitel C. III. 1.

stabilisierten de facto Regimes ausgehen. Verfolgungsgründe sind Ethnie, Religion oder politische Überzeugung. Die sexuelle Gewalt knüpft nicht an das Geschlecht an, da keine Situation vorstellbar ist, in der ein Mann deshalb sexuell erniedrigt wird, weil Männer in der Gesellschaft insgesamt als minderwertig angesehen werden.

III. Subsumtion unter § 51 Abs. 1 AuslG

Wenn die sexuelle Gewalt unmittelbar vom Staat ausgeht, führen beide Ansätze zur Auslegung des § 51 Abs. 1 AuslG zu übereinstimmenden Ergebnissen, sofern Art. 16a Abs. 1 GG im hier verstandenen Sinne ausgelegt wird. Wenn die sexuelle Gewalt von Privaten ausgeht, führt die Auslegung von § 51 Abs. 1 AuslG zu einem umfassenderen Schutz, da hier die sexuelle Gewalt für sich genommen unmittelbar private Verfolgung sein kann.

IV. Subsumtion unter Art. 3 EMRK, § 53 Abs. 4 AuslG

Vergewaltigungen und vergleichbare Formen sexueller Gewalt sind zudem i. d. R. eine erniedrigende oder unmenschliche Behandlung i. S. d. Art. 3 EMRK, so dass hieraus ein Gebot des non-refoulement und aus § 53 Abs. 4 AuslG Abschiebungsschutz folgen kann. Dies gilt nach der Rechtsprechung des Bundesverwaltungsgerichts allerdings nur, wenn die sexuelle Gewalt unmittelbar vom Zielstaat ausgeht oder er es unterlässt, mit due diligence gegen die privaten Beeinträchtigungen vorzugehen. Letzteres wird aber i. d. R. nicht der Fall sein.

B. Zwangssterilisation

Zwangssterilisationen an Männern kommen im Rahmen der Ein-Kind-Politik in China sowie im Rahmen von Folterungen vor. Diese folgen den gleichen Regeln wie Zwangssterilisationen von Frauen. Sie können daher unter den o. g. Voraussetzungen zu einem Gebot des non-refoulement aus Art. 33 Abs. 1 GFK[4] bzw. zur Schutzgewährung aus Art. 16a Abs. 1 GG und § 51 Abs. 1 AuslG führen. Sie sind zudem unter den o. g. Voraussetzungen eine erniedrigende oder unmenschliche Behandlung i. S. d. Art. 3 EMRK.[5]

---

4 so auch *Chan v. Canada*, [1995] 3 S.C.R. 593, § 73.

5 vgl. aber OVG NRW, U. v. 24. April 1998, 1 A 1399/97.A, wo angedeutet wird, dass die Zwangssterilisation von Männern im Zuge der Ein-Kind-Politik anders als die von Frauen keine solche Behandlung sein könnte.

Abschließend lässt sich feststellen, dass die im Rahmen der Fallkonstellationen frauenspezifischer Flucht- und Bleibegründe entwickelten Grundsätze auch zur Beurteilung männerspezifischer Flucht- und Bleibegründe geeignet sind. Insbesondere kann es bei der Beurteilung dieser Fallkonstellationen weiterhelfen, politische Verfolgung i. S. d. Art. 16a Abs. 1 GG nach dem hier vertretenen Ansatz als unrechtmäßige und intensive (quasi-)staatliche Andersbehandlung aus einem der in der GFK genannten Konventionsgründe zu definieren und die Unrechtmäßigkeit anhand des von der großen Staatenmehrheit akzeptierten internationalen Menschenrechtsmaßstabs zu bestimmen. Dabei spielt allerdings – anders als bezüglich der Fallkonstellationen frauenspezifischer Flucht- und Bleibegründe – weder der Verfolgungsgrund „Zugehörigkeit zur bestimmten sozialen Gruppe aller Männer der jeweiligen Gesellschaft" noch das asylerhebliche Merkmal „Geschlecht" eine Rolle. Es ist hier auch nur in Ausnahmefällen von Bedeutung, dass Art. 33 Abs. 1 GFK umfassender vor unmittelbar privaten Beeinträchtigungen schützt als Art. 16a Abs. 1 GG. Im Rahmen des § 51 Abs. 1 AuslG führt die Auslegung in Übereinstimmung mit Art. 16a Abs. 1 GG und die Auslegung entsprechend Art. 33 Abs. 1 GFK somit nach dem hier zu Art. 16a Abs. 1 GG vertretenen Ansatz praktisch zu keinen Unterschieden.

Zusammenfassung

1. Flucht- und Bleibegründe sind frauenspezifisch, wenn sie im Zusammenhang mit dem sozialen und kulturellen Geschlecht der Frauen stehen. Beispiele hierfür sind repressive Sozialnormen in patrilinearen Gesellschaften und ihre Sanktionierung, Genitalverstümmelung, Tötung im Namen der Ehre, Gewalt/Tötung im Zusammenhang mit Streitigkeiten um die Mitgift und Gewalt an Ehefrauen. Zudem können Zwangsverheiratungen durch die Eltern, die drohende Zwangsheirat durch den Ehemann sowie die Flucht im Zusammenhang mit einer rechtlich oder gesellschaftlich nicht akzeptierten Ehe zu einem solchen Flucht- oder Bleibegrund werden. Weitere frauenspezifische Flucht- und Bleibegründe sind drohende sexuelle Gewalt und Vergewaltigungen.

2. Völkerrechtliche Verpflichtungen der Bundesrepublik Deutschland, in diesen Konstellationen Schutz zu gewähren, ergeben sich aus Art. 33 Abs. 1 der GFK, der EMRK, Art. 7 IPBPR und Art. 3 Nr. 1 der UN-Folterkonvention. Gegenstand der vorliegenden Untersuchung sind die Gebote des non-refoulement aus Art. 33 Abs. 1 GFK und aus der EMRK.

3. Aus Art. 33 Abs. 1 GFK besteht ein Gebot des non-refoulement, wenn die betreffende Person Flüchtling i. S. d. Art. 1 A Nr. 2 S. 1 Hs. 1 GFK ist.

4. Verfolgung i. S. d. Art. 1 A Nr. 2 S. 1 Hs. 1 GFK ist zu definieren als zielgerichtete, unrechtmäßige und intensive Andersbehandlung. Die Unrechtmäßigkeit ist anhand globaler Menschenrechte zu bestimmen, deren Tatbestandvoraussetzungen von der großen Staatenmehrheit als verbindlich akzeptiert worden sind. Die Intensität ist im Einzelfall anhand des subjektiven Empfindens der betroffenen Person zu beurteilen, das aber objektiv nachvollziehbar sein muss. Letzteres ist anhand der Art und Weise der Behandlung und der durch die Behandlung im gesellschaftlichen Kontext unmittelbar und objektiv vorhersehbar hervorgerufenen Folgen zu ermitteln. Verfolgung kann unmittelbar staatliche Verfolgung oder unmittelbare Verfolgung eines stabilisierten de facto Regimes sowie unmittelbar private Verfolgung sein. Voraussetzung ist jeweils, dass der Gewährleistungsbereich eines zum Maßstab gehörenden Menschenrechts durch das Verhalten mit ausreichender Intensität beeinträchtigt ist und sich zugleich aus der menschenrechtlichen Gewährleistung die hinreichend konkrete (fiktive) Verpflichtung ergibt, von dem Verhalten Abstand zu nehmen. Das Verhalten kann zudem mittelbar staatliche Verfolgung oder mittelbare Verfolgung durch ein stabilisiertes de facto Regime sein. Dies ist der Fall, wenn die Beeinträchtigung unmit-

telbar von Privaten ausgeht und der Herkunftsstaat (bzw. das stablisierte de facto Regime) nicht mit due diligence hiergegen vorgeht. In diesem Fall sind das unmittelbar private Verhalten und das unrechtmäßige staatliche Unterlassen zusammengenommen die Verfolgung.

5. Die Verfolgung erfolgt wegen eines Konventionsgrundes, wenn sie bei objektiver Betrachtung im gesellschaftlichen Kontext an diesen Grund anknüpft. Dies ist der Fall, wenn die dem Verhalten immanente ungerechtfertigte Differenzierung hieran anknüpft. Darauf, ob die Verfolgungssituation, d. h. die Beeinträchtigung menschenrechtlicher Gewährleistungen im Einzelfall hieran anknüpft, kommt es nicht an.

6. Eine bestimmte soziale Gruppe i. S. d. Art. 1 A Nr. 2 S. 1 Hs. 1 GFK ist eine Gruppe, die in der Gesellschaft existiert und zugleich in der Gesellschaft machtlos ist. Letzteres ist gegeben, wenn sie in der Gesellschaft diskriminiert wird oder wenn es von staatlicher oder gesellschaftlicher Seite als zulässig angesehen wird, allen Mitgliedern der Gruppe Beeinträchtigungen zuzufügen, die Verfolgungsstärke erreichen können. Eine Verbindung von Personen, die sich willentlich zusammengeschlossen haben oder durch familiäre Bindungen miteinander verbunden sind, ist eine Gruppe in der Gesellschaft, wenn diese Verbindung Eigenständigkeit erlangt hat. Personen, die nicht willentlich zusammengeschlossen sind, bilden eine Gruppe in der Gesellschaft, wenn sie von der Gesellschaft als zusammengehörende Einheit wahrgenommen werden. Indizien hierfür sind, dass es eine Bezeichnung für diese Personen gibt und ihnen übereinstimmend bestimmte Eigenschaften zugeschrieben werden.

7. Ein abstrakt-generelles Verhalten knüpft an die Zugehörigkeit zu einer bestimmten sozialen Gruppe an, wenn hierdurch die Gruppe in der Gesellschaft einheitlich anders behandelt wird. Ein konkret-individuelles Verhalten knüpft hieran an, wenn diesem bei objektiver Betrachtung im gesellschaftlichen Kontext eine Maxime zugrunde liegt, die als abstrakt-generelle Regelung gedacht, nach der Gruppenzugehörigkeit differenziert.

8. Eine Verfolgung kann nur an die politische Überzeugung anknüpfen, wenn sie die Reaktion darauf ist, dass die hiervon betroffene Person eine generelle Auffassung zu den bestehenden oder zukünftigen gesellschaftlichen Verhältnissen geäußert hat oder ihrem Verhalten (bei objektiver Betrachtung im gesellschaftlichen Kontext) eine solche Auffassung entnommen wird. Letzteres kann nicht allein daraus geschlossen werden, dass das Verhalten als Gefahr für die Gesellschaft angesehen wird oder daraus, dass die Person den Bereich, in dem sie in diskriminierender Weise in ihren Freiheitsrechten eingeschränkt ist, selbst regeln möchte.

9. Das Bestehen von frauendiskriminierenden Arbeitsverboten, Bildungsverboten und -beschränkungen, Bewegungsbeschränkungen oder Verschleierungsgeboten kann unmittelbar staatliche Verfolgung sein. In diesem Fall knüpft die Verfolgung an die Zugehörigkeit zur bestimmten sozialen Gruppe aller Frauen der jeweiligen Gesellschaft an.
10. Die Bestrafung eines Verstoßes gegen frauendiskriminierende Vorschriften eines Staates ist bei entsprechender Intensität unmittelbar staatliche Verfolgung. Die Verfolgung knüpft an die Zugehörigkeit zur bestimmten sozialen Gruppe aller Frauen der jeweiligen Gesellschaft an, wenn alle Frauen, die gegen die Norm verstoßen, in einer Weise bestraft werden können, dass dies Verfolgung ist. In diesem Fall wird durch die Einzelhandlung nur die Differenzierung nachvollzogen, die bereits in der Strafnorm angelegt ist. Zudem kann die Bestrafung auch Verfolgung wegen der politischen Überzeugung sein, wenn das Verhalten generell oder im konkreten Einzelfall als Kritik an den bestehenden Normen aufgefasst wird. Die Bestrafung kann auch Verfolgung wegen der Zugehörigkeit zur Gruppe der „westlich orientierten Frauen" der jeweiligen Gesellschaft sein.
11. Die Bestrafung eines Verstoßes gegen nicht frauendiskriminierende zina-Vorschriften, die den vor- oder außerehelichen Geschlechtsverkehr verbieten, ist regelmäßig unmittelbar staatliche Verfolgung wegen der Zugehörigkeit zur bestimmten sozialen Gruppe aller Frauen der jeweiligen Gesellschaft, wenn Frauen unter Verstoß gegen die Unschuldsvermutung und/oder das Gleichheitsgebot bestraft werden.
12. Das Bestehen von diskriminierenden Eheverboten kann unmittelbar staatliche Verfolgung wegen der Zugehörigkeit zur bestimmten sozialen Gruppe aller (muslimischen) Frauen der jeweiligen Gesellschaft sein.
13. Die Genitalverstümmelung, die nicht dem freien und aufgeklärten Willen der Frauen entspricht, ist regelmäßig als unmittelbar private Verfolgung wegen der Zugehörigkeit zur bestimmten sozialen Gruppe aller Frauen der jeweiligen Ethnie zu beurteilen. Wenn der Staat hiergegen nicht mit due diligence vorgeht, ist dies mittelbar staatliche Verfolgung wegen der Zugehörigkeit zur bestimmten sozialen Gruppe aller Frauen der jeweiligen Ethnie und/oder der Zugehörigkeit zur bestimmten sozialen Gruppe aller Frauen des jeweiligen Herkunftsstaats. Die soziale Ausgrenzung nicht verstümmelter Frauen kann unmittelbar private und mittelbar staatliche Verfolgung wegen der Zugehörigkeit zur bestimmten sozialen Gruppe der unverstümmelten Frauen der jeweiligen Ethnie sein.
14. Häusliche Gewalt an Ehefrauen und Gewalt/Tötung im Zusammenhang mit Mitgiftforderungen können mittelbar staatliche Verfolgung wegen der Zu-

gehörigkeit zur bestimmten sozialen Gruppe aller Frauen der jeweiligen Gesellschaft sein. Tötungen/Gewaltanwendungen im Namen der Ehre können unmittelbar private und mittelbar staatliche Verfolgung wegen der Zugehörigkeit zur bestimmten sozialen Gruppe aller Frauen der jeweiligen Gesellschaft sein. Witwenverbrennungen können unmittelbar private und mittelbar staatliche Verfolgung wegen der Zugehörigkeit zur bestimmten sozialen Gruppe der Witwen der jeweiligen Gesellschaft sein.

15. Eine Zwangsverheiratung durch die Eltern oder Dritte kann unmittelbar private und mittelbar staatliche Verfolgung wegen der Zugehörigkeit zur bestimmten sozialen Gruppe aller Frauen der jeweiligen Gesellschaft sein. Die Zwangsheirat durch den Ehemann kann unmittelbar private und mittelbar staatliche Verfolgung wegen der Rasse, Religion, Nationalität oder der Zugehörigkeit zur bestimmten sozialen Gruppe der „ungeschützten" Frauen der jeweiligen Gesellschaft sein.

16. Gewaltanwendungen und sonstige Beeinträchtigungen, denen allein lebende und damit „ungeschützte" Frauen ausgesetzt sind, können unmittelbar private und mittelbar staatliche Verfolgung wegen der Zugehörigkeit zur bestimmten sozialen Gruppe der „ungeschützten" Frauen der jeweiligen Gesellschaft sein.

17. Gewaltanwendungen und Drohungen von islamischen Gruppierungen können unmittelbar private und mittelbar staatliche Verfolgung wegen der politischen Überzeugung und/oder der Zugehörigkeit zur bestimmten sozialen Gruppe der (muslimischen) Frauen der jeweiligen Gesellschaft sein.

18. Vergewaltigungen können unmittelbar staatliche Verfolgung, unmittelbar private Verfolgung oder mittelbar staatliche Verfolgung sein. Je nach konkreter Situation knüpft die Verfolgung an die Rasse, Religion, Nationalität, politische Überzeugung oder die Zugehörigkeit zu einer bestimmten sozialen Gruppe (Familie X, alle Frauen der jeweiligen Gesellschaft, „ungeschützte" Frauen der jeweiligen Gesellschaft) an.

19. In der Situation eines (innerstaatlichen) bewaffneten Konfliktes gelten diese Ausführungen entsprechend, sofern ein Staat oder ein stabilisiertes de facto Regime besteht. In dieser Situation wird allerdings häufig keine mittelbar staatliche Verfolgung oder mittelbare Verfolgung durch ein stabilisiertes de facto Regime vorliegen, da keine Mittel vorhanden sind, um gegen die Beeinträchtigungen vorzugehen. Auch wenn ein Staat oder ein stabilisiertes de facto Regime nicht besteht, ist in dieser Situation jedenfalls das Verhalten der Privaten unmittelbar private Verfolgung. Hier besteht dann regelmäßig auch eine begründete Furcht vor Verfolgung.

20. Aus Art. 3 EMRK folgt ein Gebot des non-refoulement, wenn entweder die Entfernung vom Staatsgebiet selbst eine unmenschliche oder erniedrigende Behandlung ist, oder wenn im Zielstaat eine unmenschliche oder erniedrigende Behandlung droht. Letztere kann sowohl von Privaten als auch von staatlichen Organen des Zielstaats ausgehen. In beiden Situationen gehen die Handlungen nämlich aus der Sicht des Konventionsstaates Bundesrepublik Deutschland von Dritten, d. h. nicht von seinen Organen, aus und lösen daher für ihn die Verpflichtung aus, das refoulement zu unterlassen. Demnach ist die Bundesrepublik Deutschland verpflichtet, Frauen, denen mit einem „real risk" Genitalverstümmelung, Körperstrafen, häusliche Gewalt, Witwenverbrennungen drohen, nicht in den Herkunftsstaat zu verbringen. Zudem kann hieraus ein Gebot des non-refoulement folgen, wenn erniedrigende Behandlung durch Verhaltensvorschriften und/oder soziale Ausgrenzung droht. Dies gilt gleichermaßen für § 53 Abs. 4 AuslG.

21. Politische Verfolgung i. S. d. Art. 16a Abs. 1 GG ist zu verstehen als zielgerichtete (quasi-)staatliche, intensive und unrechtmäßige Beeinträchtigung, die an ein asylerhebliches Merkmal anknüpft. Die Unrechtmäßigkeit der Beeinträchtigung ist anhand des gleichen Maßstabs wie im Rahmen des Art. 33 Abs. 1 GFK zu bestimmen, mithin anhand globaler Menschenrechte, deren Voraussetzungen von der großen Staatenmehrheit als verbindlich akzeptiert worden sind. Die Intensität der Beeinträchtigung ist nicht abstrakt, sondern anhand der Folgen zu bestimmen, die die Behandlung im konkreten Einzelfall hervorruft. Die unmittelbar von Privaten ausgehende Beeinträchtigung ist mittelbar staatliche und damit politische Verfolgung, wenn das staatliche Unterlassen, hiergegen vorzugehen, unrechtmäßig ist. Dies ist gegeben, wenn die unmittelbar von Privaten ausgehende Beeinträchtigung den Schutzbereich einer menschenrechtlichen Gewährleistung berührt und der Staat es unterlässt, hiergegen mit due diligence vorzugehen. Als asylerhebliche Merkmale sind abweichend von dem Ansatz der Rechtsprechung ausschließlich die in Art. 1 A Nr. 2 S. 1 Hs. 1 GFK genannten Merkmale anzusehen, die so auszulegen sind wie im Rahmen der GFK.

22. Das Geschlecht ist nach dem Ansatz von Bundesverfassungs- und Bundesverwaltungsgericht ein zusätzliches asylerhebliches Merkmal. Die Verfolgung erfolgt wegen des Geschlechts, wenn die Verfolgungshandlung innerhalb der Gesellschaft oder einer kleineren Gruppe anhand des Geschlechts differenziert und dies zugleich Ausdruck dessen ist, dass Personen dieses Geschlechts als minderwertig angesehen werden. Verfolgung wegen des Geschlechts ist daher nicht mit Verfolgung wegen der Zugehörigkeit zur bestimmten sozialen Gruppe aller Frauen identisch.

23. § 51 Abs. 1 AuslG ist entsprechend Art. 33 Abs. 1 GFK auszulegen. Die übliche Auslegung von § 51 Abs. 1 AuslG in weitgehender Übereinstimmung mit Art. 16a Abs. 1 GG führt im Ergebnis vor allem in den Fallkonstellationen zu Differenzen, in denen die Beeinträchtigung unmittelbar von Privaten ausgeht. Diese Beeinträchtigungen sind im Rahmen des Art. 16a Abs. 1 GG nur Verfolgung, wenn sie dem Staat „zuzurechnen" sind, mithin dieser es unterlässt, mit due diligence hiergegen vorzugehen. Wenn es keinen Staat oder Quasi-Staat gibt oder dieser mit due diligence gegen die Beeinträchtigungen vorgegangen ist, aber dennoch eine begründete Furcht vor Verfolgung besteht, führt dies zu einem unterschiedlichen Schutzumfang.

24. Die bezüglich der frauenspezifischen Flucht- und Bleibegründe entwickelten Konkretisierungen sind auch hinsichtlich der Beurteilung männerspezifischer Flucht- und Bleibegründe weiterführend. Allerdings kommt hier bei der Beurteilung weder dem Verfolgungsgrund Geschlecht noch dem Verfolgungsgrund „Zugehörigkeit zur bestimmten sozialen Gruppe aller Männer" Bedeutung zu. Hier führt auch die Auslegung von § 51 Abs. 1 AuslG in weitgehender Übereinstimmung mit Art. 16a Abs. 1 GG einerseits und entsprechend Art. 33 Abs. 1 GFK andererseits im Ergebnis allenfalls zu marginalen Differenzen im Schutzumfang, sofern Art. 16a Abs. 1 GG im hier vertretenen Sinne ausgelegt wird.

Literaturverzeichnis

Afshari, Reza — An Essay on Islamic Cultural Relativism in Discourse of Human Rights, Human Rights Quarterly 1994, 235 ff

AK-GG — Kommentar zum Grundgesetz für die Bundesrepublik Deutschland (AK-GG), 3. Auflage Neuwied und Kriftel, Loseblatt, Stand: 2. Aktualisierungslieferung, August 2002, zit.: *Bearbeiter/-in*, AK-GG, § Rn.

Aleinikoff, Alexander — The Meaning of Persecution in United States Asylum Law, International Journal of Refugee Law 1991, 5 ff

Alekozai, Sohaila — Die Entwicklung der Stellung der Frau in Afghanistan – historische, traditionelle und religiöse Aspekte, Streit 2002, 147 ff

Ali, Shaheen Sadar — Gender and Human Rights in Islam and International Law, The Hague 2000

Allewedt, Ralf — Schutz vor Abschiebung bei drohender Folter oder unmenschlicher oder erniedrigender Behandlung oder Strafe, Berlin 1996

Amann, Christine — Die Rechte des Flüchtlings, Baden-Baden 1994

amnesty international — Public Statement, Afghanistan: Human Rights Abuses Against Women, Februar 1999

amnesty international — FGM – an Information Pack, ACT 77/05/97

amnesty international — Frauen in Pakistan: Benachteiligt und ihrer Rechte beraubt, Bericht vom Dezember 1995, ASA 33/23/95

amnesty international — Geschundene Körper – Zerrissene Seelen (dt. Übers. von: Broken bodies, shattered minds), März 2001

amnesty international — India Public Statement Amnesty International Campaigns Against Rape and Sexual Abuse by Members of the Security Forces in Assam and Manipur vom 12. November 1998, ASA 20/28/98

amnesty international — India: Violence Against Women – A Double Discrimination, ASA 20/029/01, Bericht vom 8. Mai 2001

amnesty international — Indien: Folter, Vergewaltigung, Todesfälle in Haft, Bonn 1992

amnesty international — Pakistan: Gewaltanwendungen im Namen der Ehre, ASA 33/17/99

amnesty international Pakistan: Menschenrechte – Für Frauen nur auf dem Papier, Bericht vom März 1997, ASA 33/0797

amnesty international Saudi-Arabien, Grobe Menschenrechtsverletzungen an Frauen (Gross Human Rights Abuses Against Women, MDE 23/57/00)

amnesty international Sierra Leone: Rape and Other Forms of Sexual Violence Must be Stopped, Bericht vom 30. Juni 2000, AFR 51/048/2000

amnesty international Turkey, Systematic Torture Continue in early 2002, EUR 040/2002

amnesty international Women in Afghanistan: The Violations Continue, Bericht von Juni 1997, ASA 11/05/97

amnesty international Jahresbericht 2000, London 2000

amnesty international Jahresbericht 2002, London 2002

Anker, Deborah Refugee Status and Violence Against Women in the „Domestic" Sphere: The Non-State Actor Question, Georgetown Immigration Law Journal 2001, 391 ff

Anker, Deborah E. Law of Asylum in the United States, 3d edition, Boston 1999

An-Na'im, Abdullahi A. Human Rights in Cross-Cultural Perspectives, Philadelphia 1991

An-Na'im, Abdullahi A. Towards an Islamic Reformation, New York 1990

An-Na'im, Abdullahi A. State Responsibility under International Human Rights Law to Change Religious and Customary Laws in *Cook* (Hrsg.), 167 ff

Arzt, Donna The Application of Human Rights Law in Islamic States, Human Rights Quarterly 1990, 202 ff

Askin, Kelly D./ Koenig, Dorean M. (Hrsg.) Women and International Human Rights, Vol. I, II, III, New York 2001

Bartels, Romy/ Schmid, Christian Handbuch zum Dubliner Übereinkommen, Baden-Baden 2001

Beck-Karrer, Charlotte Frauenbeschneidung und Migration: Arbeitsbericht aus der Schweiz in *Schnüll* (Hrsg.), 131 ff

Beitz, Wolfgang/ Wollenschläger, Michael Handbuch des Asylrechts, Baden-Baden 1980

Bellebaum, Alfred Soziologische Grundbegriffe, 12. Auflage 1994

Bernhardt, Rudolf Die Auslegung völkerrechtlicher Verträge insbesondere in der neueren Rechtsprechung internationaler Gerichte, Berlin 1963

Bernhardt, Rudolf — Interpretation and Implied (Tacit) Modification of Treaties, Comments on Art. 27, 28, 29 and 38 of the ILC's 1966 Draft Articles on the Law of Treaties, ZaöRV 27 (1967), 491 ff

Bierwirth, Christoph/ Göbel-Zimmermann, Ralph — Handlungsspielräume und Grenzen einer Änderung des Asylrechts, ZRP 1992, 470 ff

Binder, Andrea — Frauenspezifische Verfolgung vor dem Hintergrund einer menschenrechtlichen Auslegung des Flüchtlingsbegriffs, Basel 2001

Black's — Law Dictionary, 5th edition, St. Paul 1979

Bleckmann, Albert — Völkerrecht, 1. Auflage, Baden-Baden 2001

Bonner Kommentar — zum Grundgesetz, Heidelberg, Loseblatt, Stand: 103. Aktualisierungslieferung, Dezember 2002, zit.: *Bearbeiter/in*, BK, Art. Rn.

Bossuyt, Marc J. — Guide to the Travaux Préparatoires of the International Covenant on Civil and Political Rights, Dordrecht 1987

Bouédibéla-Amangoua, Regine/Hütt, Anette — Die „Kampagne gegen Genitalverstümmelung" in Burkina-Faso in *Schnüll* (Hrsg.), 152 ff

Boulesbaa, Ahcene — The UN Convention on Torture and the Prospects for Enforcement, The Hague 1999

Bower, Karen — Recognising Violence Against Women as Persecution on the Basis of Membership in a Particular Social Group, Georgetown Immigration Law Journal 1993, 173 ff

Braun, Christina von/ Stephan, Inge — Gender Studien: Eine Einführung, Stuttgart 2000

Brems, Eva — Human Rights: Universality and Diversity, The Hague 2001

Brockhaus — Die Enzyklopädie in 24 Bänden, 20. Auflage, Leipzig 1997

Brockhaus Wahrig — Deutsches Wörterbuch in sechs Bänden,
Bd. 3 (G-JZ) Wiesbaden 1981,
Bd. 6 (STE-ZZ) Wiesbaden 1984

Bruscoli, Francesco — The Rights of Individuals in Times of Armed Conflict, IJHR 2002, 45 ff

Buhr, Kornelia — Frauenspezifische Verfolgung als Anerkennungsgrund im Asylrecht, DuR 1988, 192 ff

Bumke, Ulrike — Zur Problematik frauenspezifischer Fluchtgründe – dargestellt am Beispiel der Genitalverstümmelung, NVwZ 2002, 423 ff

Burgers, Herman/ Danelius, Hans — The United Nations Convention against Torture, Dordrecht 1988

Caldwell, J. C./ Caldwell, Pat — Die Aids-Epedemie in Schwarzafrika, Spektrum der Wissenschaft 1996, 76 ff

Calliess, Christian/ Ruffert, Matthias — Kommentar zu EU-Vertrag und EG-Vertrag, 2. Auflage, Neuwied 2002

Carlier, Jean-Ives — The Geneva Refugee Definition and the 'Theory of Three Scales' in *Nicholson/Twormey* (Hrsg.), 37 ff

Carlier, Jean-Yves/ Vanheule, Dirk/ Hullmann, Klaus/ Galiano, Carlos P. — Who is a Refugee? A Comparative Case Law Study, The Hague 1997, zit.: *Bearbeiter/-in* in *Carlier*

Castel, Jaqueline R. — Rape, Sexual Assault and the Meaning of Persecution, International Journal of Refugee Law 1992, 39 ff

Choumaini, Christa/ Klingels, Natalie — NAFGEM – Das Netzwerk gegen weibliche Genitalverstümmelung in *Schnüll* (Hrsg.), 168 ff

Christ, Gunter — Ist frauenspezifische Verfolgung ein Asylgrund oder ein Abschiebehindernis?, InfAuslR 1997, 327 ff

Cipriani, Linda — Gender and Persecution: Protecting Women under International Refugee Law, Georgetown Immigration Law Journal 1993, 511 ff

Cissé, Bernadette Passade — International Law Sources Applicable to Female Genital Mutilation: A Guide to Adjudicators of Refugee Claims Based on a Fear of Female Genital Mutilation, Columbia Journal of Transnational Law 1997, 429 ff

Clapham, Andrew — Human Rights in the Private Sphere, Oxford 1993

Collin, Peter — Dictionary of Law, 3d edition, London 2000

Compton, Daniel — Case Comment: Asylum for Persecuted Social Groups, 62 Washington Law Review 1987, 913 ff

Connors, Jane — Legal Aspects of Women as a Particular Social Group, International Journal of Refugee Law 1997 (special issue), 114 ff

Cook, Rebecca J. — State Accountability under the Convention on the Elimination of All Forms of Discrimination Against Women in *dies.* (Hrsg.), 228 ff

Cook, Rebecca J. (Hrsg.) — Human Rights of Women, Philadelphia 1994

Craven, Matthew — The International Covenant on Economic, Social and Cultural Rights, Oxford 1995

Crawley, Heaven — Refugees and Gender, Law and Process, Bristol 2001

Daley, Krista/ Kelley, Ninette — Particular Social Group: A Human Rights Approach in Canadian Jurisprudence, International Journal of Refugee Law 2000, 148 ff

Dauvergne, Catherine — Chinese Fleeing Sterilisation: Australia's Response Against a Canadian Backdrop, International Journal of Refugee Law 1998, 77 ff

Davy, Ulrike — Asyl und internationales Flüchtlingsrecht, Bd. 1: Völkerrechtlicher Rahmen, Wien 1996

Davy, Ulrike — Verfolgung und kulturelle Differenz, ZAR 1996, 151 ff

Deiseroth, Dieter — Die Genfer Flüchtlingskonvention als Kontrollmaßstab im Verfassungsbeschwerdeverfahren, ZAR 2000, 7 ff

Detrick, Sharon — A Commentary on the United Nations Convention on the Rights of the Child, The Hague 1999

Dieregsweiler, Renate — Krieg–Vergewaltigung–Asyl: Die Bedeutung von Vergewaltigung im Krieg und ihre Bewertung in der bundesdeutschen Asylrechtsprechung, Sinzheim 1997

Dinkelberg, Wolfgang/ Gundermann, Eva u. a. (Hrsg.) — Das Schweigen brechen, Menschenrechtsverletzungen aufgrund sexueller Orientierung, amnesty international, Berlin 1999

Dinstein, Yoram — The Right to Life, Physical Integrity and Liberty in *Henkin* (Hrsg.) 114 ff

Discher, Thomas — Wehrdienstentziehung als Asylgrund, ZAR 1998, 217 ff

Doehring, Karl — Völkerrecht, Heidelberg 1999

Dreier, Horst (Hrsg.) — Grundgesetz, Kommentar, Bd. 1 (Art. 1-19), Tübingen 1996, zit.: *Bearbeiter/-in* in *Dreier*, Art. Rn.

Duchrow, Julia — Die flüchtlingsrechtlichen Profile des Zuwanderungsgesetzes, ZAR 2002, 269 ff

Duden — Das große Wörterbuch der deutschen Sprache, Bd. 9 (Tach-Vida), Mannheim 1999

Duden Lexikon, Das Große — In acht Bänden, Bd. 3 (F-G) Mannheim 1965, Bd. 7 (S) Mannheim 1967, Bd. 8 (T-Z) Mannheim 1968

Dutch Refugee Council — Female Asylum Seekers – A Comparative Study Concerning Policy and Jurisprudence in the Netherlands, Germany, France, The United Kingdom also Dealing Summarily with Belgium and Canada, Amsterdam 1994

Eide, Asbjorn — Economic, Social and Cultural Rights in *Eide, Asbjorn/ Krause, Catarina/ Rosas, Allan* (Hrsg.), Economic, Social and Cultural Rights, London u. a. 1995, 21 ff

Epiney, Astrid	Die völkerrechtliche Verantwortlichkeit von Staaten für rechtswidriges Verhalten im Zusammenhang mit Aktionen Privater, Baden-Baden 1992
Ermacora, Felix	Über die völkerrechtliche Verantwortlichkeit für Menschenrechtsverletzungen in *Miehsler, Herbert/ Mock, Erhard/ Simma, Bruno/ Tammelo, Ilmar* (Hrsg.), Ius Humanitatis, Festschrift zum 90. Geburtstag von Alfred Verdross, Berlin 1980, 356 ff zit.: *Ermacora* in Ius Humanitatis, S.
Ermacora, Felix	Menschenrechte in der sich wandelnden Welt, Bd. 1 Historische Entwicklung der Menschenrechte und Grundfreiheiten, Wien 1974
Ettenhuber, Helga	Weibliche Genitalverstümmelung – Ursprung und Gegenwart in *Hermann* (Hrsg.), 16 ff
Fabbricotti, Alberta	The Concept of Inhuman or Degrading Treatment in International Law and its Application in Asylum Cases, International Journal of Refugee Law 1998, 637 ff
Feil, Corinna/ Sidibe, Binta/ Kilanowski, Kerstin	APGWA – Kampagnen gegen weibliche Genitalverstümmelung in Gambia in *Schnüll* (Hrsg.), 160 ff
Feldmann, Harald	Vergewaltigung und ihre psychischen Folgen, Stuttgart 1992
Folkelius, Kristina/ Noll, Gregor	Affirmative Exclusion? Sex, Gender, Persecution and the Reformed Swedish Aliens Act, International Journal of Refugee Law 1998, 607 ff
Fortin, Antonio	The Meaning of Protection in the Refugee Definition, International Journal of Refugee Law 2001, 548 ff
Franz, Fritz	Das Asylrecht im Schatten der Flüchtlingskonvention, DVBl 1966, 623 ff
Fröhlich-Gildhoff, Gabriele	Psychosomatische Folgen von Traumatisierung und Behandlungsmöglichkeiten in *Medica mondiale e.v./ Fröse, Marlies/ Volpp-Teuscher, Ina* (Hrsg.), Krieg, Geschlecht und Traumatisierung, Frankfurt a. M. 1999, 77 ff
Frowein, Jochen Abr.	Freiheit von Folter oder grausamer, unmenschlicher oder erniedrigender Behandlung und Strafe nach der Europäischen Menschenrechtskonvention in *Matscher, Franz* (Hrsg.), Folterverbot sowie Religions- und Gewissensfreiheit im Rechtsvergleich, Kehl am Rhein u. a. 1990, 69 ff
Frowein, Jochen Abr.	Der europäische Grundrechtsschutz und die deutsche Rechtsprechung, NVwZ 2002, 29 ff

Frowein, Jochen Abr./ Peukert, Wolfgang	Europäische Menschenrechtskonvention EMRK-Kommentar, 2. Auflage, Kehl am Rhein u. a. 1996
Fullerton, Maryellen	Persecution due to Membership in a Particular Social Group: Jurisprudence in the Federal Republic of Germany, Georgetown Immigration Law Journal 1990, 381 ff
Fullerton, Maryellen	A Comparative Look at Refugee Status, 26 Cornell International Law Journal 1993, 505 ff
Galen, Margarete von	Frauen als politisch Verfolgte, Streit 1992, 142 ff
Gebauer, Stefanie	Asylrechtliche Anerkennung frauenspezifischer Verfolgung, ZAR 1988, 120 ff
Geiger, Rudolf	Grundgesetz und Völkerrecht, 2. Auflage, München 1994
Gemeinschaftskommentar	zum Asylverfahrensgesetz 1992, Neuwied, Bd. 1, Loseblatt, Stand: 64. Aktualisierungslieferung, Juni 2002, zit.: *GK-AsylVfG*, Art. Rn.
Gemeinschaftskommentar	zum Ausländerrecht, Neuwied, Bd. 2, Loseblatt, Stand: 67. Aktualisierungslieferung Juli 2002, zit.: *GK-AuslR*, § Rn.
Göbel-Zimmermann, Ralf	Asyl- und Flüchtlingsrecht, München 1999
Goldberg, Pamela	Anyplace but home: Asylum in the United States for Women Intimate Violence, 26 Cornell International Law Journal 1993, 565 ff
Goodwin-Gill, Guy S.	The Refugee in International Law, 2. Auflage, Oxford 1998
Goodwin-Gill, Guy S.	International Law and the Movement between States, Oxford 1978
Goodwin-Gill, Guy S.	Judicial Reasoning and "Social Group" after Islam and Shah, International Journal of Refugee Law 1999, 537 ff
Goodwin-Gill, Guy S.	The Margin of Interpretation: Different or Disparate, International Journal of Refugee Law 1999, 730 ff
Gornig, Gilbert	Das „non-refoulement"-Prinzip, EuGRZ 1986, 521 ff
Gottstein, Margit	Die rechtliche und soziale Situation von Flüchtlingsfrauen in der Bundesrepublik Deutschland vor dem Hintergrund frauenspezifischer Flucht- und Verfolgungssituationen, Bonn 1986
Grahl-Madsen, Atle	Asylum. Territorial in *Macalister-Smith/Alfredsson* (Hrsg.), 280 ff
Grahl-Madsen, Atle	Protection of Refugees by their Country of Origin in *Macalister-Smith/Alfredsson* (Hrsg.), 320 ff
Grahl-Madsen, Atle	Territorial Asylum, Stockholm 1980

Grahl-Madsen, Atle — The Status of Refugees in International Law, Bd. 1, Leiden 1966

Graves, Maureen — From Definition to Exploration: Social Groups and Political Asylum Eligibility, San Diego Law Review 1989, 739 ff

Greatbatch, Jaqueline — The Gender Difference: Feminist Critiques of Refugee Discourse, International Journal of Refugee Law 1989, 518 ff

Gusy, Christoph — Asylrecht und Asylverfahren in der Bundesrepublik Deutschland, Königstein 1980

Hailbronner, Kay — Asylpolitik in der Europäischen Union, ZAR 2002, 259 ff

Hailbronner, Kay — Ausländerrecht, Kommentar, Heidelberg, Loseblatt, Stand: 31. Aktualisierungslieferung, August 2002, zit.: *Hailbronner*, AuslR, § Rn.

Hailbronner, Kay — Die Relevanz des Völkerrechts für das deutsche Ausländerrecht in *Hailbronner*, Kay (Hrsg.), Die allgemeinen Regeln des völkerrechtlichen Fremdenrechts, Heidelberg 2000, 3 ff, zit.: *Hailbronner* in *Hailbronner*, S.

Hailbronner, Kay — Geschlechtsspezifische Fluchtgründe, die Genfer Flüchtlingskonvention und das deutsche Asylrecht, ZAR 1998, 152 ff

Hailbronner, Kay/ Klein, Eckart (Hrsg.) — Einwanderungskontrolle und Menschenrechte – Immigration Control and Human Rights, Heidelberg 1999

Hailbronner, Kay/ Thiery, Claus — Amsterdam – Vergemeinschaftung der Sachbereiche Freier Personenverkehr, Asylrecht und Einwanderung sowie Überführung des Schengen-Besitzstands auf EU-Ebene, Europarecht 1998, 583 ff

Hammond, Tim/ Kimmel, Tina — Das Verhältnis zwischen männlicher und weiblicher Genitalverstümmelung in *Schnüll* (Hrsg.), 240 ff

Harris, D. J./ O'Boyle, M./ Warbrick, C. — Law of the European Convention on Human Rights, London u. a. 1995

Hartl, Thomas — Das völkerrechtliche Refoulementverbot abseits der Genfer Flüchtlingskonvention, Frankfurt a. M. 1998

Hassan, Yasmeen — Stove Burning, Acid Throwning, and Honor Killings in *Askin/Koenig* (Hrsg.), Vol. II, 587 ff

Hathaway, James C. — The Law of Refugee Status, Toronto 1991

Heindel, Anne H. — Issues Affecting Middle Eastern Muslim women: Self-Determination and Development in Turkey, Egypt, Iran, Iraq, and Saudi-Arabia in *Askin/Koenig* (Hrsg.), Vol. III, 531 ff

Heinhold, Hubert — Anmerkung zu Bundesverwaltungsgericht, U. v. 17. Oktober 1995, InfAuslR 1996, 255 ff

Helbling, Gianfranco — Das völkerrechtliche Verbot der Geschlechterdiskriminierung in einem plurikulturellen Kontext, Zürich 2001

Helton, Arthur C. — Persecution on Account of Membership in a Social Group as a Basis for Refugee Status, Columbia Human Rights Law Review 1983, 39 ff

Henkin, Louis (Hrsg.) — The International Bill of Rights – The Covenant on Civil and Political Rights, New York 1981

Hermann, Conny — „Wir wollten doch nur das Beste" (Oureye Sall) in *Hermann* (Hrsg.), 75 ff

Hermann, Conny (Hrsg.) — Das Recht auf Weiblichkeit, Hoffnung im Kampf gegen die Genitalverstümmelung, Bonn 2000

Hilf, Meinhard — Die Auslegung mehrsprachiger Verträge, New York 1973

Höfling-Semnar, Bettina — Flucht und deutsche Asylpolitik, Münster 1995

Howland, Courtney W. — The Challenge of Religious Fundamentalism to the Liberty and Equality Rights of Women: An Analysis under the United Nations Charter, Columbia Journal of Transnational Law 1997, 271 ff

Huber, Berthold — Das Dubliner Übereinkommen, NVwZ 1998, 150 ff

Hulverscheidt, Marion — Gesundheitliche Folgen der weiblichen Genitalverstümmelung in *Schnüll* (Hrsg.), 52 ff

Human Rights Watch — Crime or Custom? Violence Against Women in Pakistan, United States 1999

Human Rights Watch — Double Jeopardy: Police Abuse of Women in Pakistan, United States 1992

Hummer, Waldemar — Der Status der EU-Grundrechtecharta, Bonn 2002

Incesu, Lotte — Zur Asylrelevanz der Frauen im Iran, InfAuslR 1986, 337 ff, Anmerkung zu VG Schleswig-Holstein, B. v. 19. August 1986

Ipsen, Knut — Völkerrecht, 4. Auflage, München 1999

Isensee, Josef/ Kirchhof, Paul (Hrsg.) — Handbuch des Staatsrechts der Bundesrepublik Deutschland, Bd. V, Bd. VII, Heidelberg 1992

Ismail, Ellen — Kampf der sudanesischen Frauen in *Hermann* (Hrsg.), 91 ff

Jakober, Hans/ Welte, Hans-Peter (Hrsg.) — Aktuelles Ausländerrecht, (AktAR), Vorschriftensammlung mit Kommentar, Band 2, 1. Auflage 1991, Loseblatt, 69. Aktualisierungslieferung, Dezember 2002, zit.: *Bearbeiter/-in*, AktAR, § Rn.

Jarass, Hans D./ Pieroth, Bodo	Grundgesetz für die Bundesrepublik Deutschland, 6. Auflage, München 2002
Johnsson, Anders B.	The International Protection of Women Refugees – A Summary of Principal Problems and Issues, International Journal of Refugee Law 1989, 221 ff
Joseph, Sarah/ Schultz, Jenny/ Castan, Melissa	The International Covenant on Civil and Political Rights, Cases, Materials and Commentary, Oxford 2000
Kadelbach, Stefan	Zwingendes Völkerrecht, Berlin 1992
Kälin, Walter	Das neue schweizerische Asylgesetz, ZAR 2000, 153 ff
Kälin, Walter	Die Bedeutung der EMRK für Asylsuchende und Flüchtlinge: Materialien und Hinweise, ZDWF-Schriftenreihe, Siegburg 1997, zit.: *Kälin*, EMRK, S.
Kälin, Walter	Grundriss des Asylverfahrens, Basel 1990, zit.: *Kälin*, Grundriss, S.
Kälin, Walter	Refugees and Civil Wars: Only a Matter of Interpretation?, International Journal of Refugee Law 1991, 435 ff
Kälin, Walter	Tragweite und Begründung des Abschiebungshindernisses von Art. 3 EMRK bei nichtstaatlicher Gefährdung in *Hailbronner/Klein* (Hrsg.), 51 ff, zit.: *Kälin* in *Hailbronner/Klein*, S.
Kälin, Walter	Non-State Agents of Persecution and the Inability of the State to Protect, Georgetown Immigration Law Journal 2001, 415 ff
Kandt, Kristin E.	United States Asylum Law: Recognizing Persecution Based on Gender Using Canada as a Comparison, Georgetown Immigration Law Journal 1995, 137 ff
Kapell, Nancy	Zur Asylrelevanz der Inkriminierung homosexueller Handlungen, ZAR 1999, 260 ff
Kaufmann, Beat	Das Problem der Glaubens- und Überzeugungsfreiheit im Völkerrecht, Zürich 1989
Kelley, Ninette	The Convention Refugee Definition and Gender-Based Persecution, International Journal of Refugee Law 2001, 558 ff
Kelly, Nancy	Gender Related Persecution: Assessing the Asylum Claims of Women, 26 Cornell International Law Journal 1993, 625 ff
Khoury, Adel T./ Hagemann, Ludwig/ Heine, Peter	Islam-Lexikon, Bd. 1 (A-F) und Bd. 2 (G-N), Freiburg 1999

Khoury, Adel T. Lexikon religiöser Grundbegriffe, Graz 1987

Kimminich, Otto Grundprobleme des Asylrechts, Darmstadt 1983

Kisopia, Peter Weibliche Beschneidung – eine Grausamkeit gegen Frauen in *Schnüll* (Hrsg.), 81 ff

Klee, Kristina Die progressive Verwirklichung wirtschaftlicher, sozialer und kultureller Menschenrechte: Eine Interpretation von Art. 2 Abs. 1 des Internationalen Paktes über wirtschaftliche, soziale und kulturelle Rechte, Stuttgart 2000

Klein, Eckart The Duty to Protect and to Ensure Human Rights Under the International Covenant on Civil and Political Rights in *Klein, Eckart* (Hrsg.) The Duty to Protect and to Ensure Human Rights, Berlin 2000

Klein, Eckart Universeller Menschenrechtsschutz – Realität oder Utopie?, EuGRZ 1999, 109 ff

Klos, Christian Deutschlands Verhältnis zur Genfer Flüchtlingskonvention und zur Europäischen Menschenrechtskonvention, ZAR 2000, 202 ff

Klösel, Arno/ Christ, Rudolf/ Häußer, Otto Deutsches Ausländerrecht: Kommentar zum Ausländergesetz und zu den wichtigsten ausländerrechtlichen Vorschriften, Band 1–3, 4. Auflage Stuttgart, Loseblatt, Stand: 4. Aktualisierungslieferung, Mai 2002

Klug, Anja Flüchtlingsrechtliche Relevanz der „nichtstaatlichen" Verfolgung in Bürgerkriegen – die Rechtsprechung des BVerwG im Vergleich zur Praxis anderer europäischer Staaten, NVwZ-Beilage 8/2001, 65 ff

Köck, Heribert F. Vertragsinterpretation und Vertragsrechtskonvention: zur Bedeutung der Artikel 31 und 32 Wiener Vertragsrechtskonvention, Berlin 1976

Köfner, Gottfried/ Nicolaus, Peter Grundlagen des Asylrechts in der Bundesrepublik Deutschland, Bd. 1 München 1986, Bd. 2 München 1986

Köfner, Gottfried/ Nicolaus, Peter Die Genfer Flüchtlingskonvention im Schatten des Grundgesetzes, ZAR 1986, 11 ff

Koisser, Walter/ Nicolaus, Peter Die Zuerkennung des Konventionsflüchtlingsstatus nach dem neuen Ausländergesetz – Eine Analyse aus der Sicht des UNHCR, ZAR 1991, 9 ff

Krawietz, Birgit Die Hurma: Schariatrechtlicher Schutz vor Eingriffen in die körperliche Unversehrtheit nach arabischen Fatwas des 20. Jahrhunderts, Berlin 1991

Kreile, Renate Scharia oder Paschtunwali?, Streit 2002, 152 ff

Kreuzberg, Hans Grundrecht auf Asyl, Materialien zur Entstehungsgeschichte, Köln 1984

Künzli, Jörg Zwischen Rigidität und Flexibilität: Der Verpflichtungsgrad internationaler Menschenrechte: ein Beitrag zum Zusammenspiel von Menschenrechten, humanitärem Völkerrecht und dem Recht der Staatenverantwortlichkeit, Berlin 2001

Lai, Sarah/ Ralph, Regan E. Female Sexual Autonomy and Human Rights, Harvard Human Rights Journal 1995, 201 ff

Lambert, Hélène The Conceptualisation of 'Persecution' by the House of Lords: Horvath v. Secretary of State for the Home Department, International Journal of Refugee Law 2001, 16 ff

Lassen, Nina Slavery and Slavery-Like Practices: United Nations Standard and Implementation, Nordic Journal of International Law 1988, 197 ff

Laubenthal, Barbara Vergewaltigung von Frauen als Asylgrund: Die gegenwärtige Praxis in Deutschland, Frankfurt a. M. 1999

Laux, Branislava Die Frau in der Hindugesellschaft zwischen Tradition und Moderne: Eine Untersuchung zu ihrer sozialen und politischen Stellung, München 1997

Le Grand Larousse de la langue française, Tome I (A-Cip) Paris 1971, Tome III (Es-Inc) Paris 1973, Tome V (Pso-Sur) Paris 1977

Le Grand Robert de la langue français, Tome II (Bip-Cout), Tome V (Grim-Lil), Tome VI (Lim-Oz), Tome VII (P-Raisi), Tome VIII (Raiso-Sub), Paris 1985

Le Petit Robert Paris 1992

Levin, Tobe/ Brown, Ulrike Internationale Initiativen gegen genitale Verstümmelungen in *Schnüll* (Hrsg.), 181 ff

Liegmann, Gabriele Martina Eingriffe in die Religionsfreiheit als asylerhebliche Rechtsgutverletzung religiös Verfolgter, Baden-Baden 1993

Lightfoot-Klein, Hanny Das grausame Ritual, 7. Auflage, Frankfurt a. M. 2001

Lünsmann, Gabriele Anmerkung zu VG Oldenburg, U. v. 7. Mai 1998, 6 A 4610/06, InfAuslR 1998, 176 ff

Maaßen, Hans-Georg Abschiebungsschutz aus Art. 3 EMRK auch bei nicht vom Staat ausgehenden Menschenrechtsverletzungen und allgemeinen dem Ausländer im Herkunftsstaat drohenden Gefahren für Leib, Leben und Gesundheit?, ZAR 1998, 107 ff

Maaßen, Hans-Georg Die Rechtsstellung des Asylbewerbers im Völkerrecht, Frankfurt a. M. u. a. 1996

Macalister-Smith, Peter/ Alfreddson, Gudmundur The Land Beyond: Collected Essays on Refugee Law and Policy by Atle Grahl-Madsen, The Hague 2001

Macklin, Audrey A Comparative Analysis of the Canadian, US, and Australian Directives on Gender Persecution and Refugee Status in *Indra, Doreen*, Engendering Forced Migration – Theory and Practice, Oxford 1999, zit.: *Macklin* in *Indra*, S.

Macklin, Audrey Canada (Attorney General) v. Ward: A Review Essay, International Journal of Refugee Law 1994, 362 ff

Macklin, Audrey Refugee Women and the Imperative of Categories, Human Rights Quarterly 1995, 213 ff

Mahmud, Nasreen Crimes Against Honour: Women in International Refugee Law, Journal of Refugee Studies 1996, 367 ff

Mangoldt, Herrmann von/ Klein, Friedrich/ Starck, Christian (Hrsg.) Das Bonner Grundgesetz, Bd. 1 (Art. 1-19), 4. Auflage, München 1999, zit.: *Bearbeiter* in *v. Mangoldt/Klein/Starck*, Art. Rn.

Marsden, Peter The Taliban: War, Religion and the New Order in Afghanistan, London 1998

Marx, Reinhard Abschiebungsschutz bei fehlendem staatlichem Schutz: Die neuere Rechtsprechung des EGMR, NVwZ 1998, 153 ff

Marx, Reinhard Menschenrechtlicher Abschiebeschutz, InfAuslR 2000, 313 ff

Marx, Reinhard Nichtstaatliche Verfolgung und deutsches Ausländerrecht, ZAR 2001, 12 ff

Marx, Reinhard Zur Rechtserheblichkeit des Bürgerkriegs bei der Auslegung und Anwendung der Genfer Flüchtlingskonvention, InfAuslR 1997, 372 ff

Marx, Reinhard Zur Vergemeinschaftung der asylerheblichen Entscheidungsgrundlagen, ZAR 2002, 43 ff

Marx, Reinhard Handbuch zur Asyl- und Flüchtlingsanerkennung, Frankfurt a. M, Loseblatt, Stand: 7. Aktualisierungslieferung, Januar 2002

Masing, Johannes Methodische Grundlagen für die Auslegung der Genfer Flüchtlingskonvention in: *Grawert, Rolf/ Schlink, Bernhard/ Wahl, Rainer/ Wieland, Joachim* (Hrsg.), Offene Staatlichkeit, Festschrift für Ernst-Wolfgang Böckenförde zum 65. Geburtstag, Berlin 1995, 51 ff

Masuch, Thorsten Entscheidet die Täter- oder die Opferperspektive über den Abschiebeschutz aus Art. 3 EMRK?, ZAR 2000, 115 ff

Maunz, Theodor/ Dürig, Günter Grundgesetz, Kommentar, Bd. 2 (Art. 12-20), München, Loseblatt, Stand: 41. Aktualisierungslieferung, Oktober 2002, zit.: *Bearbeiter* in *Maunz/Dürig*, Art. Rn.

McFeely, Tom Homosexuality is not a Universal Human Right in *Wagner/Carbone* (Hrsg.), 117 ff

Mees, Ursula Anmerkung zu VGH Baden-Württemberg, U. v. 20. September 1990, InfAuslR 1990, 348 ff

Mees-Asadollah, Ursula Frauenspezifische Verfolgung – wird die deutsche Asylpraxis ihr gerecht?, Streit 1998, 139 ff

Meyers Enzyklopädisches Lexikon in 25 Bänden, Bd. 11, Mannheim 1974

Mirza, Barbara R. Selected Personal Rights and Freedoms: Rights to Wear Clothing of One's Choice, to Drive and to Travel Unattended and Without Permission in *Askin/Koenig* (Hrsg.), Vol. III, 123 ff

Mlinar, Angelika Frauenrechte als Menschenrechte, Frankfurt a. M. 1997

Mössner, Jörg M. Die Auslegung mehrsprachiger Verträge. Bemerkungen zu Artikel 33 der Wiener Konvention über das Recht der Verträge vom 23. Mai 1969, VerwArch 15 (1972), 273 ff

Muli, Kok „Help me Balance the Load": Gender Discrimination in Kenya in *Peters/Wolper* (Hrsg.), 78 ff

Mulligan, M. Obtaining Political Asylum: Classifying Rape as a Well-Founded Fear of Persecution on Account of Political Opinion, Boston Third World Law Journal 1990, 335 ff

Münch, Ingo von Völkerrecht, 2. Auflage, Berlin 1982

Münch, Ingo von/ Kunig, Philip (Hrsg.) Grundgesetz-Kommentar, Bd. 1 (Präambel, Art. 1-20), 5. Auflage München 2000, zit.: *Bearbeiter* in *v. Münch/Kunig*, Art. Rn.

Musalo, Karen Irreconcilable Differences? Divorcing Refugee Protection from Human Rights Norms, Michigan Journal of International Law 1994, 1179 ff

Musalo, Karen/ Knight, Stephen Steps Forward and Steps Back: Uneven Progress in the Law of Social Group and Gender Based Claims in the United States, International Journal of Refugee Law 2001, 51 ff

Nasir, Jamal J. The Status of Women Under Islamic Law and Under Modern Islamic Legislation, 2nd edition, London 1994

Neal, D. L. Women as a Social Group: Recognising Sex-Based Persecution as Grounds for Asylum, Columbia Human Rights Law Review 1988, 203 ff

Negatu, Amsale Genitale Verstümmelung von Mädchen – traditionelle Praxis als Menschenrechtsverletzung in *Friedrich-Ebert-Stiftung* (Hrsg.) Genitalverstümmelung von Frauen – Menschenrechtsverletzung durch Tradition und Unterentwicklung, Bonn 1999, 7 ff

Nicholson, Frances/ Twomey, Patrick (Hrsg.) Refugee Rights and Realities, Oxford 1999

Nowak, Manfred UNO-Pakt über bürgerliche und politische Rechte und Fakultativprotokoll, CCPR-Kommentar, Kehl am Rhein 1989

O'Sullivan, Declan Is the Declaration of Human Rights Universal?, International Journal of Human Rights 2000, 25 ff

Okafor-Obasi, Obasi Völkerrechtlicher Schutz der Frauen und Kinder unter besonderer Berücksichtigung der Rechtslage in Afrika südlich der Sahara, Berlin 2001

Oraá, Jaime Human Rights in States of Emergency in International Law, Oxford 1992

Parish, T. David Membership in a Particular Social Group in the Refugee Act of 1980, 92 Columbia Law Review 1992, 932 ff

Pellet, Alain/Dailler, Patrick Droit International Public, 3ième édition, Paris 1987

Perren-Klingler, Gisela Menschliche Reaktionen auf traumatische Erlebnisse in *dies.* (Hrsg.), Trauma: Vom Schrecken des Einzelnen zu den Ressourcen der Gruppe, Bern 1995, 7 ff

Peters, Julie/ Wolper, Andrea (Hrsg.) Women's Rights – Human Rights, International Feminist Perspectives, New York u. a. 1993

Petersen, Andrea Ehre und Scham: Das Verhältnis der Geschlechter in der Türkei, Berlin 1988

Pieroth, Bodo/ Schlink, Bernhard Grundrechte Staatsrecht II, 18. Auflage, Heidelberg 2002

Podlech, Albert Gehalt und Funktionen des allgemeinen verfassungsrechtlichen Gleichheitssatzes, Berlin 1971

Pollis, Adamantia Cultural Relativism Revisited: Through a State Prism, Human Rights Quarterly 1996, 316 ff

Raoul Wallenberg Institute of Human Rights and Humanitarian Law, Report No. 20, The Equal Status and Human Rights of Women, a Compilation of Country Reports from the Advanced International Programme in Lund, Sweden, 27. September to 14. October 1994, Lund 1995

Rashid, Ahmed Taliban. Islam, Oil and the New Great Game in Central Asia, London 2000

Reichel, Ernst Das staatliche Asylrecht „im Rahmen des Völkerrechts", Berlin 1987

Reiter, Anna „Die Tochter ist das ärgste Elend": Wie Frauen in Indien zu Frauen gemacht werden, Frankfurt a. M. 1997

Renner, Günter Ausländerrecht Kommentar, 7. Auflage, München 1999

Rest, Alfred Interpretation von Rechtsbegriffen in internationalen Verträgen, Köln 1971

Richter, Dagmar Relativierung universeller Menschenrechte durch Religionsfreiheit? in *Grote, Rainer/Marauhn, Tilo* (Hrsg.), Religionsfreiheit zwischen individueller Selbstbestimmung, Minderheitenschutz und Staatskirchenrecht – völker- und verfassungsrechtliche Perspektiven, Heidelberg 2001, 89 ff

Ritterband, Charles E. Universeller Menschenrechtsschutz und völkerrechtliches Interventionsverbot, Bern 1982

Rosenke, Marion Die rechtlichen Probleme im Zusammenhang mit der weiblichen Genitalverstümmelung, Frankfurt a. M. 2000

Rosner, Judith Asylsuchende Frauen: neues Asylrecht und Lagerpolitik in der Bundesrepublik Deutschland, Frankfurt a. M. 1996

Roth, Andreas Die Genfer Flüchtlingskonvention im Schatten des Grundgesetzes, ZAR 1988, 164 ff

Roth, Kenneth Domestic Violence as an International Human Rights Issue in *Cook* (Hrsg.), 326 ff

Rothkegel, Ralf Ewigkeitsgarantie für das Asylrecht?, ZRP 1992, 222 ff

Saario, Voitto/ Higgins Cass, Rosemary The United Nations and the International Protection of Human Rights: A Legal Analysis and Interpretation, California Western International Law Journal 1977, 590 ff

Sachs, Michael Grenzen des Diskriminierungsverbots, München 1987

Sachs, Michael Kommentar zum Grundgesetz, 3. Auflage, München 2003

Schaeffer, Klaus Asylberechtigung: Politische Verfolgung nach Art. 16 GG, Berlin 1980

Schauer, Martin Schengen – Maastricht – Amsterdam, Wien 2000

Scheu, Hildegard — Entwicklungsziel: Frauenmacht!: Frauenarbeit und Frauenorganisationen in Indien, Frankfurt a. M. 1995

Schmahl, Stefanie — Die Vergemeinschaftung der Asyl- und Flüchtlingspolitik, ZAR 2001, 3 ff

Schnüll, Petra — Weibliche Genitalverstümmelung in Afrika – eine Einführung in *dies.* (Hrsg.), 20 ff

Schnüll, Petra (Hrsg.) — Weibliche Genitalverstümmelung. Eine fundamentale Menschenrechtsverletzung, Textsammlung, Bonn 1999

Schoch, Friedrich — Das neue Asylrecht gemäß Art. 16a GG, DVBl 1993, 1161 ff

Seidl-Hohenfeldern, Ignaz — Völkerrecht, 8. Auflage, Köln 1994

Seifert, Ruth — Krieg und Vergewaltigung – Ansätze zu einer Analyse in *Stiglmayer* (Hrsg.), 85 ff

Shafik, Amal — Widerstand gegen weibliche Genitalverstümmelung in Ägypten in *Schnüll* (Hrsg.), 142 ff

Sharma, Swarn Lata — Gender Discrimination and Human Rights, New Delhi 1999

Shell-Duncan, Bettina — Female Circumcision in Africa: Dimensions of the Practice and Debates in *dies.* (Hrsg.) Female Circumcision in Africa, 1 ff

Sidibe, Binta — Meine persönlichen Erfahrungen mit weiblicher Genitalverstümmelung in *Schnüll* (Hrsg.), 68 ff

Simma, Bruno/ Benningsen, Sabine — Wirtschaftliche, soziale und kulturelle Rechte im Völkerrecht: Der Internationale Pakt von 1966 und sein Kontrollverfahren in *Baur, Jürgen F./ Hopt, Klaus J./ Mailänder, Peter K.* (Hrsg.), Festschrift für Ernst Steindorff zum 70. Geburtstag, Berlin 1990, 1477 ff,
zit.: *Simma/Benningsen* in FS Steindorff

Sinclair, Ian — The Vienna Convention on Law of Treaties, Manchester 1973

Sitaropoulos, Nicholas — Judicial Interpretation of Refugee Status, Athens 1999

Spijkerboer, Thomas — Gender and Refugee Status, Ashgate 2000

Spijkerboer, Thomas — Women and Refugee Status – Beyond the Public/ Private Distinction, The Hague 1994

Steinbock, Daniel J. — The Refugee Definition as Law: Issues of Interpretation in *Nicholson/Twomey* (Hrsg.), 13 ff

Steiner, Henry J./ Alston, Philip — International Human Rights in Context: Law, Politics, Morals, 2nd edition, New York 2000

Stern, Klaus — Das Staatsrecht der Bundesrepublik Deutschland, Bd. 1, München 1984

Stiglmayer, Alexandra Vergewaltigung in Bosnien-Herzegowina in *dies.* (Hrsg.), 109 ff

Stiglmayer, Alexandra (Hrsg.) Massenvergewaltigung, Krieg gegen die Frauen, Freiburg 1993

Takkenberg, Alex The collected Travaux Préparatoires of the 1951 Convention, 2nd edition, Vol. I-III, Amsterdam 1990

The Oxford English Dictionary Vol. I (A-Bazouki), Vol. III (Cham-Creeky), Vol. VI (Follow-Haswed), Vol. X (Moul-Ovum), Vol. XI (Ow-Poisemt), Vol. XIII (Qemadero-Roaver), Vol. XIV (Rob-Sequyle), Vol. XV (Ser-Soosy), 2nd edition, Oxford 1989

Thomas, Cheryl Domestic Violence in *Askin/Koenig* (Hrsg.), Vol. I, 219 ff

Thomas, Dorothy Q./ Beasley, Michele E. Domestic Violence as a Human Rights Issue, Human Rights Quarterly 1993, 36 ff

Thomas, Dorothy Q./ Levi, Robin Common Abuses Against Women in *Askin/ Koenig* (Hrsg.), Vol. I, 139 ff

Tibi, Bassam Islamic Law/Shari'a, Human Rights, Universal Morality and International Relation, Human Rights Quarterly 1994, 277 ff

Toubia, Nahid Verstümmelung ist kein Maßstab für meinen Wert, meine Ethik oder meinen Stolz in *Schnüll* (Hrsg.), 77 ff

Treiber, Wilhelm Die Asylrelevanz von Folter, Todesstrafe und sonstiger unmenschlicher Behandlung, Berlin 1990

Tretter, Hannes Entwicklung und gegenwärtige Bedeutung der internationalen Sklavereiverbote in *Nowak, Manfred/ Steurer, Dorothea/ Tretter, Hannes* (Hrsg.), Fortschritt im Bewusstsein der Grund- und Menschenrechte, Festschrift für Ermacora, Arlington u. a. 1988, 527 ff, zit.: *Tretter* in FS Ermacora, S.

Ulmer, Matthias Asylrecht und Menschenwürde, Frankfurt a. M. 1996

UNHCR Stellungnahme vom 1. April 2001 zum internationalen Flüchtlingsschutz: Auslegung von Artikel 1 des Abkommens von 1951 über die Rechtsstellung der Flüchtlinge, abrufbar unter http://www.unhcr.de

UNHCR Handbuch über Verfahren und Kriterien zur Feststellung der Flüchtlingseigenschaft, Genf 1993, nicht amtliche Übersetzung von *UNHCR*, Handbook

UNHCR Handbook on Procedures and Criteria for Determining Refugee Status Under the 1951 Convention and the 1967 Protocol Relating to the Status of Refugees, Re-edited, Geneva 1992

UNHCR — Position Paper Gender-Related Persecution, Januar 2000

United Nations (Hrsg.) — Slavery – Report Prepared by Benjamin Whitaker, Special Rapporteur of the Sub Commission on Prevention of Discrimination and Protection of Minorities Updating the Report on Slavery Submitted to the Sub-Commission in 1966, New York 1984, E/CN.4/Sub2/1982/20/Rev.1, zit.: *Whitaker-Report*

US State Department — Country Reports zu Afghanistan, Pakistan und Saudi-Arabien

Vagt, Holger — Die Frau in Saudi-Arabien zwischen Tradition und Moderne, Berlin 1992

Verdross, Alfred/ Simma, Bruno — Universelles Völkerrecht, 3. Auflage, Berlin 1984

Vermeulen, Ben/ Spijkerboer, Thomas/ Zwaan, Karin/ Fernhout, Roel — Persecution by Third Parties, Nijmwegen 1998, zit.: *Vermeulen*, S.

Vevstad, Vigdis — Refugee Protection – A European Challenge, Oslo 1999

Villiger, Mark E. — Handbuch der Europäische Menschenrechtskonvention (EMRK), 2. Auflage, Zürich 1999

Volio, Fernado — Legal Personality, Privacy, and the Family in *Henkin* (Hrsg.), 185 ff

Wagner, Teresa/ Carbone, Leslie (Hrsg.) — Fifty years after the Universal Declaration, Oxford 2001, zit.: *Autor/-in* in *Wagner/Carbone*, S.

Wahrig — Deutsches Wörterbuch, München 1986

Weberndörfer, Frank — Schutz vor Abschiebung nach dem neuen Ausländergesetz, Stuttgart 1992

Weis, Paul — The Concept of the Refugee in International Law, Journal du Droit International 1960, 928 ff

Weis, Paul — The International Protection of Refugees, 48 American Journal of International Law 1954, 193 ff

Weissbrodt, David — The Right to a Fair Trial and the Universal Declaration of Human Rights and the International Covenant on Civil and Political Rights, The Hague 2001

Wezler, Albrecht — Dowry Deaths – Bemerkungen zu einer neuen Form von Gewalt in Indien in *Lüderssen, Klaus* (Hrsg.) Aufgeklärte Kriminalpolitik oder der Kampf gegen das Böse, Bd. 2: Neue Phänomene der Gewalt, Baden-Baden 1998, 284 ff

Wiesbrock, Katja — Internationaler Schutz der Menschenrechte vor Verletzungen durch Private, Berlin 1999

Wittinger, Michaela — Familien und Frauen im regionalen Menschenrechtsschutz, Baden-Baden 1999

Wolfrum, Rüdiger — Handbuch Vereinte Nationen, 2. Auflage, München 1991

Wollenschläger, Michael/ Schraml, Alexander — Art. 16a GG, das neue „Grundrecht" auf Asyl?, JZ 1994, 61 ff

Wolter, Miriam — Auf dem Weg zu einem gemeinschaftlichen Asylrecht in der Europäischen Union, Baden-Baden 1999

World Health Organization (Hrsg.) — Female Genital Mutilation – an Overview, Geneva 1998

Yasseen, Mustafa Kamil — L'interprétation des traités d'après la Convention de Vienne sur le droit des traités, RdC 1976, 1 ff

ZDWF (Hrsg.) — Rechtsprechungsübersicht zur Anerkennungspraxis in Asylverfahren für die Jahre 1996-1998, Bd. 1 und 2, Bonn 1998

Ziegler, Katja — Fluchtverursachung als völkerrechtliches Delikt, Berlin 2002

Zimmer, Anja — Abschiebungsschutz durch Art. 3 EMRK im Fall nichtstaatlicher Verfolgung, ZAR 1998, 115 ff

Zink, Karl Friedrich — Das Asylrecht in der BRD nach dem Abkommen über die Rechtstellung der Flüchtlinge, Erlangen 1962

Richtlinienverzeichnis

australische Richtlinien	ADIMA Guidelines on Gender Issues for Decision Makers, Juli 1996, abgedruckt bei *Crawley*, 254 ff
britische Richtlinien	IAA Asylum Gender Guidelines, November 2000, abgedruckt bei *Crawley*, 269 ff
kanadische Richtlinien	CIRB Guidelines on Women Refugee Claimants Fearing Gender-Related Persecution: Update November 1996, abgedruckt bei *Crawley*, 228 ff
Michigan Guidelines	on Nexus to a Convention Ground, diese Richtlinien sind das Ergebnis eines Seminars, das vom 23.-25. März 2001 in Ann Arbor, Michigan, USA stattfand. Sie sind unter Mitwirkung von Alleinikoff, Alexander (Georgetown University), Dauvergne, Catherine (University of Sydney), Egan, Suzanne J. (University College Dublin), Haines, Rodger P. G. (University of Auckland), Kälin, Walter (Universität Bern), Vedsted-Hansen, Jens (Aarhus University) erarbeitet worden; abrufbar unter: http://www.law.umich.edu/centersandprograms/pral/english.pdf
UNHCR	Richtlinien zum Internationalen Schutz: Geschlechtsspezifische Verfolgung im Zusammenhang mit Art. 1 A (2) des Abkommens von 1951 bzw. des Protokolls von 1967 über die Rechtstellung der Flüchtlinge vom 7. Mai 2002, HCR/GIP/02/01
UNHCR	Richtlinien zum Internationalen Schutz: „Zugehörigkeit zu einer bestimmten sozialen Gruppe" im Zusammenhang mit Artikel 1 A (2) des Abkommens von 1951 bzw. des Protokolls von 1967 über die Rechtstellung von Flüchtlingen vom 7. Mai 2002, HCR/GIP/02/02
US amerikanische Richtlinien	Considerations For Asylum Officers Adjudicating Asylum Claims of Women vom 26. Mai 1995

FSC
www.fsc.org
MIX
Papier | Fördert
gute Waldnutzung
FSC® C083411

Kolibri 360 GmbH
Ferdinand-Jühlke-Straße 7
99095 Erfurt, Deutschland
produktsicherheit@kolibri360.de

Druck:
CPI Druckdienstleistungen GmbH
im Auftrag der
Kolibri 360 GmbH
Ferdinand-Jühlke-Str. 7
99095 Erfurt